# Teoria & Test

**Nozioni** teoriche ed **esercizi** commentati
per la preparazione ai **test di ammissione**

# UNIVERSITÀ CATTOLICA

## MEDICINA, ODONTOIATRIA, PROFESSIONI SANITARIE, FARMACIA

## Accedi ai servizi riservati

Il codice personale contenuto nel riquadro dà diritto a servizi esclusivi riservati ai nostri clienti. Registrandoti al sito **www.edises.it**, dalla tua area riservata potrai accedere a:

- **Versione e-book interattiva**
Per tablet e pc, un libro che non pesa e si adatta alle dimensioni del tuo lettore

- **Infinite esercitazioni**
Scegli se esercitarti su singole materie, sulle prove ufficiali o se simulare una prova d'esame con le stesse modalità del test reale

- **Ulteriori materiali di interesse**
Contenuti extra, test attitudinali, prospettive e sbocchi occupazionali ed altro ancora su **www.ammissione.it**

CODICE PERSONALE

Grattare delicatamente la superficie per visualizzare il codice personale.
Le **istruzioni per la registrazione** sono riportate nella Prefazione
Il volume NON può essere venduto né restituito se il codice personale risulta visibile
**L'accesso ai servizi riservati** ha la **durata** di **18 mesi** dall'attivazione del codice
e viene garantito esclusivamente sulle edizioni in corso.

# Teoria & Test

**Nozioni** teoriche ed **esercizi** commentati
per la preparazione ai **test di ammissione**

# UNIVERSITÀ CATTOLICA

## MEDICINA, ODONTOIATRIA, PROFESSIONI SANITARIE, FARMACIA

editest

EdiTest – Teoria & Test per l'Università Cattolica – VIII edizione


9 8 7 6 5 4 3 2 1 0
2026 2025 2024 2023 2022

*Le cifre sulla destra indicano il numero e l'anno dell'ultima ristampa effettuata*



*Progetto grafico*: curvilinee

*Cover Design and Front Cover Illustration*: Digital Followers S.r.l.

*Fotocomposizione*: Oltrepagina S.r.l. – Verona

*Stampato presso*: Vulcanica S.r.l. – Nola (NA)

*per conto della* EdiSES edizioni S.r.l. – Piazza Dante, 89 – Napoli

**www.edises.it**
**assistenza.edises.it**

ISBN 978 88 9362 5609

---

I curatori, l'editore e tutti coloro in qualche modo coinvolti nella preparazione o pubblicazione di quest'opera hanno posto il massimo impegno per garantire che le informazioni ivi contenute siano corrette, compatibilmente con le conoscenze disponibili al momento della stampa; essi, tuttavia, non possono essere ritenuti responsabili dei risultati dell'utilizzo di tali informazioni e restano a disposizione per integrare la citazione delle fonti, qualora incompleta o imprecisa.

Realizzare un libro è un'operazione complessa e, nonostante la cura e l'attenzione poste dagli autori e da tutti gli addetti coinvolti nella lavorazione dei testi, l'esperienza ci insegna che è praticamente impossibile pubblicare un volume privo di imprecisioni. Saremo grati ai lettori che vorranno inviarci le loro segnalazioni e/o suggerimenti migliorativi sulla piattaforma *assistenza.edises.it*

# PREFAZIONE

Rivolto a tutti i candidati agli esami di ammissione in **Medicina**, **Odontoiatria**, **Professioni sanitarie** e **Farmacia** presso l'**Università Cattolica del "Sacro Cuore"**, questo volume costituisce un utile strumento di preparazione.

Il testo comprende tutte le **conoscenze teoriche** previste dal programma di ammissione e una **raccolta di quiz svolti** per affrontare la prova d'esame, oltre a una serie di **informazioni utili** relative alla struttura e ai contenuti del test.

Organizzato in **due sezioni**, il volume offre una preparazione completa dando ampia importanza non solo all'acquisizione delle nozioni ma anche alla fase esercitativa. La prima sezione, **Studio**, include tutte le **materie d'esame** trattate in maniera approfondita sulla base delle prove ufficiali degli ultimi anni:

- Ragionamento logico e logico-matematico;
- Cultura scientifica (Biologia, Chimica, Fisica);
- Cultura generale;
- Lingua inglese;
- Cultura religiosa.

La seconda sezione, **Esercitazione**, raccoglie numerosi **quesiti a risposta multipla risolti e commentati**. I quiz, ripartiti per materia, consentono un utile ripasso delle nozioni teoriche e allo stesso tempo offrono la possibilità di mettersi alla prova con quesiti analoghi a quelli realmente somministrati.

Nel testo attraverso specifiche icone si rimanda alle seguenti attività interattive:

spiegazioni    esercizi svolti

Il **codice personale**, contenuto nella prima pagina del volume, dà accesso a una serie di servizi riservati ai clienti tra cui:

- la **versione e-book interattiva** scaricabile su tablet e pc con collegamenti ipertestuali cui si accede cliccando sulle icone indicate sopra;
- il **software di simulazione online** (infinite esercitazioni per materia, sulle prove ufficiali degli anni passati e simulazioni d'esame gratuite);
- materiali di approfondimento e **contenuti extra**.

# ISTRUZIONI PER ACCEDERE AI CONTENUTI E AI SERVIZI RISERVATI

## Collegati al sito edises.it

### • Se sei registrato al sito

- clicca su **Accedi al materiale didattico**
- inserisci email e password
- inserisci le ultime 4 cifre del codice ISBN, riportato in basso a destra sul retro di copertina
- inserisci il tuo **codice personale** per essere reindirizzato automaticamente all'area riservata

### • Se non sei già registrato al sito

- clicca su **Accedi al materiale didattico**
- registrati al sito **edises.it**
- attendi l'email di conferma per perfezionare la registrazione
- torna sul sito **edises.it** e segui la procedura già descritta per utenti registrati

Per problemi tecnici connessi all'utilizzo dei supporti multimediali e per informazioni sui nostri servizi puoi contattarci sulla piattaforma **assistenza.edises.it**.

# INDICE GENERALE

## L'ESAME DI AMMISSIONE



## STUDIO

## CAPITOLO 1 | Logica verbale



## CAPITOLO 2 | Ragionamento critico

## CAPITOLO 3 | Logica numerica e *problem solving*

## CAPITOLO 6 | Chimica



## CAPITOLO 7 | Fisica

## ESERCITAZIONE

### VERIFICA 1 | Logica verbale



### VERIFICA 2 | Ragionamento critico



### VERIFICA 3 | Logica numerica e *problem solving*



### VERIFICA 4 | Ragionamento astratto, spaziale, attenzione e precisione



### VERIFICA 5 | Biologia

## VERIFICA 6 | Chimica



## VERIFICA 7 | Fisica



## VERIFICA 8 | Cultura religiosa



## VERIFICA 9 | Inglese

# L'esame di ammissione

## 1.1 • Caratteristiche del test

Le procedure d'accesso ai corsi di laurea in Medicina e Odontoiatria, in Professioni sanitarie e in Farmacia dell'Università Cattolica prevedono il superamento di una **prova scritta** per ogni corso che consiste in un test a risposta multipla.
Le prove d'esame a risposta multipla si sono ormai affermate come un valido strumento di valutazione e trovano ampissimo impiego non soltanto in ambito universitario ma anche lavorativo (selezioni in grandi aziende, esami di abilitazione professionale, concorsi nelle amministrazioni pubbliche). Un sistema di selezione così standardizzato, però, presenta limiti evidenti, primo fra tutti l'impossibilità di valutare fattori caratteriali quali la motivazione, la determinazione e le capacità relazionali e comunicative dei candidati, fattori questi che possono condizionare in modo significativo la buona riuscita degli studi, ma anche della vita professionale di una persona.
Nonostante ciò, l'ottimizzazione dei tempi (possibilità di valutare in breve tempo un numero elevato di candidati) e l'oggettività (capacità di svincolare il risultato dal giudizio "soggettivo" dell'esaminatore) hanno reso i test a risposta multipla il più diffuso sistema di selezione.

## 1.2 • Struttura, contenuti e attribuzione del punteggio

Il test di ammissione in Medicina e Odontoiatria all'Università Cattolica consiste nella risoluzione di **60 quesiti** con cinque alternative di cui una sola corretta, così suddivisi:

- 35 quiz di **ragionamento logico e logico-matematico** su argomenti di logica verbale, ragionamento spaziale-visivo, comprensione brani, attenzione e precisione, ragionamento numerico, *problem solving*;
- 15 quiz di **cultura scientifica** su argomenti di biologia (5 quesiti), chimica (5 quesiti), fisica (5 quesiti);
- 3 quiz di **cultura generale**[1];
- 2 quiz di **conoscenza della lingua inglese**;
- 5 quiz di **cultura etico-religiosa**.

---

[1] Per la cultura generale, in ragione della vastità della materia, si rimanda ai contenuti disponibili online nell'area riservata e a pubblicazioni specifiche: EdiTest – *Cultura Generale Teoria & Test*, EdiSES edizioni, Napoli.

Il **tempo** a disposizione per completare la prova è di solito di **60 minuti** (un'ora) e per la valutazione del test si applicano i seguenti criteri:

- 1 punto per ogni risposta esatta;
- meno 0,25 per ogni risposta errata;
- 0 punti per ogni risposta non data (omessa).

Nella graduatoria finale, in caso di parità di punteggio, prevarrà, rispettivamente, in ordine decrescente il punteggio ottenuto dal candidato nella soluzione dei quesiti di ragionamento logico e logico-matematico, nei quesiti di cultura scientifica (complessivamente considerati), di cultura generale, di conoscenza della lingua inglese, di cultura etico-religiosa. In caso di ulteriore parità, prevarrà il candidato anagraficamente più giovane.

## 1.3 • Le principali tipologie di quesiti

Per programmare lo studio in vista del test di ammissione alla Cattolica è innanzitutto fondamentale conoscere quali sono gli argomenti richiesti e soprattutto quali tipologie di quiz vengono più spesso somministrate in modo da prepararsi in maniera mirata.
La principale differenza tra il test di ammissione a Medicina e Odontoiatria delle università statali e quello della Cattolica fino a pochi anni fa risiedeva nell'assenza in quest'ultimo dei quesiti scientifici a "vantaggio" della logica che, anche dopo l'introduzione nel test, a partire dall'a.a. 2018/2019, dei quiz di biologia, chimica e fisica, continua a occupare tuttora uno spazio rilevante: nell'ultima prova assegnata per l'ammissione all'a.a. 2021/2022, infatti, su un totale di 60 quiz 35, e cioè il 58%, erano di natura logico-attitudinale. Gli esami di ammissione all'università, così come i concorsi pubblici e le selezioni aziendali, prevedono sempre come elemento comune la verifica delle attitudini logiche dei candidati.
I quesiti di **cultura scientifica** vertono su argomenti di biologia, chimica e fisica. I quiz di **cultura etico-religiosa** riguardano le principali nozioni del Catechismo e argomenti di bioetica. I quiz di **cultura generale** sondano le conoscenze acquisite durante gli anni della scuola superiore sulle materie scolastiche (storia, educazione civica, letteratura ecc.) integrate da argomenti di attualità sociale e politica. I quesiti di **inglese** riguardano le conoscenze linguistiche e quelle grammaticali.

Le capacità di ragionamento logico possono fornire indicazioni importanti sulle persone e sulle loro capacità di riuscita negli studi e nella vita professionale. La logica misura, infatti, alcune proprietà della nostra mente, come capacità di ragionamento astratto, abilità nel collegare fatti o elementi, capacità di ricordare o sintetizzare concetti o semplicemente di cogliere i tratti salienti di un discorso.
La logica non riguarda dunque un sapere nozionistico ma delle abilità. Per questo motivo, caratteristica peculiare della logica è la difficoltà di migliorare le proprie prestazioni in vista di un esame: mentre è possibile in tempi ragionevoli migliorare le proprie conoscenze relativamente ad una delle possibili materie di esame (matematica, educazione civica, storia ecc.), non si può invece in tempi brevi "*imparare la logica*". Mediante l'esercizio, è tuttavia possibile migliorare le proprie prestazioni, apprendendo la chiave risolutiva delle più comuni tipologie di quiz.

I test attitudinali somministrati per l'accesso alla Cattolica comprendono prove di valutazione delle attitudini verbali, delle abilità di ragionamento critico e numerico e delle abilità di ragionamento astratto visuo-percettivo. Tali quesiti prescindono dal livello culturale del soggetto cui vengono somministrati e valutano esclusivamente l'elasticità mentale o capacità di ragionamento.
Da un esame dell'ultima prova ufficiale per l'ammissione all'a.a. 2021/2022, è risultato che la **logica numerica ha avuto sicuramente il peso maggiore** tra i 35 quesiti di logica assegnati. Il ragionamento numerico ha inciso, infatti, per il 30% sulla prova d'esame; i quesiti sono stati principalmente relativi a:

- Abilità di calcolo mentale
- Operazioni aritmetiche (percentuali, proporzioni, medie)
- Interpretazione di grafici e tabelle
- Selezionare informazioni da tabelle e grafici
- Trasformazioni simboliche
- Sequenze numeriche
- Probabilità e calcolo combinatorio
- Ricerca delle procedure

La **logica verbale** ha inciso per l'8% sull'intera prova con soli 5 quesiti di *Comprensione dei brani.*

Il **ragionamento critico** ha inciso per il 13% circa. Si sono riscontrate diverse tipologie di domande tra cui le più comuni sono state:

- Abilità ad ordinare persone/oggetti
- Relazioni insiemistiche
- Deduzioni
- Negazioni

I quesiti su **logica astratta**, **attenzione visiva** e **logica meccanica** hanno inciso soltanto per il 7% circa. Quelli assegnati nell'ultima prova ufficiale appartengono sicuramente alle tipologie assegnate nell'ambito di tale categoria negli ultimi anni:

- Serie di figure da completare
- Rotazioni di figure nello spazio
- Esercizi di equilibrio (altalena)
- Attenzione visiva

## 2.1 • Come affrontare la prova

Esistono alcune tecniche in grado di aiutare i candidati a massimizzare la propria prestazione senza cadere nelle insidie tipiche dei test a risposta multipla. Prima di presentare, però, le più comuni strategie risolutive, è importante ricordare che una buona conoscenza delle materie d'esame (e quindi uno studio approfondito dei programmi indicati dai bandi che istituiscono le prove di ammissione) è un prerequisito indispensabile per superare con successo un test di ammissione.

## 2.1.1 • Suggerimenti generali

### Leggere attentamente il bando di concorso

Ciascuna prova d'esame è disciplinata da un bando che indica il giorno e l'ora di svolgimento, i titoli necessari per accedervi, le materie su cui verterà la prova e altre informazioni utili ai candidati.
Le prove d'esame suscitano nei candidati un notevole stress emotivo, che deconcentra e fa perdere di lucidità. Per minimizzare gli effetti della tensione emotiva, può essere utile conoscere in anticipo le modalità di svolgimento della prova.
Sebbene possano sembrare osservazioni scontate, normalmente un numero non trascurabile di prove viene annullato per vizi di forma. Tutte le informazioni che occorrono per non commettere errori sono contenute nel bando: leggerlo accuratamente, perché in sede d'esame si potrebbe non avere la serenità necessaria per porre la giusta attenzione ai dettagli formali.

### Gestire il tempo

Ciascuna domanda va affrontata leggendo prima di tutto il testo e poi le risposte alternative; non ci si deve **mai precipitare a segnare la prima risposta che sembra corretta**. È necessario leggere con attenzione tutte le alternative, anche se la domanda sembra riguardare argomenti di cui non si sa praticamente nulla: è infatti possibile che una o più di esse contengano informazioni utili alla soluzione.
Una volta lette le risposte, **non si deve dedicare più di qualche secondo alla domanda**: il tempo a disposizione per completare la prova d'esame è infatti appena sufficiente per leggere le domande e rispondere a ciascuna di esse dopo un minimo di ragionamento.
Alcune domande, come quelle di comprensione di brani, i ragionamenti deduttivi, l'analisi dei dati e il *problem solving*, richiedono un tempo risolutivo spesso superiore al tempo medio assegnato per quesito. Per tale motivo è importante recuperare secondi preziosi risolvendo, innanzitutto, rapidamente le domande che risultano più semplici e intuitive per poi tornare indietro e affrontare i quesiti più complessi.
Un buon utilizzo del tempo e delle risorse prevede di leggere il questionario in due o tre "passate", cioè evitando di soffermarsi in prima lettura sulle domande di cui non si conosce la risoluzione o che risultano troppo complesse.

Ecco alcuni semplici suggerimenti che si potranno testare in fase di esercitazione:

- in primo luogo **leggere rapidamente tutti i quiz e rispondere in prima battuta a tutti quelli di cui si è assolutamente certi**;
- se non si trova immediatamente la soluzione di qualche domanda, segnarla in modo da ritrovarla rapidamente in seguito e passare subito alla successiva;
- **ritornare a leggere i quiz soffermandosi sui quesiti la cui soluzione necessita di un ragionamento**.

Alcuni manuali consigliano di dedicare a ogni domanda un massimo di secondi (calcolato in base al rapporto tempo/numero di quesiti); se non si riesce a risolvere il quesito entro quel lasso, bisognerebbe passare al quesito successivo. Tuttavia, l'ossessione del tempo che scorre può deconcentrare, ostacolando il ragionamento e, infine, rallentando il processo decisionale.
Una gestione ottimale del tempo può essere acquisita solo grazie a un esercizio costante. Il nostro consiglio è quello di effettuare quante più esercitazioni possibile (mediante il software accessibile on-line nella propria area riservata) e cronometrare le proprie prestazioni (grazie al timer in esso contenuto) per valutare quali sono le tipologie di domanda che mediamente comportano il maggior dispendio di tempo; concentrare il proprio esercizio su di esse porterà a migliorare le proprie performance e impiegare un tempo via via minore per risolvere i quesiti.

### 2.1.2 • Tecniche per eliminare i distrattori e identificare la risposta corretta

Lo svolgimento della prova, come già specificato, richiede di rispondere al maggior numero possibile di domande in maniera corretta. In genere il concorrente, dopo aver risposto con un certo grado di certezza a un dato numero di domande, si trova ad affrontare quesiti riguardo ai quali ha un'idea solo parziale della strategia risolutiva da adottare, e quindi della risposta corretta, ma anche quiz di cui ignora completamente la strategia risolutiva.
Nei casi in cui non si conosce la risposta corretta e non vi è alcun ragionamento in grado di condurre a essa, le possibilità sono due:

- lasciare la risposta in bianco;
- azzardare una risposta.

Per scoraggiare la risposta casuale, è prevista una penalizzazione delle risposte errate. Come regolarsi allora in caso di indecisione? Con una certa cautela, si può consigliare di rispondere anche alle domande di cui non si ha assoluta certezza, solo quando è possibile escludere almeno tre delle alternative proposte. La penalizzazione in caso di risposta errata è infatti pari a 0,25 punti. Ciò vuol dire che in presenza di 5 alternative, dovendo azzardare una risposta, la probabilità di scegliere quella esatta è pari al 20%, mentre si ha l'80% di probabilità di perdere 0,25 punti. In queste condizioni non vale la pena tirare a indovinare. Tuttavia, ogni alternativa che riusciamo ad escludere dalla rosa delle possibili risposte esatte fa aumentare del 20% la possibilità di acquisire 1 punto e fa ridurre di un ulteriore 20% la probabilità di perdere 0,25 punti.
In termini analitici un concorrente che dà 10 risposte con incertezza solo tra due alternative, effettuerà statisticamente 5 risposte corrette e 5 sbagliate. In termini numerici conseguirà 5 punti per le risposte esatte e –1,25 punti (0,25 × 5) per quelle sbagliate. Il punteggio complessivo per queste 10 domande sarà: 5 – 1,25 = 3,75. Azzardando una risposta nel caso in cui vi è indecisione tra due sole alternative si ottiene quindi un guadagno di 3,75 punti rispetto alla scelta di lasciare le risposte in bianco.

Per minimizzare il rischio è possibile utilizzare delle tecniche finalizzate all'eliminazione dei distrattori – ossia di quelle alternative errate ma che potrebbero sembrare corrette e indurre a sbagliare – in grado quantomeno di circoscrivere l'area di scelta. La decisione di azzardare la risposta anche in caso di assenza di certezza spetterà comunque al candidato e dipenderà dalla sua propensione al rischio. Di seguito riportiamo alcune delle principali strategie da adottare.

### Schematizzare il testo con grafici, disegni o riscrivendo solo gli elementi chiave

L'applicazione di tale tecnica aiuta nella risoluzione del quesito nel caso di domande di ragionamento critico.

**ESEMPIO**

**Mario è il secondogenito di una coppia con due figli, e sua moglie è figlia unica. Uno dei nonni del figlio di Mario ha una figlia che si chiama Francesca, la quale ha due anni meno di Mario.**
**Date queste premesse, chi è la Francesca di cui si parla nel testo?**

A. La moglie di Mario*
B. La sorella di Mario
C. Una zia di Mario
D. Una figlia di Mario
E. La madre di Mario

La figlia di un "nonno" del figlio di Mario è la moglie dello stesso Mario. Infatti, Francesca non può essere la sorella di Mario poiché nel testo si afferma che Mario è il secondogenito di una coppia che ha solo due figli e che Francesca ha due anni in meno di Mario; per lo stesso motivo, cioè che Francesca è più piccola di due anni, la donna non può essere né la madre né la figlia di Mario. Francesca non può essere neppure la zia di Mario, in quanto, per esserne la zia, dovrebbe essere la sorella di uno dei nonni del figlio di Mario e non la figlia come affermato nel testo del quesito. Schematizzando:

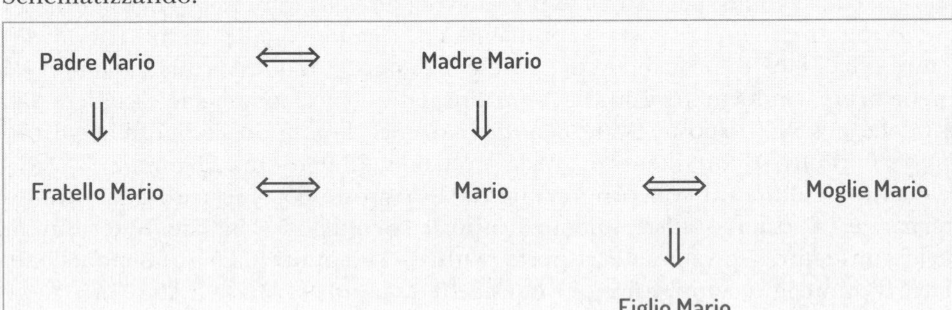

### Procedere alla scomposizione del problema

È una tecnica che viene impiegata per la risoluzione dei quesiti la cui risposta esatta corrisponde alla somma di due o più risposte o di due procedimenti risolutivi distinti.

**ESEMPIO**

**In una scuola elementare, gli alunni iscritti sono 120. In seguito al trasferimento di diverse famiglie nel quartiere, il numero degli iscritti è aumentato del 5%. Quanti saranno ora gli alunni?**

A. 127
B. 125
C. 126 *
D. 128
E. 133

La risoluzione del quesito richiede il calcolo di una percentuale e una somma. Calcoliamo dapprima il 5% di 120, per ottenere quanti nuovi alunni si sono iscritti alla scuola elementare:

$$\frac{5}{100}\times 120 = 6$$

Gli alunni sono aumentati di 6 unità per cui la scolaresca totale, dopo l'aumento, sarà di 120 + 6 = 126. La risposta corretta è C.
In alternativa, avremmo potuto moltiplicare direttamente il numero degli alunni per 105% (il totale 100% più l'aumento 5%) ottenendo direttamente la scolaresca incrementata:

$$\frac{105}{100}\times 120 = 126$$

### Semplificare il testo del quesito, cioè semplificare il problema o modificare parzialmente la richiesta della domanda

L'uso di questa tecnica prevede di eliminare dal testo qualche elemento che influenza di poco il valore esatto della risposta o di riformulare la domanda per comprendere il "tipo" di risposta richiesta.

**ESEMPIO**

**Indicare quale tra le coppie di termini proposti completa logicamente la seguente proporzione verbale: X : Intonso = Territorio : Y**

A. X = Libro, Y = Inesplorato *
B. X = Capitolo, Y = Regione
C. X = Intatto, Y = Selvaggio
D. X = Cultura, Y = Geografia
E. X = Libraio, Y = Mappa

La parola "Intonso", ignota a molti, è un aggettivo. Le uniche alternative che presentano aggettivi per la variabile Y sono la A e la C. In questo caso non si è arrivati alla risposta corretta, ma volendo azzardarne una tra due alternative si comprende subito che "Intonso" è un aggettivo, mentre "Territorio" è un sostantivo. Quindi, l'unica analogia coerente grammaticalmente (sostantivo : aggettivo = sostantivo : aggettivo) è nell'alternativa A, secondo cui la proporzione verbale diviene:

Libro : Intonso = Territorio : Inesplorato

ossia il *libro* è *intonso* come il *territorio* è *inesplorato*.

### Eliminare i doppioni

Tra le tecniche per scartare le alternative errate, la più efficace e semplice consiste nell'eliminazione dei doppioni. Dalla considerazione che la risposta corretta è univoca discende che se due alternative hanno uno stesso valore o significato sono entrambe false.

**ESEMPIO**

**Se contenuto sta a misurato allora è corretto dire che smodato stia a ...**

A. sregolato *
B. modesto
C. limitato
D. sobrio
E. modato

Notiamo che i primi due termini della proporzione sono sinonimi, di conseguenza il termine incognito (il quarto) deve essere un sinonimo di "smodato", terzo termine della proporzione. Osserviamo che "modesto" e "limitato" sono alternative di significato equivalente a quello dei primi due termini della proporzione, non a quello del terzo termine. Si tratta sostanzialmente di sinonimi di "contenuto" e di "misurato", non di "smodato", che in quanto tali si escludono.

### Prestare attenzione alle negazioni

Ogni volta che si incontrano parole come *non* o *eccetto* nella radice o nelle alternative è opportuno evidenziarle immediatamente per assicurarsi di tenerne conto nella scelta della risposta. Il nostro cervello è, infatti, abituato a ragionare in positivo e non in negativo. Istintivamente siamo portati a cercare l'unica alternativa corretta e non l'unica errata!

**ESEMPI**

**Individuare la coppia nella quale i termini NON rimandano al medesimo prefisso:**

A. autocarro – autodidatta *
B. filantropia – filologia
C. biologia – bioetica
D. paramedico – paranormale
E. paleomagnetismo – paleozoico

In questo caso la chiave è la A e il quesito si definisce "indiretto", poiché quattro alternative presentano due termini con lo stesso prefisso e una sola invece è costituita da due parole con prefisso diverso (in autocarro il prefisso auto- è abbreviazione di automobile, mentre in autodidatta significa "da solo"). È meno semplice rispondere a domande formulate in questo modo in quanto si devono conoscere le proprietà di tutte le alternative.

L'autore afferma che nel deserto:
A. il clima è imprevedibile
B. il calore è sempre insopportabile
C. non piove mai
D. i terremoti costituiscono un costante problema
E. le notti non sono mai fredde

Probabilmente nel brano, che non abbiamo riportato, l'autore parla di calore insopportabile, di assenza di piogge, di notti miti, ma i termini "sempre" e "mai" implicano un grado di generalizzazione assoluto che esclude qualsiasi eccezione. In genere, nei brani gli autori si riferiscono a delle esperienze precise, circoscritte nel tempo, mentre dire che "il calore è sempre insopportabile" o che "non piove mai" implica una condizione costante che va oltre la singola esperienza. Conviene, dunque, evidenziare le parole "sempre" nell'alternativa B, "mai" nella C, "e" nella E e "costante" nella D, e verificare nel testo il grado di generalizzazione delle affermazioni. Se ti trovi nella necessità di tirare a indovinare, elimina in primo luogo tutte le alternative che contengono termini assoluti e scegli poi la risposta tra le alternative rimanenti.

## Procedere per esclusione

Nei casi dubbi, un consiglio più generico ma non inutile è quello di procedere per esclusione; anche nel caso di argomenti di cui si sa molto poco si può riuscire, seguendo una certa logica, a escludere almeno due o tre delle risposte presentate: in tal caso la probabilità di individuare la risposta corretta può essere abbastanza elevata da consigliare un certo azzardo.

### ESEMPIO

**Individuare l'alternativa che riporta una successione di elementi identica alla sequenza UUVUVUUVUVVUV.**
A. UUVUVUUVVUVUV
B. UUVUUVUVVUVUV
C. UUVUVVUVUUVUV
D. UUVUVUUVUVVUV *
E. UUVUVUUVUVVVV

Si tratta di un quesito di attenzione visiva, in cui è tipicamente usata tale tecnica per eliminare i distrattori. In generale, tale tipologia di quesiti richiede di analizzare le parole che compongono il testo o le lettere che compongono le parole non da un punto di vista grammaticale o semantico ma dal punto di vista oggettivo, valutandone cioè la posizione, il numero o la forma dei simboli.

Il quesito dato è costituito dalla sequenza alfabetica UUVUVUUVUVVUV; tra le alternative di risposta occorre identificare la sequenza identica a quella data.
Fino al gruppo UUVU tutte le alternative di risposta sono uguali, per cui conviene considerare che dopo tale gruppo è presente il gruppo VUU. Il gruppo UUVUVUU si ripete solo in due alternative. Per esclusione, tra le alternative si identifica la sequenza identica a quella riportata nel testo del quesito. La risposta corretta è D.

### Individuare le alternative simili

A volte, due alternative sono molto simili e differiscono anche per una sola parola; questo è spesso un indizio del punto che il compilatore del test riteneva centrale: è quindi logico pensare che una delle due alternative possa essere quella corretta. Ovviamente, tutte le altre alternative devono essere esaminate con attenzione e possono essere eliminate a favore di una delle due simili tra loro solo quando non si ha alcuna idea di quale sia la risposta corretta. In alcuni casi, i compilatori di test impediscono il ricorso a questo trucco inserendo due coppie di alternative simili.

### Eliminare i valori estremi eccezionali

Quando tutte le alternative di una domanda sono costituite da numeri, la risposta è ovviamente facile se si ricorda o si è in grado di calcolare il valore corretto; in caso contrario, la probabilità di rispondere correttamente aumenta se si eliminano il numero più piccolo e quello più grande. In genere, i compilatori di test includono nelle risposte un numero più piccolo e uno più grande di quello corretto.
Un'alternativa "caso limite", ovvero che contiene un valore estremo, più basso o più alto tra le opzioni di risposta, o che è formulata con valori distanti dalle altre, in genere non è la chiave.

**ESEMPIO**

**Un ciclista procede alla velocità costante di 9 km/h. Determinare quanto tempo impiega a percorrere un chilometro.**

A. 6 minuti e 30 secondi
B. 9 minuti
C. 3 minuti
D. 6 minuti e 20 secondi
E. 6 minuti e 40 secondi *

Nel quesito, le due opzioni B e C sono palesemente errate. È evidente che il tempo di 9 minuti con una velocità di 9 km/h è stato posto per fuorviare il risolutore del quesito; mentre il tempo di 3 minuti per un percorso di 1 km è inverosimile.
Pertanto, esclusi i due valori limite (3 minuti e 9 minuti), concentriamoci sulle altre opzioni di risposta in cui si ipotizza un tempo di percorrenza superiore a 6 minuti.
Sapendo che 1 ora = 60 minuti, il quesito si risolve impostando la proporzione:

$$9 \text{ km} : 60 \text{ minuti} = 1 \text{ km} : x$$

da cui x = 6 minuti e 40 secondi. La risposta esatta è la E.

### 2.1.3 • Tecniche di lettura veloce (da utilizzare per i testi medio-lunghi)

In presenza di domande che presuppongono la lettura di testi medio-lunghi che sottraggono tempo allo svolgimento dell'esercizio e al ragionamento, saper leggere rapidamente rappresenta un notevole vantaggio rispetto ad altri candidati poiché dà la possibilità di riservare più tempo al ragionamento necessario per risolvere il quesito. Per esercitarsi a leggere più velocemente esistono dei metodi semplicissimi che possono essere impiegati anche per lo studio.
Vediamone alcuni.
Ogni volta che si legge un brano, utilizzare come "**puntatore**" una penna o una matita (in assenza va bene anche un dito!). Lasciare scorrere rapidamente il puntatore sotto le parole che si stanno leggendo muovendolo a velocità costante ma leggermente superiore alla normale velocità di lettura. In questo modo gli occhi si abitueranno a "inseguire" il puntatore: più velocemente lo si muoverà, più rapida sarà la lettura.
Per riuscire nell'intento:

- questa tecnica deve essere praticata con costanza;
- occorre partire da una velocità di scorrimento del puntatore di entità pari alla velocità di lettura;
- è necessario aumentare con molta gradualità la velocità di scorrimento del puntatore.

Per ottenere un vero e proprio salto di qualità nella capacità di lettura, si dovrà pian piano abbandonare l'abitudine di leggere le parole singolarmente: il nostro cervello, infatti, è in grado di cogliere in un solo istante centinaia di particolari e dettagli. Si può iniziare cercando di cogliere 2, 3, 4 parole alla volta, per poi arrivare con la **pratica a leggere istantaneamente intere frasi**. Imparare a leggere frase per frase, piuttosto che parola per parola, è in assoluto la tecnica più efficace per incrementare esponenzialmente la propria velocità di lettura. Un buon allenamento consiste nel muovere gli occhi velocemente da una frase all'altra, senza tornare indietro e senza sforzarsi di comprendere tutto e subito. Scorrendo rapidamente da una frase all'altra, il cervello si abituerà al nuovo ritmo.
All'inizio si comprenderà ben poco di ciò che si sta leggendo, probabilmente meno del 20%, ma con la pratica la mente si abitua a questa modalità di lettura con vantaggi significativi per lo studio "quantitativo" (ovvero nozionistico).
Occorre ricordare che si tratta di una tecnica applicabile ai soli brani lunghi o medio-lunghi e alle relative domande di comprensione dei testi. Tale tecnica è assolutamente inadatta ai quesiti di ragionamento critico in cui i testi (generalmente brevi) vanno letti con grande attenzione.

# STUDIO

# CAPITOLO 1
# Logica verbale

I test di logica verbale possono assumere le forme più diverse ma si fondano principalmente su relazioni e associazioni tra parole, individuazione di termini contrari, sinonimi, anagrammi, ecc. Altre prove di contenuto verbale sono quelle che richiedono di comprendere e interpretare il significato di un brano, trarne delle conclusioni o escluderne implicazioni.
La *padronanza linguistica*, la *ricchezza del lessico*, la *conoscenza dell'etimologia* delle parole facilitano il raggiungimento di un buon risultato in questo tipo di esercizi.
Analizzeremo di seguito le più comuni tipologie di test di logica verbale, generalmente riscontrabili nelle prove di selezione per l'ammissione.

## 1.1 • I sinonimi

Si parla di sinonimia quando due termini risultano intercambiabili all'interno del medesimo contesto senza apprezzabili variazioni di significato.

Gli studi linguistici e psicolinguistici chiariscono che si possono stabilire sinonimie tra i termini secondo diverse regole: possono essere sinonimi due termini che esprimono una diversa generalità, intensità, emotività, moralità, professionalità, colloquialità, specificità dialettale, ecc. Il linguista Ullman (1966) riporta alcuni esempi: *caldo* e *rovente* sono sinonimi con diversa intensità, *rigettare* e *declinare* sono sinonimi che assumono una diversa coloritura emotiva, *decesso* è un sinonimo di *morte* usato maggiormente in un contesto tecnico-professionale, ecc.

Il compito di individuare i sinonimi dei termini viene facilitato dal fatto che alle prove si prevede la scelta di un termine tra quattro o cinque alternative, per cui è possibile riconoscere il termine tra quelli proposti anziché recuperarlo dalla memoria senza alcun suggerimento.

Verifichiamo ciò direttamente con un esempio: pensate ad un sinonimo di *oberato*. Alcuni non ricorderanno il significato del termine per cui non si sforzeranno più di tanto nel cercare di recuperarlo dalla memoria, altri proveranno una vaga sensazione di incertezza, altri ancora ce l'avranno "sulla punta della lingua", altri sapranno rispondere con esattezza e infine alcuni saranno convinti erroneamente di sapere la risposta.
È evidente che con le alternative fornite dal test possiamo *riconoscere* il sinonimo grazie al fatto che lo vediamo stampato sulla pagina insieme ad altri termini. In questo caso il rischio di errore deriva più che altro dai distrattori (cioè dai termini alternativi che vengono immessi tra le risposte possibili al solo scopo di indurre in errore).

**ESEMPIO**

Indicare qual è il sinonimo di *Oberato.*

A. Avvinazzato
B. Impedito
C. Aggravato
D. Liberato
E. Ingrassato

In questo esempio, da considerarsi di difficoltà medio-bassa, il distrattore più efficace è la risposta B, Impedito. Infatti alcuni, pur sapendo adoperare appropriatamente il termine in una frase, potrebbero cadere in errore valutando il termine nella sua *relazione conseguente*: cioè se si pensa all'uso del termine oberato in una frase come "oberato da impegni", si potrebbe proseguire con "dunque ostacolato o impedito nel fare una certa cosa", da cui potrebbe derivare la risposta errata. Naturalmente la risposta esatta è la lettera C, Aggravato. È stato inserito anche il contrario della risposta D, Liberato. Anche il termine Ingrassato ha una sua logica in questo contesto: il fine è quello di trarre in inganno coloro che, non conoscendo il significato di *oberato*, si affidano ingenuamente all'ancoraggio per assonanza con una parola nota: obeso.

## 1.2 • I contrari

I test verbali prevedono nella stragrande maggioranza dei casi delle prove di ricerca dei contrari di contenuti verbali, aggettivali, nominali ecc. La ricchezza del lessico è un prerequisito fondamentale per l'ottima riuscita in questo tipo di prove.
È di aiuto anche in questo caso mettersi nei panni del redattore del test per evitare di cadere nelle "trappole" che è solito tendere.
Il redattore sa che uno degli errori più frequenti in queste prove è dovuto alla pressione del tempo, quindi inserirà, tra le risposte, anche il sinonimo della parola stimolo. Inoltre, inserirà spesso anche un termine analogo al sinonimo e un termine in assonanza (di suono simile). È molto frequente, infatti, che la nostra risposta cada sul sinonimo anziché sul contrario del termine, proprio perché per abitudine è automatica la ricerca di una parola con significato simile anziché contrario a quella data.

Aiutatevi costruendo mentalmente una frase che contenga il termine stimolo ed il suo contrario.

**ESEMPIO**

Indicare il contrario di *Abiurare.*

A. Disfarsi
B. Convertirsi
C. Rifiutarsi
D. Cambiarsi
E. Affrettarsi

Il termine in questione ha una bassa frequenza di uso per cui risulta di difficoltà elevata. Osservando le alternative proposte, notiamo che è stato inserito il sinonimo, risposta C, accanto alla risposta corretta, Convertirsi. Qui, in caso di incertezza, è di aiuto costruire la frase con il termine e il suo contrario, come forma rafforzativa: "ha abiurato il cattolicesimo convertendosi al buddismo". (Si pensi per esempio a quante volte nei libri di storia si è letto che un sovrano ha abiurato una certa religione per abbracciarne un'altra).

## 1.3 • Le proporzioni verbali o analogie concettuali

Nelle prove selettive i quesiti basati su proporzioni verbali sono piuttosto comuni perché considerati rilevatori efficaci delle abilità di ragionamento induttivo. Si tratta, tuttavia, di quesiti che richiedono anche il possesso di un lessico sufficientemente ricco e una buona padronanza della lingua italiana.

Questi quiz vengono comunemente chiamati **proporzioni verbali** perché assomigliano nella forma alle proporzioni matematiche, ma al posto dei numeri sono costituite da vocaboli tra i quali occorre individuare il nesso. In tali prove si richiede infatti di individuare il rapporto di somiglianza tra parole, fatti, oggetti e di riconoscere il termine o i termini che spiegano la relazione o che esprimono un certo grado di somiglianza tra essi. Per questo motivo tali tipologie di quesiti possono essere definite anche equivalenze semantiche o analogie concettuali.

La prima cosa da fare è comprendere il nesso, ovvero la relazione, tra i termini.

Le tipologie di relazioni instaurabili tra serie di parole sono pressoché infinite; se non riuscite a cogliere intuitivamente una relazione di significato fra termini, sarà possibile individuarne un'altra tra quelle proposte in tabella.

•• TABELLA 1.1 Tipologie di relazioni

| Relazioni tra i termini di un insieme | Esempi di caratteristiche comuni |
|---|---|
| Relazione etimologica | Origine dei termini |
| Relazione semantica | Significato dei termini |
| Relazione ortografica | Lettera iniziale, suffissi, dittonghi ecc. |
| Relazione grammaticale | Verbi, sostantivi, aggettivi ecc. |
| Relazione geografica | Stati dello stesso continente, città della stessa nazione, città della stessa regione ecc. |
| Relazione temporale | Personaggi o eventi della stessa epoca |
| Relazione di appartenenza | Opere di un medesimo autore, artisti di una medesima corrente, animali di una medesima specie, musicisti di uno stesso genere, romanzi ambientati nella stessa città ecc. |
| Relazione funzionale | Il coltello taglia, la penna scrive ecc. |
| Relazione causale | Tra nuvole e pioggia, farmaco e guarigione ecc. |

## ESEMPI

**Relazione etimologica e semantica**

Eremo : Eremita = Probo : ?

A. Problematico
B. Probabilità
C. Proibire
D. Probiviro
E. Proboscide

Il termine Eremita, riferito a chi si apparta dal mondo, di solito per motivi religiosi, deriva etimologicamente da Eremo, luogo isolato di contemplazione e preghiera. Il termine Probo significa onesto, integro, retto, da cui deriva Probiviro che propriamente significa "uomo probo", più comunemente membro di un gruppo ristretto con compiti delicati all'interno di un'istituzione (collegio dei probiviri). Gli altri termini evidentemente non hanno alcuna relazione etimologica.

**Relazione ortografica**

Trama : Vello = Brama : ?

A. Merlo
B. Bello
C. Spello
D. Agnello
E. Pelo

Questo tipo di esercizi può trarre in inganno proprio per la sua semplicità. È essenziale in questo caso non prefigurare la risposta sulla base del solo esame della proporzione. L'unica relazione possibile tra i due termini noti della proporzione impostata è quella di tipo ortografico, che è prodotta dalla sostituzione della prima lettera di ciascun termine: la T di trama viene sostituita dalla B di brama. Quindi l'unico termine, tra quelli suggeriti, che soddisfa la relazione ortografica è il termine Bello (la lettera B in sostituzione della lettera V di vello).

**Relazione grammaticale**

Dire : Andato = Elegante : ?

A. Folla
B. Adesso
C. Studiare
D. Moltitudine
E. Molto

Anche questo tipo di esercizio richiede molta accortezza, oltre alla conoscenza della grammatica di base. È bene esaminare attentamente i termini della proporzione e le risposte suggerite. È difficile capire la relazione tra i termini se non individuiamo quali sono i termini noti della proporzione e il tipo di relazione che li accomuna. Dire e Andato sono i termini noti, sono due verbi, quindi dato che il termine

Elegante è un aggettivo, la risposta corretta sarà data da un altro aggettivo. Il termine Molto ha diverse funzioni nella lingua italiana, ma una di queste è proprio la funzione di aggettivo (può anche essere un avverbio o un pronome indefinito). La risposta corretta è, dunque, la E.

**Relazione geografica**

Calabria : ? = Toscana : Firenze

A. Catanzaro
B. Piacenza
C. Reggio Calabria
D. Vibo Valentia
E. Torino

La relazione tra i termini della proporzione è facilmente individuabile anche ad un primo sguardo: Firenze è il capoluogo regionale della Toscana, quindi la risposta giusta sarà A, Catanzaro, capoluogo regionale della Calabria. L'esempio ha un unico distrattore in Reggio Calabria, altro noto capoluogo tra le province calabresi. Dato che sono molto frequenti i richiami a nozioni geografiche, si consiglia di ripassare la materia.

**Relazione causale**

La coppia dei termini Soluzione e Problema è in *relazione causale consequenziale*, ovvero la Soluzione è qui da intendersi nella accezione di raggiungimento di un risultato da sostituire a una serie complessa di elementi ovvero ad un Problema. Qui l'incognita da individuare tra i cinque termini proposti dovrà esprimere la stessa consequenzialità inversa riferita al termine Accordo, per cui tra le alternative proposte:

A. Disaccordo
B. Concordia
C. Conflitto
D. Dilemma
E. Pretesa

La risposta giusta è la C, Conflitto, perché è l'unico termine che esprime con la stessa intensità e nella stessa direzione della coppia precedente la relazione di causalità consequenziale.

**Relazione temporale**

? : Lorenzo il Magnifico = Federico Barbarossa : Marco Polo

A. Carlo Magno
B. Giuseppe Garibaldi
C. Dante Alighieri
D. Giotto
E. Leonardo da Vinci

L'unica relazione tra il Barbarossa e Marco Polo è di tipo temporale; entrambi sono ascrivibili al periodo medioevale. Lorenzo il Magnifico, invece, appartiene al periodo rinascimentale come Leonardo da Vinci, quindi la risposta esatta è la lettera E.

**Relazione di appartenenza**
Tordo : Merlo = Capodoglio : ?
A. Trota
B. Scoiattolo
C. Fagiano
D. Piovra
E. Barracuda

I termini da confrontare sono tutti appartenenti al regno animale. La relazione nota è quella tra Tordo e Merlo, che appartengono all'ordine degli uccelli, diversamente dal Capodoglio. I distrattori inseriti in questo esempio sono i due pesci, la trota e il barracuda, oppure al limite si potrebbe considerare distrattore anche la piovra se erroneamente consideriamo l'habitat (entrambi sono animali marini, ma la piovra è un invertebrato, il capodoglio è un cetaceo). Escludendo ovviamente il fagiano, non resta altro che lo scoiattolo, piccolo mammifero di terra ferma. Anche il capodoglio è un mammifero, quindi la risposta esatta è B, Scoiattolo.

**Relazione funzionale**
Lavastoviglie : ? = Scooter : Benzina
A. Piatti
B. Sapone
C. Elettricità
D. Acqua
E. Lavatrice

L'analogia tra i vocaboli è spiegata dalla relazione funzionale tra i termini della proporzione. Naturalmente la Benzina è il propellente necessario per la locomozione dello Scooter.
Il distrattore più insidioso tra i termini proposti è principalmente l'acqua che, pur essendo un elemento indispensabile per il buon funzionamento della lavastoviglie, non è l'elemento che attiva il motore dell'elettrodomestico.
La risposta esatta è dunque la C, Elettricità.

Le combinazioni in questo tipo di prove sono pressoché infinite. È da tenere presente che non si può ricordare e sapere ogni cosa su qualsiasi argomento, quindi per affrontare serenamente le prove fate un ripasso veloce delle nozioni di cultura generale, recupererete la gran parte delle informazioni e nozioni che vi aiuteranno più di qualsiasi altra cosa per questo tipo di prove.

### 1.3.1 • Le proporzioni verbali complesse

Nella prova possono essere presentate **proporzioni a più incognite** o **analogie complesse** composte da due coppie di termini in relazione tra loro, nelle quali mancano due termini. Occorre dunque individuare la coppia di parole che completa la proporzione secondo un determinato criterio.

Il rapporto logico esistente tra i termini deve essere rispettato, pertanto, oltre al significato e alla relazione tra le parole, decisiva è anche la posizione che ciascun termine occupa nella proporzione.

**ESEMPIO**

Medico : Poliziotto = x : y

Questo tipo di prova richiede necessariamente la scelta tra una serie di alternative perché fin qui non abbiamo elementi per dare risposte affidabili.

La risposta è da scegliere tra una di queste possibilità:

A. x = Ospedale y = Pistola
B. x = Divisa y = Camice
C. x = Paziente y = Legge
D. x = Malato y = Ladro
E. x = Manette y = Siringhe

La risposta corretta in questo caso è la D, perché il medico e il poliziotto hanno a che fare rispettivamente con i malati e con i ladri, cioè sono le due categorie cui è finalizzata la loro professione: curare i malati, arrestare i ladri. Le altre risposte che al limite potevano essere plausibili, ad esempio le risposte B ed E, non hanno il medesimo ordine della coppia iniziale, la risposta A non rispetta la relazione funzionale perché il medico lavora in …, il poliziotto spara con la …. Infine la risposta C esprime due incognite con un diverso livello di astrazione tra loro.

In questo tipo di prove, occorre, quindi, prestare la massima attenzione sia al significato dei termini sia all'ordine di presentazione delle risposte.

### 1.3.2 • Le possibili forme grafiche di presentazione delle proporzioni verbali

Abbiamo descritto alcune chiavi di lettura per risolvere con profitto le analogie verbali. Tuttavia, gli altri elementi di "distrazione" escogitati dai redattori delle prove di esame fanno ricorso alle più varie modalità di presentazione grafica delle analogie verbali.
Siate, dunque, pronti anche a questo tipo di evenienza. Occorre qualche istante in più per riconoscere i termini noti, ma la chiave per la risoluzione del problema non cambia.

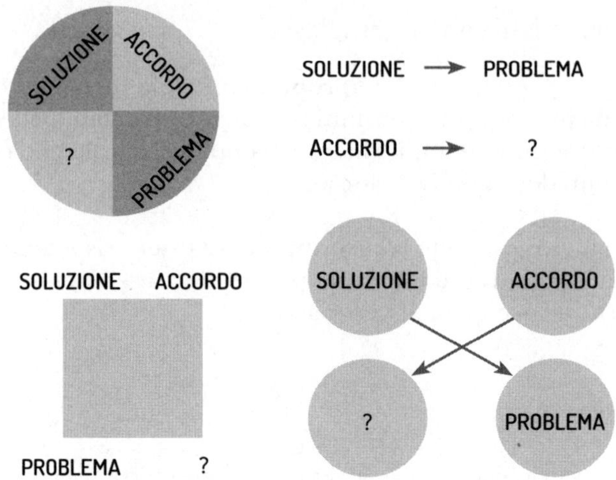


## 1.4 • Le classificazioni concettuali

Anche nei comuni giochi enigmistici si trovano esercizi di questo tipo. Generalmente si chiede di individuare il **termine da scartare** nell'ambito di una serie.

Si tratta di quesiti in cui, data una serie di termini, si chiede di individuarne uno da scartare perché non legato agli altri dalla relazione (etimologica, semantica, funzionale ecc.) che li accomuna. Occorre, dunque, riconoscere la relazione esistente tra i termini e le ragioni di incongruenza del termine discordante.

Nei giochi enigmistici viene chiamato "caccia all'intruso".
Sono frequenti i raggruppamenti del tipo: classe degli strumenti a corda, classe dei vini, classe dei mammiferi, le diverse classi grammaticali (sostantivi, aggettivi, verbi, avverbi, ecc.), e così via. È letteralmente impossibile riuscire a prevedere tutte le possibili classi che potreste incontrare nella prova. Tuttavia, sapere che è possibile incontrare esercizi di questo tipo predispone mentalmente a ricercare un livello di categorizzazione non sempre individuabile ad un primo sguardo.
Anche in questo caso, dunque, la prima cosa da fare è comprendere il nesso, ovvero la relazione, tra i termini. Come già accennato le tipologie di relazione possibili sono pressoché infinite.

### ESEMPI

**Relazione etimologica**
Individuare, tra le alternative proposte, il termine da scartare.
A. Antenato
B. Antefatto
C. Antipasto
D. Antifurto
E. Anteprima

Nelle alternative A, B, C, E, il prefisso *anti*deriva da *ante* che significa "prima, davanti", mentre nell'alternativa D, il prefisso deriva da *anti*con il significato di "contro".

**Relazione semantica**
Individuare, tra le alternative proposte, il termine da scartare.
A. Restio
B. Disposto
C. Orientato
D. Propenso
E. Incline

Tutti i termini indicano un atteggiamento favorevole nei confronti di qualcosa ad eccezione della A: la parola "restio" infatti significa "riluttante a fare qualcosa".

**Relazione ortografica**
Individuare, tra le alternative proposte, il termine da scartare.
A. Spasso
B. Basso
C. Contrabbasso
D. Contrabbando
E. Contrappasso

Tutti i termini finiscono per "asso" tranne nell'alternativa D.

**Relazione grammaticale**
Individuare, tra le alternative proposte, il termine da scartare.
A. Il
B. La
C. Un
D. Le
E. Gli

Sono tutti articoli determinativi tranne la C.

**Relazione geografica**
Individuare l'abbinamento errato:
A. Edimburgo/Scozia
B. Reykjavik/Svezia
C. Parigi/Francia
D. Bucarest/Romania
E. Lisbona/Portogallo

La risposta esatta è B: queste coppie di parole sono legate da una relazione geografica, infatti si tratta di una serie di Paesi abbinati alle loro capitali (capoluoghi, per la Scozia), tranne che nel caso della Svezia, la cui capitale è Stoccolma e non Reykjavik che invece è la capitale dell'Islanda.

**Relazione causale**
Individuare l'abbinamento errato:
A. Medicina – guarigione
B. Corsa – affanno
C. Riposo – stanchezza
D. Dieta – dimagrimento
E. Taglio – sanguinamento

In ogni coppia i termini sono legati tra loro da una relazione di causa-effetto tranne nella C non essendo il riposo una possibile causa di stanchezza.

**Relazione temporale**
Individuare, tra le alternative proposte, il termine da scartare.
A. Baricco
B. Dante
C. De Giovanni
D. Coelho
E. Faletti

Si tratta di tutti scrittori contemporanei, ad eccezione di Dante che è dunque il termine da scartare.

**Relazione di appartenenza**
Individuare, tra le alternative proposte, il termine da scartare:
A. Sardina
B. Orata
C. Balena
D. Branzino
E. Dentice

I termini proposti sono tutti pesci tranne la balena che è un cetaceo.

**Relazione funzionale**
Individuare, tra le alternative proposte, la parola da scartare.
A. Bicicletta
B. Motocicletta
C. Automobile
D. Coltello
E. Motocarro

In tutte le alternative sono elencati mezzi di locomozione tranne nella D.

Nell'affrontare quesiti di questo tipo, ricordate di passare in rassegna anche gli aspetti superficiali delle parole: con quale lettera iniziano (ad esempio se iniziano tutte con consonanti tranne una); se contengono sillabe in comune (ad esempio le parole risotto, trottola, nottola, ottobre, ecc. hanno tutte in comune il gruppo sillabico *otto*); se sono composte dallo stesso numero di lettere tranne una, e così via. Si suggerisce, quindi, di analizzare le alternative proposte prima ad un livello di "superficie", per poi passare a livelli di classificazione via via più "elaborati". Abituarsi ad analizzare i raggruppamenti proposti in questo modo impedisce il sovraccarico del nostro sistema di elaborazione delle informazioni e consente di risparmiare del tempo prezioso.

## 1.5 • Le prove di vocabolario

Le prove di vocabolario, quelle cioè in cui si richiede il significato di un termine, sono una tipologia piuttosto frequente nelle prove di ammissione.

Non ci sono molti trucchi da svelare dato che la buona riuscita dipende dalla ricchezza del lessico e dalla conoscenza del significato delle parole.
Come al solito nei test il compito è facilitato perché non si richiede una definizione scritta del termine, ma la scelta tra una lista di alternative, per cui viene favorito il recupero mnestico delle definizioni, qualora si fosse dimenticato o in caso di incertezze.

**ESEMPIO**

Qual è il significato del termine *Laconico*?
A. Conciso
B. Malinconico
C. Dispendioso
D. Malconcio
E. Ricco

Qui potrebbe aiutarci la conoscenza dell'etimologia del termine, che deriva dal *lakonicos*, ovvero "proprio dei Laconi" cioè gli spartani, noti per la loro ridotta loquacità. La risposta corretta è dunque Conciso (ma sarebbero state corrette, se previste, anche le risposte stringato, breve, sintetico, succinto). Le altre risposte possono trarre in inganno coloro che si affidano alle assonanze.

Allenatevi con il vocabolario: prendete un buon dizionario e abituatevi a leggere le definizioni. Vi siete mai chiesti quante siano le parole di cui non conoscete il significato? Provate con queste, ne sapreste dare una definizione corretta?
In ogni caso confrontate la vostra definizione con quella del dizionario: *abulico, ignavia, flemmatico, vetusto, lepido, ubertoso, abietto, renitente, reietto, recondito, precetto, sornione, sapido, orpello, pleonastico, futile, dissoluto, corroborare, coltre, colluvie, borro, asterso, arguire, anelare, chetichella, cinabro, concrezione, concupito, copula, dedalo, biasimare, demiurgico, esacerbare, estrapolare, emendare, eluso, escussione, esecrabile, esiziale.*

Questo è solo un assaggio. Se non siete riusciti a dare una definizione corretta di almeno la metà dei termini, sarebbe utile imparare il significato di almeno dieci nuove parole al giorno.

Per favorire la memorizzazione e il recupero dei termini nuovi si potrebbero scrivere delle frasi che li comprendano.

## 1.6 • Inserzione logica di termini in un contesto

Questa tipologia di quesiti è finalizzata alla verifica della ricchezza di lessico ma anche della capacità di comprensione e contestualizzazione dei termini. Non si tratta di vere e proprie prove di vocabolario, in quanto non si chiede in modo specifico il significato di una parola, ma si chiede di inserire un termine in una frase o una serie di termini in un brano da cui sono stati espunti. Le parole potrebbero, dunque, essere individuate anche andando ad esclusione e comprendendo il solo senso generale del testo proposto. Nella scelta dei termini incogniti occorre tener presente sia l'**aspetto semantico** (il significato più adatto al contesto) che l'**aspetto grammaticale**. Possono essere oggetto di prova testi di qualsiasi argomento, su qualsiasi disciplina, ma ancora una volta l'intento non sarà quello di testare conoscenze acquisite su determinati argomenti o materie, quanto piuttosto la capacità di utilizzare correttamente i termini in contesti appropriati.

**ESEMPIO**

**Quali parole vanno sostituite ai numeri per dare un senso compiuto e logico alla frase seguente? "Il ____ (1)____ fece capolino da una tana, sparì in un'altra e sbucò subito da un ____ (2)____ distantissimo; infine, ____ (3)____ uno sperone di roccia e puntò in basso."**

A. (1) dentice (2) rifugio (3) galleggiò
B. (1) platano (2) foro (3) fiancheggiò
C. (1) mantice (2) covo (3) affondò
D. (1) polpo (2) orifizio (3) fluttuò
E. (1) sarago (2) pertugio (3) bordeggiò

Per risolvere il quesito bisogna fare particolare attenzione alle parole che precedono e seguono gli spazi vuoti. Infatti, poiché il soggetto della frase "fece capolino da una tana" deve essere necessariamente un animale, le alternative che contengono i sostantivi "platano" e "mantice" devono essere scartate restringendo la scelta alle altre tre risposte. L'unico abbinamento corretto è "sarago; pertugio; bordeggiò", dal momento che i verbi delle altre due alternative, "fluttuò" e "galleggiò", non hanno alcun nesso con la frase seguente.

## 1.7 • Le prove di comprensione di brani

In quasi tutte le prove di ammissione sono previsti esercizi volti a verificare la capacità di comprendere un testo, decodificarne i contenuti più importanti, contestualizzare le informazioni, identificare le intenzioni comunicative dell'autore, le strutture del testo, gli scenari, gli eventi e le storie descritte, le conclusioni a cui si può giungere.

In genere vengono presentati brani piuttosto lunghi, al termine dei quali sono poste alcune domande sia su quanto esposto che su quanto deducibile dal testo.

Dato che si lavora sotto la pressione del tempo, occorre verificare quante domande oppure quanti brani debbono essere letti e fare delle valutazioni circa l'opportunità o meno di saltarli, lasciandoli per ultimi. Infatti, le prove di lettura dei brani richiedono molto più tempo rispetto agli altri item e attribuiscono lo stesso punteggio degli altri quiz, per cui la decisione di affrontarli soltanto quando abbiamo risposto a tutte le altre prove non è da scartare.

È consigliabile comunque dare una lettura rapida ma attenta alle domande inerenti il brano prima ancora di averlo letto. È un modo per familiarizzare con i temi e gli argomenti del brano che andremo a leggere e per riconoscere e focalizzare l'attenzione sui contenuti del brano che ci interessano per rispondere ai quesiti.
Un altro suggerimento utile è quello di servirsi di una simbologia (sottolineatura tratteggiata, sottolineatura continua, cerchiatura, quadratura e quant'altro vi venga in mente) per sezionare il brano letto con lo "spirito dell'anatomo-patologo": sezionate il testo in tanti frammenti informativi, aiutandovi con tutti gli artifici grafici che vi consentano di recuperare rapidamente le informazioni. Potreste sottolineare con il tratteggio le porzioni del brano in cui si presentano le idee principali dell'autore, le idee chiave, cerchiare le porzioni del testo in cui si presenta lo scenario in cui è ambientato il brano, oppure riquadrare le date, i riferimenti precisi, i nomi, e così via. Alla fine avrete "ri-costruito" un brano ricco di **informazioni immediatamente recuperabili** per cui le vostre risposte saranno più consapevoli e sarà meno dispendiosa la ricerca delle informazioni nel testo.

Naturalmente queste procedure artificiose hanno una validità limitata esclusivamente a occasioni d'esame del tutto particolari (elevata pressione temporale, rapidità di risposta, ecc.) e non costituiscono certo la metodologia indicata per memorizzare dati nel lungo periodo.
Il compito di comprensione dei testi non si esaurisce nella semplice frammentazione del brano in tanti dettagli informativi, dato che di frequente si richiede al candidato di trarre delle conclusioni da quanto ha letto, del tipo:

- Quali conclusioni è possibile trarre dal brano che avete letto?
- Qual è lo stile del brano?
- Quale tra le seguenti argomentazioni è la più corretta?
- Quale potrebbe essere il titolo del brano?

### 1.7.1 • Leggere per comprendere

Quando si affronta la lettura di un testo scritto si possono utilizzare varie strategie di lettura in base allo scopo che ci si propone.

Lettura **di consultazione o selettiva** (*scanning*): consiste nella ricerca di particolari informazioni su testi definiti appunto "di consultazione" (enciclopedie, dizionari, cataloghi, schede bibliografiche, nonché saggi e manuali). Non si legge tutto il testo, ma lo si esamina velocemente, "saltando" da un punto all'altro, ricercando gli elementi di interesse. Si definisce, infatti, lettura *non sequenziale* perché non segue l'ordine con cui l'autore ha organizzato il testo che si consulta, ma la scelta personale del lettore.

Lettura **orientativa o esplorativa o di superficie** (*skimming*): la si utilizza ogni volta che si vuole elaborare un'idea sommaria dei contenuti trattati nel testo, senza perdere troppo tempo. Si scorre il testo, sorvolando sui dettagli e prestando, invece, attenzione a importanti indicatori come titoli, sottotitoli, frasi iniziali e conclusive dei paragrafi, da cui si può capire quali temi si affrontano e in che modo. Si tratta di una lettura *sequenziale*, in quanto, pur nella sua rapidità, segue l'ordine del testo, dall'inizio alla fine.

Lettura **analitica o intensiva o di approfondimento** (*receptive reading*): se lo scopo è quello di cogliere in modo accurato e completo il significato del testo, si effettua un esame analitico, in modo da poter cogliere le diverse informazioni e le connessioni che le legano. Come la lettura orientativa, quella analitica è *sequenziale*, in quanto viene effettuata dall'inizio alla fine secondo l'ordine dato dall'autore.

### 1.7.2 • La velocità di lettura

Leggere in modo spedito può essere di grande utilità sia nella fase di studio sia nella risoluzione dei quesiti, ma non è sufficiente. È necessario leggere in modo tale da **capire** e **comprendere** in maniera approfondita il messaggio del testo o della domanda. *Capire* significa decifrare la forma del messaggio, *comprenderlo* significa entrare in profondità nei suoi significati fino a gestirli in modo consapevole. Nella *lettura silenziosa* ognuno adatta ritmo e velocità alle proprie capacità di lettura e alla complessità del testo. Di conseguenza è in essa che si possono adottare tecniche di **lettura veloce** tali da accelerare i tempi senza trascurare preziose informazioni.
Un lettore allenato legge da 100 a 300 parole circa al minuto; con la lettura veloce si può arrivare a 800-1000 parole al minuto, senza penalizzare la comprensione del testo.

**ESEMPIO**

Si consideri il testo seguente che può essere definito equivalente a un brano di diverse prove di ammissione. La prima versione è in modalità normale; nella seconda versione sono stati indicati i punti di fissazione per una lettura veloce "in orizzontale". Un utile allenamento è quello di leggerli in entrambe le modalità, annotando il tempo impiegato nella lettura calcolandolo con il cronometro.

«Il gioco d'azzardo è un'attività ludica che ha tre caratteristiche fondamentali: lo scopo del gioco è l'ottenimento di un premio (denaro, beni materiali, buoni, ecc.); per parteciparvi è necessario rischiare una somma più o meno ingente di denaro o equivalenti (propri beni ecc.); la vincita è più dovuta al caso che alla perizia del giocatore.
La storia del gioco d'azzardo è strettamente legata alla storia dell'uomo, tanto che i primi cenni di quest'attività si riscontrano addirittura nel 3000-4000 a.C. Nella civiltà egizia,

infatti, era già praticato il gioco dei dadi (il termine "azzardo" deriva dal francese "hasard", a sua volta termine di origine araba, "az-zahr", che significa proprio "dadi"). Più a est, in India, Giappone e Cina, si hanno testimonianze di forti scommesse, sia al gioco dei dadi sia alle corse dei carri.
Non da meno, nella Roma imperiale, personaggi come Nerone, Caligola, Claudio furono certamente accaniti giocatori (oggi probabilmente diremmo "giocatori patologici o compulsivi").
Connaturata con il gioco d'azzardo, inoltre, pare essere la propensione per il barare, confermata dal ritrovamento di dadi appesantiti da un lato.
Se il gioco dei dadi vanta la storia più lunga, nei secoli a noi più vicini c'è stata una notevole espansione delle modalità di gioco, a partire dalle scommesse sui cavalli ("lo sport dei re"), alle lotterie, delle quali si ha testimonianza dai secoli XVI-XVII. La roulette fu inventata nel XVI secolo dal filosofo Blaise Pascal, mentre le slot machine nel 1895 dall'americano Charles Fay».

«Il ***gioco d'azzardo*** è un'attività ludica che ha ***tre caratteristiche*** fondamentali: lo scopo del gioco è l'***ottenimento di un premio*** (denaro, beni materiali, buoni, ecc.); per parteciparvi è necessario ***rischiare una somma*** più o meno ingente di denaro o equivalenti (propri beni ecc.); la ***vincita*** è più dovuta al ***caso*** che alla perizia del giocatore.
La ***storia*** del gioco d'azzardo è strettamente legata alla ***storia dell'uomo***, tanto che i primi cenni di quest'attività si riscontrano addirittura nel ***3000-4000 a.C.*** Nella civiltà ***egizia***, infatti, era già praticato il ***gioco dei dadi*** (il termine "azzardo" deriva dal ***francese "hasard"***, a sua volta termine di ***origine araba, "az-zahr"***, che significa proprio "dadi"). Più a est, in ***India, Giappone*** e ***Cina***, si hanno testimonianze di ***forti scommesse***, sia al gioco dei dadi sia alle ***corse dei carri***.
Non da meno, nella ***Roma imperiale***, personaggi come Nerone, Caligola, Claudio furono certamente ***accaniti giocatori*** (oggi probabilmente diremmo "giocatori patologici o compulsivi").
***Connaturata*** con il gioco d'azzardo, inoltre, pare essere la ***propensione per il barare***, confermata dal ***ritrovamento di dadi*** appesantiti da un lato.
Se il gioco dei dadi vanta la ***storia più lunga***, nei secoli a noi ***più vicini*** c'è stata una notevole ***espansione delle modalità*** di gioco, a partire dalle ***scommesse sui cavalli*** ("lo sport dei re"), alle lotterie, delle quali si ha testimonianza dai ***secoli XVI-XVII***. La ***roulette*** fu inventata nel XVI secolo dal filosofo Blaise Pascal, mentre le ***slot machine nel 1895*** dall'americano Charles Fay».

Una lettura veloce richiede che l'occhio sappia procedere nella pagina prevedendo come continua una parola anche senza vedere come termina. Dal testo che segue sono state eliminate gradualmente alcune vocali. Cercare di leggere speditamente integrando sul momento. Sottolineare le parole che non si riesce subito ad integrare e ripetere la lettura fin quando non si commettono più errori. Cronometrare il tempo impiegato per svolgere l'esercizio.

**ESEMPIO**

Itiner_ri_ molt_ v_ri_ p_r p_es_gg_ e mot_v_ d'int_r_ss_, ch_ attr_v_rs_ nell_ su_ prim_ p_rt_ _n_ plag_ mar_n_ d'_ cc_z__n_l_ b_ll_zz_, e n_ll_ s_c_nd_ l_ z_n_ d__ m_nt_ Lepini a_ m_ rg_n_ d_ll_ p__n_ Pontina, t_cc_nd_ paesi r_cch_ d_ f_sc_n_ e d_ st_r__. D_ Gaeta s_ s_g__ l_ l_t_r_n__ ch_, s_l tr_cc__t_ d_ll'_nt_c_ v__ Fl_cc_, c_rr_ _n _n_ spl_nd_d_ sc_n_r__ l_ng_ l_ c_st_ r_cc__s_, p_nt_gg__t_ d_ _nt_ch_ t_rr_ d_ g__rd__.

(da Guida rapida d'Italia vol. 4, Milano, TCI, 1997)

La soluzione è la seguente:
Itinerario molto vario per paesaggi e motivi d'interesse, che attraversa nella sua prima parte una plaga marina d'eccezionale bellezza, e nella seconda la zona dei monti Lepini al margine della piana Pontina, toccando paesi ricchi di fascino e di storia. Da Gaeta si segue la litoranea che, sul tracciato dell'antica via Flacca, corre in uno splendido scenario lungo la costa rocciosa, punteggiata da antiche torri di guardia.

### 1.7.3 • Analisi del testo

Si focalizzi l'attenzione sulle modalità di lettura ed analisi dei quesiti. Al fine di interpretare correttamente ciò che richiede una domanda, grazie anche all'ausilio dell'analisi delle alternative, è utile comprendere che il testo e la risposta corretta devono essere coerenti tra loro da un punto di vista non solo logico e grammaticale, ma anche per ciò che concerne l'intenzione di chi ha formulato il quesito; tale lavoro di analisi permetterà nella risoluzione dei quesiti di escludere alcune alternative errate.
L'**intenzione comunicativa** si riferisce al fatto che chi trasmette il messaggio si propone di ottenere una certa finalità (informare, persuadere, esprimere opinioni o sentimenti, dare o chiedere consigli, chiedere qualcosa, ecc.) e, di conseguenza, costruisce il messaggio nella maniera che ritiene più efficace per raggiungere lo scopo prefissato.
Si ricordi che, affinché si verifichi un processo comunicativo, occorrono sei elementi:

- **emittente**: chi trasmette il messaggio
- **destinatario**: persona/e a cui è rivolto il messaggio
- **messaggio**: insieme di parole, suoni, immagini che costituisce il testo
- **referente**: persona, cosa o situazione su cui verte il messaggio
- **codice**: linguaggio nel quale è espresso il messaggio
- **canale**: mezzo attraverso il quale passa il messaggio (la carta se si tratta di un mezzo scritto).

Il **contesto** è la specifica situazione all'interno della quale si colloca il testo ed è delimitato da precisi confini "fisici" come, ad esempio, le colonne degli articoli di giornale, le copertine di libri e riviste, e "logici" come l'ambiente in cui è collocato il messaggio.

La **coerenza logica** si ottiene organizzando i contenuti in modo che ci sia *progressione dell'informazione*, cioè che ogni unità informativa si agganci alla precedente e costituisca il supporto per l'informazione successiva.
La **coesione linguistica** si riferisce al piano formale del testo, cioè all'uso di un linguaggio che, oltre a rispettare le regole ortografiche, grammaticali e sintattiche, esprima le connessioni tra un blocco di testo e l'altro. L'aggancio tra i vari blocchi di testo avviene mediante **connessioni logiche** di vario tipo (tempo, spazio, causa/effetto, opposizione, esemplificazione, conclusione, ampliamento) o mediante la **ripresa di un termine**.

### 1.7.4 • I quesiti di comprensione dei brani (Le tipologie testuali)

Ogni testo, sia di ambito letterario che non, in base al modo in cui è costruito e al suo contenuto, va ricondotto ad una specifica tipologia. Gli studiosi sono soliti dividere i testi in cinque tipologie: descrittivi, narrativi, regolativi, espositivi, argomentativi. Durante la lettura di un brano il riconoscimento immediato della tipologia testuale facilita notevolmente la scelta della strategia da adottare per rispondere. Infatti, ognuna di queste tipologie ha delle caratteristiche peculiari schematizzate qui di seguito:

- **testi descrittivi.** Hanno come finalità il "mostrare" una determinata realtà (persone, luoghi, oggetti, sensazioni), privilegiando la dimensione spaziale rispetto a quella temporale. La descrizione può procedere *dal generale al particolare o viceversa.* Può essere *sintetica* o *analitica.* La progressione dell'informazione avviene prevalentemente per *ampliamento,* cioè mediante connettivi come "e, inoltre, quindi", o mediante nessi di luogo che indicano la collocazione dei vari elementi nello spazio (in alto, in basso, a destra, a sinistra, davanti, dietro, ecc.). I tempi verbali utilizzati sono l'*imperfetto* e il *presente. Paragoni* e *metafore* servono a rendere più evidenti le immagini e le sensazioni. Le descrizioni sono di tipo soggettivo o oggettivo. Le *descrizioni soggettive* sono ricche di osservazioni personali, si trovano nei testi letterari, ma anche in testi non letterari come articoli giornalistici, lettere, diari. Le *descrizioni oggettive* solitamente s'incontrano in enciclopedie, manuali scolastici e sono caratterizzate da *linguaggio neutro, termini tecnici e scientifici,* sono *particolareggiate e precise*;

- **testi narrativi.** Raccontano una vicenda cogliendone le relazioni temporali e i rapporti di causa ed effetto. La progressione dell'informazione si sviluppa sull'asse temporale e i collegamenti tra i blocchi testuali sono segnalati da *connettivi logici*: temporali, causali, di opposizione, ecc. I tempi verbali utilizzati sono il passato remoto, l'imperfetto, i due trapassati;

- **testi regolativi.** Danno ordini, istruzioni, consigli, dettano regole, norme o leggi. Le forme verbali prevalenti sono il *congiuntivo* o l'*imperativo,* accompagnate spesso da formule di cortesia che servono ad attenuare l'ordine o la prescrizione. Nelle leggi, nei codici, nei regolamenti è frequente l'uso del presente indicativo. Il linguaggio è chiaro, ma, secondo il tema trattato, sono utilizzati termini tecnici di ambito giuridico, medico, culinario, ecc. La progressione dell'informazione si sviluppa per ampliamento, con ripresa o istituzione di un termine o per ellissi;

- **testi espositivi.** Hanno come finalità quella di "fornire informazioni"; essi, infatti, espongono o spiegano idee, fenomeni, concetti, anche complessi, in modo semplice e ordinato. La progressione dell'informazione avviene attraverso connettivi logici di vario tipo e connettivi che esplicitano l'organizzazione del testo. Normalmente l'esposizione è suddivisa in paragrafi, talvolta introdotti da titoli esplicativi per rendere più chiara la suddivisione della materia. La lingua è chiara, precisa e si serve della terminologia specifica dell'ambito culturale a cui il testo si riferisce. La sintassi è lineare, il tono del discorso è neutro e oggettivo. Nel testo espositivo possono essere adoperati grafici, cartine, diagrammi, schemi, mappe, immagini, ecc. per dare una sintesi visiva degli argomenti e per chiarire il contenuto. Spesso il testo espositivo è collegato a quello argomentativo, di cui costituisce la premessa;

- **testi argomentativi.** Si tratta di testi nei quali chi scrive discute un problema, esprime la propria opinione su di esso, utilizzando argomentazioni ed esempi per sostenere la sua tesi e demolire quella dell'avversario. La parola *argomento* assume in questo caso un significato direttamente riconducibile al verbo latino *arguere*, da cui deriva, che vuol dire "dimostrare". Un argomento è, quindi, un ragionamento dimostrativo costituito da proposizioni logicamente collegate. Un insieme di argomenti connessi tra loro costituisce un'*argomentazione*.

Nel testo argomentativo vanno individuati tre elementi fondamentali:

- lo **scopo**, vale a dire: sostenere la validità di una teoria, di un'idea, di un'opinione; convincere gli interlocutori della validità della propria teoria; confutare, cioè dimostrare false le teorie altrui; confrontarsi con altre opinioni;
- gli **argomenti**, che sono i ragionamenti a sostegno della propria tesi e/o contro le tesi altrui;
- gli **esempi**, che sono i fatti, le persone, le circostanze citati per rinforzare e avvalorare la tesi.

Pur non seguendo un unico modello, nei testi argomentativi è possibile riconoscere una struttura sempre uguale con dei capisaldi:

- l'esposizione del **problema**;
- l'enunciazione della **tesi**, cioè dell'idea che si vuole dimostrare;
- una o più **antitesi**, vale a dire la/le tesi opposta/e alla propria;
- la **confutazione** della/delle antitesi con argomenti ed esempi;
- la **dimostrazione** della tesi con argomenti ed esempi;
- la **conclusione** con la ripresa della tesi ed il suo rafforzamento.

Si tratta di un tipo di testo estremamente rigoroso sul piano della coerenza logica ed è pertanto di fondamentale importanza l'uso di connettivi appropriati. I più utilizzati sono i connettivi logici di spiegazione, esemplificazione, opposizione, conclusione, ma anche quelli che esplicitano l'organizzazione testuale. Il tono del testo può presentare sfumature soggettive, quando chi scrive esprime valutazioni e giudizi ricorrendo all'ironia se non addirittura al sarcasmo per demolire le posizioni dell'avversario.

Ecco alcuni esempi di testi espositivi ed argomentativi tratti da prove di ammissione.

**ESEMPI DI TESTI**

«La conoscenza aumenta sicuramente nel corso degli studi scolastici medi, mentre dopo il diploma della Scuola media superiore sono possibili sia un aumento che una diminuzione delle nozioni non utilizzate nella vita. In ogni caso, la conoscenza si modifica sostanzialmente quando lo studente entra nell'università».

Il brano sopra riportato è un esempio di testo espositivo. Esso può essere suddiviso in due paragrafi (coincidenti con i due punti fermi); la progressione dell'informazione è affidata sia ad un connettivo logico avversativo (*mentre*) sia ad una locuzione di tipo conclusivo (*in ogni caso*) che segnala la logica deduzione di quanto affermato nel primo paragrafo. Il linguaggio è estremamente chiaro, il tono è neutro.

«Il fenomeno della specializzazione delle Scienze [individuazione di sei discipline fondamentali, con compiti, metodi e strutture ben distinte, cioè matematica, astronomia, fisica, chimica, biologia e sociologia, e altre in esse comprese] – fin dall'inizio del secolo XIX – non faceva che riprodurre, entro l'organizzazione delle ricerche, una delle più tipiche situazioni che si venivano imponendo nella nascente industria per evidenti ragioni economiche: la suddivisione del lavoro. Come questa mirava a incrementare la produzione delle merci, così quella si rendeva necessaria per incrementare la produttività scientifica. Il primo vantaggio della specializzazione è una precisa delimitazione dei campi di indagine perché permette al singolo ricercatore di assimilare in breve tempo le tecniche ivi solitamente applicate e quindi di metterle subito a profitto dell'indagine. Ma vi è anche un altro aspetto, non meno importante. Con le ricerche specialistiche nascono anche i linguaggi appositamente costruiti da ogni scienza per denotare tutte e sole le proprietà che essa intende prendere in considerazione nei fenomeni indagati: linguaggi che favoriscono in misura notevolissima l'esattezza delle espressioni, il rigore dei ragionamenti, la chiarificazione dei principi che stanno alla base delle singole teorie. Tale specializzazione e tecnicizzazione dei linguaggi scientifici ha però avuto anche un'altra conseguenza assai meno positiva. E invero è stata proprio essa a far sorgere nello scienziato specialista una tendenza a rinchiudersi nella propria disciplina, senza nemmeno chiedersi se questa necessitasse di una qualunque integrazione o di un coordinamento con il lavoro dei ricercatori impegnati in altri campi di indagine. Si ebbe così un frantumarsi della scienza in tante scienze particolari, dando luogo a un mosaico di risultati concreti, ove non era rintracciabile, se non con grande difficoltà, un disegno fornito della benché minima organicità».

Da L. Geymonat, "Lineamenti di filosofia della scienza", EST, 1986, Ed. Mondadori

Il brano sopra riportato è un esempio di testo espositivo intrecciato con un testo argomentativo. La prima parte è sicuramente di tipo espositivo in quanto l'autore – il filosofo Ludovico Geymonat – intende spiegare il fenomeno della specializzazione delle scienze evidenziandone i vantaggi. La progressione dell'informazione e un'esposizione più chiara si ottengono mediante l'utilizzo di connettivi logici (**esplicativi**, come "*cioè*", e **conclusivi**, come "*quindi*") e di accorgimenti di vario tipo (i due punti eplicativi e la ripresa di un termine – ad esempio "tale" – per creare coesione e coerenza). Tutta la prima parte rappresenta l'esposizione del problema e la premessa a quanto l'autore verrà a concludere, pur mantenendo un tono distaccato, nella seconda parte. Infatti, da *tale specializzazione e tecnicizzazione...* si può notare che l'autore esprime la sua opinione introdotta da un connettivo di tipo avversativo (*però*) e avvalorata dal connettivo rafforzativo (*invero*). Egli conclude "argomentando", cioè "dimostrando", gli effetti negativi del processo di specializzazione delle scienze. Si noti il connettivo *così* per indicare la conseguenza di quanto introdotto nella seconda parte.

> «La matematica è un'ostentazione di audacia della pura ratio; uno dei pochi lussi oggi ancora possibili. Anche i filologi si dedicano spesso ad attività nelle quali essi per primi non intravedono il minimo utile, e i collezionisti di francobolli e di cravatte ancora peggio. Ma questi sono passatempi inoffensivi, ben lontani dalle cose serie della vita. La matematica, invece, proprio in esse abbraccia alcune delle avventure più appassionanti e incisive dell'esistenza umana».
>
> Robert Musil, "L'uomo matematico", in Der lose Vogel, 1911

Il brano in questione è un testo di tipo argomentativo che può essere schematizzato nel modo seguente:

| | |
|---|---|
| **Tesi** | La matematica è un'ostentazione di audacia della pura *ratio*; uno dei pochi lussi oggi ancora possibili. |
| **Esempi a sostegno della tesi** | Anche i filologi si dedicano spesso ad attività nelle quali essi per primi non intravedono il minimo utile, e i collezionisti di francobolli e di cravatte ancora peggio. |
| **Antitesi** | Ma questi sono passatempi inoffensivi, ben lontani dalle cose serie della vita. |
| **Conclusione che riprende la tesi** | La matematica, invece, proprio in esse abbraccia alcune delle avventure più appassionanti e incisive dell'esistenza umana. |

Come si può notare, in questo testo è chiaramente individuabile la tesi, che è anche esposizione del problema *matematica = un lusso*. Per avvalorare quest'uguaglianza, cioè che la matematica è uno dei pochi lussi che l'uomo può concedersi, l'autore porta degli esempi di attività percepite come "lussi" servendosi del connettivo rafforzativo "anche".
Tuttavia, questi "passatempi" non hanno, secondo l'autore, lo stesso valore della matematica: infatti il connettivo avversativo "ma" introduce l'antitesi, ciò che contrasta con il pensiero dell'autore. L'opinione di chi scrive è ripresa, in forma ciclica, dal connettivo "invece", presente nell'ultimo paragrafo.

## 1.7.5 • Analisi della sintassi del testo

Nella preparazione del test è di fondamentale importanza lo sviluppo di adeguate competenze linguistiche senza le quali il meccanismo stesso della comprensione sarebbe compromesso. È necessario, quindi, per un approccio corretto ai quesiti interrogarsi su:

1. l'utilità e l'impiego della sintassi;
2. le modalità con le quali la sintassi aiuta a ragionare.

### Utilità e impiego della sintassi

La padronanza della sintassi è uno strumento importante che serve a comunicare con efficacia perché riproduce il funzionamento della lingua. Pertanto, saper sviluppare un ragionamento, interpretare il variare del ritmo di un discorso, cogliere l'alternanza tra frasi lunghe e brevi, sono le chiavi per la comprensione di qualunque tipo di testo. Per comprendere in maniera esaustiva l'importanza dell'analisi sintattica del testo occorre esaminare la struttura di un quesito di analisi testuale, in cui le informazioni ottenute da un'analisi logica, sintattica e semantica del testo sono più importanti di quelle ricavate dalle conoscenze nozionistiche. L'interpretazione e l'analisi di un brano costituiscono l'esempio più appropriato.
In alcuni scrittori si riconosce la presenza di modelli, studiando i quali si impara a **smontare** un testo e a **ricostruirlo** dopo averne interpretato le dinamiche interne.
L'esempio che segue è tratto da *Il barone rampante* di Italo Calvino.
Il brano che qui si propone proviene dalle prime pagine del romanzo ed è particolarmente utile per l'analisi dei diversi stili sintattici impiegati nella narrazione e i loro scopi ai fini della comprensione del testo.

> «Di scivolare per la balaustra di marmo delle scale, a dire il vero, eravamo già stati diffidati, non per paura che ci rompessimo una gamba o un braccio, che di questo i nostri genitori non si preoccuparono mai e fu perciò – io credo – che non ci rompemmo mai nulla; ma perché crescendo e aumentando di peso potevamo buttar giù le statue di antenati che nostro padre aveva fatto porre sui pilastrini terminali delle balaustre a ogni rampa di scale».

Il primo periodo è ampio e articolato, poiché la frase principale è preceduta e seguita da una serie di **subordinate** che presentano una grande varietà di modi verbali (infinito, congiuntivo, indicativo, gerundio). Le subordinate sono talvolta interrotte da incidentali e sono ricche di complementi.

> «Difatti, Cosimo una volta aveva già fatto crollare un trisavolo vescovo con la mitria e tutto; fu punito, e da allora imparò a frenare un attimo prima di arrivare alla fine della rampa e a saltar giù proprio a un pelo dallo sbattere contro la statua. Anch'io imparai, perché lo seguivo in tutto, solo che io, sempre più modesto e prudente, saltavo giù a metà rampa, oppure facevo le scivolate a pezzettini, con frenate continue. Un giorno lui scendeva per la balaustra come una freccia, e chi c'era che saliva per le scale? L'Abate Fauchelafleur che se ne andava a zonzo col breviario aperto davanti, ma con lo sguardo fisso nel vuoto come una gallina. Fosse stato mezz'addormentato come il solito!»

L'autore qui interrompe la narrazione ordinaria prima con una frase interrogativa e poi con una esclamativa; in tal modo il narratore sembra **rivolgersi** direttamente **al lettore**.

> «No, era in uno di quei momenti che pure gli venivano, d'estrema attenzione e apprensione per tutte le cose. Vede Cosimo, pensa: balaustra, statua, ora ci sbatte, ora sgridano anche me (perché ad ogni monelleria nostra veniva sgridato anche lui che non sapeva sorvegliarci) e si butta sulla balaustra a trattenere mio fratello».

Questo periodo è basato su **frasi minime**, talvolta vere e proprie **frasi nominali** (*balaustra, statua*) per descrivere la rapidità con cui precipitano gli eventi. Si noti inoltre il passaggio al **presente** che è il tempo dell'immediatezza.

> «Cosimo sbatte contro l'Abate, lo travolge giù per la balustra (era un vecchietto pelle e ossa), non può frenare, cozza con raddoppiato slancio contro la statua del nostro antenato Cacciaguerra Piovasco crociato in Terrasanta, e diroccano tutti a piè delle scale: il crociato in frantumi (era di gesso), l'Abate e lui».

Il periodo finale è lungo ma lineare, composto tutto da frasi **coordinate** al presente.

**Utilizzo di una sintassi complessa.** La sintassi complessa che caratterizza l'inizio del brano serve a comunicare tante cose insieme che non sono separate tra loro. Esiste, infatti, un legame tra la presenza delle statue e l'atteggiamento dei genitori (che pensano più alla gloria del casato che ai figli). La ricchezza della sintassi serve proprio a mostrare questi legami.

**Utilizzo di una sintassi semplice e lineare.** Alla fine di questo brano, l'autore opta per una sintassi semplice perché deve raccontare eventi che si svolgono con estrema rapidità. Si noti che la parola balaustra sostituisce la frase *Cosimo sta scendendo giù per la balaustra*, e *statua* al posto di *...alla fine della balaustra c'è la statua*: il pensiero è più veloce delle frasi, e l'autore lo riassume in due sostantivi. Le frasi coordinate che descrivono le azioni in successione servono a dare l'idea della velocità con cui gli eventi precipitano. In questo modo il lettore si sofferma sulla caduta provocata dall'abate senza doversi fermare a riflettere per capire cosa è successo.

**Utilizzo di una sintassi "senza regole".** Nel primo periodo è presente una licenza sintattica. La frase *...che di questo i nostri genitori non si preoccuparono mai* è introdotta da un "che" irregolare tipico della lingua parlata, in luogo delle congiunzioni corrette "perché, dato che, poiché". La violazione della regola in questo caso serve a dare immediatezza al racconto.

### Le modalità con le quali la sintassi aiuta a ragionare

Sintassi significa "ordinamento". Infatti, è in base alle regole della sintassi che si mettono in ordine le parole per ottenere frasi e periodi di senso compiuto.
Inoltre, pensare e ragionare significa ordinare secondo una certa logica fatti, pensieri, informazioni, per costruire un quadro coerente della realtà. C'è uno stretto legame tra sintassi e pensiero ed è per questo che bisogna esercitarsi molto nella lettura, soprattutto quella analitica; senza tale esercizio non si potrà ottenere un accettabile livello di comprensione dei quesiti, sia di quelli di logica che degli altri.

Come esempio si propone un brano tratto da *Il giorno della civetta* di Leonardo Sciascia. Si tratta della ricostruzione dei fatti relativi ad un delitto e dell'interpretazione degli stessi da parte del protagonista, il capitano Bellodi. Egli parte da alcune ipotesi, per cercare di trovare collegamenti e spiegazioni evidenziati dalla sintassi, strumento essenziale (linguistico e logico) per condurre un ragionamento.

> «Niente fantasia gli aveva raccomandato il maggiore. Va bene, niente fantasia. La Sicilia è tutta una fantastica dimensione: e come ci si può star dentro senza fantasia? Niente: soltanto i fatti. I fatti erano questi: un certo Colasberna era stato ammazzato mentre stava per salire sull'autobus per Palermo, in piazza Garibaldi, alle sei e mezzo del mattino; l'assassino aveva sparato dall'angolo via Cavour-piazza Garibaldi e per la via Cavour era fuggito. Lo stesso giorno, alla stessa ora, un tale che abita nella stessa via Cavour usciva o stava per uscire di casa: avrebbe dovuto tornare la sera, come al solito ad ora di avemaria dice la moglie, ma non torna; e così per cinque giorni. Alla masseria di Fondachello dicono di non averlo visto; lo aspettavano quel giorno, ma non si è fatto vivo. Scomparso col mulo e gli arnesi di lavoro, tra la porta di casa sua e la masseria di Fondachello, sei sette chilometri di strada, era scomparso senza lasciar traccia.
> Se il Nicolosi fosse risultato pregiudicato o comunque legato alla malavita, si poteva anche pensare ad una fuga; o che gli avessero saldato un conto ammazzandolo e facendone scomparire ogni traccia. Ma se non era pregiudicato, se non c'erano per lui ragioni di una fuga più o meno meditata, se non era uomo da aver conti da rendere o da pretendere per legami diretti o indiretti con la malavita, allora la sua scomparsa veniva a coincidere in concreto, e niente fantasia, con l'uccisione di Colasberna».

All'inizio del brano si trova la **parola-chiave** *i fatti* e il narratore (nella prospettiva del capitano Bellodi) elenca uno dopo l'altro eventi e informazioni. Le frasi si susseguono intervallate solo da segni di punteggiatura (a parte la congiunzione temporale "mentre"). Poi si cominciano a incontrare elementi di raccordo, i **connettivi**: la congiunzione *ma*, che introduce un fatto insolito, e alcune **parole *ripetute***: l'aggettivo *stesso*, che stabilisce uno stretto legame tra due elementi (luogo e ora dell'omicidio e abitudini dell'uomo scomparso) e il participio *scomparso*, che acquista rilievo perché al capitano appare la chiave di volta del mistero. L'ultimo paragrafo si apre con un *se* ed è composto da due periodi ipotetici. Il capitano Bellodi non sa se Nicolosi (lo scomparso) è pregiudicato e, quindi, fa delle **ipotesi**. Il verbo al congiuntivo (*fosse risultato*) individua un periodo ipotetico della possibilità. Gli altri *se* sono seguiti da indicativi (*non era, non c'erano, non era*) che spostano l'ipotesi nella realtà, come sottolinea l'*allora* che conclude il ragionamento.
I suggerimenti che si ricavano dalla lettura di questo brano, applicabili sempre, sono essenzialmente due:

- mettere ordine nel discorso;
- ragionare per mezzo di ipotesi.

**Mettere ordine nel discorso.** Per svolgere con efficacia la sua indagine, il capitano Bellodi deve ordinare gli elementi che ha a disposizione. L'ordine degli eventi sembra mostrarsi in una semplice successione; eppure emerge un fatto insolito, la congiunzione avversativa *ma* evidenzia la differenza rispetto al normale, e alcune scelte lessicali (per esempio la ripetizione dell'aggettivo *stesso*) mettono in risalto coincidenze insolite e significative. Da quanto detto si evince che un discorso ben costruito è lo strumento per fare chiarezza nel pensiero.

**Ragionare per mezzo di ipotesi.** Per arrivare ad una conclusione (scoprire una legge scientifica, fare luce in un'indagine, ecc.) spesso è necessario formulare un'ipotesi di partenza. Per tale motivo il **periodo ipotetico** è una struttura molto importante, e proprio perché è uno strumento linguistico tanto usato ha molte forme e sfumature. In questo caso, il primo periodo ipotetico è logicamente **della possibilità**, ed è espresso con il congiuntivo nell'ipotesi (trapassato perché la narrazione è al passato), ma con l'imperfetto indicativo nella principale (dove l'idea di possibilità è espressa dal verbo *potere*). L'indicativo nel periodo ipotetico che conclude il brano ha lo scopo di dimostrare che anche quella connessione logica, lo stretto legame esistente tra il *se* e l'*allora* è una realtà, non una fantasia come i fatti elencati all'inizio. Per rendere più vivace il ragionamento e per evidenziarne i punti di passaggio, l'autore usa abilmente un salto di tempo verbale: dall'imperfetto passa al presente (*... ma non torna*). Non si tratta di una scorrettezza grammaticale: il salto evidenzia l'importanza che esso assume nel ragionamento del capitano. Per gli stessi scopi espressivi, Sciascia forza le regole del periodo ipotetico usando prima il congiuntivo e poi l'indicativo, entrambi in teoria due periodi ipotetici della possibilità. Ciò è significativo, perché è come se il congiuntivo volesse indicare che la prima ipotesi è possibile, ma forse infondata, e con l'indicativo mostrare che la seconda serie di ipotesi anticipa la realtà.

## ESEMPIO

Si propone la lettura di un breve testo – un articolo di giornale – sul quale sviluppare una serie di ragionamenti.

> «Se si vuole ridurre e delegittimare la violenza bisogna sapere che la pena di morte, lo si voglia o no, diventa una legittimazione solenne, da parte dello Stato, del diritto di togliere la vita. Insomma, è la legittimazione di una cultura della morte e non della vita».
>
> [da "La Stampa", 29 aprile 2001]

Per procedere nel ragionamento in maniera ordinata bisogna porsi una serie di domande:

1. Nell'ipotesi che si voglia ridurre la violenza, secondo l'autore la pena di morte risulta utile?
   Non risulta utile perché per l'autore la pena di morte è *legittimazione di una cultura della morte e non della vita.*
2. Se si parla d'ipotesi, la domanda è: quale subordinata introduce l'ipotesi?
   *Se si vuole ridurre e delegittimare la violenza* (periodo ipotetico della realtà).
3. Secondo l'autore, che cosa rappresenta la pena di morte? Quale proposizione subordinata lo dice?

Rappresenta una legittimazione del diritto di togliere la vita da parte dello Stato. *"Che la pena di morte diventa una legittimazione solenne, da parte dello Stato, del diritto* (proposizione soggettiva) *di togliere la vita* (proposizione dichiarativa)*"*.

4. Quale connettivo introduce la sentenza conclusiva?
   *Insomma* (connettivo logico di tipo conclusivo).
5. Tra le alternative proposte, qual è quella che riassume l'idea dell'autore?
   A. *Bisogna ridurre la violenza, perciò è necessaria la pena di morte perché essa è un forte deterrente* (è da escludere perché si è già affermato che per l'autore la pena di morte è inutile).
   B. *Siccome non si può ridurre la violenza, non è necessario abolire la pena di morte, perché anch'essa fa parte della cultura della vita.* (Tale affermazione travisa il pensiero dell'autore, perché egli parte dall'ipotesi "se si vuole ridurre e delegittimare la violenza..." che è una frase condizionale. L'espressione "siccome non si può ridurre la violenza" presenta la questione come un dato di fatto reale che contrasta con l'assunto di partenza dell'autore).
   C. *Se si decide di combattere la violenza, è necessario abolire anche la condanna capitale perché tale pena giustifica ufficialmente il ricorso alla morte.* Questa è l'alternativa che corrisponde inequivocabilmente al pensiero dell'autore. Egli infatti parla di "legittimazione di una cultura della morte e non della vita".

**A che cosa servono i complementi?** Ogni volta che si legge un testo, soprattutto di carattere descrittivo e informativo, bisogna osservare che le cose e le persone si esprimono nel discorso mediante soggetti e complementi, e le azioni che essi compiono o subiscono sono predicati. Questa semplice nozione va ricordata tenendo conto dell'importanza dei complementi. Essi sono le risposte alle domande che ci si deve porre ogni volta che si deve interpretare la descrizione di una realtà o il racconto di un evento: **chi? che cosa? quando? dove? come? perché?**
I complementi, prima ancora che nella lingua, esistono "nel pensiero": sono il metodo che consente di dire e di pensare le cose e le relazioni tra di esse. In poche parole, padroneggiare il significato dei complementi e saperli usare è indispensabile per capire e per comunicare.

Gli esercizi che seguono sono tratti da reali prove preselettive ed hanno il semplice scopo di stimolare lo sviluppo di una vostra "*personale*" metodologia di acquisire informazioni e catalogarle in modo tale da renderle immediatamente rintracciabili.

## 1.7.6 • Esempi di prove sulla comprensione di brani

### Comprensione del senso di un brano

«Ancora vent'anni fa era possibile elencare moltissimi filosofi, storici, sociologi, psicologi che i giovani leggevano con avidità considerandoli dei maestri. [...] Prendete ora qualsiasi giovane e domandategli quali autori legge abitualmente considerandoli dei maestri. Spesso non ne nominano nemmeno uno. [...]

Non sanno più la storia. Girano il mondo e non sanno localizzare su una carta geografica dove sono gli Stati. Navigano in internet ma, poiché su internet ci sono solo frammenti, fanno un minestrone di frammenti che non riescono a ordinare. [...] Non sono i giovani che sono apatici, morti, ignoranti, pigri, siamo noi che non abbiamo capito che l'essere umano è, nel profondo, un combattente, che ha al suo interno una spinta irrefrenabile a salire in alto. È questa che bisogna risvegliare. Ma non la si risveglia con il "poverino, poverino" e con la pigrizia. E la si uccide con l'indifferenza. La si risveglia solo additando una meta e dimostrando, con il tuo esempio, che ci credi e che sei pronto a batterti insieme a loro per raggiungerla».

(Da Francesco Alberoni, *"In ogni giovane apatico si nasconde un combattente"*, Corriere della Sera, 7/3/2005, p.l.)

**Delle cinque considerazioni che la situazione descritta potrebbe far venire in mente SOLO UNA, stando a quanto appena letto, sarebbe condivisa da Alberoni. La si individui.**

A. Al giorno d'oggi mancano le personalità eminenti di un tempo, dotate di straordinarie prerogative intellettuali e culturali
B. Il tramonto delle grandi ideologie giustifica il disimpegno intellettuale e pratico di tanti giovani rimasti senza "fedi"
C. La disaffezione di tanti giovani d'oggi nei confronti della lettura è la spia del carattere meramente commerciale delle scelte editoriali dell'industria della carta stampata
D. Fare meno viaggi virtuali in internet ed aumentare quelli reali in giro per il mondo aiuterebbe i giovani a ritrovare l'entusiasmo perduto
E. La presunta apatia dei giovani d'oggi riflette in realtà le carenze degli adulti, che non sanno impegnarsi con loro nella comune rincorsa di nuovi traguardi

Seguendo i suggerimenti sopra descritti andiamo alla ricerca delle informazioni più pertinenti iniziando a leggere rapidamente le cinque alternative proposte. È altresì indispensabile fare attenzione anche alle istruzioni, in questo caso si richiede di individuare l'unica conclusione che sarebbe considerata accettabile da quanto letto, in altri casi si potrebbe richiedere di individuare l'unica affermazione non attinente al brano. Dunque si presuppone che dalla lettura del brano, nella fattispecie un articolo apparso su un grande quotidiano, si possano esprimere delle considerazioni e che, tra le cinque proposte, soltanto una sarebbe condivisa dall'autore Francesco Alberoni.
Esaminiamo una ad una le cinque considerazioni proposte.
L'alternativa A, "*mancano le personalità eminenti di un tempo* ...", non è suffragata dal testo. Si dice che i giovani non hanno nessuna figura di riferimento, il che potrebbe implicare che non ci siano le personalità di un tempo, tuttavia, il nostro compito non è lavorare sulle implicazioni probabili, ma individuare delle conclusioni sulla base di quanto abbiamo letto. La considerazione corrispondente alla lettera A è dunque da scartare.
Neanche l'alternativa B è desumibile dal brano. Non si dice né si lascia intendere che il disimpegno intellettuale dei giovani sia giustificato dalla caduta delle ideologie.
La considerazione descritta nell'alternativa C è puramente riempitiva, non si discute delle scelte editoriali troppo commerciali dell'industria editoriale odierna, l'argo-

mento dell'articolo non lascia adito a dubbi in merito. Si parla nel brano di internet, ma come esempio accessorio delle modalità di raccolta delle informazioni utilizzate dai giovani: si dice che internet fornisce delle informazioni frammentarie e che i giovani non riescono ad ordinarle, ma non implica che i giovani dovrebbero fare meno viaggi virtuali. Quindi anche la conclusione D è da scartare.
Non ci resta che la conclusione E, in cui si asserisce che l'apatia dei giovani riflette le carenze degli adulti che non si impegnano con loro per il raggiungimento di nuovi traguardi. La porzione del testo sottolineata nel brano indica i passaggi che confermano questa conclusione.

### Individuazione di affermazioni che contraddicono un brano

«Quanti vestiti e camicie e cravatte ci sono nel vostro armadio? Quanti divani nel vostro salotto e stoviglie nella vostra cucina? Quanti televisori e computer e stereo ed elettrodomestici in giro per la casa? E quante macchine nel vostro garage? [...] Il 95% di quello che ci serve ce lo abbiamo già. [...] Se di questi beni ne volessimo di più, non sapremmo neanche dove metterli. [...] Ci è finito lo spazio. Ma attenzione, solo lo spazio fisico. Quanta memoria volete nel vostro PC e quanta banda per le vostre connessioni in rete? Quanti canali volete in televisione o varietà di voci sulla stampa? Di quanta energia volete disporre per la vostra casa e per l'ufficio? [...] Mai abbastanza. E qui, invece, di spazio ne abbiamo a dismisura. Perché [...] tutti questi beni sono immateriali. Sono bit, energia, informazioni. [...] Stiamo parlando [...] del sintomo di un trend, in crescita vigorosa e dilagante. La crescita a due cifre del consumo è ormai diventata appannaggio dell'immateriale. O della Cina, dove alla saturazione dei beni materiali c'è un bel po' di gente che ci deve ancora arrivare. Grande mercato, tenetelo da conto. Finché dura».

(Da Vito Di Bari, "*La crescita dei beni immateriali*", IL SOLE-24 ORE, lun. 14-2-2005, p. 10)

**UNA delle affermazioni seguenti risulta INGIUSTIFICATA alla luce di quanto affermato nel brano. La si individui.**

A. La grande maggioranza dei beni materiali che ci servono li possediamo già
B. Anteporre i beni materiali a quelli immateriali è indubbiamente riprovevole
C. La prospettiva di una crescita a due cifre dei nostri consumi di beni materiali sembra irrealistica
D. La situazione della Cina lascia presagire una vigorosa crescita dei consumi di beni materiali
E. Possiamo aspettarci che crescano a due cifre solo i nostri consumi di beni immateriali

Inizialmente si procede ad una lettura rapida delle cinque frasi. Stavolta occorre individuare l'affermazione ingiustificata; ci aspettiamo dunque quattro alternative coerenti con il brano ed una sola che invece contrasta con quanto riportato nell'articolo. Si tratta di un brano tratto dal quotidiano economico *Il sole 24 ore*, quindi il tema trattato ha a che fare con l'economia. Leggendo le cinque alternative prima di leggere il brano sappiamo che i concetti chiave saranno i consumi, la distinzione tra beni materiali e immateriali, un giudizio di valore (riprovevolezza dell'anteposizione dei beni materiali ai beni immateriali), le prospettive dei consumi dei beni immateriali, la situazione della Cina, le prospettive di sviluppo dei beni immateriali.

Adesso leggiamo il brano e focalizziamo i punti salienti concentrando la nostra attenzione sulle considerazioni relative ai consumi dei beni immateriali e materiali, sui giudizi di valore (giusto, sbagliato, desiderabile, riprovevole, ecc.), sulla Cina, sull'andamento futuro dei consumi.

> «Quanti vestiti e camicie e cravatte ci sono nel vostro armadio? Quanti divani nel vostro salotto e stoviglie nella vostra cucina? Quanti televisori e computer e stereo ed elettrodomestici in giro per la casa? E quante macchine nel vostro garage? [...] Il 95% di quello che ci serve ce lo abbiamo già. [...] Se di questi beni ne volessimo di più, non sapremmo neanche dove metterli. [...] Ci è finito lo spazio. Ma attenzione, solo lo spazio fisico. Quanta memoria volete nel vostro PC e quanta banda per le vostre connessioni in rete? Quanti canali volete in televisione o varietà di voci sulla stampa? Di quanta energia volete disporre per la vostra casa e per l'ufficio? [...] Mai abbastanza. E qui, invece, di spazio ne abbiamo a dismisura. Perché [...] tutti questi beni sono immateriali. Sono bit, energia, informazioni. [...] Stiamo parlando [...] del sintomo di un trend, in crescita vigorosa e dilagante. La crescita a due cifre del consumo è ormai diventata appannaggio dell'immateriale. O della Cina, dove alla saturazione dei beni materiali c'è un bel po' di gente che ci deve ancora arrivare. Grande mercato, tenetelo da conto. Finché dura».

Vestiti, camicie, cravatte, divani, stoviglie ecc. sono beni materiali di cui siamo saturi (nel mondo occidentale): possediamo già il 95% di ciò che ci serve, dunque la crescita dei beni materiali non potrà essere a due zeri. Queste prime righe dell'articolo ci autorizzano dunque a eliminare le alternative A e C, entrambe vere. Energia, informazioni, canali televisivi, ecc. sono beni immateriali, la cui crescita è dilagante; da ciò è dunque vera anche l'affermazione E sui consumi a due cifre dei beni immateriali. Infine, la situazione della Cina lascia presagire una esplosione dei consumi di beni materiali perché il mercato non è saturo come in occidente: da ciò risulta vera anche l'affermazione D. Il brano invece non esprime alcun giudizio di valore in merito all'anteposizione dei consumi dei beni materiali ai beni immateriali. L'affermazione ingiustificata è dunque quella corrispondente alla lettera B.

### Individuazione di affermazioni logicamente deducibili da un brano

In questo esempio, è richiesto di individuare l'unica affermazione logicamente deducibile dal brano, tratto da un testo altamente specialistico. Passiamo rapidamente in rassegna le alternative proposte, eventualmente sottolineando le parole e i concetti chiave, e poi leggiamo il brano sottolineando i punti salienti.

> «All'inizio il bottone fu trattato come fosse un ornamento, fabbricato e venduto dai gioiellieri. Le donne erano disposte a spendere e a fare spendere talmente tanti denari ai famigliari per tale acquisto, da incorrere nel rigore delle leggi contro il lusso [...]. Progressivamente la funzione pratica dei bottoni passò in primo piano e i bottoni furono fatti di ottone o di rame, o di vetro [...]. I bottoni permisero per la prima volta alle donne del XIII secolo di portare vesti aderenti che danno slancio alla figura, e di modellare la forma del braccio con maniche

strette. Al desiderio di sfoggiare comunque grande quantità di tessuto, indice di ricchezza, che l'uso dei bottoni evidentemente contrasta, si supplì con lo strascico e con la sovrapposizione di diversi capi di vestiario [...]. I bottoni però, oltre a permettere di aprire e chiudere lo scollo degli abiti e le maniche, resero quest'ultime addirittura completamente staccabili. [...] Il detto: "È un altro paio di maniche" ci giunge proprio dal Medioevo, quando per necessità pratica, o [...] per esigenza decorativa, le maniche potevano essere riposte in una cassapanca lontano dall'abito di cui facevano parte. Di solito in casa si portavano maniche di tipo modesto, più ricercato ed elegante quando si usciva».

(Da Chiara Frugoni, "*Medioevo sul naso. Occhiali, bottoni e altre invenzioni medievali*", Laterza, Roma-Bari, 2001, pp. 102-103)

**Solo UNA delle affermazioni seguenti è CORRETTAMENTE dedotta dalle premesse contenute nel brano. La si individui.**

A. Nell'Alto Medioevo, prima dell'invenzione dei bottoni, a nessuno era venuto in mente di sovrapporre diversi capi di vestiario
B. I bottoni consentirono alle donne medievali l'agognata economia di tessuto nella confezione dei loro abiti
C. L'introduzione dei bottoni consentì di dotare gli abiti femminili di maniche adeguate
D Con il passar del tempo i bottoni divennero sempre più elaborati nelle forme e nei materiali e conseguentemente sempre più costosi
E. L'introduzione dei bottoni non rispose originariamente ad un'impellente esigenza pratica

Nonostante l'argomento molto particolare, questo brano non comporta grossi problemi dal punto di vista della comprensione. Ci viene chiesto di individuare l'unica alternativa corretta, dunque ci aspettiamo quattro alternative false ed una sola corretta. L'alternativa A non è corretta in quanto l'idea di sovrapporre le vesti fu una conseguenza dell'uso dei bottoni e nulla è detto circa il comportamento prima dell'invenzione dei bottoni. La B è falsa perché anzi le donne amavano sfoggiare abiti lussuosi. Anche la C è falsa perché i bottoni consentirono solo di staccare le maniche. Infine la D è falsa perché all'inizio e non alla fine i bottoni erano costosi. L'unica considerazione plausibile è quella corrispondente alla lettera E. La risposta è contenuta nel primo rigo del brano "All'inizio il bottone fu trattato come fosse un ornamento..."; non rispondeva dunque ad un'esigenza pratica.

CAPITOLO 2
# Ragionamento critico

Questa categoria di problemi è presente nella quasi totalità delle prove di ammissione e comprende diverse tipologie di quiz che presenteremo di seguito in modo sistematico.

Nella maggior parte dei casi si tratta di:
- quiz che richiedono di interpretare degli enunciati e, generalmente, trarne delle conclusioni mediante ragionamento deduttivo;
- quiz che, per essere risolti, presuppongono un ordinamento dei dati in base a uno o più criteri e in cui, generalmente, il testo fornisce già un ordinamento parziale tra i dati: l'ordinamento totale deve essere stabilito per la risoluzione del quesito stesso. Si tratta, nella maggior parte dei casi, di quesiti in cui si deve stabilire una relazione di parentela oppure l'ordine di età/altezza/peso dei componenti di una famiglia o di un gruppo di amici;
- quiz in cui, data una serie di diagrammi insiemistici, occorre identificare il diagramma rappresentativo delle relazioni esistenti tra termini dati;
- quiz che richiedono delle abilità di calcolo, che tuttavia non sono preminenti ai fini della risoluzione del problema.

## 2.1 • I sillogismi

Il **sillogismo** è un tipo di ragionamento dimostrativo teorizzato per la prima volta da Aristotele, costituito da tre proposizioni, e cioè da **due premesse** (una maggiore e una minore) e da una **conclusione**, che si deduce dalle premesse. L'elemento che costituisce il punto di unione tra le altre parti del ragionamento viene detto termine medio. Per esempio, nel ragionamento:
- ciascun animale è mortale
- ciascun uomo è un animale
- dunque ogni uomo è mortale

il termine medio è "*animale*" perché è incluso in entrambe le premesse e costituisce l'elemento di connessione tra le due.

Aristotele distingueva tre tipi di sillogismo, a seconda della funzione che il termine medio ha nelle premesse.

Un **primo tipo** è quello in cui il termine medio funge una volta da soggetto e una volta da predicato.

**ESEMPIO**

«Tutti gli uomini sono mortali; Socrate è uomo; dunque Socrate è mortale».

Un **secondo tipo** è quello in cui il termine medio funge da predicato in entrambe le premesse.

**ESEMPIO**

«Nessun metallo è più leggero dell'acqua; ogni gas è più leggero dell'acqua; dunque nessun gas è un metallo».

Un **terzo tipo** prevede il termine medio come soggetto in tutte e due le premesse.

**ESEMPIO**

«Tutti gli uomini sono animali; tutti gli uomini sono ragionevoli; dunque alcuni animali sono ragionevoli».

Un sillogismo è vero solo se le sue premesse sono assunte come vere e non bisognose di dimostrazione.

Per risolvere tali quesiti, dunque, è importante seguire il ragionamento solo sulla base delle premesse fornite, prescindendo dalle proprie conoscenze, perché spesso la conclusione del sillogismo non corrisponde alla realtà. La conclusione che gli asini volano, ad esempio, può essere la risposta giusta anche se tutti noi sappiamo che gli asini non volano, sempre che sia rispettato il ragionamento proposto.

Il contenuto delle frasi è pressoché ininfluente ai fini della risoluzione del quesito, quindi è bene trattare le frasi solo dal punto di vista della struttura e non del contenuto che potrebbe essere fuorviante.

Ricordate che il sillogismo è ragionamento allo stato puro: per ragionare correttamente è dunque necessario staccare la forma dal contenuto. I sillogismi non sono né veri né falsi ma coerenti o incoerenti: tutto dipende dalle premesse che si avevano in partenza.

**ESEMPIO**

Partendo dalle premesse false:

- tutte le cose verdi sono piante
- le rane sono verdi

saremo autorizzati ad accettare quale conclusione esatta l'affermazione secondo cui "le rane sono piante". Si giungerà dunque a conclusioni che sappiamo non corrispondere alla realtà ma che risultano coerenti dal punto di vista logico. Per rispondere correttamente a quiz di questo genere è quindi fondamentale seguire il ragionamento solo sulla base delle premesse fornite e mai sulla base delle proprie conoscenze.

Per risolvere un sillogismo è fondamentale individuare il corretto rapporto tra i termini: a tale scopo può essere utile rappresentare graficamente quanto contenuto nelle premesse.
Ci serviremo di rappresentazioni mediante insiemi. Gli insiemi sono gruppi di più elementi accomunati da una medesima caratteristica. Il più classico dei diagrammi utilizzati è quello di Eulero-Venn, rappresentato da un cerchio (o da un'ellisse).
Dal punto di vista grafico il sillogismo può essere rappresentato in quattro varianti diverse a seconda del rapporto che esiste tra i termini:

- **variante universale affermativa** (tutti gli A sono B, oppure tutti i cani sono animali),
- **variante universale negativa** (nessun A è B, oppure nessun cane è un vegetale),
- **variante particolare affermativa** (alcuni A sono B, alcuni cani sono mordaci)
- **variante particolare negativa** (alcuni A non sono B, oppure alcuni cani non sono mordaci).

**Variante universale affermativa.** Tutti gli A sono B viene rappresentato nella mente del buon risolutore di test nel seguente modo:

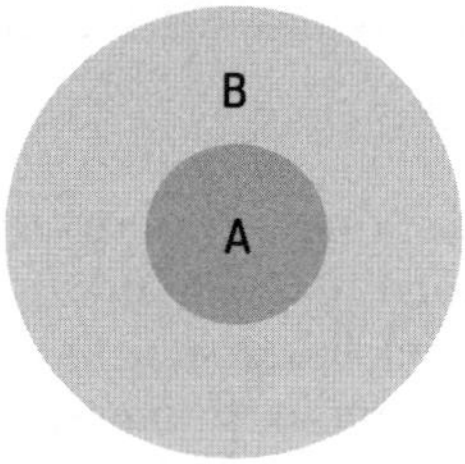


Tutti gli A sono B non significa che tutti i B sono A, cioè **non è una premessa convertibile**. Ad esempio, se diciamo *Tutti i cani sono animali*, non siamo autorizzati a dire che *Tutti gli animali sono cani.*

**Variante universale negativa.** Nessun A è B viene rappresentato così:

Nel primo caso vi era piena inclusione di A in B, in questo non c'è alcuna sovrapposizione tra A e B.
Caratteristica di questa variante è la **convertibilità**. Se nessun A è B allora sarà anche vero che nessun B è A.

**Variante particolare affermativa.** Alcuni A sono B viene rappresentato graficamente nel seguente modo:

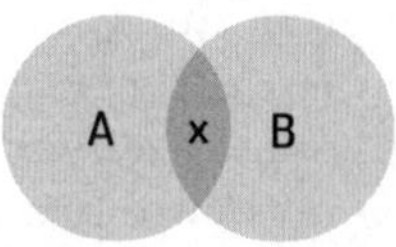

La caratteristica delle premesse particolari affermative sta nella loro **convertibilità**, infatti se *Alcuni A sono B*, allora anche *Alcuni B sono A*.

**Variante particolare negativa**. Alcuni A non sono B viene rappresentato come segue:

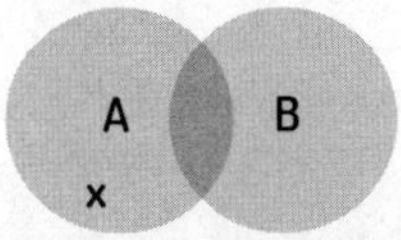


Viene rappresentata sempre con la sovrapposizione delle due aree, ma si pone attenzione alla parte non sovrapposta.
Caratteristica di questa variante è la **non convertibilità**.
Se la premessa particolare negativa è *Alcuni animali non sono cani*, la conversione *Alcuni cani non sono animali* non è accettabile. Il buon risolutore sa che la premessa *Alcuni animali non sono cani* implica che *Alcuni animali SONO cani*.

> **Errori di ragionamento**
> Il buon risolutore non si fa ingannare dagli errori determinati dal cosiddetto *effetto "atmosfera"*.

Partendo dalle premesse
Alcuni A sono B
Alcuni B sono C
Si conclude che
quindi, alcuni A sono C
L'errore di "atmosfera" è creato dalla comunanza del quantificatore "alcuni" presente sia nelle due premesse sia nella conclusione.
Il buon risolutore immagina una configurazione di questo tipo:

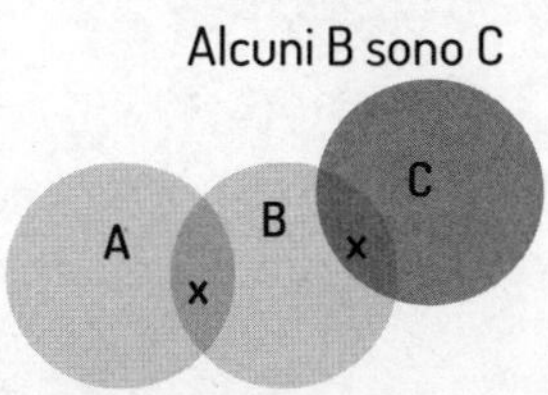


non facendosi condizionare dalla superficiale affinità.
Un altro errore può derivare da una conversione illecita già accennata.
Abbiamo ricordato che le premesse universali negative e le particolari affermative possono essere legittimamente convertite, mentre non è legittima la conversione delle altre premesse.
Se consideriamo il sillogismo (universale affermativo):
Tutti gli A sono C
Tutti i B sono C

Quindi, tutti gli A sono B
notiamo che non è corretto. Infatti il buon risolutore si rappresenta una configurazione di questo tipo a partire dalle due premesse:

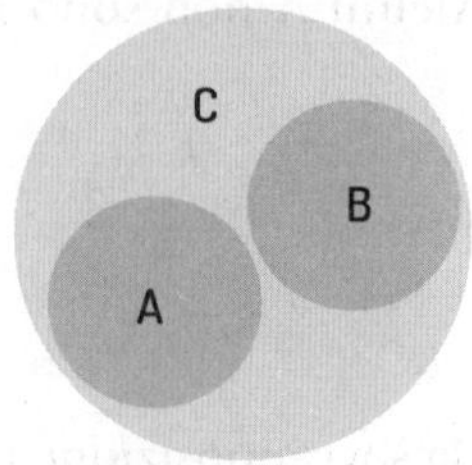


L'insieme C può contenere i due sottoinsiemi A e B che tuttavia mantengono la loro reciproca autonomia. Per riportare l'esempio in un contesto concreto si pensi al rapporto tra stoviglie, piatti e bicchieri. Tutti i piatti (A) rientrano nell'insieme stoviglie (C); tutti i bicchieri (B) rientrano nell'insieme stoviglie (C) ma non c'è alcuna sovrapposizione tra i due insiemi B e A.
Se invece il sillogismo fosse stato:
Tutti gli A sono B (oppure tutti i milanesi sono lombardi)
Tutti i B sono C (oppure tutti i lombardi sono italiani)
Quindi tutti gli A sono C (quindi tutti i milanesi sono italiani)
le conclusioni sarebbero da considerare accettabili?
Dalla figura sottostante si capisce immediatamente la risposta.

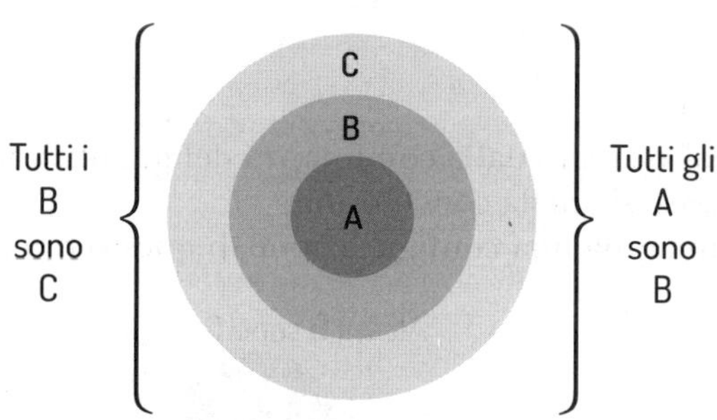


È corretto concludere che → Tutti gli A sono C →

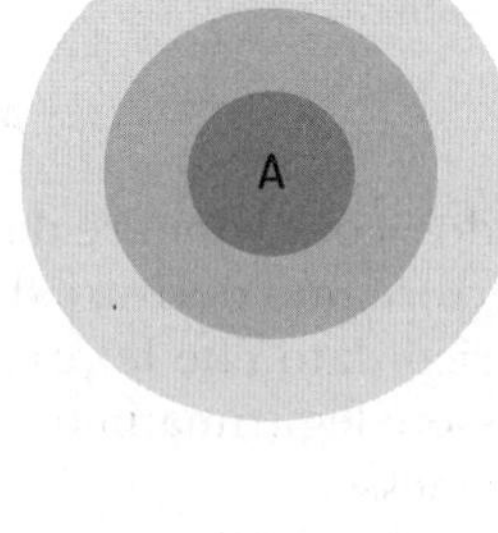

## 2.1.1 • Come aiutarsi con i diagrammi insiemistici

Esistono tre tipi di relazioni che possono intercorrere fra due o più insiemi, e cioè:

**INCLUSIONE**: si ha quando TUTTI gli elementi di un insieme sono anche elementi di un secondo insieme.

**ESEMPIO**

Se abbiamo due insiemi, italiani e bolognesi, sappiamo che tutti i bolognesi sono anche italiani, e quindi l'insieme della categoria bolognesi è incluso in quello degli italiani (uno contiene l'altro). Il diagramma è rappresentato da un cerchio dentro l'altro.

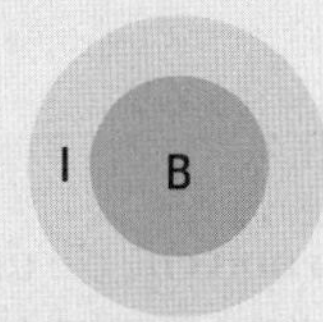


**ESCLUSIONE**: si ha quando NESSUN elemento di un insieme appartiene ad un secondo insieme.

**ESEMPIO**

Se abbiamo due insiemi, napoletani e milanesi, si può agevolmente ricavare che nessun napoletano è allo stesso tempo milanese, per cui i due insiemi risultano disgiunti. Avremo perciò due cerchi affiancati, senza alcun punto di contatto.

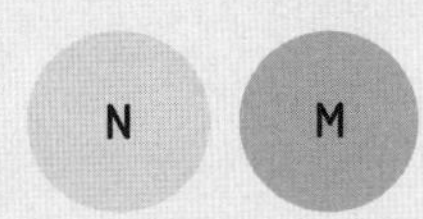


**INTERSEZIONE**: si ha quando ALCUNI elementi di un insieme sono anche elementi di un secondo insieme.

**ESEMPIO**

Se abbiamo due insiemi, giovani e persone dai capelli biondi, possiamo sostenere che alcuni giovani avranno i capelli biondi (altri castani, rossi, neri...). L'insieme dei giovani, quindi, si interseca con quello delle persone coi capelli biondi.

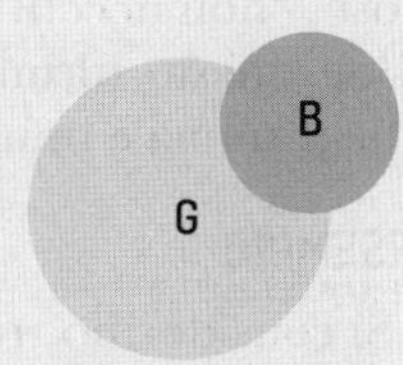


La seguente figura rappresenta due gruppi di elementi distinti che non esprimono alcuna relazione: il gruppo dei cani e il gruppo dei gatti:

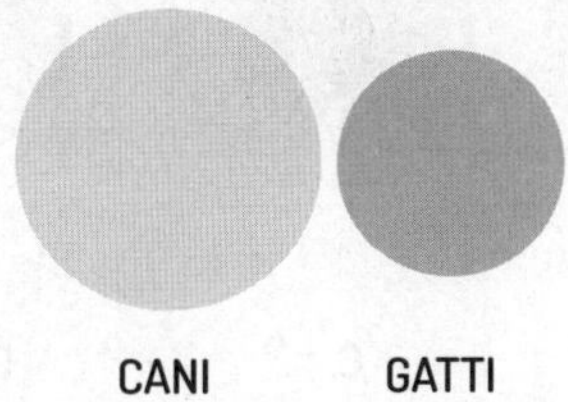

Se diciamo "tutti i cani sono randagi e alcuni gatti sono randagi..." esprimeremo questa nuova relazione nel modo riportato di seguito.

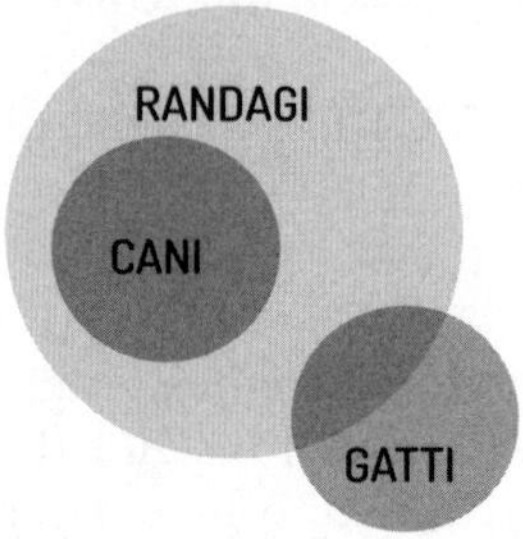


Si noti che c'è un'inclusione totale nell'ovale "randagi" ove vengono totalmente compresi i cani, mentre si sovrappone parzialmente il gruppo dei gatti (solo alcuni sono randagi).

Provate adesso a chiedervi quale potrebbe essere la relazione che spiega il seguente diagramma considerando che si sta parlando del gruppo dei cani e del gruppo dei gatti.

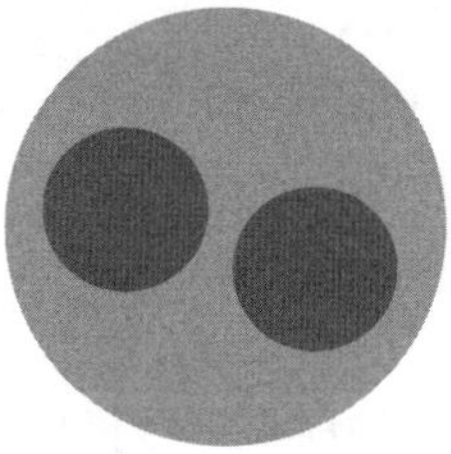

È evidente che esiste una categorizzazione "sovraordinata", che ricomprende entrambi i gruppi, che potrebbe essere "mammiferi", "animali da compagnia", "animali pelosi", "non uccelli", ecc.
Con questo ultimo esempio abbiamo indicato una risposta possibile a partire dal diagramma e non viceversa. Questa infatti potrebbe essere un'altra tipologia di quiz.

**ESEMPIO**

Si considerino tre categorie: cacciavite, utensili, ferramenta.

Quale tra i seguenti cinque diagrammi illustra la relazione tra gli elementi?

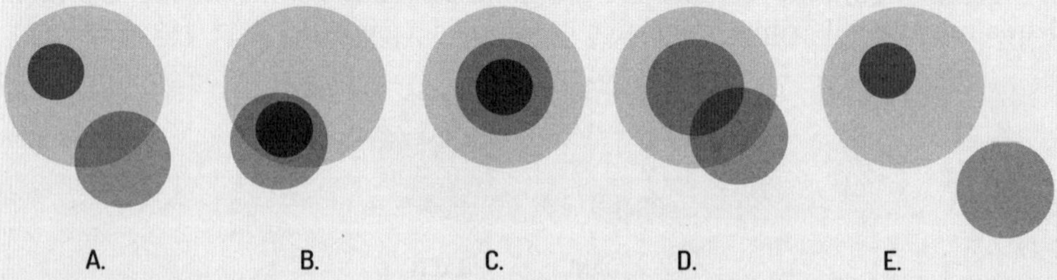


Naturalmente la risposta esatta corrisponde al diagramma C dove la ferramenta include gli utensili che a loro volta comprendono i cacciavite. Gli errori possono derivare dal fenomeno della cosiddetta ipercorrezione che in questo caso potrebbe essere determinata da un ragionamento del tipo "la ferramenta non comprende soltanto utensili, ma anche minuteria, vernici, ecc.", per cui ci si attenderebbe di vedere tra le possibili alternative un diagramma di questo tipo:

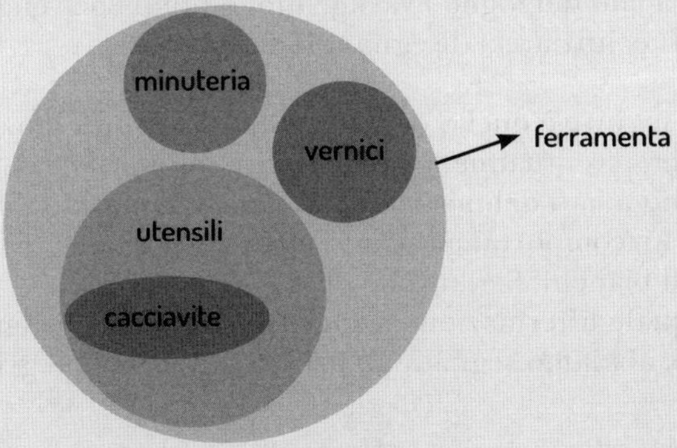


o ancora un diagramma che includa tra gli utensili anche altri oggetti:

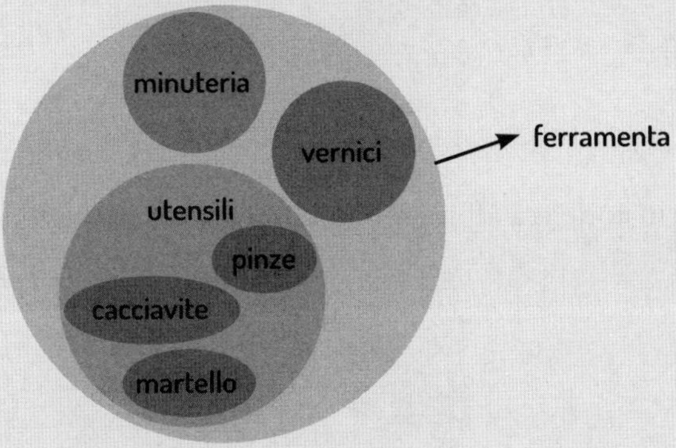


In effetti questi diagrammi non sono sbagliati, semplicemente non si attengono al problema.

È utilissimo imparare ad applicare i diagrammi di Venn soprattutto per affrontare e risolvere con minor sforzo tutti quei problemi logici in cui si pongono quesiti a seguito di ragionamenti di tipo sillogistico come questo.

**ESEMPIO**

- Tutti gli albini sono bianchi
- Serena odia le ciliegie
- Tutte le persone che odiano le ciliegie sono bianche

Quale tra le seguenti affermazioni è necessariamente vera, in considerazione delle premesse?

A. Tutti i bianchi sono albini
B. Serena è albina
C. Serena avrebbe desiderato essere albina

D. Tutti i bianchi vorrebbero essere neri
E. Serena è bianca

Tracciamo il diagramma di Venn per vedere che tipo di aiuto ci può dare. Si consiglia di annotare a lato del foglio i vari gruppi o nomi che vengono citati per poi, solo successivamente, iniziare a disegnare il diagramma.

Il primo passo da seguire è quello di tracciare una circonferenza sufficientemente grande da contenere eventualmente altri cerchi all'interno, oppure in sovrapposizione. Poi segniamo a lato del nostro foglio per gli appunti i gruppi, le persone e le azioni/sentimenti/comportamenti/atteggiamenti citati. Qui c'è il gruppo degli albini, il gruppo di bianchi, Serena che odia le ciliegie.
Ci viene chiesto quale affermazione segua logicamente le premesse. Se abbiamo tracciato il grafico, abbiamo segnato un grosso cerchio per il gruppo di bianchi:

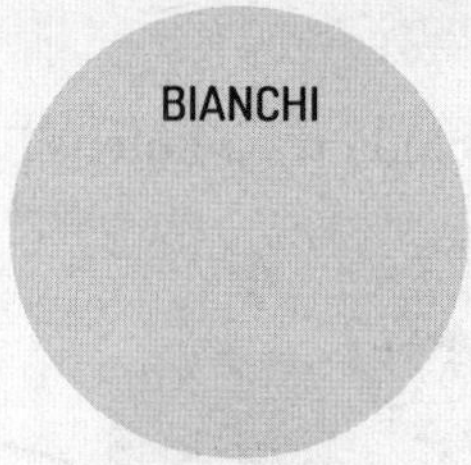


La relazione di inclusione tra albini e bianchi è questa: tutti gli albini sono bianchi

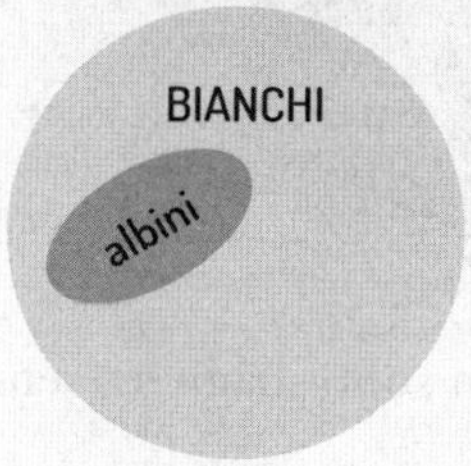


Come si nota, il gruppo dei bianchi contiene al suo interno tutto il gruppo degli albini. La seconda premessa "Serena odia le ciliegie" non sappiamo dove inserirla perché ancora non si hanno informazioni sufficienti per relazionarla al resto. Invece l'ultima affermazione consente di completare il diagramma di Venn, "tutte le persone che odiano le ciliegie sono bianche".

Adesso il diagramma contiene anche le persone che odiano le ciliegie che si collocano all'interno del cerchio "Bianchi", senza intersecarsi con l'ovale "Albini", perché nessuna informazione in tal senso ci autorizza ad intersecare albini con le persone che odiano le ciliegie.
Avevamo in sospeso un dato: adesso sappiamo dove collocare l'asserzione "Serena odia le ciliegie", infatti la inseriamo all'interno dell'ovale "persone che odiano le ciliegie" come in figura sotto:

Siamo quindi pronti per verificare qual è l'affermazione logicamente desumibile dalle premesse rappresentate sotto forma diagrammatica.

La conclusione A, "Tutti i bianchi sono albini", è del tutto inammissibile, infatti il rapporto di inclusione è inverso (tutti gli albini sono bianchi e non viceversa!), quindi non possiamo accettarla. Anche la conclusione B, "Serena è albina", non è logicamente ammissibile, non c'è nessun dato che ci consente di giungere a questa conclusione. La conclusione C, "Serena avrebbe desiderato essere albina", ha un carattere puramente riempitivo, è talmente assurda da non trarre in inganno nessuno. Anche la conclusione D, "Tutti i bianchi vorrebbero essere neri", ha delle implicazioni logiche non ammissibili. Infine la conclusione E, "Serena è bianca", appare in tutta la sua evidente limpidezza, infatti Serena fa parte dell'ovale "Persone che odiano le ciliegie" incluso totalmente nell'ovale dei "Bianchi", per cui per logica conseguenza anche Serena è bianca in quanto parte del gruppo delle persone che odiano le ciliegie.

Un problema apparentemente più complicato è il seguente.

**ESEMPIO**

Tutti i D sono A, alcuni C sono B, alcuni B sono A, alcuni A sono C, alcuni A sono B. Quale tra i seguenti diagrammi rappresenta le relazioni descritte?

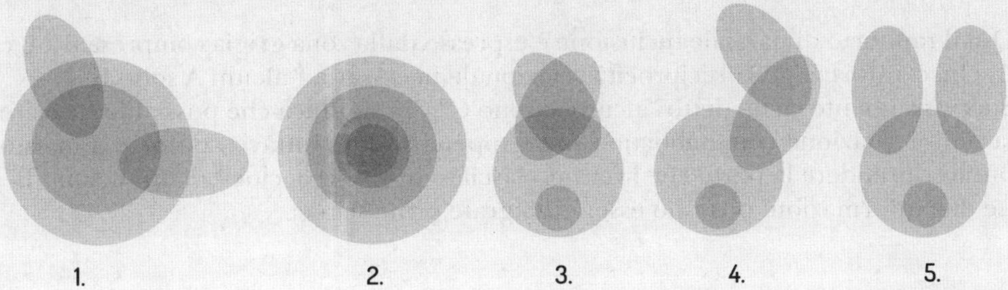

Per risolvere il quesito bisogna procedere per gradi; disegniamo la prima relazione "Tutti i D sono A" così:

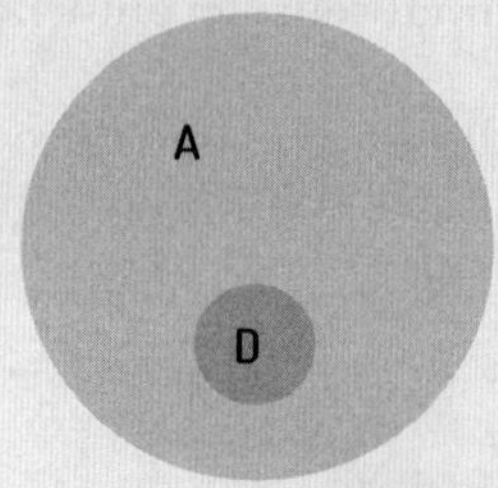


Fin qui non ci sono problemi. Poi passiamo alla seconda informazione, alcuni C sono B. Prima di disegnare la relazione occorre aspettare perché i due gruppi C e B non sappiamo dove collocarli in relazione agli altri, ma immaginiamo che la relazione potrebbe essere una delle seguenti da un punto di vista diagrammatico:

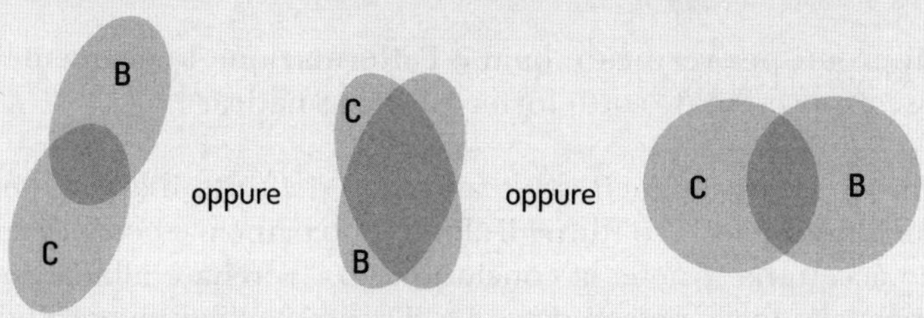


L'informazione successiva invece possiamo includerla, infatti alcuni B sono A possiamo integrarla con il primo diagramma così:

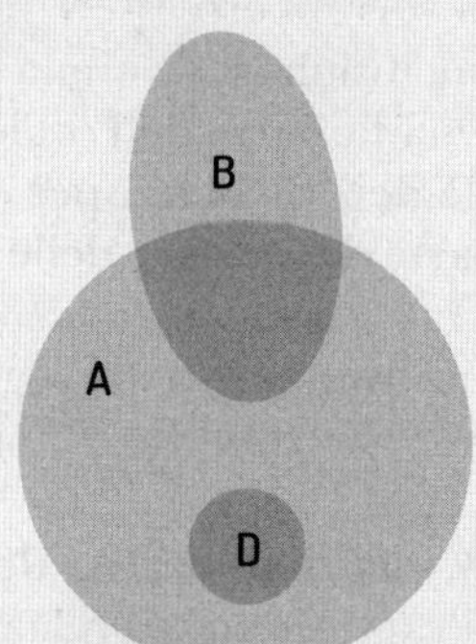


Qui il rapporto di parziale inclusione è espresso dalla zona grigia compresa tra B e A, che ci informa della reciprocità relazionale necessaria: "alcuni A sono B". Successivamente viene detto "alcuni A sono C", ciò significa che possiamo inserire la nuova relazione come abbiamo fatto appena sopra. Tuttavia, occorre a questo punto riprendere la parte che avevamo lasciato in sospeso, cioè "alcuni C sono B". Le due informazioni possono essere integrate come segue:

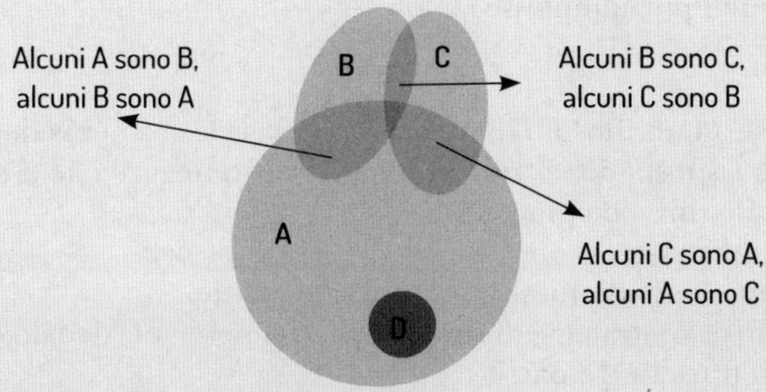


Ma possiamo anche raffigurarla così:

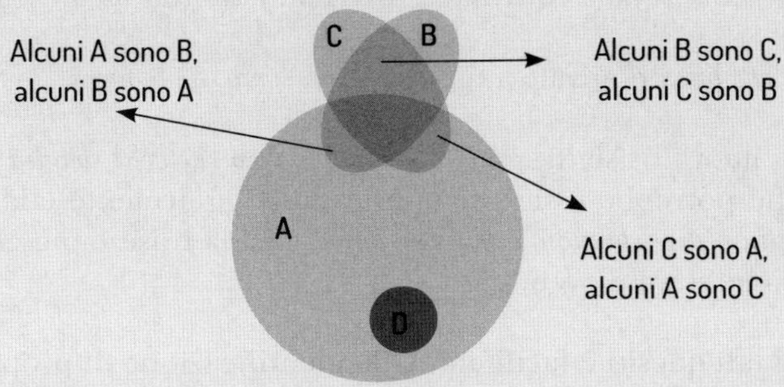


che poi non è altro che il diagramma corrispondente alla figura n. 3.

## 2.2 • Le negazioni

Le **negazioni** sono enunciati espressi in forma negativa, da cui bisogna dedurre la conclusione corretta. Possiamo trovarle formulate in diversi modi.

Se dico "Non tutti i biondi sono furbi", vuol dire che qualche biondo può non esserlo. Questo perché il contrario di non tutti è qualche/qualcuno.
Per lo stesso motivo, se dico "Non è vero che tutti i biondi sono furbi", significa che alcuni biondi non sono furbi.
Queste negazioni particolarmente semplici possono essere risolte grazie all'ausilio di uno schema grafico. L'espressione può infatti essere rappresentata graficamente come segue:

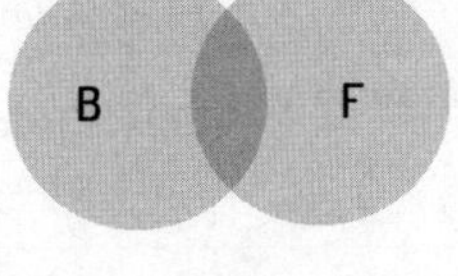


L'area grigia indica gli individui che presentano entrambi gli attributi. Appare subito evidente che esiste una parte di biondi che non sono furbi ed una parte di furbi che non sono biondi.

Vediamo un esempio più complesso.

**ESEMPIO**

Un signore chiese ad un filosofo di guardare dalla finestra per vedere se pioveva; il filosofo per tutta risposta disse "non credo sia giusto negare che ci si sbagli nell'affermare che è falso dire che piove!"
Pioveva o era bel tempo?
Si tratta di una tipologia di quesiti piuttosto frequente.
Se non si adottano delle strategie di risoluzione, ci si perde nel dedalo delle negazioni.
Scomponiamo la frase in tre parti:

- *non credo sia giusto negare* equivale a dire *è giusto affermare*, o meglio *è vero;*
- *che ci si sbagli nell'affermare* equivale a dire che *è corretto negare* o meglio *che ci si sbaglia a dire;*
- *che è falso dire che piove* equivale a dire *che non è vero che piove.*

Ricostruiamo la nuova frase in questo modo: *È vero che ci si sbaglia a dire che non è vero che piove,* che potrebbe essere semplificata maggiormente elidendo la prima parte, … *si sbaglia a dire che non è vero che piove.* Ora la frase è più chiara, infatti si può concludere che stava piovendo!

La risoluzione di tali quesiti è facilitata dalla identificazione di proposizioni equivalenti a quelle da negare.
In generale, due espressioni logiche, formate con le stesse proposizioni logiche, si dicono *equivalenti* se assumono gli stessi valori di verità in corrispondenza degli stessi valori di verità attribuiti alle proposizioni semplici che le costituiscono. Pertanto, occorre individuare proposizioni che, pur variando nella qualità o quantità, esprimono la medesima sentenza.
Di seguito illustriamo diverse tipologie di proposizioni e le corrispondenti proposizioni a esse equivalenti.

| Proposizioni | Proposizioni equivalenti |
|---|---|
| **Tutti sono/hanno...**<br>*Tutti gli uomini sono mortali*<br>*Tutti i numeri pari sono divisibili per 2* | **Non esiste alcuno che non sia/abbia...**<br>*Non esiste alcun uomo che non sia mortale*<br>*Non esiste alcun numero pari che non sia divisibile per 2* |
| **Non tutti sono/hanno.../ Almeno uno è/ha...**<br>*Non tutte le ciambelle sono con il buco* | **Esiste uno che non è/ha.../ Almeno uno non è/ha...**<br>*Esiste una ciambella che non è con il buco* |
| **Non tutti non sono/hanno.../ Almeno uno non è/ha...**<br>*Non tutti gli studenti non hanno superato il test* | **Esiste uno che è/ha.../ Almeno uno è/ha...**<br>*Esiste uno studente che ha superato il test* |
| **Nessuno è/ha...**<br>*Nessuno studente ha studiato* | **Non esiste uno che sia/abbia...**<br>*Non esiste uno studente che abbia studiato* |

*(segue)*

| Proposizioni | Proposizioni equivalenti |
|---|---|
| **Nessuno non è/ha...**<br>*Nessun uomo non è ragionevole* | **Non esiste uno che non sia/abbia.../ Tutti sono/hanno...**<br>*Tutti gli uomini sono ragionevoli* |
| **Qualcuno/qualcosa è/ha...**<br>*Qualche numero naturale è dispari* | **Non è vero che tutti non sono/hanno...**<br>*Non è vero che tutti i numeri naturali sono non dispari* |
| **Qualcuno/qualcosa non è/ha...**<br>*Qualche numero naturale non è dispari* | **Non è vero che tutti sono/hanno...**<br>*Non è vero che tutti i numeri naturali sono dispari* |

La negazione logica di una proposizione *p* è la proposizione *non p* che risulta essere falsa se *p* è vera e vera se *p* è falsa.
In generale, la negazione logica può essere fatta anteponendo a una proposizione il *non* o qualunque espressione linguistica a esso equivalente come, ad esempio, *non è vero che, è falso che...*
Può essere utile, per la risoluzione di tali quesiti, ricordare le due regole seguenti:

1. Due negazioni o, in generale, un *numero pari di negazioni* che operano sulla stessa proposizione si annullano, ossia lasciano inalterato il significato logico su cui esse operano.
2. Tre negazioni o, in generale, un *numero dispari di negazioni* che operano sulla stessa proposizione negano una sola volta la proposizione, ossia ne fanno assumere il significato logicamente opposto.

La posizione delle negazioni in una proposizione è fondamentale. In italiano, ad esempio, non sempre due negazioni negano; in alcuni casi affermano.
Si consideri il seguente esempio.

**ESEMPIO**

*Letizia non può non correre = Letizia deve necessariamente correre*
*Letizia non può correre ≠ Letizia può non correre*

Nel primo caso, le due negazioni rafforzano invece di annullarsi.
Nel secondo caso, invece, la posizione del *non* fa assumere alla proposizione un significato diverso, in quanto il predicato della proposizione logica è costituito da due verbi: potere e correre.

Nello schema riportato di seguito illustriamo diverse tipologie di proposizioni e le corrispondenti negazioni, seguite da esempi chiarificatori.

| Proposizioni | Negazioni |
|---|---|
| **Tutti sono...**<br>*Tutte le ciambelle sono con il buco* | **Non tutti sono.../Esiste qualcuno che non è.../Almeno uno non è.../Qualcuno non è...**<br>*Esiste qualche ciambella che non è con il buco* |

*(segue)*

| Proposizioni | Negazioni |
|---|---|
| **Non tutti sono.../Esiste qualcuno che non è.../Almeno uno non è.../Qualcuno non è...**<br>*Esiste qualche animale che non è randagio* | **Tutti sono...**<br>*Tutti gli animali sono randagi* |
| **Nessuno è...**<br>*Nessun napoletano è stonato* | **Almeno uno è.../ Qualcuno è...**<br>*Almeno un napoletano è stonato* |
| **Qualcuno è.../ Almeno uno è...**<br>*Qualche impiegato è biondo* | **Nessuno è...**<br>*Nessun impiegato è biondo* |
| **X o Y**<br>*Esco o studio* | **Non X e non Y**<br>*Non esco e non studio* |
| **Non X e non Y**<br>*L'automobilista non guida e non passeggia* | **X o Y**<br>*L'automobilista guida o passeggia* |
| **X e Y**<br>*Esco e studio* | **Non X o non Y**<br>*Non esco o non studio* |
| **Non X o non Y**<br>*Non mangio o non dormo* | **X e Y**<br>*Mangio e dormo* |

## 2.3 • Le deduzioni logiche

Le deduzioni logiche in senso stretto richiedono la fondamentale distinzione tra **condizione necessaria**, **condizione sufficiente** e **condizione necessaria e sufficiente**.

In generale, date due proposizioni X e Y, per esprimere che Y si deduce logicamente da X (o che X ha come conseguenza Y) si usa in genere la notazione

$$X \Rightarrow Y$$

che si legge "X implica Y", e sta a significare che *se è vera X, allora è vera anche Y.*
Se vale questa implicazione si dice che *X* è **condizione sufficiente** per il verificarsi di Y o anche che Y è **condizione necessaria** per il verificarsi di X.
Qualora si abbia simultaneamente che

$$X \Rightarrow Y \quad e \quad Y \Rightarrow X$$

si dice che le due proposizioni X e Y sono logicamente equivalenti o anche che X è **condizione necessaria e sufficiente** per il verificarsi di Y.

### ESEMPIO

"*Se bevo tutto il vino contenuto nella bottiglia, resterò senza vino*".
Ebbene, la prima proposizione è condizione sufficiente, ma non necessaria, affinché si realizzi anche la seconda, perché la bottiglia potrebbe restare vuota anche a seguito di altri eventi, come la sua rottura accidentale. Se invece dicessimo: "*Solo se bevo tutto il vino contenuto nella bottiglia, resterò senza vino*", allora la premessa diventerebbe una *conditio sine qua non* della conclusione.

**ESEMPIO**

"Se i pedali girano, la bicicletta cammina".
Anche in questo caso, valgono le stesse considerazioni. Infatti, i pedali potrebbero funzionare ma la bicicletta potrebbe essere ugualmente ferma, per esempio per una ruota forata, o un qualsiasi altro guasto.

Vediamo un altro esempio.

**ESEMPIO**

| Condizione necessaria | Condizione sufficiente |
|---|---|
| *Solo se trattate con i pesticidi, le piante di granoturco non si ammalano.*<br>↓ | *Se trattate con i pesticidi, le piante di granoturco non si ammalano.*<br>↓ |
| La premessa è *conditio sine qua non*, dunque: "*Se NON tratto le piante con i pesticidi sicuramente si ammaleranno*", ma anche "*Se le piante non si sono ammalate è certo che io le abbia trattate con pesticidi*". | "*Se le piante non si sono ammalate non è detto che le abbia trattate*", potrebbero essersi salvate per altri motivi. |

I quesiti con la condizione necessaria o con la condizione sufficiente o con la condizione necessaria e sufficiente variano tantissimo; di seguito esponiamo una metodologia efficiente per identificare la loro risoluzione quando, data un'affermazione, si chiede di identificare cosa è possibile dedurre con certezza da tale affermazione.

Dal punto di vista verbale, se X è *condizione sufficiente* per il verificarsi di Y, avremo una frase del tipo "**Se** X…, allora Y…". In tal caso, se è vera "Se X ..., allora Y ...", è possibile dedurre con certezza che: "Se non Y ..., allora non X ...".

Se, invece, X è *condizione necessaria* per il verificarsi di Y, avremo una frase del tipo "**Solo se** X…, allora Y…". In tal caso, se è vera "Solo se X ..., allora Y ...", è possibile dedurre con certezza che:

- "Se Y ..., allora X ...";
- "Se non X ..., allora non Y ...".

Se, infine, X è *condizione necessaria e sufficiente* per il verificarsi di Y, avremo una frase del tipo "**Se e solo se** X ..., allora Y ...". In tal caso, se è vera "Se e solo se X ..., allora Y ...", è possibile dedurre con certezza che:

- se Y ..., allora X ...;
- se non Y ..., allora non X ...;
- se non X ..., allora non Y ....

## 2.4 • Relazioni d'ordine: le parentele

Si chiamano esercizi delle parentele quelli che richiedono l'individuazione dei **rapporti di parentela** tra due o più soggetti, a partire da descrizioni piane del tipo "il fratello del cugino della moglie".

Evidentemente la difficoltà di questi compiti è molto attenuata se riusciamo a costruire un grafico ad albero che rappresenti visivamente quanto espresso verbalmente.

Potreste incontrare un problema del tipo indicato di seguito.

**ESEMPIO**

Vania è figlia della sorella di Mirella. Iva è la mamma di Loretta e nonna del fratello di Vania. Sole è la figlia del figlio di Mirella e bisnipote di Iva. Che relazione di parentela intercorre tra Vania e Sole?

A. Sono sorelle
B. Sono nipote e zia
C. Sono triscugine o cugine di terzo grado
D. Sono biscugine o cugine di secondo grado
E. Sono cugine

*In questi esercizi conviene iniziare a disegnare il grafico dalle affermazioni riguardanti i soggetti "protagonisti" del quesito; si consideri, inoltre, che nel testo potrebbero essere presenti informazioni e nomi non utili alla risoluzione del quesito.*

Disegniamo il grafico dalle affermazioni su Vania e Sole: innanzitutto sappiamo che "Vania è figlia della sorella di Mirella", ovvero

```
Sorella di M — M
      I
      V
```

Inoltre sappiamo che "Sole è la figlia del figlio di Mirella", cioè:

```
     M
     I
figlio di M
     I
     S
```

Dall'unione dei due grafici precedenti si ottiene:

```
Sorella di M — M
    I          I
    V     figlio di M
               I
               S
```

Da ciò deduciamo immediatamente che il rapporto di parentela tra Sole e Vania è quello indicato nella risposta D, cioè sono biscugine o cugine di secondo grado, in quanto Vania è cugina del figlio di Mirella e, quindi, cugina di secondo grado di sua figlia Sole.

Osserviamo che le altre affermazioni presenti nel testo sono dei distrattori, in quanto le informazioni "Iva è la mamma di Loretta e nonna del fratello di Vania" e "Sole è bisnipote di Iva" non sono utili alla risoluzione del quesito.

Il sovraccarico cognitivo di questo problema viene ridotto del tutto con il grafico che rende immediatamente visibili i rapporti di parentela che vengono via via descritti. Il segreto è quello di tracciare il grafico a partire dalle sequenze che riportano la maggior parte delle informazioni.

## 2.5 • Relazioni d'ordine: le età

Proviamo un esercizio semplicissimo per descrivere l'uso delle tabelle come ausilio per la risoluzione dei problemi relativi alle relazioni d'ordine concernenti le età.

**ESEMPIO**

Gina, Lino e Pina sono tre amici. I loro cognomi sono Ginetti, Linetti e Pinetti, ma l'ordine dei nomi può non corrispondere all'ordine dei cognomi. Le loro età sono di 18, 20, e 21 anni, ma non sappiamo a chi appartengono.
Partendo dalle seguenti indicazioni:

1. La signorina Ginetti ha tre anni più di Pina
2. Il signor Pinetti ha venti anni

scopriamo nome e cognome di ciascuno e l'età.

Costruiamo una tabella segnando sulle righe i nomi delle persone e le età, sulle colonne i cognomi e le età. Agli incroci apporremo uno 0 quando l'informazione non conferma l'incrocio, 1 quando l'informazione conferma l'incrocio, o meglio 1 rappresenterà delle relazioni positive, 0 delle relazioni negative. Analizzando il contenuto del problema segneremo, man mano che troviamo relazioni valide o non valide, i codici corrispondenti.
Se la signora Ginetti ha tre anni più di Pina, si deduce che Ginetti ha 21 anni e Pina 18 anni, quindi segneremo 1 all'incrocio di riga Pina / 18 anni e 0 sulle restanti età (20 e 21 anni). Lo stesso vale per l'incrocio Ginetti / 21 anni.
Si deduce inoltre che Ginetti non è il cognome di Pina, per cui mettiamo uno 0 anche all'incrocio Ginetti / Pina.
Infine ci viene detto che Ginetti è una signora, per cui annulliamo anche la casella di incrocio tra Ginetti / Lino.
Rimane libera la casella di associazione Gina Ginetti, per cui possiamo inserire 1 nello spazio corrispondente e 0 negli altri spazi corrispondenti ai cognomi ormai non più attribuibili a Gina.

| | Ginetti | Linetti | Pinetti | Anni 18 | Anni 20 | Anni 21 |
|---|---|---|---|---|---|---|
| **Gina** | 1 | 0 | 0 | 0 | 0 | 1 |
| **Lino** | 0 | | | | | |
| **Pina** | 0 | | | 1 | 0 | 0 |
| **Anni 18** | 0 | | | | | |
| **Anni 20** | 0 | | | | | |
| **Anni 21** | 1 | 0 | 0 | | | |

Dalla prima frase abbiamo ricevuto molte informazioni, e ce ne rendiamo conto visivamente dal numero di caselle segnate sulla tabella. Se passiamo alla seconda informazione, si riempiranno altre caselle informative. Sappiamo che Pinetti ha venti anni ed è maschio (il signor Pinetti), per cui riempiamo le corrispondenti caselle come nella tabella sottostante.

| | Ginetti | Linetti | Pinetti | Anni 18 | Anni 20 | Anni 21 |
|---|---|---|---|---|---|---|
| **Gina** | | | | | | |
| **Lino** | | 0 | 1 | 0 | 1 | 0 |
| **Pina** | | 1 | 0 | | | |
| **Anni 18** | | 1 | 0 | | | |
| **Anni 20** | | 0 | 1 | | | |
| **Anni 21** | | | | | | |

Abbiamo recuperato tutti i dati; unendo i codici delle due tabelle otteniamo la tabella:

| | Ginetti | Linetti | Pinetti | Anni 18 | Anni 20 | Anni 21 |
|---|---|---|---|---|---|---|
| **Gina** | 1 | 0 | 0 | 0 | 0 | 1 |
| **Lino** | 0 | 0 | 1 | 0 | 1 | 0 |
| **Pina** | 0 | 1 | 0 | 1 | 0 | 0 |
| **Anni 18** | 0 | 1 | 0 | | | |
| **Anni 20** | 0 | 0 | 1 | | | |
| **Anni 21** | 1 | 0 | 0 | | | |

Si tratta semplicemente di riassumere le informazioni già disponibili in tabella per rispondere al quesito iniziale:
Gina Ginetti ha 21 anni
Lino Pinetti ha 20 anni
Pina Linetti ha 18 anni

## 2.6 • Relazioni d'ordine: collocazione di oggetti e/o individui

I quesiti del tipo di quello riportato di seguito chiedono l'identificazione, tra le alternative di risposta, dell'esatta collocazione da dare a oggetti e/o individui rispettando determinati criteri.

La logica di risoluzione di tali quesiti non è matematica, infatti non occorre applicare i concetti propri del calcolo combinatorio (disposizioni, permutazioni...).

Consideriamo un primo esempio.

**ESEMPIO**

La signora F, moglie di un ambasciatore delle Nazioni Unite, ha invitato diverse mogli di delegati per un pranzo. Ella desidera che le sue ospiti siano in grado di conversare almeno con una persona, seduta direttamente alla propria destra o sinistra. Ha dunque preparato la seguente lista:

la signora F parla solo inglese
la signora G parla inglese e francese
la signora H parla inglese e russo
la signora J parla solo russo
la signora K parla solo inglese
la signora L parla solo francese
la signora M parla francese e tedesco
la signora N parla inglese e tedesco
la signora O parla inglese e francese
la signora P parla tedesco e russo
la signora Q parla francese e tedesco
la signora R parla solo inglese

Quale delle seguenti disposizioni soddisfa i desideri della signora F?
I. FOLMPJHKGQNR
II. FRNLPKHJGMQO
III. FRGJHOLMQPKN

A. Solo la I
B. Solo la III
C. Solo la II
D. La I e la II
E. La I e la III

La risposta corretta è la E. Di seguito, sono indicate le tre disposizioni, in cui si sono aggiunti ai nomi delle signore, a destra e a sinistra della rispettiva lettera, le iniziali delle lingue che ciascuna parla e che può essere usata per parlare con le persone sedute alla propria destra e sinistra:

I. ${}_iF_i$ ${}_iO_f$ ${}_fL_f$ ${}_fM_t$ ${}_tP_r$ ${}_rJ_r$ ${}_rH_i$ ${}_iK_i$ ${}_iG_f$ ${}_fQ_t$ ${}_tN_i$ ${}_iR_i$

II. ${}_iF_i$ ${}_iR_i$ ${}_iN_t$ ${}_fL_f$ ${}_tP_r$ ${}_iK_i$ ${}_iH_r$ ${}_rJ_r$ ${}_iG_f$ ${}_fM_t$ ${}_tQ_f$ ${}_fO_i$

III. ${}_iF_i$ ${}_iR_i$ ${}_iG_f$ ${}_rJ_r$ ${}_rH_i$ ${}_iO_f$ ${}_fL_f$ ${}_fM_t$ ${}_tQ_f$ ${}_tP_r$ ${}_iK_i$ ${}_iN_t$

Le disposizioni che soddisfano la signora F sono la I e la III. Nella I ciascuna ospite può conversare con *entrambe* le signore sedute alla propria destra e sinistra. Nella III ciascuna ospite può conversare *almeno* con una persona seduta direttamente alla propria destra o sinistra.
Nella disposizione II, invece, le signore L e P non possono conversare con alcuna delle due signore sedute direttamente accanto a loro.

Consideriamo un altro esempio.

**ESEMPIO**

Cinque amici occupano a teatro cinque poltrone contigue nella stessa fila: Anselmo è a fianco di Bruno ma non di Cesare, il quale è a lato di Dario ma non di Enrico, e questi è a lato di Bruno ma non di Dario. In quale ordine sono seduti?

A. Cesare, Dario, Anselmo, Bruno, Enrico
B. Cesare, Dario, Bruno, Enrico, Anselmo
C. Dario, Cesare, Enrico, Bruno, Anselmo
D. Enrico, Dario, Anselmo, Bruno, Cesare
E. Anselmo, Bruno, Cesare, Enrico, Dario

Ricostruiamo la sequenza delle poltrone occupate dalle informazioni forniteci.
Se Anselmo è al fianco di Bruno possiamo ipotizzare le due seguenti configurazioni:

**Anselmo – Bruno** oppure **Bruno – Anselmo**

Inoltre Cesare è al lato di Dario, quindi

**Cesare – Dario** oppure **Dario – Cesare**

Inoltre Enrico è al lato di Bruno, che era già di fianco ad Anselmo, quindi:

**Anselmo – Bruno – Enrico** oppure **Enrico – Bruno – Anselmo**

Sappiamo che Cesare (che è di fianco a Dario) non sta al fianco di Enrico e neanche di Anselmo, quindi:

**Cesare – Dario – Anselmo – Bruno – Enrico**
opp. **Enrico – Bruno – Anselmo – Dario – Cesare**

Notiamo che dalle informazioni dateci entrambe le configurazioni presentateci sono valide, in particolare però solo la prima è presentata tra le opzioni. Quindi A è l'opzione corretta.

## 2.7 • Abilità a ordinare eventi cronologici

Si tratta di quiz in cui, dati alcuni elementi tra i quali vengono espresse delle relazioni, si chiede di ordinarli secondo un determinato criterio: per esempio, dal più giovane al più vecchio, dal più al meno recente, dal più grande al più piccolo, etc. Si tratta di una tipologia di quesiti piuttosto rara, di cui, per completezza riportiamo un esempio.

**ESEMPIO**

Oggi Marcella è andata a trovare la nonna (1) appena finito di mangiare (2). Tornerà a ritrovarla (3) dopo aver ritirato la borsa (4) che aveva lasciato in macchina cinque giorni fa (5).
Individuare quale delle seguenti sequenze rappresenta il corretto svolgimento cronologico degli eventi.

A. 12354
B. 21435
C. 54321
D. 52143
E. 21543

Per risolvere questo esercizio è sufficiente servirsi di un foglio per prendere appunti su cui si traccia una linea temporale come si vede nel disegno:

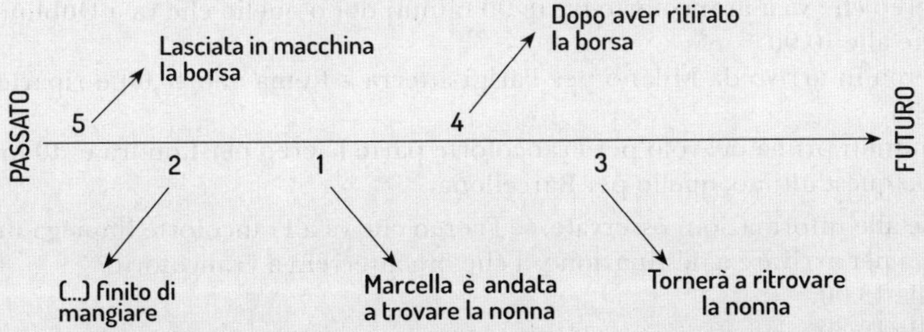


Si deve tracciare una linea abbastanza lunga da contenere i cinque eventi dell'esercizio. Su un punto qualsiasi della linea orizzontale (*continuum*) si inserisce il primo evento citato, in questo caso Marcella che va a trovare sua nonna, segnato con il numero 1.
Poi decideremo dove inserire il secondo evento "appena finito di mangiare" 2. Se l'evento si colloca sulla linea temporale dopo che Marcella è andata a trovare la nonna segneremo il codice 2 a destra del codice 1, se invece è un evento che avviene precedentemente lo segneremo a sinistra del codice 1. Poiché Marcella finisce di mangiare prima di andare dalla nonna, allora inseriremo il codice 2 a sinistra del codice 1, perché è un avvenimento cronologicamente più lontano. Manteniamo uno spazio sufficiente tra i due eventi perché è possibile trovare degli esercizi che inseriscono eventi anche tra i due eventi prima descritti, comunque non in questo caso. Proseguiamo.
La frase "tornerà a ritrovarla" ci indica che questo evento si colloca temporalmente dopo il codice 1, quindi alla destra di 1. Però un evento cronologicamente anteriore al 3 è l'evento segnato con il numero 4, cioè "aver ritirato la borsa" che avviene prima di tornare dalla nonna, per cui alla sinistra di 3 ma alla destra di 1. Ma non basta, c'è ancora un altro evento da collocare nella sequenza che è "la borsa (...)

che aveva lasciato cinque giorni fa" indicata con il codice 5. Qui ci vuole un minimo di scaltrezza; abbiamo imparato che l'ideatore di queste prove intende mettere in difficoltà l'esaminando, per cui ricerca le complicazioni che stravolgono tutto proprio alla fine quando generalmente si pensa di avere "strada libera". Invece questo evento citato per ultimo è quello cronologicamente più distante, quindi si collocherà necessariamente prima dell'evento codificato con il numero 2.
Senza l'aiuto del piccolo grafico molto più difficilmente saremmo riusciti ad individuare l'esatta sequenza cronologica descritta, quindi ora siamo certi che la risposta giusta è quella alla lettera D.

Un altro esempio di quesito è riportato di seguito.

> Non tutte le informazioni date nel testo dei quesiti appartenenti alla tipologia seguente sono utili al fine della risoluzione degli stessi.

**ESEMPIO**

Massimo, all'aeroporto di Roma, osserva i seguenti dati:

1. L'aereo che va a Francoforte parte 90 minuti dopo quello che va a Dublino che parte alle 10.00.
2. L'aereo in arrivo da Milano per Parigi atterra a Roma alle 10.00 e riparte alle 10.30.
3. 25 minuti prima del volo per Francoforte parte l'aereo per Londra e, 10 minuti dopo quest'ultimo, quello per Barcellona.

In base alle informazioni osservate, se l'aereo che va a Francoforte impiega un'ora e mezza per arrivare a destinazione, a che ora atterrerà a Francoforte?

A. Alle 13.00
B. Alle 13.30
C. Alle 13.40
D. Alle 14.00
E. Alle 13.15

In base ai dati, ordiniamo, per orario, le partenze e gli arrivi all'aeroporto di Roma così come si evincono dal testo.

| Partenze | Arrivi |
|---|---|
| ore 10:00 Dublino<br>ore 10:30 Parigi<br>ore 11:05 Londra<br>ore 11:15 Barcellona<br>ore 11:30 Francoforte | ore 10: Milano |

Dallo schema si evince che l'aereo per Francoforte parte da Roma alle 11.30, pertanto, se impiega un'ora e mezza per arrivare a destinazione, atterra a Francoforte alle 13.00; la risposta esatta è la A. Occorre osservare che, ai fini della risoluzione del quesito, i dati 2 e 3 non sono stati utili.

## 2.8 • Test di logica concatenativa

Problemi frequentemente incontrati sono i test di logica concatenativa ovvero quei problemi che vincolano le sequenze di azione a delle premesse.
Un tipico problema potrebbe essere questo.

**ESEMPIO**

Maria, Anna e Lucia sono tre sorelle e almeno due sono bionde. Sapendo che se Maria è bionda anche Anna lo è, che se Lucia è bionda lo è anche Maria, e che tra Anna e Lucia almeno una non è bionda, si può dedurre che:
A. Maria, Lucia e Anna sono bionde
B. Maria non è bionda e Anna è bionda
C. Maria e Lucia sono bionde
D. Lucia è bionda e Anna non è bionda
E. Lucia non è bionda e Anna è bionda

Con l'ausilio di un semplice schema grafico è possibile risolvere questo tipo di problemi semplicemente e senza errori.

Partiamo dalla premessa che pone un primo vincolo importante: *almeno due delle tre sorelle sono bionde,* che possiamo schematizzare come segue:

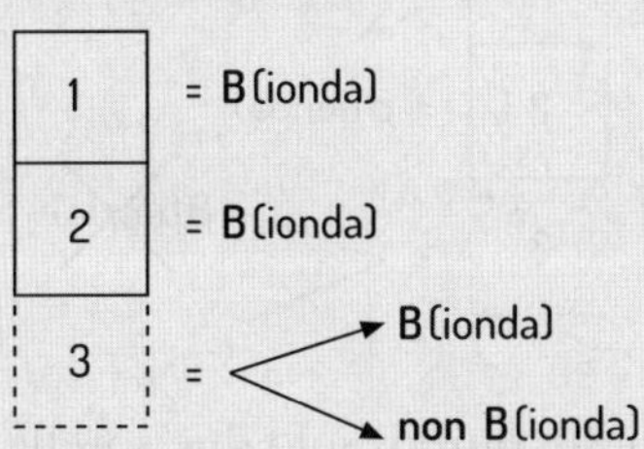


Ancora, ovviamente, non sappiamo il nome delle bionde né quante sono bionde (potrebbero essere anche tutte e tre bionde, ma non potrebbero essere una bionda e due non bionde, né nessuna bionda).
È utile a questo punto mettere su una riga le iniziali dei nomi delle tre sorelle:

**M**(aria) **A**(nna) **L**(ucia)

preparandoci a collegare tra loro i nomi con le affermazioni riportate successivamente dal problema.
Una prima indicazione è "se Maria è bionda anche Anna lo è" e questa affermazione la rappresenteremo come vincolo condizionante unidirezionale (indicato da una freccia) in questo modo:

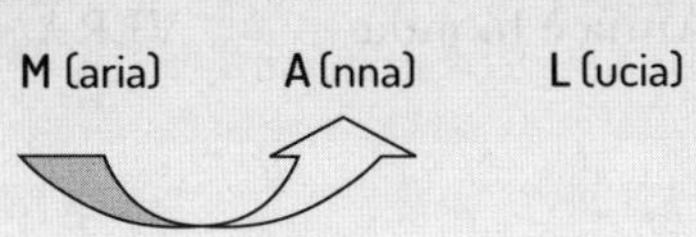

La seconda indicazione data è "se Lucia è bionda lo è anche Maria" che rappresenteremo in questo modo:

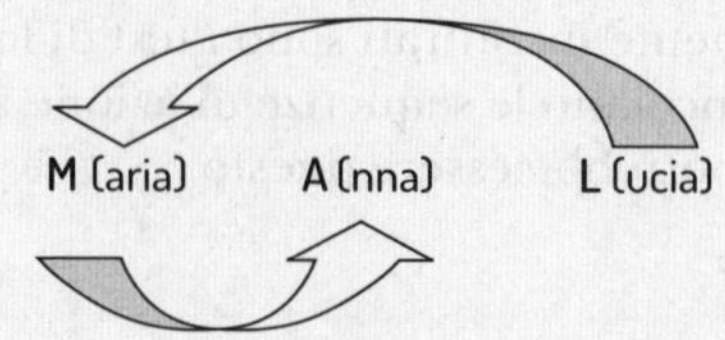


Infine la terza indicazione "tra Anna e Lucia almeno una non è bionda" la rappresenteremo così:

Quest'ultima affermazione ha risolto la premessa in questo modo:

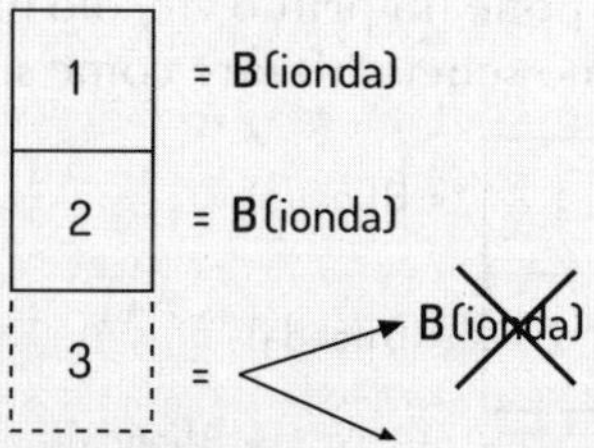


cioè una sorella è non B(ionda), quindi solo due sorelle sono B(ionde).

Dato che l'incertezza è soltanto tra A(nna) e L(ucia), sicuramente M(aria) è bionda, quindi se M(aria) è bionda lo è anche A(nna), (come da premessa) per cui la non bionda è necessariamente L(ucia).

Ritornando alle alternative proposte e con l'ausilio dell'ultima figura rappresentata possiamo dedurre che:

| | | |
|---|---|---|
| A. | Maria, Lucia e Anna sono bionde | FALSA |
| B. | Maria non è bionda e Anna è bionda | FALSA |
| C. | Maria e Lucia sono bionde | FALSA |
| D. | Lucia è bionda e Anna non è bionda | FALSA |
| E. | Lucia non è bionda e Anna è bionda | VERA |

## 2.9 • Relazioni insiemistiche

Un'altra tipologia di quesiti frequentemente assegnata nelle prove di ammissione è costituita dalle relazioni insiemistiche.

> A differenza dei quesiti di logica deduttiva che possono essere risolti grazie all'ausilio dei diagrammi insiemistici, tali quesiti hanno a oggetto proprio tali diagrammi.

La rappresentazione grafica utilizzata è costituita dai diagrammi di Eulero-Venn. Generalmente, i diagrammi si presentano sotto forma di cerchi o ellissi, ma possono essere anche poligoni (quadrati o rettangoli).
L'insiemistica è uno dei modelli di logica matematica di più semplice e rapida soluzione. Nei test inerenti i diagrammi insiemistici, per ciascun quesito, occorre *individuare il diagramma che soddisfa la relazione insiemistica tra i termini dati.*
In tali quesiti, infatti, sono dati 3 termini, corrispondenti a 3 insiemi; occorre identificare la relazione esistente tra *parte* o *tutti* gli elementi dei 3 insiemi considerati.
Tali test, quindi, per la loro risoluzione, richiedono un ragionamento sillogico e la conoscenza dei diversi rapporti di classificazione, nonché dei concetti di parte e di tutto.
Si commenta il modello in base al diagramma:

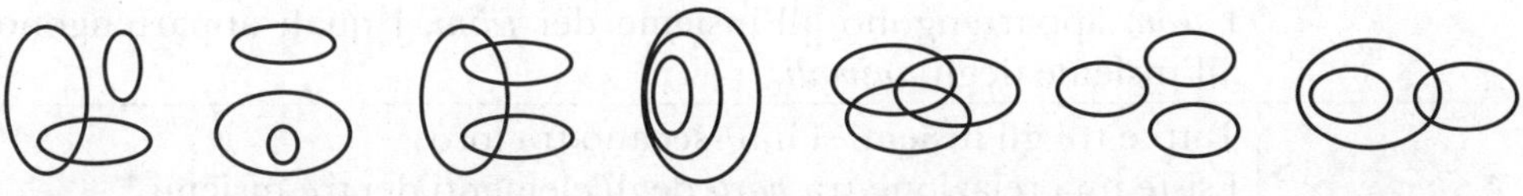

DIAGRAMMA 1 DIAGRAMMA 2 DIAGRAMMA 3 DIAGRAMMA 4 DIAGRAMMA 5 DIAGRAMMA 6 DIAGRAMMA 7

| | |
|---|---|
| **Diagramma 1**<br> | Due insiemi sono intersecati e un terzo è disgiunto.<br>Esiste una relazione tra *parte* degli elementi del primo insieme e *parte* degli elementi del secondo, ma non esiste alcuna relazione tra gli elementi dei primi due insiemi con gli elementi del terzo.<br>Siano i tre termini:<br>*Cantanti italiani, Cantanti rock, Chitarre*<br>Alcuni *cantanti italiani* sono *cantanti rock* e viceversa. Le *chitarre* (strumenti musicali) non sono né *cantanti italiani* né *cantanti rock.* |
| **Diagramma 2**<br>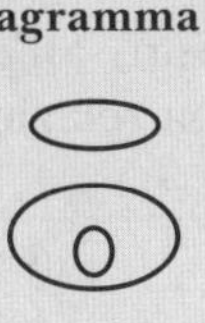 | Un insieme è sottoinsieme del secondo mentre un terzo è disgiunto da entrambi.<br>*Tutti* gli elementi del primo insieme sono elementi del secondo, ma non esiste alcuna relazione tra gli elementi dei primi due insiemi con gli elementi del terzo.<br>Siano i tre termini:<br>*Insetti, Gamberi, Mosche*<br>Le *mosche* sono *insetti*, per cui l'insieme delle *mosche* è incluso nell'insieme degli *insetti.* I *gamberi* sono crostacei, per cui non sono né *insetti* né tantomeno *mosche.* |

*(segue)*

| | |
|---|---|
| **Diagramma 3**<br> | Un insieme è intersecato agli altri due che tra loro però sono distinti.<br>Esiste una relazione tra *parte* degli elementi del primo insieme e *parte* degli elementi del secondo insieme; analogamente, esiste una relazione tra *parte* degli elementi del primo insieme e *parte* degli elementi del terzo insieme. Non esiste alcuna relazione tra gli elementi del secondo e del terzo insieme.<br>Siano i tre termini:<br>*Donne, Preti cattolici, Persone loquaci*<br><br>Premesso che per persone si intendono uomini e donne e che i preti sono uomini, tra le *persone loquaci* vi sono sia *donne* sia *preti cattolici.* Tuttavia, le *donne* non possono essere *preti cattolici* e viceversa. |
| **Diagramma 4**<br> | Gli insiemi sono l'uno sottoinsieme dell'altro.<br>*Tutti* gli elementi del primo insieme sono elementi del secondo insieme; *tutti* gli elementi del secondo insieme sono elementi del terzo insieme.<br>Siano i tre termini:<br>*Leoni, Felini, Animali*<br><br>I *leoni* appartengono all'insieme dei *felini,* i quali appartengono all'insieme degli *animali.* |
| **Diagramma 5**<br>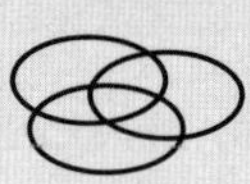 | Tutti e tre gli insiemi si intersecano tra loro.<br>Esiste una relazione tra *parte* degli elementi dei tre insiemi.<br>Siano i tre termini:<br>*Inglesi, Persone alte, Laureati*<br>Esistono *inglesi* che sono *persone alte* e *laureati.*<br>Esistono *persone alte* che sono *inglesi* e *laureate.*<br>Esistono *laureati* che sono *inglesi* e *persone alte.*<br><br>I tre insiemi considerati si intersecano ma non coincidono. |
| **Diagramma 6**<br> | I tre insiemi sono disgiunti.<br>Non esiste alcuna relazione tra gli elementi dei tre insiemi considerati.<br>Siano i tre termini:<br>*Teatri, Attori, Microfoni*<br><br>Nonostante la relazione apparente, perché riferibili tutti all'ambiente dello spettacolo, i tre insiemi non sono in alcuna relazione tra loro: i *teatri* non sono *attori* né *microfoni.* |

*(segue)*

**Diagramma 7**

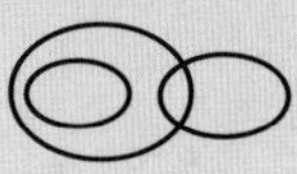

Un insieme è sottoinsieme del secondo e il terzo è intersecato al secondo.
*Tutti* gli elementi del primo insieme sono inclusi nel secondo insieme. *Parte* degli elementi del terzo insieme sono inclusi nel secondo insieme.
Siano i tre termini:
*Numeri compresi tra 6 e 9, Numeri compresi tra 5 e 15, Numeri compresi tra 13 e 23*
I *numeri compresi tra 6 e 9* sono:
{6, 7, 8, 9}
I *numeri compresi tra 5 e 15* sono:
{5, 6, 7, 8, 9, 10, 11, 12, 13, 14, 15}
Tutti i *numeri compresi tra 6 e 9* del primo insieme appartengono all'insieme dei *numeri compresi tra 5 e 15.*
I *numeri compresi tra 13 e 23* sono:
{13, 14, 15, 16, 17, 18, 19, 20, 21, 22, 23}
Gli elementi 13, 14 e 15 del terzo insieme sono inclusi nel secondo insieme ma non nel primo insieme.

Si analizza, mediante successive rappresentazioni, un esempio, in cui il diagramma da individuare è da ricercare tra i 7 diagrammi proposti nel modello appena commentato.

## ESEMPIO

Individuare il diagramma che soddisfa la relazione insiemistica esistente fra i tre termini seguenti:
Calciatori, Palloni, Terzini

A. Diagramma 5
B. Diagramma 2
C. Diagramma 4
D. Diagramma 3
E. Diagramma 7

Tutti i terzini sono calciatori (calciatore è un termine generico, atto a designare i terzini, gli attaccanti, il portiere...); i palloni sono oggetti.

Nel linguaggio insiemistico, quindi, l'insieme dei "terzini" appartiene all'insieme dei "calciatori" ossia i "terzini" sono un sottoinsieme dell'insieme dei "calciatori". Inoltre, poiché "nessun pallone" è "un calciatore", l'insieme dei "calciatori" è disgiunto dall'insieme dei "palloni".
Il diagramma che rappresenta i tre insiemi è il numero 2 e la risposta corretta è la B.

In figura è mostrato il diagramma di Eulero-Venn con i tre insiemi.

In esso si nota che l'insieme dei terzini è incluso in quello dei calciatori, mentre l'insieme dei palloni è disgiunto dagli altri due.

## 2.10 • Test di logica verbale "binomiale"

Di seguito proponiamo un quesito piuttosto frequente nelle prove di ammissione. Il quesito riguarda due individui, di cui si vuole conoscere una data caratteristica (in questo caso la nazionalità). Tra le alternative di risposta, occorre identificare l'*affermazione necessariamente vera* su uno o entrambi gli individui, basandosi su affermazioni fatte dagli stessi.

### ESEMPIO

Un uomo e una donna sono di diversa nazionalità, uno è tedesco e l'altro inglese. L'uomo dice "Io sono un tedesco" mentre la donna dice "Io sono inglese". Se almeno uno dei due mente, quale delle seguenti affermazioni risulta necessariamente vera?

A. La donna e l'uomo sono inglesi
B. Solo la donna mente
C. Solo l'uomo mente
D. La donna è tedesca e l'uomo è inglese
E. Nessuno dei due è tedesco

È importante non lasciarsi fuorviare dalle alternative proposte, che potrebbero agire come distrattori. Il ragionamento che può essere fatto è molto semplice e basta un attimo per risolverlo.
Partiamo con l'ipotesi che sia l'uomo il mentitore: SE l'uomo bugiardo ha detto "io sono tedesco" ci informa che in realtà è inglese, ALLORA necessariamente la donna dovrà essere tedesca, dato che il problema fissa che le due persone sono di **nazionalità diversa** e **almeno uno** sia mentitore (non esclude infatti la possibilità che entrambi siano mentitori come in effetti viene dimostrato).

Per chi invece predilige la trasformazione nella forma grafico-simbolica del problema potremmo schematizzare come segue: denominiamo con due simboli diversi le due nazionalità: * e +; quindi trasformiamo la premessa "un uomo e una donna di diversa nazionalità" in ♂ ≠ ♀ (♂ diverso da ♀).
L'uomo che dice "io sono tedesco" lo trasformiamo in ♂ = *
La donna che dice "io sono inglese" lo trasformiamo in ♀ = +

Siccome almeno uno dei due mente, SE mente l'uomo trasformiamo la sua affermazione in ♂ ≠ * che è come dire ♂ = +, ma dato che non possiamo accettare la soluzione ♂ = ♀ (cioè ♂ = + e ♀ = +), ALLORA ♀ ≠ +, che è come dire ♀ = *. Quindi necessariamente entrambi mentono, cioè la donna è tedesca e l'uomo è inglese e la risposta corretta è D.

## 2.11 • Analisi documentale

Per **analisi documentale** si intende la verifica del grado di comprensione del contenuto di un documento che illustra, per esempio, una serie di regole da osservare in un determinato contesto.

Nell'analisi documentale di un testo si possono ricavare regole che derivano da quanto esplicitamente o implicitamente indicato, dedurre se una particolare affermazione è in contrasto con le previsioni del documento o, infine, se le informazioni contenute in esso non consentono di rispondere al quesito posto.

### ESEMPIO

| Complesso Sportivo Stainforma | | |
|---|---|---|
| **PISTA DI ATLETICA E PALESTRA** | | |
| **Orari di apertura** | | |
| dal lunedì al venerdì | dalle 9:00 | alle 21:00 |
| sabato | dalle 9:00 | alle 14:00 |
| domenica | chiuso | |
| **PISCINA** | | |
| **Nuoto libero** | | |
| dal lunedì al sabato | dalle 10:00 | alle 15:00 |
| **Corsi per bambini** | | |
| lunedì – mercoledì – venerdì | 16:00 – 17:00 | |
| **Corsi per adulti** | | |
| lunedì – mercoledì – venerdì | 17:00 – 18:00 | |
| | 18:00 – 19:00 | |
| | 19:00 – 20:00 | |
| **Informazioni e iscrizioni** | | |
| La segreteria è aperta dal lunedì al venerdì dalle 9:00 alle 13:00 e dalle 16:00 alle 20:00 | | |

Per rispondere alle domande da 1 a 5 riportate di seguito, segnare:
A. se l'affermazione si ricava da o è implicita in ciò che è riportato nel documento;
B. se l'affermazione contraddice ciò che è riportato nel documento;
C. se non è possibile dare una risposta sulla base dei dati forniti dal documento.

1. Le iscrizioni in piscina possono effettuarsi tutti i sabati entro le ore 14:00.
2. Il centro sportivo è riservato ai bambini di età superiore ai dieci anni.
3. La domenica la pista di atletica è chiusa.
4. Il sabato non sono previsti corsi di nuoto con la presenza dell'istruttore.
5. Il sabato alle ore 17:00 la palestra è aperta.

Analizzando il cartello che precede possiamo attribuire ad ognuna delle affermazioni la lettera A, B o C, a seconda del caso.
Per la domanda 1 la risposta corretta è la B perché il cartello ci dice che la segreteria è aperta dal lunedì al venerdì, e non il sabato.
Per la 2 la risposta corretta è la C dal momento che il cartello non fornisce alcuna indicazione in merito all'età minima per poter fruire del complesso sportivo.
Per la domanda 3 la risposta corretta è la A in quanto il cartello specifica precisamente gli orari di apertura del complesso.
Per la domanda 4 la risposta corretta è ancora la A, perché leggendo il cartello si capisce che il sabato non sono previsti corsi di nuoto.
Per la domanda 5, infine, la risposta corretta è la B perché il cartello dice che la palestra il sabato chiude alle ore 14:00.

## 2.12 • Diagrammi di flusso

**I diagrammi di flusso** sono grafici che consentono di descrivere le differenti operazioni sotto forma di uno schema in cui le diverse fasi del processo e le differenti condizioni che devono essere rispettate vengono rappresentate da simboli grafici detti blocchi elementari. I blocchi sono collegati tra loro tramite frecce che indicano la cronologia.

I diagrammi trovano la loro applicazione in diversi ambiti: in campo industriale schematizzano i processi, in campo economico vengono usati a supporto delle presentazioni per aiutare i destinatari a visualizzare meglio i contenuti, ma storicamente sono sempre stati molto usati in informatica.
Vediamo con un esempio pratico, l'impiego che i diagrammi di flusso possono avere nell'ambito di un test di selezione.

### ESEMPIO

In un negozio di informatica il gestore stabilisce di avere una scorta pari a 10 confezioni da 50 pezzi di dvd. A fine giornata il gestore controlla la scorta di dvd e decide se e come effettuare l'ordine: se ci sono più di 10 confezioni, non effettua l'ordine; se ci sono esattamente 10 confezioni, invia un ordine normale; se ce ne sono meno di 10, invia un ordine urgente.

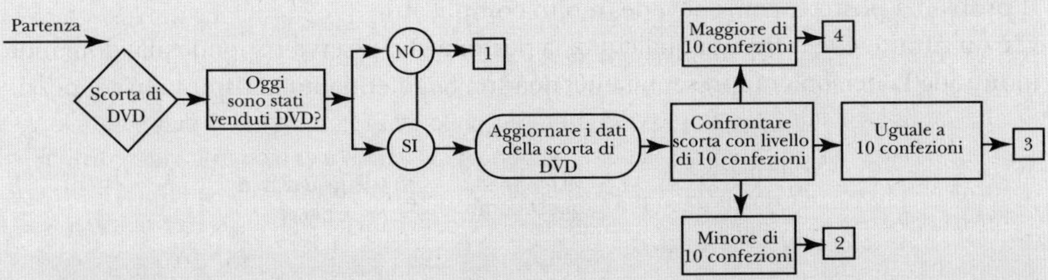


A quale operazione effettuata dall'addetto del negozio di informatica corrisponde il quadratino 3?

A. Non esegue alcuna operazione
B. Invia un ordine normale
C. Non effettua l'ordine
D. Invia un ordine urgente
E. Compra 10 confezioni di dvd

Per determinare la risposta corretta bisogna percorrere logicamente il diagramma di flusso dell'esempio fino a raggiungere il quadratino 3. Rispondendo positivamente alla domanda: "Sono stati venduti dvd?" il negoziante giunge alla necessità di aggiornare la scorta di dvd. Verifica il numero di confezioni in magazzino e scopre che sono esattamente 10. Per tale motivo invia un ordine normale al suo fornitore e quindi la risposta corretta è la B.
Sulla base delle stesse istruzioni è possibile concludere che l'operazione corrispondente ai quadratini n. 1 e 4 equivale all'operazione "Non effettuare l'ordine".
L'operazione corrispondente al quadratino n. 2 è invece "Invia un ordine urgente".

## 2.13 • Altri esercizi di ragionamento critico

Non tutti gli esercizi di logica possono essere categorizzati e inseriti all'interno di una sezione particolare. Consideriamo questa parte la più interessante perché consente di aprirsi agli orizzonti della logica con dei veri e propri rompicapo.
In parte la "cassetta degli attrezzi" fornita fin qui dovrebbe essere d'aiuto, ma in parte occorrerà elaborare strategie risolutive nuove e innovative, comunque mai banali.

**ESEMPIO**

Mentre un uomo osservava un ritratto, qualcuno gli chiese "Di chi è il ritratto che guardi?" ed egli rispose "Io non ho fratelli e sorelle, ma il padre di quest'uomo" disse indicando la persona raffigurata "è il figlio di mio padre". Si consideri la seguente affermazione: Chi è la persona raffigurata nel quadro?

A. È il suo ritratto
B. È il ritratto di suo padre
C. È il ritratto di suo figlio
D. È il ritratto di suo nonno
E. Nessuna di queste risposte

Il problema posto è, come si vede, molto complicato.
C'è un ritratto che raffigura qualcuno, la persona che osserva risponde alla domanda indicando la persona rappresentata nel quadro. Segmentiamo la risposta in tre pezzi.

| | | | | |
|---|---|---|---|---|
| Io non ho fratelli e sorelle | ma | Il padre di quest'uomo | è | Il figlio di mio padre |
| 1 | | 2 | | 3 |

Il primo blocco "non ho fratelli o sorelle" è sufficientemente chiaro, forse troppo, come vedremo successivamente, perché ci costringe a focalizzare l'attenzione sulla persona che sta parlando.
Il secondo blocco deve essere focalizzato attentamente, il padre di quest'uomo, stiamo parlando del padre dell'uomo ritratto sul quadro... ed ecco che ci dice chi è il padre dell'uomo ritratto... è il figlio di mio padre.
Poiché sappiamo che suo padre non ha altri figli oltre a lui, il figlio di suo padre non è altri che se stesso cioè colui che sta parlando.
Pensate un attimo a voi stessi: voi siete figli di vostro padre. Se nel vostro vocabolario non esistesse il termine IO, indicando la vostra fototessera potreste dire ai vostri amici "questo è il figlio di mio padre" al posto di "questo sono IO".
Detto ciò dovreste aver già individuato qual è la risposta esatta al quesito posto.
Riprendiamo la frase "il padre di quest'uomo" e la frase "è il figlio di mio padre" e sostituiamo "è il figlio di mio padre" con il termine io.
Allora giungiamo alla conclusione "il padre di quest'uomo" è... "io, o meglio sono io!"
Quindi la persona ritratta sul quadro è suo figlio (risposta C).

La chiave per la soluzione del quesito sta nel comprendere il terzo pezzo della frase: non avendo fratelli o sorelle il figlio di mio padre sono solo e soltanto io.
E se avesse risposto "Fratelli o sorelle non ne ho, ma il figlio di quest'uomo è il *figlio* di mio padre?" chi era l'uomo che stava guardando?
O meglio chi è la persona raffigurata nel quadro?
A. È il suo ritratto
B. È il ritratto di suo padre
C. È il ritratto di suo figlio
D. È il ritratto di suo nonno
E. Nessuna di queste risposte

Ora abbiamo gli strumenti per rispondere con maggiore sicurezza, ma è opportuno avvalersi lo stesso dei blocchi di testo. Seguendo il ragionamento precedente, dove il figlio di mio padre corrisponde a IO, allora il "figlio di quest'uomo" è ... "sono io". In questo caso l'uomo raffigurato nel quadro non è altro che suo padre, quindi la risposta giusta sarebbe stata la B.

# CAPITOLO 3
# Logica numerica e *problem solving*

I test di logica numerica sono volti a valutare capacità di ragionamento, abilità di calcolo mentale e intuito logico-matematico. Si tratta di quiz che richiedono, talvolta, semplice attitudine al calcolo mentale, per la cui risoluzione è sufficiente conoscere le quattro operazioni (addizione, sottrazione, moltiplicazione e divisione) e possedere la capacità di risoluzione diretta e immediata, senza bisogno di ragionamento. Nei casi più frequenti, per risolvere determinati quiz di logica numerica, occorre possedere conoscenze di argomenti fondamentali di aritmetica (frazioni, percentuali, proporzioni ecc.). Spesso, tuttavia, sono somministrati quiz la cui risoluzione può essere più veloce conoscendo determinate nozioni di algebra (equazioni e sistemi di equazioni di primo grado) da applicare al problema specifico.
In questo capitolo, dopo aver fornito alcuni metodi utili per velocizzare i calcoli, proponiamo, per i diversi quesiti di logica numerica appartenenti alle tipologie più frequentemente somministrate nelle prove di ammissione, una breve trattazione teorica dell'argomento.

## 3.1 • Abilità di calcolo mentale

Calcolatrici, telefonini e computer, utilissimi nella vita quotidiana, di fatto, impigriscono il cervello umano, mettendo a dura prova, quando è richiesta, la rapidità di calcolo mentale, in altre parole il livello di velocità nell'eseguire i calcoli. Le prove di ammissione costituite da quesiti di logica numerica devono essere affrontate senza l'ausilio di tali dispositivi. Pertanto, la rapidità di calcolo mentale costituisce uno dei prerequisiti fondamentali per affrontare tali prove.
L'abilità di calcolo, se non è innata, non può essere "insegnata" ma è il risultato di una pratica sedimentata negli anni. Il calcolo mentale deve essere esercitato.
A prescindere dalla capacità innata, tale abilità può, tuttavia, essere potenziata utilizzando metodi per velocizzare i calcoli, i cosiddetti *trucchi*. Le strategie di calcolo a mente utilizzano tali tecniche atte a ottenere operazioni intermedie più semplici.
In matematica, esistono **numerosi metodi per velocizzare i calcoli**; di seguito proporremo le tecniche più efficaci per le tipologie di quesiti più frequentemente somministrate. Generalmente, la risoluzione dei quesiti chiede l'applicazione di una combinazione di due o più di tali tecniche.
Anche se tali metodi richiedono un numero di operazioni più lungo rispetto alla singola operazione (moltiplicazione, divisione ecc.) richiesta dal quesito, una loro implementazione al momento della prova agevola la rapidità di calcolo.

### Trucco n. 1: moltiplicare un numero per 1,5

Per moltiplicare un numero **per 1,5**, si può aggiungere al numero stesso la sua metà, oppure si può calcolare la sua metà e moltiplicarla per 3.

**ESEMPIO**

$14 \times 1{,}5 =$
$= 14 + 14/2 = 14 + 7 = 21$
$= 14/2 \times 3 = 7 \times 3 = 21$

### Trucco n. 2: dividere un numero per 1,5

Per dividere un numero **per 1,5**, si può calcolare il suo doppio e dividerlo per 3.

**ESEMPIO**

$30 : 1{,}5 = 30 \times 2 : 3 = 20$

### Trucco n. 3: moltiplicare un numero per 4, per 8 o per 16

Per moltiplicare un numero **per 4**, si può **moltiplicare il numero due volte per 2**, ossia si può calcolare il doppio del doppio del numero stesso.
Per moltiplicare un numero **per 8**, si può **moltiplicare il numero tre volte per 2**, ossia si può calcolare il doppio del doppio del doppio del numero stesso.
Per moltiplicare un numero **per 16**, si può **moltiplicare il numero quattro volte per 2**, ossia si può calcolare il doppio del doppio del doppio del doppio del numero stesso.

**ESEMPI**

$23 \times 4 = 23 \times 2 \times 2 = 46 \times 2 = 92$
$23 \times 8 = 23 \times 2 \times 2 \times 2 = 46 \times 2 \times 2 = 92 \times 2 = 184$

### Trucco n. 4: dividere un numero per 4, per 8 o per 16

Per dividere un numero **per 4**, si può **dividere il numero due volte per 2**, ossia si può calcolare la metà della metà del numero stesso.
Per dividere un numero **per 8**, si può **dividere il numero tre volte per 2**, ossia si può calcolare la metà della metà della metà del numero stesso.
Per dividere un numero **per 16**, si può **dividere il numero quattro volte per 2**, ossia si può calcolare la metà della metà della metà della metà del numero stesso.

**ESEMPIO**

$324 : 4 = 324 : 2 : 2 = 162 : 2 = 81$

### Trucco n. 5: moltiplicare un numero per 5, per 50, per 500

Per moltiplicare un numero **per 5** (soprattutto se si tratta di un numero pari), si può dividere il numero per 2 e moltiplicare il risultato per 10.

Per moltiplicare un numero **per 50**, si può dividere il numero per 2 e moltiplicare il risultato per 100.
Per moltiplicare un numero **per 500**, si può dividere il numero per 2 e moltiplicare il risultato per 1.000.

**ESEMPIO**

1.204 × 5 = 1.204 : 2 × 10 = 602 × 10 = 6.020

### Trucco n. 6: dividere un numero per 5, per 50, per 500

Per dividere un numero **per 5**, si può moltiplicare il numero per 2 e dividere il risultato per 10.
Per dividere un numero **per 50**, si può moltiplicare il numero per 2 e dividere il risultato per 100.
Per dividere un numero **per 500**, si può moltiplicare il numero per 2 e dividere il risultato per 1.000.

**ESEMPIO**

4.350 : 5 = 4.350 × 2 : 10 = 8.700 : 10 = 870

### Trucco n. 7: moltiplicare o dividere un numero per 10, per 100 o per 1.000

Per **moltiplicare** un numero **intero** per 10 o per 100 o per 1.000, basta aggiungere alla sua destra, rispettivamente, 1 o 2 o 3 zeri. Se il numero è **decimale**, allora si sposta la virgola, rispettivamente, di 1 o 2 o 3 posti verso destra.
Per **dividere** un numero **intero** per 10 o per 100 o per 1.000, basta eliminare alla sua destra, rispettivamente, 1 o 2 o 3 zeri. Se non ci sono zeri, si sposta la virgola, rispettivamente, di 1 o 2 o 3 posti verso sinistra. Se il numero è **decimale**, allora si sposta la virgola di 1 o 2 o 3 posti verso sinistra.

**ESEMPI**

| | | |
|---|---|---|
| 43 × 10 = 430 | 583 × 100 = 58.300 | 88 × 1.000 = 88.000 |
| 5,65 × 10 = 56,5 | 12,674 × 100 = 1.267,4 | 27,52 × 1.000 = 27.520 |
| 650 : 10 = 65 | 234 : 100 = 2,34 | 3,414 : 1.000 = 0,003414 |

### Trucco n. 8: moltiplicare un numero per un numero multiplo di 10

Per moltiplicare un numero **per 20** basta moltiplicarlo **per 2** e moltiplicare il **risultato per 10.**
Per moltiplicare un numero **per 30** basta moltiplicarlo **per 3** e moltiplicare il **risultato per 10.**
Per moltiplicare un numero per **90** basta moltiplicarlo **per 9** e moltiplicare il **risultato per 10.**

**ESEMPIO**

38 × 20 = 38 × 2 × 10 = 76 × 10 = 760

### Trucco n. 9: moltiplicare un numero per 11, per 21, per 31, ..., per 91

Per moltiplicare un numero **per 11** basta moltiplicarlo **per 10 e aggiungere al risultato il numero stesso.**
Per moltiplicare un numero **per 21** basta moltiplicarlo **per 20 e aggiungere al risultato il numero stesso.**
Per moltiplicare un numero **per 31** basta moltiplicarlo **per 30 e aggiungere al risultato il numero stesso.**
Per moltiplicare un numero **per 91** basta moltiplicarlo **per 90 e aggiungere al risultato il numero stesso.**
Analogamente, per moltiplicare un numero **per 101** basta moltiplicarlo **per 100 e aggiungere al risultato il numero stesso.**

**ESEMPI**

$28 \times 11 = 28 \times 10 + 28 = 280 + 28 = 308$
$75 \times 91 = 75 \times 90 + 75 = 6.750 + 75 = 6.825$

### Trucco n. 10: moltiplicare un numero per 9, per 19, ..., per 99

Per moltiplicare un numero **per 9** basta moltiplicarlo **per 10 e sottrarre dal risultato il numero stesso.**
Per moltiplicare un numero **per 19** basta moltiplicarlo **per 20 e sottrarre dal risultato il numero stesso.**
Per moltiplicare un numero **per 99** basta moltiplicarlo **per 100 e sottrarre dal risultato il numero stesso.**
Analogamente, per moltiplicare un numero **per 999** basta moltiplicarlo per **1.000 e sottrarre dal risultato il numero stesso.**

**ESEMPIO**

$274 \times 9 = 274 \times 10 - 274 = 2.740 - 274 = 2.466$

### Trucco n. 11: moltiplicare un numero a due cifre per 11

Per moltiplicare un numero a due cifre **per 11**, basta inserire tra le due cifre che compongono il numero la somma delle cifre stesse; se tale somma è maggiore della decina, si aggiunge la prima cifra della somma alla prima cifra del numero dato e si lascia la seconda cifra della somma al centro delle due cifre del numero originario.

**ESEMPI**

$$35 \times 11 = \left[\begin{array}{l} 3 = \text{prima cifra del numero } 35 \\ 8 = 3+5 \\ 5 = \text{seconda cifra del numero } 35 \end{array}\right. = 385$$

$$49 \times 11 = \left[\begin{array}{l} 4 = \text{prima cifra del numero } 49 \\ 13 = 4+9 \\ 9 = \text{seconda cifra del numero } 49 \end{array}\right. = \left[\begin{array}{l} 5 = 4+1 \\ 3 = \text{seconda cifra della somma } 4+9 \\ 9 = \text{seconda cifra del numero } 49 \end{array}\right. = 539$$

### Trucco n. 12: moltiplicare un numero per 25

Per moltiplicare un numero **per 25** basta moltiplicare il numero per 100 e dividere il risultato per 4.

**ESEMPIO**

18 × 25 = (18 × 100) : 4 = 1.800 : 4 = 450

### Trucco n. 13: moltiplicare numeri con la virgola (numeri decimali)

Per moltiplicare numeri con la virgola occorre spostare le virgole in modo da ottenere dei numeri interi da moltiplicare tra loro, successivamente si aggiungono le posizioni delle virgole precedenti.

**ESEMPIO**

3,02 × 5,3

1. Spostare la virgola di 2 posizioni per il numero 3,02, ottenendo 302.
2. Spostare la virgola di 1 posizione per il numero 5,3, ottenendo 53.
3. Moltiplicare tra loro i numeri 302 e 53, ottenendo 16.006.
4. Aggiungere le tre posizioni delle virgole precedenti, ottenendo 16,006.

### Trucco n. 14: elevare al quadrato un numero che termina con 5

Per elevare al quadrato un **numero che termina con 5**, si può moltiplicare il numero formato dalle cifre prima del 5 per il numero a esso immediatamente successivo e far seguire il prodotto ottenuto dal numero 25.

**ESEMPI**

$$25^2 = \left[\begin{array}{l} \text{prima cifra} = 2\times(2+1) = 2\times 3 = 6 \\ \text{seconda e terza cifra} = 25 \end{array}\right. = 625$$

$$85^2 = \left[\begin{array}{l} \text{prima cifra e seconda cifra} = 8\times(8+1) = 8\times 9 = 72 \\ \text{terza e quarta cifra} = 25 \end{array}\right. = 7.225$$

### Trucco n. 15: trovare il quadrato di un numero a partire dal quadrato di un numero maggiore del numero dato

Il quadrato perfetto di un generico numero $n$ è $n^2$.
La successione dei quadrati perfetti gode di diverse proprietà, che consentono di calcolare il quadrato di un numero a partire dal precedente o dai successivi numeri. Ad esempio, la successione delle differenze tra due quadrati perfetti consecutivi è la successione dei numeri dispari positivi:

$$1, 3, 5, 7, 9, 11, 13, 15, 17, 19, 21, 23, 2n-1, 2n+1, \ldots$$

L'$n$-esimo quadrato perfetto è, pertanto, equivalente alla somma dei primi $n$ numeri dispari.

Dati due numeri $n$ e $m$, con $n < m$, il quadrato di $n$ si può ottenere dalla differenza tra il quadrato di $m$ e il prodotto tra la somma dei due numeri per il valore assoluto della differenza dei due numeri:

$n^2 = m^2 - (n+m)|n-m|$ con $n < m$

Quando i due numeri sono consecutivi per cui la differenza tra gli stessi è $|n-m| = 1$, la formula diviene semplicemente:

$n^2 = m^2 - (n+m)$ con $n < m$ e $n = m - 1$

Tale tecnica può essere utilissima in quanto, a partire dal quadrato di un numero $m$, si calcola il quadrato di $n$.

**ESEMPI**

Il quadrato di 15 può essere calcolato a partire dal quadrato di 20 nel modo seguente:

$$15^2 = 20^2 - (15+20)|15-20| = 400 - 35\times5 = 400 - 175 = 225$$

Essendo 39 e 40 due numeri consecutivi, il quadrato di 39 può essere calcolato, invece, a partire dal quadrato di 40 nel modo seguente:

$$39^2 = 40^2 - (39+40) = 1.600 - 79 = 1.521$$

### Trucco n. 16: trovare il quadrato di un numero a partire dal quadrato di un numero minore del numero dato

Dati due numeri $n$ e $m$, con $n > m$, il quadrato di $n$ si può ottenere dalla somma tra il quadrato di $m$ e il prodotto tra la somma per la differenza dei due numeri:

$n^2 = m^2 + (n+m)(n-m)$ con $n > m$

Quando i due numeri sono consecutivi per cui la differenza tra gli stessi è $n - m = 1$, la formula diviene semplicemente:

$n^2 = m^2 + (n+m)$ con $n > m$ e $n = m + 1$

**ESEMPI**

Il quadrato di 23 può essere calcolato a partire dal quadrato di 20 nel modo seguente:

$$23^2 = 20^2 + (23+20)(23-20) = 400 + 43\cdot3 = 400 + 129 = 529$$

Essendo 40 e 41 due numeri consecutivi, il quadrato di 41 può essere calcolato, invece, a partire dal quadrato di 40 nel modo seguente:

$$41^2 = 40^2 + (40+41) = 1.600 + 81 = 1.681$$

## Trucco n. 17: moltiplicare due numeri di due cifre

Per moltiplicare tra loro due numeri di due cifre, basta eseguire le operazioni riportate di seguito:

1. Calcolare il complemento a 100 del primo numero.
2. Calcolare il complemento a 100 del secondo numero.
3. Calcolare il prodotto dei due complementi. Tale prodotto rappresenterà le ultime due cifre del prodotto.
4. Calcolare la differenza tra ciascun fattore e il complemento dell'altro fattore. Tale differenza rappresenterà le prime due cifre del prodotto. Se il prodotto calcolato al n. 3 è maggiore di 100, occorre aggiungere la cifra delle centinaia di tale prodotto alla differenza appena calcolata.

**ESEMPI**

Calcolare il prodotto 94 × 91.
Facendo riferimento allo schema riportato di seguito, eseguiamo le operazioni richieste dal trucco.

1. Il complemento a 100 del primo numero è: 100 – 94 = 6.
2. Il complemento a 100 del secondo numero è: 100 – 91 = 9.
3. Il prodotto dei complementi è: 6 × 9 = 54 = ultime due cifre del prodotto 94 × 91.
4. Osservando la matrice riportata al centro dello schema seguente, la differenza tra ciascun fattore e il complemento dell'altro fattore, in sostanza, la differenza tra i numeri della diagonale principale, ovvero la differenza tra i numeri della diagonale secondaria, è: 94 – 9 = 91 – 6 = 85 = prime due cifre del prodotto 94 × 91.

$$\left.\begin{array}{l}100-\mathbf{94}=\mathbf{6}\\ \\ 100-\mathbf{91}=\mathbf{9}\end{array}\right| \Rightarrow 6\times 9=\mathbf{54} \qquad \begin{array}{cc}94 & 6\\ \times & \\ 91 & 9\end{array} \left|\begin{array}{l}\Rightarrow 94-9=\mathbf{85}\\ \\ \Rightarrow 91-6=\mathbf{85}\end{array}\right. \Rightarrow \mathbf{8554}$$

L'esempio seguente è un po' più complesso.
Calcolare il prodotto 95 × 74.
Facendo riferimento allo schema riportato di seguito, eseguiamo le operazioni richieste dal trucco:

1. Il complemento a 100 del primo numero è: 100 – 95 = 5.
2. Il complemento a 100 del secondo numero è: 100 – 74 = 26.
3. Il prodotto dei complementi è: 5 × 26 = 130 (30 sono le due ultime cifre del prodotto).
4. Osservando la matrice riportata al centro dello schema seguente, la differenza tra ciascun fattore e il complemento dell'altro fattore, ossia la differenza tra i numeri della diagonale principale, ovvero la differenza tra i numeri della diagonale secondaria, è: 95 – 26 = 74 – 5 = 69. Poiché la differenza calcolata al n. 3 è 130 > 100, occorre aggiungere 1 (cifra delle centinaia) a 69.

| | | | | |
|---|---|---|---|---|
| $100 - \mathbf{95} = \mathbf{5}$ | $\Rightarrow 5 \times 26 = \mathbf{130}$ | 95 ↘↙ 5 | $\Rightarrow 95 - 26 = 69$ | $\Rightarrow 69 + 1 = \mathbf{70} \Rightarrow \mathbf{7030}$ |
| $100 - \mathbf{74} = \mathbf{26}$ | | 74 ↗↖ 26 | $\Rightarrow 74 - 5 = 69$ | |

Il prodotto 95 × 74 è, dunque, uguale a 7030.

### Trucco n. 18: trovare quanti sono i divisori di un numero

Dato un numero intero $n$, questo può essere scritto come prodotto di numeri primi $p_i$, con la loro molteplicità $v_i$; ossia: $n = p_1^{v_1} \cdot p_2^{v_2} \cdot \ldots \cdot p_m^{v_m}$.
Il numero di divisori positivi di $n$ è: $d(n) = (v_1 + 1) \cdot (v_2 + 1) \cdot \ldots \cdot (v_m + 1)$.

**ESEMPIO**

Quanti divisori ha il numero $360^4$?
A. 384
B. 24
C. 360
D. 585
E. 4

La risposta corretta è la D. Poiché il numero 360 scomposto è $360 = 2^3 \cdot 3^2 \cdot 5$, il numero $360^4$ può, a sua volta, essere scomposto nel modo seguente: $360^4 = 2^{3 \cdot 4} \cdot 3^{2 \cdot 4} \cdot 5^4 = 2^{12} \cdot 3^8 \cdot 5^4$. Pertanto, il numero di divisori positivi di $360^4$ è:

$$d(360^4) = (12 + 1) \cdot (8 + 1) \cdot (4 + 1) = 13 \cdot 9 \cdot 5 = 585$$

### Trucco n. 19: usare la scomposizione in fattori 2, 5, 10, 100, ...

Per moltiplicare due numeri è possibile scomporli in fattori opportuni e applicare le proprietà commutativa e associativa.
Tale tecnica è utile quando tra i fattori di un numero ci sono il 2, il 5, il 10, il 100, ...

**ESEMPIO**

| | | |
|---|---|---|
| 14 × 6 = | | |
| | = (2 × 7) × (2 × 3) | (scomposizione) |
| | = 2 × 2 × 3 × 7 | (proprietà commutativa) |
| | = 4 × 21 | (proprietà associativa) |
| | = 84 | |

### Trucco n. 20: approssimare un numero: troncare o arrotondare

Per approssimare un numero alla cifra di posto $n$ si può procedere in due modi:

1. Per **troncamento**, cioè eliminando tutte le cifre dopo la cifra di posto $n$ e sostituendo le cifre eliminate con tanti 0 quante sono le cifre eliminate.
2. Per **arrotondamento**, cioè sostituendo il numero dato con un numero troncato alla cifra di posto $n$ che è più vicina al numero dato.

Tale procedimento è attuato mediante:

- **approssimazione per difetto**, se la cifra immediatamente a destra è 1, 2, 3 oppure 4; in tal caso, si sostituiscono con 0 tutte le cifre a destra del posto $n$ e si ottiene un numero minore di quello originario;
- **approssimazione per eccesso**, se la cifra immediatamente a destra è 5, 6, 7, 8 oppure 9; in tal caso, si aumenta di 1 la cifra di posto $n$ e si sostituiscono con 0 tutte le cifre alla sua destra e si ottiene un numero maggiore di quello originario.

**ESEMPIO**

Il numero **2.946,84892**, se è richiesto di:

- troncare all'unità, diventa **2946**
- arrotondare alle *migliaia*, diventa **3.000**
- arrotondare alle *centinaia*, diventa **2.900**
- arrotondare alle *decine*, diventa **2.950**
- troncare alle *decine*, diventa **2.940**
- arrotondare alle *unità*, diventa **2.947**
- arrotondare ai *decimi*, diventa **2.946,8**
- arrotondare ai *centesimi*, diventa **2.946,85**
- arrotondare ai *millesimi*, diventa **2.946,849**
- troncare ai *millesimi*, diventa **2.946,848**

#### Trucco n. 21: eseguire stime con gli arrotondamenti

Per eseguire stime con gli arrotondamenti, occorre arrotondare i numeri a 1 oppure 2 cifre significative e poi utilizzare le normali regole di calcolo.

**ESEMPIO**

$509 \times 795 \approx 500 \times 800 = 400.000$

Il risultato esatto è 404.655.

## 3.2 • Esercizi con frazioni e percentuali

Gli esercizi con frazioni e percentuali sono presenti quasi sempre nelle prove di ammissione. Si tratta di esercizi piuttosto semplici; di seguito formiamo, oltre a una breve introduzione teorica dell'argomento, una serie di quesiti.

### 3.2.1 • Frazioni

Una frazione è una coppia ordinata di numeri $(a, b)$, con $b$ non nullo, che assume il valore numerico $a : b$ e viene indicata con $\frac{a}{b}$; $a$ è detto *numeratore* e $b$ è detto *denominatore.*

Data una certa quantità *x*, se ne può calcolare la frazione, moltiplicandola per la quantità stessa.
Ad esempio se la nostra quantità è $x=120$ e vogliamo calcolarne i 3/5 allora scriveremo:

$$\frac{3}{5}\cdot 120=\frac{3}{\cancel{5}}\cdot \cancel{120}^{24}=3\cdot 24=72$$

Un quesito semplice che coinvolge le frazioni è il seguente.

**ESEMPIO**

A quanto ammontano i 3/4 di 124?
A. 95
B. 93
C. 102
D. 88
E. 112

Calcoliamo i 3/4 di 124:

$$\frac{3}{\cancel{4}}\cdot \cancel{124}^{31}=3\cdot 31=93$$

La risposta corretta è la B.

Talvolta in alcuni quesiti con le frazioni è necessario impostare un'equazione per ricavare l'incognita.
In questo paragrafo ci limitiamo a proporre quesiti che necessitano di semplici equazioni per essere risolti, come quello riportato di seguito.

**ESEMPIO**

I 2/5 di una quantità sono pari a 12, quanto vale tale quantità?
A. 34
B. 32
C. 30
D. 40
E. 60

Detta *x* la quantità incognita, possiamo scrivere che i 2/5 di *x* sono uguali a 12:

$$\frac{2}{5}\cdot x=12 \quad \Rightarrow \quad x=\frac{5}{2}\cdot 12=5\cdot 6=30$$

La risposta corretta è la C.

Il seguente è un quesito analogo a quello appena visto ma viene proposto in un contesto pratico.

**ESEMPIO**

Giacomo ha visto i 4/9 di un film. Sapendo che ne ha visti 88 minuti, per quanti minuti ancora deve rimanere davanti allo schermo per arrivare a vedere la fine del film?
A. 110
B. 198
C. 121
D. 99
E. 132

Sia $x$ la durata dell'intero film. Se Giacomo ne ha visti i 4/9, cioè 88 minuti, allora vuol dire che i 4/9 di $x$ sono pari a 88 minuti:

$$\frac{4}{9}\cdot x = 88 \Rightarrow x = \frac{9}{4}\cdot 88 = 9\cdot 22 = 198$$

L'intero film dura 198 minuti.
I minuti che ancora deve vedere sono: 198 – 88 = 110. La risposta corretta è A.

Un ulteriore quesito viene proposto di seguito.

**ESEMPIO**

Un giocatore incallito possiede un certo capitale ma ne perde i 2/3 in una serata al casinò. La sera successiva, con ciò che gli è rimasto, ritorna al casinò per rifarsi e raddoppia i suoi averi. Cosa possiamo affermare sul capitale iniziale?
A. Il capitale iniziale è aumentato di 1/3
B. Il capitale iniziale è diminuito di 1/3
C. Il capitale iniziale è aumentato di 1/2
D. Il capitale iniziale è diminuito di 1/2
E. Il capitale iniziale è rimasto invariato

Sia $x$ la somma inizialmente a disposizione del giocatore. Egli ne perde i 2/3 per cui ciò che gli rimane è pari a 1/3 della somma iniziale:

$$x - \frac{2}{3}\cdot x = \frac{3x-2x}{3} = \frac{1}{3}x$$

Il giorno dopo il giocatore riesce a raddoppiare tale cifra, quindi alla fine possederà:

$$2\cdot\frac{1}{3}x = \frac{2}{3}x$$

Alla fine delle due giornate, il giocatore avrà i 2/3 di quello che inizialmente possedeva; per cui avrà perso 1/3 del suo capitale. La risposta corretta è B.

## 3.2.2 • Confronti fra frazioni

Due frazioni possono essere confrontate se sono riportate a due frazioni equivalenti che abbiano lo stesso denominatore. A tal punto si confrontano i numeratori. La frazione con il numeratore più alto ha valore maggiore.

Ad esempio, volendo confrontare le due frazioni:

$$\frac{2}{3};\frac{1}{2}$$

dobbiamo calcolare il minimo comune multiplo dei denominatori.
Siccome mcm $(2;3)=6$ allora abbiamo:

$$\frac{2}{3}=\frac{4}{6}$$
$$\frac{1}{2}=\frac{3}{6}$$

Siccome $\frac{4}{6}>\frac{3}{6}$ allora $\frac{2}{3}>\frac{1}{2}$.
In alternativa si può pensare, per ognuna delle frazioni, di dividere il numeratore con il rispettivo denominatore e confrontare i numeri decimali:

$$\frac{2}{3} = 0,\overline{6}$$
$$\frac{1}{2} = 0,5$$

da cui deduciamo la stessa relazione di prima.

Proponiamo un esempio di confronto tra numeri.

**ESEMPIO**

Indicare qual è il numero maggiore tra 0,25; –3/2; 1/3; 7/13; –2.
A. 0,25
B. –3/2
C. 1/3
D. 7/13
E. –2

Scartando subito i due numeri con segno negativo ci restano 0,25, 1/3 e 7/13.
Individuiamo la frazione generatrice di 0,25:

$$0,25\rightarrow\frac{25}{100}=\frac{1}{4}$$

A questo punto riportiamo le tre frazioni allo stesso denominatore. Il minimo comune multiplo dei denominatori è mcm(4; 3; 13) = 156

$$\frac{1}{4}=\frac{39}{156};\ \frac{1}{3}=\frac{52}{156};\ \frac{7}{13}=\frac{84}{156}$$

La frazione più grande è quindi 7/13 e la risposta corretta è D.

### 3.2.3 • Percentuali

La percentuale è un rapporto che ha come denominatore 100.

Ad esempio possiamo scrivere:

$$15\% = \frac{15}{100} = 0{,}15$$

Il simbolo % si legge "per cento" e significa "fratto 100" o anche "diviso 100". Come appare chiaro dall'esempio, la percentuale può essere espressa anche come numero decimale oppure può essere riportata ad una frazione equivalente che non abbia denominatore pari a 100. Riproponendo l'esempio precedente:

$$\frac{15}{100} = \frac{3}{20}$$

Nella seguente tabella si riporta uno schema di percentuali più comunemente usate:

| **5%** | **10%** | **20%** | **25%** | **33,3%** | **50%** | **66,6%** | **75%** | **100%** | **150%** | **200%** |
|---|---|---|---|---|---|---|---|---|---|---|
| 0,05 | 0,1 | 0,2 | 0,25 | 0,3 | 0,5 | 0,6 | 0,75 | 1 | 1,5 | 2 |
| $\frac{1}{20}$ | $\frac{1}{10}$ | $\frac{1}{5}$ | $\frac{1}{4}$ | $\frac{1}{3}$ | $\frac{1}{2}$ | $\frac{2}{3}$ | $\frac{3}{4}$ | $\frac{1}{1}$ | $\frac{3}{2}$ | $\frac{2}{1}$ |

Come tutte le frazioni, la percentuale può essere anch'essa impropria, vale a dire, avere un numeratore maggiore del denominatore (150% in tabella), oppure apparente, con il numeratore multiplo del denominatore (200% in tabella).

Talvolta può succedere di incorrere nel simbolo ‰ (per mille) che indica un rapporto con denominatore pari a 1000. Ad esempio:

$$35‰ = \frac{35}{1000} = \frac{7}{200} = 0{,}035$$

Un quesito tipico sulle percentuali è il seguente.

**ESEMPIO**

Quanto vale il 12% di 950?

A. 114
B. 122
C. 98
D. 112
E. 124

Calcoliamo il 12% di 950.

$$\frac{12}{10\not{0}} \cdot 95\not{0} = \frac{\not{12}^{6}}{\not{10}_{5}} \cdot 95 = 114$$

La risposta corretta è la A.

Un quesito in cui si chiede di calcolare un valore dopo una diminuzione percentuale è il seguente.

**ESEMPIO**

Se un abito, il cui costo è € 120, viene scontato del 35% quale sarà il suo costo finale?

A. € 82
B. € 78
C. € 85
D. € 100
E. € 72

Calcoliamo dapprima il 35% di € 120:

$$\frac{35}{1\cancel{00}_5}\cdot 1\cancel{20}^6\,€ = \frac{\cancel{35}^7}{\cancel{5}_1}\cdot 6€ = 42€$$

Lo sconto praticato sull'abito è di € 42. Per ottenere il prezzo finale dobbiamo sottrarre lo sconto al costo iniziale dell'abito: €120–€42=€78. La risposta corretta è B. Un metodo più veloce per calcolare il prezzo finale può essere moltiplicare il prezzo iniziale direttamente per 65%. Sappiamo infatti che se un abito viene scontato del 35% il suo prezzo finale sarà il 65% di quello iniziale (100%–35%=65%). Per cui:

$$\frac{65}{\cancel{100}_5}\cdot \cancel{120}^6\,€ = \frac{\cancel{65}^{13}}{\cancel{5}_1}\cdot 6€ = 78€$$

Un quesito in cui si deve invece calcolare una quantità finale dopo un aumento percentuale è il seguente.

**ESEMPIO**

La popolazione di una cittadina è costituita da 120.000 abitanti. In seguito a un incremento delle nascite tale popolazione aumenta dell'8%. Quanti saranno ora gli abitanti?

A. 128.700
B. 131.100
C. 129.600
D. 130.000
E. 132.300

Calcoliamo dapprima l'8% di 120.000:

$$\frac{8}{1\cancel{00}}\cdot 1200\cancel{00} = 9600$$

La popolazione è aumentata di 9600 unità per cui la popolazione totale, dopo l'aumento, sarà di 120000 + 9600 = 129600. La risposta corretta è C.
In alternativa potremmo moltiplicare direttamente la popolazione per 108% (il totale 100% più l'aumento 8%) ottenendo direttamente la popolazione incrementata:

$$\frac{108}{1\cancel{00}}\cdot 1200\cancel{00} = 129600$$

In qualche quesito si può incorrere in un prodotto di percentuali.

**ESEMPIO**

Il 2% degli oggetti prodotti da una catena di montaggio incorre in un difetto di fabbricazione che nel 50% dei casi può essere riparato. Se in una giornata vengono prodotti 5600 oggetti, quanti sono gli oggetti incorsi in un difetto di fabbricazione che sono stati successivamente riparati?

A. 12
B. 100
C. 112
D. 32
E. 56

Il 2% degli oggetti prodotti incorre in un difetto di fabbricazione, per cui possiamo scrivere gli oggetti con difetto di fabbricazione nel modo seguente:

$$\frac{2}{100} \cdot 5600 = 112$$

Di questi oggetti, però, il 50% viene riparato per cui possiamo scrivere gli oggetti riparati come:

$$\frac{50}{100} \cdot 112 = \frac{1}{2} \cdot 112 = 56$$

La risposta corretta è E.
In alternativa, poiché gli oggetti incorsi in un difetto di fabbricazione sono pari al 2% del totale e di questi il 50% è riparato, la percentuale degli oggetti successivamente riparati è pari alla metà del 2% (2% : 2 = 1%). Pertanto, gli oggetti riparati sono pari a:

$$\frac{1}{100} \cdot 5600 = 56$$

## 3.2.4 • Percentuali e tasso di interesse

Nelle prove di ammissione è possibile incontrare dei test di logica numerica sulle percentuali in cui si adopera un linguaggio tecnico legato a capitali, interessi e tasso di interesse. In realtà il più delle volte si tratta di applicare semplici calcoli di percentuale. Rammentiamo la formula che lega il capitale $C$, l'interesse maturato $I$ e il tasso di interesse annuale $r$:

$$I = C \cdot r \cdot \frac{t}{A}$$

In questa formula $t$ è il tempo che può essere espresso in mesi o giorni. $A$ rappresenta la base annua che si esprime anche essa in mesi o giorni a seconda di come venga espresso il periodo $t$.
Invertendo la formula si può ottenere anche il tasso di interesse che viene sempre indicato in percentuale.

$$r = \frac{I}{C} \cdot \frac{A}{t}$$

**ESEMPIO**

Qual è il tasso di interesse annuale che garantisce, a fronte di un capitale impiegato di € 12.000, un interesse (semplice) di €90 in 3 mesi?

A. 0,03
B. 0,0075
C. 0,0225
D. 0,015
E. 0,0375

Se l'interesse trimestrale è di €90, l'interesse annuale (calcolato su 12 mesi, cioè 4 trimestri) sarà pari 4 × €90 = €360.

Il tasso di interesse si può calcolare come rapporto tra interesse maturato e capitale impiegato:

$$\frac{€\ 360}{€\ 12000} = \frac{3}{100} = 0{,}03 = 3\%$$

Per cui la risposta corretta è A.

Possiamo risolvere il quesito anche con l'utilizzo della formula del tasso di interesse.

Dalla traccia si evince che il periodo è $t = 3$ mesi. Se esprimiamo $t$ in mesi, altrettanto dobbiamo fare per la base annua $A$; siccome un anno è costituito da 12 mesi, allora scriveremo $A = 12$ mesi. Il capitale, indicato nella traccia, è $C = €12000$, così come l'interesse $I = €90$, pertanto scriviamo:

$$r = \frac{I}{C} \cdot \frac{A}{t} = \frac{€\ 90}{€\ 12000} \cdot \frac{12\,\text{mesi}}{3\,\text{mesi}} = \frac{3}{100} = 0{,}03$$

## 3.3 • Esercizi con proporzioni

Una proporzione è un'uguaglianza di rapporti tra grandezze, a due a due omogenee, o fra misure di grandezze.
In una proporzione $a : b = c : d$ i termini $a$ e $c$ si chiamano antecedenti, i termini $b$ e $d$ conseguenti, i termini $b$ e $c$ medi e i termini $a$ e $d$ si dicono estremi.

| I termine | | II termine | | III termine | | IV termine |
|---|---|---|---|---|---|---|
| $a$ | : | $b$ | = | $c$ | : | $d$ |
| Antecedente | | Conseguente | | Antecedente | | Conseguente |
| Estremo | | Medio | | Medio | | Estremo |

Se i medi sono uguali la proporzione si dice continua e il medio è detto *medio proporzionale*.

## 3.3.1 • Proprietà delle proporzioni

### Teorema fondamentale sulle proporzioni numeriche

Quattro numeri reali positivi ordinati sono in proporzione se e soltanto se il prodotto dei medi è uguale al prodotto tra gli estremi:

$$a:b=c:d \qquad b\cdot c=a\cdot d$$

Da questo si deduce che se uno dei quattro termini della proporzione è incognito esso può essere calcolato secondo la tabella riportata di seguito:

| Termine ignoto | Formula |
|---|---|
| ***a*** | $a=\frac{b\cdot c}{d}$ |
| ***b*** | $b=\frac{a\cdot d}{c}$ |
| ***c*** | $c=\frac{a\cdot d}{b}$ |
| ***d*** | $d=\frac{b\cdot c}{a}$ |

### Proprietà dell'invertire

Scambiando ogni antecedente con il proprio conseguente si ottiene ancora una proporzione:

$$a:b=c:d \qquad b:a=d:c$$

### Proprietà del permutare

Scambiando fra loro i medi oppure gli estremi si ottiene ancora una proporzione:

$$a:b=c:d \qquad \begin{matrix} a:c=b:d \\ d:b=c:a \end{matrix}$$

### Proprietà del comporre

La somma del primo e del secondo termine sta al primo (o al secondo) come la somma del terzo e del quarto sta al terzo (o al quarto):

$$a:b=c:d \qquad \begin{matrix} (a+b):a=(c+d):c \\ (a+b):b=(c+d):d \end{matrix}$$

### Proprietà dello scomporre

La differenza tra il primo e il secondo termine sta al primo (o al secondo) come la differenza tra il terzo e il quarto sta al terzo (o al quarto):

$$a:b=c:d \qquad \begin{matrix}(a-b):a=(c-d):c \\ (a-b):b=(c-d):d\end{matrix}$$

### Proprietà del comporre e dello scomporre

La somma del primo e del secondo termine sta alla differenza tra il primo e il secondo termine come la somma del terzo e del quarto sta alla differenza tra il terzo e il quarto:

$$a:b=c:d \qquad (a+b):(a-b)=(c+d):(c-d)$$

Un esercizio semplice è il seguente.

**ESEMPIO**

Data la proporzione $X:12=15:20$, quanto vale $X$?
A. 16
B. 12
C. 9
D. 8
E. 10

Basta applicare la formula derivata dal *teorema fondamentale delle proporzioni numeriche*:

$$X:12=15:20 \qquad X=\frac{12\cdot 15}{20}=\frac{180}{20}=9$$

La risposta corretta è C.

Il seguente quesito pratico può essere ricondotto al concetto di proporzione.

**ESEMPIO**

In un planisfero la distanza tra due località, che nella realtà si trovano a 100 chilometri l'una dall'altra, è pari a 2 centimetri. Qual è la scala della carta?
A. 1 : 5.000.000
B. 1 : 100
C. 1 : 10.000
D. 1 : 1.000.000
E. 1 : 2.000.000

La scala di un planisfero è una proporzione che indica a quale distanza nella realtà corrisponde una distanza rappresentata nel planisfero. Ad esempio una scala

1 : 1.000.000 vuol dire che una distanza di 1 centimetro sul planisfero corrisponde a 1.000.000 di centimetri nel mondo reale, oppure che una distanza di un decimetro corrisponde a 1.000.000 di decimetri nella realtà.
Quindi se sul planisfero due località che si trovano a 100 chilometri, vale a dire a 100.000 metri, cioè a 10.000.000 centimetri, sono piazzate a una distanza di 2 centimetri, allora la scala sarà pari a 2 : 10.000.000. Dividendo ambo i termini per 2 abbiamo 1 : 5.000.000, per cui la risposta corretta è A.

## 3.3.2 • Problema del "tre semplice" diretto e inverso

### Proporzionalità diretta e "tre semplice"

Due grandezze variabili e tra di loro dipendenti sono **direttamente proporzionali** quando al raddoppiare, triplicare ecc. di una anche il corrispondente valore dell'altra raddoppia, triplica ecc.

Se $x$ e $y$ sono direttamente proporzionali e $k$ è una costante allora possiamo scrivere:

$$y = kx$$

Da questo si evince che il rapporto tra $y$ e $x$ è costante:

$$y = kx \Rightarrow \frac{y}{x} = k$$

Supponiamo di avere una grandezza $A$ che assume valori $a$ e $a'$, e una grandezza $B$, direttamente proporzionale ad $A$, che, in corrispondenza di tali valori di $A$, assume valori $b$ e $b'$.

| $A$ | | $B$ |
|---|---|---|
| $a$ | $\rightarrow$ | $b$ |
| $a'$ | $\rightarrow$ | $b'$ |

In tal caso potremo scrivere la proporzione:

$$a : a' = b : b' \Rightarrow a : b = a' : b'$$

(nell'ultimo passaggio abbiamo scambiato i medi).

In un **problema del "tre semplice" diretto** abbiamo due grandezze, $A$ e $B$, che sono direttamente proporzionali. Vengono forniti due valori per la grandezza $B$ (ad esempio $b$ e $b'$) e un valore per la grandezza $A$ (ad esempio $a$, corrispondente al valore $b$ di $B$). Si chiede di fornire il valore incognito $x$ della grandezza $A$ corrispondente al valore $b'$ di $B$.
Si può quindi impostare la proporzione e risolverla:

$$a : x = b : b' \Rightarrow x = \frac{b'}{b} \cdot a$$

Analizziamo un quesito sul "tre semplice" diretto.

**ESEMPIO**

Se con 20 litri di carburante un'automobile percorre 180 chilometri, quanti chilometri percorrerà con 30 litri di carburante?

A. 160
B. 200
C. 250
D. 240
E. 270

La quantità di carburante e i chilometri percorsi sono due grandezze direttamente proporzionali: all'aumentare del carburante aumentano i chilometri percorsi.
Possiamo impostare la seguente proporzione:
$20\ litri : 30\ litri = 180\ km : X$
dove $X$ rappresenta i chilometri percorsi con 30 litri di carburante.
Ricaviamo:

$$X = \frac{30\ \text{litri}}{20\ \text{litri}} \cdot 180\,\text{km} = 270\,\text{km}$$

La risposta corretta è E.

### Proporzionalità inversa e "tre semplice"

Due grandezze variabili e tra di loro dipendenti sono **inversamente proporzionali** quando al raddoppiare, triplicare ecc., di una, il corrispondente valore dell'altra diventa la metà, un terzo ecc.

Se $x$ e $y$ sono inversamente proporzionali e $k$ è una costante, allora possiamo scrivere:

$$y = \frac{k}{x}$$

Da questo si evince che il prodotto tra $x$ e $y$ è costante:

$$y = \frac{k}{x} \Rightarrow y \cdot x = k$$

Supponiamo di avere una grandezza $A$ che assume valori $a$ e $a'$, ed una grandezza $B$, inversamente proporzionale ad $A$, che, in corrispondenza, assume valori $b$ e $b'$; allora potremo scrivere la proporzione:

$$a : a' = \frac{1}{b} : \frac{1}{b'} \Rightarrow a : \frac{1}{b} = a' : \frac{1}{b'}$$

(nell'ultimo passaggio abbiamo scambiato i medi).
In un **problema del "tre semplice" inverso** abbiamo due grandezze $A$ e $B$ che sono inversamente proporzionali. Vengono forniti due valori per la grandezza $B$ (ad esempio $b$ e $b'$) e un valore per la grandezza $A$ (ad esempio $a$, corrispondente al valore $b$ di $B$). Si chiede di fornire il valore incognito $x$ della grandezza $A$ corrispondente al valore $b'$ di $B$.

Si può quindi impostare la proporzione e risolverla:

$$a : x = \frac{1}{b} : \frac{1}{b'} \Rightarrow x = \frac{b}{b'} \cdot a$$

Analizziamo ora il seguente quesito sul "tre semplice" inverso.

**ESEMPIO**

Se 10 operai, per compiere un lavoro, impiegano 15 giorni, 30 operai quanti giorni impiegheranno?

A. 6 giorni
B. 2 giorni
C. 5 giorni
D. 3 giorni
E. 10 giorni

Il numero di operai e i giorni impiegati per compiere il lavoro sono due grandezze inversamente proporzionali: all'aumentare del numero di operai diminuisce il tempo impiegato.
Possiamo impostare la seguente proporzione:

$$10\,\text{operai} : 30\,\text{operai} = \frac{1}{15\,\text{giorni}} : \frac{1}{X}$$

dove $X$ è il numero di giorni che i 30 operai impiegano per fare il lavoro.
Ricaviamo:

$$\frac{10\text{ operai}}{30\text{ operai}} = \frac{X}{15\text{ giorni}}$$

$$X = \frac{15\,\text{giorni} \cdot 10\text{ operai}}{30\text{ operai}} = 5\text{ giorni}$$

La risposta corretta è C.

Un quesito analogo al precedente e frequentemente assegnato nelle prove di ammissione è riportato di seguito.

**ESEMPIO**

Un capo cantiere sa che per completare il lavoro di cui è responsabile, utilizzando tutti gli operai che attualmente lavorano nel cantiere, sono necessari 6 giorni. Se potesse avere altri 2 operai il lavoro verrebbe completato in 5 giorni. Al contrario, la sua impresa (a causa di un nuovo appalto) anziché fornire i 2 operai sottrae risorse al cantiere e vi lascia un solo operaio. Quanti giorni impiegherà tale operaio a completare il lavoro, nell'ipotesi che tutti abbiano lo stesso ritmo di lavoro?

A. 30
B. 100
C. 50
D. 60
E. 25

La risposta corretta è la D. Il numero di operai e i giorni impiegati per compiere il lavoro sono due grandezze inversamente proporzionali: all'aumentare del numero di operai diminuisce il tempo impiegato.
Possiamo impostare la seguente proporzione:

$$X \text{ operai} : (X+2) \text{ operai} = \frac{1}{6 \text{ giorni}} : \frac{1}{5 \text{ giorni}}$$

dove

- $X$ è il numero incognito di operai del cantiere che impiega 6 giorni per completare il lavoro;
- $X+2$ è il numero di operai del cantiere che impiegherebbe 5 giorni per completare il lavoro.

In una proporzione il prodotto degli estremi è uguale al prodotto dei medi, per cui si ricava:

$$\frac{X \text{ operai}}{5 \text{ giorni}} = \frac{(X+2) \text{ operai}}{6 \text{ giorni}}$$

da cui:

$$6 \text{ giorni} \cdot X \text{operai} = (X+2) \text{ operai} \cdot 5 \text{ giorni} \rightarrow 6X = (X+2) \cdot 5$$
$$\rightarrow 6X = 5X + 10$$
$$\rightarrow X = 10$$

Il numero di operai del cantiere è, quindi, pari a 10.
In teoria, occorre impostare una nuova proporzione per calcolare il numero incognito ($Y$) di giorni necessari a 1 operaio per completare il lavoro:

$$10 \text{ operai} : 1 \text{ operaio} = \frac{1}{6 \text{ giorni}} : \frac{1}{Y \text{giorni}}$$

da cui:

$$\frac{10 \text{ operai}}{Y \text{giorni}} = \frac{1 \text{ operaio}}{6 \text{ giorni}}$$

Pertanto:

$$6 \text{ giorni} \cdot 10 \text{ operai} = 1 \text{ operaio} \cdot Y \text{giorni} \rightarrow 6 \cdot 10 = Y$$
$$\rightarrow Y = 60$$

In pratica, se 10 operai completano il lavoro in 6 giorni, 1 operaio completerà il lavoro in un numero di giorni 10 volte maggiore:

$$6 \cdot 10 = 60 \text{ giorni}$$

Concludiamo con il seguente quesito che coinvolge anche il concetto di frazione.

**ESEMPIO**

Un pittore dipinge i 2/15 di una parete in 2 ore. Quante ore gli occorrono per terminare il suo lavoro?

A. 18
B. 16

C. 15
D. 12
E. 11

Il quesito può essere risolto tramite delle semplici considerazioni. Se in due ore il pittore dipinge 2/15 della parete, vuol dire che egli dipinge 1/15 di parete ogni ora, per cui gli occorreranno 15 ore per dipingere l'intera parete (risposta C).

Risolviamo, ora, il quesito impostando la proporzione. La superficie di parete dipinta e il numero di ore che occorrono per dipingerla sono direttamente proporzionali. Detta *P* la superficie dell'intera parete sappiamo che in due ore il pittore dipinge $\frac{2}{15}P$, vogliamo sapere in quante ore dipinge *P*.
Possiamo impostare la seguente proporzione:

$$2 \text{ ore} : X = \frac{2}{15} P : P$$

dove *X* è il numero di ore che occorrono per dipingere *P*.
Ricaviamo:

$$X = \frac{2 \text{ ore} \cdot P}{\frac{2}{15} P} = 2 \text{ ore} \cdot \frac{15}{2} = 15 \text{ ore}$$

### 3.3.3 • Il "tre composto"

I **problemi del "tre composto"** presentano generalmente tre o più grandezze, alcune delle quali possono essere direttamente proporzionali fra loro, mentre altre possono essere inversamente proporzionali.

Per fissare le idee supponiamo di avere tre grandezze: *A*, *B* e *C*. Supponiamo che per la grandezza *A* sia fornito un valore *a* e ve ne sia un altro incognito *x*. Supponiamo inoltre che la grandezza *B* sia direttamente proporzionale ad *A* (con valori *b* e *b'*) mentre *C* sia inversamente proporzionale (con valori *c* e *c'*).
In tal caso potremo impostare la proporzione:

$$a : x = \frac{b}{c} : \frac{b'}{c'}$$

Nell'impostare la proporzione, a secondo membro, tra le quantità conosciute, abbiamo inserito a numeratore quelle relative alla grandezza direttamente proporzionale e a denominatore quelle relative alla grandezza inversamente proporzionale.
Risolvendo abbiamo:

$$x = \frac{a \cdot \frac{b'}{c'}}{\frac{b}{c}} \Rightarrow x = a \cdot \frac{c}{b} \cdot \frac{b'}{c'} \Rightarrow x = a \cdot \frac{c}{c'} \cdot \frac{b'}{b}$$

Un caso più complicato può presentare quattro grandezze *A*, *B*, *C* e *D*. Supponiamo che per la grandezza *A* sia fornito un valore *a* e ve ne sia un altro incognito *x*. Supponiamo inoltre che la grandezza *B* sia direttamente proporzionale ad *A* (con valori *b* e *b'*) mentre *C* e *D* siano inversamente proporzionali (con valori, rispettivamente, *c* e *c'* e *d* e *d'*).
In tal caso scriveremo:

$$a:x=\frac{b}{cd}:\frac{b'}{c'd'} \Rightarrow x=a\cdot\frac{b'}{c'd'}\cdot\frac{cd}{b}=a\cdot\frac{b'}{b}\cdot\frac{c}{c'}\cdot\frac{d}{d'}$$

Il seguente quesito sul "tre composto" presenta tre quantità.

**ESEMPIO**

Un barman prepara 20 cocktail ogni 30 minuti. Quanti barman ci vogliono per preparare 120 cocktail in un'ora?
A. 4
B. 3
C. 2
D. 6
E. 20

Le grandezze in gioco sono i barman, i cocktail e il tempo.

Il numero di barman è la grandezza incognita in uno dei termini della proporzione, quindi cerchiamo di porre le altre grandezze in relazione di diretta o inversa proporzionalità con il numero di barman.
Fissato un determinato periodo di tempo, i cocktail preparati sono direttamente proporzionali al numero di barman (più barman ci saranno, più cocktail potranno essere preparati).
Fissato invece un determinato numero di cocktail, un maggiore numero di barman sarà in grado di produrlo in un tempo minore. Quindi il numero di barman e la quantità di tempo sono inversamente proporzionali.

Possiamo riassumere schematicamente le informazioni nel modo seguente:

| | | | |
|---|---|---|---|
| Barman | 1 | *x* | incognita |
| Cocktail | 20 | 120 | dirett. prop. |
| Tempo | 30 min | 60 min | inver. prop. |

Impostiamo quindi la proporzione:

$$1\,\text{barman} : x = \frac{20\text{ cocktail}}{30\,\text{min}} : \frac{120\text{ cocktail}}{60\,\text{min}}$$

$$x = 1\,\text{barman}\cdot\frac{120\text{ cocktail}}{60\,\text{min}}\cdot\frac{30\,\text{min}}{20\text{ cocktail}} = 3\,\text{barman}$$

La risposta corretta è B.

Un secondo quesito.

**ESEMPIO**

Un oste riempie, con il contenuto di 3 damigiane, 360 bottiglie da 0,75 litri ciascuna. Quanti bottiglioni da 1,8 litri riempirebbe con il vino delle 6 damigiane che ha in cantina?

A. 430
B. 230
C. 300
D. 250
E. 200

Le grandezze in gioco sono il numero di damigiane, il numero di bottiglie e la capienza della bottiglia.
Il numero di bottiglie è la grandezza incognita in uno dei termini della proporzione, quindi cerchiamo di porre le altre grandezze in relazione di diretta o inversa proporzionalità con tale grandezza. La quantità di bottiglie riempibili è direttamente proporzionale al numero di damigiane. Invece, fissato un numero di damigiane, la capienza di una singola bottiglia è inversamente proporzionale al numero di bottiglie che saranno riempite (più sono capienti le bottiglie meno ne verranno riempite).

Possiamo riassumere schematicamente le informazioni nel modo seguente:

| | | | |
|---|---|---|---|
| Bottiglie | 360 | *x* | incognita |
| Capienza | 0,75 *l* | 1,8 *l* | inver. prop. |
| Damigiane | 3 | 6 | dirett. prop. |

Impostiamo quindi la proporzione:

$$360 \text{ bottiglie} : x = \frac{3 \text{ damigiane}}{0{,}75 l} : \frac{6 \text{ damigiane}}{1{,}8 l}$$

$$x = 360 \text{ bottiglie} \cdot \frac{6 \text{ damigiane}}{1{,}8 l} \cdot \frac{0{,}75 l}{3 \text{ damigiane}} = 300 \text{ bottiglie}$$

La risposta corretta è C.

## 3.4 • Esercizi su medie

Il concetto di **media** è molto ampio e può comprendere qualsiasi valore di sintesi di un carattere in grado di descrivere una caratteristica della popolazione, essenziale è che tale valore sia compreso tra il valore più piccolo osservato (o osservabile) e il valore più grande osservato (o osservabile) del carattere.
Nelle prove di ammissione, spesso, è oggetto di domanda la media aritmetica di una successione di numeri.

Dati $n$ numeri, $x_1$, $x_2$, ..., $x_n$, la **media aritmetica** di tali numeri si ottiene dal rapporto tra la loro somma e il loro numero ($n$); in simboli:

$$m = \frac{x_1 + x_2 + ... + x_n}{n}$$

In forma compatta, la media aritmetica può essere indicata nel modo seguente:

$$m = \frac{\sum_{i=1}^{n} x_i}{n}$$

La media aritmetica è un valore ottenuto a calcolo e non coincide necessariamente con qualcuno dei numeri dati.

### ESEMPIO

Gli stipendi lordi mensili (in euro) percepiti da 8 impiegati di un'azienda sono i seguenti:

1.780, 2.100, 1.920, 1.970, 2.310, 2.208, 1.880, 1.885

Lasciando inalterati i costi complessivi dell'azienda per il personale, quanto sarebbe il reddito lordo di ciascun impiegato nell'ipotesi di uno stipendio uguale per tutti?

A. 2.000 euro
B. 1.000 euro
C. 2.006,625 euro
D. 1.605,3 euro
E. 8.000 euro

La risposta è un importo uguale alla media aritmetica.
Il costo complessivo per il personale è dato dalla somma dei singoli stipendi lordi:

$$1.780 + 2.100 + 1.920 + 1.970 + 2.310 + 2.208 + 1.880 + 1.885 = 16.053$$

Ripartito in parti uguali tra gli 8 impiegati, ognuno riceverebbe:

$$m = \frac{16.053}{8} = 2.006,625\ €$$

La risposta corretta è la C.
Si noti che cinque impiegati guadagnerebbero più di quanto guadagnano realmente e tre guadagnerebbero meno.

Quando, in una successione di numeri, uno o più numeri si ripetono più di una volta, è possibile utilizzare una formula della media aritmetica che tiene conto dei *pesi* ossia del numero di volte in cui ciascun numero si ripete nella successione stessa; in tal caso la media aritmetica è definita *ponderata*. Pertanto, se i $k$ numeri $x_1$, $x_2$,..., $x_k$ di una successione si ripetono, rispettivamente $n_1$, $n_2$,..., $n_k$ volte, la formula della media aritmetica è:

$$m = \frac{x_1 n_1 + x_2 n_2 + ... + x_k n_k}{n} = \frac{\sum_{i=1}^{k} x_i n_i}{n}$$

**ESEMPIO**

In una data collettività, esiste la seguente distribuzione delle famiglie per numero di figli:
36 famiglie hanno 0 figli;
53 famiglie hanno 1 figlio;
88 famiglie hanno 2 figli;
26 famiglie hanno 3 figli;
12 famiglie hanno un numero di figli maggiore o uguale a 4.
Determinare il numero medio di figli per famiglia.

Poiché nella collettività esistono 36 + 53 + 88 + 26 + 12 = 215 famiglie, il numero medio di figli per famiglia si ottiene nel modo seguente:

$$m = \frac{0 \cdot 36 + 1 \cdot 53 + 2 \cdot 88 + 3 \cdot 26 + 4 \cdot 12}{215} = 1{,}65$$

Si noti che, per calcolare la media aritmetica, abbiamo posto l'ultima modalità (4 e oltre) uguale a 4.
La media aritmetica, pari a 1,65 figli per famiglia, rappresenta un valore teorico, e non solo perché non è un numero intero, ma anche perché rappresenta il numero di figli che ogni famiglia avrebbe se si ripartissero i figli in numero uguale tra tutte le 215 famiglie.

Proponiamo, di seguito, alcuni quesiti tipici sulla media aritmetica.

**ESEMPIO**

Ludovica ha superato 8 esami universitari e la media dei suoi voti è 20. Quale voto minimo deve prendere al prossimo esame affinché la sua media diventi almeno 21?
A. 30
B. 21
C. 29
D. 20
E. 25

è noto che:

$$\text{media dei primi 8 esami} = \frac{\text{somma dei voti dei primi 8 esami}}{8} = 20$$

mentre Ludovica si è prefissata l'obiettivo:

$$\text{media dei primi 9 esami} = \frac{\text{somma dei voti dei primi 8 esami} + \text{voto del 9° esame}}{9} \geq 21$$

Dall'espressione della media dei voti dei primi 8 esami si deduce che la somma dei voti dei primi 8 esami è pari a 20 × 8 = 160, che sostituita nella media dei primi 9 esami dà:

$$\frac{160 + \text{voto del nono esame}}{9} \geq 21$$

$$160 + \text{voto del nono esame} \geq 21 \cdot 9$$
$$\text{voto del nono esame} \geq 21 \cdot 9 - 160$$
$$\text{voto del nono esame} \geq 189 - 160$$
$$\text{voto del nono esame} \geq 29$$

La risposta corretta è la C.

Un altro quesito.

**ESEMPIO**

L'età media dei partecipanti a una festa è 24 anni. Se l'età media degli uomini è 28 anni e quella delle donne è 18 anni, qual è il rapporto tra il numero degli uomini e quello delle donne?

A. $\frac{3}{2}$
B. 2
C. $\frac{14}{9}$
D. $\frac{4}{3}$
E. $\frac{9}{14}$

Non è noto il numero ($u$) degli uomini né il numero ($d$) delle donne. Nel calcolo dell'età media (24) del gruppo costituito da $u + d$ partecipanti si è tenuto conto di tali numeri e si è applicata la formula:

$$\text{età media} = \frac{u \cdot 28 + d \cdot 18}{u + d}$$

Le frequenze con cui si presentano gli uomini e le donne sanciscono l'importanza assunta da ciascuna modalità nella somma, per cui possono essere considerate come i "pesi" assunti dalle modalità; per questo motivo l'espressione appena data fornisce la media aritmetica ponderata.

Dal calcolo si è ottenuto $\frac{u \cdot 28 + d \cdot 18}{u + d} = 24$, da cui:

$$u \cdot 28 + d \cdot 18 = 24(u + d)$$
$$28u + 18d = 24u + 24d$$
$$28u - 24u = 24d - 18d$$
$$4u = 6d$$
$$\frac{u}{d} = \frac{3}{2}$$

La risposta corretta è la A.

## 3.5 • Esercizi su progressioni aritmetiche e progressioni geometriche

### 3.5.1 • Le successioni

Un insieme di numeri reali costituisce una **successione** se è possibile individuare in esso un ordine con il quale tali numeri sono ordinati, ossia una regola mediante la quale i numeri si susseguono.

I numeri della successione sono anche detti **temini** della successione. Una successione può essere costituita da un numero infinito di termini oppure da un numero finito di termini. In una successione infinita di termini che si susseguono in un determinato ordine è sempre possibile far corrispondere la successione dei numeri naturali (1, 2, 3, ..., $n$, ...) alla sequenza di termini della successione ($a_1$, $a_2$, $a_3$, ..., $a_n$, ...).

### 3.5.2 • Le progressioni aritmetiche

Un particolare tipo di successione è rappresentato dalle progressioni aritmetiche.

Una **progressione aritmetica** è costituita da tre o più termini tali che la differenza tra ogni termine e il precedente è costante, fatta eccezione per il primo termine (che non ha un termine precedente).

La **differenza** costante tra i due generici termini consecutivi è detta **ragione** della progressione e si indica con la lettera $d$.
Pertanto, indicati i termini della progressione nel modo seguente $a_1$, $a_2$, $a_3$, ..., $a_n$, ..., allora la ragione $d$ è tale che:

$$d = a_2 - a_1,\ d = a_3 - a_2, \ldots, d = a_n - a_{n-1}$$

Analogamente ogni termine della progressione può essere ricavato aggiungendo la ragione al termine precedente:

$$a_2 = a_1 + d,\ a_3 = a_2 + d, \ldots, a_n = a_{n+1} + d$$

**ESEMPIO**

Si consideri la progressione 2, 5, 8, 11, 14, ...
In tale progressione si ha:

$$a_1 = 2 \quad a_2 = 5 \quad a_3 = 8 \quad a_4 = 11$$

Tale progressione è infinita perché costituita da un numero infinito di termini. La ragione della progressione è pari a 3, infatti:

$$a_2 - a_1 = 5 - 2 = 3$$

$$a_3 - a_2 = 8 - 5 = 3$$

$$\ldots$$

Siccome la ragione $d = 3 > 0$, la progressione è crescente.

## Relazioni tra i termini di una progressione aritmetica

Si consideri la seguente progressione aritmetica:

$$a_1, a_2, a_3, \ldots, a_n, a_{n+1}, \ldots$$

Sia $d$ la ragione della progressione e siano $a_s$ e $a_r$ rispettivamente il termine $s$-esimo e il termine $r$-esimo della progressione. In tal caso sussiste la relazione tra i due termini in questione:

$$a_s = a_r + (s-r) \cdot d$$

In particolare, se $s = n$ e $r = 1$, l'equazione appena data diventa:

$$a_n = a_1 + (n-1)d$$

## Somma di termini consecutivi di una progressione aritmetica

La somma $S_n$ di $n$ termini consecutivi di una progressione aritmetica è data da:

$$S_n = \frac{a_1 + a_n}{2} \cdot n$$

Di seguito, proponiamo un quesito frequentemente assegnato nelle prove di ammissione.

**ESEMPIO**

Qual è la somma dei primi 100 numeri naturali?

A. 5000
B. 5050
C. 10000
D. 15000
E. 20000

La risposta corretta è la B.

I numeri naturali costituiscono una progressione aritmetica di ragione $d = 1$.

$$a_1 = 1 \quad a_2 = 2 \quad a_3 = 3 \quad a_4 = 4 \quad \ldots \; a_{100} = 100 \; \ldots$$

La somma dei primi 100 numeri naturali è data dall'equazione appena data dove $n = 100$. Quindi:

$$S_{100} = 100 \cdot \frac{1+100}{2} = {}^{50}\cancel{100} \cdot \frac{101}{\cancel{2}_1} = 50 \cdot 101 = 5050$$

Un altro quesito frequentemente assegnato è del tipo riportato di seguito.

**ESEMPIO**

Qual è il 15° termine di una progressione aritmetica di ragione $d = -13$ con primo termine $a_1 = 250$?

A. 68
B. 28
C. 26
D. 25
E. 24

La risposta corretta è la A.
Si applica l'equazione $a_n = a_1 + (n-1)d$, dove $n = 15$:

$$a_{15} = 250 + (15-1)\cdot(-13) = 250 + (14)\cdot(-13) = 250 - 182 = 68$$

### Inserzione di medi aritmetici tra numeri

Per $m$ medi aritmetici si intendono $m$ numeri intercalati tra i due estremi $a$ e $b$ che formano una progressione aritmetica.
La distanza tra due medi aritmetici consecutivi è pari alla ragione $d$ della progressione aritmetica che si vuole creare tra i due estremi $a$ e $b$. Tale ragione è data dalla formula:

$$d = \frac{b-a}{m+1}$$

**ESEMPIO**

Inserire $m = 5$ medi aritmetici tra i numeri $a = 5$ e $b = 47$.
Nel caso in questione si ha:

$$d = \frac{47-5}{5+1} = \frac{42}{6} = 7$$

Pertanto i 5 medi aritmetici si ottengono partendo dal numero $a = 5$ e aggiungendo, di volta in volta, la ragione $d = 7$.
$a = 5$, 12, 19, 26, 33, 40, $b = 47$

## 3.5.3 • Le progressioni geometriche

Una **progressione geometrica** è una successione di numeri tali che il **rapporto** fra un termine e il precedente è costante ed è detto **ragione** ($q$).

Per cui, detto $a_1$ il termine iniziale della successione, avremo:

$$a_2 = a_1 \cdot q$$

$$a_3 = a_2 \cdot q = a_1 \cdot q \cdot q = a_1 \cdot q^2$$

$$a_4 = a_3 \cdot q = a_2 \cdot q \cdot q = a_1 \cdot q \cdot q \cdot q = a_1 \cdot q^3$$

In generale, la formula del generico termine della progressione sarà:

$$a_n = a_1\, q^{n-1}$$

**ESEMPI**

Consideriamo una semplice progressione geometrica con termine iniziale $a_1 = 3$ e ragione $q = 2$. In tal caso ogni termine della progressione sarà il doppio del precedente, infatti dovrà essere moltiplicato per $q = 2$.

Quindi:

$$a_1 = 3$$
$$a_2 = a_1 \cdot q = 3 \cdot 2 = 6$$
$$a_3 = a_2 \cdot q = 6 \cdot 2 = 12$$
$$a_4 = a_3 \cdot q = 12 \cdot 2 = 24$$

Se scriviamo i numeri della progressione in sequenza otteniamo:

3, 6, 12, 24, 48, 96, ...

Consideriamo ora il caso di una progressione geometrica di ragione $q = 1/2$, cioè una progressione geometrica in cui ogni numero è la metà di quello precedente. Se come termine iniziale consideriamo 128 avremo:

$$a_1 = 128$$
$$a_2 = a_1 \cdot q = 128 \cdot \frac{1}{2} = 64$$
$$a_3 = a_2 \cdot q = 64 \cdot \frac{1}{2} = 32$$

Questa volta la progressione apparirà nella forma seguente:

128, 64, 32, 16, 8, 4, ...

Proviamo ora a individuare la ragione della seguente progressione:

7, 28, 112, 448, 1792, ...

La ragione si ottiene dividendo tra loro qualsiasi coppia di numeri consecutivi:

$$q = \frac{28}{7} = \frac{112}{28} = \frac{448}{112} = \ldots = 4$$

Proponiamo un quesito analogo a quelli frequentemente assegnati nelle prove di ammissione.

**ESEMPIO**

Un nano spaziale raddoppia la sua altezza ogni giorno. Al nono giorno comincia a ridurre la sua altezza con una velocità doppia. Dopo quanti giorni dall'inizio sarà ritornato alla sua altezza iniziale?

A. 15
B. 12
C. 10
D. 13
E. 14

Possiamo condurre un ragionamento intuitivo come il seguente: il nano cresce per 8 giorni con una certa velocità, poi inizia a decrescere con il doppio del ritmo. Se decresce con il doppio della velocità gli basteranno la metà dei giorni (impiegati per crescere) per ritornare all'altezza iniziale, quindi 8 : 2 = 4. Sommando questi 4 giorni agli 8 precedenti abbiamo un totale di 4 + 8 = 12 giorni (risposta B).

Risolviamo ora il quesito con l'uso delle progressioni. Per fare questo fissiamo una qualsiasi altezza iniziale in metri, per esempio 10.
L'altezza del nano spaziale fino al nono giorno può essere rappresentata come una progressione geometrica di ragione $q = 2$ (il nano raddoppia la sua altezza).
A questo punto inizia la decrescita che avviene con velocità doppia rispetto alla crescita. Notiamo che una decrescita con lo stesso ritmo della crescita avrebbe avuto come ragione $q = 1/2$ (il nano si sarebbe dimezzato di giorno in giorno) ma visto che tale decrescita deve avere il doppio della rapidità allora avremo una ragione pari a $q = 1/4$.

Abbiamo perciò la seguente tabella:

| Giorno | Altezza (m) | Note |
|---|---|---|
| 0 | 10 | |
| 1 | $2 \times 10 = 20$ | |
| 2 | $2 \times 20 = 40$ | |
| 3 | $2 \times 40 = 80$ | |
| 4 | $2 \times 80 = 160$ | Progressione geometrica di ragione 2 |
| 5 | $2 \times 160 = 320$ | |
| 6 | $2 \times 320 = 640$ | |
| 7 | $2 \times 640 = 1280$ | |
| 8 | $2 \times 1280 = 2560$ | |
| 9 | $2560 \cdot \frac{1}{4} = 640$ | |
| 10 | $640 \cdot \frac{1}{4} = 160$ | Progressione geometrica di ragione 1/4 |
| 11 | $160 \cdot \frac{1}{4} = 40$ | |
| 12 | $40 \cdot \frac{1}{4} = 10$ | |

Quindi dopo dodici giorni il nano sarà ritornato alla sua altezza iniziale.

## 3.6 • Esercizi con equazioni e sistemi di equazioni di primo grado

Spesso, la risoluzione dei quesiti richiede l'applicazione di **equazioni di primo grado**, ossia di particolari uguaglianze tra espressioni letterali, vere soltanto per determinati valori attribuiti alle variabili che vi compaiono, ovvero l'applicazione di **sistemi di equazioni**, ossia di insiemi di equazioni considerate simultaneamente per la loro eventuale risoluzione comune.

### 3.6.1 • Applicazione di equazioni alla soluzione di problemi

Le equazioni costituiscono uno strumento efficace per risolvere diversi quesiti.
Ad esempio, all'equazione $3x = 9$ si può far corrispondere il seguente problema:

*Trovare un numero il cui triplo è 9*

Si dice anche che un'equazione rappresenta il **modello matematico** di un problema aritmetico.
Un problema è di **primo grado** se può essere risolto per mezzo di un'equazione di primo grado a una incognita, che prende il nome di **equazione risolvente**. L'insieme a cui deve appartenere l'incognita del problema si chiama **dominio del problema**.
Un problema è costituito da **incognite** e **dati**. Le **incognite** sono gli elementi che occorre determinare. I dati sono rappresentati da relazioni implicite o esplicite che intercorrono tra le incognite e da eventuali condizioni cui queste sono sottoposte. I **dati espliciti** sono quelli chiaramente enunciati nel testo del problema. I **dati impliciti** sono quelli che hanno origine dall'applicazione di teoremi, proprietà algebriche o più in generale relazioni matematiche esistenti tra i dati, ma non esplicitamente dichiarate nel testo.

**ESEMPIO**

Trovare il numero che sommato al suo triplo dà 48.
A. 144
B. 12
C. 22
D. 16
E. 51

Se indichiamo con $x$ il numero da determinare, il triplo di $x$ è $3x$.
Traducendo in termini algebrici il dato "il numero che sommato al suo triplo dà 48" si ottiene l'equazione:

$$x + 3x = 48$$

da cui

$$4x = 48 \Rightarrow x = 12$$

Il numero richiesto è, quindi, 12 e la risposta corretta è la B.

Anche se un problema può essere risolto mediante un'equazione a una sola incognita, può contenere più incognite non indipendenti tra loro, ma legate da relazioni esprimibili per mezzo di equazioni algebriche. In questo caso si può scegliere come incognita uno qualunque degli elementi che non sono noti ed esprimere i rimanenti per mezzo delle relazioni esistenti tra loro.

**ESEMPIO**

La somma di tre segmenti misura 42 cm; qual è la misura (in cm) di ciascuno sapendo che il primo è i $\frac{2}{3}$ del secondo e il secondo a sua volta è i $\frac{4}{5}$ del terzo?

A. 7; 12; 23
B. 15; 14; 13
C. 14; 14; 14
D. 9,6; 14,4; 18
E. 2,3; 4,5; 35,2

In questo problema le incognite sono le lunghezze in cm dei tre segmenti e i dati le relazioni esistenti tra le loro lunghezze. Vi sono tre incognite e tre dati. Riassumiamoli nella seguente tabella:

| Incognite | Dati |
|---|---|
| Lunghezza del primo segmento | La somma dei tre segmenti è 42 cm |
| Lunghezza del secondo segmento | Il primo segmento è i $\frac{2}{3}$ del secondo |
| Lunghezza del terzo segmento | Il secondo segmento è i $\frac{4}{5}$ del terzo |

Possiamo indicare con $x$ una qualunque delle tre lunghezze ed esprimere le altre due in termini di questa. È opportuno tuttavia scegliere l'incognita $x$ in modo che le altre si possano esprimere nel modo più semplice. In questo caso conviene indicare con $x$ la lunghezza del terzo segmento.
Leggendo il problema a partire dal terzo segmento, possiamo scrivere le tre relazioni seguenti:

terzo segmento = $x$

secondo segmento = $\frac{4}{5}x$

primo segmento = $\frac{2}{3}$ del secondo segmento = $\frac{2}{3} \cdot \frac{4}{5}x$

In generale, poiché:

$$\text{primo segmento} + \text{secondo segmento} + \text{terzo segmento} = 42$$

impostiamo l'equazione nell'incognita $x$ (terzo segmento):

$$\frac{2}{3}\cdot\frac{4}{5}x+\frac{4}{5}x+x=42$$

da cui possiamo ricavare la $x$:

$$\frac{8}{15}x+\frac{4}{5}x+x=42\Rightarrow\frac{8+12+15}{15}x=42\Rightarrow$$

$$\Rightarrow\frac{35}{15}x=42\Rightarrow 35x=42\cdot 15\Rightarrow x=18$$

Determinata la lunghezza del terzo segmento possiamo risalire alle lunghezze degli altri due segmenti utilizzando la seconda e la terza relazione:

secondo segmento $=\frac{4}{5}x=\frac{4}{5}\cdot 18=14{,}4$

primo segmento $=\frac{2}{3}\cdot\frac{4}{5}x=\frac{8}{15}x=\frac{8}{15}\cdot 18=9{,}6$

La risposta esatta è, dunque, la D.

## 3.6.2 • Applicazione di sistemi alla soluzione di problemi

Un problema è di primo grado in più incognite quando ciascun dato del problema è traducibile in un'equazione di primo grado in cui figurano tutte o parte delle sue incognite.
In generale, si preferisce ricorrere all'uso di un sistema quando le incognite di un problema sono tante. In tal caso, le relazioni esistenti tra le varie incognite sono tradotte in altrettante equazioni. L'uso del sistema rispetto all'equazione consente di tradurre in modo più naturale i dati del problema in equazioni. Infatti, non occorre più esprimere tutte le incognite in funzione di una sola.

Prendiamo in esame un problema già esaminato, che è stato risolto mediante una sola equazione, e vediamo che è possibile risolverlo anche con un sistema.

**ESEMPIO**

La somma di tre segmenti misura 42 cm; qual è la misura (in cm) di ciascuno sapendo che il primo è i $\frac{2}{3}$ del secondo e il secondo a sua volta è i $\frac{4}{5}$ del terzo?
Per risolvere il quesito si imposta un sistema di tre equazioni in tre incognite.
Siano $x$, $y$ e $z$, le misure, rispettivamente, del primo, del secondo e del terzo segmento.
Il sistema è il seguente:

$$\begin{cases} x+y+z=42 \\ x=\frac{2}{3}y \\ y=\frac{4}{5}z \end{cases}$$

I passaggi successivi per la risoluzione del sistema sono i seguenti:

$$\begin{cases} x+y+z=42 \\ x=\dfrac{2}{3}y \\ y=\dfrac{4}{5}z \end{cases} \Rightarrow$$

$$\Rightarrow \begin{cases} x+y+z=42 \\ x=\dfrac{2}{3}\left(\dfrac{4}{5}\right)z=\dfrac{8}{15}z \\ y=\dfrac{4}{5}z \end{cases} \Rightarrow$$

1. Si sostituisce nella seconda equazione il valore di $y$ che si ricava dalla terza equazione.

$$\Rightarrow \begin{cases} \dfrac{8}{15}z+\dfrac{4}{5}z+z=42 \\ x=\dfrac{8}{15}z \\ y=\dfrac{4}{5}z \end{cases} \Rightarrow$$

2. Si sostituisce a $x$ e a $y$ nella prima equazione i valori che si ricavano dalla seconda e terza equazione.

$$\Rightarrow \begin{cases} \dfrac{35}{15}z=42 \\ x=\dfrac{8}{15}z \\ y=\dfrac{4}{5}z \end{cases} \Rightarrow$$

3. Si esegue la somma a primo membro della prima equazione.

$$\Rightarrow \begin{cases} z=\dfrac{42\cdot 15}{35}=18 \\ x=\dfrac{8}{15}z \\ y=\dfrac{4}{5}z \end{cases} \Rightarrow$$

4. Si ricava il valore di $z$.

$$\Rightarrow \begin{cases} z=18 \\ x=\dfrac{8}{15}\cdot 18=9{,}6 \\ y=\dfrac{4}{5}\cdot 18=14{,}4 \end{cases} \Rightarrow$$

5. Per sostituzione, si ricavano i valori di $x$ e di $y$.

Pertanto, le misure dei segmenti sono rispettivamente:

9,6 cm; 14,4 cm; 18 cm

## 3.7 • Le equazioni simboliche

Le variabili delle equazioni presenti nei quesiti concernenti le trasformazioni simboliche non sono le usuali lettere *x*, *y*, *z*..., bensì simboli grafici di qualsiasi tipo, oppure lettere o qualsiasi altro elemento che non ricordi i numeri, per questo sono note come **equazioni a variabili simboliche** o semplicemente come **equazioni simboliche**.

La prova consiste nella trasformazione dei simboli in numeri a partire da una espressione più o meno complessa e si risolve applicando la seguente logica: **a simbolo uguale corrisponde numero uguale**.
Assegnati ai simboli i corrispondenti numeri e sostituendoli nella o nelle equazioni date, la tecnica di risoluzione di tali equazioni è la stessa di quella delle equazioni con variabili letterali.
Questi esercizi richiedono un'elevata capacità di analisi, di associazione e di astrazione oltre a una decisa rapidità e fluidità nel calcolo matematico. Indubbiamente l'esercizio assiduo e la pratica continua con questo tipo di trasformazioni potenziano sensibilmente la performance.

Riportiamo un esempio.

### ESEMPIO

Se
@ + £ + £ = –5
£ = 2
allora @ è uguale a:
A. –3
B. –9
C. –1
D. 3
E. 1

Occorre tenere presente, innanzi tutto, la logica di risoluzione di tale tipologia di quesiti: *a simbolo uguale corrisponde numero uguale.*
Sapendo che £ = 2 e sostituendo nell'equazione @ + £ + £ = –5, si ha:

@ + 2 + 2 = –5

Trasportando a secondo membro i due numeri (+2 e +2), si ha:

@ = –5 –2–2

da cui:

@ = –9

La risposta esatta è, dunque, la B.

Un altro esempio meno banale del precedente potrebbe essere quello riportato di seguito.

**ESEMPIO**

Se:
● + 3 = □
△ + ● = □
11= ● + ■ + ● + △
△ + 1 = ■
allora □ è uguale a:
A. 0
B. 3
C. 4
D. 5
E. Nessuno

I passaggi per arrivare alla soluzione sono pochi, basta seguire un metodo molto semplice che risponde alla ricerca della massima semplificazione. A tale scopo si procede semplificando le prime informazioni disponibili.

Se ● + 3 = □ e △ + ● = □ allora ● + 3 = △ + ● che diventa △ = 3 in quanto i due ● si annullano a vicenda (– ● + ● = zero). Sostituendo △ = 3 nella quarta equazione si ottiene ■ = 4. Sostituendo △ = 3 e ■ = 4 nella terza equazione si ha 11 = ● + 4 + ● + 3 → 11 – 4 – 3 = ● + ● → ● = 2. Sostituendo ● = 2 nella prima equazione si ha □ = 5.
Pertanto la risposta corretta è la D.

## 3.8 • Esercizi con il calcolo combinatorio

Nelle prove di ammissione si possono incontrare quesiti che richiedono l'applicazione del **calcolo combinatorio**, che fornisce le regole per la determinazione del numero di disposizioni e di combinazioni in un qualsiasi contesto.
Lo schema di cui ci si serve è il seguente: da una scatola contenente $n$ oggetti distinti, indicati con $a_1$, $a_2$, ..., $a_n$, si eseguono $k$ estrazioni, si vogliono contare quante differenti estrazioni possono essere effettuate.
Tale numero cambia a seconda della *modalità di estrazione* e della rilevanza attribuita all'*ordinamento*. Con riferimento alla modalità di estrazione, si distingue a seconda che le estrazioni degli oggetti dalla scatola avvengano *con reinserimento* o *senza reinserimento*. Nel primo caso, una volta estratto, un oggetto è reinserito nella scatola, per cui nelle successive estrazioni lo stesso oggetto può essere estratto di nuovo. Nel secondo caso, invece, una volta estratto un oggetto, esso non è più reinserito nella scatola, e nelle successive estrazioni non potrà essere estratto di nuovo. Con riferimento all'ordinamento, due coppie, o in generale due gruppi, differiscono tra loro se, pur essendo costituiti dagli stessi oggetti, differiscono per l'ordine con cui sono

disposti tali oggetti. In tal caso si parla estrazione *con ordinamento*, in caso contrario di estrazione *senza ordinamento*.
A seconda della modalità di estrazione e dell'ordinamento, si distinguono diversi aggruppamenti di $n$ oggetti (o elementi) distinti a gruppi di $k$ (o di classe $k$ o a $k$ a $k$), con $k \le n$.

### 3.8.1 • Disposizioni semplici

Le **disposizioni semplici** di $n$ elementi a gruppi di $k$ rappresentano il numero di gruppi possibili di $k$ elementi che si possono formare tra gli $n$ originari e sono tali che due gruppi differiscono tra loro:
- per almeno un elemento;
- oppure per l'ordine degli elementi.

Si indicano con $D_{n,k}$ e sono pari a:

$$D_{n,k} = n \cdot (n-1) \cdot (n-2) \cdot \ldots \cdot (n-k+1)$$

### 3.8.2 • Permutazioni semplici

Le **permutazioni** di $n$ elementi possono essere definite come le disposizioni semplici di $n$ elementi a gruppi di $n$ e sono tali che due gruppi differiscono tra loro per l'ordine degli elementi.

Si indicano con $P_n$ e sono pari al prodotto degli $n$ interi decrescenti a partire da $n$:

$$P_n = D_{n,n} = n \cdot (n-1) \cdot (n-2) \cdot \ldots \cdot 3 \cdot 2 \cdot 1 = n!$$

dove $n!$ è il **fattoriale di *n***.
Convenzionalmente, si pone $0! = 1$.
Le disposizioni semplici di $n$ elementi a gruppi di $k$, attraverso il fattoriale, sono scritte nel modo seguente:

$$D_{n,k} = \frac{n!}{(n-k)!}$$

### 3.8.3 • Combinazioni semplici

Le **combinazioni semplici** di $n$ elementi a gruppi di $k$ rappresentano il numero di gruppi possibili di $k$ elementi che si possono formare tra gli $n$ originari e sono tali che due gruppi differiscono tra loro per almeno un elemento. I gruppi formati costituiscono un sottoinsieme delle disposizioni semplici di $n$ elementi a gruppi di $k$.

Si indicano con $C_{n,k}$ e sono pari a:

$$C_{n,k} = \frac{D_{n,k}}{P_k} = \frac{n \cdot (n-1) \cdot (n-2) \cdot \ldots \cdot (n-k+1)}{k \cdot (k-1) \cdot (k-2) \cdot \ldots \cdot 3 \cdot 2 \cdot 1} = \frac{n!}{k!(n-k)!} = \binom{n}{k}$$

dove $\binom{n}{k}$ è il **coefficiente binomiale**.

**ESEMPIO**

In un campionato di calcio partecipano 14 squadre. Se ogni squadra deve incontrare tutte le altre sia in casa sia in trasferta, quante partite vengono disputate in totale?
A. 364
B. 182
C. 196
D. 26
E. 98

Considerando solo il girone di andata, occorre calcolare il numero di gruppi possibili di 2 squadre che si possono formare tra le 14 squadre e sono tali che due gruppi differiscono tra loro per almeno una squadra; in altri termini, occorre calcolare le combinazioni semplici di 14 elementi a gruppi di 2; ossia: $C_{14,2} = \binom{14}{2} = \frac{14!}{2! \cdot 12!} = 91$.
Nel girone di andata e in quello di ritorno, si disputano complessivamente $91 \cdot 2 = 182$ partite.
La risposta corretta è la B.
Si poteva giungere allo stesso risultato più velocemente, considerando che la partita di andata della squadra X contro la squadra Y diventa, al ritorno, la partita Y contro X. Considerando, quindi, come diverse le partite dove appaiono le stesse squadre, il numero di partite è pari alle disposizioni di 2 squadre distinte, ossia alle disposizioni semplici di 14 elementi distinti di classe 2; ossia $D_{14,2} = 14 \cdot 13 = 182$.

### 3.8.4 • Disposizioni con ripetizione

Le **disposizioni con ripetizione** di $n$ elementi a gruppi di $k$ rappresentano il numero di gruppi possibili di $k$ elementi che si possono formare tra gli $n$ originari e sono tali che due gruppi differiscono tra loro:
- per almeno un elemento;
- oppure per l'ordine degli elementi;
- oppure per il numero di ripetizioni di uno stesso elemento.

Si indicano con ${}_rD_{n,k}$ e sono pari a:

$${}_rD_{n,k} = n^k$$

**ESEMPIO**

Le targhe automobilistiche sono costituite da 2 lettere, 3 cifre, 2 lettere. Sapendo che le lettere possono essere scelte tra le 26 lettere dell'alfabeto inglese, quante targhe differenti possono essere ottenute?

A. $26^2 \cdot 10 \cdot 26^2$
B. $26^2 \cdot 10^3 \cdot 26^2$
C. $26 \cdot 10 \cdot 26$
D. $(26 \cdot 2) \cdot (10 \cdot 3) \cdot (26 \cdot 2)$
E. $\binom{26}{2}\binom{10}{3}\binom{26}{2}$

La risposta corretta è la B.
Le targhe automobilistiche sono costituite da: 2 lettere, 3 cifre, 2 lettere.
Sapendo che le lettere possono essere scelte tra le 26 lettere dell'alfabeto inglese, con due lettere scelte tra 26, con possibile ripetizione e tenendo conto dell'ordine, si possono ottenere ${}_rD_{26,2} = 26^2$ disposizioni.
Con le tre cifre si possono ottenere ${}_rD_{10,3} = 10^3$ numeri (ovviamente sono i numeri da 001 a 999 + 000).
In generale, se un'operazione consta di $k$ passi, di cui il primo prevede $n_1$ modi possibili, il secondo $n_2$ modi possibili, ..., il $k$-esimo $nk$ modi possibili, l'operazione può essere effettuata in $n_1 \cdot n_2 \cdot ... \cdot n_k$ modi possibili.
In totale, il numero di targhe automobilistiche è pari al prodotto:
${}_rD_{26,2}\ {}_rD_{10,3}\ {}_rD_{26,2} = = 26^2 \cdot 10^3 \cdot 26^2$

## 3.8.5 • Combinazioni con ripetizione

Le **combinazioni con ripetizione** di $n$ elementi a gruppi di $k$ rappresentano il numero di gruppi possibili di $k$ elementi che si possono formare tra gli $n$ originari e sono tali che due gruppi differiscono tra loro:

- per almeno un elemento;
- oppure per il numero di ripetizioni di uno stesso elemento.

Si indicano con ${}_rC_{n,k}$ e sono pari a:

$$ {}_rC_{n,k} = \binom{n+k-1}{k} = \frac{(n+k-1)!}{k!(n-1)!} $$

## 3.8.6 • Permutazioni con ripetizione

Dato un insieme di $n$ elementi di cui $\alpha$, con $\alpha < n$, tutti uguali tra loro, le **permutazioni con ripetizione** di $n$ elementi di cui $\alpha$ uguali tra loro sono tutti i possibili gruppi tali che:

- ognuno di essi contiene tutti gli $n$ elementi;

- ogni raggruppamento differisce dagli altri per l'ordine secondo il quale si susseguono gli elementi.

Si indicano con ${}_{(\alpha)}P_n$ e sono pari a:

$${}_{(\alpha)}P_n = \frac{n!}{\alpha!}$$

dove $n!$ e $\alpha!$ sono, rispettivamente, i fattoriali di $n$ e di $\alpha$.
Se gli elementi uguali tra loro sono più di uno, ossia se un elemento si ripete $\alpha$ volte, un altro elemento si ripete $\beta$ volte ecc., allora la formula delle permutazioni con ripetizione diviene:

$${}_{(\alpha;\beta)}P_n = \frac{n!}{\alpha! \cdot \beta!}$$

**ESEMPIO**

Una partita di calcio tra due squadre è terminata con il risultato di 4 a 3. In quanti modi diversi possono essersi succedute le reti?
A. 5
B. 7
C. 12
D. 35
E. 21

La risposta corretta è la D. Siano Y e J le due squadre e siano y e j le rispettive reti segnate dalle due squadre. Ipotizziamo che abbia vinto la squadra Y, è possibile rappresentare la successione di reti nell'incontro considerato con una permutazione di 7 simboli di cui 4 uguali a y e 3 uguali a j.
La permutazione yjjyjyy sta a indicare che:
1. La squadra Y ha segnato la prima rete.
2. La squadra J ha segnato una rete.
3. La squadra J ha segnato un'altra rete.
4. La squadra Y ha pareggiato.
5. La squadra J ha segnato una rete.
6. La squadra Y ha segnato una rete.
7. La squadra Y ha segnato la rete finale, portandosi in vantaggio.

Per rispondere al quesito proposto bisogna calcolare il numero delle permutazioni dei 7 simboli considerati, di cui 4 uguali a y e 3 uguali a j. Tale numero è pari alle permutazioni seguenti:

$${}_{(4;3)}P_7 = \frac{7!}{4! \cdot 3!} = 35$$

## 3.9 • Esercizi con le probabilità

Alcune prove richiedono di prevedere un risultato attraverso l'espressione di giudizi in probabilità.

Per introdurre la probabilità e la sua misura, l'incertezza degli eventi naturali e sociali è ricondotta a situazioni astratte e modellizzabili. Ci riferiamo agli esperimenti aleatori rappresentabili dai cosiddetti giochi di sorte (dadi, monete, urne, ...).

### 3.9.1 • Definizioni

**Esperimento aleatorio**: insieme di azioni con esito imprevedibile (prove aleatorie).

**Evento**: esito di una prova casuale (evento elementare *e*) o di un esperimento aleatorio (insieme di eventi elementari *E*).

**Spazio degli eventi**: insieme *S* di tutti i possibili risultati di un esperimento aleatorio.

**ESEMPIO**

I possibili risultati di 2 lanci di una moneta con **T**esta e **C**roce genera uno spazio *S* di 4 risultati: TT, TC, CT, CC. Se la moneta è perfettamente simmetrica, ogni esito è ugualmente possibile.

### 3.9.2 • La misura della probabilità

Si possono dare tre definizioni di misura della probabilità: definizione classica; definizione frequentista; definizione su scommessa.

#### Definizione classica

Se si conoscono le regole dell'esperimento aleatorio, la misura discende dall'applicazione degli assiomi del calcolo delle probabilità a quelle regole. In queste situazioni, la probabilità dell'evento (*E*) è data dal rapporto tra il numero ($n_f$) di casi favorevoli all'evento e il numero ($n_p$) dei casi possibili, qualora siano tutti ugualmente possibili; in simboli:

$$P(E) = \frac{n_f}{n_p}$$

Gli esempi classici vengono dai giochi di sorte: dadi, monete, urne.

**ESEMPI**

Data una **moneta ideale e simmetrica** con le tradizionali facce **T**esta e **C**roce, e immaginando che il lancio della moneta si realizzi sempre su **T** o **C**, segue che:

$$P(T) = P(C) = \frac{1}{2} = 0{,}5$$

Allo stesso modo, il lancio di un **dado simmetrico**, che in ogni faccia ha rispettivamente i punti da 1 a 6, configura un esperimento aleatorio in cui tutti i punti da 1 a 6 hanno la stessa probabilità di avverarsi:

$P(1) = \ldots = P(6) = \frac{1}{6}$

Sia un'**urna** composta da 10 palline identiche tranne che per il colore, così differenziate: 1 nera, 4 bianche, 5 rosse. Da un'estrazione puramente casuale si deduce che:

$$P(\textbf{B}\text{ianca}) = \frac{1}{10} = 0{,}1; \qquad P(\textbf{N}\text{era}) = \frac{4}{10} = 0{,}4; \qquad P(\textbf{R}\text{ossa}) = \frac{5}{10} = 0{,}5$$

Vale ancora $P$(**B**ianca) + $P$(**N**era) + $P$(**R**ossa) = 1.

### Definizione frequentista

Nell'uso corrente, la probabilità di un evento è stimata dalla **frequenza relativa** con cui l'evento stesso compare in un campione molto ampio di osservazioni, dove per frequenza relativa di un evento si intende il rapporto tra il numero di volte in cui si è verificato nel campione una data modalità di un carattere e il numero di unità del campione. La frequenza relativa dell'evento in una distribuzione statistica si assume, quindi, come stima della probabilità incognita dell'evento. Tuttavia, è una buona stima della probabilità solo se il campione delle osservazioni è sufficientemente ampio da assicurare una tendenziale stabilità della frequenza al crescere delle osservazioni.

**ESEMPIO**

Dato un campione di 10.000 neonati, rispettivamente di 5.100 **M**aschi e 4.900 **F**emmine, tenendo conto della frequenza relativa dei neonati, distinti per sesso, la probabilità di ciascun sesso alla nascita sia così definita:

$$P(\textbf{M}\text{aschio}) = \frac{5.100}{10.000} = 0{,}51; \qquad P(\textbf{F}\text{emmina}) = \frac{4.900}{10.000} = 0{,}49$$

### Definizione su scommessa

Dati due eventi contrapposti, $A$ e $B$, si immagini di scommettere sull'avverarsi di $A$ contro $B$ impegnando una posta $s$ (perdita certa), a fronte di una vincita $S$ (incerta). Il rapporto (odds) tra la puntata $s$ e la vincita $S$ di $A$ contro $B$ misura la fiducia che lo scommettitore ideale ha dell'avverarsi, rispettivamente, di $A$ e $B$; in simboli: $P(A) = s/S$.

**ESEMPIO**

Se lo scommettitore è disposto a scommettere 100 su $A$ per ricevere 400 nel caso in cui $A$ si avvera (e ovviamente a perdere 100 nel caso in cui $A$ non si avvera), la probabilità vale $P(A) = 100/400 = 0{,}25$. Ne segue che $P(B) = 0{,}75$.
La scommessa di $A$ contro $B$ è di 1 a 3.

Consideriamo alcuni esempi in cui sono forniti dei dati sulla base dei quali produrre la risposta probabilistica.

**ESEMPI**

Una persona deve lanciare per sei volte un dado in rapida successione. Qual è la sequenza più probabile tra quelle sotto riportate?

A. 444445
B. 111111
C. 126453
D. 123456
E. Nessuna

Per rispondere correttamente occorre evitare di incorrere nell'errore dovuto alla cosiddetta "*euristica della rappresentatività*" che favorisce una distorsione di giudizio, inducendoci a considerare la sequenza C, 126453 come molto più probabile delle altre perché le altre ci appaiono troppo ordinate, e quindi non dovute al caso. Dal punto di vista del calcolo della probabilità i sei lanci del dado sono indipendenti e quindi le probabilità delle sequenze presentate sono perfettamente identiche (risposta E).

Qual è la meno probabile?
A. 444445
B. 111111
C. 126453
D. 123456
E. Nessuna

La risposta alla domanda è ugualmente risolvibile. Si è propensi a segnalare come meno probabile la sequenza 111111, che tuttavia ha la stessa probabilità di verificarsi delle altre sequenze presentate (risposta E).

In un ipotetico ordine di nascita negli ospedali italiani indicare se vi sono ed eventualmente quali sono le coppie di sequenze equiprobabili (cioè che hanno la stessa probabilità di verificarsi):
A. MMMMFM e FFMFFF
B. FFFFMF e FMMFFM
C. MMMMMF e FFFMMM
D. FMMFFM e FFFMMM
E. Tutte equiprobabili

In base a quanto detto, la risposta corretta è quella corrispondente alla lettera E: sono tutte equiprobabili.

La probabilità di un evento può essere anche espressa in termini percentuali, come mostrato nell'esempio che segue.

**ESEMPIO**

In un cesto ci sono 50 palline colorate (20 bianche, 10 rosse, 15 verdi e 5 blu).
1. Che probabilità c'è, in percentuale, di estrarre una pallina verde?
2. Che probabilità c'è di estrarre una pallina non blu?
3. Che probabilità c'è di estrarre una pallina bianca seguita da una rossa?

Si tratta di esercizi risolvibili mediante semplici formule; conviene cercare di risolverli senza guardare le alternative.

1. Se nel cestino ci sono 50 palline di cui 15 verdi, ho statisticamente 15 possibilità su 50 di estrarre una pallina verde, quindi:

$$\frac{15}{50} = 0{,}3 \times 100 = 30\%$$

2. Nel cestino vi sono solo 5 palline blu e 45 non blu. In questo caso:

$$\frac{45}{50} = 0{,}9 \times 100 = 90\%$$

L'esercizio poteva anche essere risolto sommando singolarmente le probabilità di estrazione di una pallina verde, rossa e bianca.

$$\frac{20}{50} = 40\% \qquad \frac{10}{50} = 20\% \qquad \frac{15}{50} = 30\% \qquad \text{Totale} = 90\%$$

3. Nel terzo caso la risposta richiede un minimo di ragionamento.
Prima dell'estrazione della pallina bianca ho il 20/50 = 40% di probabilità di estrarne una. Dopo aver estratto la pallina bianca ho il 10/49 = 20,4 ≃ 20% di possibilità di estrarne una rossa (dopo la prima estrazione c'è una pallina in meno nel cestino). La probabilità di due estrazioni consecutive è il prodotto delle probabilità, quindi:

$$\frac{20}{50} \times \frac{10}{49} = \frac{200}{2450} = \frac{4}{49} = 8{,}16\%$$

## 3.10 • Esercizi su spazio, velocità e tempo

I quesiti su spazio, velocità e tempo non richiedono particolari strategie risolutive da adottare ma, in generale, la conoscenza delle relazioni fondamentali tra queste tre grandezze.

Lo spazio $s$ percorso e il tempo $t$ di percorrenza sono due grandezze direttamente proporzionali.
Difatti, due grandezze sono direttamente proporzionali se il loro rapporto è costante; il rapporto tra spazio percorso $s$ e tempo di percorrenza $t$ è proprio pari alla velocità $v$ con cui procede il soggetto del quesito ed è supposta costante; pertanto, le tre grandezze sono legate dalla relazione:

$$v = \frac{s}{t}$$

che rappresenta la legge fisica del moto rettilineo uniforme.

Da tale relazione si ricava la relazione inversa che esprime il tempo $t$ in funzione dello spazio $s$ e della velocità $t$:

$$t = \frac{s}{v}$$

Analogamente, per determinare lo spazio percorso in un dato tempo e a una data velocità, la relazione da applicare è la seguente:

$$s = v \cdot t$$

La velocità $v$ e lo spazio percorso $s$ sono grandezze direttamente proporzionali. Pertanto, fissato un tempo $t$, se raddoppia, o triplica, o quadruplica, ..., la velocità con cui si procede allora raddoppia, triplica, quadruplica, ..., anche lo spazio che si percorre.
Talvolta, determinati quesiti richiedono il calcolo del **tempo di reazione**, ossia del tempo che intercorre dal momento della percezione di una situazione di pericolo all'inizio della frenata. Durante tale tempo il veicolo percorre uno spazio, definito spazio totale di arresto o distanza di arresto, pari allo spazio percorso nel tempo di reazione, detto **spazio di reazione**, più quello percorso durante la frenata, detto **spazio di frenata**. La lunghezza di tale spazio dipende anche dalla velocità del veicolo.

Consideriamo un quesito in cui si richiede di calcolare il valore della grandezza *tempo*.

**ESEMPIO**

Per raggiungere il suo ufficio, Davide può percorrere due strade diverse.
La prima è una strada di 6 km lungo la quale si incontrano tre semafori, che costringono Davide a fermarsi al rosso a ciascun semaforo per tre minuti in media.
La seconda è una strada di 8 km, lungo la quale si incontra solo un semaforo che costringe Davide a fermarsi per due minuti in media.
Quando Davide non è fermo a un semaforo, guida a una velocità media di 24 km/h. Quanto tempo risparmia in media Davide percorrendo la strada più veloce?
A. 2 minuti
B. 1 minuto
C. 7 minuti
D. 4 minuti
E. 5 minuti

La risposta corretta è la A. Se procede a una velocità media di 24 km/h, per conoscere il tempo impiegato per percorrere le due strade, considerando il tempo di sosta ai semafori, ragioniamo nel modo seguente.
Sia $t_{6\,\text{km}}$ il tempo (in minuti) impiegato per percorrere la strada lunga 6 km, in assenza di semaforo; per conoscere il tempo impiegato per percorrere tale strada a una velocità di 24 km/h, si applica la relazione del tempo $t$ in funzione dello spazio e della velocità, da cui:

$$t_{6\,\text{km}} = \frac{s}{v} = \frac{6\text{ km}}{24\text{ km/h}} = \frac{1}{4}\text{ h} = 15\text{ min}$$

Per la diretta proporzionalità tra le grandezze, avremmo potuto risolvere il quesito impostando la proporzione:

$$24 : 60 = 6 : t_{6\,\text{km}}$$

da cui il termine incognito (un estremo) lo avremmo ricavato dal quoziente tra prodotto dei medi e l'altro estremo.

Considerando che, lungo tale strada, l'automobilista è costretto a fermarsi a 3 semafori, per un tempo di 3 min ciascuno, il tempo totale impiegato è:

$$t_{\text{comp 6 km}} = 15 + 3 \times 3 = 24 \text{ min}$$

Sia $t_{8\text{ km}}$ il tempo (in minuti) impiegato per percorrere la strada lunga 8 km, in assenza di semaforo; per conoscere il tempo impiegato per percorrere tale strada, sempre a una velocità di 24 km/h, si applica la relazione del tempo $t$ in funzione dello spazio e della velocità:

$$t_{8\text{ km}} = \frac{s}{v} = \frac{8\text{ km}}{24\text{ km/h}} = \frac{1}{3}\text{ h} = 20\text{ min}$$

Avremmo potuto risolvere il quesito impostando la proporzione:

$$24 : 60 = 8 : t_{8\text{ km}}$$

da cui il termine incognito (un estremo) lo avremmo ricavato dal quoziente tra prodotto dei medi e l'altro estremo.
Considerando che, lungo tale strada, l'automobilista è costretto a fermarsi a 1 semaforo, per un tempo di 2 min, il tempo totale impiegato è:

$$t_{\text{comp 8 km}} = 20 + 2 = 22 \text{ min}$$

Percorrendo la strada più veloce, ossia quella di 8 km, l'automobilista risparmia, in media, 24 – 22 = 2 min.

Consideriamo un quesito in cui si richiede di calcolare il valore della grandezza *distanza*.

**ESEMPIO**

La distanza tra la città A e la città B è di 200 km. Alle nove di mattina un treno parte da A diretto a B e, viceversa, un treno parte da B diretto ad A. Un'ora dopo, il primo treno ha percorso metà del tragitto. Sapendo che il secondo viaggia a 2/5 della velocità del primo, quanto sono distanti i due treni alle 10 del mattino?

A. Alle 10 del mattino i due treni si sono già incontrati
B. 100 km
C. 40 km
D. 60 km
E. Non è possibile determinarlo univocamente con i dati a disposizione

Il tragitto da A a B (o da B ad A) è di 200 km.

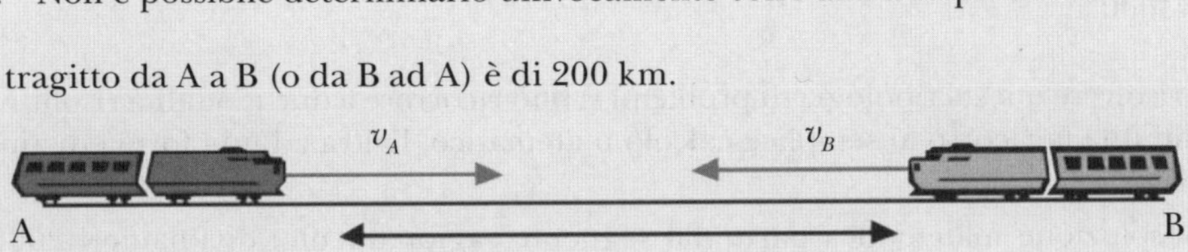


Dopo un'ora, ossia alle 10 del mattino, il treno A ha percorso metà del tragitto, ossia 100 km; la sua velocità è pertanto $v_A$ = 100 km/h.
Il treno B viaggia con una velocità pari ai 2/5 della velocità del treno B, ossia a:

$$v_B = \frac{2}{5} \cdot 100\text{ km/h} = 40\text{ km/h}$$

Il treno B ha percorso alle 10 del mattino 40 km.
La distanza tra i due treni, a quell'ora, è, appunto, 100 km – 40 km = 60 km.
La risposta corretta è la D.

Vediamo un altro esempio che costituisce una variante sul tema (Legrenzi, 1996).

**ESEMPIO**

Bianchi è andato dalla città A alla città B in *x* ore. Nel viaggio di ritorno, per la stessa strada, la sua velocità media è raddoppiata. Quale delle seguenti espressioni corrisponde al numero totale di ore impiegate da Bianchi per il viaggio di andata e ritorno?

A. $2/3\ x$
B. $3/2\ x$
C. $5/3\ x$
D. $2x$
E. $3x$

Se il signor Bianchi all'andata ha impiegato *x* ore, al ritorno, avendo raddoppiato la velocità media, avrà impiegato $x/2$ (cioè la metà del tempo dell'andata).
Pertanto, l'espressione della somma dei due tempi è data da $x + x/2$, quindi $3/2x$. Infatti $2/2 + 1/2$ è uguale a $3/2$.

Un altro esempio di test sulle distanze o una sua variante, che potreste incontrare, è il seguente.

**ESEMPIO**

Un'auto percorre 20000 km nel corso di un lungo viaggio. Per ridurre i consumi le cinque ruote vengono intercambiate con regolarità. Quanti chilometri avrà percorso ogni gomma alla fine del viaggio?

A. 15000
B. 10000
C. 16000
D. 5000
E. 4000

Per risolvere questa tipologia di problemi si può ricorrere a due modalità risolutive, di cui una fa ricorso al semplice calcolo matematico, l'altra ad una forma di aiuto grafico:

- la soluzione matematica parte dal seguente ragionamento: dividiamo i 20000 chilometri per il numero totale delle ruote (5). Questo passaggio ci serve per stabilire ogni quanti chilometri dovrà essere intercambiata la ruota: la ruota dovrà essere sostituita ogni 4000 km. Poiché la macchina monta al massimo 4 ruote sappiamo che la ruota di scorta inizialmente non ha percorso i primi 4000 chilometri, ma percorrerà i restanti 16000 (20000 – 4000 = 16000 km). La risposta giusta è dunque 16000 chilometri.

- Un altro modo per risolvere il problema potrebbe fare ricorso all'aiuto di un semplice grafico. Tracciamo una linea sul foglio che rappresenta i 20000 chilometri:

Suddividiamo la linea in cinque parti uguali, tante quante sono le ruote dell'auto:

e segniamo al primo segmento le ruote montate (la ruota 1, la ruota 2, ecc.). Al secondo segmento sostituiamo la ruota 1 con la ruota di scorta che abbiamo etichettato con il numero 5, e poi al terzo segmento sostituiamo la ruota 2 e reintroduciamo la ruota 1 e così via. Arrivati all'ultimo segmento, notiamo che ogni ruota è presente in 4 segmenti. Dato che la linea totale rappresenta la lunghezza del percorso, sappiamo che ciascun segmento rappresenta 4000 chilometri, per cui verifichiamo quante volte è presente ad esempio la ruota numero 1 (in grassetto è evidenziato il numero di volte che la ruota numero 1 è stata montata). Moltiplicando 4000 chilometri per il numero di volte in cui una ruota è stata montata (4 volte) otteniamo il numero di chilometri percorsi dalla ruota 1, cioè 16000 chilometri.

## 3.11 • Esercizi sulle pesate

Sono quesiti in cui si devono pesare alcuni elementi che sono uguali tra loro tranne uno che ha un peso diverso. Le domande possono essere relative a quesiti con la bilancia a uno o a due piatti. Nella risoluzione, si spiegheranno contestualmente le strategie risolutive per entrambe le tipologie.

**ESEMPIO**

Jack possiede 12 pipe apparentemente identiche, una delle quali è però più pesante delle altre. Avendo a disposizione una bilancia a due piatti, quante pesate saranno sufficienti per essere certi di individuarla?

A. 4
B. 7
C. 3
D. 6
E. 8

La risposta corretta è la C. La strategia risolutiva non è immediata perché prevede di pesare due gruppi di elementi alla volta. Dopo la prima pesata, le 6 pipe del piatto più pesante, dove c'è quindi la pipa più pesante, verranno ripesate.

Viene pesato quindi in seguito il gruppo delle 6 pipe più pesanti suddividendolo in due gruppi da 3 e 3. La terza pesata prevede di comparare solo due pipe tra loro, perché nel caso in cui il peso delle due pipe risultasse uguale sarebbe proprio la pipa non pesata quella di peso differente. Altrimenti la bilancia segnalerà quale delle due pipe è la più pesante.
Vediamo la risoluzione in modo schematico:

| | **Piatto 1** | **Piatto 2** | **Non pesato** |
|---|---|---|---|
| 1ª pesata | 6 pipe | 6 pipe | – |
| 2ª pesata | 3 pipe | 3 pipe | – |
| 3ª pesata | 1 pipa | 1 pipa | 1 pipa |

Consideriamo altri quesiti.

**ESEMPI**

Ci sono dieci pile di dieci monete da 50 centesimi ciascuna. Uno dei mucchietti è fatto di sole monete false, ma non sapete quale. È noto però il peso di una moneta buona e si sa che una moneta falsa pesa un grammo in più del dovuto. Qual è il numero minimo di pesate necessarie a determinare qual è il mucchietto di monete false?

A. Una sola pesata
B. Tre pesate
C. Cinque pesate
D. Sette pesate
E. Non è possibile con alcuna pesata

Numeriamo i dieci mucchietti di monete con i numeri da 1 a 10. Nel mucchietto *n* lasciamo *n* monete. Quindi, ad esempio, nel quarto mucchietto lasceremo 4 monete, nel quinto ne lasceremo 5 e così via. Per fissare le idee supponiamo che una moneta originale pesi 10 grammi, di conseguenza una moneta falsa peserà 10 + 1 = 11 grammi. Se i mucchietti creati fossero tutti composti da monete originali, per il fatto che in ognuno abbiamo lasciato un numero progressivo di monete, essi dovrebbero pesare secondo quanto presentato in tabella:

| **Mucchietto** | 1 | 2 | 3 | 4 | 5 | 6 | 7 | 8 | 9 | 10 | Totale |
|---|---|---|---|---|---|---|---|---|---|---|---|
| **Peso (grammi)** | 10 | 20 | 30 | 40 | 50 | 60 | 70 | 80 | 90 | 100 | 550 |

Sappiamo però che uno di questi è composto da monete false, per cui, se ad esempio tale mucchietto è il quarto esso peserà non 40 grammi ma 4 × 11 = 44 grammi e il totale dei mucchietti peserà 554 grammi. Se invece il mucchietto di monete false fosse l'ottavo allora esso peserebbe 88 grammi invece che 80 e il totale delle monete a sua volta peserebbe 558 grammi.
Notiamo perciò che siamo in grado, con un'unica pesata, di determinare il mucchietto di monete false. Basta pesare tutti insieme i mucchietti. La bilancia indi-

cherà un peso pari a 550 grammi + $x$ grammi. A seconda di quanto valgono quegli $x$ grammi in più determineremo il mucchietto con le monete false proprio come il mucchietto denotato con il numero $x$.
Basta una sola pesata.

---

Con una bilancia a due piatti s'intende individuare, fra 54 palline, l'unica che ha peso superiore alle altre (le altre 53 hanno tutte lo stesso peso). Quante pesate al massimo sono necessarie per identificare la pallina più pesante?
A. Quattro
B. Sei
C. Cinque
D. Otto
E. Cinquantatré

Nella prima pesata si pongono 54 : 3 = 18 palline su ambo i piatti della bilancia e se ne lasciano 18 da parte. Se la bilancia pende su uno dei lati, allora quello contiene il mucchietto nel quale vi è la pallina più pesante. Se la bilancia è in equilibrio, allora la pallina più pesante è nel mucchietto tenuto da parte. Per la seconda pesata, si considera il mucchietto da 18 palline tra le quali vi è quella più pesante.
Nella seconda pesata, si pongono 18 : 3 = 6 palline su ambo i piatti della bilancia e si tengono da parte 6 palline. Nel caso la bilancia resti in equilibrio allora il mucchietto da 6 messo da parte contiene quella più pesante, viceversa la bilancia penderà dal lato delle 6 palline con quella più pesante, che vengono considerate per la pesata successiva.
Nella terza pesata, si pongono 6 : 3 = 2 palline su entrambi i piatti della bilancia e se ne lasciano 2 da parte. Nel caso la bilancia resti in equilibrio, allora tra le due palline scartate vi è quella più pesante, viceversa la bilancia pende dal lato delle 2 palline con quella più pesante, che vengono selezionate per la pesata successiva.
Nella quarta e ultima pesata, si pone una pallina su entrambi i piatti; in questo modo la bilancia ci indica la pallina più pesante, pendendo dalla sua parte. Riusciamo, quindi, a risolvere il quesito con un massimo di 4 pesate (risposta A).

---

Con una bilancia a piatti e un certo numero di pesi si vogliono pesare oggetti di peso inferiore a 125 g con un errore non superiore a un grammo.
Inoltre non si possono mettere pesi nel piatto su cui poggia l'oggetto. Qual è il numero minimo di pesi sufficiente a tale scopo?
A. 8
B. 16
C. 7
D. 21
E. 18

La risposta corretta è la C. I pesi sono di: 1, 2, 4, 8, 16, 32, 64. In tal modo la somma può coprire tutti i numeri interi fino a 127 grammi. Tutto ciò è possibile perché è presente la possibilità di un errore fino a un grammo.

## 3.12 • Esercizi sulle aste in equilibrio

Queste domande seguono la legge fisica di equiparazione dei momenti.
Il punto su cui è appoggiata l'asta è il fulcro. In fisica, per i corpi vincolati a ruotare attorno al fulcro è definita una grandezza, detta momento di una forza, che tiene conto sia della forza applicata sia della distanza del punto di applicazione di tale forza dal fulcro, detta braccio della forza.
Si realizza una situazione di equilibrio, ossia una situazione in cui l'asta è in posizione orizzontale, quando la forza applicata a sinistra è controbilanciata dalla tendenza opposta prodotta dalla forza applicata a destra dell'asta. In altri termini, occorre porre la condizione di equilibrio fra i momenti associati alle forze agenti sui due estremi dell'asta, relative ai due bracci. Numericamente, tale equilibrio si realizza quando il prodotto della forza per il braccio è uguale per entrambi i lati dell'asta.
In alcuni quesiti la distanza è misurata in numeri mentre la forza è rappresentata dal peso in gettoni.

**ESEMPIO**

Un'asse graduata di legno è appoggiata nel suo punto medio e su di essa sono sistemati alcuni gettoni.

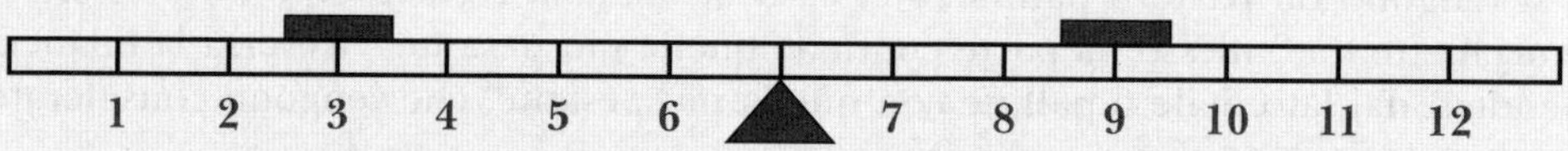


Per equilibrare il sistema in figura è necessario spostare un gettone:
A. Dalla posizione 9 alla posizione 8
B. Dalla posizione 9 alla posizione 10
C. Nessuna delle altre alternative è corretta: l'asse è già in equilibrio
D. Dalla posizione 9 alla posizione 11
E. Dalla posizione 3 alla posizione 2
La risposta corretta è la B.
Per risolvere il quesito è necessario che il valore del prodotto del numero di gettoni per la distanza dal centro deve essere uguale a destra e a sinistra.
A sinistra, si ha 1 gettone per 4 di distanza dal centro, cioè: $1 \times 4 = 4$.
A destra, si ha 1 gettone per 3 di distanza dal centro, cioè: $1 \times 3 = 3$.
Quindi si deve spostare il gettone di destra sulla posizione 10.

Consideriamo un altro esempio.

**ESEMPIO**

Un'asta di metallo lunga 1 metro è sospesa per il suo centro. A 10 cm da una delle estremità è agganciata una massa di 5 kg. Qual è la massa da applicare all'estremità opposta per equilibrare l'asta e mantenerla in posizione orizzontale?
A. 3 kg
B. 10 kg
C. 4 kg

D. 5 kg
E. 15 kg

La risposta corretta è la C.

A 10 cm da una delle due estremità, supponiamo l'estremità sinistra, ossia a 40 cm dal fulcro, è agganciato un peso di 5 kg, con un momento di 5 kg × 40 cm = 200. Per l'uguaglianza dei momenti a destra e a sinistra, a destra, a 50 cm dal fulcro, deve essere agganciato un peso di *x* kg, con un momento di *x* kg · 50 cm = 200.

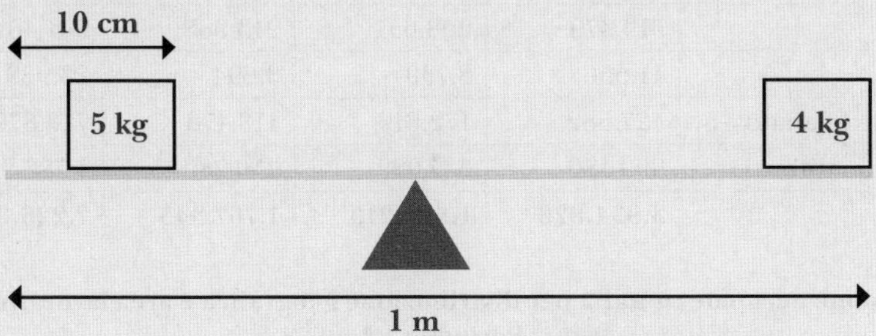


Pertanto, il peso da agganciare deve essere tale che: $x = \frac{200}{50} = 4$ kg.

## 3.13 • Interpretazione di dati da tabelle (ragionamento critico-numerico)

L'abilità di trattare ed estrapolare informazioni numeriche dai dati presentati sotto forma di tabella può essere saggiata attraverso test appositamente predisposti.

Il più delle volte si presentano diversi dati sotto forma di tabella e poi si formulano una o più domande inerenti a essa.

I quesiti appartenenti a tale tipologia sono, spesso, identificati con la denominazione di quesiti di ragionamento critico-numerico.

Per la risoluzione di tali quesiti, occorre eseguire operazioni aritmetiche utilizzando i dati in esse contenuti.

Si osservino attentamente le tabelle riportate, di seguito saranno riportati alcuni esempi di quesiti: si risponda alle domande successive indicando l'unica risposta corretta.

**Donne occupate in Italia per distribuzione geografica e area lavorativa**
**Periodo t**

| Area attività | Nord | Centro | Sud | Totale |
|---|---|---|---|---|
| Ricerca e Cultura | 76.453 | 39.242 | 35.600 | 151.295 |
| Ambiente | 140.210 | 57.696 | 147.500 | 345.406 |
| Servizi alla persona | 229.501 | 81.032 | 68.128 | 378.661 |

*(segue)*

| Donne occupate in Italia per distribuzione geografica e area lavorativa Periodo t | | | | |
|---|---|---|---|---|
| **Area attività** | **Nord** | **Centro** | **Sud** | **Totale** |
| Tecnica specializzata | 203.068 | 91.867 | 99.738 | 394.673 |
| Amministrativa | 896.525 | 331.478 | 267.729 | 1.495.732 |
| Informatica | 12.585 | 3.734 | 2.330 | 18.649 |
| Educazione e formazione | 354.169 | 166.668 | 330.277 | 851.114 |
| Assistenza e cura | 47.301 | 11.886 | 21.634 | 80.821 |
| Vendita | 519.379 | 208.657 | 213.368 | 941.404 |
| Artistica | 11.556 | 8.739 | 3.694 | 23.989 |
| Mestieri e artigianato | 427.582 | 172.819 | 113.478 | 713.879 |
| Lavori non qualificati | 999.180 | 337.022 | 450.789 | 1.786.991 |
| **Totale** | **3.934.828** | **1.524.215** | **1.767.345** | **7.226.388** |

| Donne occupate in Italia per distribuzione geografica e area lavorativa Periodo t + 1 | | | | |
|---|---|---|---|---|
| **Area attività** | **Nord** | **Centro** | **Sud** | **Totale** |
| Ricerca e Cultura | 91.454 | 46.790 | 44.033 | 182.277 |
| Ambiente | 127.021 | 41.551 | 105.982 | 274.554 |
| Servizi alla persona | 223.968 | 88.296 | 75.449 | 387.713 |
| Tecnica specializzata | 262.267 | 90.460 | 103.736 | 456.463 |
| Amministrativa | 920.436 | 347.560 | 262.468 | 1.530.464 |
| Informatica | 9.815 | 7.709 | 2.019 | 19.543 |
| Educazione e formazione | 329.472 | 167.521 | 355.804 | 852.797 |
| Assistenza e cura | 64.296 | 20.317 | 23.295 | 107.908 |
| Vendita | 520.273 | 207.788 | 190.585 | 918.646 |
| Artistica | 21.286 | 6.127 | 1.745 | 29.158 |
| Mestieri e artigianato | 372.448 | 155.836 | 112.851 | 641.135 |
| Lavori non qualificati | 1.085.246 | 324.858 | 365.941 | 1.776.045 |
| **Totale** | **4.044.225** | **1.516.333** | **1.652.265** | **7.212.823** |

**ESEMPIO**

Confrontando i dati relativi all'occupazione femminile nei servizi alla persona del periodo t con quelli del periodo t + 1 è possibile affermare che:

A. il numero di donne occupate nei servizi alla persona è aumentato in tutte le aree territoriali (Nord, Centro e Sud Italia)

B. il numero di donne occupate nei servizi alla persona è aumentato solo al Nord Italia

C. il numero di donne occupate nei servizi alla persona è aumentato nel suo totale ma diminuito nel Nord Italia
D. nel Centro Italia le donne erano maggiormente occupate in questo settore nel periodo t piuttosto che nel periodo t +1
E. nel Sud Italia si è verificata una contrazione degli occupati nel settore

Per rispondere al quesito occorre confrontare i dati delle due tabelle. Questo tipo di test richiede attenzione e velocità nella ricerca delle informazioni.
La prima risposta "Il numero di donne occupate nei servizi alla persona è aumentato in tutte le aree territoriali (Nord, Centro e Sud Italia)" richiede di confrontare i dati delle due tabelle relative alle informazioni inerenti i Servizi alla Persona nelle tre aree geografiche in cui sono raggruppati i dati. Qui è necessario confrontare i dati della tabella del periodo t con quello del periodo t + 1 solamente osservando il numero di donne impiegate nella riga Servizi alla persona delle tre aree. Da un rapido confronto si osserva che a Nord le donne impiegate nel settore sono diminuite passando da 229mila circa a 223mila circa. La risposta A è dunque da scartare.
La seconda affermazione "Il numero di donne occupate nei servizi alla persona è aumentato solo al Nord Italia" è falsa, infatti, come già osservato, al Nord si è verificata una riduzione del personale occupato nei servizi alla persona. La risposta B è dunque errata.
Esaminiamo la terza affermazione "Il numero di donne occupate nei servizi alla persona è aumentato nel suo totale ma diminuito nel Nord Italia". Siamo già a conoscenza del fatto che il numero delle donne occupate nei servizi alla persona è diminuito di circa 6mila unità nel Nord Italia, dobbiamo verificare se è vero che nel totale il numero delle donne occupate in questa categoria sia effettivamente aumentato.
Stavolta il dato che andiamo a ricercare sarà sulla colonna del totale individuata sulla riga Servizi alla persona e possiamo affermare con certezza che l'alternativa è corretta, infatti da poco più di 378mila si arriva a 387.713 donne occupate nel settore in esame.

L'esempio seguente fa riferimento alle stesse tabelle proposte in precedenza.

**ESEMPIO**

Confrontando i dati generali dell'occupazione femminile nelle tre aree territoriali si può affermare che:
A. l'occupazione femminile è aumentata in termini assoluti dal periodo t al periodo t + 1
B. l'occupazione femminile è aumentata in termini assoluti dal periodo t al periodo t + 1 solo nel Nord Italia
C. l'occupazione femminile è drasticamente diminuita in termini assoluti dal periodo t al periodo t + 1
D. l'occupazione femminile è diminuita in termini assoluti dal periodo t al periodo t + 1 solo nel Sud Italia
E. non è possibile dedurre alcuna informazione

Questo blocco di affermazioni richiede il confronto dei valori assoluti di tutta l'occupazione femminile italiana, quindi dobbiamo controllare un solo dato, quello del totale generale (in basso a destra della tabella) cioè il dato 7.226.388 della prima tabella con quello della seconda, 7.212.823, del totale relativo al Nord Italia per le due tabelle, e del totale Sud Italia nei due anni in considerazione.
Da ciò si evince che è vera l'affermazione "l'occupazione femminile è aumentata in termini assoluti dal periodo t al periodo t + 1 solo nel Nord Italia", infatti si passa da poco più di 3.934.000 a 4.044.225 unità.

Un ulteriore quesito che potrebbe essere posto sulle tabelle riportate in precedenza è il seguente.

**ESEMPIO**

Osservando i dati forniti dalla tavola relativa al periodo t + 1 è possibile affermare che:

A. i lavori non qualificati occupano il maggior numero di donne in termini assoluti
B. il numero di donne occupate nel settore artistico è molto simile in tutte le zone territoriali (Nord, Centro e Sud Italia)
C. l'attività lavorativa che occupa meno donne è quella artistica
D. il settore amministrativo è l'attività che occupa il maggior numero di donne
E. l'attività che occupa il maggior numero di donne è la vendita

Questo blocco di domande richiede di osservare soltanto la tabella relativa al periodo t + 1. È vera l'affermazione A, "i lavori non qualificati occupano il maggior numero di donne in termini assoluti", infatti occupano circa 1.776.000 persone.

## 3.14 • Interpretazione di dati da grafici

Talvolta i dati possono essere presentati sotto forma di grafico.
Il grafico è un sistema di rappresentazione visiva di valori numerici, che rende i dati maggiormente comprensibili e rende più immediata la comparazione tra valori diversi.
La scelta tra le varie tipologie di grafico dipende dai dati che si vuol fare emergere.
Per esempio, partendo dai valori contenuti nelle tabelle sull'occupazione femminile analizzate nel paragrafo precedente, proviamo a vedere alcune possibili rappresentazioni grafiche.

### 3.14.1 • I diagrammi a barre

I **diagrammi a barre** sono i grafici più comuni; possono essere di due tipi: a **colonne** o a **nastri**. Consistono in una successione di **rettangoli** (colonne o nastri) **equidistanti**, tanti quante sono le categorie, la cui altezza (o lunghezza) è proporzionale ai valori della categoria corrispondente.

Tali diagrammi si servono spesso di un sistema di riferimento cartesiano ortogonale. Se si devono rappresentare saldi di un fenomeno e tra gli stessi compaiono valori negativi, occorre utilizzare anche il secondo e il quarto quadrante del riferimento, rispettivamente, per un ortogramma a nastri e per un ortogramma a colonne.

**ESEMPI**

Nel grafico sotto riportato vengono rappresentati i dati sull'occupazione femminile in un determinato periodo divisi per aree geografiche (Nord, Centro, Sud). Sulle ordinate sono indicati i valori numerici, sulle ascisse le aree geografiche. Per ciascuna area i dati sono ripartiti per settori occupazionali (Ricerca e cultura, Ambiente, Servizi alla persona, Tecnica specializzata).

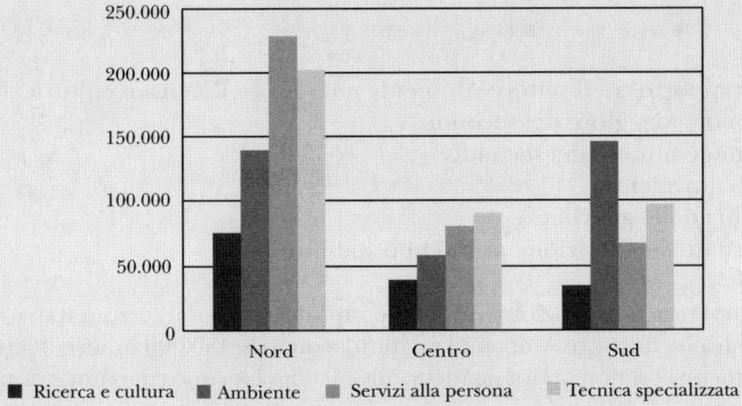


Sulla base dei dati riportati nel grafico, quale area geografica evidenzia una maggiore presenza nei servizi alla persona?

A. Sud
B. Nord
C. Centro
D. Centro e Sud sono ugualmente presenti
E. Nord e Centro sono ugualmente presenti

Per ciascuna area geografica, i servizi alla persona sono rappresentati dal terzo rettangolo. Si vede chiaramente che la presenza più massiccia si ha a Nord, dove supera le 200.000 unità. La risposta esatta è la B.

Il seguente grafico rappresenta sempre l'occupazione femminile in un determinato periodo: sulle ordinate abbiamo sempre i valori numerici, sulle ascisse questa volta abbiamo i diversi settori occupazionali con i dati raggruppati per area.
Mentre il primo grafico mette in risalto le differenze di occupazione tra aree geografiche, il secondo evidenzia le differenze tra settori occupazionali.

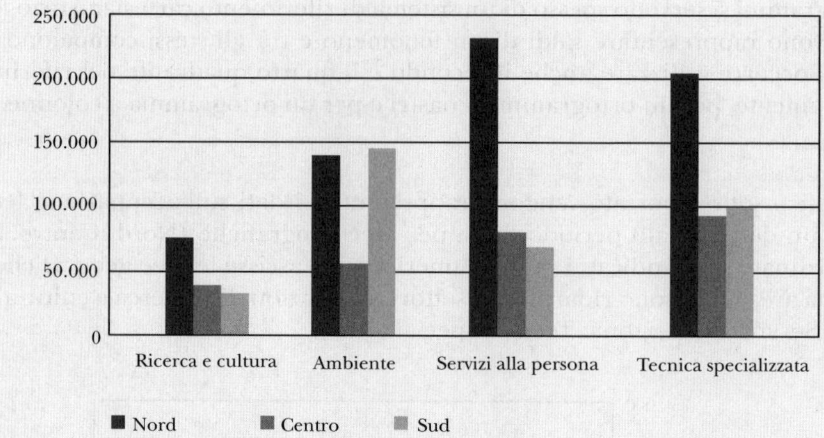


Qual è il rapporto tra il settore Ambiente e il settore Ricerca e cultura al Sud?

A. Il primo è maggiore del secondo
B. Il primo è minore del secondo
C. Sono equivalenti
D. Nessuna delle alternative
E. Con i dati a disposizione non si può stabilire

Per ciascun settore occupazionale, il Sud è rappresentato dal terzo rettangolo. Si nota chiaramente che il settore Ambiente raggiunge quasi le 150.000 unità e il settore Ricerca e cultura, invece, non arriva neanche alle 50.000. La risposta esatta è dunque la A.

### 3.14.2 • I grafici a torta

I **grafici a torta**, definiti anche **aerogrammi** o **diagrammi circolari**, sono grafici utilizzati in statistica descrittiva per rappresentare distribuzioni di frequenze (assolute, relative o percentuali) di **caratteri qualitativi**.

Un diagramma circolare è costruito dividendo il cerchio in settori circolari che mostrano le proporzioni delle parti rispetto all'insieme: l'area del cerchio esprime l'intensità o la frequenza totale (in termini assoluti, relativi o percentuali) del carattere esaminato, mentre le aree dei settori circolari esprimono le intensità o le frequenze delle varie modalità del carattere. Pertanto, nel caso siano rappresentate:

- *frequenze assolute* – esprimenti il numero di volte in cui una data modalità del carattere si presenta nel collettivo – la somma delle aree dei settori è pari alla numerosità del collettivo;
- *frequenze relative* – esprimenti il rapporto tra la frequenza assoluta e il numero totale di unità del collettivo – la somma delle aree dei settori è pari a 1;
- *frequenze relative percentuali*, la somma delle aree dei settori circolari è pari a 100 (esprime, appunto, il 100% dei casi).

Tali grafici non hanno assi, consentono pertanto di visualizzare una sola serie di dati. Risultano particolarmente utili quando si vogliono mettere in evidenza le proporzioni relative o i singoli contributi rispetto al totale; per tale motivo non dovrebbero rappresentare più di cinque o sei modalità di un carattere, diversamente risulta difficile interpretarli.

Nei due grafici di seguito riportati viene rappresentata la distribuzione occupazionale femminile nel settore Ricerca e cultura del periodo t, divisa per aree geografiche (1) e l'occupazione totale femminile (Nord + Centro + Sud) del periodo t (2).

**ESEMPIO**

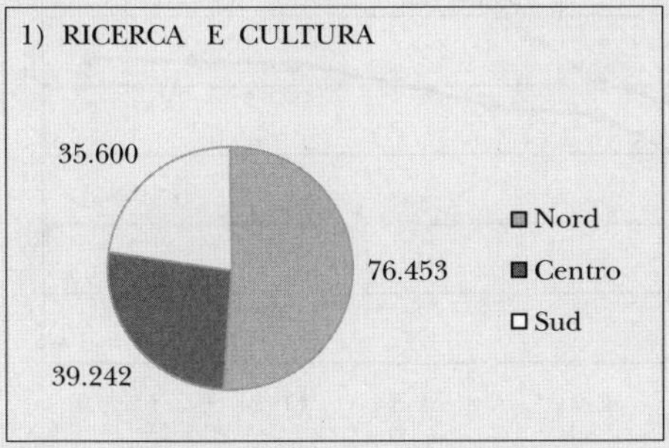


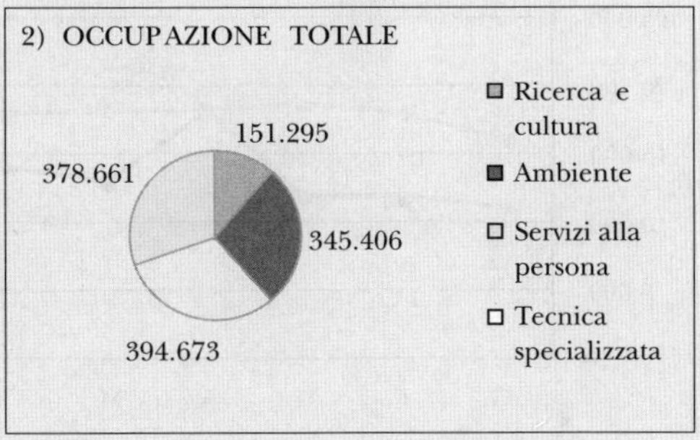


Qual è l'incidenza delle lavoratrici del Nord nel settore Ricerca e cultura?

A. 15%
B. 19,5%
C. 25%
D. 60,5%
E. Nessuna delle alternative

Il totale delle donne impiegate nel settore Ricerca e cultura è 151.295 unità (76.453 + 35.600 + 39.242). L'incidenza delle lavoratrici del Nord è pari a: 76.453/151.295 = 50,5%.
La risposta esatta è dunque la E.

## 3.14.3 • I grafici a linee

I **grafici a linee** sono rappresentazioni grafiche di osservazioni in un riferimento cartesiano ortogonale, in cui ciascuna osservazione è rappresentata da un punto del piano, in modo da creare una corrispondenza biunivoca tra l'insieme dei punti del piano e l'insieme delle osservazioni. Tali punti sono uniti, quindi, con una linea continua.

I grafici in questione consentono la rappresentazione di due o più variabili come i diagrammi a barre, ma si prestano per rappresentare dati continui, cioè per individuare linee di tendenza nel tempo. Sono particolarmente utili per rappresentare **serie storiche**: sull'asse orizzontale si pone il tempo (espresso in giorni, settimane, mesi, anni ecc.) e sull'asse verticale si pongono i valori che rappresentano la misura della grandezza oggetto di studio nei diversi periodi temporali.

**ESEMPIO**

Nel grafico di seguito riportato, vengono rappresentate le tendenze dei settori occupazionali con le variazioni mensili. Ciò consente di valutare i trend di crescita.

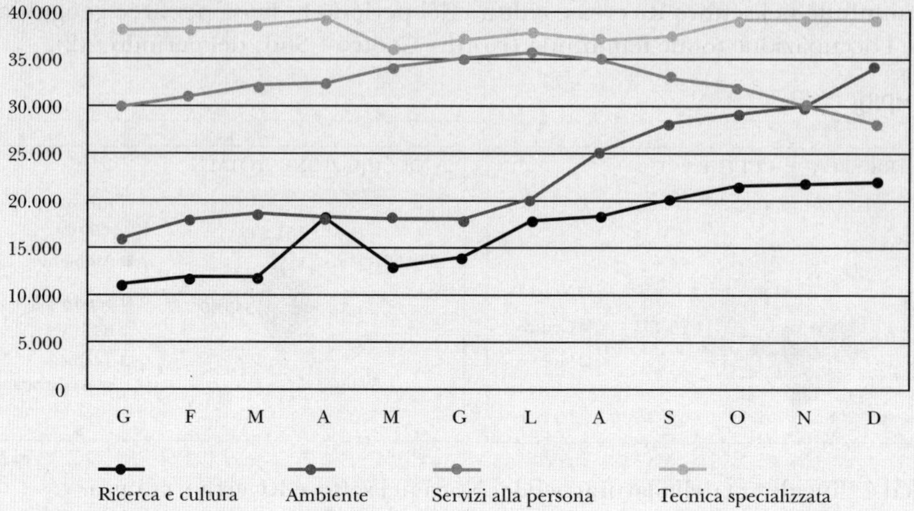


In corrispondenza di quale mese il valore del settore Ricerca e cultura coincide con il valore del settore Ambiente?

A. Marzo
B. Aprile
C. Gennaio
D. Giugno
E. Ottobre

La risposta corretta è la B, Aprile. In corrispondenza di tale mese, entrambi i settori presentano un valore pari circa a 18.000.

## 3.15 • Le serie numeriche (ragionamento numerico)

I quesiti concernenti le sequenze numeriche sono i più comuni e i più frequenti. Sono prove che si basano su un semplice principio costituito dalla ricerca della regola che spiega la progressione di una certa sequenza costituita da numeri; tali sequenze sono, pertanto, denominate **serie numeriche**.
Generalmente, le serie sono costituite da numeri appartenenti all'insieme dei numeri naturali.

Nella sequenza, generalmente, manca un elemento (posto sotto forma di punto interrogativo o di puntini sospensivi) che il risolutore deve scegliere, tra le alternative proposte, dopo aver individuato il nesso logico esistente tra i numeri della serie.

Le relazioni tra i numeri di una serie possono essere di diversa tipologia.
I numeri mancanti possono essere più di uno e, in tal caso, il ragionamento sottostante la scelta è analogo.

Tali quesiti verificano la capacità di ragionamento, oltre che la capacità di eseguire i calcoli; questo è il motivo per cui, spesso, sono identificati con la denominazione generica di quesiti di "**ragionamento numerico**".

### Tipologia n. 1

Consideriamo un esempio.

**ESEMPIO**

Data la sequenza numerica:

2 4 6 8 ?

qual è il numero che completa la serie?
A. 1
B. 3
C. 10
D. 16
E. 9

Non c'è bisogno di dilungarsi troppo nelle spiegazioni, la risposta esatta è 10, quindi l'alternativa C. Infatti, la sequenza costituisce una progressione crescente di due in due:

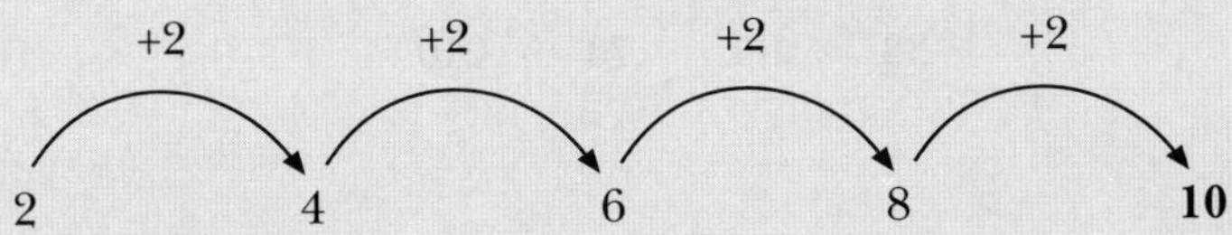


Le **serie più frequenti** appartenenti alla tipologia appena esposta sono tali che:

1. Ciascun numero, a partire dal secondo, si ottiene **sommando** al precedente una quantità costante oppure quantità crescenti o quantità decrescenti.
2. Ciascun numero, a partire dal secondo, si ottiene **sottraendo** dal precedente una quantità costante oppure quantità crescenti o quantità decrescenti.
3. Ciascun numero, a partire dal secondo, si ottiene **moltiplicando** il precedente per una quantità costante oppure per quantità crescenti o per quantità decrescenti.
4. Ciascun numero, a partire dal secondo, si ottiene **dividendo** il precedente per una quantità costante oppure per quantità crescenti o per quantità decrescenti.

Quando un numero della serie, a partire dal secondo, si ottiene dal precedente mediante una quantità variabile, vi è anche una chiave di lettura diversa, che porta comunque al medesimo risultato della precedente. In altre parole, si può anche stabilire che ciascun numero della serie, a partire dal secondo, si ottiene dal precedente applicando a esso una sequenza di due operazioni, con due quantità costanti.

**ESEMPIO**

Osserviamo la seguente serie:

2 5 14 41 ?

Notiamo che:
5 si ottiene da 2 sommando ad esso $3 = 3^1$, ossia $2 + 3^1 = 5$
14 si ottiene da 5 sommando ad esso $9 = 3^2$, ossia $5 + 3^2 = 14$
41 si ottiene da 14 sommando ad esso $27 = 3^3$, ossia $14 + 3^3 = 41$.
In pratica, ciascun numero, a partire dal secondo, si ottiene dal precedente sommando ad esso una potenza di base 3, con esponente via via crescente.
Pertanto si ha $41 + 3^4 = 41 + 81 = 122$.

Tuttavia, notiamo che è possibile anche interpretare la serie nel modo seguente:
5 si ottiene da 2 moltiplicandolo per 3 e sottraendo 1 al risultato, ossia $2 \times 3 - 1 = 5$
14 si ottiene da 5 moltiplicandolo per 3 e sottraendo 1 al risultato, ossia $5 \times 3 - 1 = 14$
41 si ottiene da 14 moltiplicandolo per 3 e sottraendo 1 al risultato, ossia $14 \times 3 - 1 = 41$.
Quindi, $41 \times 3 - 1 = 122$. Siamo pervenuti alla stessa risoluzione dedotta con il ragionamento precedente.

### Tipologia n. 2

Consideriamo un esempio appartenente a una tipologia di serie diversa.

**ESEMPIO**

Completare la serie seguente:

33 99 70 210 ?

A. 280
B. 181
C. 190
D. 239
E. 169

La risposta esatta è la B.
Nella serie, la relazione tra i numeri di posto pari è diversa da quella che lega i numeri di posto dispari. In particolare:

1. I numeri di posto pari si ottengono moltiplicando per 3 i numeri di posto dispari immediatamente precedenti.
2. I numeri di posto dispari si ottengono sottraendo 29 dai numeri di posto pari immediatamente precedenti.

Pertanto, il numero mancante, **181**, si ottiene nel modo seguente:

$$33 \underbrace{\qquad}_{\times 3} 99 \underbrace{\qquad}_{-29} 70 \underbrace{\qquad}_{\times 3} 210 \underbrace{\qquad}_{-29} \mathbf{181}$$

Le **serie più frequenti** appartenenti alla tipologia appena esposta sono tali che:

1. I numeri di posto pari si ottengono **sommando/sottraendo** un dato numero ai/dai numeri di posto dispari immediatamente precedenti; i numeri di posto dispari

si ottengono **sommando/sottraendo** un dato numero ai/dai numeri di posto pari immediatamente precedenti.

2. I numeri di posto pari si ottengono **moltiplicando/dividendo** per un dato numero i numeri di posto dispari immediatamente precedenti; i numeri di posto dispari si ottengono **moltiplicando/dividendo** per un dato numero i numeri di posto pari immediatamente precedenti.
3. I numeri di posto pari si ottengono **sommando/sottraendo** un dato numero ai/dai numeri di posto dispari immediatamente precedenti; i numeri di posto dispari si ottengono **moltiplicando/dividendo** per un dato numero i numeri di posto pari immediatamente precedenti.
4. I numeri di posto pari si ottengono **moltiplicando/dividendo** per un dato numero i numeri di posto dispari immediatamente precedenti; i numeri di posto dispari si ottengono **sommando/sottraendo** un dato numero ai/dai numeri di posto pari immediatamente precedenti.

### Tipologia n. 3

Consideriamo un altro esempio.

**ESEMPIO**

Completare la serie seguente:

11 8 ? 24 44 72

A. 17
B. 19
C. 20
D. 22
E. 35

La risposta esatta è la D.

La serie data è composta da due sotto-serie:

11 ? 44 prima sotto-serie, composta dal 1°, dal 3° e dal 5° numero della serie
8 24 72 seconda sotto-serie, composta dal 2°, dal 4° e dal 6° numero della serie

La relazione matematica esistente tra i numeri della prima sotto-serie è diversa dalla relazione esistente tra i numeri della seconda sotto-serie.

Ciascun numero della prima sotto-serie, a partire dal secondo, si ottiene moltiplicando per 2 il numero immediatamente precedente:

$$11 \underbrace{\qquad\qquad}_{\times 2} \mathbf{22} \underbrace{\qquad\qquad}_{\times 2} 44$$

Ciascun numero della seconda sotto-serie, a partire dal secondo, si ottiene moltiplicando per 3 il numero immediatamente precedente:

$$8 \underbrace{\qquad\qquad}_{\times 3} 24 \underbrace{\qquad\qquad}_{\times 3} 72$$

Supposta una ripartizione delle stesse in due sotto-serie, le **serie più frequenti** appartenenti alla tipologia appena esposta sono tali che:

1. Nella prima sotto-serie, ciascun numero, a partire dal secondo, si ottiene **sommando** un dato numero al numero immediatamente precedente. Nella seconda sotto-serie, ciascun numero, a partire dal secondo, si ottiene **sommando** un dato numero (diverso da quello della prima sotto-serie) al numero immediatamente precedente.
2. Nella prima sotto-serie, ciascun numero, a partire dal secondo, si ottiene **sottraendo** un dato numero dal numero immediatamente precedente. Nella seconda sotto-serie, ciascun numero, a partire dal secondo, si ottiene **sottraendo** un dato numero (diverso da quello della prima sotto-serie) dal numero immediatamente precedente.
3. Nella prima sotto-serie, ciascun numero, a partire dal secondo, si ottiene **moltiplicando** per un dato numero il numero immediatamente precedente. Nella seconda sotto-serie, ciascun numero, a partire dal secondo, si ottiene **moltiplicando** per un dato numero (diverso da quello della prima sotto-serie) il numero immediatamente precedente.
4. Nella prima sotto-serie, ciascun numero, a partire dal secondo, si ottiene **dividendo** per un dato numero il numero immediatamente precedente. Nella seconda sotto-serie, ciascun numero, a partire dal secondo, si ottiene **dividendo** per un dato numero (diverso da quello della prima sotto-serie) il numero immediatamente precedente.

Più in generale, si può stabilire che:

- nella prima sotto-serie, ciascun numero, a partire dal secondo, si ottiene dal precedente mediante una certa operazione (addizione, sottrazione, moltiplicazione o divisione) con un numero fissato;
- nella seconda sotto-serie, ciascun numero, a partire dal secondo, si ottiene dal precedente mediante una operazione in generale diversa da quella della prima sotto-serie, con un numero fissato, anch'esso generalmente diverso da quello usato nella prima sotto-serie.

> **ATTENZIONE!** Spesso, il criterio di identificazione delle serie appartenenti a tale tipologia è la successione dei numeri da cui sono composte: non necessariamente in ordine crescente o in ordine decrescente.

### Tipologia n. 4

Un'altra sequenza numerica piuttosto frequente è del tipo indicato di seguito.

**ESEMPIO**

Completare la serie seguente:

169 100 49 ?

A. 21
B. 16

C. 25
D. 36
E. 12

La risposta esatta è la B.
Poiché i numeri dati sono quadrati perfetti, il numero incognito dovrebbe essere anch'esso un quadrato perfetto. Si ha:

| 169 | 100 | 49 | ? |
|---|---|---|---|
| = | = | = | |
| $13^2$ | $10^2$ | $7^2$ | |

Tra le alternative di risposta, sono presenti 3 quadrati perfetti: 16; 25; 36.
Pertanto, occorre identificare una ulteriore relazione tra i numeri della serie. Poiché la serie è decrescente, il numero incognito deve essere minore del penultimo numero dato, ovvero minore di 49. I quadrati perfetti presenti nelle alternative di risposta sono tutti minori di 49, per cui neanche tale criterio è sufficiente al fine della identificazione del termine incognito.
Dallo schema delineato, si evince che le basi delle potenze (13; 10; 7) decrescono di 3 unità di volta in volta.
Pertanto, il numero mancante deve essere il quadrato del numero 4 (= 7 – 3); ovvero il numero **16**:

| 169 | 100 | 49 | **16** |
|---|---|---|---|
| = | = | = | = |
| $13^2$ | $10^2$ | $7^2$ | $\mathbf{4^2}$ |

Le **serie più frequenti** appartenenti alla tipologia appena esposta sono tali che:
1. I numeri sono **quadrati/cubi di dati numeri**. Questi ultimi possono essere decrescenti o crescenti.
2. I numeri che occupano posto pari (o dispari) sono **quadrati/cubi dei numeri che occupano posto** dispari (o pari).
3. Ciascun numero di **posto dispari è quadrato perfetto** di un numero dato; ciascun numero di **posto pari è cubo perfetto** dello stesso dato numero.

### Tipologia n. 5

Proviamo a risolvere la successione riportata di seguito.

**ESEMPIO**

Completare la serie seguente:

3 25 8 ? 6 22

A. 14
B. 20
C. 16

D. 28
E. 12

La risposta esatta è la B.

La serie data è costituita da 3 sotto-serie:

| | | |
|---|---|---|
| 3 | 25 | prima sotto-serie, composta dal 1° e dal 2° numero della serie |
| 8 | ? | seconda sotto-serie, composta dal 3° e dal 4° numero della serie |
| 6 | 22 | terza sotto-serie, composta dal 5° e dal 6° numero della serie |

La somma tra i numeri di ciascuna sotto-serie è costante e pari a 28:

$$\underbrace{3 \quad 25} \qquad \underbrace{8 \quad 20} \qquad \underbrace{6 \quad 22}$$

$$3 + 25 = \mathbf{28} \qquad 8 + 20 = \mathbf{28} \qquad 6 + 22 = \mathbf{28}$$

Il numero mancante è, pertanto, **20**.

Le **serie più frequenti** appartenenti alla tipologia appena esposta sono tali che la serie data si divide in 3 sotto-serie formate, rispettivamente, dal 1° e dal 2° numero, dal 3° e dal 4° numero, dal 5° e dal 6° numero. Le sotto-serie sono tali che:

**1. È costante**:
- 1.1 La **somma** dei numeri di ciascuna sotto-serie.
- 1.2 La **differenza** dei numeri di ciascuna sotto-serie.
- 1.3 Il **prodotto** dei numeri di ciascuna sotto-serie.
- 1.4 Il **quoziente** dei numeri di ciascuna sotto-serie.

**2.** Il secondo numero di ciascuna sotto-serie si ottiene:
- 2.1 **Sommando** una quantità **costante** al primo numero della sotto-serie.
- 2.2 **Sottraendo** una quantità **costante** dal primo numero della sotto-serie.
- 2.3 **Moltiplicando** per una quantità **costante** il primo numero della sotto-serie.
- 2.4 **Dividendo** per una quantità **costante** il primo numero della sotto-serie.

Si noti che il caso 1.2 è equivalente al caso 2.2. Difatti se la differenza $a - b = k$ (dove $k$ è costante), allora è anche vero che $b$ si ottiene da $a$ sottraendo ad esso una quantità costante $k$, ossia $b = a - k$.

**ESEMPIO**

Consideriamo la serie:

8 5 12 9 20 ?

Possiamo risolvere il quesito notando che:
8 – 5 = 3
12 – 9 = 3
Pertanto 20 – 17 = 3, individuando in 17 il numero che completa la serie.
Tuttavia possiamo anche notare che:
8 – 3 = 5

12 – 3 = 9
Pertanto 20 – 3 = 17, che è il numero che completa la serie.

Analogamente, il caso 1.4 è equivalente al caso 2.4. Difatti, se il quoziente $a : b = k$ (dove $k$ è costante), allora è anche vero che $b$ si ottiene da $a$ dividendolo per una costante, ossia $b = a/k$.

**ESEMPIO**

Consideriamo la serie:

30 6 75 15 100 ?

Possiamo risolvere il quesito notando che:
30 : 6 = 5
75 : 15 = 5
Pertanto 100 : 20 = 5, individuando in 20 il numero che completa la serie.
Tuttavia possiamo anche notare che:
30 : 5 = 6
75 : 5 = 15
Pertanto 100 : 5 = 20, che è il numero che completa la serie.

Con esercizi che presentano numeri a tre cifre di solito si richiede di sommare o sottrarre una costante.

**ESEMPIO**

315 292 269 246 ?

Quale numero completa la serie?
A. 218
B. 220
C. 221
D. 225
E. 223

La sequenza presenta dei numeri decrescenti. Ciascun numero diminuisce di 23 unità rispetto al precedente, quindi la risposta esatta sarà 223, cioè la risposta E.

315 (– 23) 292 (– 23) 269 (– 23) 246 (– 23) **223**

Se avete riscontrato delle difficoltà vi suggeriamo di provare ad esercitarvi con "*l'intruso nella scacchiera*".

In questa scacchiera ci sono almeno quattro intrusi. Sapete indicare quali sono?

| | a | b | c | d |
|---|---|---|---|---|
| **a** | 254<br>221 | 625<br>592 | 125<br>92 | 41<br>8 |
| **b** | 599<br>566 | 425<br>372 | 145<br>112 | 62<br>29 |
| **c** | 111<br>78 | 211<br>182 | 225<br>192 | 333<br>300 |
| **d** | 116<br>83 | 559<br>526 | 118<br>85 | 785<br>752 |
| **e** | 214<br>181 | 561<br>528 | 101<br>68 | 437<br>404 |
| **f** | 311<br>278 | 95<br>63 | 362<br>329 | 511<br>478 |
| **g** | 321<br>288 | 218<br>185 | 34<br>1 | 182<br>147 |

Soluzioni: gli intrusi si trovano nelle caselle b/b; c/b; f/b; g/d.

## Tipologia n. 6

Consideriamo un altro esempio.

### ESEMPIO

Completare la serie seguente:

14 2 ? 16 8 2

A. 4
B. 7
C. 12
D. 28
E. 24

La risposta esatta è la B.
La serie data è costituita da 2 sotto-serie:

14 2 ? prima sotto-serie, composta dal 1°, dal 2° e dal 3° numero della serie

16 8 2 seconda sotto-serie, composta dal 4°, dal 5° e dal 6° numero della serie

In ciascuna sotto-serie il quoziente tra i primi due numeri è pari al terzo numero:

$$14 \underbrace{\qquad}_{:} 2 \underbrace{\qquad}_{=} \mathbf{7} \qquad\qquad 16 \underbrace{\qquad}_{:} 8 \underbrace{\qquad}_{=} 2$$

Il numero mancante è, pertanto, **7**.

Le **serie più frequenti** appartenenti alla tipologia appena esposta sono tali che:

1. La serie, **composta da 6 numeri**, si divide in 2 sotto-serie formate, rispettivamente, dal 1°, dal 2°, dal 3° numero, e dal 4°, dal 5°, dal 6° numero. Le sotto-serie sono tali che:
   1.1 La **somma dei primi due numeri** di ciascuna sotto-serie è pari al terzo numero della stessa.
   1.2 La **differenza dei primi due numeri** di ciascuna sotto-serie è pari al terzo numero della stessa.
   1.3 Il **prodotto dei primi due numeri** di ciascuna sotto-serie è pari al terzo numero della stessa.
   1.4 Il **quoziente dei primi due numeri** di ciascuna sotto-serie è pari al terzo numero della stessa.
2. La serie, **composta da 5 numeri**, si divide in 2 sotto-serie formate, rispettivamente, dal 1°, dal 2°, dal 3° numero, e dal 3° (comune a entrambe), dal 4°, dal 5° numero. Le sotto-serie sono tali che:
   2.1 La **somma dei primi due numeri** della prima sotto-serie è pari al terzo numero della stessa. La **somma dei primi due numeri** della seconda sotto-serie è pari al terzo numero della stessa.
   2.2 La **differenza dei primi due numeri** della prima sotto-serie è pari al terzo numero della stessa. La **differenza dei primi due numeri** della seconda sotto-serie è pari al terzo numero della stessa.
   2.3 Il **prodotto dei primi due numeri** della prima sotto-serie è pari al terzo numero della stessa. Il **prodotto dei primi due numeri** della seconda sotto-serie è pari al terzo numero della stessa.
   2.4 Il **quoziente dei primi due numeri** della prima sotto-serie è pari al terzo numero della stessa. Il **quoziente dei primi due numeri** della seconda sotto-serie è pari al terzo numero della stessa.

### Tipologia n. 7

Consideriamo un altro esempio.

**ESEMPIO**

Completare la serie seguente:

1 1 2 3 5 8 ?

A. 8
B. 12
C. 13
D. 20
E. 21

La risposta esatta è la C.
Notiamo che nella serie, ciascun numero, a partire dal terzo, è dato dalla somma dei due numeri precedenti.

In figura è mostrata la relazione tra i numeri della serie.

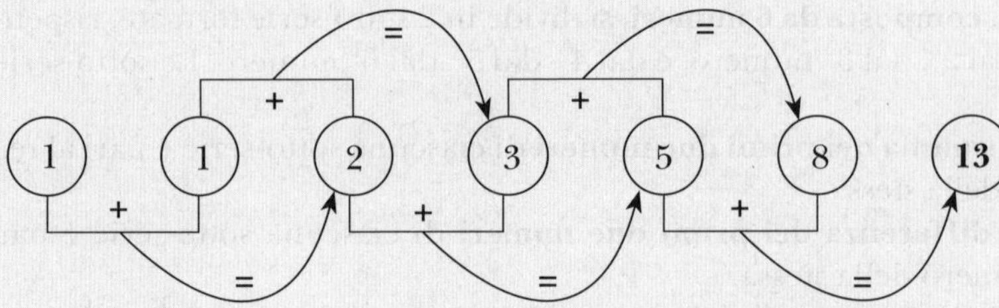


Pertanto, il numero che completa la serie è **13**.

Più in generale, nella tipologia appena esposta si individuano i seguenti casi più frequenti:

1. Nella serie, ciascun numero, a partire dal terzo, è dato dalla **somma** dei due numeri precedenti
2. Nella serie, ciascun numero, a partire dal terzo, è dato dalla **differenza** dei due numeri precedenti
3. Nella serie, ciascun numero, a partire dal terzo, è dato dal **prodotto** dei due numeri precedenti
4. Nella serie, ciascun numero, a partire dal terzo, è dato dal **rapporto** dei due numeri precedenti.

Come avrete capito, in questo tipo di esercizi l'aiuto delle risposte alternative non è utilizzabile, occorre invece concentrarsi sulla scoperta della regola. È solo una questione di abitudine e scaltrezza.

## Tipologia n. 8

Un'altra sequenza numerica potrebbe essere la seguente.

**ESEMPIO**

6 7 9 13 21 ?

Quale numero completa la serie?

Per rendere la prova simile a quella che troverete in sede di esame si inseriscono anche le alternative, ma abituatevi a lavorare senza le risposte, che consulterete, ovviamente, solo quando pensate di avere trovato la soluzione.

A. 28
B. 42
C. 37
D. 56
E. 66

Occorre avvicinarsi al problema con la massima apertura e senza ipotesi precostituite, cioè non bisogna intestardirsi su una ipotesi e cercare delle varianti che

partono da essa; il suggerimento è di affrontare il problema valutando tutte le possibili combinazioni che vi vengono in mente partendo dalla superficialità (esempio è una sequenza di numeri pari, oppure di numeri dispari, trovare la regola del "salterello" come quelle che abbiamo visto prima, oppure trovare una progressione geometrica crescente, ecc.) e applicandole il più rapidamente possibile, senza drammatizzare se non riusciamo a trovarla al primissimo tentativo. Se si pensa di essere fermi su un quesito da troppo tempo, passate avanti ed eventualmente tornateci in seguito; è più probabile che scatti il cosiddetto "insight", l'idea che avevate a disposizione nella vostra "cassetta degli attrezzi", ma che non avevate preso in considerazione.
Sicuramente in questo nostro esempio, dato che abbiamo applicato la regola del "salterello" avrete sottoposto la sequenza a questa verifica, infruttuosamente purtroppo.
Qui la soluzione si ottiene considerando che ciascun termine aumenta secondo una progressione geometrica di ragione 2; è ottenibile dal precedente più un numero che si raddoppia progressivamente. La risposta esatta è dunque la C, 37.

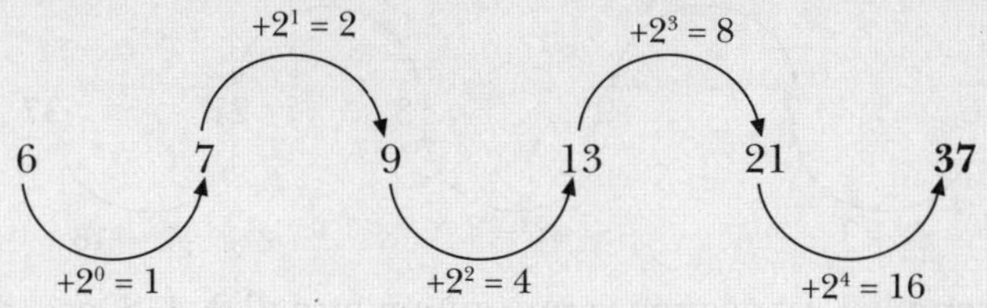


### Tipologia n. 9

Consideriamo un'altra sequenza numerica.

**ESEMPIO**

4 7 12 21 ?

Quale numero completa la serie?
A. 42
B. 38
C. 48
D. 35
E. 128

La soluzione è data dalla moltiplicazione del primo numero per il fattore 2 a cui si toglie 1 per ottenere il secondo numero della sequenza, cioè il 7.
Il secondo numero della sequenza lo moltiplichiamo sempre per il fattore 2, ma togliamo 2 per ottenere il terzo numero della sequenza che è il 12, poi ancora moltiplichiamo il terzo numero della sequenza per il fattore 2 ma stavolta sottraiamo 3 per ottenere il quarto numero della sequenza che è il 21, quindi l'incognita ovvero il numero che completa la serie è dato dalla moltiplicazione del quarto numero della sequenza, cioè il 21 sempre per il fattore 2 a cui togliamo 4 unità.

Per chiarire maggiormente:

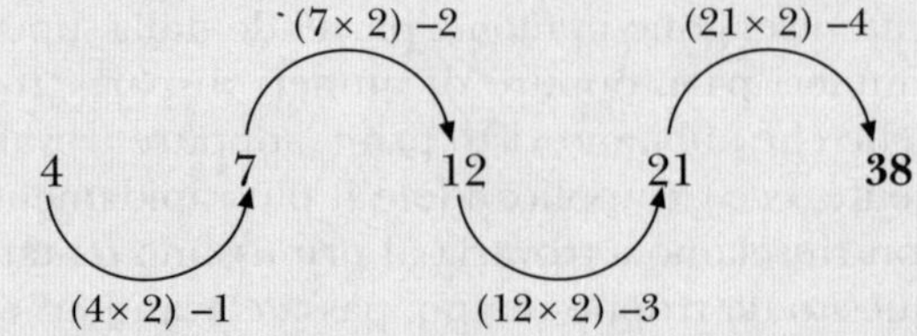


La risposta esatta è dunque la B, 38. Questa volta la regola era leggermente più complicata, e l'esercizio poteva richiedere un po' più di tempo.

### Alcune regole utili per la risoluzione delle serie numeriche

Le regole che aiutano a risolvere le serie numeriche sono dunque le seguenti:

A. numeri che aumentano secondo una progressione geometrica

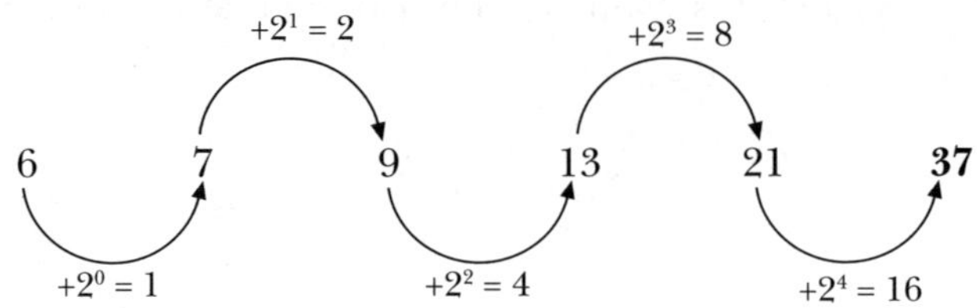


B. progressioni semplici. La sequenza può aumentare di 2, 4, 8, ecc. di 3, 5, 7, 9 ecc.

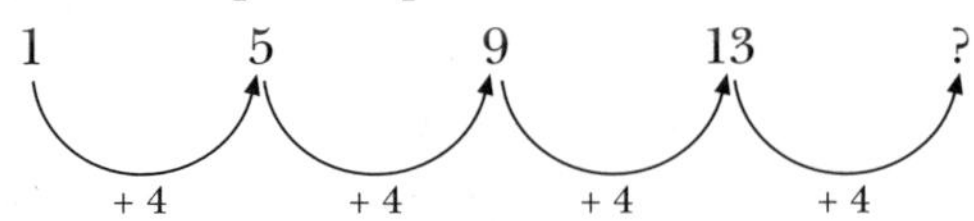


C. aumentare o diminuire coppie contigue o non contigue dette anche "*a salterello*"

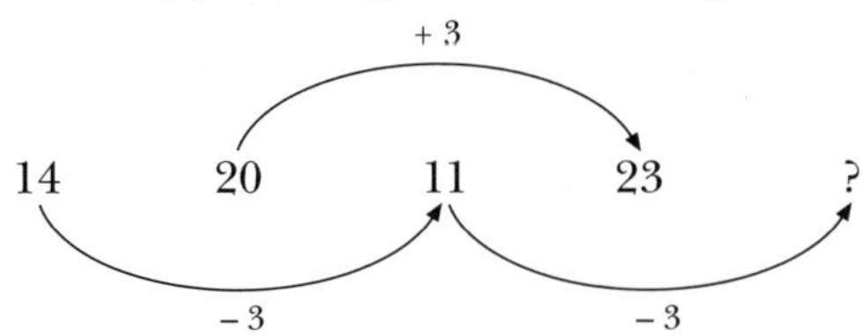


D. differenze o somme tra numeri contigui (e più raramente moltiplicazioni e divisioni)

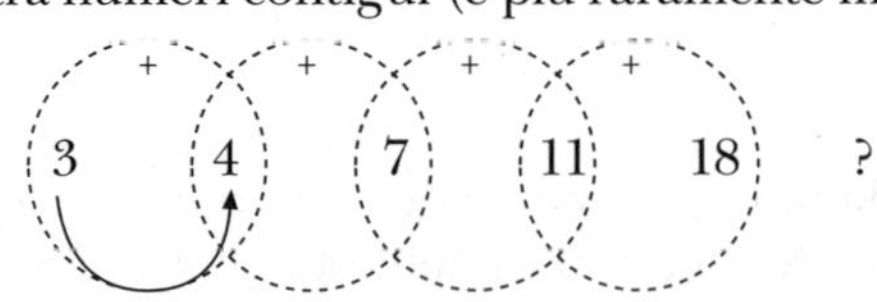


E. raddoppiare o triplicare e togliere una costante (cioè ad esempio raddoppiare e togliere sempre lo stesso numero) oppure un valore progressivo (ad esempio raddoppiare ogni numero e poi togliere 1, al successivo raddoppiare il numero ottenuto in precedenza e togliere 2, e così via oppure raddoppiare il numero e poi aggiungere 1, raddoppiare il secondo e poi aggiungere 2, ecc.)

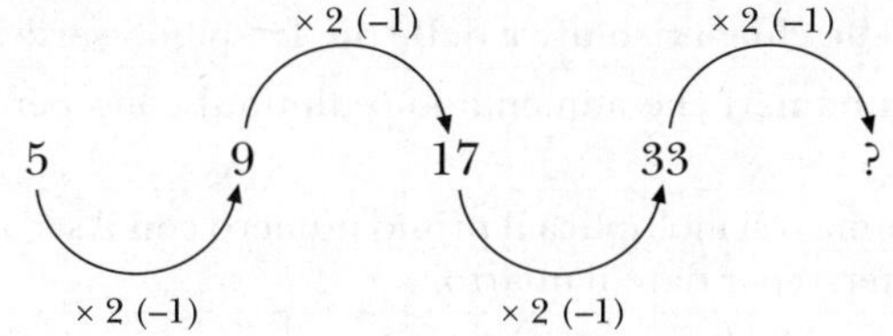


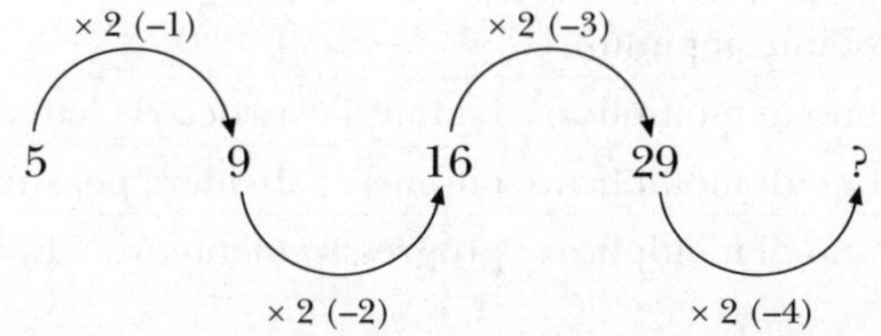


F. addizionare un valore ad ogni numero (solitamente 1) e raddoppiare la somma per ottenere il numero

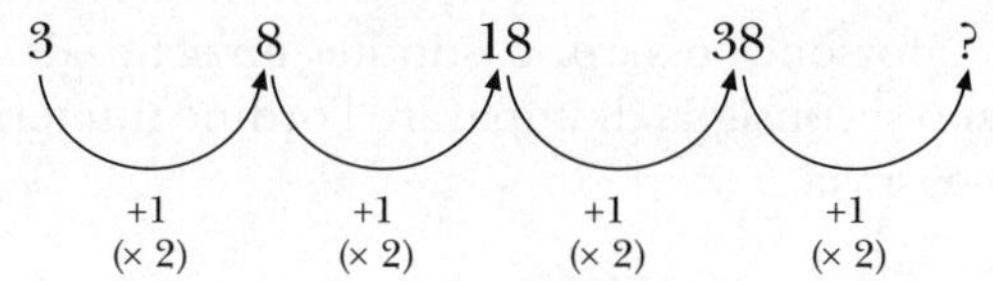


Queste riportate sono le regole più frequenti, quindi, se siete in grado di applicarle rapidamente partendo dalla più semplice, avete un'elevata probabilità di trovare la soluzione esatta. È ovvio che risulta indispensabile una certa rapidità di calcolo a mente.

| | **Riepilogo delle chiavi risolutive delle più frequenti serie numeriche** |
|---|---|
| **1** | Serie che aumentano o diminuiscono di una costante *n* (es. +3, +3, …) |
| **2** | Serie che aumentano o diminuiscono progressivamente (es. –1, –2, –3, …) |
| **3** | Serie in cui la somma dei numeri è costante (es. danno tutte lo stesso valore 23) |
| **4** | Serie in cui il prodotto dei numeri è costante (es. tutte le serie considerate danno sempre risultato 36) |
| **5** | Serie in cui si chiede di scartare numeri non divisibili per un certo valore (es. non divisibili per 5) |
| **6** | Serie in cui si sommano i numeri e si aggiunge una costante |
| **7** | Serie in cui si moltiplicano o si sommano i valori per se stessi e si somma o si toglie una costante |
| **8** | Serie grafiche in cui gli opposti sono il doppio, il triplo, … |
| **9** | Serie grafiche in cui si calcola la differenza o la somma dei numeri più esterni di riga o più esterni di colonna |
| **10** | Serie grafiche in cui si calcola la differenza o la somma dei numeri più esterni di riga o più esterni di colonna e si divide o si moltiplica per una costante |

*(segue)*

| Riepilogo delle chiavi risolutive delle più frequenti serie numeriche | |
|---|---|
| **11** | Serie alternate di numeri che aumentano o diminuiscono per valori costanti o progressivi |
| **12** | Serie in cui si somma o si moltiplica il primo numero con il secondo, per dare il terzo, il secondo con il terzo per dare il quarto, ... |
| **13** | Serie in cui si somma o si moltiplica il primo numero con il secondo e si aggiunge o si toglie una costante, il secondo con il terzo e si aggiunge o si toglie lo stesso valore precedente (la costante appunto), ... |
| **14** | Serie che richiedono di moltiplicare i numeri e associarvi lettere corrispondenti |
| **15** | Serie che richiedono di moltiplicare i numeri e dividere per una costante |
| **16** | Serie che richiedono di moltiplicare progressivamente (es. ×1, ×2, ×3, ...) |

## 3.16 • Le serie alfabetiche

Le sequenze possono essere costituite anziché da numeri da lettere. A tale proposito si consiglia di imparare l'ordine numerico dell'alfabeto, cioè A = 1, B = 2 e così via.

| Alfabeto italiano (prima riga) e corrispondenti numeri d'ordine (seconda riga) | | | | | | | | | | | | | | | | | | | | |
|---|---|---|---|---|---|---|---|---|---|---|---|---|---|---|---|---|---|---|---|---|
| A | B | C | D | E | F | G | H | I | L | M | N | O | P | Q | R | S | T | U | V | Z |
| 1 | 2 | 3 | 4 | 5 | 6 | 7 | 8 | 9 | 10 | 11 | 12 | 13 | 14 | 15 | 16 | 17 | 18 | 19 | 20 | 21 |

Solitamente gli esercizi con sequenze di lettere, in Italia, non comprendono le lettere J, K, W, X, Y.
L'abbinamento lettera-numero d'ordine sarebbe il seguente:

| Alfabeto inglese (prima riga) e corrispondenti numeri d'ordine (seconda riga) | | | | | | | | | | | | | | | | | | | | | | | | | |
|---|---|---|---|---|---|---|---|---|---|---|---|---|---|---|---|---|---|---|---|---|---|---|---|---|---|
| A | B | C | D | E | F | G | H | I | J | K | L | M | N | O | P | Q | R | S | T | U | V | W | X | Y | Z |
| 1 | 2 | 3 | 4 | 5 | 6 | 7 | 8 | 9 | 10 | 11 | 12 | 13 | 14 | 15 | 16 | 17 | 18 | 19 | 20 | 21 | 22 | 23 | 24 | 25 | 26 |

**ESEMPIO**

Data la sequenza di lettere:

A D G L ?

quale lettera completa la serie?
A. M
B. O
C. C
D. P
E. Q

In questo caso non è molto difficile scoprire la regola della sequenza: la risposta esatta è la B.

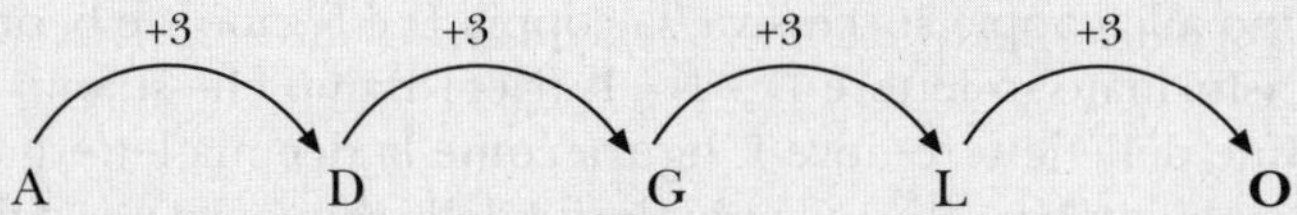


Passiamo ad esaminare esempi più complessi.

**ESEMPIO**

Data la sequenza di lettere:

B D F L ?

quale lettera completa la serie?
A. R
B. O
C. U
D. Q
E. T

Anche in questo caso occorre fare ricorso al numero d'ordine di ciascuna lettera e scoprire la "regola" sottostante. Questo compito risulta più gravoso perché non siamo abituati a pensare al numero d'ordine delle lettere. Come nell'esercizio precedente trasformiamo le lettere in numeri in modo da individuare qualche regolarità nascosta:

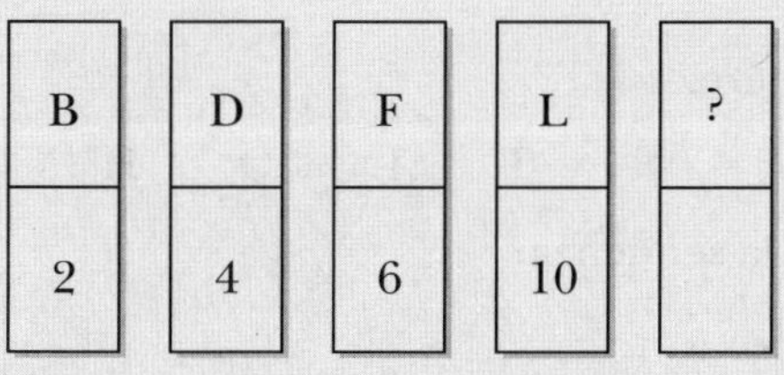


Abbiamo trasformato le lettere in numeri, così balza agli occhi una regola che possiamo sottoporre a verifica. La prima più immediata è la progressione di 2 in 2 (il ritmo del +2), che però non viene confermata nel passaggio da 6 a 10 e quindi dobbiamo abbandonare questa ipotesi per passare ad altro.

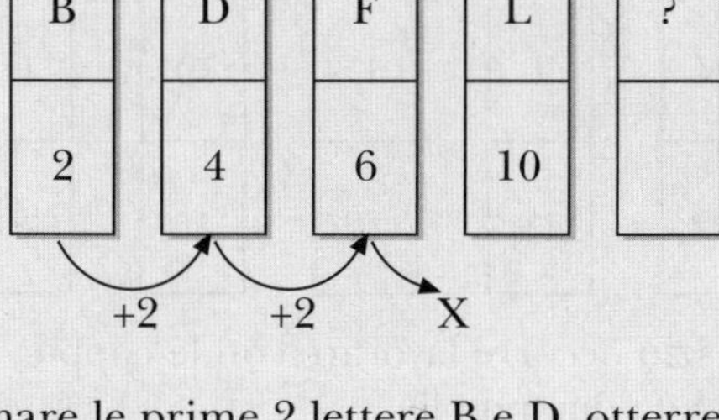


Provate adesso a sommare le prime 2 lettere B e D, otterrete 2 + 4 = 6 che trasformato in lettere sarebbe B + D = F.

Adesso passiamo alla coppia successiva, la coppia D e F, cioè 4 e 6, otterremo 4 + 6 = 10 ovvero trasformato in lettere D + F = L (ricordiamo che stiamo lavorando sul numero d'ordine delle lettere dove L figura come la decima lettera dell'alfabeto). A questo punto abbiamo scoperto la regolarità della sequenza per cui è facile giungere alla conclusione che la lettera mancante è la sedicesima dell'alfabeto ovvero la lettera R, quindi la risposta A è la risposta esatta.
La sequenza è completata dalla lettera R:

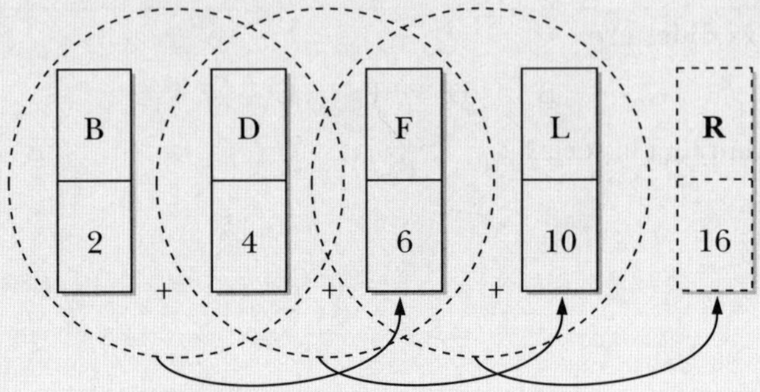


Risolvere le sequenze numeriche oppure le sequenze di lettere è pur sempre un esercizio di ragionamento numerico, il secondo richiede una trasformazione in più, dove le lettere costituiscono dei simboli sostituibili da numeri.

**ESEMPIO**

Data la sequenza di lettere:

Z N T L Q H ?

quale lettera completa la sequenza?
A. G
B. I
C. E
D. N
E. Non ha soluzione

Questo esercizio è difficilissimo, pochi riuscirebbero a risolverlo senza ricorrere alle strategie di trasformazione delle lettere con i numeri d'ordine corrispondenti. Procediamo come segue:

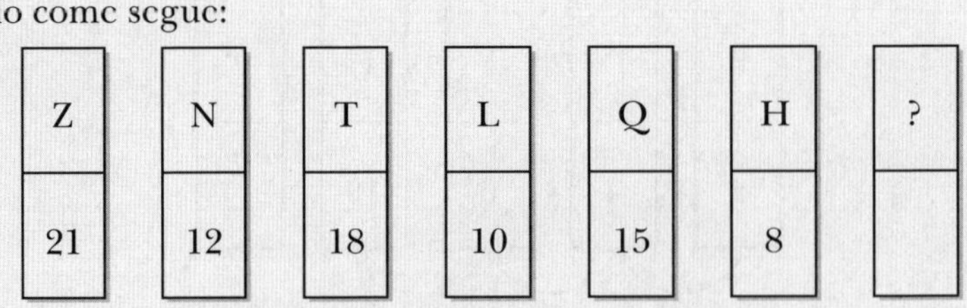


Anche con questo esercizio occorre lavorare con le coppie, però non contigue. Infatti la sequenza è mossa da due regole:

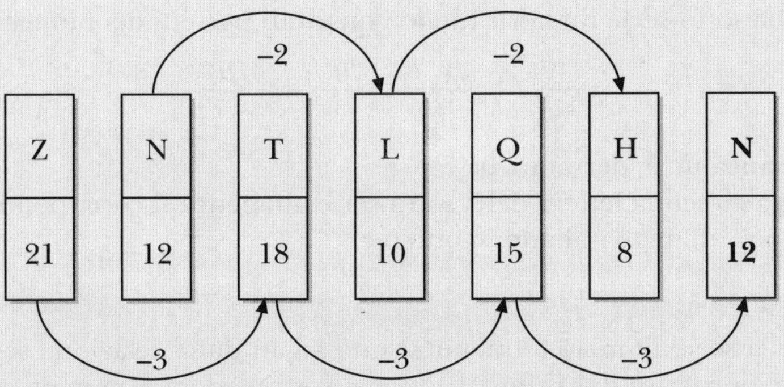


A questo punto appare evidente che la risposta esatta è N, dodicesima lettera dell'alfabeto quindi la risposta è la D.

## 3.17 • Le serie alfanumeriche

Le serie alfanumeriche sono costituite da successioni di lettere e numeri in cui possono esistere nessi logici tra le lettere e tra i numeri in maniera disgiunta oppure possono esistere nessi logici lettere – numeri.

Così come accade con i test costituiti da serie alfabetiche, anche la risoluzione dei test costituiti da serie alfanumeriche si ottiene associando a ogni lettera un numero corrispondente alla posizione della lettera nell'alfabeto.

**ESEMPIO**

Completare la seguente successione di numeri e lettere, utilizzando l'alfabeto italiano:

1 L 4 H ? ? 16 D

A. 8 I
B. 6 L
C. 9 F
D. 8 F
E. F 5

La serie alfanumerica data è costituita dalla sotto-serie numerica:

1 4 ? 16

e dalla sotto-serie alfabetica:

L H ? D

Per l'alternanza delle due sotto-serie, i termini mancanti nella serie data sono, rispettivamente, un numero e una lettera.

I numeri della sotto-serie numerica sono i quadrati perfetti dei numeri 1, 2, 3 e 4:

$$\underbrace{1}_{=1^2} \quad \underbrace{4}_{=2^2} \quad \underbrace{\mathbf{9}}_{=3^2} \quad \underbrace{16}_{=4^2}$$

Il numero mancante è, pertanto, 9.

Attribuendo a ciascuna lettera della sotto-serie alfabetica il corrispondente numero d'ordine nell'alfabeto italiano, si ottiene:

| L | H | ? | D |
|---|---|---|---|
| 10 | 8 | ? | 4 |

I numeri della serie numerica ottenuta sono legati dalla relazione seguente: ciascun numero, a partire dal primo, si ottiene sottraendo 2 al numero precedente. Si ha:

$$10 \underbrace{\quad}_{-2} 8 \underbrace{\quad}_{-2} \mathbf{6} \underbrace{\quad}_{-2} 4$$

Il numero mancante è, pertanto, 6, cui corrisponde, nella sequenza delle lettere dell'alfabeto italiano, la lettera F.

La risposta esatta è la C, in quanto i termini mancanti sono, rispettivamente, **9** e **F**.

Spesso, i quesiti concernenti le serie alfanumeriche sono della tipologia riportata di seguito.

## ESEMPIO

Completare la seguente successione: C9, I7, G10, J3, ...1

A. A

B. K

C. B

D. F

E. C

Ciascuna lettera dell'alfabeto internazionale corrisponde a un numero che è pari alla sua posizione nell'ordine alfabetico. Sussiste quindi la seguente corrispondenza tra numeri e lettere:

| A | B | C | D | E | F | G | H | I | J | K | L | M | N | O | P | |
|---|---|---|---|---|---|---|---|---|---|---|---|---|---|---|---|---|
| ↓ | ↓ | ↓ | ↓ | ↓ | ↓ | ↓ | ↓ | ↓ | ↓ | ↓ | ↓ | ↓ | ↓ | ↓ | ↓ | ... |
| 1 | 2 | 3 | 4 | 5 | 6 | 7 | 8 | 9 | 10 | 11 | 12 | 13 | 14 | 15 | 16 | |

Ciascun termine della successione è costituito da una lettera e da un numero. In particolare, il numero determina la lettera che sarà presente nel termine successivo.

Ad esempio, nel primo termine, C9, il numero 9, che corrisponde alla lettera I, determina il fatto che la lettera nel termine successivo sia I.

Di seguito vi è quindi il termine I7; qui, il numero 7 determina il fatto che nel termine successivo la lettera sia G (la settima lettera dell'alfabeto).

Di seguito vi è il termine G10; qui, il numero 10 fa sì che nel termine successivo vi sia la lettera J (la decima lettera dell'alfabeto internazionale).

Il termine J3 fa in modo che nel termine successivo la lettera presente sia C (la terza lettera dell'alfabeto).
Di seguito sono illustrati i nessi logici della sequenza alfanumerica:

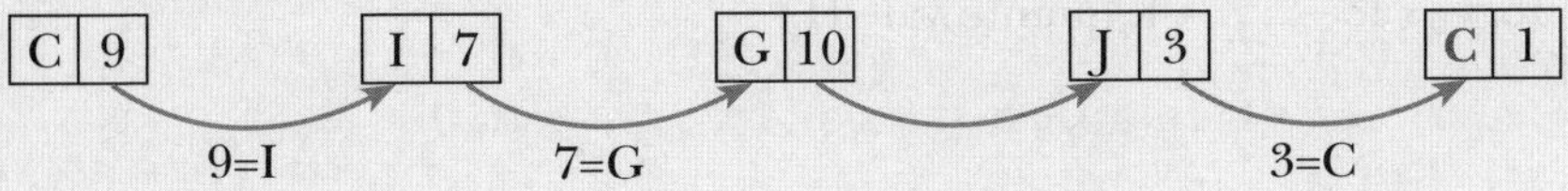


La risposta corretta è la E.

Altri quesiti sono del tipo indicato di seguito.

**ESEMPIO**

Completare la sequenza: AB 2 1 – CD 4 3 – EF 6 5 – GH 8 7 – ..?..
A. LI 9 10
B. 10 9 IL
C. LI 10 9
D. IL 10 9
E. IL 9 10

La risposta corretta è la D.

I trattini (–) dividono la sequenza alfanumerica in gruppi.
A loro volta, i gruppi sono costituiti da:

- due lettere consecutive dell'alfabeto italiano;
- due numeri, che rappresentano la posizione occupata nell'alfabeto italiano, rispettivamente, dalla seconda e dalla prima lettera del gruppo.

A tal fine, poiché la risoluzione dei test costituiti da serie alfabetiche o da serie alfanumeriche si ottiene associando a ogni lettera un numero corrispondente alla posizione della lettera nell'alfabeto, le lettere delle serie date sono analizzate come numeri con riferimento alla loro posizione nell'alfabeto. Ad esempio A = 1, B = 2...
Nei quesiti di tale tipologia, sono dati quattro o cinque gruppi, mentre un gruppo (talvolta due gruppi) deve essere identificato tra le alternative di risposta.
Per la risoluzione occorre considerare che la sequenza completa dei gruppi è:

AB 2 1 – CD 4 3 – EF 6 5 – GH 8 7 – IL 10 9 – MN 12 11 – OP 14 13 – QR 16 15 – ST 18 17 – UV 20 19

Il primo gruppo (AB 2 1) è costituito dalle due lettere consecutive A e B e dai due numeri 2 e 1, che rappresentano la posizione occupata, rispettivamente, dalla lettera B e dalla lettera A nell'alfabeto italiano.

Pertanto, il quesito può richiedere di completare la sequenza:
AB 2 1 – CD 4 3 – EF 6 5 – GH 8 7 – ..?.. la cui soluzione è: IL 10 9
AB 2 1 – CD 4 3 – ..?.. – GH 8 7 – IL 10 9 – MN 12 11 la cui soluzione è: EF 6 5
EF 6 5 – GH 8 7 – IL 10 9 – MN 12 11 – ..?.. – QR 16 15 la cui soluzione è: OP 14 13
AB 2 1 – CD 4 3 – EF 6 5 – GH 8 7 – ..?.. – ..?.. la cui soluzione è: IL 10 9 – MN 12 11

Determinati quesiti concernenti le serie sono del tipo riportato di seguito.

**ESEMPIO**

Se B = 16, C = 15, ..., Z = 1, quanto vale H?
A. 13
B. 11
C. 10
D. 12
E. 4

La risposta corretta è la B. Per risolvere il quesito, occorre considerare solo le 16 consonanti dell'alfabeto italiano.
Se B = 16 e C = 15, … , Z = 1, allora la corrispondenza tra le consonanti e i numeri è la seguente:

D = 14, F = 13, G = 12, H = 11, L = 10, M = 9, N = 8, P = 7, Q = 6, R = 5, S = 4, T = 3, V = 2, Z = 1

Altri quesiti sono, invece, di questo tipo.

**ESEMPIO**

Se 0 è "A", 3 è "D", 7 è "H", come si scrive "QUADRO" usando numeri invece di lettere?
A. 14 18 0 3 16 13
B. 15 18 0 3 15 12
C. 15 18 1 3 15 12
D. 14 18 0 3 15 12
E. Le altre opzioni sono errate

Si noti che il numero che corrisponde alla lettera dell'alfabeto è dato dal valore della collocazione della lettera nell'ordine alfabetico cui è sottratto 1.

Ad esempio A è la prima lettera, ma siccome 1 – 1 = 0 allora ad A corrisponde 0.
La lettera D è la quarta lettera, ma siccome 4 – 1 = 3 allora a D corrisponde 3.
La lettera H è ottava in ordine alfabetico; pertanto 8 – 1 = 7.
In pratica si stabilisce la seguente corrispondenza tra valori numerici e lettere dell'alfabeto italiano:

| A | B | C | D | E | F | G | H | I | L | M | N | O | P | Q | R | S | T | U | V | Z |
|---|---|---|---|---|---|---|---|---|---|---|---|---|---|---|---|---|---|---|---|---|
| ↓ | ↓ | ↓ | ↓ | ↓ | ↓ | ↓ | ↓ | ↓ | ↓ | ↓ | ↓ | ↓ | ↓ | ↓ | ↓ | ↓ | ↓ | ↓ | ↓ | ↓ |
| 0 | 1 | 2 | 3 | 4 | 5 | 6 | 7 | 8 | 9 | 10 | 11 | 12 | 13 | 14 | 15 | 16 | 17 | 18 | 19 | 20 |

Pertanto la parola QUADRO corrisponde a 14 18 0 3 15 12. Quindi, la risposta esatta è la D.

## 3.18 • Le serie numeriche nelle configurazioni grafico-geometriche

Gli esercizi di ragionamento numerico sono presentati sotto svariate forme grafiche. Possiamo trovare sequenze numeriche all'interno o ai vertici di figure geometriche regolari o irregolari, ai vertici di stelle a 6 o 8 punte, alle estremità di figure umane o animali stilizzate, entro sezioni di cerchio, oppure in matrici quadrate, o sotto forma di tessere del domino, e in un'infinita varietà di altre configurazioni.

### 3.18.1 • Sequenze con cerchi

Si presentano alcuni esempi con i relativi commenti e soluzioni. Da questo momento gli esercizi non presenteranno l'elenco delle risposte, è preferibile infatti abituarsi a sviluppare il ragionamento numerico indipendentemente dalle alternative.
Con le figure circolari generalmente si procede formulando ipotesi muovendosi in senso orario o in senso antiorario per individuare delle regolarità. È una giusta strategia, ma occorre non fermarsi a ciò.

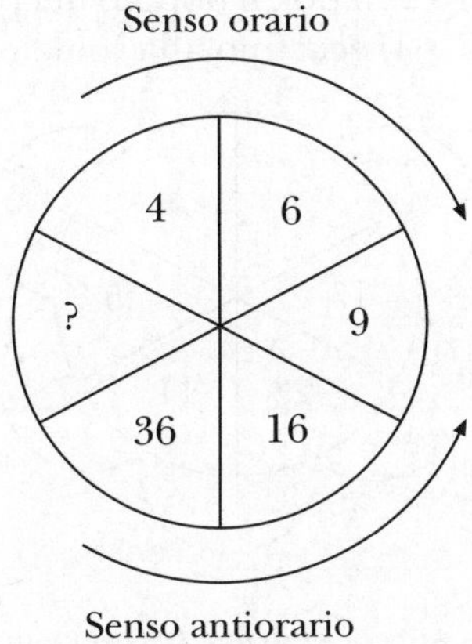


I numeri all'interno degli spicchi potrebbero essere distribuiti secondo il seguente criterio:

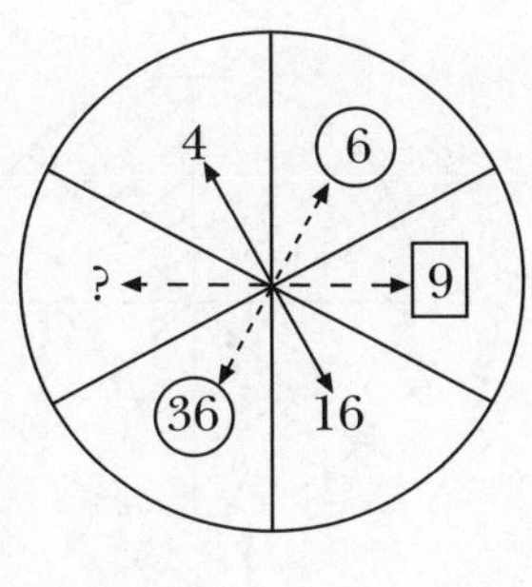


Infatti, nel nostro esempio notiamo che i numeri 4 e 6 hanno al loro opposto il risultato di una moltiplicazione con se stessi, $(4 \times 4 = 16)$ e $(6 \times 6 = 36)$, quindi la nostra incognita sarà verosimilmente 81 $(9 \times 9)$.

Ed ora un altro esempio con un'altra figura circolare.

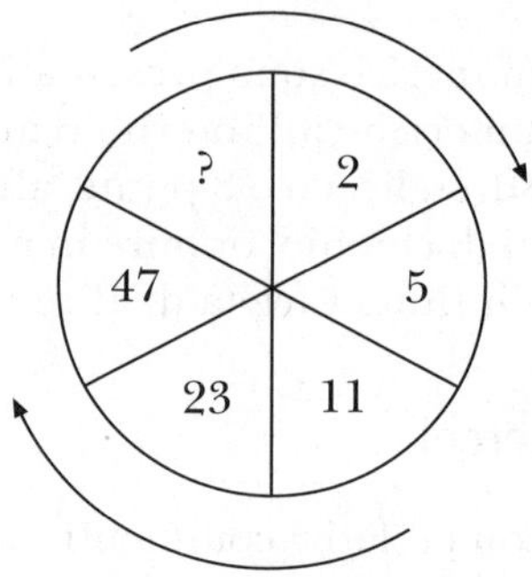


Per scoprire la regola che sottende la sequenza occorre un piccolo sforzo: prima di tutto si nota che la progressione è in senso orario crescente, e che non sono applicabili semplici operazioni regolari. Quando la soluzione non ha quell'immediatezza che si trova nelle "configurazioni" più semplici, occorre provare altre strategie. Ciascun numero è, a partire dal numero 2 in poi, il doppio del precedente + 1, quindi 5 è dato da 2 × 2 + 1, 11 è dato da 5 × 2 + 1, ecc. fino alla soluzione, che sarà 95 (47 × 2 + 1).

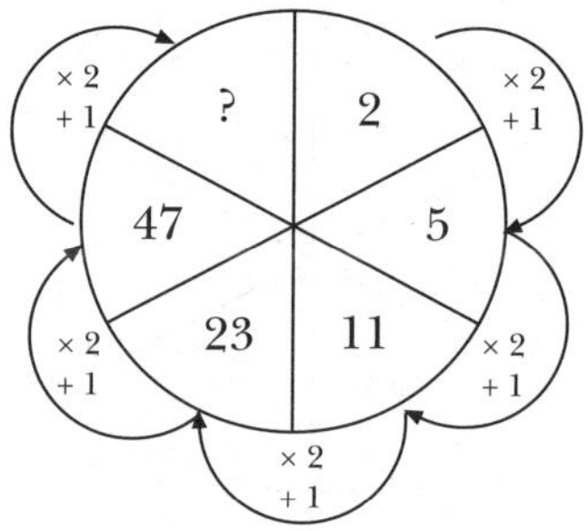


Il prossimo esercizio segue la stessa regola, tuttavia la progressione non avviene in senso orario. Partendo dal primo spicchio in alto a destra (cioè partendo dal numero 1) si osserva che lo spicchio opposto è il risultato del doppio del primo spicchio + 1.

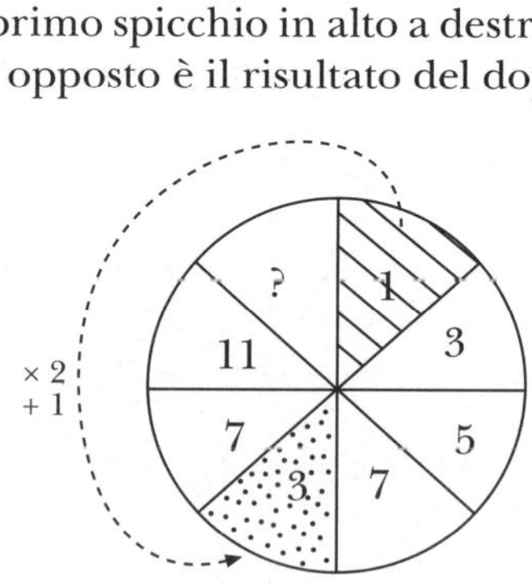


? = 15

La stessa regola vale per gli altri spicchi opposti, cioè per 3 e 7, per 5 e 11 e per 7 e ?.

## 3.18.2 • Sequenze con triangoli e quadrati

Oltre alle sequenze con i cerchi possiamo avere sequenze con triangoli o quadrati ai cui vertici vengono collocati dei numeri secondo una certa regola. La particolarità di queste serie numeriche e le strategie risolutive variano a seconda della configurazione: nel caso di numeri ai vertici dei triangoli più spesso il numero al vertice è dato dalla combinazione (somma, sottrazione, moltiplicazione o divisione) dei numeri alla base o da una regola che dia senso all'uso del triangolo. Nel caso di numeri all'interno di quadrati le soluzioni combinatorie sono molto più numerose, per cui il numero mancante potrebbe derivare dalla combinazione dei numeri che si trovano sulla stessa diagonale, o sullo stesso lato, oppure partendo da un punto e ruotare in senso orario oppure antiorario.

**ESEMPIO**

Qual è il numero mancante indicato dal punto interrogativo?

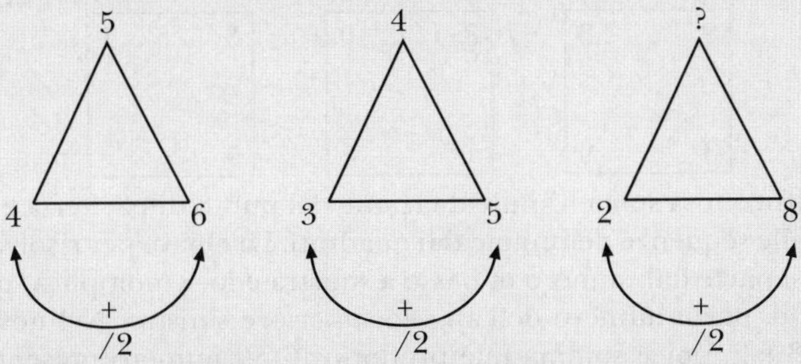


Il numero mancante è il risultato della somma dei numeri alla base dei triangoli diviso 2. Dunque il risultato sarà 5 (dato da 8 + 2 diviso 2).

Il prossimo esercizio invece combina due figure geometriche.

**ESEMPIO**

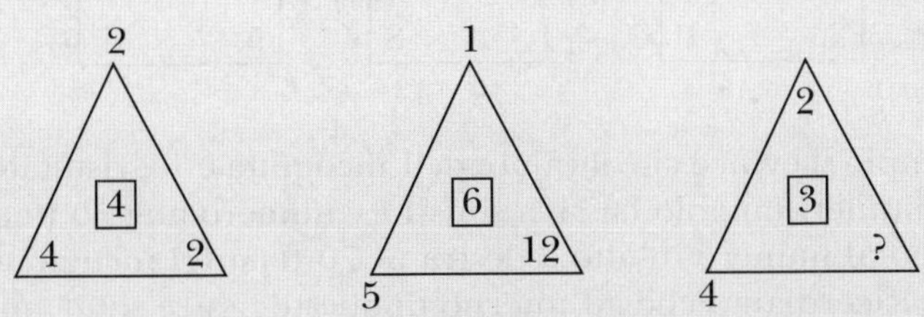


Si noti che all'interno del triangolo c'è un'altra figura geometrica che contiene un numero. Inoltre un'altra caratteristica della sequenza è la presenza di numeri sia all'interno del triangolo che all'esterno. Cerchiamo a questo punto di capire quali regole accomunano le cifre dei primi due triangoli per scoprire l'incognita del terzo.

Al risultato della somma dei valori interni al triangolo si sottraggono i valori esterni per ottenere il valore interno al quadrato. Quindi 4 + 2 – 2 = 4; 12 – 5 – 1 = 6; 5 + 2 – 4 = 3. La cifra mancante è 5.

Le regole generali per questo tipo di problemi sono le seguenti:

- Le operazioni di una serie si muovono nel medesimo senso, cioè se alla prima figura abbiamo proceduto in senso orario, anche le altre saranno in senso orario.
- L'esatta sequenza di operazioni della prima figura è valida anche per le altre figure della stessa serie.
- Se si iniziano i calcoli da un certo punto della figura, occorre iniziare dal medesimo punto anche nelle altre configurazioni.

Ma mostriamo queste regole con un esempio.

**ESEMPIO**

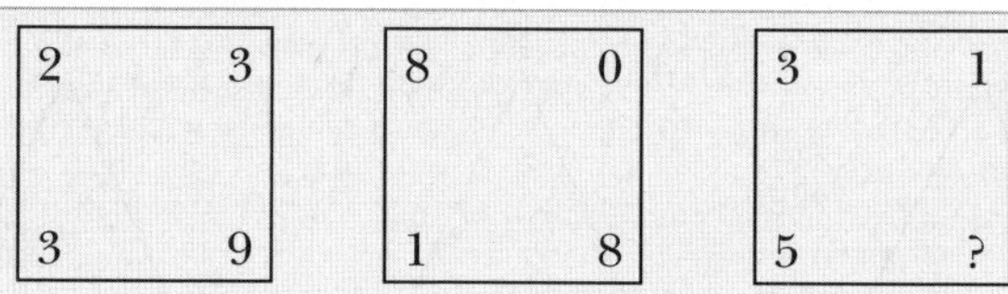


La fase più difficoltosa sta nell'individuazione del punto di partenza e della regola da applicare alle sequenze delimitate dai quadrati. La chiave per risolvere il problema è questa: si parte dal numero in basso a sinistra e lo si moltiplica, proseguendo in senso orario, per il numero dell'angolo superiore sinistro. Nel nostro esempio si moltiplica 3 × 2, poi si somma tale prodotto (6) al numero presente all'angolo superiore destro, nel nostro caso 3, per ottenere il risultato dell'angolo inferiore destro (9).

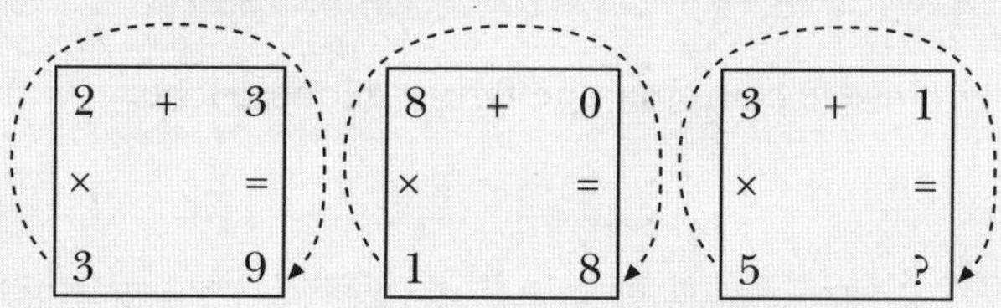


? = 16

Dal nostro esempio si evince che il valore dell'incognita è 16, risultato del prodotto dei primi due numeri (angolo basso a sinistra × numero angolo in alto a sinistra) che sommeremo al numero in alto a destra per ottenere l'incognita all'angolo in basso a destra. Ricordiamo che all'interno di queste figure sono ammissibili tutte le operazioni.

Vediamo infine un esempio in cui si combinano sequenze di lettere con sequenze di numeri. Il livello di difficoltà è medio.

**ESEMPIO**

Quale numero completa la serie?

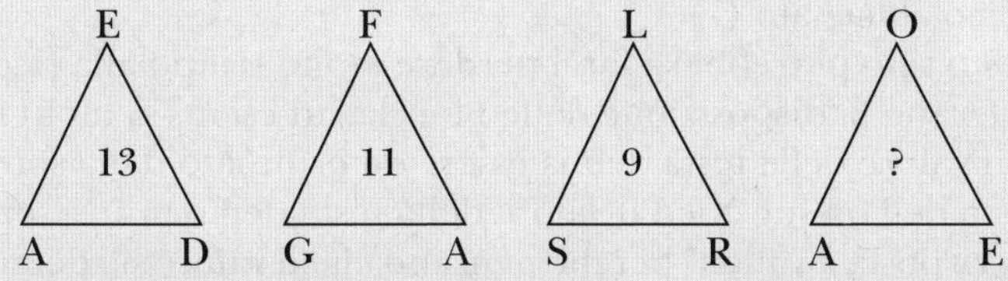


A. 15
B. 10
C. 7
D. 9
E. 2

Il numero al centro della figura è la somma dei valori delle lettere agli angoli. Ciascuna lettera assume un determinato valore in ragione di una semplice proprietà: se la lettera è una vocale il valore attribuito sarà 5, mentre se è una consonante il valore assegnato sarà 3.
Quindi la soluzione è quella della lettera A, 15.

## 3.19 • Le serie con configurazioni particolari

È possibile trovare delle serie numeriche in una cornice e con una disposizione grafica che ne "condiziona" la soluzione. Si possono incontrare degli esercizi in cui la disposizione nello spazio assume un significato come nell'esempio che segue.

**ESEMPIO**

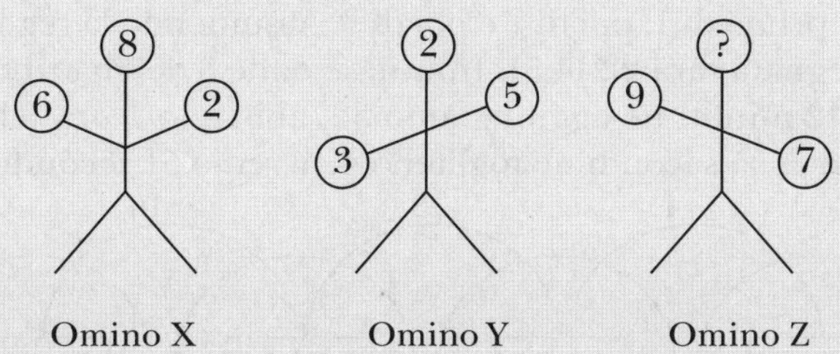


A. 8
B. 6
C. 0
D. 2
E. Nessuna risposta è valida

Qui occorre prestare attenzione alla disposizione nello spazio delle braccia degli omini, infatti se ci fate caso noterete che il numero sulla testa è dato dalla somma

dei numeri delle braccia se sono entrambe alzate (vedi omino X), e dalla differenza tra il valore del braccio alzato con quello del braccio abbassato (vedi omino Y).
La soluzione sarà 2, dato dalla differenza tra il valore del braccio alzato (9), ed il valore del braccio abbassato (7).
Esercizi di questo tipo potrebbero farci perdere molto tempo alla ricerca di regole che non considerano la disposizione delle braccia, ad esempio molti rispondono 6 credendo che il valore della testa debba essere determinato dalla sottrazione tra il valore della testa dell'omino X ed il valore della testa dell'omino Y, oppure rispondono "nessuna risposta è valida" perché pensano che il valore sia determinato dalla somma del valore della testa dell'omino X con quello della testa dell'omino Y.

Proviamo con un altro esercizio.

## ESEMPIO

Un orologio procede secondo una sequenza particolare ma, nonostante la sua bizzarria, è regolarissimo. Abbiamo studiato quattro ore prese successivamente. Quale sarà la prossima ora?

I quattro orari presi in successione dimostrano una regolarità che non rispetta però il normale funzionamento di un orologio.
Per trovare la soluzione è necessario esaminare separatamente ore, minuti e secondi.
Dall'esame delle ore si evidenzia una diminuzione progressiva di 3, 4 e 5; dall'esame dei minuti invece si nota un aumento progressivo di 4, 8, 16; i secondi hanno una diminuzione prima di 1, poi di 2 e poi di 3. Assumendo la regolarità dichiarata la prossima ora segnata sarà 22:14:51. Infatti, se dalle 3 del mattino togliamo 6 ore, sono le 21; se ai 42 minuti ne aggiungiamo 32, abbiamo 1 ora (che va sommata a 21) e 14 minuti; se ai 55 secondi ne togliamo 4, avremo 51 secondi.

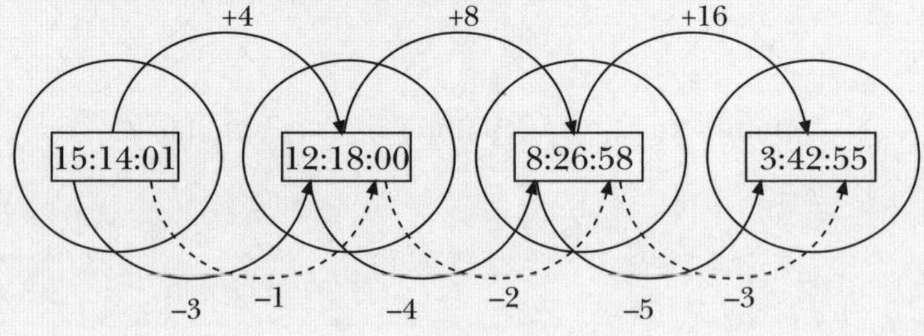

## 3.20 • Le matrici quadrate

Nelle matrici quadrate si presentano delle serie numeriche disposte su un medesimo numero di righe e di colonne come nell'esempio seguente.

| | | |
|---|---|---|
| 5 | 4 | 1 |
| 1 | 6 | 3 |
| 2 | 5 | ? |

Queste prove richiedono rapidità di calcolo e flessibilità cognitiva dato che per risolverle è necessario calcolare in rapida sequenza tutte le possibili combinazioni in orizzontale e in verticale (ma mai in diagonale), che danno ragione alla particolare configurazione che non è mai casuale, a meno che, tra le risposte possibili, non sia presente la risposta "non è possibile risolvere la matrice" o una frase simile.

**ESEMPIO**

Qual è il numero mancante dalla seguente matrice?

| | | |
|---|---|---|
| 5 | 5 | 5 |
| 6 | 2 | 4 |
| 9 | 3 | ? |

Dai resoconti verbali di alcuni soggetti che vi si sono sottoposti, ai quali veniva richiesto di pronunciare ad alta voce tutti i calcoli che stavano facendo per trovare la soluzione, le persone più rigidamente ancorate alla struttura dei dati non andavano oltre alla somma delle righe e delle colonne, per cui non riuscivano a risolverla correttamente.

| | | | |
|---|---|---|---|
| 5 | 5 | 5 | = 15 |
| 6 | 2 | 4 | = 12 |
| 9 | 3 | ? | |
| = 20 | = 10 | | |

Una procedura di questo tipo poteva essere valida con una configurazione come la seguente:

| | | |
|---|---|---|
| 9 | 5 | 3 |
| 8 | 4 | 5 |
| 2 | 5 | ? |

nella quale la somma dei numeri della prima e della seconda riga è sempre 17.

Possiamo dire infatti che la procedura seguita non era in sé sbagliata, ma fuorviante in quanto esclusiva. Chi risolve brillantemente la matrice invece supera la fissità funzionale legata alla strutturazione dei dati ed inizia a verificare rapidamente se vi sono altre configurazioni che potrebbero spiegare i dati ottenuti.
Quindi, si procede con calcoli che prendono in considerazione l'ordine di riga e di colonna e si sommano o sottraggono i primi numeri di riga e di colonna con i secondi o con i terzi.
E se non si giunge ad una soluzione soddisfacente, come in questo caso, si somma il primo numero di riga e di colonna con il secondo numero di riga e di colonna.
Nell'esempio il terzo numero di riga è dato dalla metà della somma dei primi due numeri di riga, cioè (5 + 5)/2 = 5, (6 + 2)/2 = 4, ecc.

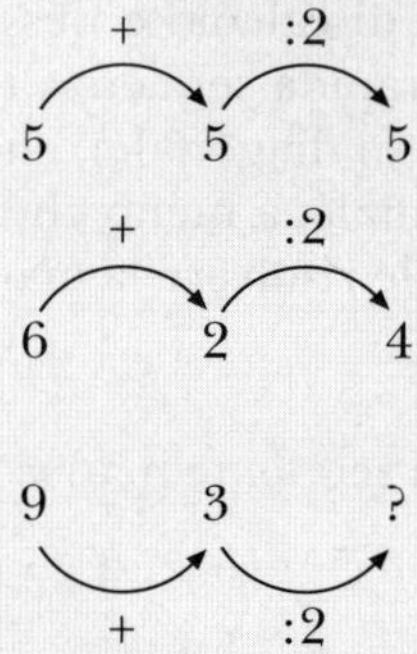


La risposta corretta è 6, cioè (9 + 3)/2.

## 3.21 • Esercizi sugli insiemi e sulle ripartizioni

Il concetto di insieme costituisce l'elemento fondante di quella parte della matematica che è la teoria degli insiemi. Con questo termine indichiamo ogni raggruppamento, collezione, aggregato di elementi, indipendentemente dalla loro natura.
Un diagramma di Eulero-Venn (o semplicemente diagramma di Venn) è una rappresentazione grafica di un insieme che consiste nel racchiuderne gli elementi all'interno di una linea chiusa non intrecciata, come quella riportata di seguito.

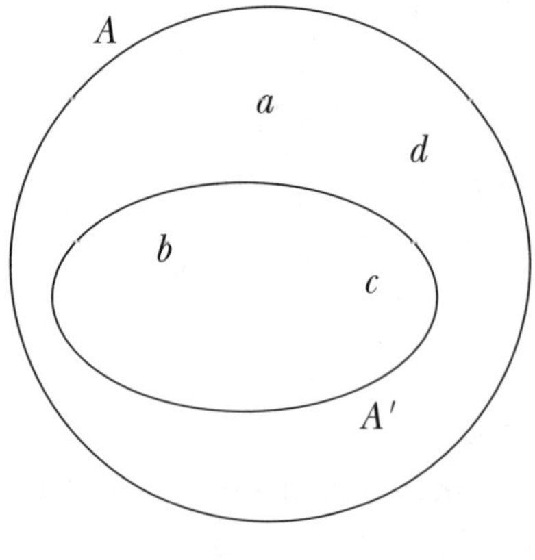

Nella figura proposta, l'insieme $A$ è composto dagli elementi indicati con $a$, $b$, $c$, $d$; questo viene indicato con la notazione $A = \{a, b, c, d\}$. In riferimento a un singolo elemento dell'insieme, la notazione $a \in A$ ci indica che l'elemento $a$ "appartiene" all'insieme $A$. Inoltre, gli elementi $b$ e $c$ appartengono all'insieme $A'$ che è contenuto in $A$ (la notazione usata è la seguente: $A' \subset A$). Per tale motivo $A'$ è detto "sottoinsieme di $A$".

### 3.21.1 • Operazioni tra insiemi

Consideriamo i due insiemi, mostrati in figura, $A = \{a, b, c, d\}$ e $B = \{b, c, e\}$.

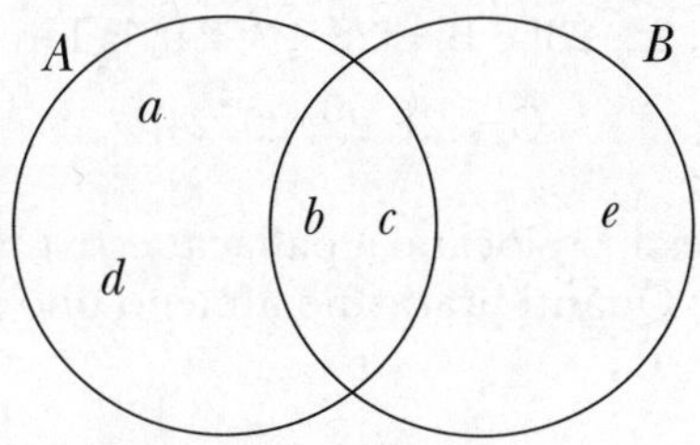


L'unione tra i due insiemi è costituita da tutti gli elementi che si possono trovare in $A$, in $B$ o in tutti e due. L'unione viene indicata con $A \cup B = \{a, b, c, d, e\}$.
Invece, l'intersezione tra due insiemi è composta da quegli elementi presenti in entrambi gli insiemi. Indichiamo l'intersezione con $A \cap B = \{b, c\}$.

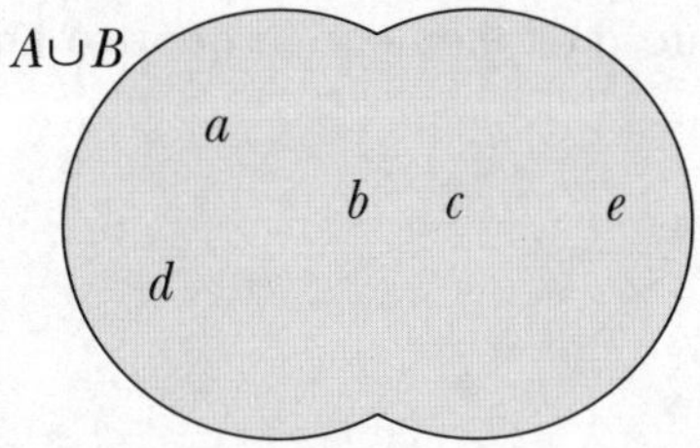


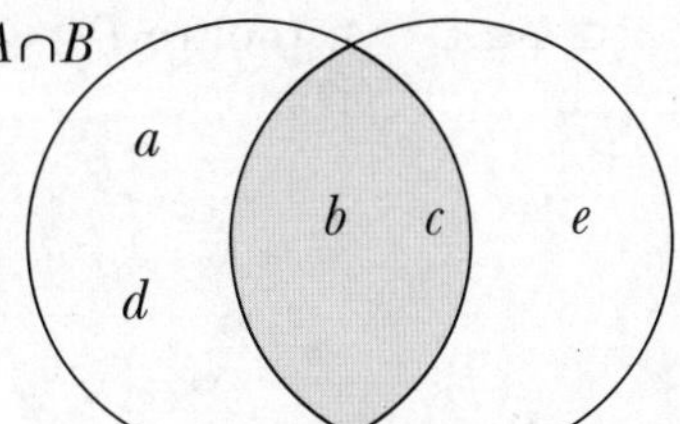


La differenza tra $A$ e $B$ (indicata con $A-B$) è costituita da tutti gli elementi presenti in $A$ a cui vengono sottratti quelli anche presenti in $B$. Nel nostro caso $A - B = \{a, d\}$. Abbiamo inoltre $B - A = \{e\}$.

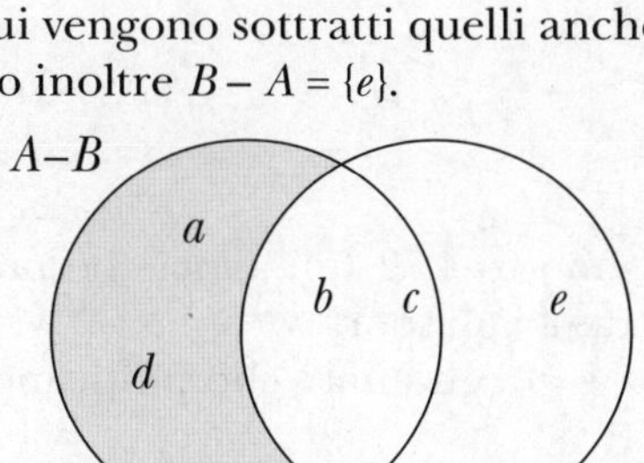


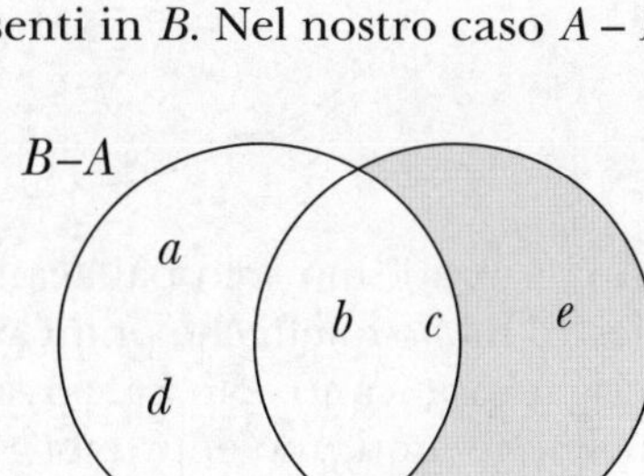


Di seguito, proponiamo alcuni quesiti.

**ESEMPI**

Posti A = {21, 22, 23} e B = {22, 23, 24}, qual è l'insieme risultante dall'unione di A e B?

A. {22, 23}
B. {21, 22, 23}
C. {22, 23, 24}
D. {21, 22, 23, 24}
E. {21, 22, 24}

La risposta corretta è la D. Dati due insiemi, A e B, la loro unione è l'insieme C i cui elementi appartengono all'insieme A oppure all'insieme B, oppure a entrambi. Dati i due insiemi A = {21, 22, 23} e B = {22, 23, 24}, la loro unione è l'insieme:

C = {21, 22, 23, 24}

Marco ha 16 amici: di questi, 6 giocano a pallacanestro, 8 giocano a calcio e 4 praticano entrambi gli sport. Quanti praticano almeno uno sport?

A. 16
B. 10
C. 14
D. 12
E. 6

Indichiamo con $A$ l'insieme degli amici di Marco, con $P$ l'insieme degli amici che praticano pallacanestro e con $C$ l'insieme degli amici che praticano calcio. Abbiamo che $P \subset A$ e $C \subset A$. Inoltre $P \cap C$ è formato da 4 elementi (i quattro amici che praticano entrambi gli sport).

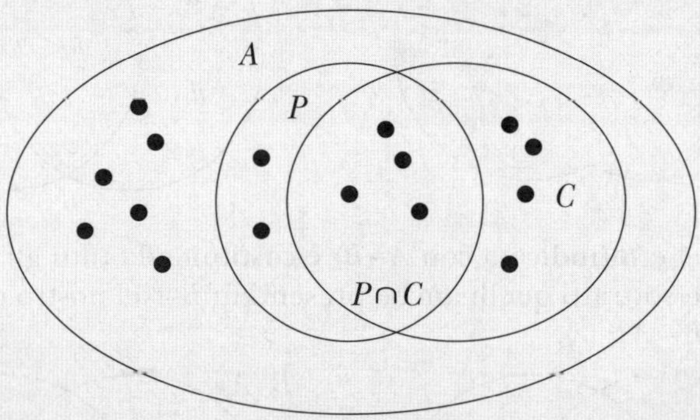


Gli amici che praticano solo pallacanestro sono $6-4=2$ (gli amici che praticano pallacanestro meno quelli che praticano entrambi gli sport).
Gli amici che praticano solo calcio sono $8-4=4$ (gli amici che praticano calcio meno quelli che praticano entrambi gli sport).
Quindi gli amici che praticano almeno uno sport sono dati da quelli che praticano solo calcio più quelli che praticano solo pallacanestro più quelli che li praticano entrambi cioè $4+2+4=10$ (risposta B).

Analizziamo un quesito un po' più complesso.

**ESEMPIO**

In una popolazione di 100 studenti, 70 seguono un corso di spagnolo e 50 uno di giapponese. Quanti sono gli studenti che sicuramente seguono entrambi i corsi?

A. Più di 50
B. 50
C. 20
D. Da 20 a 50
E. Meno di 20

Se $S$ è l'insieme degli studenti che seguono il corso di spagnolo, $S$ contiene 70 elementi, mentre $G$, che è l'insieme di studenti che seguono il corso di giapponese, contiene 50 elementi. Dobbiamo determinare il numero di elementi dell'insieme $S \cap G$, vale a dire, gli studenti che seguono entrambi i corsi.
Dobbiamo individuare i casi in cui $S \cap G$ ha il numero maggiore possibile e minore possibile di elementi.
Il caso con il numero maggiore possibile di elementi si ha quando i 50 studenti di giapponese frequentano tutti anche spagnolo. In tal caso abbiamo 50 studenti frequentanti ambo i corsi e quindi $S \cap G$ contiene un numero massimo di 50 elementi.
Il caso di minore sovrapposizione si ha quando, tolti dai 100 studenti totali i 70 di spagnolo, dei 30 che restano (e che non frequentano spagnolo), si ha che tutti frequentano giapponese. Per arrivare a 50 studenti di giapponese restano 20 studenti che, per forza di cose, frequentano sia il corso di giapponese che di spagnolo. In tal caso abbiamo 20 studenti frequentanti ambo i corsi e quindi $S \cap G$ contiene 20 elementi.
Perciò il numero di studenti che frequentano ambo i corsi può variare da 20 a 50 (risposta D).

## 3.22 • Altri esercizi di logica numerica

Alcuni problemi si risolvono mediante calcoli matematici abbastanza semplici che possono essere talvolta bypassati da procedimenti empirici, dopo aver però compreso l'aspetto logico del problema. In altre parole la complessità è relativa solo alla comprensione su come impostare il quesito.

Vediamo un esempio.

**ESEMPIO**

Una strada lunga 104 metri ha in totale 28 platani posti su entrambi i lati. Sapendo che i platani sono tra loro equidistanti, a quale distanza in metri è posto un platano dall'altro?

A. 4
B. 3,7
C. 8

D. 7,4
E. 10,4

La risposta corretta è la C. I platani sono disposti su due file, quindi sono 14 per ogni lato in 104 metri. Poiché il primo platano è situato all'inizio, cioè a zero metri, si deve dividere 104 per 13 per ricavare la distanza tra i singoli platani, che è pari a 8.

Spesso, sono assegnati determinati quesiti la cui risoluzione richiede la conoscenza dei quadrati dei numeri naturali compresi tra 1 e 25.

**ESEMPIO**

Il piccolo Federico gioca con 550 tessere quadrate di legno colorato, tutte delle stesse dimensioni. Ha costruito con esse il quadrato più grande possibile; quante tessere ha avanzato Federico?
A. 21
B. 25
C. 19
D. 23
E. 20

La risposta corretta è la A.
Il quesito si risolve trovando il lato del quadrato più grande possibile costruibile con le tessere date. Tale lato si ottiene considerando la parte intera della radice quadrata approssimata del numero di tessere dato. In altri termini, occorre trovare quel numero il cui quadrato sia prossimo al numero di tessere date. Il quadrato costruito avrà per lato proprio quel numero.
Nel quesito, il numero delle tessere è 550; pertanto, occorre trovare la radice quadrata approssimata del numero 550 o, in altri termini, il numero il cui quadrato è prossimo a 550. Quest'ultimo numero è 23; infatti: $23^2 = 529$.
Con 550 tessere, il piccolo Federico ha costruito il quadrato più grande possibile; gli sono avanzate, quindi, 550 – 529 = 21 tessere.

Un altro esempio di quesito frequentemente assegnato è il seguente.

**ESEMPIO**

Una lumaca è caduta in un pozzo profondo 16 metri. Durante la mattina risale di 5 metri, ma prima di mezzanotte scivola indietro di 4 metri. Riuscirà a uscire dal pozzo durante la mattina:
A. dell'undicesimo giorno
B. del dodicesimo giorno
C. del sedicesimo giorno
D. del quindicesimo giorno
E. del tredicesimo giorno

La risposta corretta è la B. La lumaca ogni giorno risale di 1 metro; infatti:

5 m al mattino – 4 m la sera = 1 m al giorno

Dopo 11 giorni è risalita di 11 metri. Al dodicesimo giorno, di mattina, risale di 5 metri, per cui arriva a 11 + 5 = 16 m ed esce dal pozzo.

Il quesito riportato di seguito è analogo al precedente.

**ESEMPIO**

Una lumaca si trova ai piedi di una parete alta 15 metri. Per 12 ore sale faticosamente per 3 metri e dopo, riposandosi per altre 12 ore, scivola lungo la parete per 2 metri. Di seguito ripete ciclicamente queste stesse azioni. Quante ore, dall'inizio della propria scalata, impiegherà la lumaca per giungere sulla sommità della parete?

A. 360
B. 336
C. 312
D. 300
E. 288

Trascorse 24 ore la lumaca sarà salita di un metro lungo la parete: ai 3 metri percorsi durante le prime 12 ore dobbiamo sottrarre i 2 metri persi durante le successive 12 ore. Consideriamo tale processo ripetuto per altre 12 volte: 12 × 24 ore = 288 ore. Dopo questo numero di ore la lumaca sarà giunta a 12 metri di altezza. Avendo già riposato nelle ultime 12 ore trascorse, la lumaca ricomincerà la propria scalata e, nelle successive 12 ore, percorrerà gli ultimi 3 metri rimanenti, giungendo in cima al muro ed impiegando un tempo pari a 288 ore + 12 ore = 300 ore. La risposta corretta è D.

Il seguente quesito è analogo ai precedenti.

**ESEMPIO**

Su una pista rettilinea lunga 1 km, un gambero avanza nelle ore diurne di 40 metri e di notte arretra di 25 metri. Arriverà alla fine della pista durante le ore diurne del:

A. sessantatreesimo giorno
B. sessantasettesimo giorno
C. sessantacinquesimo giorno
D. sessantaseiesimo giorno
E. quarantacinquesimo giorno

La risposta corretta è la C. Ogni giorno il gambero percorre 40 m – 25 m = 15 m. Prima delle ore diurne del penultimo giorno avrà percorso 1000 m – 40 m = 960 m. Il penultimo giorno è incognito e si ottiene considerando che il gambero avrà percorso 960 metri in 960/15 = 64 giorni.
Percorrendo altri 40 metri, il gambero arriverà alla fine durante le ore diurne del 65° giorno.

I quesiti seguenti sono di diversa tipologia.

## ESEMPI

Sono al buio; estraggo (senza reinserirle) alcune scarpe da una scarpiera disordinata contenente 5 paia diverse di scarpe. Qual è il minimo numero di scarpe che devo estrarre per essere sicuro di trovarne un paio utilizzabile, cioè una destra e una sinistra dello stesso paio?

A. 5 scarpe
B. 4 scarpe
C. 9 scarpe
D. 6 scarpe
E. 3 scarpe

La risposta corretta è la D. Il numero minimo di scarpe che occorre estrarre per essere sicuri di prendere dalla scarpiera due scarpe dello stesso paio si trova identificando l'ipotesi peggiore in cui le scarpe estratte siano tutte diverse tra loro, ossia l'ipotesi in cui le prime 5 scawrpe estratte appartengono a 5 paia diverse. Tuttavia, alla sesta estrazione, qualsiasi scarpa appartiene a 1 delle 5 paia già estratte, per cui sicuramente si è trovato un paio utilizzabile.
Il numero minimo di scarpe da estrarre è, dunque, 6.
In generale, il numero minimo di oggetti da estrarre è pari al numero di categorie di oggetti diversi (scarpe, calzini, penne...) cui si somma 1.

Un distributore automatico vende caramelle a 10 centesimi di euro l'una. Le caramelle sono di tre colori, mescolate fra loro, ed escono in modo casuale. Luca conta al suo interno 10 caramelle blu, 11 verdi e 12 rosse. Quanti soldi deve essere disposto a spendere per essere sicuro di averne almeno una blu e tre verdi?

A. 2,50 euro
B. 1,60 euro
C. 1,30 euro
D. 1,20 euro
E. 2,40 euro

La risposta corretta è la A. Chiedersi quanti soldi Luca deve essere disposto a spendere per essere sicuro di avere almeno 1 caramella blu e 3 caramelle verdi equivale a chiedersi qual è il numero di caramelle che Luca è disposto ad acquistare per averne almeno 1 blu e 3 verdi. Tale numero si trova identificando l'ipotesi peggiore in cui:

- le prime caramelle erogate dal distributore siano le 12 rosse, a un costo di 1,20 euro;
- le successive caramelle erogate siano le 10 blu, a un costo ulteriore di 1 euro;
- le ultime caramelle erogate siano le attese 3 verdi, a un costo di 0,30 euro.

In totale, Luca deve essere disposto a spendere 1,20 + 1 + 0,30 = 2,50 euro, per essere sicuro di avere almeno 1 caramella blu e 3 caramelle verdi.

Apriamo, a caso, un dizionario e osserviamo che la pagina di destra è la 111, poi solleviamo alcuni centimetri di fogli e, sempre a destra, leggiamo 777. Quante pagine pari vi sono fra le due letture?

A. 332
B. 333
C. 334
D. 665
E. 666

Consideriamo la pagina pari più alta (776) e quella più bassa (112) nell'intervallo di pagine da 111 a 777. La differenza 776 – 112 = 664 ci dà il numero di pagine comprese tra 776 e 112, anche se nella sottrazione non conteggiamo la pagina iniziale (112 che è pari). Dividendo tale numero per 2 otteniamo il numero di pagine pari presenti in questo intervallo, cioè 332, a cui dobbiamo ancora aggiungere la pagina 112, che non era stata conteggiata nell'intervallo, calcolando la differenza. Il risultato finale è 333 (risposta B).

---

Il primo Marzo del 1987 era Domenica. Che giorno era il primo Marzo 1994?

A. Venerdì
B. Sabato
C. Domenica
D. Lunedì
E. Martedì

I giorni in un anno sono 365 mentre 364 è multiplo di 7 (la settimana). Questo vuol dire che, ogni anno, un determinato giorno (ad esempio il primo marzo) slitterà, lungo la settimana, di una posizione in avanti (per cui, ad esempio, un Martedì diventerà Mercoledì). Quando si incorre in un anno bisestile i giorni antecedenti il 28 Febbraio slitteranno di due posizioni lungo la settimana nell'anno successivo a quello bisestile mentre i giorni successivi al 28 Febbraio slitteranno di due posizioni lungo la settimana nello stesso anno bisestile (è il caso del primo Marzo). Si ricorda che un anno è bisestile se il suo numero è divisibile per 4.
Approntiamo quindi la seguente tabella:

| Anno | Caratteristiche | Primo Marzo |
|---|---|---|
| 1987 | | Domenica |
| 1988 | Bisestile | Martedì |
| 1989 | | Mercoledì |
| 1990 | | Giovedì |
| 1991 | | Venerdì |
| 1992 | Bisestile | Domenica |
| 1993 | | Lunedì |
| 1994 | | **Martedì** |

La risposta corretta è E.

Dal centro della città ogni minuto parte un tram che in 7 minuti arriva alla stazione, qui si ferma un istante e poi ritorna indietro. Un tram, in un giro completo, quanti altri tram incontrerà?

A. 7
B. 13
C. 14
D. 15
E. 20

Il quesito suppone che il tram non sia uno dei primi a partire altrimenti incontrerebbe un numero limitato di tram durante il suo tragitto. Quindi la situazione è supposta a regime. Notiamo che il viaggio complessivo dura 14 minuti (7 all'andata e 7 al ritorno), la traccia stessa del quesito ci lascia intendere di considerare nullo il tempo di fermata alla stazione. Siccome ogni minuto vi è un tram in partenza, questo vuol dire che, per ogni tram che arriva a destinazione in centro città, ve ne è uno che parte. Quindi il tram in partenza incontrerà il primo tram proprio mentre sta per partire; passato un minuto incontrerà il secondo tram, passati due minuti incontrerà il terzo tram e così via, fino al quattordicesimo minuto (la fine della corsa) quando incontrerà il quindicesimo tram che è sul punto di partire. I tram incontrati sono in tutto 15 (risposta D).

Un'infermiera deve numerare 238 provette in serie progressiva (1, 2, ..., 9, 10, 11, ..., 99, 100, 101, ..., 238); le sono state messe a disposizione solo etichette numerate da 0 a 9. Quante etichette dovrà utilizzare per portare a termine il lavoro affidatole?

A. 238
B. 476
C. 606
D. 714
E. 999

Per numerare le provette etichettate con numeri a una cifra (da 1 a 9) l'infermiera userà 9 etichette, una per ogni provetta. Per ognuna delle provette da etichettare da 10 a 99 (che sono in totale 90) l'infermiera dovrà usare 2 etichette ciascuna, in quanto tali provette sono etichettate con numeri a due cifre. Avremo quindi $2 \times 90 = 180$ etichette. Per ognuna delle provette da etichettare da 100 a 238 (che sono in totale 139) l'infermiera dovrà usare 3 etichette ciascuna, in quanto tali provette sono etichettate con numeri a tre cifre. Abbiamo in totale $3 \times 139 = 417$ etichette. Quindi il totale delle etichette sarà $9 + 180 + 417 = 606$.
La risposta corretta è C.

Un sarto, in ritardo nella consegna di una giacca fantasia per un cliente, ha bisogno di una serie di quattro bottoni uguali. Dà incarico al figlio di recarsi in solaio e portargli quattro bottoni dello stesso colore scelti in un cassetto contenente 84 bottoni blu, 32 turchesi, 28 celesti e 4 verdi, tutti della stessa forma e grandezza. Poiché il figlio del sarto nella penombra non riesce a distinguere i colori, quanti

bottoni dovrà prendere come minimo per averne sicuramente quattro dello stesso colore?
A. 16
B. 8
C. 4
D. 13
E. 12

Nella peggiore delle ipotesi il figlio dopo aver estratto 12 bottoni, se non avrà con sé una quaterna di bottoni uguali dovrà per forza avere 3 bottoni per ognuno dei 4 colori ($4 \times 3 = 12$). In tal caso all'estrazione del tredicesimo bottone sicuramente completerà una delle quaterne. Quindi il numero massimo di bottoni è 13.
La risposta corretta è D.

Nel negozio di un concessionario una manovra di parcheggio porta sette automobili ad essere allineate una dopo l'altra, paraurti contro paraurti. Quanti paraurti si toccano effettivamente l'uno contro l'altro?
A. 7
B. 6
C. 8
D. 12
E. 14

Per sette auto allineate in fila, vi sono 6 coppie di paraurti che si toccano (il paraurti posteriore dell'auto antecedente con quello anteriore dell'auto seguente). Per cui abbiamo $6 \times 2 = 12$ paraurti che si toccano l'uno contro l'altro.
La risposta corretta è D.

I quesiti che proporremo di seguito prevedono corrispondenza tra lettere e numeri.

Il quesito seguente richiede abilità nell'individuare corrispondenza numerica tra una data parola e un dato numero. Generalmente, si tratta di parole costituite da un dato numero di lettere, mentre il numero cui le stesse sono associate si ottiene eseguendo una certa operazione sul numero delle lettere.

**ESEMPIO**

Posto che, secondo una regola nascosta, a PIPA corrisponde 16 e ad ARANCIA corrisponde 28, che numero corrisponde a LANCIA?
A. 24
B. 22
C. 40
D. 36
E. 12

La regola "nascosta" è la seguente: a ciascun parola corrisponde un numero pari al numero di lettere della parola moltiplicato per 4.

Alla parola PIPA (di 4 lettere) corrisponde il numero $4 \times 4 = 16$.
Alla parola ARANCIA (di 7 lettere) corrisponde il numero $7 \times 4 = 28$.
Alla parola LANCIA (di 6 lettere) corrisponde il numero $6 \times 4 = 24$.
La risposta corretta è la A.

In determinati quesiti, le cifre dei numeri sono espresse mediante lettere o sequenze di lettere in corrispondenza con numeri.

Un quesito inerente le cifre dei numeri frequentemente somministrato è della tipologia riportata di seguito, in cui le lettere date rappresentano cifre (pari o dispari).

**ESEMPIO**

Se con la lettera N si indica una qualsiasi cifra (singola), con la lettera P una qualsiasi cifra (singola) pari e con la lettera D una qualsiasi cifra (singola) dispari, allora il prodotto tra i numeri NP e NN è sicuramente un numero:
A. Dispari di quattro cifre
B. Divisibile per qualsiasi numero naturale
C. Dispari di due cifre
D. Composto da due cifre
E. Pari

La risposta corretta è la E.
Il quesito chiede di trovare quel numero uguale al prodotto tra un numero pari (NP) e un numero pari o dispari (NN) a seconda del valore assegnato a N.
In generale, il prodotto di un numero pari per un qualsiasi numero dà come risultato sempre un numero pari.

# CAPITOLO 4
# Ragionamento astratto, spaziale, attenzione e precisione

I test di ragionamento astratto sono misure non verbali delle abilità cognitive che rilevano se e quanto un soggetto è in grado di eseguire un ragionamento semplice o complesso di fronte a materiale stimolo, che può essere costituito da figure geometriche, disegni di diversa forma, diverso orientamento spaziale, diversi elementi componenti o altre caratteristiche atte a differenziare le diverse componenti.
I quesiti di logica visiva vengono utilizzati anche per valutare attitudini particolari quali l'attenzione, la precisione, l'accuratezza. Di seguito, una disamina delle principali tipologie di quesito.

## 4.1 • Le abilità di ragionamento con materiale visuo-percettivo

I test di ragionamento astratto sono misure non verbali delle abilità cognitive che rilevano se e quanto un soggetto è in grado di eseguire un ragionamento semplice o complesso di fronte a materiale-stimolo costituito da figure geometriche, disegni di diversa forma, diverso orientamento spaziale, diversi elementi componenti, diverse tessiture, ecc.

Il compito consiste nel giungere a delle generalizzazioni a partire da materiale visivo astratto che "racchiude" delle relazioni e dei principi soggiacenti senza fare ricorso al linguaggio verbale o al linguaggio simbolico di tipo matematico.
Ci si aspetta che i risultati con questo tipo di test siano scarsamente correlati con le prove di abilità di ragionamento numerico e verbale e che per questo motivo valutino abilità cognitive sovraordinate e "naturali" prescindendo dal nozionismo e dall'apprendimento.

A questo punto sarebbe legittima la domanda "A cosa ci serve sapere che esistono prove costituite da materiale astratto se le abilità di ragionamento da esse misurate sono così profondamente legate a delle abilità cognitive tanto generali da non poter essere apprese con l'esercizio?".
In parte la domanda sarebbe legittima e sensata se queste prove fossero davvero non suscettibili di apprendimento esperienziale, ma ciò non risponde al vero. Infatti **si può imparare a migliorare la propria performance attraverso l'esercizio mirato e con l'addestramento aspecifico**. L'*esercizio mirato* consiste nell'esercitazione sistematica con materiale stimolo del tutto simile a quello delle prove di esame; l'*addestramento aspecifico* consiste nel potenziamento di abilità che indirettamente favoriscono il mi-

glioramento della performance complessiva con materiale visivo figurativo-astratto, potenziando quello che possiamo chiamare l'"occhio della mente".

## ESEMPI

Esaminiamo questa figura:

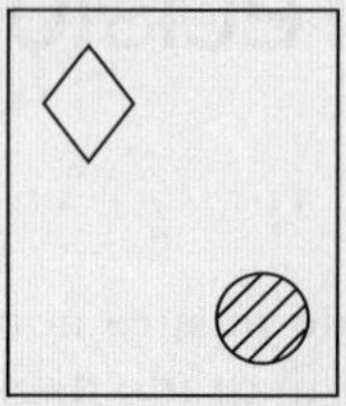

Se provassimo a descrivere dettagliatamente e verbalmente quello che rappresenta diremmo che la figura è un rettangolo che racchiude due figure geometriche posizionate nelle vicinanze degli angoli opposti, l'una raffigurante un rombo nelle vicinanze dell'angolo in alto a sinistra, l'altra raffigurante un cerchio nelle vicinanze dell'angolo in basso a destra. Dovremmo aggiungere anche che il cerchio presenta una tessitura obliqua.
Questa figura potrebbe ricordare vagamente qualcosa di familiare, come un esemplare molto particolare di una carta da gioco, in quanto il rombo ci ricorda i "quadri" delle carte da gioco e il rettangolo richiama la forma della carta da gioco, ma la figura nella sua totalità non è una carta da gioco a causa della presenza del cerchio. Di fatto la figura non rappresenta integralmente un esempio del concetto carta da gioco, per cui non disponiamo di categorie concettuali sufficienti che ci consentano di denominarla. La figura in esame è un "evento" unico che non rappresenta alcuna categoria nota nella nostra cultura (questa raffigurazione dovrebbe costituire uno stimolo "equo" dal punto di vista culturale).
Diciamo che questa figura è comunque un concetto, un concetto che possiede degli *attributi* particolari che abbiamo poc'anzi descritto o meglio possiede una *congiunzione di attributi*. Il concetto in questo caso corrisponde ad una figura (il rettangolo) con due attributi (il rombo e il cerchio) che possiedono dei *valori* congiuntivi: la collocazione nello spazio all'interno del rettangolo nelle vicinanze degli angoli opposti possiede una determinata grandezza e una certa tessitura. Per favorire la comunicabilità e condivisione con altri del concetto-figura in esame potremmo anche attribuirgli un nome o etichetta: la figura è il QUAROCE.
Immaginiamo due studenti che insieme per la prima volta osservano lo stimolo: ne hanno osservato le caratteristiche distintive e l'hanno chiamato Quaroce.

Passiamo ad esaminare quest'altra coppia di figure:

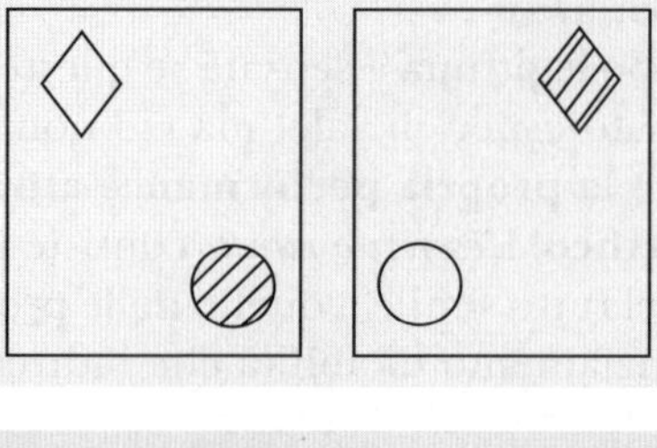

Si nota che le due figure sono in relazione tra loro, si è formato quello che potremmo definire un *concetto relazionale*. Come si può osservare la relazione è specificata dagli attributi che caratterizzano la categoria di appartenenza del concetto, in questo caso dalla riflessività negativa: i due quaroce sono l'uno la riflessione invertita dell'altro, il cerchio con tessitura collocato sull'angolo in basso a destra del rettangolo è riflesso nell'altro quaroce sull'angolo sinistro del rettangolo, senza tessitura, stessa cosa per il rombo.
Infatti, il rombo senza tessitura collocato sull'angolo in alto a sinistra del rettangolo è riflesso nell'altro quaroce sull'angolo destro del rettangolo, con tessitura.
Per chiarire meglio cosa intendiamo per concetto relazionale, pensiamo a due persone che si sposano: il matrimonio è un concetto che rappresenta una relazione tra due soggetti.
Anche i nostri quaroce sono in relazione tra loro, una relazione che abbiamo definito *riflessivo negativa*.
Per individuare la relazione tra i due quaroce abbiamo dovuto operare un'astrazione. Il ragionamento astratto è stato indotto da materiale stimolo di tipo visivo-percettivo-figurale ed è per questo motivo che si parla di abilità di ragionamento visuo-percettivo. Il termine astrazione, astrarre, può essere inteso sia come isolare, prescindere da, (Rossi, 2000) considerare qualcosa o un suo particolare aspetto indipendentemente dal resto, sia nel senso di procedimento attraverso il quale e mediante il quale si ottiene il concetto a partire dagli oggetti individuali.

Aumentiamo leggermente la complessità del compito con un esempio in cui, date tre figure, occorre identificare la figura che completa la serie, da scegliere tra diverse alternative di risposta. Il compito del risolutore è facilitato proprio dalla presenza di tali alternative.

**ESEMPIO**

Esaminate la sequenza sotto riportata:

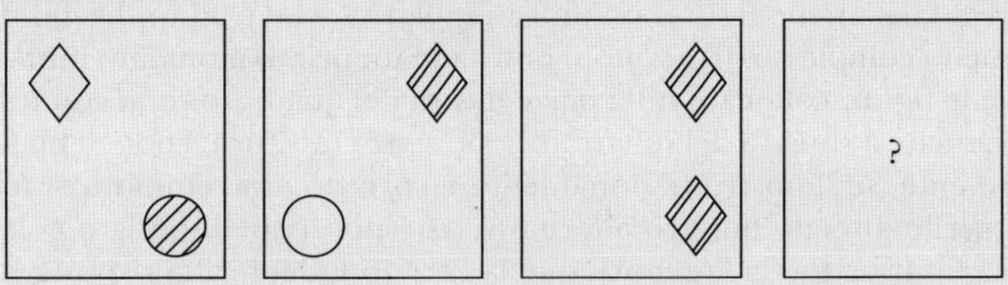


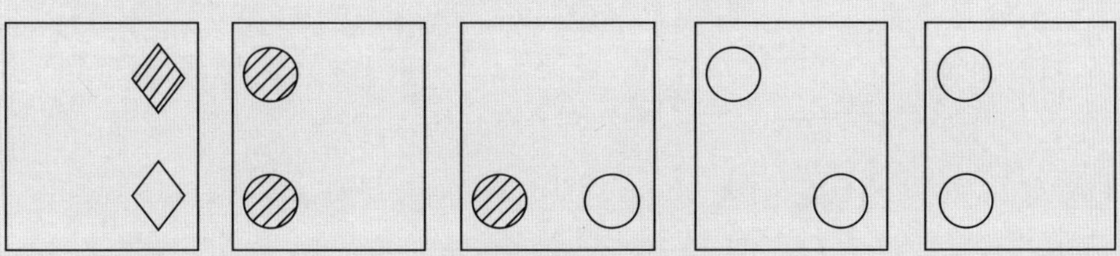

A. B. C. D. E.

Quale figura completa la serie?

La nuova figura non è un quaroce, ma qualcos'altro. Quindi, il ragionamento iniziale, se prima era plausibile, ora deve essere riformulato alla luce del nuovo stimolo.
Le risposte alternative costituiranno un grande aiuto perché a partire da esse si potranno formulare e verificare delle ipotesi.
Dunque avevamo introdotto il concetto di specularità negativa che metteva in relazione i due stimoli, il terzo stimolo non esprime questa relazione con alcuna delle due figure stimolo antecedenti, infatti si trovano due rombi con tessitura posti nelle vicinanze dei due angoli in alto e in basso a destra del rettangolo.
Prendiamo in esame rapidamente le risposte suggerite: la risposta A mostra due rombi agli angoli a destra, uno bianco e uno con tessitura, la B due cerchi con tessitura sul lato sinistro, la C un cerchio con tessitura ed uno bianco agli angoli in basso, la D due cerchi bianchi sugli angoli opposti ed infine la risposta E due cerchi bianchi sul lato a sinistra del quadrato.
Per trovare la chiave risolutiva del problema è necessario indirizzare il nostro ragionamento su un diverso livello di astrazione: dividiamo mentalmente il quadrato in due parti:

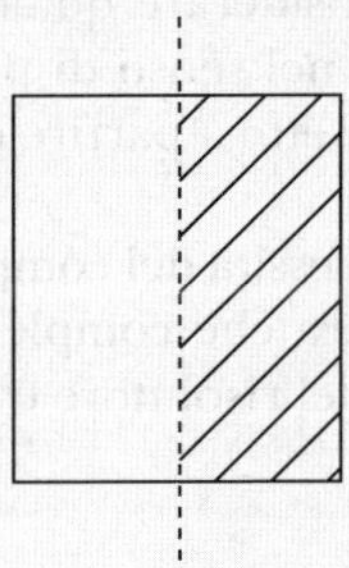

Si evidenzia una regolarità nelle figure, un'unica regolarità, che è ad un livello di astrazione molto meno complesso di quanto si poteva in un primo momento immaginare, infatti tutte le figure collocate sulla parte destra del quadrato sono con tessitura, quelle posizionate a sinistra del quadrato sono senza tessitura, vuote o bianche. Conseguentemente, se il nostro ragionamento è corretto, dovremmo trovare tra le risposte suggerite almeno quattro alternative che non rispettano la regola. Infatti soltanto una figura rispetta la regola, quella corrispondente alla risposta E.

Secondo questa regola potevano essere considerate risposte corrette (e per questo non previste tra le risposte alternative) anche i seguenti stimoli figurali:

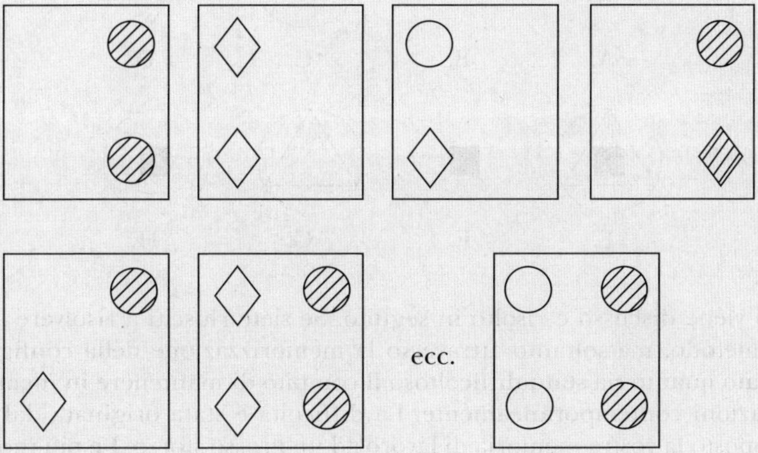


proprio perché tutte le figure rispettano la regola sottintesa.

Se aumentiamo il numero di elementi da tenere contemporaneamente "sotto osservazione", la pressione a cui viene sottoposto il nostro sistema cognitivo può essere enorme. Generalmente il livello di complessità è analogo alla prova successiva che utilizzeremo come modello per assaporare il gusto del sovraccarico della cosiddetta memoria di lavoro.

**ESEMPIO**

Quale figura completa la matrice? (Magro, Peron e Roncato, 2000)

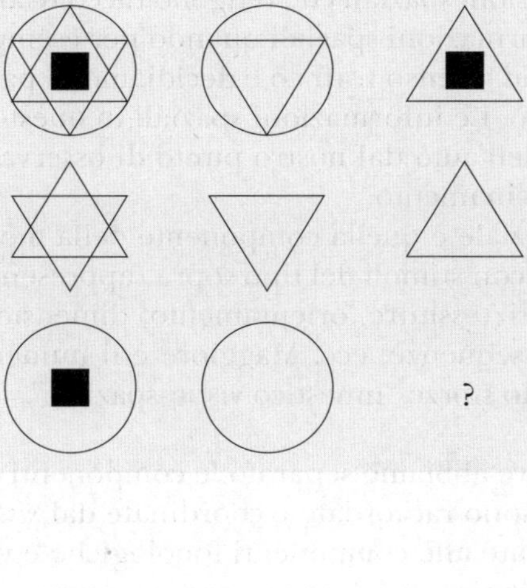

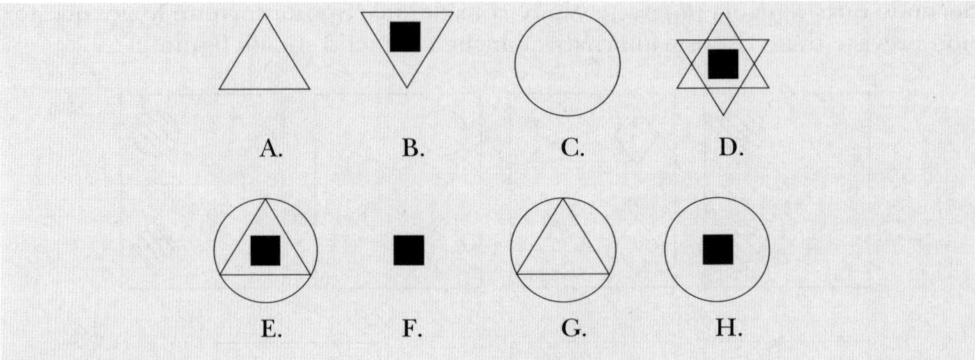


L'esercizio viene discusso e risolto in seguito. Se siete riusciti a risolvere la matrice senza un metodo, ma soltanto attraverso la memorizzazione della configurazione, avrete notato quanto sia stato difficoltoso il compito di mantenere in memoria tutte le informazioni contemporaneamente. La difficoltà è stata originata dal fatto che avete sottoposto la vostra memoria di lavoro ad un grosso sforzo. Le più recenti ricerche non considerano più la memoria di lavoro come un magazzino di archiviazione temporanea delle informazioni più o meno capiente, ma come un apparato comprendente tre sottosistemi operanti: il sottosistema denominato *circuito articolatorio* (*articulatory loop*), il *sottosistema visuo-spaziale* (visual sketch pad) e l'*esecutivo centrale* (central executive).

Quando ripetiamo mentalmente un numero di telefono che abbiamo appena letto per mantenerlo in memoria prima di averlo composto e durante la sua composizione entra in gioco il circuito articolatorio, che è un tipo di memoria fonologica che gioca un ruolo molto importante in attività cognitive come la comprensione di un testo o quando facciamo i calcoli a mente.

Il sottosistema visuo-spaziale invece opera sulle informazioni provenienti dall'organo visivo e sulle informazioni spaziali che vengono raccolte anche se non sono "viste". Facciamo ricorso ad informazioni spaziali quando per esempio siamo in procinto di attraversare una strada ad intenso traffico e decidiamo di passare pur in presenza di un'auto in avvicinamento. Le informazioni spaziali in questo caso corrispondono al giudizio sulla distanza dell'auto dal nostro punto di osservazione e alla valutazione della sua velocità di avvicinamento.

Il sottosistema visuo-spaziale è quella componente della memoria di lavoro che più delle altre viene attivata con stimoli del tipo sopra rappresentati, in quanto si debbono valutare forme, colori/tessiture, orientamento, dimensioni, relazioni tra figure, configurazioni spaziali, sequenze, ecc. Maggiore è il numero delle componenti da valutare, maggiore sarà lo sforzo "mnestico visuo-spaziale".

Solo per finalità espositive abbiamo separato le componenti della memoria di lavoro in tre parti, ma di fatto sono raccordate e coordinate dal *sistema esecutivo centrale* che coordina le funzioni legate alle componenti fonologiche e visuo-spaziali. Questo sistema programma, distribuisce e valuta se e quante risorse cognitive sono disponibi-

li, se vengono raggiunti i risultati desiderati, e quindi se continuare il lavoro oppure interromperlo.
È il sistema esecutivo centrale la componente che stabilisce se, quante e quali risorse allocare, distribuire e modulare.

È per questo che la memoria di lavoro viene sovraccaricata eccessivamente e inutilmente se procedete confrontando le figure alla rinfusa, senza un metodo, senza un piano esecutivo.

## 4.2 • Il materiale stimolo: figure, forme, tessitura e disposizione spaziale

Da un esame delle tipologie di stimoli più frequentemente presenti nelle prove di selezione si nota una prevalenza di figure geometriche combinate e sovrapposte in vario modo tra loro e figure astratte con attributi numerali (numero di linee, cerchi, settori con o senza tessitura, ecc.).
Riportiamo di seguito alcune figure *stimolo* con determinati attributi e componenti che assumono un certo "valore" in relazione con altre figure.

## 4.3 • Rotazioni mentali e orientamento spaziale

Immaginate la lettera B in stampatello maiuscolo, ruotatela in senso orario di 90° (da mezzogiorno alle tre), ruotatela sul suo asse di 180° verso l'alto, ruotatela in senso antiorario di 180° (dalle tre alle nove).
Qual è il risultato delle rotazioni?

A. B. C. D. E.

La difficoltà del compito è dovuta sia alla capacità di comprendere le istruzioni sia all'abilità di eseguire mentalmente le rotazioni. Per alleggerire il carico di lavoro richiesto al nostro sistema mnestico possiamo aiutarci con degli schemi di questo tipo. Poniamo la lettera B sugli assi cartesiani *x y*, in corrispondenza del punto di origine 0 degli assi:

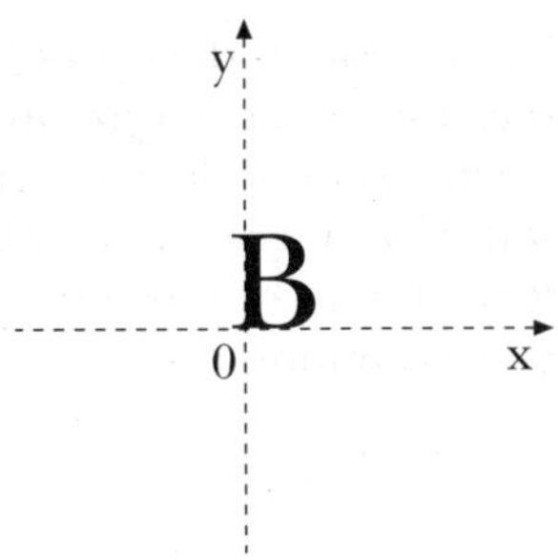


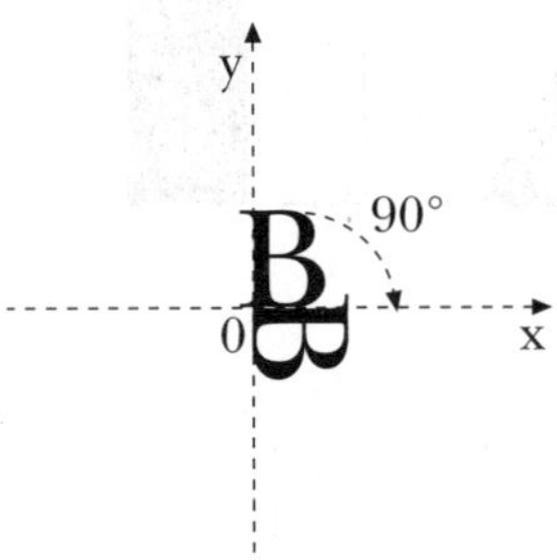


Si richiede di rotare di 90° in senso orario. Un ulteriore chiarimento sul tipo di rotazione richiesta è dato dal suggerimento da mezzogiorno alle tre, cioè si intende una rotazione sul punto di origine verso destra, perché in senso orario, di 90°.

Il secondo comando richiede che la lettera venga ruotata sul suo asse di 180°: qui è necessario eseguire una rotazione sull'asse della lettera B verso l'alto per cui avremo il risultato seguente:

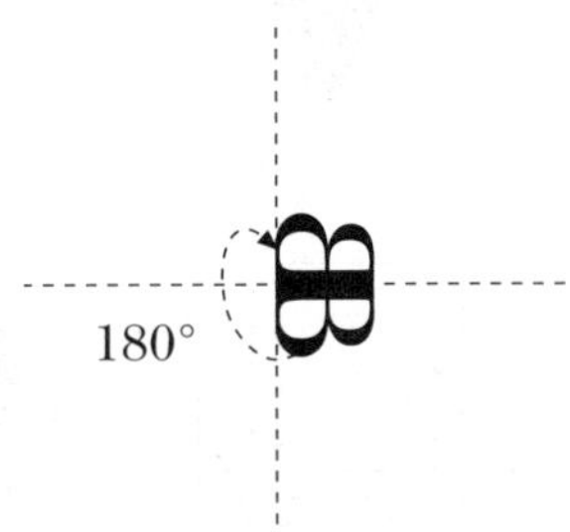


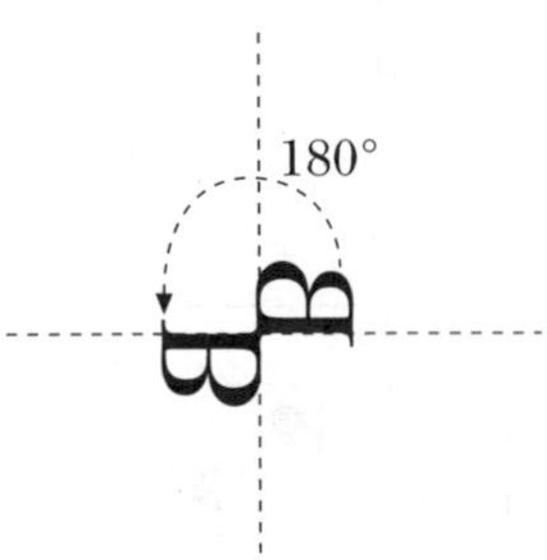


Infine si richiede di operare un'ultima rotazione in senso antiorario di 180°, anche in questo caso la rotazione avviene sull'origine 0 a partire dall'ultima rotazione. La figura quindi assume la seguente posizione sugli assi cartesiani.

Quindi la risposta corretta è C.

Possiamo provare anche un altro esercizio per favorire la generazione di immagini passando attraverso stadi intermedi. Non servitevi di carta e penna, eseguite l'esercizio mentalmente.

Si immagini la lettera F in stampatello maiuscolo. Sovrapponete alla linea verticale della lettera F, la lettera b in carattere minuscolo.
Ora ruotate la parte curva della lettera b in maniera tale che essa venga a trovarsi alla sinistra della linea verticale. Quale immagine avete identificato?

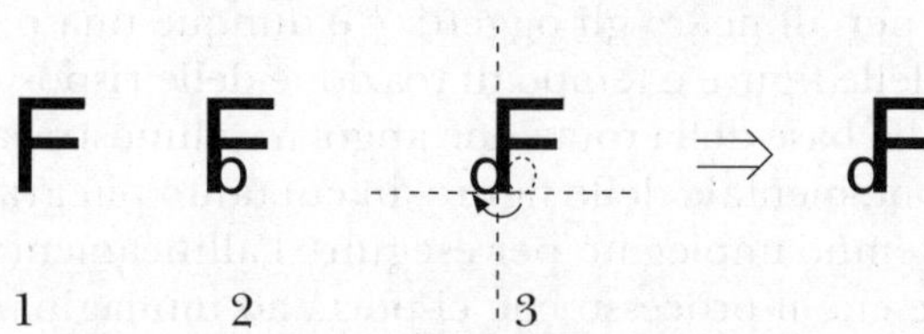


Immaginate la lettera K in stampatello maiuscolo. Inscrivetela in una lettera O in stampatello maiuscolo. Eliminate la metà inferiore della lettera K.
Quale immagine avete identificato?

Immaginate la lettera N in stampatello maiuscolo. Unite i due punti estremi della lettera con una linea diagonale. Ruotate l'immagine di 90°.
Quale immagine avete identificato?

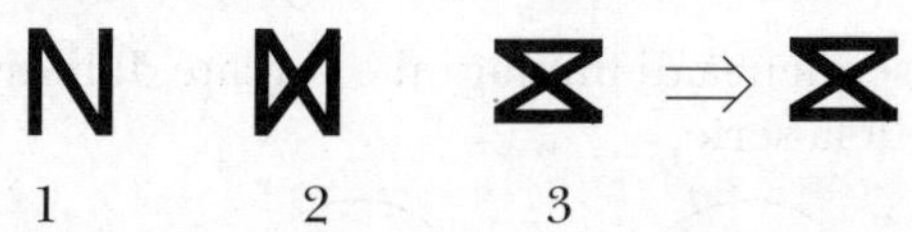


Non sempre, purtroppo, è possibile operare le trasformazioni richieste schematizzandole su carta. Quando dobbiamo risolvere prove come quelle che seguono è letteralmente impossibile ricorrere al metodo grafico a meno che non si riesca a stilizzare rapidamente configurazioni complesse.

**ESEMPIO**

Osservate le seguenti coppie di figure:

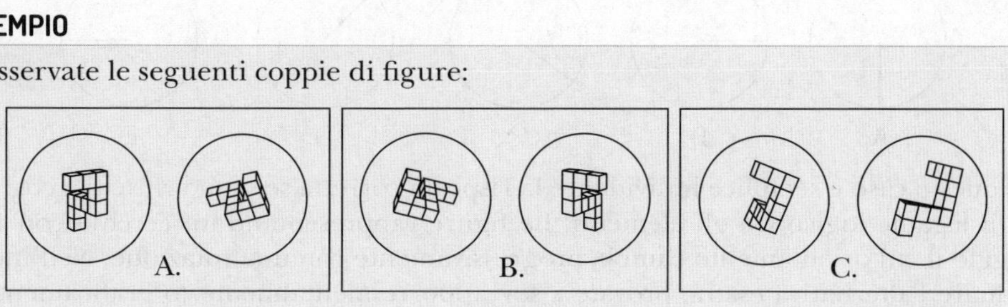


Shepard e Metzeler (1971) utilizzarono figure stimolo come queste per studiare il carattere dinamico delle immagini mentali, in opposizione alla concezione di visualizzazione mentale statica, e sottoposero ad un campione di persone un cer-

to numero di immagini come quelle sopra riportate. Si richiedeva ai soggetti di individuare quali fossero le coppie che rappresentavano lo stesso disegno e quali coppie rappresentavano oggetti diversi. Provate anche voi a rispondere alla domanda osservando attentamente gli stimoli B e C e cercando di capire quale tra questi rappresenta lo stesso oggetto contenuto nella coppia A.
Gli autori scoprirono che non solo i soggetti erano variamente in grado di individuare correttamente le coppie di stimoli identiche e/o diverse, ma che il tempo necessario per dare la risposta variava sulla base della grandezza della rotazione angolare necessaria per allineare gli oggetti: c'è dunque una relazione diretta tra rotazione angolare delle figure e tempo di reazione delle risposte. I tempi di risposta, che variavano sulla base della rotazione angolare, dimostravano che le persone operano una rotazione mentale delle figure, in cui tanto più grande è la rotazione tanto maggiore è il tempo impiegato per eseguire l'allineamento delle figure.
Da allora si concluse che il processo che ci porta ad immaginare un oggetto è simile al processo per mezzo del quale lo stesso oggetto viene percepito (Benjafield, 1995). A proposito: la risposta esatta è B.

## 4.4 • Le serie

Tutti gli esercizi che trattano sequenze di numeri, oggetti, lettere, illustrazioni disposti secondo una sequenza "da scoprire" appartengono al dominio degli esercizi di completamento di serie.
I più semplici tra questi sono gli esercizi che fanno uso di stimoli visivi.

**ESEMPIO**

Osservate la seguente sequenza di immagini e cercate di individuare tra le alternative quella che completa la serie:

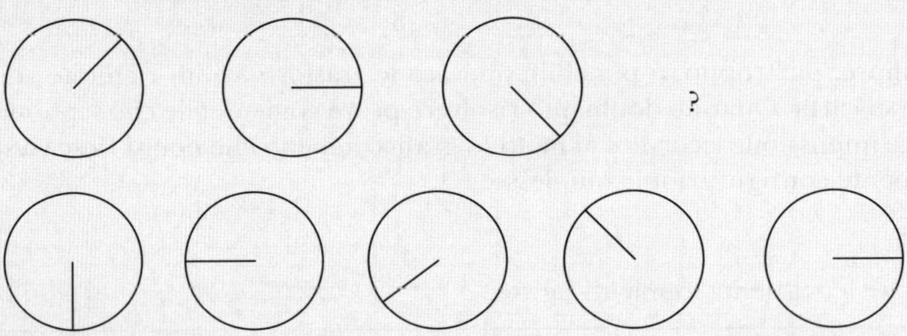


A. B. C. D. E.

In questo caso è semplice individuare la risposta corretta se siamo riusciti a cogliere il legame logico tra gli elementi. Le figure rappresentano un cerchio con un raggio il cui orientamento cambia progressivamente con una rotazione. Nell'individuare l'alternativa esatta, provate a sovrapporre mentalmente (o graficamente) le tre immagini che costituiscono la serie. Risulterà evidente che il raggio cambia con una progressione costante, evidenziata graficamente dallo spazio che separa i tre raggi, che sono appunto equidistanti.

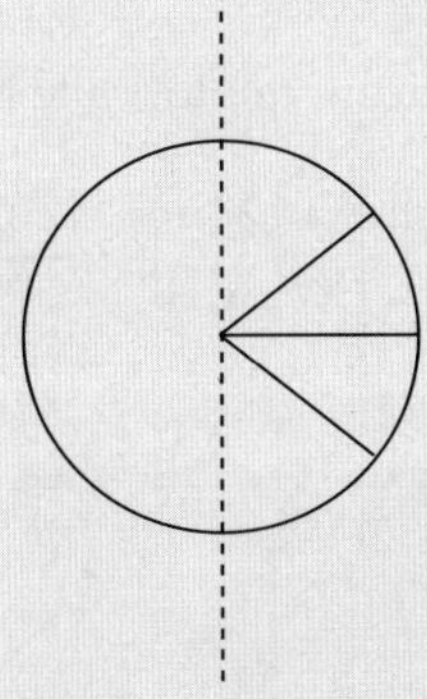

Ora proviamo a sovrapporre a quest'immagine le varie alternative. Ci accorgiamo che solo l'alternativa A genera una progressione costante del raggio.

Vediamo un altro esempio.

**ESEMPIO**

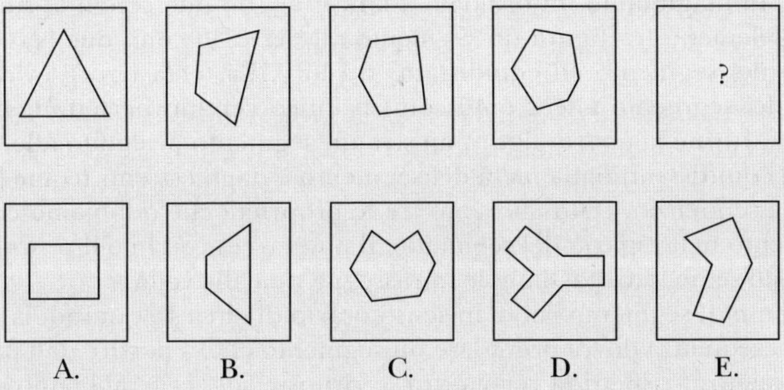


Come per tutti gli esercizi di completamento di serie, dobbiamo cercare di cogliere il legame (la regola costante) che accomuna le immagini della serie. Come risulta lampante, si tratta di figure geometriche di forma diversa. La prima è un triangolo, se osserviamo la seconda ci accorgiamo che i lati sono 4. Esiste infatti una progressione costante del numero dei lati delle figure: 3 → 4 → 5 → 6. Ci aspettiamo dunque che l'incognita debba essere una figura con 7 lati. Infatti la risposta esatta è la C.

Fin qui abbiamo visto, sequenze per così dire, regolari, in cui si segue un ordine progressivo crescente oppure descrescente, in ogni caso si tratta di un ordine lineare, caratterizzato da un'unica relazione. Esistono sequenze più complesse come quelle che osserviamo nei prossimi esempi.

## ESEMPIO

Osservate la seguente serie e indicate quale tra le alternative la completa.

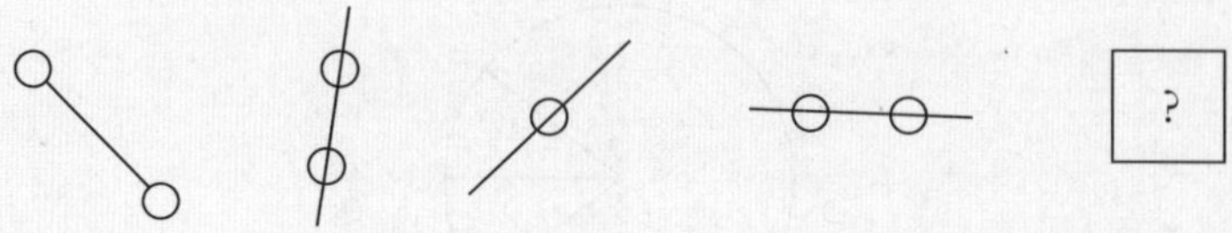


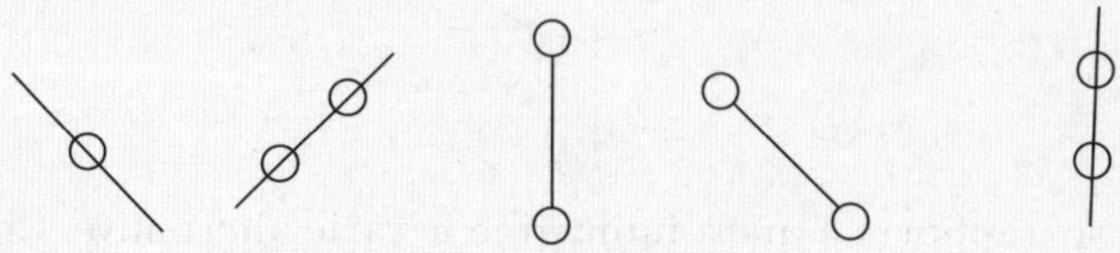

A. B. C. D. E.

Questa serie dovrà essere completata seguendo una logica che comprenda al tempo stesso l'orientamento nello spazio del segmento, il numero di cerchi e la posizione dei cerchi sul segmento. Il primo elemento raffigura un segmento orientato alle 10 e 20 (se immaginiamo un orologio a lancette) con due cerchi ai suoi estremi. Il secondo elemento raffigura un segmento alle 12 e 30 con i due cerchi spostati all'interno del segmento ed equidistanti tra loro. La terza figura evidenzia una rotazione del segmento alle 2 e 40 con un unico cerchio perfettamente a metà della figura. Infine la quarta figura mostra un segmento orientato alle 9 e 15 con due cerchi equidistanti dalla metà del segmento e dagli estremi (come la seconda figura della sequenza). Dato che sono tre le proprietà che dobbiamo controllare, l'orientamento nello spazio del segmento, il numero di cerchi e il posizionamento dei cerchi sul segmento, passiamole in rassegna una alla volta.

**Orientamento:** il segmento ruota in senso orario di circa 45°, quindi la figura che completa la sequenza dovrà prevedere un segmento che, a partire dall'ultima figura della sequenza, rispetti la regola: tra le risposte suggerite abbiamo due figure che rispettano il criterio, quindi questa informazione ci porta ad escludere automaticamente le risposte B, C ed E.

**Numero di cerchi e posizionamento:** la sequenza mostra che i due cerchi si spostano verso il centro del segmento fino a "collassare" in uno, per poi riprendere il percorso inverso verso gli estremi. La figura che rispetta il criterio è quella corrispondente alla risposta D, che quindi è la risposta corretta.

Per risolvere efficacemente i test di completamento di serie è consigliabile individuare quali sono le proprietà principali delle figure rappresentate: *forma, orientamento spaziale, numero di elementi, tipo di elementi, posizione degli elementi, disposizione-configurazione degli elementi*. In questo modo riuscirete a risolvere rapidamente tutti i tipi di serie visuo-spaziali.

Osserviamo un'ultima serie.

**ESEMPIO**

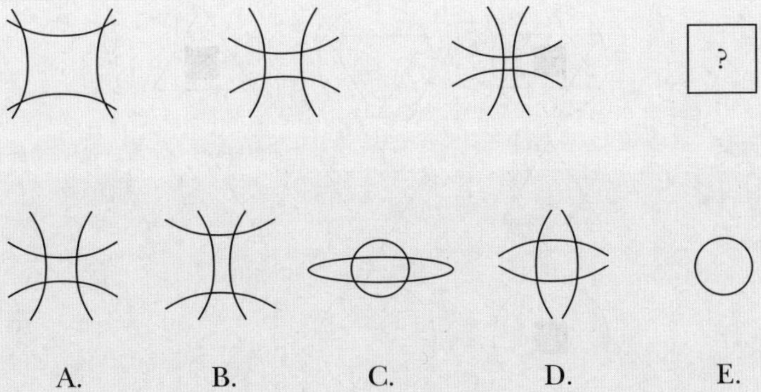


Le proprietà degli stimoli presentati sono dati dal numero di curve, dal posizionamento delle linee curve, dalla disposizione delle curve. Le quattro curve si intersecano tra loro e progressivamente si spostano verso il centro della figura.
Siamo portati ad escludere le risposte C ed E che non rispettano le proprietà della configurazione.
Le risposte A e B rispettano due proprietà, numero di curve e disposizione, ma non il posizionamento atteso.
L'unica figura che rispetta le tre proprietà è quella contrassegnata dalla lettera D, che è infatti la risposta corretta. Questa sequenza risulta di più difficile risoluzione perché la risposta esatta è percettivamente diversa dalla sequenza che l'ha determinata, in quanto forma una figura chiusa, completamente diversa dalle raffigurazioni precedenti.

> Il ragionamento fondato sulle proprietà degli stimoli raffigurati può favorire il superamento della fissità o chiusura mentale e portare alla soluzione.

## 4.5 • Le matrici

Tra le prove di abilità cognitiva con materiale visuo-percettivo, le matrici sono quelle maggiormente utilizzate.

La tecnica di costruzione delle matrici è molto semplice e si presta a creare prove di difficoltà crescente sulla base di modifiche da sinistra a destra e dall'alto in basso. Sono solitamente composte da tre stimoli posti orizzontalmente e tre stimoli posti verticalmente che vengono modificati secondo un certo principio in orizzontale e secondo un altro principio in verticale. Il compito consiste nel completare la sequenza sulla base dei principi di costruzione.

## ESEMPIO

Esaminiamo la seguente matrice:

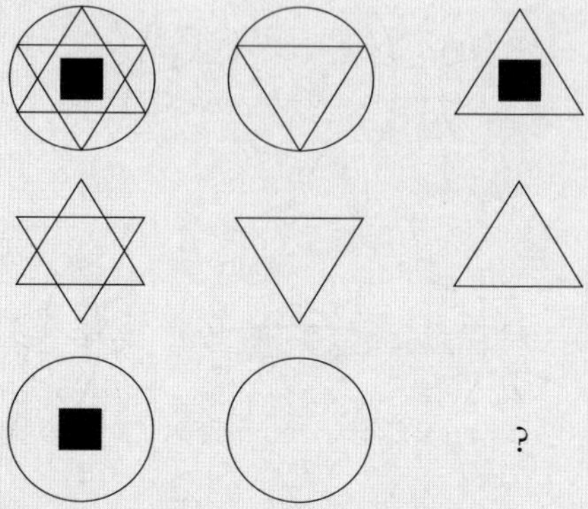

La prima riga della matrice presenta una figura complessa composta da un cerchio che include due triangoli che formano una stella di David, ed un quadrato, all'interno della stella, nero. Osservando lo sviluppo orizzontale si nota che lo stimolo conseguente è formato soltanto da un cerchio che comprende al suo interno un triangolo "capovolto". Lo stimolo successivo è costituito da un triangolo e dal quadrato nero al suo interno. Si deduce che la prima figura è data dalla somma delle altre due. Anche la seconda riga della matrice rispetta la stessa logica: il primo stimolo è dato dalla somma delle due figure alla sua destra. La terza riga, mancante della figura, la esamineremo al termine del ragionamento.
Adesso analizziamo gli stimoli in senso verticale, dall'alto verso il basso. La prima colonna a partire da sinistra è costituita dallo stimolo complesso cerchio, stella di David e quadrato nero, il secondo dalla stella di David, il terzo dal cerchio e dal quadrato. Dato che a noi interessa, per risolvere il problema, scoprire la logica che sottende lo stimolo da individuare, focalizzeremo la nostra attenzione sull'incrocio dell'ultima riga e dell'ultima colonna. L'ultimo elemento della prima colonna è il risultato della "sottrazione" tra il primo stimolo e il secondo stimolo, cioè cerchio + stella + quadrato – stella = cerchio + quadrato. Anche la seconda colonna è costruita secondo un criterio "sottrattivo": cerchio + triangolo – triangolo = cerchio. L'ultima colonna ci consente dunque di risolvere il quesito: triangolo + quadrato – triangolo = quadrato (nero).

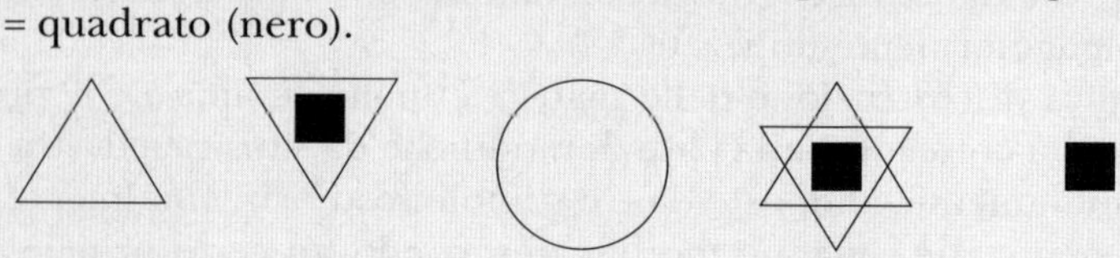

A. B. C. D. E.

La risposta corretta è la E.

Le matrici più complesse sono formate da serie incomplete come quelle che discuteremo nel prossimo esempio.

## ESEMPIO

Data la seguente configurazione, individuate la figura mancante.

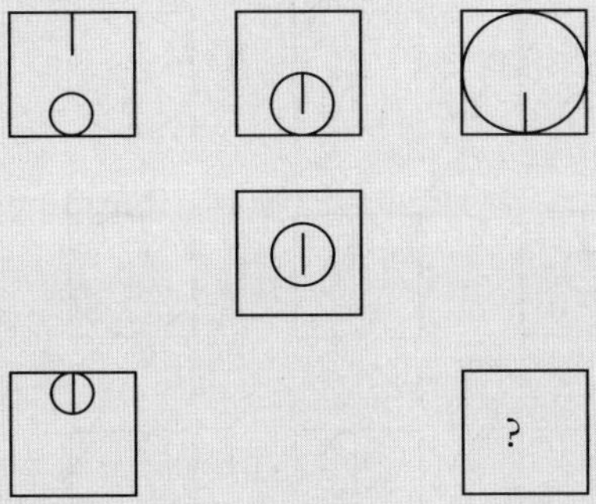


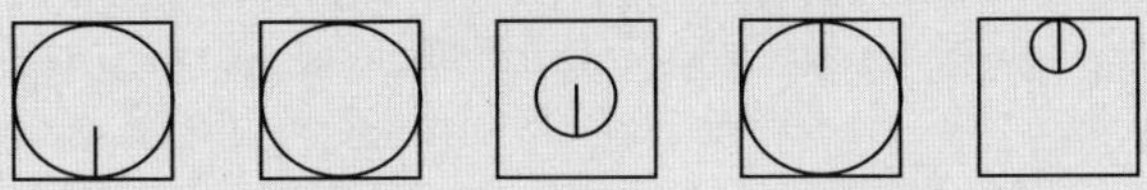

A. B. C. D. E.

La difficoltà è data dal fatto che mancano porzioni di matrice che necessariamente dobbiamo ricostruire mentalmente per risolvere il quesito.
La prima riga della matrice è l'unica completa delle tre figure. Si noti come, a partire dalla prima figura in alto a sinistra, il segmento passi dalla posizione in alto alla posizione centrale nella seconda figura e alla posizione in basso alla terza figura. Le figure circolari sono disposte in ordine di grandezza crescente. Esaminando la prima colonna a partire da sinistra si nota che il segmento rimane nella stessa posizione nelle due figure visibili, ma è il piccolo cerchio che si "muove" dal basso verso l'alto, passando evidentemente per il centro, per questo la figura mancante nella I colonna sarà la seguente:

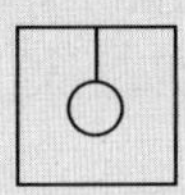

Considerando la seconda colonna si nota che il segmento rimane fisso mentre il cerchio di medie dimensioni sale dal basso verso l'alto, quindi la figura mancante sarà la seguente:

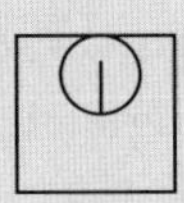

La terza colonna può essere a questo punto ricostruita grazie alla configurazione ora più completa. La figura al centro della terza colonna non può che essere la seguente:

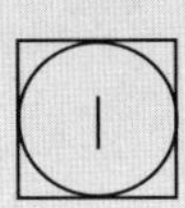

Di conseguenza la quarta figura mancante, che corrisponde alla risoluzione della matrice, sarà quella corrispondente alla lettera D. La matrice completa sarà la seguente.

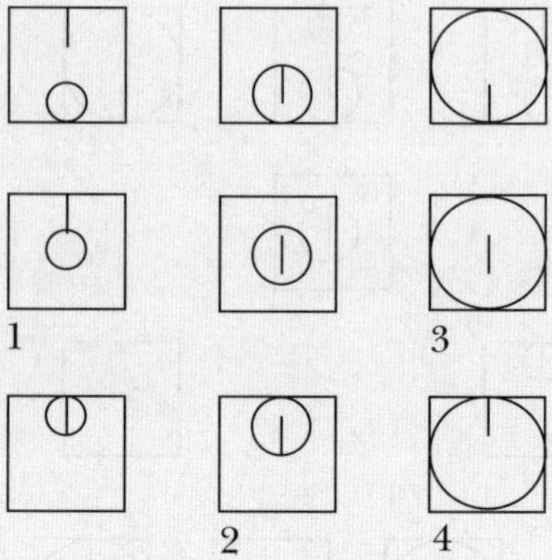


## 4.6 • Le proporzioni

Le proporzioni sono uguaglianze di rapporti tra grandezze o misure di grandezze, a due a due omogenee. Quattro grandezze A, B, C, D, si dicono proporzionali se A e B sono fra loro omogenee e se lo sono anche C e D. A partire da queste premesse gli esercizi di ragionamento astratto, che naturalmente non implicano grandezze o misure di grandezze, bensì configurazioni di stimoli più o meno complessi, comprendono due figure che esprimono la parte nota della proporzione sulla base delle quali iniziare il ragionamento che completi la parte non conosciuta della proporzione.
La proporzione è tale che sono date 3 figure ed è incognita una quarta figura (?), che può essere uno qualsiasi dei termini della proporzione.
Tale figura è da ricercare tra le opzioni di risposta date: occorre individuare la figura che è logico inserire quale primo, secondo, terzo o quarto termine della proporzione data.
Ricordando che in una proporzione:

antecedente : conseguente = antecedente : conseguente

il quiz è del tipo:

prima figura : seconda figura = terza figura : quarta figura

Si tratta, quindi, di una vera e propria uguaglianza tra due coppie di figure di diversa tipologia.

**ESEMPIO**

Esaminiamo la seguente proporzione (da leggere in questo modo):

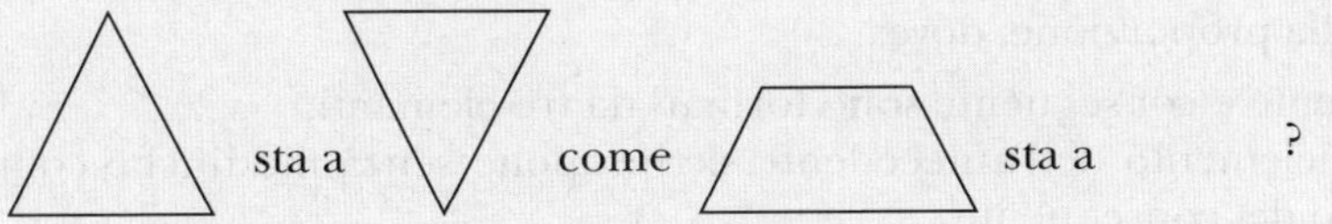


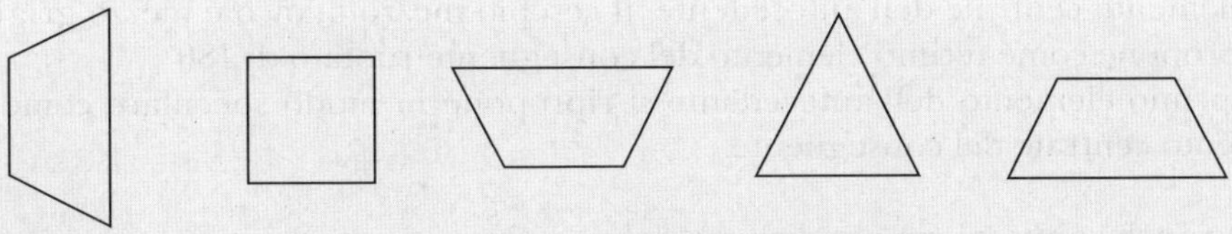

A. B. C. D. E.

Bisogna considerare gli antecedenti che nella figura sono rappresentati dal primo triangolo e dal trapezio noto, e poi considerare i conseguenti. Nella nostra proporzione l'unico conseguente noto è dato dal triangolo "capovolto": i due triangoli sono in rapporto tra loro in quanto l'uno è il reciproco dell'altro, ovvero sono triangoli che hanno le stesse dimensioni e caratteristiche ma il secondo triangolo è stato ruotato di 180° sull'asse orizzontale. Questa relazione dovrà essere riproposta anche con la figura del trapezio, il conseguente del trapezio dovrà rispettare le caratteristiche del conseguente del triangolo; pertanto la figura che completerà la proporzione sarà data da un trapezio rotato sull'asse orizzontale di 180°. La figura A è data dalla rotazione di 90° sull'incrocio delle diagonali del trapezio, le figure B e D non sono trapezi, la figura E non è ruotata, quindi la risposta corretta sarà data dalla figura C.

Esaminiamo una proporzione più complessa.

**ESEMPIO**

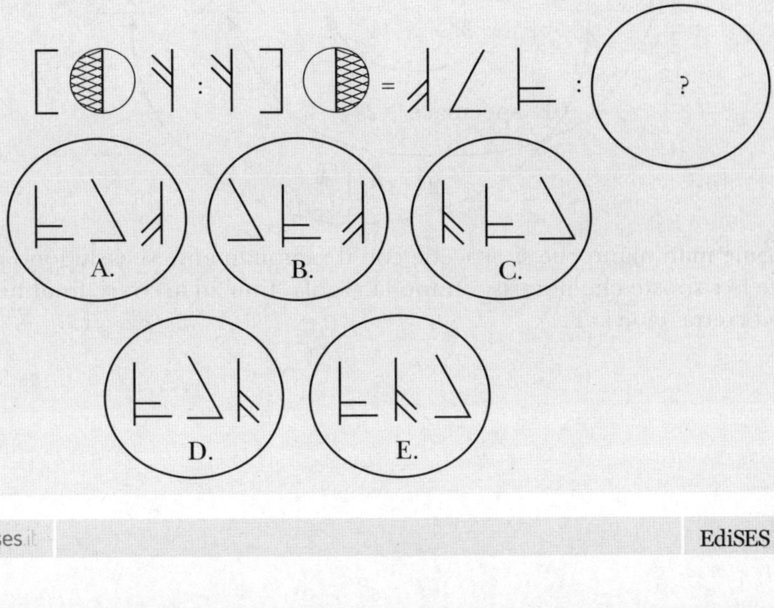

Questa proporzione richiede di confrontare delle figure geometriche astratte seguendo più di una regola.
Per risolverla senza troppa fatica focalizziamo l'attenzione soltanto sui primi due termini della proporzione, dove:

- antecedente e conseguente sono formati da tre elementi;
- l'ultimo elemento dell'antecedente si ripropone senza modifiche come primo elemento del conseguente;
- l'elemento centrale dell'antecedente, il cerchio mezzo bianco e mezzo grigio, si ripropone come ultimo elemento del conseguente ruotato di 180°;
- il primo elemento dell'antecedente si ripropone in modo speculare come elemento centrale del conseguente.

Potete anche aiutarvi con un disegno del tipo riportato di seguito:

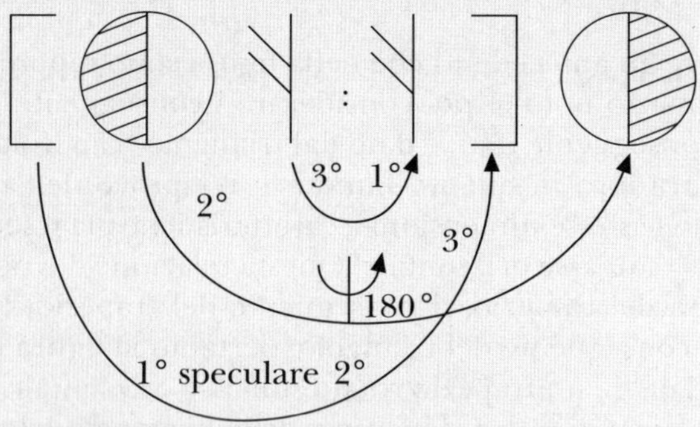


Operate con le stesse trasformazioni sull'altro antecedente della proporzione aiutandovi con le risposte alternative.
In questo modo riuscirete abbastanza rapidamente a trovare la risposta esatta.

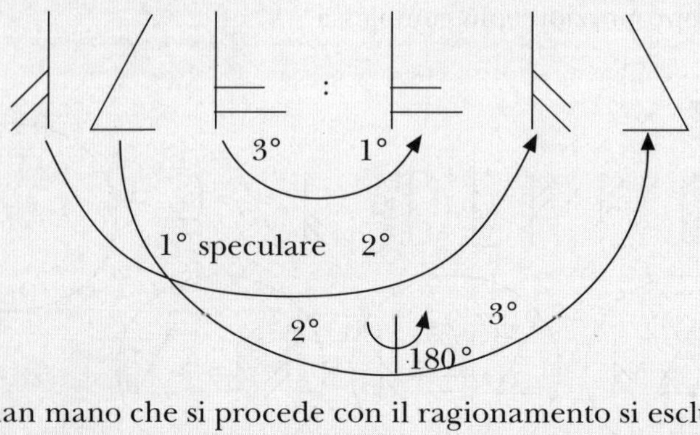


Si nota come man mano che si procede con il ragionamento si escludono progressivamente le risposte che non rispettano la regola, fino ad arrivare finalmente alla risposta corretta, cioè la E.

## 4.7 • Esercizi con figure comuni

Alcune tipologie di figure piuttosto frequenti nelle prove di ragionamento visuo-percettivo sono faccine, locomotive, omini stilizzati, aeroplanini, missili, casine ecc. Le richieste sono sempre le stesse: individuare la figura che segue logicamente una determinata sequenza, proporzione o matrice. Non c'è bisogno di provare tutti gli esercizi che possono capitare: una volta apprese le regole di una tipologia di esercizi sarete in grado di risolverli indipendentemente dalla figura utilizzata.

È importante osservare i particolari delle figure, il numero e il tipo di elementi che compongono una figura, i chiaroscuri, l'entità della rotazione: la complessità aumenta con l'aumentare del numero di caratteristiche da tenere a mente e trasformare.

**ESEMPIO**

Quale figura completa la serie?

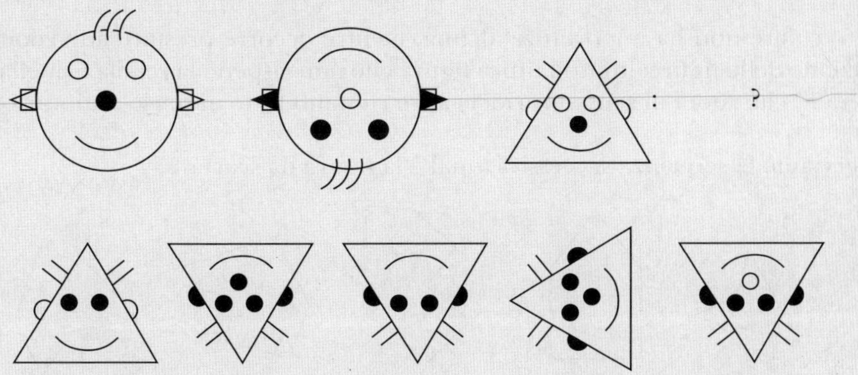


A. B. C. D. E.

Nell'esempio occorre prestare attenzione alla *rotazione delle figure*, al *numero di elementi* componenti (capelli, orecchi, occhi, naso e bocca), alle *caratteristiche degli elementi* (bianchi o neri) e naturalmente alla *forma complessiva* (triangolare o circolare). La figura A non è ruotata quindi la scartiamo immediatamente, la figura B sembrerebbe corretta ma non lo è perché il naso non è bianco, quindi passiamo alla C a cui manca il naso, la D è ruotata soltanto di 90° ed infine la E che è la figura che completa correttamente la proporzione. La differenza tra la risposta B e la risposta E è individuabile nel colore del naso.

## 4.8 • Le categorizzazioni e le classificazioni

Gli esercizi che richiedono di scartare determinate figure di una serie, oppure di individuare coppie di stimoli identici, si possono annoverare tra gli esercizi di classificazione.

Si tratta sostanzialmente di esercizi di riconoscimento. Letteralmente riconoscimento significa "conoscere di nuovo", ma le abilità di riconoscimento richiedono anche di riconsiderare alla luce di quanto si è appreso ed eventualmente correggere.
Ciò che viene riconosciuto viene categorizzato e classificato secondo determinati criteri più o meno generali secondo quanto è stato precedentemente esperito.
Vediamone alcuni esempi.

**ESEMPI**

Qual è la figura da scartare?

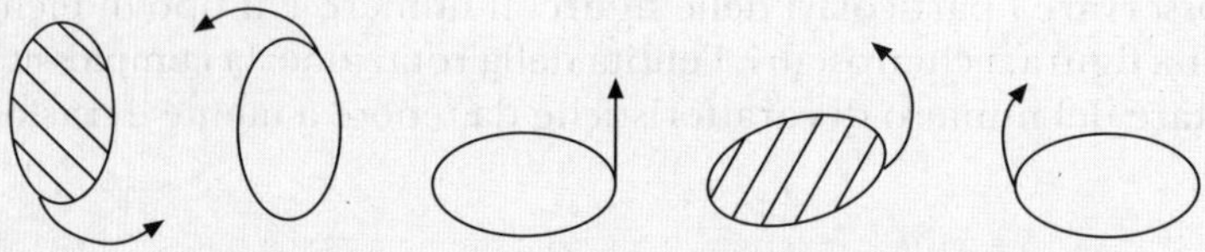

A. B. C. D. E.

Qui il colore non ha importanza alcuna, mentre occorre prestare attenzione alla rotazione delle figure: infatti l'unica figura che non rispetta la regola è quella della lettera E, che ruota in senso orario, le altre ruotano tutte in senso antiorario.

Osserviamo la sequenza successiva, qual è la figura da scartare?

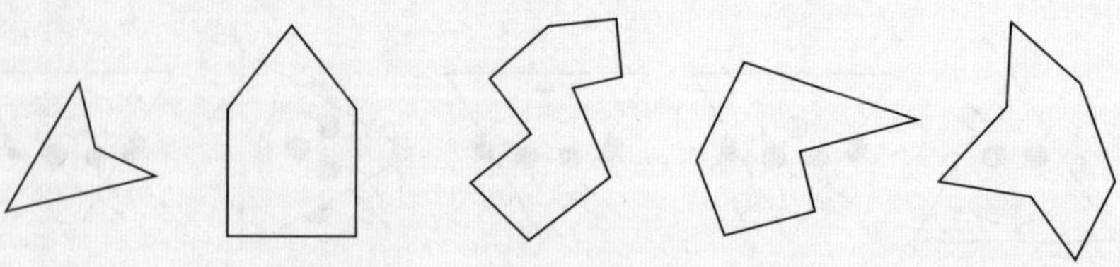

A. B. C. D. E.

Se osservate attentamente le figure noterete che le figure A, B, D, E hanno rispettivamente 4, 5, 6, 7 lati, mentre la figura C ne ha nove, quindi rappresenta l'intruso della serie.

Un altro esercizio di classificazione che richiede un po' più di attenzione è il seguente (tratto da un test *mensa* pubblicato sulla rivista Genius).

**ESEMPIO**

Si richiede di trovare le due figure da scartare tra le 16 proposte.

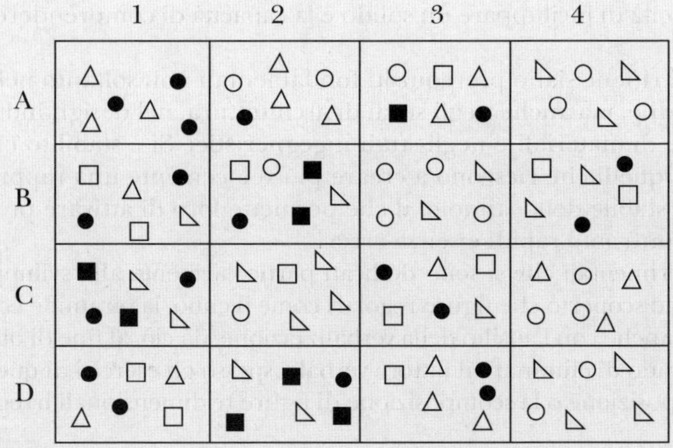


La difficoltà dell'esercizio è dovuta sia al numero di elementi che dobbiamo esaminare sia alla scoperta della "regola per l'eliminazione". Da un rapido sguardo si nota che tutte le tessere contengono lo stesso numero di elementi (sei elementi). Gli elementi sono disposti casualmente, quindi non ha importanza l'ordine. Due tessere hanno quattro elementi neri, due ne hanno tre, altre ne hanno due, ecc.; anche questo non è un criterio valido di esclusione. Sembra anche che non ci sia una figura che contenga lo stesso tipo di elementi: per esserne certi occorre molta attenzione. Infatti ce ne sono due uguali sotto questo aspetto: la tessera all'incrocio 1B contiene lo stesso tipo di elementi della tessera 3C. Queste sono quindi le figure da scartare.

Se siete riusciti a risolverlo entro un minuto di tempo, potete considerarvi molto abili nei compiti di classificazione; nel caso in cui non siate riusciti a risolverlo o ci abbiate messo più tempo, non preoccupatevi troppo, esercizi di questo tipo non sono poi così frequenti.

## 4.9 • Scomposizione e ricostruzione di figure geometriche tridimensionali

Le prove di scomposizione e ricomposizione di figure geometriche tridimensionali richiedono di saper anticipare in modo corretto quale aspetto assumerà una determinata configurazione in seguito a delle specifiche trasformazioni.
In generale, in tale tipologia di test si richiede di identificare:

- lo **sviluppo** di un solido, ossia la superficie che si ottiene riportando su un piano le facce che lo compongono. La capacità di sviluppare nel piano i solidi geometrici è la capacità di comprendere come le diverse facce si assemblino in modo che risulti chiara la forma tridimensionale del solido;

- l'**inviluppo** di un solido, ossia la ricomposizione del solido, partendo dalle facce aperte su un piano. L'inviluppo permette alla figura geometrica solida di assumere nuovamente la sua forma specifica nello spazio, ossia la sua composizione volumetrica. La capacità di inviluppare un solido è la capacità di comprendere la struttura del solido.

Queste abilità si ritiene siano prerequisiti fondamentali non soltanto nel settore metalmeccanico, edile, ma anche negli studi di architettura, nel design industriale, nella progettazione di materiali e negli studi ingegneristici. Si è stabilito che i soggetti più capaci sono quelli che riescono a creare più velocemente una rappresentazione interna esatta e stabile dello stimolo, il che permette loro di attivare processi di trasformazione e confronto rapidi e senza errori.
Gli psicologi sperimentali che si sono dedicati particolarmente allo sviluppo di questo tipo di test, hanno scoperto che figure regolari come il cubo, la piramide ed altre possono essere risolte anche con l'ausilio della verbalizzazione, da ciò, al fine di ottenere prove che fossero in grado di eliminare il fattore verbale, spesso gli esercizi di questo tipo prevedono la ricomposizione o la scomposizione di figure tridimensionali irregolari.

Partiamo con l'analisi di una figura regolare: il cubo.

Il cubo è formato da sei quadrati disposti, su una superficie piana, nel seguente modo.

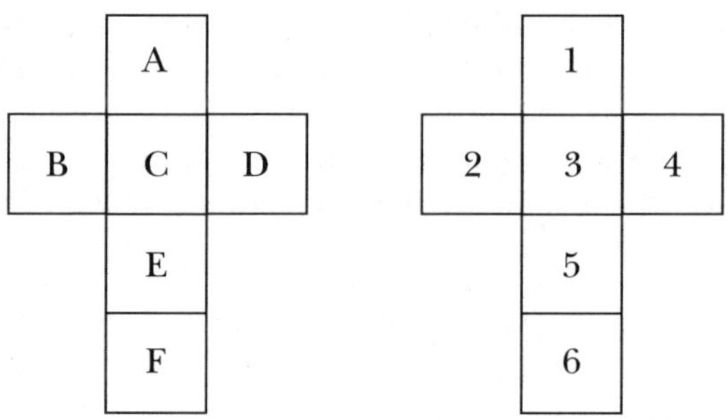


Provate a disegnare su un foglio A4 un cubo di 5 cm × 5 cm × 5 cm.

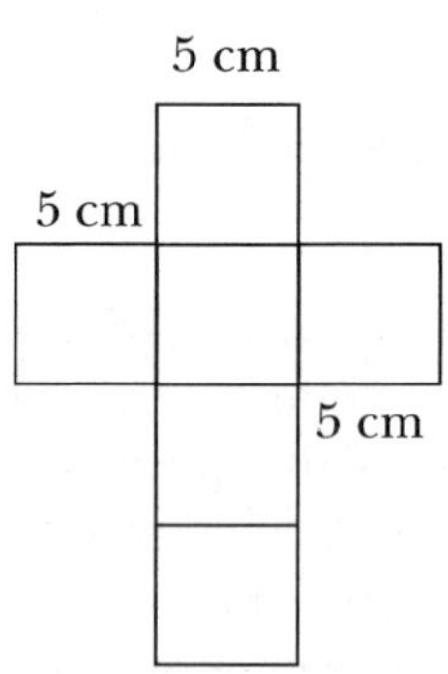


Disegnate con un lapis su ciascuna faccia una figura astratta e provate a visualizzare le trasformazioni che si potrebbero ottenere ricomponendo il cubo.

Questo è un ottimo esercizio soprattutto per coloro che hanno difficoltà nella rotazione mentale di figure complesse.

I test spaziali più semplici richiedono di individuare, a partire da una figura tridimensionale sviluppata e distesa su un piano bidimensionale oppure a partire da una raffigurazione di un solido regolare o irregolare, quale sia la figura esatta corrispondente tra quelle suggerite.

**ESEMPIO**

Quale tra le alternative fornite riproduce la seguente figura tridimensionale?

A.

B.

C.

D.

Le persone che non hanno problemi nel ricostruire e rielaborare mentalmente le figure non hanno bisogno dei suggerimenti seguenti, che invece risulteranno molto utili per coloro che al contrario mostrano delle difficoltà. Con una matita riproducete quelle risposte che secondo voi potrebbero riprodurre la figura solida bersaglio sul cubo che avete costruito. Fatto questo e supponendo che in tal modo siate riusciti ad individuare esattamente la risposta, cioè la C, dovreste avere raggiunto una maggiore consapevolezza sulle abilità richieste da questo tipo di compiti.

Adesso, senza guardare il modello di carta, riuscite ad individuare quale tra i seguenti cubi non è dato dalla ricomposizione della figura corrispondente alla risposta C?

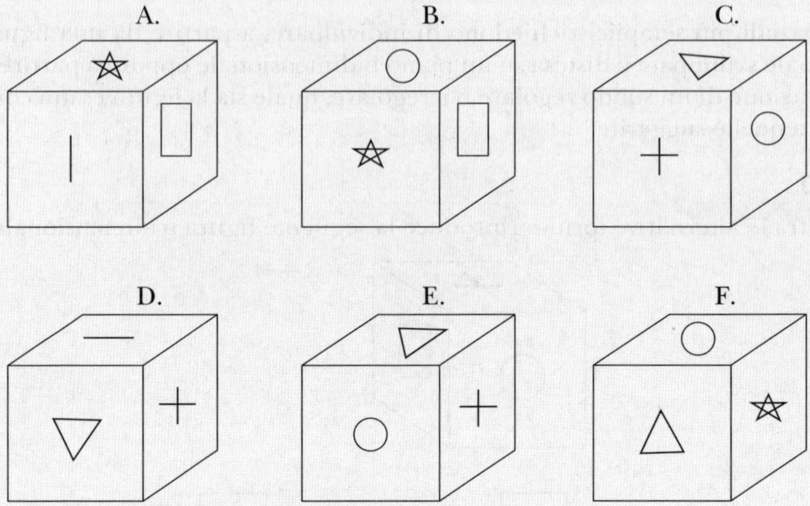


Per verificare la correttezza o meno della vostra risposta controllatela direttamente con il vostro modellino di carta.
La risposta corretta è C.

## 4.10 • Le ruote dentate

Questa tipologia di quesiti mostra un sistema di ruote dentate a contatto che possono avere diametri diversi. In queste domande dopo aver fissato un verso di rotazione per un elemento del sistema si chiede di trovare il verso di rotazione di un elemento incognito. Le regole risolutive sono solamente due e sono semplici.

> La **prima regola** prevede che due ruote adiacenti ruotino in senso opposto. Da ciò si deduce che se la ruota A è adiacente alla B e la C è adiacente alla B (A – B – C) si ha che la ruota A gira nello stesso senso della ruota C.

Per esempio:

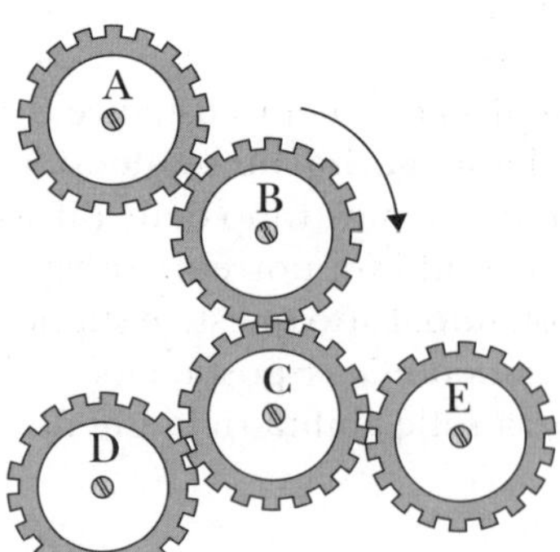

In questo caso poiché la ruota B gira in senso orario si ha che le ruote A e C ruotano in senso antiorario e la D e la E girano come la B.

> La **seconda regola** prevede che due ruote di cui una interna all'altra ruotano nello stesso verso.

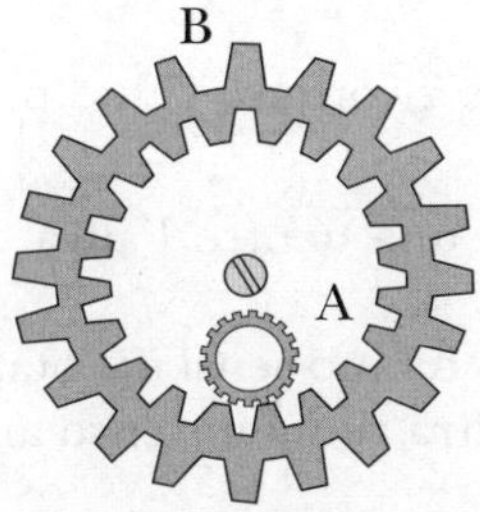


Ciò vuol dire che se la ruota B gira in senso antiorario anche la ruota A gira in senso antiorario.
Vediamo un esempio leggermente più complesso che prevede l'utilizzo congiunto delle due regole descritte precedentemente:

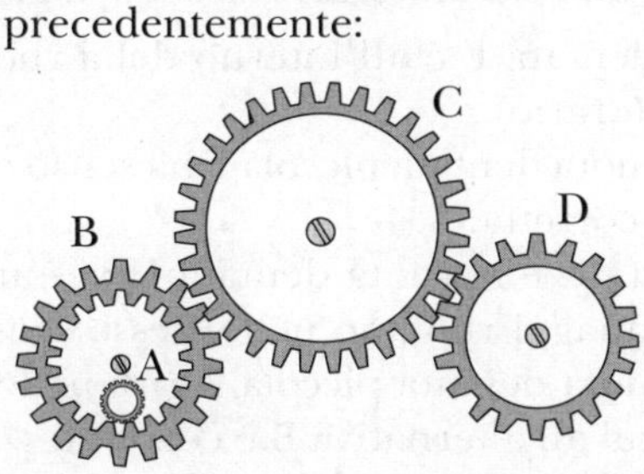


In questo caso ipotizziamo che la ruota B giri in senso orario, allora si avrà:
A ruota in senso orario
C ruota in senso antiorario
D ruota in senso orario

Tutti i quesiti relativi alle ruote dentate richiedono l'applicazione di queste due semplici regole.

## ESEMPIO

Nel seguente sistema, le ruote dentate sono libere di ruotare attorno a un perno fisso. Se la ruota dentata C gira in senso orario, in quale senso gira la ruota dentata F?

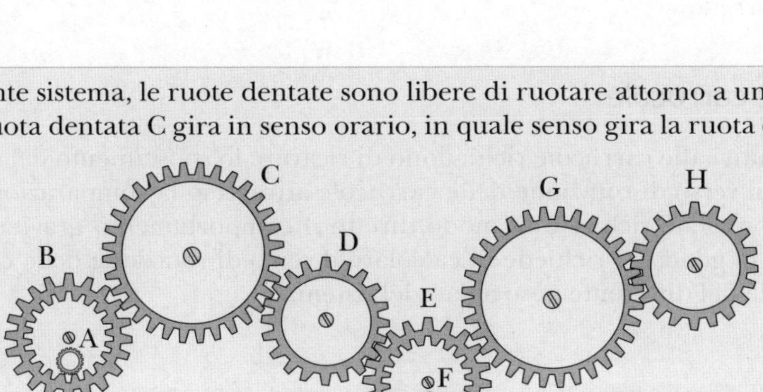

A. In senso inverso rispetto alla ruota dentata C
B. Nello stesso senso della ruota dentata H
C. In senso antiorario
D. Nello stesso senso della ruota dentata G
E. Il sistema di ingranaggi non può funzionare

Per risolvere il quesito, occorre ricordare i due principi di funzionamento degli ingranaggi seguenti:

1. Se due ruote dentate sono l'una dentro l'altra allora entrambe ruotano nello stesso senso.
2. Se due ruote sono a contatto hanno sensi di rotazione opposti, per cui se la prima ruota in senso orario, l'altra ruota in senso antiorario e viceversa.

Pertanto, se:

1. La ruota dentata C gira in senso orario, la ruota dentata D gira in senso antiorario.
2. La ruota dentata D gira in senso antiorario, la ruota dentata E gira in senso orario.

Inoltre, poiché la ruota dentata F è all'interno della ruota dentata E, ne avrà lo stesso senso di rotazione (orario).
Pertanto, stabilito che la ruota dentata piccola F ha senso di rotazione orario occorre individuare la risposta corretta.
Poiché tra la ruota dentata C e la ruota dentata H vi è un numero dispari (3) di ruote dentate, i due ingranaggi ruotano nello stesso senso, ossia in senso orario, si può affermare che la ruota dentata piccola F gira nello stesso senso della ruota dentata H: la risposta di cui all'alternativa B è corretta.
La ruota dentata C gira in senso orario, per cui non può essere corretta la risposta A.
La ruota dentata F non gira in senso antiorario, per cui la risposta di cui all'alternativa C non è corretta.
Poiché tra la ruota dentata C e la ruota dentata G vi è un numero pari (2) di ruote dentate, i due ingranaggi ruotano in sensi opposti, ossia in senso orario il primo e in senso antiorario il secondo, si può affermare che la ruota dentata piccola F non gira nello stesso senso della ruota dentata G, per cui la risposta di cui all'alternativa D non è corretta.

## 4.11 • Le carrucole

I quesiti relativi alle carrucole richiedono di ricavare lo spostamento del sistema, l'equilibrio o il verso di rotazione delle carrucole attraverso la comparazione dei pesi. In realtà non viene richiesto in modo diretto il comportamento gravitazionale del sistema ma in genere si richiede di calcolare il verso di rotazione delle carrucole in conseguenza del differente peso ai lati del sistema.

### ESEMPIO

Il sistema indicato in figura si presenta nella sua fase iniziale e ha sfere di metallo tutte della stessa massa e una fune di massa trascurabile.

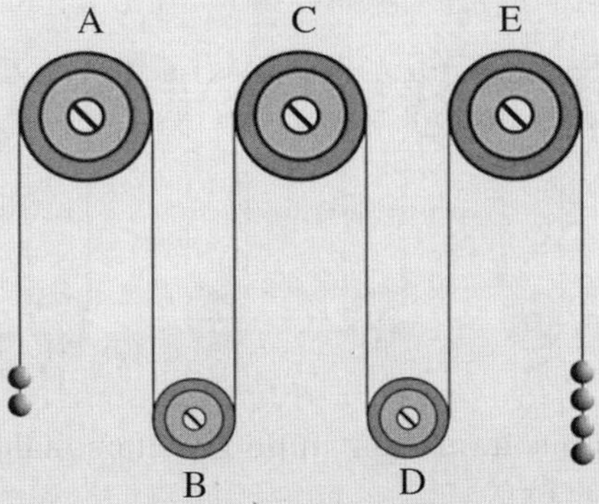


Se il sistema è sottoposto soltanto al campo gravitazionale con assenza di attrito, allora si può concludere che:
A. la carrucola A gira in senso antiorario
B. la carrucola B gira in senso orario
C. la carrucola C gira in senso antiorario
D. la carrucola A gira in senso orario
E. il sistema resta fermo perché in equilibrio

La risposta corretta è riportata nell'alternativa D. Si vede che il peso a destra è maggiore di quello di sinistra. Di conseguenza la carrucola E ruota in senso orario. A questo punto si utilizzano le stesse regole valide per le ruote dentate, cioè ogni due carrucole si ha lo stesso verso di rotazione.
Quindi:
E: orario
D: antiorario
C: orario
B: antiorario
A: orario

La carrucola A gira in senso orario.

Andiamo a risolvere alcuni quesiti considerando che l'unica regola è relativa al peso che fa ruotare il sistema. **Se la carrucola più pesante è a destra la prima carrucola ruota in senso orario, se il peso è maggiore a sinistra la prima carrucola ruota in senso antiorario.**

**ESEMPIO**

Il sistema indicato in figura si presenta nella sua fase iniziale e ha sfere di metallo tutte della stessa massa e fune di massa trascurabile.

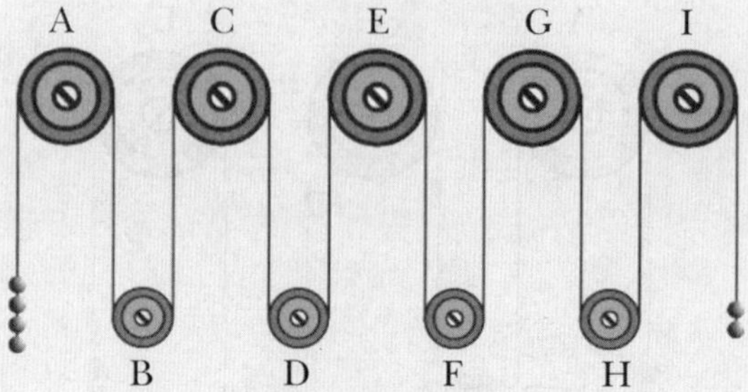


Se il sistema è sottoposto soltanto al campo gravitazionale con assenza di attrito, allora si può concludere che:
A. la carrucola F gira in senso orario
B. la carrucola D gira in senso antiorario
C. la carrucola E gira in senso orario
D. il sistema resta fermo perché in equilibrio
E. la carrucola F gira in senso antiorario

Il peso è maggiore a sinistra. La prima carrucola che si considera è la A che ruota in senso antiorario. Quindi
A: antiorario
B: orario
C: antiorario
D: orario
E: antiorario
F: orario

La carrucola F ruota in senso orario e la risposta corretta è la A.

## 4.12 • Altri esercizi di ragionamento spaziale

In alcuni esercizi, che è possibile definire di ragionamento spaziale, sono date informazioni parziali sulla reciproca posizione di oggetti/individui, e, sulla base di tali informazioni, si richiede di identificare la loro giusta collocazione.
Si consideri l'esempio riportato di seguito.

**ESEMPIO**

Sul tavolo, il vaso di fiori sta tra la bottiglia e l'oliera. La bottiglia si trova tra l'oliera e il pane. Conseguentemente:
A. il vaso di fiori è più vicino alla bottiglia che al pane
B. il vaso di fiori si trova fra la bottiglia e il pane
C. l'oliera è più vicina al pane che al vaso di fiori
D. il pane e l'oliera sono sicuramente equidistanti dalla bottiglia
E. l'oliera è più vicina al pane che alla bottiglia

In base alla prima affermazione, la disposizione degli oggetti è la seguente:

In base alla seconda affermazione, la disposizione degli oggetti è la seguente:

Combinando opportunamente le due affermazioni, la collocazione degli oggetti in cucina è la seguente:

La risposta corretta è la A, in quanto il vaso di fiori è sempre più vicino alla bottiglia che al pane.
Tale risposta è quella corretta anche disponendo, in base alla prima affermazione, gli oggetti nel modo seguente:

In base alla seconda affermazione, la disposizione sarebbe, quindi, la seguente:

La disposizione finale degli oggetti sarebbe la seguente:

Altri esercizi di ragionamento spaziale richiedono, presupponendo un movimento, l'identificazione di una posizione (di partenza, ..., di arrivo) di un individuo o di un mezzo di locomozione qualsiasi nello spazio, come nell'esempio riportato di seguito.

**ESEMPIO**

Un esploratore si sposta di un chilometro in direzione sud, un altro chilometro in direzione est e, infine, un altro chilometro in direzione nord. Alla fine del viaggio si ritrova allo stesso punto di partenza. Da dove è partito?
A. Da qualsiasi punto sul meridiano di Greenwich
B. Da qualsiasi punto collocato all'equatore
C. Dal polo Nord

D. Dal polo Sud
E. Da qualsiasi punto sulla linea del cambio di data

Notiamo dalla figura che il polo nord è l'unico punto della Terra dal quale possiamo partire e ritrovarci nello stesso punto di partenza dopo aver proseguito per 1 km in direzione sud, poi per 1 km in direzione est ed infine per 1 km in direzione nord.

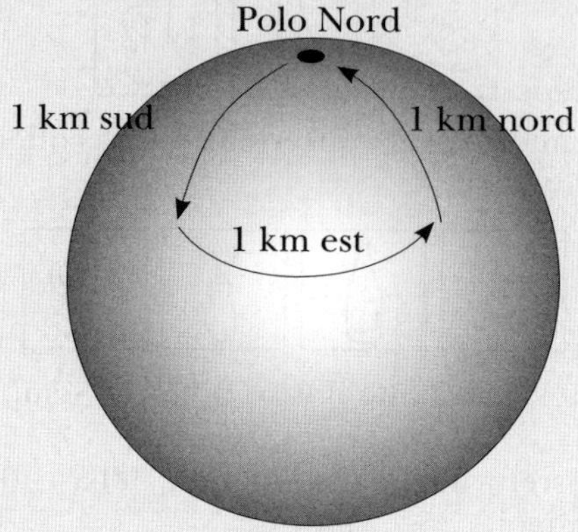


La risposta corretta è C.
Si noti come un discorso analogo possa essere fatto con il Polo Sud.

## 4.13 • Attenzione e precisione

I quesiti di attenzione richiedono di analizzare le parole che compongono il testo o le lettere che compongono le parole non da un punto di vista grammaticale o semantico ma dal punto di vista oggettivo, valutandone cioè la posizione, il numero o la forma dei simboli.
Schematizzando, i quesiti di attenzione richiedono in genere di:

- Individuare la sequenza che presenta un'alternanza continua tra vocale e consonante
- Individuare la sequenza identica a quella data, semmai scritta al contrario
- Individuare la sequenza che contiene più volte una lettera o un gruppo di lettere
- Individuare la nuova sequenza aggiungendo o togliendo alcune lettere
- Riconoscere sequenze uguali o difformi

Si tratta di quesiti molto semplici, che non richiedono ragionamenti particolari e le cui indicazioni non devono essere interpretate, ma semplicemente eseguite con un po' di attenzione.

### 4.13.1 • Sequenze con coppie di lettere di numero uguale tra loro

I quesiti appartenenti a tale tipologia saranno spiegati mediante l'esempio seguente.

**ESEMPIO**

In quale sequenza di lettere le "I" sono pari al numero delle "E"?
A. HIHUIHEUEHEH
B. EUHEUEIUIHUI
C. IUEEUHIUIHUI
D. UHEUEIIUIHUI
E. UEHEUEUIHUIU

In tutte le alternative di risposta proposte sono indicate sequenze di lettere I, E, U e H. Indicando con I la lettera I e con E la lettera E, nelle alternative di risposta si ha:
A. HIHUIHEUEHEH : 2 lettere I e 3 lettere E.
B. EUHEUEIUIHUI : 3 lettere I e 3 lettere E.
C. IUEEUHIUIHUI : 4 lettere I e 2 lettere E.
D. UHEUEIIUIHUI : 4 lettere I e 2 lettere E.
E. UEHEUEUIHUIU : 2 lettere I e 3 lettere E.
La risposta corretta è, pertanto, la B in cui sono presenti 3 lettere I e 3 lettere E.

## 4.13.2 • Alternanza vocale/consonante in sequenze di lettere

I quesiti appartenenti alla tipologia riportata di seguito forniscono, tra le alternative di risposta, sequenze di lettere; la risoluzione degli stessi richiede l'identificazione della sequenza in cui esiste sempre alternanza vocale-consonante.

**ESEMPIO**

Indicare in quale delle seguenti alternative viene rispettata la regola di alternanza "vocale-consonante".
A. UCIXEFOMOROSAZQPIDIC
B. UCIXEFOMSAPIDIC
C. UCIXEFOMOROSAZAPIDIC
D. UCIXEFOMOAPIDIC
E. UDUCILUECIUL

Sottolineiamo, per comodità di lettura, tutte le vocali presenti nelle sequenze date:
A. UCIXEFOMOROSAZQPIDIC
B. UCIXEFOMSAPIDIC
C. UCIXEFOMOROSAZAPIDIC
D. UCIXEFOMOAPIDIC
E. UDUCILUECIUL
L'unica alternativa che rispetta la regola di alternanza "vocale-consonante" è la C.

## 4.13.3 • La sequenza che "riproduce fedelmente" la sequenza data

I quesiti appartenenti a tale tipologia sono costituiti da sequenze alfanumeriche. Di tali sequenze è data una parte nel testo del quesito, la parte restante deve essere identificata tra le alternative di risposta.

**ESEMPIO**

Data la sequenza XDC456SSCFV89DTHS individuare l'alternativa che la riproduce fedelmente se aggiunta di seguito alla seguente: XDC456S
A. SCCV89DTHS
B. 7SCFV89DTHS
C. SCFV89DTHS
D. SCFV89THS
E. SCCTHSF99

Aggiungiamo alle varie alternative la sequenza **XDC456S**:
A. **XDC456S**SCCV89DTHS
B. **XDC456S**7SCFV89DTHS
C. **XDC456S**SCFV89DTHS
D. **XDC456S**SCFV89THS
E. **XDC456S**SCCTHSF99

Solo l'alternativa C corrisponde alla sequenza XDC456SSCFV89DTHS.

## 4.13.4 • Sequenze di numeri "pari dispari pari"...

I quesiti appartenenti a tale tipologia forniscono, tra le alternative di risposta, 5 numeri costituiti ciascuno da 30 cifre e chiedono di identificare quello che **rispetta la sequenza** (per cui la dicitura del quesito è *Se la sequenza è "... ... ...", quale gruppo di numeri è corretto?*).
La sequenza da rispettare è del tipo:

- **pari pari dispari** che è equivalente a **dispari pari pari**;
- **pari dispari dispari** che è equivalente a **dispari dispari pari**;
- **dispari pari dispari** che è equivalente a **pari dispari pari**.

Altri quesiti chiedono di identificare, tra le alternative di risposta, il numero, sempre costituito da 30 cifre, che **non rispetta la sequenza** (per cui la dicitura del quesito è *Se la sequenza è "... ... ...", quale gruppo di numeri è errato?*).
Per risolvere tali quesiti, occorre dividere il numero in **triplette** di numeri in modo da verificare dove la sequenza è rispettata\non è rispettata a seconda del quesito.

**ESEMPIO**

Se la sequenza è "pari dispari dispari", quale gruppo di numeri è errato?
A. 893657411257853613478855431257
B. 897657635433215237699879659431
C. 239851475635291655473295811413
D. 235475699875633213235415655879
E. 655297813259833457813695871255

Nella sequenza 8936574112578536134**78**855431257, la tripletta 478 **non** rispetta la sequenza **pari dispari dispari**.
La risposta corretta è, dunque, la A.

# CAPITOLO 5
# Biologia

## 5.1 • Cos'è la biologia

La **biologia** è la scienza che studia la vita (dal greco *bios* = vita). La scienza è lo strumento che abbiamo a disposizione per giungere alla conoscenza attuale del mondo in cui viviamo. Perciò gli scienziati sono coloro che descrivono, correlano e deducono le informazioni che il mondo, in quanto vita e, quindi, la biologia, suggerisce loro.

### 5.1.1 • Gli organismi viventi

Per noi è naturale e spontaneo affermare che una pianta, un uccello, una pantera, un'ape, un uomo sono esseri viventi, mentre le rocce non lo sono. Nonostante la diversità esistente tra loro, gli esseri viventi condividono una serie di caratteristiche che li contraddistinguono. Infatti tutti gli esseri viventi:

- **sono composti da cellule** – le cellule sono i componenti di base di tutte le strutture viventi. Alcuni organismi sono costituiti da singole cellule, come i batteri, altri da molte cellule, come l'uomo;
- **richiedono energia** – i sistemi viventi traggono energia (sotto vari tipi di forme) dal loro ambiente e la utilizzano per convertirla in una forma che è caratteristica al proprio organismo, cioè adatta al loro metabolismo;
- **si riproducono** – tutti gli organismi viventi si riproducono in modo sessuato o asessuato;
- **mostrano ereditarietà** – gli organismi viventi ereditano tratti dagli "organismi-genitori" che li hanno creati. Questo meccanismo è detto ereditarietà;
- **rispondono all'ambiente** – tutti gli organismi viventi rispondono agli stimoli dell'ambiente in cui vivono;
- **mantengono l'omeostasi** – tutti gli esseri viventi mantengono uno stato di equilibrio interno, caratteristica detta omeostasi;
- **si evolvono e si adattano** – tutti gli organismi viventi si evolvono e si adattano al proprio ambiente.

> Ricordiamo che i virus non sono considerati organismi viventi dato che non sono in grado di moltiplicarsi autonomamente, ma per farlo necessitano di dover infettare una cellula.

#### Cenni storici

Le cellule furono osservate per la prima volta nel 1665 da Robert Hooke, che studiò con un microscopio rudimentale sottili fettine di sughero e vide che esse erano formate da elementi di forma regolare. Egli chiamò **cellule** questi elementi (dal latino

*cellula*, "piccola stanza"), perché avevano l'aspetto di piccole scatole; in realtà quello che osservò erano pareti di cellule vegetali morte. Nel 1673 Antoni van Leeuwenhoek effettuò invece osservazioni su globuli rossi e su piccoli organismi presi da acque stagnanti. Nel 1830 Theodor Schwann compì studi al microscopio sulla cartilagine di animali, osservando che questa era formata da cellule simili a quelle delle piante e, perciò, ipotizzò le cellule come gli elementi costitutivi fondamentali di piante e animali. Nel 1860 Rudolf Virchow giunse alla conclusione che le cellule fossero le "unità vitali" di tutti gli organismi e che ogni cellula derivasse da un'altra cellula.
L'insieme degli studi al microscopio e le osservazioni di numerosi ricercatori hanno quindi permesso di arrivare alla moderna definizione della cosiddetta **teoria cellulare**, secondo la quale: 1) tutti i viventi sono formati da una o più cellule; 2) le cellule costituiscono le unità fondamentali di ciascun organismo; 3) tutte le cellule derivano da altre cellule.

### Caratteristiche della cellula

Le cellule possono essere di dimensioni e forme molto diverse. Alcune sono piccole, come alcune cellule batteriche di forma cilindrica che hanno una lunghezza di meno di un micrometro (μm, un milionesimo di metro); altre, come le cellule nervose, che hanno forme molto complesse, possono raggiungere anche diversi metri di lunghezza data la presenza di lunghi prolungamenti citoplasmatici.
Tutte le cellule sono delimitate da una membrana cellulare o membrana plasmatica. La maggior parte delle cellule vegetali ha solitamente forma poliedrica, un diametro compreso tra i 20 e i 30 μm ed è delimitata da pareti cellulari rigide. Le cellule dei tessuti animali hanno forma estremamente varia, a seconda del tipo e della funzione (possono essere sferiche, dai contorni irregolari, stellate, poliedriche, cubiche, cilindriche, ecc.). Il loro diametro è compreso fra i 10 e i 20 μm e la loro superficie può non essere regolare. Vedremo più avanti che esistono due tipi di cellule: la cellula *procariotica* e la cellula *eucariotica*.

## 5.1.2 • La chimica della cellula

### Nozioni di chimica generale

La materia è costituita da **atomi**, che sono formati da un nucleo centrale, dove sono presenti i **protoni** (carichi positivamente) ed i **neutroni** (senza carica), e da una zona intorno al nucleo, dove sono collocati gli **elettroni** (carichi negativamente). Ogni atomo è caratterizzato da un **numero atomico**, cioè dal numero di protoni che corrisponde al numero degli elettroni, e da un **peso atomico**, cioè dalla somma dei protoni e dei neutroni.
Il comportamento chimico di un atomo è determinato dal numero e dalla distribuzione degli elettroni intorno al nucleo. Gli elettroni si dispongono intorno al nucleo su dei livelli energetici, tenendo presente che gli elettroni più vicini al nucleo hanno meno energia di quelli più lontani e sono, quindi, ad un livello di energia più basso. Un elettrone, per stabilità, tende ad occupare il livello libero più basso di energia, ma può essere "spinto" ad un livello di energia più alto. Un atomo ha la massima stabilità quando tutti i suoi elettroni occupano i livelli energetici più bassi e quando questi

livelli sono completamente occupati da elettroni. Le reazioni chimiche tra gli atomi sono il risultato della tendenza degli atomi stessi a raggiungere la configurazione elettronica più stabile possibile.

Quando due o più atomi si combinano chimicamente, si formano unità dette **molecole**; gli atomi sono tenuti insieme da legami chimici. I legami chimici più comuni sono quello covalente e quello ionico. Nei **legami covalenti** coppie di elettroni vengono condivise da atomi; talvolta la distribuzione della carica non è uguale tra gli elementi, per cui si creerà una molecola con un polo positivo e uno negativo ed il composto diventa un dipolo. I **legami ionici** invece si ottengono in seguito alla perdita o all'acquisto da parte degli atomi di elettroni, per cui questi atomi acquistano una carica diventando o ioni positivi (se hanno perso l'elettrone) o ioni negativi (se hanno acquistato l'elettrone); il legame è quindi l'attrazione elettrostatica che si esercita tra ioni di carica opposta nei reticoli cristallini.

Gli **esseri viventi** sono costituiti per lo più da sei elementi naturali che da soli rappresentano il 99% circa di tutta la sostanza vivente. Questi elementi sono: carbonio (C), idrogeno (H), azoto (N), ossigeno (O), fosforo (P) e zolfo (S). Gli atomi di questi elementi raggiungono la loro stabilità legandosi fra loro e dando origine a molecole complesse che caratterizzano i sistemi viventi.

**L'acqua** è l'elemento essenziale ed il principale componente in peso di tutti gli esseri viventi. Una molecola di acqua è costituita da due atomi di H ed uno di O, tenuti insieme da legami covalenti. Essendo l'ossigeno più elettronegativo (l'**elettronegatività** è la capacità con cui un atomo attira a sé gli elettroni) dell'H, nella molecola di acqua si addensa una parziale carica negativa intorno all'O ed una positiva intorno agli atomi di idrogeno. Ogni molecola di acqua risulta perciò un piccolo dipolo elettrico, avente la capacità di legarsi con altre molecole mediante legami idrogeno. La polarità conferisce alle molecole di acqua la capacità di legarsi ad altre sostanze polari; inoltre la rende un ottimo solvente per ioni e molecole polari. L'acqua può trovarsi sotto forma solida (ghiaccio), liquida e di vapore. L'acqua ha una leggera tendenza a ionizzarsi, cioè a formare ioni H (idrogeno) positivi e ioni OH (ossidrili) negativi. Nell'acqua pura il numero di tali ioni è uguale; quando prevale il numero degli ioni positivi, allora la soluzione è detta acida, nel caso opposto è detta basica. Esiste un fattore che permette di esprimere questo rapporto tra i due tipi di ioni ed è il **pH**. La scala di pH assume valori dallo 0 a 14: la soluzione è acida tra 0 e 6, tra 8 e 14 è basica, a 7 è neutra. Quasi tutte le reazioni chimiche dei sistemi viventi hanno luogo entro limiti ristretti di pH, intorno alla neutralità.

## Le molecole organiche

La chimica degli organismi viventi è detta **chimica organica**, cioè la chimica dei composti del carbonio, in quanto tutti gli esseri viventi sono formati da molecole che contengono atomi di carbonio. In tutti gli esseri viventi è possibile trovare quattro tipi fondamentali di molecole contenenti carbonio. Queste molecole biologiche sono i carboidrati, i lipidi, le proteine e gli acidi nucleici.

I **carboidrati** sono costituiti da carbonio, idrogeno, ossigeno ed hanno la seguente formula grezza $(CH_2O)_n$. Sono molto diffusi negli organismi viventi, nei quali hanno ruolo sia strutturale che funzionale: sono infatti componenti delle membrane cellulari, degli acidi nucleici (DNA, RNA) e rappresentano la fonte primaria dell'energia necessaria ai processi biologici. I carboidrati vengono suddivisi in tre gruppi principali: monosaccaridi, disaccaridi e polisaccaridi. I **monosaccaridi** sono costituiti da brevi catene di atomi di carbonio. Il più importante monosaccaride è il **glucosio** che viene prodotto dalle piante verdi per fotosintesi e usato dagli organismi viventi come fonte di energia, dopo averlo ossidato e scisso in anidride carbonica e acqua. I **disaccaridi** sono formati da due unità monosaccaridiche e ne sono un esempio il saccarosio ed il maltosio. I **polisaccaridi**, come il glicogeno e l'amido, contengono molte unità monosaccaridiche legate tra loro. L'amido è costituito da molte molecole di glucosio ed è presente soprattutto nelle cellule vegetali come materiale di riserva, mentre negli animali c'è il glicogeno con struttura molto simile a quella dell'amido.

I **lipidi** sono costituiti anch'essi da C, H, O. Una delle loro proprietà è quella di risultare insolubili in acqua, ma solubili nei comuni solventi organici apolari, come acetone, benzene e cloroformio. Nelle cellule viventi svolgono due funzioni fondamentali: sono costituenti essenziali delle membrane e sono materiali di riserva.

Le **proteine** sono dei polimeri naturali formati da un gran numero di monomeri, gli **amminoacidi**. Un amminoacido è costituito da un atomo di C unito ad un gruppo carbossilico –COOH, ad un gruppo amminico $-NH_2$, ad un atomo di H e ad un gruppo o catena laterale definito R, che varia a seconda dei composti. Le unità amminoacidiche sono unite da legami peptidici. La sequenza lineare degli amminoacidi costituisce la struttura primaria della proteina; questa catena tende a ripiegarsi su se stessa dando luogo alla struttura secondaria (proteine fibrose). In alcuni casi la molecola proteica tende a ripiegarsi ulteriormente, formando una complessa struttura terziaria (proteine globulari). La proteina può avere anche una struttura quaternaria e questo si verifica quando più catene polipeptidiche sono unite tra loro. Le proteine hanno molteplici funzioni: strutturale, recettoriale, di regolazione, di trasporto, di segnalazione, di deposito, di difesa, enzimatica. Gli **enzimi** sono proteine prodotte dalle cellule per far avvenire o velocizzare reazioni chimiche, che spontaneamente non potrebbero svolgersi. Per ogni reazione chimica esiste uno specifico enzima. La funzione degli enzimi è quella di abbassare l'**energia di attivazione**, cioè l'energia necessaria affinché una reazione possa avvenire, in questo modo le reazioni si svolgono più velocemente ed a temperature più basse. Gli enzimi sono dotati di un sito, detto *sito attivo*, al quale si lega in modo specifico il substrato della molecola con cui devono reagire. Il nome degli enzimi indica in genere il tipo di reazione in cui essi intervengono e termina con il suffisso **-asi**; ad esempio si chiama lipasi l'enzima che catalizza la reazione di idrolisi (reazione con molecole di acqua) dei lipidi.

Gli **acidi nucleici** sono molecole organiche di due tipi: DNA (acido desossiribonucleico) e RNA (acido ribonucleico), di cui parleremo in seguito. Si tratta di polimeri formati dalla successione di unità dette **nucleotidi**; un nucleotide è formato da uno zucchero a 5 atomi di carbonio, da una base azotata e da un gruppo fosfato. Lo zucchero è il desossiribosio nel DNA ed il ribosio nell'RNA; per quanto riguarda le basi azotate adenina, citosina e guanina sono presenti in entrambi i tipi di acido nucleico, mentre come quarta base nel DNA è presente la timina e nell'RNA l'uracile. Il DNA è formato da due filamenti avvolti a formare una **doppia elica** (scoperta da Watson e Crick nel 1953). L'RNA è a singolo filamento.

Per quanto riguarda il ruolo biologico degli acidi nucleici:

- il DNA è il depositario dell'informazione genetica ed attraverso esso tale informazione viene trasmessa da una generazione all'altra;
- esistono tre tipi principali di RNA e precisamente: l'RNA messaggero (lineare) che funge da mediatore e porta l'informazione per la sintesi proteica, l'RNA ribosomale che costituisce i ribosomi e l'RNA di trasferimento (a forma di trifoglio) che veicola gli amminoacidi durante la sintesi proteica.

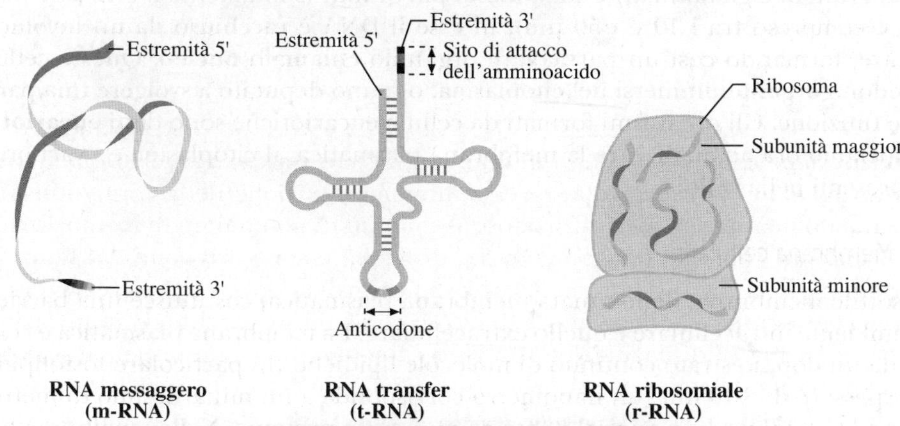


• **Figura 5.1** I tre principali tipi di RNA.

**Le vitamine** sono composti organici indispensabili per le attività biologiche degli esseri viventi. Esse devono necessariamente essere introdotte con gli alimenti in quanto non possono essere sintetizzate dall'organismo. Le vitamine sono dei principi regolatori la cui carenza, come anche un eccesso, può determinare gravi danni all'organismo. Si dividono in liposolubili (vitamine A, D, E, K) e idrosolubili (vitamine B e C). Non si conoscono tutti i ruoli biochimici svolti, ma alcune servono a prevenire semplici disturbi (es. influenza), altre persino il cancro. Si possono distinguere, tra le malattie, un'avitaminosi (mancanza di vitamine, dovuta ad un insufficiente apporto alimentare) e una disvitaminosi (incapacità dell'organismo di assimilare le proteine ingerite).

## 5.1.3 • Cellula procariotica

Le **cellule procariotiche** sono tipiche degli archeobatteri (anche se gli archeobatteri sono da alcuni considerati a metà tra procarioti ed eucarioti, presentando anche delle caratteristiche degli eucarioti), degli eubatteri e delle alghe azzurre. Esse sono relativamente piccole (con un diametro generalmente compreso fra 1 e 5 μm) ed hanno una struttura interna alquanto semplice; il loro DNA (molecola circolare) si trova concentrato in una regione del citoplasma, nucleoide, senza essere delimitato da alcuna membrana. Sono prive di organuli, ad eccezione dei ribosomi, preposti alla sintesi delle proteine. Le funzioni cellulari sono comunque effettuate da complessi enzimatici analoghi a quelli delle cellule eucariotiche. Esternamente alla membrana plasmatica i batteri presentano una parete, che è però diversa dalla parete delle cellule vegetali. Sono inoltre presenti delle appendici, tra cui i flagelli che sono comunque differenti dai flagelli eucariotici. Gli organismi formati da cellule procariotiche sono detti **procarioti**.

## 5.1.4 • Cellula eucariotica

Le **cellule eucariotiche** costituiscono tutti gli altri organismi viventi (i protisti, le piante, i funghi e gli animali) e sono molto più grandi (solitamente il loro asse maggiore è compreso fra i 10 e i 50 μm); in esse il DNA è racchiuso da un involucro nucleare, formando così un particolare organulo chiamato **nucleo**. Queste cellule possiedono **organuli** immersi nel citoplasma, ognuno deputato a svolgere una particolare funzione. Gli organismi formati da cellule eucariotiche sono detti **eucarioti**. Cominciamo ora ad analizzare la membrana plasmatica, il citoplasma e i vari organuli presenti nella cellula.

### Membrana cellulare

Una sottile membrana, denominata membrana plasmatica, costituisce una barriera fra l'ambiente intracellulare e quello extracellulare. La membrana plasmatica è costituita da un doppio strato continuo di molecole lipidiche (in particolare fosfolipidi), dello spessore di 8-10 nm (un nanometro corrisponde a un miliardesimo di metro), attraversato totalmente o parzialmente da numerose proteine. Nelle membrane biologiche i fosfolipidi sono organizzati a formare un doppio strato lipidico (bilayer) per cui le porzioni idrofiliche sono a contatto con l'ambiente acquoso, mentre le porzioni idrofobiche sono lontane dall'ambiente acquoso. Il modello oggi accettato per le membrane è il **modello a mosaico fluido**, che vede la membrana costituita da un mosaico di proteine immerse in un doppio strato lipidico; quindi la struttura non è vista come una struttura rigida ma come una struttura in cui a lipidi e proteine è

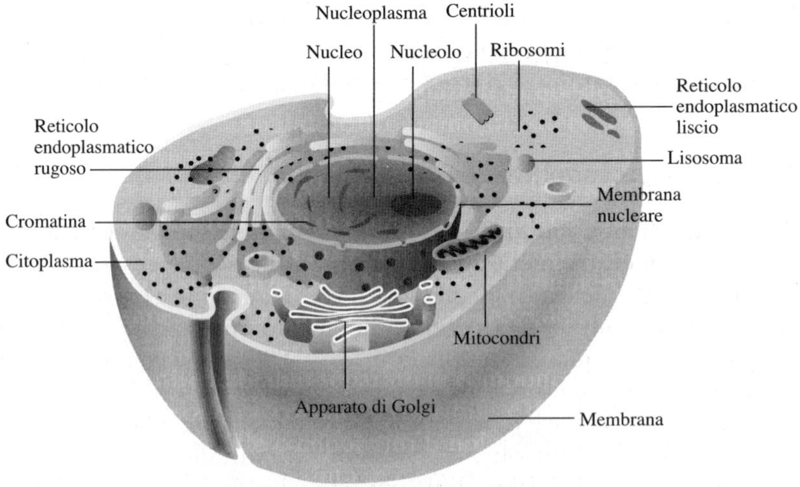


• **Figura 5.2** Cellula eucariotica animale.

consentito un certo movimento. La membrana funziona da barriera selettiva, regolando l'entrata e l'uscita delle sostanze. La maggior parte degli ioni e delle molecole idrosolubili non è in grado di attraversare spontaneamente questa barriera lipidica e per farlo necessita di una specifica proteina trasportatrice ("carrier") o di un canale, anch'esso di natura proteica. Un altro sistema per operare scambi fra l'ambiente intracellulare e quello extracellulare comporta la presenza di vescicole membranose che si fondono o si distaccano dalla membrana plasmatica; questo meccanismo permette, in particolare nelle cellule animali, di trasportare attraverso la membrana plasmatica macromolecole e particelle di grandi dimensioni, sia dall'interno all'esterno, sia in direzione opposta.

### Nucleo

Il nucleo nelle cellule eucariotiche esiste come struttura ben definita in quanto delimitata da un **involucro nucleare** (doppia membrana) e gli scambi sono consentiti solo attraverso i pori nucleari. Nel nucleo è contenuta l'informazione genetica dell'organismo all'interno di molecole di DNA. Il DNA, date le dimensioni, è associato con proteine a formare la cromatina che mostra gradi di condensazione differente in relazione allo stato funzionale (eucromatina, tratti di DNA decondensati perché in attiva trascrizione; eterocromatina, tratti non trascritti e quindi più condensati) ed alla fase del ciclo cellulare (i cromosomi metafasici manifestano la maggiore condensazione).

### Citoplasma

L'intero volume della cellula, con esclusione del nucleo, è occupato dal citoplasma. La porzione acquosa è denominata **citosol**. Esso è il sito di molte funzioni importanti ai fini del mantenimento della cellula, compresi i primi stadi della demolizione delle molecole introdotte sotto forma di alimenti e la sintesi di numerose macromolecole che sono le unità costitutive della cellula. Nel citoplasma sono riconoscibili diversi organuli: mitocondri, ribosomi, reticolo endoplasmatico liscio e rugoso, complesso del Golgi, lisosomi, ribosomi, microtubuli e microfilamenti.

- I **mitocondri** sono organelli citoplasmatici, a forma di fagiolo, rivestiti da una doppia membrana, di cui quella interna si ripiega formando numerosi setti, chiamati creste. I mitocondri sono la sede della conversione dell'energia chimica, contenuta negli alimenti, in energia cellulare, ATP. Queste reazioni costituiscono il processo di "respirazione cellulare". In assenza di mitocondri molti organismi eucariotici non sarebbero in grado di utilizzare l'ossigeno per ricavare dagli alimenti tutta l'energia necessaria alle loro funzioni vitali. Diversamente dagli organismi aerobi, che non possono vivere in assenza di ossigeno, gli organismi anaerobi prosperano anche, o solo, in assenza di questo gas e le loro cellule sono prive di mitocondri.
- Il **reticolo endoplasmatico** è un vasto sistema di endomembrane, costituito da sacchi appiattiti, le cisterne, tubuli e vescicole. Vi sono due tipi di reticolo: quello la cui superficie è liscia è detto reticolo endoplasmatico liscio (REL), mentre quello che presenta adesi alla superficie degli organelli, detti ribosomi, che gli conferiscono il tipico aspetto granuloso è detto reticolo endoplasmatico rugoso (RER). La funzione del REL è di metabolizzare fosfolipidi, steroidi ed acidi grassi; quella del RER è di sintetizzare ed assemblare le proteine.

- I **ribosomi** sono minuscoli organelli sferici del diametro di circa 30 nm che risultano costituiti da due subunità a diverso peso molecolare. Queste subunità sono la sede del processo di sintesi proteica, in quanto attraverso esse scorrerà l'RNA messaggero e mediante il processo di traduzione si avrà la formazione della catena polipeptidica. I ribosomi possono essere legati alla membrana del reticolo endoplasmatico oppure essere liberi nel citoplasma. Il numero dei ribosomi è controllato dal DNA ed in particolare esso risulta direttamente proporzionale alle necessità proteiche delle cellule. Sono costituiti da un particolare tipo di RNA, l'RNA ribosomale o rRNA.
- L'**apparato** o **complesso del Golgi** è stato scoperto da Camillo Golgi. Al microscopio elettronico risulta costituito da sacche membranose appiattite (cisterne), disposte l'una sull'altra, da cui si staccano delle vescicole, capaci di trasportare proteine prodotte dal reticolo endoplasmatico, fino ad arrivare alla membrana plasmatica con cui si fondono, riversando all'esterno il loro contenuto, oppure ad altre destinazioni, con struttura e forma variabili. Nei protozoi i lisosomi svolgono la funzione digestiva primaria, mentre negli organismi pluricellulari sono responsabili della distruzione di corpi estranei e vecchi della cellula.

### Citoscheletro

Un sistema di filamenti proteici, denominato citoscheletro, è presente nel citosol di tutte le cellule animali e vegetali. Nelle cellule animali, che mancano di una parete cellulare rigida, questo sistema ha un'importanza particolare, in quanto contribuisce a mantenere la struttura e la forma della cellula. Il citoscheletro fornisce un'impalcatura per l'organizzazione interna della cellula ed un punto di ancoraggio per organuli ed enzimi. Esso permette, inoltre, alla cellula di compiere alcuni movimenti e, all'occasione, di cambiare forma. Il citoscheletro è quindi una struttura dinamica, che viene continuamente scomposta e riassemblata. È costituito da tre tipi principali di filamenti proteici: microtubuli (formati da tubulina), microfilamenti (formati da actina) e filamenti intermedi, connessi sia tra di loro che con altre strutture cellulari, grazie a numerose proteine accessorie.
I microtubuli rappresentano anche l'elemento base di ciglia, flagelli e centrioli; determinano il movimento dei cromosomi durante la divisione cellulare. Le **ciglia** ed i **flagelli** sono estroflessioni cellulari che conferiscono movimento alla cellula, come succede per i protozoi o per gli spermatozoi, oppure esplicano la loro funzione come rivestimento di strutture cave, facilitando lo spostamento delle sostanze, come negli epiteli dell'apparato respiratorio e di quello riproduttivo. I flagelli sono estroflessioni lunghe; le ciglia sono invece corte.
La cellula vegetale presenta delle strutture che non si riscontrano nella cellula animale: cloroplasti, parete cellulare, plasmodesmi, vacuolo.

**Plastidi.** I **cloroplasti**, sede della fotosintesi, sono il principale esempio di una vasta classe di organuli, detti plastidi. La loro forma, le dimensioni, il numero e la distribuzione variano in cellule differenti. I cloroplasti sono delimitati da una doppia membrana; quella interna racchiude uno spazio pieno di liquido detto stroma, in cui è sospeso un sistema di membrane composto da piccoli sacchi detti tilacoidi che s'impilano a formare i grana. Le membrane dei tilacoidi sono interconnesse a formare un compartimento continuo. Le membrane tilacoidali ospitano i sistemi fotosintetici. Oltre ai cloroplasti sono presenti anche gli **amiloplasti**, plastidi non fotosintetici ricchi di amido, ed i **cromoplasti**, plastidi ricchi di carotenoidi, che danno colore a piante, fiori e frutti.

**Parete cellulare.** È una struttura che si trova all'esterno della membrana citoplasmatica; i componenti principali della parete sono: cellulosa (polimero composto da molecole di glucosio), lipidi, proteine, pectina, emicellulosa. La parete conferisce turgore cellulare, cioè costituisce una sorta di sostegno meccanico per la cellula; rappresenta una protezione dall'ambiente esterno; regola l'apertura degli stomi.

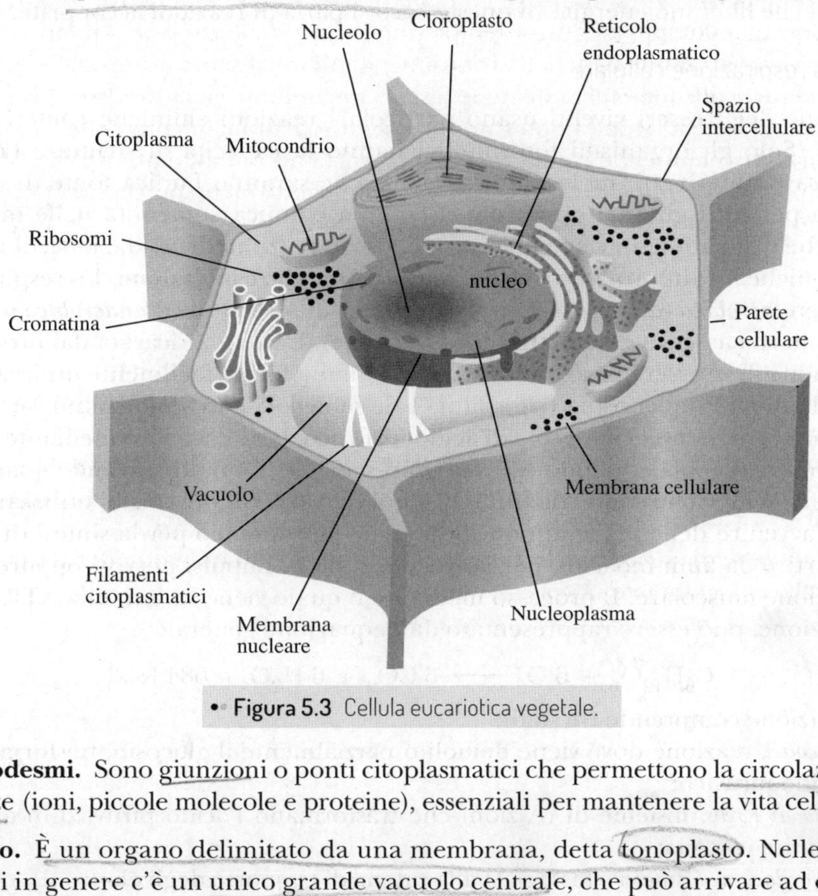


• **Figura 5.3** Cellula eucariotica vegetale.

**Plasmodesmi.** Sono giunzioni o ponti citoplasmatici che permettono la circolazione di sostanze (ioni, piccole molecole e proteine), essenziali per mantenere la vita cellulare.

**Vacuolo.** È un organo delimitato da una membrana, detta tonoplasto. Nelle cellule vegetali in genere c'è un unico grande vacuolo centrale, che può arrivare ad occupare il 95% del volume cellulare. Le funzioni del vacuolo sono le seguenti:

- digestione di sostanze;
- riserva, come deposito;
- mantenimento della pressione di turgore tipica dei tessuti vegetali non appassiti.

## 5.1.5 • Il metabolismo cellulare

Il metabolismo può essere suddiviso in: **catabolismo** (tutti i processi che rilasciano energia per degradazione di molecole più grandi in componenti più piccoli) ed **ana-**

**bolismo** (tutti i processi di sintesi di molecole complesse a partire dai componenti più semplici).

### Le reazioni metaboliche

Sono reazioni che comportano un acquisto o un rilascio di energia e si dividono in due tipi principali: endoergoniche (quando, per avvenire, richiedono energia) ed esoergoniche (quando liberano energia). Molte reazioni metaboliche sono endoergoniche (es. sintesi proteica), per cui per avvenire bisogna che siano accoppiate a reazioni che liberano energia. In questo caso si parla di reazioni accoppiate.

### La respirazione cellulare

Le cellule degli esseri viventi usano particolari reazioni chimiche come fonte di energia. Solo gli organismi fotosintetici hanno la capacità di sfruttare l'energia luminosa e sintetizzare molecole organiche, che saranno l'unica fonte di energia chimica per tutti gli altri organismi. L'energia chimica contenuta nelle molecole organiche degli alimenti viene liberata attraverso reazioni di ossidazione, altamente esoergoniche, in un processo che prende il nome di **respirazione**. La respirazione può essere ***aerobica*** (quando avviene in presenza di ossigeno) ed ***anaerobica*** (quando avviene in sua assenza ed è detta **fermentazione**). L'energia ricavata dai processi di ossidazione deve essere però immagazzinata in una forma facilmente utilizzabile: la molecola di ATP (adenosina trifosfato). Tale molecola è in sostanza un nucleotide (adenina) contenente 3 molecole di acido fosforico, legate tra loro mediante legami altamente energetici. Quando essi vengono scissi, si libera una grande quantità di energia e l'ATP viene convertita in ADP e poi in AMP. Gli organismi utilizzano ATP per far avvenire delle reazioni non spontanee, per esempio per la sintesi di proteine a partire da amminoacidi, per la trasmissione di impulsi nervosi oppure per la contrazione muscolare. Il processo mediante il quale viene sintetizzata ATP, cioè la respirazione, può essere rappresentato dall'equazione generale:

$$C_6H_{12}O_6 + 6\,O_2 \longrightarrow 6\,CO_2 + 6\,H_2O + 684\text{ Kcal}$$

Tale reazione comprende tre stadi:
- la *glicolisi*, reazione dove viene demolito parzialmente il glucosio, trasformandolo in acido piruvico;
- il *ciclo di Krebs*, insieme di reazioni che trasformano l'acido piruvico in anidride carbonica e acqua;
- la *fosforilazione ossidativa* (associata alla catena di trasporto degli elettroni), reazione che produce ATP.

### La fermentazione

La fermentazione è un processo necessario per ricavare energia dalle molecole organiche, principalmente da zuccheri, e risulta caratteristico dei microrganismi, come lieviti, batteri e funghi. Per le reazioni fermentative non è necessaria la presenza di ossigeno, si tratta dunque di un processo anaerobico. Esistono diversi tipi di fermentazioni, che prendono nomi diversi a seconda del prodotto finale della reazione, tra questi i più conosciuti sono:

- la fermentazione **alcolica** i cui prodotti finali sono alcool etilico, anidride carbonica e 4 molecole di ATP. La lievitazione del pane è un tipico esempio di questo processo, infatti il pane lievita grazie all'accumulo di anidride carbonica ottenuta dalla reazione di fermentazione;
- la fermentazione **lattica** consiste sempre in un processo di demolizione anaerobica del glucosio, ma ha come prodotto finale l'acido lattico. Un tipico esempio di questa fermentazione si ha nelle cellule dei nostri muscoli, che durante uno sforzo fisico intenso e prolungato ricorrono alla fermentazione lattica, sostituendo temporaneamente il normale processo aerobico, in quanto non c'è sufficiente ossigeno.

### La fotosintesi

Si tratta di un processo metabolico importante per permettere la vita sulla Terra. È un processo effettuato da organismi autotrofi, cioè organismi capaci di organicare le sostanze inorganiche, in particolare convertire l'anidride carbonica in glucosio. Si svolge in un organello tipico delle cellule vegetali fotosintetiche, il cloroplasto, e presenta due fasi:

1. la **fase luminosa (luce-dipendente)** libera ossigeno molecolare e produce molecole ad alto contenuto energetico di ATP e NADPH (riserva di energia). Le reazioni sono innescate dall'energia luminosa, che viene catturata da idonei complessi di captazione e poi incanalata verso i fotosistemi, dove l'energia luminosa sarà convertita in energia chimica. Ruolo fondamentale è svolto dai pigmenti fotosintetici, tra cui il più importante è la **clorofilla**.
   La reazione riassuntiva è:

$$12\,H_2O + 12\,NADP^+ + 18\,ADP + 18\,P_i \xrightarrow[\text{clorofilla}]{\text{luce}} 6\,O_2 + 12\,NADPH + 18\,ATP$$

2. la **fase oscura** (o **luce-indipendente)** produce glucosio, a partire dall'anidride carbonica, e non necessita della luce. La conversione dell'anidride carbonica in glucosio si ha in un ciclo di reazioni, detto ciclo di Calvin, dove avverranno delle reazioni chimiche non spontanee e, quindi, endoergoniche: saranno proprio le molecole di ATP e NADPH, prodotte nella fase luminosa della fotosintesi, a permettere tali reazioni. In tal modo si ha la fissazione o organicazione dell'anidride carbonica.
   La reazione riassuntiva è:

$$12\,NADPH + 18\,ATP + 6\,CO_2 \longrightarrow C_6H_{12}O_6 + 12\,NADP^+ + 18\,ADP + 18\,P_i + 6\,H_2O$$

Gli organismi in grado di sintetizzare composti organici complessi a partire da materiali inorganici semplici sono detti **autotrofi**; quelli non in grado di farlo sono detti **eterotrofi**.

## 5.1.6 • Dogma centrale della biologia

Tra le macromolecole biologiche vi è un flusso d'informazione che possiamo riassumere con il seguente schema:

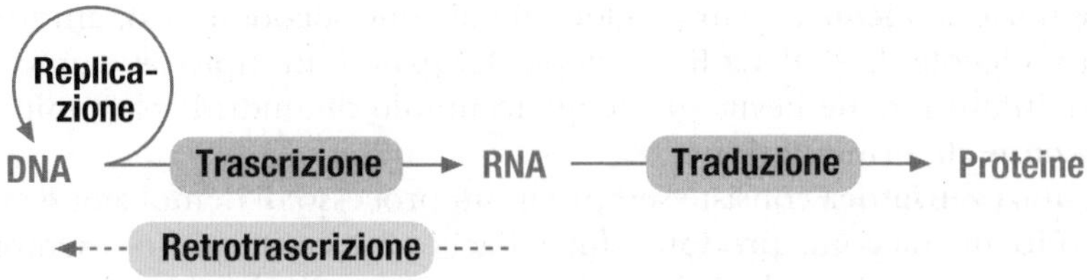


In pratica l'informazione genetica presente nel DNA può essere trasferita attraverso il processo di **replicazione** ad altre molecole di DNA oppure può passare attraverso il processo di **trascrizione** dal DNA all'RNA e poi attraverso il processo di **traduzione** dall'RNA alle proteine, passando quindi da una sequenza nucleotidica ad una sequenza amminoacidica.

Alcuni virus ad RNA possiedono un enzima, la trascrittasi inversa, che permette l'inversione del flusso di informazione, quindi si ha la sintesi di DNA su uno stampo di RNA.

### Replicazione

I due filamenti della doppia elica del DNA parentale si separano come i lembi di una cerniera-lampo, a causa della rottura dei legami idrogeno tra le basi azotate appaiate. Ogni filamento diventa stampo per la sintesi di un nuovo filamento complementare, in modo che ognuna delle molecole figlie sarà costituita da un filamento di DNA parentale ed uno nuovo (**replicazione semiconservativa**). L'enzima che catalizza la sintesi di DNA è la DNA polimerasi, ma molte altre proteine partecipano al processo.

### Trascrizione

Il messaggio scritto sul DNA attraverso questo processo viene passato ad una molecola intermediaria detta RNA messaggero. Il meccanismo è il seguente: la molecola di DNA, formata da un doppio filamento avvolto su se stesso a doppia elica, si despiralizza e, ad opera di specifici enzimi, si apre. A questo punto, la RNA polimerasi riconosce il punto d'inizio ed accoppia nuove basi azotate a quelle presenti su uno dei due filamenti di DNA, rispettando la complementarietà della loro struttura molecolare; in pratica uno solo dei due filamenti di DNA fa da stampo per la sintesi dell'RNA messaggero Completata la sintesi del filamento di RNA, questo si distacca dal filamento di DNA; il DNA si richiude e ritorna in forma spiralizzata. Negli eucarioti la trascrizione avviene all'interno del nucleo e poi l'RNA messaggero passa nel citoplasma.

### Traduzione

È il processo mediante il quale diversi amminoacidi vengono uniti per formare una proteina secondo le istruzioni contenute in un filamento di RNA messaggero che va ad inserirsi in un ribosoma. Questo organulo "scorre" lungo la molecola di mRNA e "legge" la sequenza delle basi azotate. Nel processo è coinvolto un terzo tipo di molecola di RNA, chiamata RNA transfer (tRNA), che da una parte porta una tripletta di nucleotidi e dall'altra un amminoacido specifico, corrispondente alla tripletta. La tripletta di ciascun tRNA aderisce alla molecola di mRNA quando trova una tripletta complementare. Ad esempio, la sequenza uracile - citosina - uracile (UCU) sul filamento dell'mRNA viene occupata dal tRNA contenente la tripletta adenina - guanina - adenina (AGA). In contrapposizione alla tripletta dell'mRNA, che si chiama **codone**, quella del tRNA prende il nome di **anticodone**. Gli amminoacidi portati dal tRNA nella sequenza specificata dall'mRNA vengono, quindi, legati l'uno all'altro sul ribosoma, a formare una nuova catena polipeptidica. Una volta terminata, la catena polipeptidica si libera dal ribosoma ed assume la sua forma tridimensionale specifica, determinata dalla sequenza degli amminoacidi. La forma di un polipeptide e le sue proprietà chimico-fisiche, entrambe determinate dalla sequenza amminoacidica, sono responsabili dell'eventuale unione di questa molecola ad altre catene polipeptidiche, nonché della funzione della proteina nell'organismo.

La sintesi proteica consiste quindi nel trasferimento di informazioni da un linguaggio scritto in basi in un linguaggio scritto in amminoacidi. Ci sono 20 amminoacidi biologicamente importanti. Questi sono ottenuti dalla combinazione a 3 lettere delle quattro basi ($4^3$), che ha permesso la formazione di 64 "parole" per determinarli. Gli studi di biologia molecolare hanno permesso di stabilire l'esistenza di un **codice genetico**. Questo specifica tutte le possibili combinazioni di tre basi azotate (triplette) che costituiscono i codoni dell'mRNA. Dei 64 codoni possibili: 61 specificano amminoacidi, il codone AUG specifica per l'amminoacido metionina, ma anche per un segnale di "start", cioè d'inizio; UAA, UGA e UAG sono, invece, di "stop", cioè di terminazione.

## 5.1.7 • Il ciclo cellulare

Il **ciclo cellulare** è l'insieme di eventi ordinati che regolano la crescita e la divisione di una cellula. Esistono due tipi di divisione cellulare: la mitosi e la meiosi; la prima riguarda le cellule somatiche, la seconda le cellule germinali. I due processi, oltre a presentare delle chiare differenze morfologiche osservabili mediante tecniche di microscopia, sono soggette a meccanismi regolativi di controllo a livello molecolare in parte comuni ed in parte specifici.

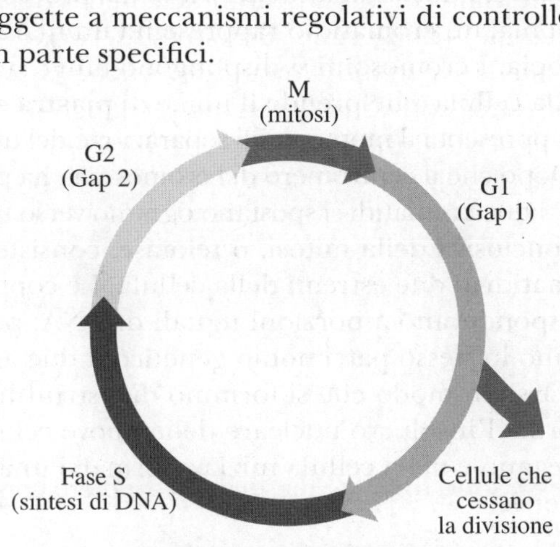


• **Figura 5.4** Ciclo cellulare.

Il ciclo cellulare di una cellula somatica consiste nell'alternanza fra l'interfase, in cui non avviene la divisione cellulare, e la divisione mitotica.
Nell'**interfase** la cellula sintetizza le sostanze necessarie (proteine, lipidi, ecc.) e si accresce. L'interfase consiste di: una fase $G_1$ (in cui la cellula si accresce ed il suo metabolismo è attivo); una fase S (in cui si incrementa l'attività degli enzimi pronti per la sintesi ed avviene la replicazione del DNA); una fase $G_2$ (in cui aumenta l'attività di sintesi). Dopodiché la cellula entra in fase M, ovvero in mitosi e poi in citocinesi.

### La mitosi

È un processo attraverso il quale una cellula madre si divide in due cellule figlie e ciascuna di esse riceve lo stesso numero e lo stesso tipo di cromosomi della cellula madre. In questo modo una cellula diploide con la mitosi produce due cellule diploidi.
In molti organismi pluricellulari e negli unicellulari, la mitosi rappresenta una strategia riproduttiva. Infatti, sistemi di riproduzione asessuata, come la scissione, operata da molti microrganismi, la gemmazione (o divisione ineguale), presente in protozoi che vivono fissi al substrato, la strobilazione delle meduse, la rigenerazione, si basano su processi mitotici.

Le **fasi della mitosi** sono di seguito descritte.
**PROFASE.** L'inizio della mitosi è segnato dalla condensazione della ***cromatina*** del nucleo, ovvero la progressiva spiralizzazione dei filamenti di DNA in strutture dall'aspetto di bastoncelli, i ***cromosomi***. Ogni cromosoma possiede una strozzatura, che viene detta centromero. L'involucro nucleare si disgrega; nel citoplasma vanno strutturandosi filamenti di natura proteica che formano il cosiddetto fuso mitotico, che fanno capo a due coppie di organuli, i centrioli, poste a ciascuna estremità della cellula.
**METAFASE.** Nel corso della metafase, i cromosomi diventano più corti e spessi ed appaiono adesso formati da due cromatidi fratelli, dall'aspetto di due bastoncini, collegati a livello del ***centromero***. I due cromatidi derivano dal processo di duplicazione del DNA; in ogni cromosoma, un cromatidio rappresenta un filamento di DNA e l'altro cromatidio è la sua copia. I cromosomi si dispongono lungo una linea immaginaria posta all'equatore della cellula, che prende il nome di **piastra equatoriale**.
**ANAFASE.** L'anafase rappresenta il momento di separazione dei due cromatidi fratelli di ciascun cromosoma. Dopo che il centromero del cromosoma ha preso contatto con una fibra del fuso mitotico, i due cromatidi si spostano ognuno verso un polo della cellula.
**TELOFASE.** La fase conclusiva della mitosi, o telofase, consiste nella formazione di due aggregati di cromatidi ai due estremi della cellula. Le coppie di cromatidi unite dal centromero corrispondevano a porzioni uguali di DNA; perciò, i due aggregati di acido nucleico hanno lo stesso patrimonio genetico. I due aggregati di cromatidi iniziano a despiralizzarsi, in modo che si formino due strutture nucleari; intorno a ciascuna di esse, si forma l'involucro nucleare delle nuove cellule figlie. Le fibre del fuso mitotico si disgregano e nella cellula inizia a formarsi una strozzatura centrale, che le porterà a dividersi.

Una volta conclusa la mitosi inizia la **citodieresi** durante la quale avviene la separazione del citoplasma e degli organuli in esso contenuti tra le due future cellule figlie. In genere, questo stadio di separazione si ha per strozzatura ad opera della membrana plasmatica ed è seguente le quattro fasi della mitosi; se non avvenisse, si otterrebbe una cellula plurinucleata.

### La meiosi

Riguarda la riproduzione sessuata ed interessa solo le cellule germinali (quindi la produzione di gameti). Essa consiste di due divisioni, precedute da una sola duplicazione del DNA: la prima divisione meiotica in cui, dopo la duplicazione del DNA, si verifica la segregazione dei cromosomi omologhi, uno di origine paterna e l'altra di origine materna; la seconda divisione meiotica, dal punto di vista morfologico identica ad una mitosi, in cui i cromatidi fratelli si dividono in cellule figlie. Il risultato è la produzione di quattro cellule aploidi, aventi la metà del patrimonio genetico di quella di partenza.

Le **fasi della meiosi** sono descritte di seguito.
L'evento fondamentale della **prima divisione meiotica** è la ripartizione di ciascuna coppia di omologhi nelle due cellule figlie: dunque, si ottengono due cellule dotate ciascuna di un patrimonio genetico aploide, ovvero di un solo cromosoma per tipo.
**PROFASE I.** La cromatina visibile nel nucleo cellulare, che rappresenta la massa del DNA, si condensa, in modo che si formino strutture bastoncellari, i cromosomi. Ciascun cromosoma appare a forma di X, poiché è formato da due cromatidi fratelli, uniti in un punto detto centromero. I cromatidi derivano da un processo di duplicazione del DNA; pertanto, ciascuno è geneticamente identico all'altro. In questa fase, possono avvenire scambi di frammenti di cromosoma tra i cromatidi dei due cromosomi omologhi, fenomeno che prende il nome di ***crossing-over*** ed è di fondamentale importanza per il mantenimento della variabilità genetica tra individui della stessa specie. L'involucro nucleare si disgrega. Si forma un fascio di microtubuli proteici (***fuso mitotico***), che si estende da un polo all'altro della cellula e le cui due estremità fanno capo a due coppie di organuli, detti ***centrioli***.
**METAFASE I.** I cromatidi uniti in numero di quattro (tetradi omologhe) si dispongono simmetricamente lungo un'immaginaria linea equatoriale. In tal modo, ciascuna è rivolta verso uno dei due poli della cellula e restano unite nei punti dove è avvenuto il crossing-over (chiasmi).
**ANAFASE I.** I cromosomi omologhi si separano e migrano ai poli opposti. I cromatidi fratelli restano uniti tramite il centromero.
**TELOFASE I.** Ai due poli della cellula madre si formano due agglomerati di cromosomi aploidi, in cui è presente un solo cromosoma per ciascun tipo.. Il citoplasma delle due cellule si ripartisce ed avviene la ***citocinesi***, ossia la divisione del citoplasma per produrre due cellule figlie distinte. Le fibre del fuso si disgregano ed i cromosomi si despiralizzano.

Nella **seconda divisione meiotica**, in modo analogo alla mitosi, i cromatidi si separano e si ripartiscono in due cellule figlie. Spesso la seconda divisione meiotica avviene immediatamente dopo la prima divisione. Le due cellule che ne derivano risultano aploidi.
**PROFASE II.** Non si ha accoppiamento di cromosomi omologhi né crossing-over.
**METAFASE II.** I cromosomi si dispongono su una linea equatoriale. I centromeri prendono contatto con le fibre ed i cromatidi sono disposti in gruppi di due.

**ANAFASE II.** I cromatidi migrano ciascuno verso un polo della cellula, spostandosi attaccati alle fibre del fuso. In tal modo, ciascun cromatidio diviene un nuovo cromosoma.
**TELOFASE II.** Ai poli della cellula, si formano due aggregati di cromosomi, le fibre del fuso si disgregano, i cromosomi cominciano a decondensarsi, e si forma infine l'involucro nucleare. Si formano così due cellule figlie aploidi: i gameti. La formazione dei gameti è detta **gametogenesi**; in particolare quella maschile è detta **spermatogenesi** (produce spermatozoi); quella femminile **ovogenesi** (produce cellula uovo).

**Meiosi e variabilità genetica.** Da un punto di vista genetico, la meiosi assume una grande importanza perché rappresenta il modo in cui possono formarsi nuove combinazioni di geni e, quindi, rende possibile la variabilità genetica tra individui della stessa specie. Infatti, già con il crossing-over, ovvero con lo scambio di porzioni di DNA tra cromatidi di due cromosomi omologhi, al momento della profase I, avviene una prima modificazione dell'assortimento di geni rispetto a quello della cellula madre. Inoltre, occorre considerare che la divisione dei due cromosomi omologhi durante l'anafase I avviene in modo casuale: ciò significa che non è prestabilito il polo della cellula verso cui migrerà ciascun cromosoma. Dunque, a partire da una cellula madre, si formano già con la prima divisione meiotica due cellule aploidi che sono geneticamente differenti tra loro e dalla cellula madre.

## 5.2 • Genetica

La genetica è la scienza che studia i caratteri ereditari, la loro trasmissione, nonché la loro variabilità. (Per il flusso dell'informazione vedi il par. "Dogma centrale della biologia").

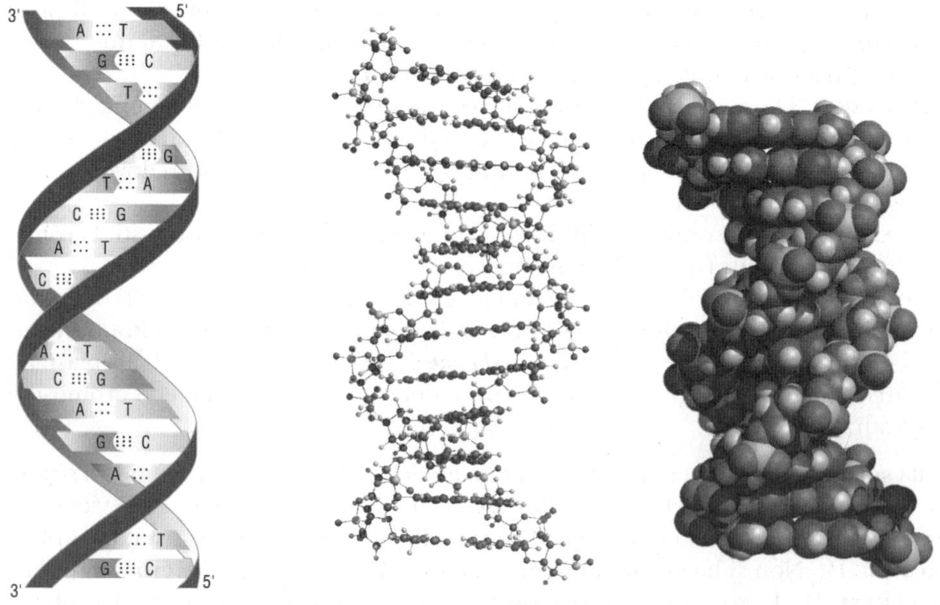


• **Figura 5.5** Diversi modi di rappresentare la doppia elica del DNA.

## Cromosomi ed eredità

Il padre della genetica è considerato l'abate **Gregor Mendel**, che si dedicò verso la fine dell'Ottocento agli studi su piante di pisello, scoprendo le leggi che regolano la trasmissione dei caratteri ereditari. Ad esempio, incrociando piante di pisello a fiori viola con quelle a fiori bianchi, notò che la prima generazione era tutta a fiori viola. Ma effettuando incroci tra individui della prima generazione, poté osservare che la seconda generazione era costituita per il 75% da piante a fiori viola e il 25% da piante a fiori bianchi. Mendel interpretò questi esperimenti dicendo che il carattere viola è dominante rispetto al carattere bianco recessivo. Egli intuì che il carattere del colore dei fiori è controllato da un fattore, oggi chiamato **gene**, che si trova su un determinato cromosoma (in un sito detto locus) di ciascun genitore, e possiede due varianti o forme alternative dette **alleli**. Conclusa la prima serie di esperimenti sulla trasmissione di un solo carattere, Mendel si preoccupò di studiare la trasmissione contemporanea di due caratteri. In questi nuovi studi egli giunse alla conclusione che i caratteri si trasmettono nella progenie uno indipendentemente dall'altro. A questi studi seguirono le seguenti leggi.

### Le leggi di Mendel

**Principio della dominanza**: in un eterozigote un allele (detto *dominante*) può mascherare la presenza di un altro (detto *recessivo*).
**Principio della segregazione**: due membri di una coppia genica (gli alleli) segregano (si separano) l'uno dall'altro durante la formazione dei gameti.
**Principio dell'assortimento indipendente**: gli alleli di geni differenti assortiscono indipendentemente l'uno dall'altro durante la formazione dei gameti.

### Genotipo e fenotipo

Il **genotipo** è la costituzione genetica di un organismo. Invece il **fenotipo** di un organismo è la manifestazione visibile o comunque evidenziabile di un carattere genetico ed è determinato dal genotipo, dall'azione di altri geni e dall'interazione con l'ambiente. Il colore dei capelli di un individuo risponde a delle precise regole di trasmissione dei caratteri e dipende dalla coppia di geni che controllano questo carattere (i due geni della coppia prendono il nome di alleli); l'individuo riceve questi geni dai genitori, uno per ogni genitore, attraverso i gameti al momento della fecondazione. Se i due alleli, per un determinato carattere, sono uguali, allora l'individuo si dice **omozigote**, nel caso contrario prende il nome di **eterozigote**. In un individuo eterozigote un allele, quello dominante, può mascherare l'espressione dell'altro allele, quello recessivo. Gli alleli vengono indicati con le lettere dell'alfabeto, usando la stessa lettera per gli alleli che fanno parte della stessa coppia di geni; all'allele dominante viene data la lettera maiuscola.

### Cariotipo

È l'insieme di tutti i cromosomi contenuti in una cellula di un organismo. È possibile conoscere il cariotipo di ciascun individuo; nel caso dell'uomo lo si può ottenere isolando globuli bianchi dal sangue, sottoponendoli a mitosi, bloccando la loro divisione alla metafase. Solo a questo punto si possono colorare i cromosomi con sostanze appropriate e fotografarli. I cromosomi si presentano disposti a coppie e quelli di una stessa coppia si chiamano omologhi; in questo caso presentano lo stesso aspetto e hanno informazioni per gli stessi caratteri. Uno di essi è di origine materna e uno paterna. Ogni specie ha un suo numero specifico di cromosomi che viene indicato con 2n, in quanto i cromosomi sono disposti a coppie. L'uomo ha 46 cromosomi, quindi 23 coppie, queste vengono opportunamente numerate e la coppia numero 23 è quella dei **cromosomi sessuali**: nel caso di un maschio i due cromosomi omologhi saranno diversi, XY; nel caso di una femmina invece saranno uguali, XX.

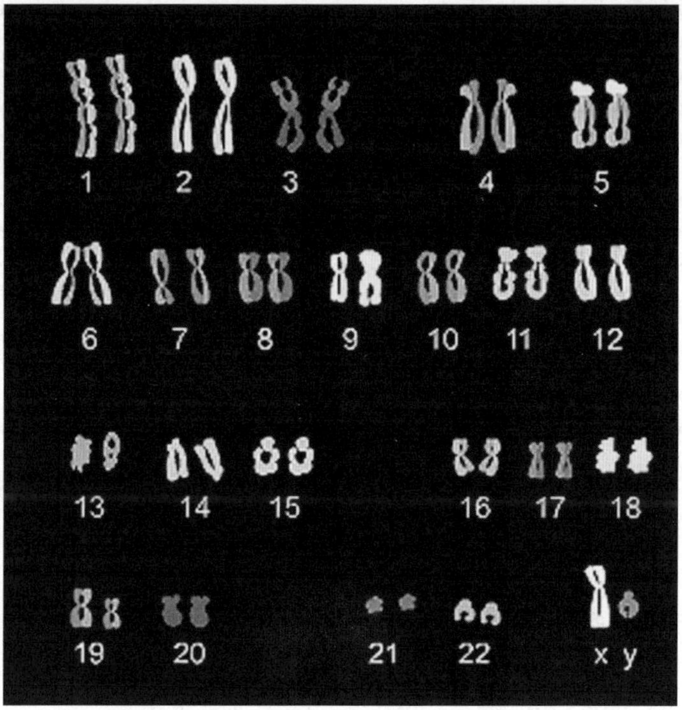


• **Figura 5.6** Cariogramma umano maschile.

## Mappatura del DNA

Per procedere all'analisi della struttura del DNA, i frammenti di acido nucleico vengono fissati in piastre, costituite da gel, nelle quali con la tecnica dell'elettroforesi è avvenuta la separazione delle diverse componenti. In tal modo, ricorrendo a sofisticate elaborazioni al computer, i frammenti possono essere confrontati con sequenze già note ed essere decifrati.

### Il genoma umano

Il termine genoma definisce l'insieme di tutto il materiale genetico di un organismo vivente. Il genoma umano comprende il DNA del nucleo e quello dei mitocondri ed attualmente è composto da circa 32.000-37.000 geni, localizzati su 23 coppie di cro-

mosomi presenti nel nucleo di ciascuna cellula. Ogni gene è formato da un tratto di molecola di DNA e contiene una sequenza di coppie di basi azotate: se il gene può essere paragonato ad una parola, ciascuna coppia di basi può essere fatta corrispondere ad una lettera di quella parola. Diversi geni si trovano sui cromosomi, osservabili nelle cellule al momento della divisione (mitosi); quindi, ogni cromosoma contiene diverse parole e può essere paragonato ad una frase. Un singolo cromosoma può arrivare a contenere più di 250 milioni di coppie di basi, mentre l'intero genoma umano, secondo alcune stime, è costituito da circa 3 miliardi di coppie di basi.
Il DNA analizzato dal Progetto Genoma Umano proviene da piccoli campioni di sangue o di altri tessuti, ottenuti da molti individui diversi. Benché i geni del patrimonio genetico di ciascuno individuo siano costituiti da sequenze uniche di DNA, la variazione media del genoma di due persone diverse risulta essere inferiore all'1%. Quindi, rispetto alle somiglianze, le differenze tra i campioni di DNA ottenute da fonti diverse si possono considerare estremamente ridotte.

### Mutazioni

S'intende per mutazione ogni modificazione a carico del materiale genetico. Può verificarsi in qualsiasi tipo di cellula: se interessa una cellula somatica allora interesserà l'individuo in questione, se interessa una cellula germinale allora potrà essere trasmessa alla prole. Le mutazioni possono essere *spontanee*, se insorgono naturalmente, o *indotte*, se insorgono in seguito ad esposizione a mutageni (chimici, fisici o tecniche di manipolazione).
Le mutazioni possono essere distinte in: 1) *geniche* se interessano un singolo gene; 2) *cromosomiche* se interessano la struttura cromosomica; 3) *genomiche* se interessano il numero cromosomico.
Le **mutazioni geniche** si hanno per sostituzione di basi o per inserzione o delezione di basi.
In seguito ad una *sostituzione di basi* possiamo avere ad esempio le seguenti conseguenze:

- *mutazione missenso* – si produce un codone diverso e quindi, a seconda dell'importanza dell'amminoacido che risulterà variato nella proteina, si avranno effetti più o meno gravi;
- *mutazione non senso* – si ha la trasformazione di un codone senso in un codone non senso e quindi si ha una terminazione prematura della sintesi della proteina;
- *mutazione silente* – se alla variazione del codone non corrisponde una variazione dell'amminoacido per cui non si ha alcun effetto.

L'*inserzione* o la *delezione di basi* (purché non in multipli di tre) originano invece mutazioni frameshift, cioè vi è uno scivolamento della cornice di lettura del messaggio e quindi si ha una proteina non funzionale.
Le **mutazioni cromosomiche** si hanno per: *delezione*, in cui una parte di un cromosoma va persa; *duplicazione*, in cui una parte di un cromosoma è duplicata; *inversione*, in cui un tratto di un cromosoma è ruotato di 180°; *traslocazione reciproca*, in cui parti di cromosomi non omologhi vengono scambiate.
Le **mutazioni genomiche** includono le *aneuploidie* (perdita o acquisto di uno o più cromosomi) e le *poliploidie* (acquisto di assetti cromosomici interi).

# 5.3 • Ecologia

## 5.3.1 • Cos'è l'ecologia?

L'**ecologia** è lo studio delle interazioni degli organismi tra loro e con il loro ambiente fisico. È la scienza più antica (da sempre l'uomo si è posto in relazione al suo ambiente), ma anche la più moderna (l'uomo e il suo ambiente sono in continua mutazione). Obiettivo principale dell'ecologia è di argomentare sulle attività dell'uomo in relazione alla biosfera e capirne le conseguenze.
Iniziamo a parlare dei massimi livelli di organizzazione della materia dopo l'organismo, e cioè: la popolazione, la comunità, l'ecosistema.

## 5.3.2 • La popolazione

La popolazione è un insieme di organismi della stessa specie che vivono contemporaneamente nello stesso luogo. Le popolazioni interagiscono tra loro e con altri esseri viventi (ambiente biotico), ma anche con l'ambiente non vivente (abiotico).

La popolazione presenta caratteristiche strutturali e funzionali.
Le **caratteristiche strutturali** sono:

a) la **densità**, che indica il numero di individui di una specie presenti, in un determinato momento, per unità di area o di volume;
b) la **distribuzione** o **dispersione**, cioè la diffusione spaziale degli organismi nell'ambiente. Una popolazione può essere distribuita in modo: casuale - uniforme - aggregato.
La distribuzione uniforme si ha quando gli individui sono equidistanti; quella aggregata quando gli individui si riuniscono in determinati luoghi; quella casuale quando gli individui si trovano ad una distanza irregolare;
c) i **rapporti per età**, poiché per valutare la possibilità di sviluppo di una popolazione bisogna conoscere la sua "età". Generalmente i rapporti di età si esprimono schematicamente come delle piramidi, dove la base è costituita dai giovani e poi man mano che si va verso l'apice si considerano gli individui più vecchi. Una piramide con la base larga indica che quella popolazione è in fase di sviluppo; viceversa se la base della piramide è piccola, la popolazione va incontro all'estinzione;
d) i **rapporti per sessi**, un fattore molto importante perché solo in caso di rapporto equilibrato tra i sessi si ha un tasso riproduttivo idoneo. Infatti, se in una popolazione il numero dei maschi è di molto superiore a quello delle femmine, si può andare incontro all'estinzione; viceversa, se ci sono troppe femmine, si ha un'eccessiva espansione.

La grandezza di una popolazione è determinata dal tasso medio delle **caratteristiche funzionali** che sono: la **natalità**, la **mortalità**, l'**emigrazione** e l'**immigrazione**, che ci permettono di costruire l'andamento di una popolazione e, quindi, il suo istogramma. Tutto ciò porta alla triste conclusione che: 1) i paesi più sviluppati hanno il più basso tasso di natalità, di mortalità infantile, di fertilità totale, ma la più alta aspettativa di vita; 2) i paesi in via di sviluppo hanno il più alto tasso di natalità, di mortalità infantile, di fertilità totale, ma la più bassa aspettativa di vita.

### 5.3.3 • La comunità

La comunità è un insieme di popolazioni di specie diverse che occupano lo stesso ambiente e sono tra loro interagenti. Il termine comunità viene anche sostituito con il termine biocenosi, in particolare zoocenosi, per indicare la componente animale, e fitocenosi, per quella vegetale.
Essa ha delle caratteristiche che si dividono in funzionali e strutturali.
L'**evoluzione** è il frutto di una serie di trasformazioni acquisite nel corso del tempo all'interno di una popolazione o di una comunità. Ciò comporta una serie di modifiche che si tramandano alle generazioni. Di qui le teorie sull'evoluzione che, nate con la "selezione naturale" di Darwin, arrivano ad oggi con le "mutazioni genetiche".

### 5.3.4 • L'ecosistema

La combinazione di componenti biotiche e abiotiche, attraverso cui fluisce l'energia e vi circolano le sostanze, è detta sistema ecologico o ecosistema. Quindi, l'ecosistema è un **insieme interattivo di materia**, **energia e informazioni**. Per questo il pianeta Terra rappresenta il più grande ecosistema conosciuto. Tre sono i concetti chiave che identificano un ecosistema: a) l'energia (il cui flusso è lineare), b) la materia (tutti i materiali di cui gli organismi sono composti compiono dei cicli all'interno dell'ecosistema, tra gli organismi, tra gli organismi ed il loro ambiente), c) il mondo abiotico (radiazione solare, atmosfera, clima, fuoco, oceani, piogge acide, suolo). Nel punto b) la materia può essere inorganica ed organica. La prima è costituita dagli elementi chimici base degli organismi viventi (C, H, O, N, P) che vengono trasformati dagli organismi fotosintetici (piante e batteri), cioè organicati in sostanze organiche. Queste, per decomposizione, possono ritornare a composti inorganici, in un ciclo piuttosto regolare. I singoli elementi chimici sono coinvolti in **cicli**, detti **biogeochimici**, il cui flusso ne consente un continuo e giusto apporto. Nel punto a) il flusso va dal Sole ai produttori (**organismi autotrofi**), da questi ai consumatori (**organismi eterotrofi**), fino ai decompositori. Attraverso i passaggi da un organismo all'altro, l'energia viene convertita in calore ed utilizzabile all'interno dei **livelli trofici**, cioè livelli che accomunano organismi con uguali caratteristiche di vita. Ciò determina la presenza di **catene alimentari** o reti alimentari, costituite da organismi appartenenti a livelli trofici crescenti e ciascuno dei quali si nutre a spese di quello che lo precede. Nella catena alimentare l'energia viene in parte persa nei vari passaggi tra i diversi livelli, per cui è necessario che venga sostituita. Questo compito è svolto dagli organismi decompositori, principalmente funghi e batteri, che demoliscono le sostanze organiche fino a sostanze semplici che possono essere riutilizzate dai produttori. In questo modo il ciclo si chiude e può continuamente ripartire.
Nella catena alimentare:

- il primo anello è costituito dai **produttori**, organismi capaci di provvedere autonomamente al proprio nutrimento e per questo si chiamano **autotrofi**;

- gli anelli successivi sono costituiti da animali **eterotrofi**, che si cibano di organismi vegetali: questi si dicono **erbivori** o **consumatori primari** e costituiscono il secondo anello della catena alimentare;
- a loro volta gli animali erbivori costituiscono cibo per altri animali, i **carnivori** o **consumatori secondari ed i predatori**, che formano il terzo anello della catena alimentare;
- l'ultimo anello della catena alimentare è costituito da organismi che provvedono a distruggere i rifiuti e perciò detti **decompositori**, che si nutrono dei resti dei vegetali morti;
- infine ci sono muffe, funghi e microbi che decompongono tutti i residui trasformandoli in sostanze semplici, che fertilizzano il terreno favorendo la crescita di nuove piante, per iniziare così il ciclo di una nuova catena alimentare.

L'istogramma di tali disposizioni genera una **piramide ecologica**. La piramide rappresenta la fitta interconnessione di rapporti tra gli organismi principali. Ma esistono anche altre forme di relazione tra gli organismi.
I **rapporti tra gli organismi** hanno un ruolo chiave nel determinarne la loro distribuzione nei livelli trofici. Tra le forme di rapporti abbiamo il **commensalismo**, che si instaura tra due organismi di cui uno trae beneficio da un ospite senza favorirlo né danneggiarlo (un esempio sono le orchidee, che nella foresta tropicale vivono sui rami degli alberi per poter ricevere luce in quantità sufficiente). Diverso è il rapporto di **mutualismo**, infatti in questo caso entrambi gli organismi traggono beneficio (un es. è la relazione tra paguro ed attinia), oppure di **parassitismo**, nel quale un organismo, il parassita, vive a spese di un ospite che viene in questo modo danneggiato (un es. è la tenia nell'intestino dell'uomo).
L'ambiente abiotico e quello biotico spesso interagiscono tra loro nel determinare la distribuzione di un organismo. L'area entro la quale è diffusa una specie costituisce la sua **area di distribuzione o areale**, mentre il luogo in cui una specie vive è chiamato **habitat**.

## 5.3.5 • Clima e biomi

I grandi ecosistemi vengono descritti in rapporto al loro clima, determinato dall'interazione di diversi fattori che comprendono l'energia del Sole, la temperatura, il vento, le precipitazioni atmosferiche, l'umidità, l'evaporazione, la nebbia, la nuvolosità. Per quanto riguarda la quantità di energia solare occorre dire che, data la forma della Terra, le zone equatoriali vicine all'equatore sono raggiunte da luce e calore massimo; al contrario le zone polari o vicine ai poli dal minimo. Si evince quindi che il clima è strettamente correlato alla latitudine. Si vengono quindi a creare ampie fasce climatiche, caratterizzate da particolari climi. Per ogni tipo principale di clima si sviluppa una vegetazione tipica; ad esempio i climi caldi e aridi sono associati ad una vegetazione desertica, mentre i climi umidi favoriscono la crescita delle foreste. Ogni forma di vita vegetale consente inoltre l'esistenza di determinate forme di vita animale. Da queste interazioni nasce una comunità ecologica detta **bioma**. Si conoscono biomi terrestri, di acqua dolce e di acqua salata. Sono stati individuati sette tipi principali di biomi terrestri: la foresta tropicale, la foresta temperata, la prateria, la macchia mediterranea, il deserto, la foresta boreale (o bioma polare) e la tundra.

### 5.3.6 • Fattori di deterioramento dell'ambiente

Gli ecosistemi naturali mostrano un'alta resistenza a perturbazioni, anche violente, periodiche o acute, perché sono naturalmente adattati ad esse. Ad esempio alcuni ecosistemi vegetali periodicamente sono soggetti ad incendi "arricchitori", che fertilizzano il suolo, o ad alluvioni. Ma tutti sono soggetti a perturbazioni croniche, persistenti e continuative, che generano effetti (ovvero danni) così pronunciati da mettere in pericolo l'equilibrio e la salute del nostro pianeta. Tra queste perturbazioni la più grave è l'inquinamento, che colpisce tutti i nostri habitat naturali: aria, acqua e suolo. L'**inquinamento** è la contaminazione ecologica dovuta all'introduzione nell'ambiente di sostanze (dai microrganismi ai rifiuti), di fonti di energia (radiazioni varie) e delle loro conseguenze (rumori, ecc.). Le attività umane hanno contribuito e contribuiscono a modificare gli ecosistemi, recando danno all'ambiente, agli esseri viventi, ma soprattutto all'uomo stesso e a tutto ciò con cui interagisce.
L'inquinamento dell'aria, o atmosferico, è dovuto all'emissione di gas in esubero rispetto al livello normale nella composizione base dell'aria (C, H, O, N, P, Cl, F). L'aumento di anidride carbonica ($CO_2$), di metano ($CH_4$), di ossido di azoto ($N_2O$) è dovuto all'uso di strumenti (frigoriferi, bombolette spray, ecc.), mezzi (auto, riscaldamenti, ecc.) e sostanze (petrolio, carbone, ecc.), di cui l'uomo non può fare a meno. Tutto ciò crea una barriera nell'atmosfera, che assorbe le radiazioni infrarosse (che riscaldano) dei raggi del Sole e le intrappola, non facendole fuoriuscire, come dovrebbero. Questo calore viene trasferito al suolo ed agli oceani, innalzando dovunque la temperatura (scioglimento dei ghiacciai posti ai Poli). Si è creato così, un innalzamento globale della temperatura che viene definito **effetto serra** (come fa il vetro che racchiude una serra) ed i gas che trattengono calore sono detti **gas serra**. L'ozono è un prodotto naturale ed essenziale per la stratosfera: esso protegge la superficie terrestre, schermandola dai raggi UV della radiazione solare. Per alcuni mesi dell'anno si osserva un assottigliamento dello strato di ozono sopra l'Antartide, che viene definito ***buco dell'ozono***. L'inquinamento delle acque e del suolo sono strettamente correlati a quello dell'aria; infatti, un riscaldamento o un'alterazione della composizione dell'aria provocano la morte di specie (animali e vegetali), alcune delle quali di fondamentale e vitale importanza nella catena alimentare.

## 5.4 • Classificazione dei viventi

### 5.4.1 • La sistematica

La **sistematica** è la scienza che classifica gli esseri viventi. Tentativi di classificazione sono esistiti fin dall'antichità, ma è solo con Linneo che la sistematica acquista un rigore scientifico.
Linneo inventa la **nomenclatura binomiale**: qui la specie rappresenta il primo livello di classificazione degli individui e per **specie** si intende un gruppo di organismi simili, in grado di incrociarsi tra loro e di produrre prole fertile. Ad ogni specie è assegnato un doppio nome in latino, il primo indica il genere, il secondo la specie. In

alcuni casi può essere indicato un terzo nome per la sottospecie. Il nome generico è sempre maiuscolo, quello specifico è sempre minuscolo.
I metodi in vigore attualmente si basano ancora sulla nomenclatura binomiale di Linneo, anche se la classificazione si è nel tempo arricchita di criteri moderni, quali i rapporti evolutivi e le caratteristiche genetiche, biochimiche e morfologiche dei diversi organismi.
Oltre alla classificazione binomiale abbiamo la **classificazione tassonomica**, che è il sistema di raggruppamento e denominazione degli organismi, finalizzato ad un metodo universale.
Le caratteristiche prese in esame dagli studiosi per accomunarli possono riguardare l'anatomia, la fisiologia, la genetica, il comportamento, la composizione biochimica dei vari organismi considerati e messi a confronto. Risulta importante anche la paleontologia, in cui si opera una valutazione dei reperti fossili, nel tentativo di ricostruire la storia evolutiva dei viventi e di capirne i rapporti di parentela. Gli schemi della classificazione moderna tentano, infatti, di creare collegamenti tra i differenti gruppi di organismi che riflettano i rapporti evolutivi esistenti tra loro.
Le categorie tassonomiche obbligatorie sono:

- dominio;
- regno;
- phylum, subphylum, tipo, divisione;
- classe;
- ordine;
- famiglia;
- genere;
- specie.

## 5.4.2 • Il sistema di classificazione in cinque regni

Un tempo, agli albori della sistematica naturalistica, i viventi erano divisi in due soli regni: regno vegetale e regno animale. In seguito, con l'aumento delle conoscenze sulle caratteristiche e la biologia delle diverse forme di vita, questa distinzione si è rivelata del tutto insufficiente.
L'aumento di conoscenze sui batteri ha inoltre portato a riconoscere una prima fondamentale distinzione tra i viventi in **procarioti ed eucarioti**, che oggi vengono considerati due domini distinti. Anzi, secondo molti sistematici, la grande varietà presente all'interno dei procarioti suggerirebbe di suddividere i viventi addirittura in tre domini, due dei quali corrispondono agli attuali procarioti (Eubacteria, Archaea, Eukarya).
Col procedere delle conoscenze sistematiche, nuovi regni sono stati individuati e descritti.
Gli organismi viventi sono stati classificati nel sistema a **cinque regni**, proposto da Robert Whittaker e basato sul livello di organizzazione degli organismi (dei procarioti, degli eucarioti unicellulari e degli eucarioti pluricellulari) e sul tipo di nutrizione (autotrofa, eterotrofa per ingestione e eterotrofa per assorbimento). I cinque regni comprendono: **Monera** (comprendente archeobatteri, eubatteri e alghe azzurre o cianobatteri, ossia organismi procarioti a nutrizione mista); **Protisti** (eucarioti unicellulari, a nutrizione mista); **Fungi** (eucarioti pluricellulari a nutrizione eterotrofa,

per assorbimento); **Plantae** (autotrofi pluricellulari a nutrizione autotrofa); **Animalia** (eucarioti pluricellulari a nutrizione eterotrofa, per ingestione).

### 5.4.3 • Regno Monera (Monere)

I procarioti o batteri sono viventi unicellulari caratterizzati da un tipo particolare di **cellula**, quella **procariotica** (vedi par. Cellula procariotica).
Le Monere possono vivere in ogni tipo di ambiente, anche inospitale, come i ghiacciai polari e le acque termali calde. I batteri si dividono in: Archebatteri (metanogeni, alofili, termoacidofili) ed Eubatteri (Cianobatteri, Actinomiceti, Rickettsie, Micoplasmi, Spirochete). Sono autotrofi fotosintetici o chemiosintetici. Per le loro forme si dividono in cocchi (a sfera), bacilli (a bastoncino), spirilli (a spirale), vibrioni (a virgola).
I primi viventi apparsi sulla Terra oltre 3,5 miliardi di anni fa erano probabilmente simili a procarioti. I primi procarioti fotosintetici comparvero tra 2 e 3,4 miliardi di anni fa. L'ossigeno prodotto con la fotosintesi da questi organismi (e in seguito anche dagli autotrofi eucarioti) ebbe conseguenze importanti per la vita sulla Terra:

- trasformò l'atmosfera da riducente ad ossidante, permettendo l'arricchimento dell'ossigeno nell'aria e quindi la vita degli eucarioti aerobi;
- portò alla formazione dello strato di ozono che schermando le letali radiazioni UV consentì l'emersione dei viventi dall'acqua.

### 5.4.4 • Regno Protista (Protisti)

I protisti sono eucarioti unicellulari (solo alcune alghe sono pluricellulari). Sono sia autotrofi che eterotrofi. Sono più grandi dei procarioti ed hanno strutture specializzate all'interno delle cellule. Si dividono in protozoi (es. Ciliophora e Sporozoa), funghi mucillaginosi e muffe d'acqua, alghe.
Le **alghe** sono autotrofi fotosintetici con cloroplasti provvisti di clorofilla, associata a pigmenti diversi. Vivono in ambienti acquatici o umidi e sono prive di tessuti di sostegno, di strutture differenziate (fusto, foglia o radice) e di organi pluricellulari. Comprendono organismi molto diversi per dimensioni ed organizzazione cellulare (unicellulari, coloniali, pluricellulari).
Si pensa che i progenitori acquatici delle piante fossero organismi simili alle alghe verdi: presenza di clorofilla a e b, di carotenoidi, di amido come sostanza di riserva, di parete di cellulosa, flagelli del tipo a frustino. Le alghe unicellulari sono molto importanti per la vita in generale perché formano gran parte del fitoplancton, cioè degli organismi microscopici unicellulari che fluttuano nello strato superiore degli oceani e delle acque dolci. Il fitoplancton svolge buona parte della fotosintesi; inoltre esso costituisce la base delle catene alimentari degli ambienti acquatici.
Si distinguono in Euglenophyta (alghe di colore verde), Dinoflagellata (alghe di vari colori), Chrysophyta (o alghe giallo-brune), Chlorophyta (o alghe verdi), Phaeophyta (o alghe brune), Rhodophyta (o alghe rosse). Il loro colore dipende dalla profondità a cui vivono, perché i loro pigmenti accessori assorbono le radiazioni a differenti lunghezze d'onda.

## 5.4.5 • Regno Fungi (Funghi)

I funghi (Regno Mycota o Fungi) sono organismi eucarioti (eterotrofi, saprofiti o parassiti) caratterizzati da:

- nutrizione eterotrofa e mancanza di plastidi e clorofilla;
- nutrizione in genere per assorbimento dopo digestione esterna;
- cellule non organizzate in tessuti, spesso di aspetto filamentoso (ife), riunite in miceli;
- parete cellulare non cellulosica; di solito a base di chitina, composto assente nei vegetali e presente in insetti e crostacei;
- presenza diffusa di propagazione vegetativa per mezzo di singole cellule (conìdi o mitospore, chiamati anche impropriamente "spore");
- assenza di organi (sporangi e gametangi) pluricellulari;
- riproduzione mediante spore che sono prodotte sia per via sessuata sia per via asessuata.

I funghi vivono come saprofiti, parassiti o simbionti e si dividono in: Zigomiceti, Ascomiceti, Deuteromiceti, Basidiomiceti.
I funghi saprofiti riescono a degradare praticamente tutte le sostanze di origine organica. Svolgono un ruolo essenziale come decompositori, ma sono anche responsabili di danni (e perciò parassiti) a derrate, materiali, manufatti, piante ed animali.
In questo regno esistono esempi di simbiosi: le **micorrize** sono simbiosi tra funghi e radici di piante. La pianta sfrutta la capacità del fungo di assorbire acqua e minerali anche in terreni poco fertili ed il fungo utilizza i carboidrati sintetizzati dalla pianta.
I **licheni** sono simbiosi tra un fungo ed un organismo fotosintetico, che può essere un'alga verde o un cianobatterio. Il fungo trae il nutrimento dall'alga (o cianobatterio), che grazie alla simbiosi riesce a vivere in ambienti dove non potrebbe crescere autonomamente. I licheni sono organismi pionieri, diffusi in ambienti estremi come le tundre; alcuni vivono sulla roccia nuda. I licheni sono sensibili all'inquinamento atmosferico, in particolare da $SO_2$ e possono essere utilizzati come bioindicatori. Sulla base dell'aspetto esteriore, si distinguono licheni crostosi, fogliosi e fruticosi.
Anche i funghi sono sensibili agli inquinanti, poiché non sono protetti da cuticola ed assorbono tutte le sostanze con il tallo.

## 5.4.6 • Regno Plantae (Vegetali)

Le piante sono organismi autotrofi fotosintetici pluricellulari, con parete cellulare costituita da cellulosa. Comprendono: le briofite (muschi ed organismi affini, cioè le piante non vascolari); le piante vascolari senza semi, conosciute anche come pteridofite (felci ed organismi simili); le piante vascolari con seme o spermatofite, cioè gimnosperme (conifere) e angiosperme (piante con fiori).
Il ciclo vitale delle piante presenta un'**alternanza di generazioni**: una fase diploide produce cellule aploidi, cioè le spore (sporofito), ed una fase aploide, che produce gameti maschili e femminili (gametofito) i quali, fondendosi insieme, danno uno zigote diploide; questo si sviluppa in una pianta diploide uguale a quella di partenza.

Le angiosperme costituiscono le forme vegetali più evolute e più numerose e vengono suddivise in due grandi gruppi: le dicotiledoni e le monocotiledoni. Caratteristiche comuni agli organismi appartenenti alle angiosperme sono la presenza di uno sporofito costituito da fusto, foglie e radici e la produzione di fiori, frutti e semi. L'aspetto può essere erbaceo o legnoso. Le gimnosperme sono piante arboree, legnose e di grandi dimensioni. Il loro ciclo vitale presenta una generazione aploide, il gametofito (es. le conifere, le cicadacee, le ginkgofite).

## 5.4.7 • Regno Animalia (Animali)

Gli animali sono organismi eucarioti pluricellulari eterotrofi. Rispetto alle piante hanno un compito in più: procurarsi il cibo ricercandolo nell'ambiente esterno. Per fare questo hanno sviluppato organi di senso capaci di percepire gli stimoli provenienti dall'ambiente esterno. Per questo motivo il movimento diventa quindi un attributo essenziale, sfruttato anche per sfuggire ai predatori, per ricercare ambienti più adatti o un partner per la riproduzione.
Il movimento ha indotto lo sviluppo di un **sistema muscolare e scheletrico** che consentisse di articolare e sostenere la colonna vertebrale e gli arti ad essa connessi.
Inoltre gli animali sono dotati di altri apparati o sistemi: digerente (per metabolizzare il cibo e trasformarlo in energia), respiratorio (per introdurre ossigeno ed eliminare anidride carbonica), circolatorio (per trasportare ossigeno in tutto il corpo), escretore (per eliminare sostanze di rifiuto), nervoso (per connettere e trasferire gli impulsi), endocrino (per controllare attraverso gli ormoni le funzioni fisiologiche), riproduttore (per garantire la progenie e preservare la specie).
In genere il corpo degli animali presenta un'estremità anteriore diversa da quella posteriore e una parte dorsale diversa da quella ventrale, mentre è simmetrico per quanto riguarda i due lati: **simmetria bilaterale**. Esistono tuttavia molti animali che presentano **simmetria raggiata**, ossia un tipo di simmetria in cui le parti del corpo sono distribuite in modo regolare attorno ad un asse centrale (ad es. le stelle marine).
I Phyla principali sono: Porifera (es. le spugne di mare), Cnidaria (es. le meduse), Platyhelminthes (o vermi piatti), Nematoda (o vermi cilindrici), Mollusca (i molluschi), Anellida (o vermi segmentati), Arthropoda (i crostacei, gli aracnidi, gli insetti), Echinodermata (le stelle ed i ricci di mare), Chordata (v. dopo Vertebrati).

### Vertebrati

Sono un subphylum dei **cordati**, caratterizzati dal fatto di possedere un organo di sostegno, la ***corda dorsale*** nello stato embrionale, che, nell'adulto, diventa la ***colonna vertebrale***.
Tutti i vertebrati presentano le seguenti caratteristiche:
- uno scheletro osseo e/o cartilagineo;
- un sistema muscolare specializzato;
- uno o due paia di arti per il movimento;
- un sistema nervoso centrale;
- un cuore ed un apparato digerente situato ventralmente.

I vertebrati sono suddivisi in **sette classi**: ciclostomi, pesci cartilaginei, pesci ossei, anfibi, rettili, uccelli, mammiferi.

**Ciclostomi.** Sono i vertebrati più primitivi, un esempio sono le lamprede. Questi animali presentano un corpo serpentiforme, hanno bocca aperta e circolare, con coda schiacciata e pinne impari. Sono quasi tutti ectoparassiti: si attaccano ai pesci con la bocca che funziona da ventosa e con dei dentelli sminuzzano il cibo.

**Pesci.** Sono vertebrati acquatici, dotati di branchie per la respirazione e di pinne per il moto, forniti di due narici e di mascelle, dal corpo compresso e fusiforme, ricoperto da squame. Si possono suddividere in pesci cartilaginei e pesci ossei. I **pesci cartilaginei** (condroitti, come gli squali) non hanno subìto una grande evoluzione: i denti che corredano la mandibola ed il palato in realtà sono dentelli cutanei; sviluppano occhi, che però non sono molto efficaci, dato l'ambiente in cui vivono che ha scarsa luminosità; hanno la coda con pinne disuguali; particolare risulta la disposizione delle branchie ai lati del capo. I **pesci ossei** (osteitti) hanno una diversa disposizione delle branchie e presentano la vescica natatoria, posta al centro del corpo sotto la colonna vertebrale, che svolge un ruolo essenziale per scendere e risalire nell'acqua. Il movimento dei pesci è reso possibile grazie alle ***pinne***, che si dividono in ***pari*** ed impari. Le prime sono quelle pettorali e ventrali, mentre le ***pinne impari*** sono quelle dorsali, anali e caudali. Queste ultime sono quelle che, battendo alternativamente a destra e a sinistra, fanno avanzare l'animale. Le pinne pari regolano l'equilibrio ed i cambiamenti di direzione e di velocità.

**Anfibi.** Questi animali, come dice il loro nome, si sono adattati a vivere in due ambienti diversi, l'acqua (dove depongono le loro uova e si sviluppano le larve) e la terraferma (dove vivono le forme adulte). Normalmente nell'adulto la respirazione avviene tramite i polmoni, che si formano dopo la metamorfosi. La riproduzione è sessuata con la fecondazione esterna, le uova vengono deposte in acqua, da queste si originano le larve, i girini. L'apparato circolatorio, molto semplice nella larva, diventa più complesso nell'animale adulto, ad esempio si incomincia ad osservare la suddivisione del cuore in destro (venoso) e sinistro (arterioso). Anche l'escrezione diventa diversa nelle due forme di vita, inizialmente si ha il discioglimento dell'ammoniaca in acqua, poi nell'adulto avviene mediante urea, composto meno tossico, quando compare la vescica urinaria.

**Rettili.** Questa classe presenta una serie di caratteristiche che hanno ad essa permesso di conquistare la terraferma: ad es. la pelle è ricoperta da scaglie e scudi ossei o cornei, cosa che limita molto i problemi di disidratazione che hanno gli anfibi. I rettili presentano uno scheletro osseo con il cranio che si articola sulla colonna vertebrale, la respirazione è polmonare, mentre la circolazione è doppia ed incompleta, in quanto il cuore è a quattro concamerazioni, ma il setto interventricolare è generalmente incompleto. La riproduzione è sessuata con fecondazione esterna: le uova, fornite di guscio impermeabile, vengono deposte sempre sulla terraferma (in alcuni casi le uova si sviluppano nell'ovidotto). L'escrezione ha come prodotto finale l'acido urico, mentre le forme secondarie acquatiche (tartarughe, alligatori) presentano come prodotto di escrezione l'urea, come nei mammiferi.

**Uccelli.** Questi vertebrati hanno potuto affermarsi in un nuovo ambiente grazie ad una serie di caratteristiche, come la presenza di piume o penne, la cui formazione è identica a quella delle scaglie dei rettili, in quanto ambedue si originano da un sollevamento del derma rivestito dall'epidermide. Inoltre a comprova della loro origine comune, gli uccelli hanno le zampe ricoperte da scaglie e depositano le uova, anche se più rigide di quelle dei rettili. Sono tetrapodi con bocca priva di denti, muniti di becco, con arti anteriori trasformati in ali. Hanno anche uno scheletro molto leggero per la presenza di cavità nelle ossa e presentano un grande sviluppo dello sterno, dove si inseriscono i muscoli pettorali del volo.
La respirazione degli uccelli è sempre polmonare, connessi ai polmoni ci sono dei sacchi aerei, che occupano lo spazio fra gli organi interni; durante l'inspirazione si riempiono d'aria anche i sacchi aerei e, con l'espirazione, il ricambio d'aria nei polmoni è totale. A differenza dei rettili, hanno una temperatura corporea costante, grazie alla loro capacità di termoregolarsi, perciò sono detti endodermi.

**Mammiferi.** Tra i vertebrati sono il gruppo più affermato e più complesso; il loro corpo è rivestito da peli (per l'omeotermia) ed in alcuni casi da una folta pelliccia, che serve da isolante termico e come protezione dal freddo; i mammiferi marini, delfini e balene, ne sono completamente privi. Tutti i mammiferi possiedono quattro arti, modificati a seconda del tipo di animale. La respirazione è polmonare e la circolazione sanguigna è doppia e completa; i mammiferi sono tutti omeotermi e presentano come prodotto finale di escrezione l'urea.
Questi animali, in relazione al tipo di gestazione, si possono suddividere in tre gruppi: monotremi, marsupiali e placentati. I monotremi sono ovipari: i piccoli si sviluppano da uova che sono deposte e covate; il piccolo viene nutrito con latte prodotto dalle ghiandole mammarie; un esempio è l'ornitorinco. I marsupiali comprendono i canguri e gli opossum. Le femmine presentano nell'addome una tasca, marsupio, in cui migrano i cuccioli, che possono così terminare il loro sviluppo. I placentati sono tutti gli altri mammiferi che partoriscono figli, i quali si sono sviluppati all'interno della madre, grazie alla placenta.

### Invertebrati

**Poriferi o spugne**. Sono organismi antichissimi, prevalentemente marini, fissi al substrato (sessili), il cui corpo non presenta organi veri e propri. Sono costituiti da due strati di cellule, quello interno si è specializzato per la funzione alimentare grazie alla presenza di coanociti, mentre quello esterno per la locomozione. Hanno forma di un sacchetto, sulla cui parete ci sono delle aperture dette porociti; sono provvisti di un ano detto osculo. Dai porociti all'osculo si creano delle correnti che permettono l'entrata di nuova acqua e piccole molecole, che servono da nutrimento. La riproduzione può essere asessuata o per ermafroditismo.
Le spugne sono raggruppate in tre classi in base alla sostanza presente negli elementi di sostegno: 1) una ha spicole di carbonato di calcio; 2) un'altra ha spicole silicee; 3) l'ultima non ha spicole, ma fibre cornee elastiche di spongina (tra queste spugne vi sono quelle che, dopo l'essiccamento, vengono utilizzate come spugne da bagno).

**Celenterati o cnidari.** A questo phylum appartengono organismi acquatici apparentemente molto diversi tra loro, come idre, meduse, attinie, coralli e anemoni di mare. Questi invertebrati presentano due strati cellulari, uno esterno, ectoderma, ed uno interno, endoderma, tra i quali c'è uno strato gelatinoso, chiamato mesoglea, che contiene cellule non specializzate. A differenza delle spugne, i celenterati possiedono veri tessuti e una rete nervosa con cellule urticanti (cnidociti) usate per la difesa e la predazione.
I celenterati sono organismi dotati di simmetria radiale, con due tipi di organizzazione corporea: il polipo (sessile, con corpo cavo a forma di tubo ed un'apertura verso l'alto) e la medusa (liberamente natante, a forma di campana, con apertura boccale verso il basso). Tra i celenterati, i coralli sono animali coloniali particolarmente interessanti perché, nel corso di migliaia di generazioni, il loro esoscheletro calcificato è andato edificando strutture sottomarine complesse, note come **barriere coralline**, che ospitano una folta schiera di organismi, regalandoci uno straordinario spettacolo naturale.

**Platelminti.** Sono anche detti vermi piatti, per la forma del corpo appiattito e lungo, e possono essere di acqua dolce, come la planaria, oppure vivere come parassiti di alcuni animali o dell'uomo. I platelminti sono triblastici, cioè hanno tre foglietti embrionali ben definiti: ectoderma, endoderma e mesoderma; inoltre in questi organismi si nota un maggior grado di specializzazione con la formazione di organi ben definiti. Sono dotati di un capo nella cui zona cefalica ci sono organi di senso con un abbozzo di cervello. I platelminti si riproducono per via sessuata o sono ermafroditi. Si dividono in: Turbellari (planaria), Trematodi (fasciola epatica), Cestodi (tenie).

**Nematodi**. Comprendono vermi a corpo allungato, di forma cilindrica, affusolato alle due estremità ma non segmentato, a simmetria bilaterale. Essi hanno un tubo digerente dotato di due aperture, bocca ed ano. A differenza dei platelminti, sono a sessi separati. La fecondazione è interna, cioè avviene all'interno del corpo della femmina, ma lo sviluppo è esterno: le uova fecondate vengono depositate nell'ospite parassitato o in altri luoghi adatti. Sono sia parassiti (Ascaridi) sia decompositori a vita libera.

**Anellidi**. Il phylum degli anellidi comprende organismi a simmetria bilaterale che vivono in ambiente acquatico o terrestre. Gli anellidi presentano una nuova cavità nel corpo, il celoma, nel quale sono inseriti gli organi. Il celoma contiene il liquido celomatico con funzione di scheletro idrostatico e presiede al trasporto di sostanze all'interno del corpo, ad esempio i gameti vengono portati all'esterno grazie a questa struttura. La riproduzione è sessuata, anche se a volte per ermafroditismo. Hanno un sistema circolatorio, nervoso ed escretore. Sono organismi sia decompositori sia parassiti; acquatici e terrestri.
Con gli anellidi compare per la prima volta la segmentazione del corpo, dove il corpo cilindrico è suddiviso in segmenti trasversali, detti metameri. Il più comune di questi animali è il lombrico; altri sono le sanguisughe.

**Molluschi.** Sono organismi dal corpo molle, privi di scheletro interno, ma dotati di un esoscheletro calcareo detto conchiglia. Sono dotati di un capo (con organi di senso ed una bocca), un piede (nella zona ventrale con funzione motoria e di ancoraggio), un sacco dei visceri (contenente gli organi digestivi, riproduttori, respiratori ed escretori), un mantello (con funzione di rivestimento e deputato alla costruzione della conchiglia). Il loro apparato respiratorio è connesso con un sistema circolatorio aperto (tranne nei cefalopodi che è chiuso), costituito da un cuore e da vasi. Possiedono tubuli escretori detti metanefridi. La bocca possiede una struttura dentellata detta radula, con funzione di raschiamento del cibo, comunicante con il tubo digerente, che termina con l'ano. I molluschi marini possiedono una larva trocofora ciliata, liberamente natante. Si dividono in: 1) ***Poliplacofori***, che comprendono i chitoni, ricoperti da una conchiglia a 8 placche sovrapposte e da un piede a ventosa; 2) ***Bivalvi*** (o lamellibranchi), che comprendono mitili, vongole ed ostriche; hanno una conchiglia bivalve, unita da una "cerniera", con corpo appiattito e piede trasformato in organo di scavo; possono essere sessili o natanti e si nutrono per filtrazione; 3) ***Gasteropodi***, che comprendono chiocciole, lumache, patelle, il gruppo più numeroso di molluschi; sono caratterizzati da una conchiglia a spirale, dovuta alla torsione del corpo, che contiene gli organi interni, il tutto sorretto da un piede muscoloso, nel cui interno c'è l'apparato digerente; 4) ***Cefalopodi***, che comprendono calamari, seppie e polpi; sono organismi marini natanti e privi di conchiglia, dotati di un capo sviluppato, con organi di senso e bocca, ed un piede suddiviso in tentacoli, muniti di ventose, che servono al movimento come organo propulsore; hanno occhi e la tasca del nero (organo dell'inchiostro), che serve per mimetizzarsi in caso di "avvistamento nemico". Possono essere di piccole dimensioni (alcuni cm), ma anche molto grandi (l'Architeutis, o calamaro gigante, è lungo 18-20 m).

**Artropodi.** Sono il gruppo più numeroso e vario di organismi, potendo vivere in tutti gli habitat: acquatico, terrestre ed aereo. Presentano: esoscheletro rigido di chitina; corpo segmentato diviso in capo, torace ed addome; appendici articolate e pari; metameri specializzati a svolgere le diverse funzioni (a seconda della classe); con un sistema respiratorio particolare (bronchi o trachee o polmoni a libro a seconda se sono acquatici, terrestri o volatili); sistema nervoso complesso con organi di senso ben sviluppati; sistema circolatorio aperto, cuore dorsale e sangue detto emolinfa. Hanno riproduzione sessuata, con le femmine che depositano le uova. Le larve vanno incontro a metamorfosi o muta, sino a raggiungere lo stadio adulto.
Gli artropodi vengono suddivisi in cinque classi principali: chilopodi (centopiedi), diplopodi (millepiedi), crostacei, insetti ed aracnidi.
I ***chilopodi*** hanno un capo con antenne e corpo allungato; il primo paia di zampe, nel quale sbocca una ghiandola del veleno, è modificato per la presa del cibo, e termina a uncino; essi sono infatti in massima parte animali carnivori predatori.
I ***diplopodi*** sono animali terrestri che vivono in luoghi umidi e si nutrono di materiali vegetali.
I ***crostacei*** presentano respirazione branchiale; il loro capo è costituito da due paia di antenne con funzione sensoriale; da due occhi e da due mandibole, con funzione di masticazione, e due mascelle, con funzione di manipolare il cibo. Il corpo è diviso in cefalotorace ed addome, con 5 appendici locomotorie. Il loro esoscheletro (carapace) viene abbandonato durante le fasi di crescita (muta). Esempi di crostacei sono i gamberi, le aragoste, i granchi, i cirripedi.
Gli ***insetti*** sono artropodi che hanno conquistato l'ambiente aereo, sviluppando ali per il volo. Presentano un corpo rivestito da uno scheletro esterno, detto esoscheletro, che si assottiglia in prossimità delle articolazioni. Gli arti di questi animali sono formati da più segmenti articolati tra loro, mentre il corpo risulta diviso in tre regioni: capo, torace e

addome. Il capo presenta due occhi, due antenne (che hanno funzione olfattiva e tattile), l'apparato boccale (che può essere di tipo diverso a seconda se l'animale deve succhiare o masticare). Il torace presenta tre paia di zampe e sono spesso presenti due paia di ali, nella mosca ad esempio le ali anteriori servono al volo e sono molto sviluppate, mentre quelle posteriori sono ridotte e si chiamano bilancieri. La riproduzione è sessuata.
Un evento importante nell'accrescimento degli insetti è la **metamorfosi**, che può essere di due tipi, incompleta o completa. Nel primo caso (grilli, cicale, cavallette) la larva, detta ninfa, quando esce dall'uovo, pur essendo priva di ali, è simile all'adulto. Nel secondo caso la larva, detta bruco, mangia e cresce molto e si trasforma in pupa racchiusa in un bozzolo; durante questo periodo si ha la formazione degli organi e delle ali. Infiniti sono gli esempi (api, formiche, farfalle, ecc.), tutti con sistemi sociali organizzati e capaci di comunicare.
Gli ***aracnidi*** presentano il corpo diviso in due parti, cefalotorace ed addome, ma sono privi di antenne e di mandibole, nel torace ci sono sei paia di appendici. Il primo paio sono i due cheliceri (una sorta di pinze velenose), il secondo sono i due pedipalpi (per afferrrare la preda) e 4 paia di arti. Il primo ed il secondo sono adattati alla manipolazione del cibo, alla locomozione, alla difesa ed alla copulazione. Sul capo sono presenti numerosi occhi. Agli aracnidi appartengono i ragni, gli scorpioni, gli acari, le zecche.

## 5.5 • Struttura e funzioni dell'organismo umano

### 5.5.1 • I tessuti

Il corpo dell'uomo e di molti animali è costituito da una grande varietà di cellule specializzate che formano i *tessuti*, aventi, ognuno, caratteristiche e funzioni proprie. Negli animali più complessi i tessuti si assemblano formando così *organi* che a loro volta vanno a formare *sistemi* o *apparati* che, infine, formano l'organismo.
I tessuti vengono classificati in: tessuto epiteliale, tessuto connettivo, tessuto muscolare e tessuto nervoso.

#### Il tessuto epiteliale

Vi sono vari tipi di tessuto epiteliale che assolvono a funzioni diverse quali: rivestimento della superficie corporea e delle cavità interne (epitelio di rivestimento), secrezione (epitelio ghiandolare) e ricezione di stimoli (epitelio sensoriale). Il tessuto epiteliale con funzione di rivestimento è costituito da cellule con diverse forme geometriche, disposte a stretto contatto tra loro, in quanto hanno come principale funzione appunto quella di protezione e di rivestimento. Questo tessuto può essere: 1) *squamoso* o pavimentoso, forma i capillari, gli alveoli polmonari, le mucose, come quella della bocca; 2) *cubico*, riveste l'interno dei tubuli renali e dei dotti ghiandolari; 3) *cilindrico*, riveste l'interno del tratto digestivo e di quello respiratorio. L'epitelio può essere semplice (o monostrato) o composto (o pluristrato), ma in ogni caso poggia su una membrana basale.

#### Il tessuto connettivo

Costituisce il sostegno di quasi tutti gli organi e svolge funzione meccanica, nutritiva e di protezione. Le cellule di questo tessuto sono immerse in una sostanza fondamentale o matrice, in cui sono presenti tre tipi di fibre: collagene, reticolari ed elastiche. Ricordiamo che sono tessuti connettivi il tessuto adiposo, il tessuto osseo, il tessuto cartilagineo ed il sangue (in questo la sostanza fondamentale è liquida).

#### Il tessuto muscolare

Le cellule di questo tessuto hanno una tipica forma allungata e prendono il nome di fibre muscolari. Contengono grandi quantità di proteine contrattili, actina e miosina, disposte nel citoplasma come filamenti paralleli.
Esistono tre tipi di tessuto muscolare:
- tessuto muscolare scheletrico o *striato*, responsabile dei movimenti delle ossa e quindi dell'intero corpo;
- tessuto muscolare *liscio*, riveste principalmente le pareti del tubo digerente, dei vasi sanguigni e delle vie respiratorie, utero;
- tessuto muscolare *cardiaco*, responsabile delle contrazioni del cuore.

#### Il tessuto nervoso

È formato da due tipi di cellule, i neuroni e le cellule gliali. I *neuroni* sono specializzati nel trasmettere impulsi nervosi, mentre le *cellule gliali* hanno funzione nutritiva e di sostegno per i neuroni. Ciascun neurone è formato da un corpo cellulare, che contiene il nucleo, da uno o più prolungamenti citoplasmatici ramificati, detti *dendriti*, e da un lungo e sottile assone, detto fibra nervosa.

### 5.5.2 • L'apparato tegumentario

L'**apparato tegumentario**, costituito dalla pelle e dagli annessi cutanei, è adibito a proteggere il corpo dagli insulti meccanici e dagli agenti di malattie, a non disperdere acqua e calore, a garantire, con terminazioni nervose all'interno della cute, la sensibilità tattile, dolorifica e termica.
La **pelle** o cute o tegumento è formata dall'epidermide, superficiale, e dal derma. Nell'epidermide si distinguono vari strati tra cui: lo *strato basale o germinativo*, in cui oltre a cellule che si dividono continuamente e vengono spinte in superficie troviamo cellule pigmentate che producono melanina; lo *strato spinoso*; lo *strato granuloso* in cui le cellule producono grandi quantità di cheratina; lo *strato lucido* (palmo delle mani e pianta dei piedi); lo *strato corneo*, dove vi sono le cellule morte che vengono continuamente eliminate e sostituite da cellule provenienti dagli altri strati. Nel derma troviamo i vasi sanguigni che nutrono la pelle e le terminazioni nervose con funzione di recettori sensoriali. Gli **annessi cutanei** sono: capelli, peli, unghie, ghiandole sebacee e sudoripare.

### 5.5.3 • L'apparato locomotorio

L'**apparato locomotorio** è costituito da apparato scheletrico, sistema muscolare ed apparato articolare.

## L'apparato scheletrico

Costituito da ossa ed alcune cartilagini, risulta il sostegno fondamentale di tutto l'organismo. Il tessuto tipico di questo apparato è quello osseo, che presenta una componente organica ed una inorganica. La prima è costituita da una proteina, l'osseina, e la seconda da sali minerali e carbonati di calcio e magnesio. Esistono due tipi di **tessuto osseo: spugnoso** e **compatto.** Il primo tipo di tessuto è costituito da trabecole ossee che si intersecano formando cavità, dove è collocato il midollo osseo. Nel secondo caso il tessuto è fatto da lamelle ossee disposte in modo concentrico intorno a canali (di Havers) dove passano capillari sanguigni e terminazioni nervose. La formazione del tessuto osseo è detta **ossificazione**. Tale processo può essere di due tipi:

- ossificazione diretta, quando l'osso si forma direttamente per sostituzione di cellule embrionali;
- ossificazione indiretta, quando la formazione dell'osso è preceduta da quella del tessuto cartilagineo.

Le 206 ossa del corpo umano si distinguono in tre gruppi fondamentali:

- ossa lunghe, formate da un segmento cilindrico centrale detto diafisi e due espansioni dette epifisi (arti superiori e inferiori);
- ossa piatte, formano il cranio e lo sterno;
- ossa corte, caratterizzate dal fatto che la loro lunghezza e larghezza risultano simili. Un esempio sono le vertebre.

Il corpo umano è suddiviso in tre regioni principali: **capo**, **tronco** ed **arti**. Nel capo si trovano le ossa del capo e della faccia, mentre il tronco è composto dalla colonna vertebrale, dalle costole e dallo sterno.

La **colonna vertebrale** risulta costituita da 33-34 vertebre, poste l'una sull'altra, articolate tra loro e spaziate dal disco intervertebrale. Le vertebre differiscono per dimensioni e per forma nei vari segmenti della colonna vertebrale, che può essere suddivisa in 5 regioni: cervicale (7 vertebre), toracica (12 vertebre articolate con le coste), lombare (5 vertebre), sacrale (5 vertebre saldate tra loro a formare l'osso sacro), coccigee (4 vertebre saldate tra loro a formare il coccige). La gabbia toracica è formata dalle 12 vertebre toraciche posteriormente, dallo sterno anteriormente e dalle coste lateralmente.

Il **cranio** è formato da 8 ossa, delle quali 4 impari (occipitale, sfenoide, etmoide e frontale) e 4 pari (due parietali e due temporali). Nella scatola cranica viene accolto e protetto il cervello. Le ossa della faccia sono 14, di cui 12 pari e 2 impari, come il vomere e la mandibola.

Gli **arti** si dividono in superiori (braccio, avambraccio e mano) ed inferiori (coscia, gamba e piede). Lo scheletro della spalla è costituito da 2 ossa, la scapola e la clavicola, che nel loro insieme formano il cingolo scapolare. Lo scheletro del braccio è costituito dall'omero, mentre quello dell'avambraccio è formato dal radio e dall'ulna. Lo scheletro della mano comprende il carpo, il metacarpo e le falangi. Lo scheletro dell'arto inferiore comprende l'anca, la coscia, la gamba ed il piede. L'anca è costituita dalle ossa iliache: tra esse si incastra posteriormente il sacro. Lo scheletro della coscia è formato dal femore, quello della gamba dalla tibia e dal perone, mentre lo scheletro del piede comprende il tarso, il metatarso e le falangi.

### Il sistema muscolare

I muscoli sono organi contrattili connessi alle ossa e svolgono in particolare le seguenti funzioni: 1) determinano i movimenti del corpo e 2) mantengono la postura e la posizione del corpo. I muscoli compiono i seguenti movimenti: estensione, flessione, adduzione, abduzione, elevazione.
Come abbiamo già visto in precedenza, esistono tre tipi di tessuto muscolare: 1) *scheletrico o striato*, 2) *liscio* o *involontario*; 3) *cardiaco*. Qui tratteremo del tessuto muscolare scheletrico. Un muscolo scheletrico come il bicipite è un organo costituito da fibre muscolari scheletriche striate; ogni fibra è costituita da miofibrille, che sono formate da miofilamenti o semplicemente filamenti. Le striature delle fibre scheletriche sono dovute alla sovrapposizione di filamenti di actina (sottili) e di miosina (spessi), che formano insieme un'entità contrattile detta *sarcomero*. Durante la contrazione i filamenti di actina scivolano su quelli di miosina, determinando l'accorciamento di tutta la fibra.

### L'apparato articolare

Le articolazioni sono il punto di unione tra due o più ossa. Le superfici articolari possono essere separate da una sottile membrana o da uno spesso strato di tessuto connettivo o anche da un liquido. Si distinguono così le articolazioni mobili o diartrosi (le più numerose), le articolazioni immobili o sinartrosi (le suture tra le ossa del cranio) e le articolazioni semimobili o anfiartrosi (articolazioni presenti tra le vertebre).

## 5.5.4 • L'apparato respiratorio

L'**apparato respiratorio** dell'uomo è costituito da organi che formano le vie respiratorie superiori e inferiori. Le prime sono costituite da naso e cavità nasali, le seconde, situate nel collo e nel torace, sono costituite da faringe, laringe, trachea e polmoni. Le cavità nasali sono rivestite di muco, che umidifica l'aria, e di un epitelio ciliato, che ha la funzione di purificarla. L'aria dalle vie respiratorie superiori passa alla faringe e da questa alla laringe, che è l'organo della fonazione, in quanto contiene le corde vocali. L'orifizio che mette in comunicazione la faringe con la laringe è regolato dall'epiglottide, una cartilagine che si abbassa, quando ingoiamo il cibo, che altrimenti imboccherebbe la laringe invece dell'esofago.
Segue la trachea, con la quale ci si sposta dal collo al torace, che si divide in due bronchi, che si diramano a loro volta in tubuli sempre più sottili, detti bronchioli. Questi condotti terminano in piccole cavità, chiamate alveoli, con pareti molto sottili e vascolarizzate. L'insieme degli alveoli, disposti in grappoli, costituisce la superficie respiratoria, attraverso cui avvengono gli scambi gassosi tra aria ricca di ossigeno (che entra) e aria ricca di anidride carbonica (che viene eliminata).
Gli alveoli polmonari sono contenuti in due grosse sacche, che prendono il nome di polmoni. Questi ultimi sono posti a ciascun lato del cuore, delimitati inferiormente dal diaframma, un muscolo che separa la cavità toracica da quella addominale.
Ogni polmone è rivestito da due membrane, pleure, una aderente al polmone e l'altra alla cavità toracica; tra di esse c'è un liquido che funge da lubrificante.
Per quanto riguarda il **meccanismo respiratorio**, l'entrata di aria dai polmoni è consentita dal movimento del diaframma e dei muscoli intercostali, che contraen-

dosi aumentano il volume della cassa toracica (processo di inspirazione). Durante il processo di espirazione, i muscoli invece si rilasciano, si riduce il volume della cavità toracica, il diaframma ritorna nella sua posizione originaria e quindi l'aria, ricca di anidride carbonica, può fuoriuscire dai polmoni. La frequenza degli atti respiratori, che comprendono l'inspirazione, l'espirazione e la pausa, è di circa 16-20 al minuto.

### 5.5.5 • Il sangue e l'apparato circolatorio. Il sistema linfatico

L'**apparato circolatorio** consente il collegamento tra le singole cellule del corpo ed i grandi organi addetti alla nutrizione (intestino e fegato), alla respirazione (polmoni) e all'eliminazione di sostanze di rifiuto (reni).
L'apparato circolatorio è costituito dal liquido di trasporto (il sangue), da una pompa muscolare (il cuore) e da canali di trasporto (i vasi sanguigni).
Il **sangue**, un tessuto fluido, è formato da una parte liquida detta *plasma*, che costituisce il 55% del volume totale e da una parte solida fatta da *elementi figurati*. Il **plasma** contiene prevalentemente acqua, dove sono disciolti sali minerali e proteine. Queste ultime svolgono importanti funzioni, quali la coagulazione o l'azione difensiva, agendo da anticorpi. Tra gli elementi figurati ci sono i *globuli rossi* o *eritrociti*, cellule a forma di disco biconcavo e prive di nucleo, che contengono l'emoglobina, molecola che lega l'ossigeno a livello dei polmoni per poi cederlo ai tessuti. I globuli rossi vengono prodotti nel midollo osseo e la loro vita media è di 120 giorni, dopo di che vengono distrutti dalla milza e dal fegato. I *globuli bianchi* o *leucociti* hanno un ruolo fondamentale nei processi immunitari dell'organismo, infatti lo difendono contro specifici agenti patogeni, fagocitando le sostanze nocive ed i batteri oppure elaborando sostanze chimiche (anticorpi), in grado di combattere i microbi. Essi sono dotati di nucleo e sono incolori. Vi sono diversi tipi di globuli bianchi: i granulociti, detti così per la presenza nel loro citoplasma di caratteristiche granulazioni distinguibili dopo colorazione, che si suddividono a loro volta in neutrofili, eosinofili e basofili; i linfociti a loro volta suddivisibili in linfociti B e linfociti T; monociti. Le *piastrine* sono frammenti di grosse cellule generate dal midollo osseo, la cui funzione è quella di promuovere la coagulazione del sangue.
Il sangue scorre all'interno di *vasi sanguigni*, cioè dei canali di trasporto, e distinguiamo arterie, vene e capillari. Quando allontanano il sangue dal cuore prendono il nome di **arterie**, quando invece portano il sangue al cuore si chiamano **vene**. I **capillari** sono invece vasi molto sottili che permettono l'effettuazione degli scambi tra sangue e tessuti.
La circolazione del sangue nei vasi è assicurata dal **cuore**, che è un muscolo cavo costituito da tessuto muscolare detto miocardio. Questo organo presenta quattro cavità, due superiori, dette *atrii* (destro e sinistro), e due inferiori, dette *ventricoli* (destro e sinistro). All'atrio destro arrivano due vene cave, che vi riversano il sangue proveniente da tutto il corpo; dal ventricolo destro parte l'arteria polmonare, che trasporta il sangue ossigenato nei polmoni. Nell'atrio sinistro arrivano le vene polmonari, che riversano il sangue ossigenato, ed infine dal ventricolo sinistro parte la maggior arteria, l'aorta, che distribuisce il sangue ossigenato a tutti i tessuti.
Nell'uomo si distinguono **due circolazioni**: la **piccola circolazione** o **polmonare** e la **grande circolazione** o **sistemica**. Nel primo caso la circolazione inizia dal ventricolo

destro che pompa il sangue nell'arteria polmonare ai polmoni, da questi il sangue ossigenato, tramite i capillari, ritorna all'atrio sinistro da una vena polmonare, per poi passare al ventricolo sinistro. Nella grande circolazione il ventricolo sinistro pompa il sangue nell'aorta, che si ramifica nelle arterie, che portano il sangue ai vari organi. Dai capillari dei vari organi, il sangue fluisce nelle vene ed arriva nella vena cava superiore ed in quella inferiore, che riportano il sangue all'atrio destro. La circolazione dell'uomo è doppia e completa, in quanto il sangue passa due volte per il cuore e non si verifica mai mescolanza tra il sangue arterioso e quello venoso. Il sangue circola regolarmente nell'organismo perché il cuore lo pompa con pulsazioni ritmiche controllate che generano il **battito cardiaco**. Esso consta di due fasi. La **diastole** comporta la dilatazione delle cavità cardiache ed il loro riempimento con il sangue aspirato dalle vene; segue la **sistole**, ossia la rapida contrazione delle pareti muscolari del cuore ed in tal modo il sangue riceve una potente spinta che lo immette nell'aorta oppure nelle arterie polmonari.

Il **sistema vascolare linfatico** svolge tre funzioni:

1. raccoglie e restituisce al sangue il fluido interstiziale, cioè acqua e proteine plasmatiche, filtrate fuori dai capillari sanguigni (omeostasi dei fluidi);
2. trasporta i lipidi che vengono assorbiti nell'intestino tenue e li riversa nella circolazione sanguigna;
3. trasporta particelle estranee e frammenti cellulari fino ai linfonodi, centri che provvedono alla loro distruzione (difesa dell'organismo).

Lungo i vasi linfatici si riscontrano dilatazioni, o **linfonodi**, che sono piccole masse di tessuto che filtrano la linfa, rimuovendo batteri e materiali dannosi. Essi sono la sede di maturazione e proliferazione dei globuli bianchi che entrano nella linfa e, in particolare, dei linfociti. Le cellule presenti nella linfa e nei linfonodi, assieme ai globuli bianchi del sangue e ad altre cellule, da queste derivate, formano una sorte di rete difensiva che, nel suo insieme, costituisce il sistema immunitario.

## 5.5.6 • Il sistema immunitario

Contro batteri, virus, funghi, sostanze tossiche ed altri agenti nocivi, il corpo umano ha sviluppato un efficace sistema difensivo adibito a garantire l'immunità, il **sistema immunitario.**

Una risposta immunitaria consiste nel riconoscimento di sostanze dannose o estranee e nella loro eliminazione. Le **risposte immunitarie** possono essere *specifiche* (quando l'antigene, o sostanza estranea pericolosa, viene legata per essere neutralizzata da un anticorpo, o proteina riconoscitrice) e *non specifiche* (quando attaccano subito patogeni, tossine, farmaci e cellule cancerose). Queste ultime prevedono barriere fisiche (pelle, mucose respiratorie e digestive), la partecipazione di molecole solubili, in particolare citochine (interferoni, interleuchine, fattori di necrosi tumorale) e complemento, la fagocitosi e la risposta infiammatoria. Quando i patogeni invadono i tessuti, fanno scattare una **risposta infiammatoria**, che prevede tre processi: vasodilatazione (aumento del diametro dei vasi sanguigni) e quindi calore e rossore; aumento della permeabilità capillare (i fluidi e gli anticorpi lasciano il torrente circolatorio per penetrare nei tessuti) e quindi edema; aumento della fagocitosi. Quando

la risposta infiammatoria diventa così intensa da riguardare tutto l'organismo si ha la comparsa della **febbre**.
Le risposte immunitarie specifiche sono mirate alla distruzione di specifici antigeni e sono più lente ad attivarsi. I due tipi di immunità specifica sono l'immunità mediata da anticorpi (umorale) e l'immunità mediata da cellule.
I **linfociti B** sono i responsabili dell'immunità umorale e contrastano gli antigeni producendo particolari proteine, dette anticorpi, che vengono liberate nel sangue, nella linfa o nei tessuti e, giunte a contatto con l'antigene, si legano alla sua superficie. In tal modo, batteri ed altri agenti estranei risultano riconoscibili da cellule difensive, che li aggrediscono e spesso li distruggono.
I **linfociti T**, i responsabili dell'immunità cellulo-mediata, invece aggrediscono direttamente le cellule infettate da virus o altri patogeni, cellule alterate o cellule estranee, e scaricano su di esse sostanze tossiche, dette linfochinine, capaci di ucciderle: da qui il nome di *killer* dato a queste popolazioni di linfociti. Tra i linfociti T ci sono anche linfociti detti *helper*, o coadiuvanti, i quali sono necessari per potenziare sia l'azione dei linfociti B che quella dei T-killer.

> È possibile indurre artificialmente immunizzazione tramite l'impiego di **vaccini** (*immunizzazione attiva*, somministrazione dell'antigene) o di **sieri** (*immunizzazione passiva*, somministrazione di anticorpi). Oggi molte vaccinazioni sono obbligatorie e ciò ha permesso di tenere sotto controllo molte malattie e, nel caso del vaiolo, addirittura la sua eradicazione.

## 5.5.7 • L'apparato escretore

L'**apparato escretore** serve per eliminare dall'organismo le scorie prodotte dal metabolismo delle varie cellule. I polmoni e la pelle (mediante la sudorazione) allontanano una parte delle scorie, ma la maggior parte delle sostanze di rifiuto è eliminata attraverso la filtrazione continua del sangue, ad opera dell'apparato escretore che comprende i reni, gli ureteri, la vescica e l'uretra.
I **reni** sono due organi a forma di fagiolo, posti ognuno ai lati della colonna vertebrale. Essi sono costituiti da una grande quantità di piccole formazioni, dette nefroni. Ogni nefrone comprende un gruppo di capillari sanguigni, chiamato glomerulo, circondato dalla capsula di Bowman. Nelle 24 ore i glomeruli filtrano circa 170 litri di acqua, contenente disciolte alcune sostanze come il glucosio, i sali minerali e le sostanze azotate. Tuttavia circa il 99% dell'acqua, del glucosio e dei sali minerali viene recuperato, perché riassorbito dalla fitta rete di capillari che avvolge i tubuli del nefrone. Il liquido non riassorbito è l'urina, che si forma per filtrazione del sangue nei glomeruli. L'urina viene poi eliminata dal nefrone per mezzo dei condotti escretori. I condotti dei vari nefroni sboccano nelle pelvi, dal quale si diparte un condotto, l'uretere. I due ureteri, che si staccano ognuno da un rene, sboccano in una specie di serbatoio, la vescica, dalla quale l'urina viene portata all'esterno per mezzo dell'uretra.

## 5.5.8 • Il sistema endocrino

Il **sistema endocrino** è formato da ghiandole endocrine che, diversamente dalle ghiandole esocrine, sono prive di dotti e liberano i loro secreti, cioè gli **ormoni**, nel

torrente circolatorio che li distribuisce poi in tutto l'organismo. Gli ormoni scatenano una risposta solo quando raggiungono cellule bersaglio e si legano a specifici recettori. Essi regolano la crescita, lo sviluppo, la riproduzione, l'equilibrio salino ed idrico, il comportamento ed il metabolismo. Il sistema endocrino ed il sistema nervoso permettono entrambi la comunicazione tra cellule; il sistema nervoso permette un controllo rapido e breve, quello endocrino uno più lento ma di maggiore durata. La connessione tra i due sistemi è assicurata dall'ipotalamo.
Le principali ghiandole endocrine dell'uomo sono l'ipofisi, la tiroide, le paratiroidi, le ghiandole surrenali, le isole pancreatiche del Langerhans, le gonadi maschile e femminile.

- L'**ipofisi**, attaccata all'ipotalamo, è la ghiandola più importante di tutto il sistema che "impartisce ordini" alle altre ghiandole endocrine. L'ipofisi si divide in due lobi: anteriore e posteriore, che secernono diversi ormoni, come ad esempio l'ormone somatotropo (GH), che controlla la crescita; la prolattina, che induce la produzione del latte; le gonadotropine, cioè gli ormoni luteinizzante e follicolo-stimolante (LH e FSH), che agiscono sulle gonadi; l'ormone tireo-stimolante (TSH) e l'ormone corticotropo (ACTH) che agisce sulla corteccia surrenale.
- La **tiroide** è situata nel collo, poco al di sotto della laringe, e regola il metabolismo, la crescita e lo sviluppo. Un suo errato funzionamento porta ad alcune disfunzioni, in particolare all'ipertiroidismo e all'ipotiroidismo. L'ipotiroidismo (scarsa produzione dell'ormone tiroideo) causa un ritardo nello sviluppo che può aggravarsi sino al nanismo ed alla deficienza mentale. Gli ormoni tiroidei sono la triiodiotironina (T3) e la tiroxina (T4), che sono gli ormoni che controllano il metabolismo dell'organismo. Le cellule C della tiroide producono la calcitonina, importante nella regolazione dei livelli del calcio nel sangue.
- Vi sono inoltre le **paratiroidi,** quattro piccole ghiandole poste dietro la tiroide che secernono il paratormone (PTH), che ha il compito di regolare il metabolismo del calcio con azione antagonista a quella della calcitonina.
- Le **ghiandole sessuali** sono le ovaie nella donna ed i testicoli nell'uomo. Gli ormoni secreti sono:
  - estrogeno, prodotto dalle ovaie e dalle cellule del follicolo; questo ormone è essenziale per il normale sviluppo sessuale femminile;
  - progesterone, prodotto dalle cellule del corpo luteo; è indispensabile per garantire il corretto funzionamento dell'apparato riproduttivo femminile;
  - testosterone, prodotto dai testicoli, è il più importante degli ormoni androgeni; controlla i caratteri sessuali secondari nell'uomo e stimola la crescita delle ossa e dei muscoli.
- Il **pancreas** è una ghiandola a doppia funzione, esocrina ed endocrina. La funzione della parte endocrina è importantissima: secerne due ormoni ad azione antagonista, che controllano l'omeostasi del glucosio. Questi ormoni sono l'insulina ed il glucagone, prodotti entrambi da ammassi di cellule del pancreas denominati isole di Langerhans: in particolare le cellule alfa producono glucagone, un ormone iperglicemizzante, e le cellule beta l'insulina, un ormone ipoglicemizzante.
- Le **ghiandole surrenali** sono poste al di sopra dei reni e sono costituite da due parti: una esterna, detta *corticale*, ed una interna, detta *midollare*. Aiutano l'organismo ad

affrontare le situazioni di stress. La corticale secerne adrenalina e noradrenalina; la midollare ormoni steroidei e cioè: mineralcorticoidi (aldosterone), glicocorticoidi (cortisolo) e precursori degli ormoni sessuali.

## 5.5.9 • L'apparato digerente

L'**apparato digerente** demolisce il cibo in modo meccanico e chimico (con gli enzimi), assorbe dal tubo digerente i prodotti della digestione ed elimina i rifiuti. È costituito dal **tubo digerente** (bocca, faringe, esofago, stomaco, intestino ed ano) e da una serie di ghiandole (ghiandole salivari, fegato, pancreas e cistifellea).
La **bocca** è il primo tratto del tubo digerente ed è in questa zona che ha inizio la digestione mediante la masticazione da parte dei denti e l'azione degli enzimi contenuti nella saliva che emulsiona gli alimenti. Ciò che si ottiene è il ***bolo***, che viene spinto dai movimenti della lingua nella faringe. Segue l'**esofago**, un tubo di forma cilindrica, in cui il bolo è spinto grazie ai movimenti peristaltici (contrazioni e dilatazioni coordinate) nello stomaco. Qui si trovano numerose ghiandole che secernono il succo gastrico contenente acido cloridrico e pepsina, la quale rende il bolo in ***chimo*** (in cui sono presenti i grassi non ancora digeriti).
Questo passa attraverso il piloro nell'intestino tenue, dove è sottoposto all'azione degli enzimi secreti dal pancreas (l'amilasi digerisce i carboidrati; la tripsina degrada i polipeptidi a peptidi; la lipasi agisce sui grassi) e all'emulsione dei grassi da parte delle sostanze contenute nella bile, secreta dal fegato. Le funzioni digestive invece sono svolte dagli enzimi elaborati dal pancreas: amilasi, tripsina e lipasi. Nell'**intestino tenue** inizia parte dell'assorbimento, che sarà poi completato nell'intestino crasso. L'intestino tenue è lungo circa 7 m ed è suddiviso in duodeno, digiuno ed ileo. Nella sua cavità si trovano i villi intestinali, adibiti all'assorbimento di gran parte delle sostanze digerite. Gli alimenti, ormai ridotti a miscele di piccole molecole (zuccheri, acidi grassi, aminoacidi) ad opera degli enzimi digestivi, penetrano nelle cellule dei villi intestinali e da esse sono poi inviati nel torrente circolatorio, che fa pervenire sostanze nutritive alle rimanenti parti del corpo. All'intestino tenue segue quello **crasso**, che si divide in tre porzioni: cieco, colon e retto. Il retto è la parte terminale dell'intestino, responsabile dell'eliminazione dei rifiuti non digeriti, sotto forma di feci, che vengono espulse dall'**ano**.

## 5.5.10 • Il sistema nervoso

Il **sistema nervoso** svolge un'importante funzione di coordinamento tra le varie parti del corpo, permettendo all'organismo di reagire rapidamente agli stimoli. Tutto questo può avvenire grazie alla presenza di particolari cellule, i neuroni, che hanno la funzione di ricevere e trasmettere l'impulso nervoso.
Il sistema nervoso, a livello microscopico, è formato da **cellule gliali** e da **neuroni**. Le prime non sono in grado di trasmettere l'impulso nervoso ma hanno la funzione di supporto e di nutrimento per i neuroni. I neuroni costituiscono solo il 10% del tessuto nervoso, sono specializzati a ricevere stimoli e a trasmettere segnali elettrici. Presentano un corpo cellulare, numerosi prolungamenti ramificati, detti *dendriti*,

ed un sottile e lungo prolungamento, l'*assone*, che è rivestito da una guaina mielinica, che gli consente di trasmettere gli impulsi molto velocemente. Un assone con la guaina mielinica costituisce una **fibra nervosa**; più assoni, circondati da connettivo, formano un **nervo**. Un **ganglio** è composto dai corpi cellulari di molti neuroni. I neuroni inoltre si possono classificare, dal punto di vista funzionale, in **neuroni sensitivi**, **neuroni motori** e **neuroni associativi o interneuroni**. I primi conducono lo stimolo dagli organi di senso al sistema nervoso centrale; i secondi portano dal centro alla periferia, agli effettori in modo da scatenare la risposta; i neuroni associativi sono intercalati tra i primi due con funzioni integrative.
Il sistema nervoso svolge numerose funzioni: la percezione degli stimoli e la loro trasmissione, il coordinamento delle reazioni dell'organismo, la regolazione di tutte le funzioni organiche, la correlazione tra i sistemi della vita vegetativa e quelli della vita di relazione. Inoltre il sistema nervoso dell'uomo, a differenza di quello di tutti gli altri vertebrati, è sede di attività quali il pensiero, l'ideazione, la coscienza, la memoria, la volontà, la parola.
La trasmissione dell'impulso nervoso avviene per mezzo di due meccanismi:

- onde elettriche, che viaggiano lungo le fibre nervose;
- neurotrasmettitori, sostanze di natura proteica, che vengono rilasciati dai neuroni.

Il primo tipo di trasmissione può avvenire perché le cellule nervose hanno una separazione di cariche a livello della membrana, con prevalenza di ioni positivi all'esterno e ioni negativi all'interno (potenziale di membrana o di riposo). Quando una cellula viene stimolata, si inverte questa polarità, l'esterno diventa momentaneamente negativo e l'interno positivo; si genera così un potenziale d'azione che viene trasmesso lungo l'assone. Una volta che l'impulso è passato, la cellula ripristina la sua normale polarità, o di riposo, con l'interno negativo e l'esterno positivo, restando pronta a ricevere un nuovo messaggio.
La giunzione tra due neuroni o tra un neurone ed un effettore (cellula muscolare o ghiandolare) è detta sinapsi. Rispetto ad una sinapsi si distinguono quindi una cellula presinaptica ed una cellula postsinaptica. Le sinapsi possono essere elettriche o chimiche. Nelle sinapsi chimiche, che sono la maggioranza, le cellule sono separate da uno spazio sinaptico, in cui viene rilasciato un neurotrasmettitore il quale, legandosi a recettori, permette quindi il trasferimento del segnale nervoso al di là di tale spazio.

Il **sistema nervoso centrale** (SNC) è costituito dall'encefalo e dal midollo spinale, entrambi avvolti da tre membrane che prendono il nome di meningi (dura madre, aracnoide e pia madre). L'encefalo si divide in cervello, cervelletto e bulbo. Il cervello è composto da due parti: la sostanza bianca, al centro, che contiene fibre nervose; la sostanza grigia, all'esterno, che contiene prevalentemente i corpi cellulari. Il cervelletto regola l'equilibrio del corpo ed il bulbo controlla delicate funzioni vitali come il battito cardiaco. Il midollo spinale è costituito da due parti: una zona esterna di sostanza bianca, formata da fibre nervose (ascendenti e discendenti); una zona interna di sostanza grigia, formata dai corpi cellulari dei neuroni. Il **sistema nervoso periferico** (SNP) è formato dai nervi cranici e da quelli spinali. Dall'encefalo partono 12 paia di nervi (nervi cranici, che si connettono direttamente all'encefalo), mentre dal midollo spinale dipartono 31 paia di nervi (nervi spinali, che si connettono con il midollo spinale). Il sistema nervoso periferico si divide in somatico (o volontario, controlla i muscoli scheletrici) e autonomo (o involontario, controlla il cuore, le ghiandole, il tessuto muscolare liscio). Il sistema autonomo si suddivide in *simpatico* (dove i gangli sono vicini al SNC) ed in *parasimpatico* (dove i gangli sono vicini agli organi bersaglio).

### 5.5.11 • L'apparato sensoriale

Le strutture adibite alla ricezione degli stimoli e chiamate recettori consentono all'organismo di poter vivere nell'ambiente circostante. Tali recettori nel loro insieme costituiscono gli organi di senso che sono preposti ai sensi della vista, dell'udito, del tatto, del gusto e dell'olfatto. Essi sono rappresentati rispettivamente dall'occhio, dall'orecchio, dalla cute, dalla mucosa linguale e da quella olfattiva.

L'**occhio** è posto nella cavità orbitale del cranio detta globo oculare. Quest'ultimo è costituito da tre tuniche sovrapposte: la più esterna, la capsula fibrosa, detta sclera, ha il compito di contenere l'occhio in modo da mantenerne la forma ed inoltre svolge la funzione di protezione. La parte anteriore della sclerotica, detta coroide, ha il compito di nutrire l'occhio, grazie ai numerosi vasi sanguigni che contiene. Il terzo strato è rappresentato dalla retina, che tappezza l'intero occhio internamente ed è costituito da speciali cellule nervose (fotorecettori), dai coni e dai bastoncelli, che convertono i raggi luminosi in impulsi nervosi. Dall'interno verso l'esterno si ha: la cavità posteriore (con l'umor vitreo), il cristallino, l'iride con al centro la pupilla, la cavità anteriore, la cornea, la congiuntiva. La pupilla si restringe e si dilata a seconda dell'intensità luminosa; l'iride conferisce il colore all'occhio; il cristallino è un corpo a forma di lente biconvessa e trasparente, contornato da muscoli ciliari. L'occhio dei vertebrati può essere paragonato ad una macchina fotografica: la luce entra attraverso la cornea (obiettivo), viene messa a fuoco sul cristallino (lenti) e produce un'immagine capovolta sulla retina (pellicola), che viene raddrizzata attraverso l'elaborazione degli impulsi che giungono al cervello.

L'**orecchio** umano comprende il padiglione auricolare ed il condotto uditivo esterno. Il primo sporge dal corpo per meglio captare i suoni. Il condotto uditivo esterno raccoglie le onde sonore e alla sua estremità è tesa una membrana delicata, il timpano, su cui sono convogliate le onde sonore. Quando le onde sonore colpiscono il timpano, questo entra in vibrazione e trasmette tali vibrazioni ad una catena di ossicini: il martello, l'incudine e la staffa. La cavità dell'orecchio medio comunica con la faringe per mezzo delle trombe di Eustachio: in tal modo la pressione atmosferica è bilanciata dalla pressione dell'aria presente nell'orecchio medio. L'orecchio medio è separato da una parete ossea contenente due aperture: la finestra ovale e la finestra tonda. I più importanti recettori sensoriali dell'orecchio interno sono la chiocciola o coclea ed i canali semicircolari. La chiocciola è un canale avvolto che contiene l'organo del Corti e le cellule acustiche, che sono i recettori degli stimoli sonori che vengono trasmessi al nervo cocleare e da questo al cervello, dove viene percepito il suono. I canali semicircolari, in numero di tre, presentano internamente delle cellule ciliate immerse in una sostanza gelatinosa, dove circola lo stesso liquido presente nella chiocciola e dei cristalli di carbonato di calcio liberi (otoliti). Gli spostamenti della testa vengono percepiti dagli otoliti che urtano le cellule ciliate di uno dei canali semicircolari; questo trasmette l'informazione al cervello mediante il nervo vestibolare.

Il **tatto** è molto importante per l'uomo, in quanto lo inserisce nell'ambiente che lo circonda, ricevendo una quantità di informazioni indispensabili alla sua vita. Le sensazioni cutanee possono essere tattili superficiali, profonde, termiche e dolorifiche. I recettori nervosi incaricati di captare le sensazioni tattili sono numerosi ed alcuni di questi sono rappresentati da espansioni libere, altri da corpuscoli. I più specializzati sono i corpuscoli del Pacini (che rispondono al tocco ed alla pressione); i nocicettori (recettori del dolore); i propriocettori (per l'orientamento del corpo e delle sue parti); le cellule pilifere (percepiscono il movimento e la temperatura).

I recettori dell'**olfatto** (e del gusto) sono chemocettori e si trovano negli organi olfattivi, localizzati all'interno del naso e responsabili della percezione degli odori. I recettori sono dei neuroni che all'estremità libera portano un gruppo di piccoli peli. Le cellule olfattive inviano i loro assoni al cervello, dove si ha la percezione degli odori. Le cellule olfattive vengono stimolate da particelle di varia natura molto piccole sospese nell'aria. Quando queste penetrano nelle cavità nasali, provocano delle reazioni chimiche che eccitano le cellule olfattive e trasmettono tali eccitazioni al cervello.

Il **gusto** ha i suoi recettori o bottoni gustativi localizzati principalmente sulle papille gustative presenti sulla superficie della lingua ed in piccola quantità sulla mucosa del palato. I recettori gustativi rivelano i segnali chimici in soluzione: durante la masticazione, infatti, una piccola parte del cibo si scioglie nella saliva che viene a contatto con le papille gustative. Esistono quattro sensazioni gustative: dolce, amaro, acido e salato. Il sapore dolce viene percepito ai margini della lingua, quello amaro alla base della lingua, mentre il salato e l'acido vengono percepiti alla punta della lingua.

## 5.5.12 • L'apparato riproduttore

L'**apparato riproduttore** umano ha la funzione di produrre i gameti aploidi (ovuli nelle femmine e spermatozoi nei maschi) e di creare un ambiente adatto alla loro unione. Il processo di riproduzione avviene in tre fasi: la fecondazione, cioè l'incontro dei gameti; la gravidanza, ossia la crescita del nuovo individuo nel grembo materno; la nascita.

L'**apparato riproduttore maschile** è un insieme di organi che raggiunge il completo sviluppo anatomico e funzionale alla pubertà e, con continuità e per tutta la vita, determina la produzione di spermatozoi (spermatogènesi). L'apparato genitale maschile è costituito dalle gonadi (testicoli), dalle vie spermatiche e dai tubuli seminiferi, nei quali avviene la spermatogenesi, da ghiandole (cellule interstiziali del testicolo, che producono testosterone, prostata) e dagli organi genitali esterni (scroto, pene). Le vie spermatiche (epididimo, dotto deferente e uretra) trattengono per qualche tempo gli spermatozoi e all'occasione li conducono all'esterno (eiaculazione). Dai testicoli gli spermatozoi si trasferiscono nell'epididimo e da questo, attraverso due canali detti dotti deferenti, nelle vescichette seminali. Queste vescicole sono piene di un liquido, lo sperma, prodotto da loro e dalla prostata. Lo sperma fornisce agli spermatozoi l'ambiente necessario alla loro sopravvivenza. Dalle vescicole seminali essi passano nell'uretra, un canale che proviene dalla vescica, che percorre il pene. Il pene ha la parte anteriore ingrossata, il glande, e in questa zona la pelle non è aderente ma si ritira facilmente formando il prepuzio. Durante l'accoppiamento lo sperma, contenente spermatozoi, viene espulso attraverso il pene e si deposita nell'organo genitale femminile.

L'**apparato riproduttore femminile** è costituito da organi interni ed organi esterni. Sono interni, situati nel piccolo bacino, le ovaie, le tube uterine o salpingi, l'utero, la vagina e le ghiandole del Bartolini. Sono esterni, localizzati nella regione perineale, tra il monte di Venere e l'apertura anale, gli organi che costituiscono la vulva, cioè le grandi labbra, le piccole labbra, il clitoride. La vagina si apre fra le piccole labbra, posteriormente al clitoride, e nella donna vergine l'orificio vaginale è parzialmente chiuso dall'imene, un setto connettivale rivestito da mucosa vaginale internamente e da cute esternamente. Posteriormente al clitoride e anteriormente all'orificio vaginale si apre l'uretra. Le vie genitali femminili sono un sistema di canali che viene percorso in salita, dagli spermatozoi eventualmente immessi in essi durante il coito, e in discesa, dall'ovocita dopo l'ovulazione. Sono rappresentate dalle tube uterine (o salpingi o tube di Falloppio), dall'utero e dalla vagina. L'ovaio, la gonade femminile, è un organo pari che ha la forma e le dimensioni di una mandorla (circa 4 cm). La sua superficie è liscia nella bambina, ma a partire dalla pubertà compaiono piccole cicatrici man mano più numerose che la rendono irregolare. L'ovaio è un organo pieno, che ospita i follicoli. Prima della pubertà questi sono formati da una grande cellula, l'ovocita primario, rivestita da uno strato di cellule follicolari. Dopo la pubertà i follicoli si presentano in vari stadi di maturazione. I follicoli sono formazioni tondeggianti presenti in numero di circa 1 milione alla nascita. Fino alla pubertà i follicoli rimangono quiescenti e in gran parte degenerano (atresia follicolare), ma quando inizia la secrezione dell'ormone FSH ipofisario, alcuni di essi ciclicamente cominciano un processo maturativo della durata media di 14 giorni, che porta al loro "scoppio". La gametogenesi femminile è destinata ad interrompersi quando non vi saranno più ovociti che possano maturare, cosa che accade intorno ai 50 anni con la menopausa. L'evoluzione di un follicolo ooforo (dopo la pubertà) avviene schematicamente con le seguenti tappe:

- 1° giorno: inizio della maturazione del follicolo sotto lo stimolo dell'FSH ipofisario; l'ovocita primario diventa ovocita secondario (aploide); il follicolo produce estrogeni;
- 14° giorno: fine della maturazione; il follicolo diviene vescicoloso, follicolo di Graaf, che scoppia ed espelle l'ovocita secondario (ovulazione);
- 14° giorno: trasformazione del follicolo scoppiato in corpo luteo, sotto l'azione dell'LH ipofisario; il corpo luteo continua a produrre estrogeni, ma produce anche progesterone;
- 28° giorno: cessazione dell'attività del corpo luteo che involve e diventa una cicatrice (corpo albicante). L'LH ipofisario si è ridotto ed è ripresa la secrezione di FSH. Il ciclo poi ricomincia.

Il **ciclo mestruale** è l'insieme del ciclo ovarico e di quello uterino. È un bioritmo della durata media di 28 giorni, che viene suddiviso in due periodi di 14 giorni dall'evento principale del ciclo stesso, cioè l'ovulazione, che si verifica appunto al 14° giorno. Il ciclo per convenzione viene fatto iniziare con il primo giorno di flusso mestruale, che dura in media 4 giorni (fase mestruale, provocata dallo sfaldamento dell'endometrio, il rivestimento interno dell'utero), mentre nell'ovaio inizia la maturazione di

una decina di follicoli. A questi seguono i 10 giorni della fase follicolare nell'ovaio, in quanto sostenuta dall'FSH e dall'LH, e della fase rigenerativa e proliferativa nell'utero, in quanto gli ormoni estrogeni prodotti dall'ovario inducono la ricostruzione dell'endometrio. Al 14° giorno avviene l'ovulazione e inizia la sua attività il corpo luteo. Nell'ovaio si passa alla fase luteinica, sostenuta dal progesterone ovarico che stimola la mucosa uterina e la prepara ad accogliere lo zigote nel caso sia avvenuta la fecondazione. Se questa non è avvenuta, al 28° giorno si assiste alla diminuzione del tasso ematico degli ormoni, all'espulsione dell'endometrio e al riassorbimento del corpo luteo. Se invece è avvenuta la fecondazione, il corpo luteo rimane attivo, continuando a produrre estrogeni e progesterone che mantengono la mucosa nelle condizioni di poter accogliere e nutrire lo zigote e l'embrione nei primi stadi. L'endometrio non viene espulso e, dopo il terzo mese, il corpo luteo verrà sostituito dalla placenta che nel frattempo si è costituita. L'embrione umano si sviluppa nell'utero ed il corpo luteo continua a produrre progesterone per tutta la gravidanza, impedendo ad altri follicoli di svilupparsi e bloccando le mestruazioni.
L'uovo fecondato si divide in varie cellule già nelle tube per segmentazione e, quando giunge nell'utero, è allo stadio di blastula: una sferetta cava che all'interno ha le cellule destinate a diventare il corpo dell'embrione, mentre la sua parete è destinata a formare gran parte della placenta. La blastula si colloca in una cavità della mucosa uterina e si nutre di sostanze secrete dalle ghiandole dell'utero. Inizia poi, attraverso un processo detto gastrulazione, a formare l'embrione che è avvolto da membrane piene di liquido. Man mano che cresce viene alimentato di ossigeno e sostanze nutritive, per mezzo del cordone ombelicale. Nei primi due mesi di vita l'embrione si sviluppa lentamente; poi la sua crescita accelera e al quarto mese ha già una forma nettamente umana; a questo punto viene denominato feto. Esso ora occupa l'intera cavità uterina, la placenta si è molto dilatata ed il feto comincia a muoversi. Al 9° mese lo sviluppo è completo; la placenta ha la forma di un grosso disco villoso ed è collegata all'addome del nascituro da un lungo cordone ombelicale. L'utero comincia lente e profonde contrazioni, che divengono sempre più frequenti fino al momento del parto. La vagina si dilata ed infine il neonato viene espulso, generalmente con la testa in avanti, dal corpo materno; dopo alcuni minuti viene espulsa anche la placenta.

## 5.6 • Le piante

### 5.6.1 • Generalità e classificazione

Gli schemi tassonomici e la relativa nomenclatura sono notevolmente mutati negli ultimi anni, ma essenzialmente le piante si dividono in due gruppi: **tallofite e cormofite** o tracheofite. Le cormofite hanno tessuti differenziati e sono dotate (cormo) di radici, fusto e foglie; le tallofite invece sono prive di tessuti distinti e posseggono un corpo non differenziato, detto tallo. Le tallofite comprendono essenzialmente le alghe e le briofite, di cui i muschi sono i rappresentanti più noti e le più antiche piante terrestri. Alle cormofite appartengono le pterofite (felci) e gli equiseti, che sono piante perfettamente adattate alla terraferma, grazie ad una serie di strutture utili per assicurarsi l'acqua necessaria alla vita ed evitare l'essiccamento. Appartengono al gruppo delle piante vascolari o piante superiori le **spermatofite** per indicare le piante con semi a cui affidano la riproduzione, divise in **gimnosperme** ed **angiosperme**. Le prime sono caratterizzate dall'ovulo nudo che si trasforma direttamente in fiore dopo la fecondazione, ma, mancando l'ovario, non formano il frutto. Nelle angiosperme l'ovulo è racchiuso in un ovario e posseggono due organi importanti: il frutto, per la dispersione del seme, ed il fiore, per la riproduzione. La classe è suddivisa nei due grandi gruppi delle dicotiledoni (embrione dotato di due cotiledoni, cioè due foglioline che racchiudono il seme) e monocotiledoni (embrione dotato di una sola fogliolina). Lo schema riportato di seguito sintetizza la suddivisione.

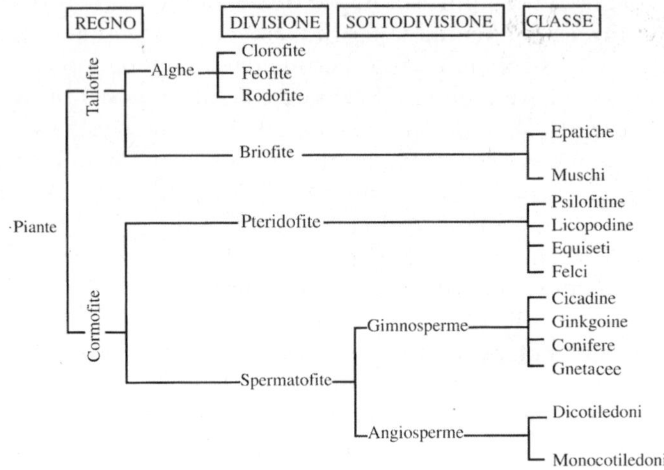


## 5.6.2 • Attività metaboliche

### La fotosintesi

La maggior parte delle piante è costituita da organismi autotrofi, che sono cioè in grado di vivere sintetizzando sostanze organiche a partire da acqua e composti inorganici, in particolare dal carbonio. Il processo di organicazione del carbonio prende il nome di fotosintesi (vedi anche par. "Il metabolismo cellulare") e consiste nella formazione di zuccheri (glucosio, saccarosio, amido, ecc.) a partire da acqua ed anidride carbonica, sfruttando l'energia luminosa del Sole. In tale processo si ha inoltre liberazione di ossigeno e da ciò è dipesa la possibilità di vita sul nostro pianeta. L'attività fotosintetica delle piante è legata ad alcuni fattori esterni, uno dei più importanti è senza dubbio la **luce**; la massima attività di fissazione avviene infatti nelle ore centrali della giornata, quando maggiore è l'intensità luminosa. Un altro fattore essenziale per la fotosintesi è l'**acqua**, in quanto una condizione di stress idrico determina un ritardo della crescita della pianta e una minore assunzione di anidride carbonica, con conseguente riduzione dell'attività fotosintetica. Anche la **temperatura** è un fattore condizionante la fotosintesi, come la disponibilità di anidride carbonica e di minerali.

### La respirazione

È il processo attraverso il quale l'energia chimica prodotta dalla fotosintesi viene trasformata in energia metabolica. Essa avviene in altri organelli presenti nelle cellule detti mitocondri. Una parte degli zuccheri prodotti nella fotosintesi viene utilizzata dalle piante per sviluppare i diversi organi e per immagazzinare riserve; l'altra viene demolita mediante la respirazione allo scopo di fornire l'energia necessaria ai diversi processi metabolici. Il prodotto finale della respirazione è di nuovo l'anidride carbonica che ritorna nell'atmosfera.

#### La traspirazione

Le radici assorbono grandi quantità di acqua dal terreno. Assieme all'acqua, entrano i sali minerali necessari alla pianta. L'acqua assorbita deve essere continuamente ricambiata, in modo che sia continuo l'apporto dei sali e che possano essere eliminate certe sostanze di rifiuto. Il ricambio continuo dell'acqua è possibile perché da una parte questo liquido è assorbito dalle radici, dall'altra viene eliminato dalle foglie mediante la traspirazione, attraverso gli stomi, sotto forma di vapore acqueo. La pianta regola la traspirazione aprendo e chiudendo i suoi stomi, secondo la necessità.

#### La riproduzione

Le piante hanno due modi per riprodursi: per via asessuale (o agamica) o per via sessuale (o gamica). La **riproduzione asessuale** è dovuta alla capacità di un solo individuo di originare discendenti. Ciò può avvenire per scissione, per gemmazione, per sporulazione. È semplice, ma non garantisce variazioni nella prole perché si ottengono cloni, cioè individui con le stesse caratteristiche di quello originario. La **riproduzione sessuale** avviene nei fiori. Qui, per meiosi, si producono spore maschili (il polline) nell'antera e spore femminili nell'ovario. Il polline viene disperso (ed è per questo protetto da un tegumento resistente), mentre le spore femminili sono racchiuse nell'ovulo all'interno dell'ovario. Il polline giunge sullo stimma del pistillo, che secerne delle sostanze appiccicose per catturare e far aderire il granello di polline. Giunto sullo stimma, il granello di polline germina e tale processo avviene solo su stimmi della stessa specie, producendo un tubetto pollinico che si approfondisce fino all'ovario, dove è presente l'ovulo, all'interno del quale avviene la fecondazione e la formazione dell'embrione. L'ovulo fecondato si trasforma in seme, che è composto quindi dall'embrione e da sostanze di riserva, mentre l'ovario si trasforma in frutto. Nelle piante si ha un'alternanza di una fase diploide (sporofito) che, per meiosi, produce le spore aploidi. Quando germinano, producono i gametofiti aploidi che, per mitosi, originano i gameti. Questi si fondono e ridanno lo sporofito diploide.

### 5.6.3 • Anatomia e fisiologia di una pianta superiore

#### Le radici

Formano la parte ipogea della pianta e svolgono tre funzioni fondamentali: ancoraggio al suolo, assorbimento di acqua e sali minerali, immagazzinamento di sostanze di riserva. La **funzione di sostegno** è di fondamentale importanza per tutte le piante terrestri. In alcune di esse si formano anche delle radici avventizie, alla base del fusto o sui rami, che contribuiscono all'ancoraggio soprattutto quando queste piante crescono in terreni melmosi.

La **funzione di assorbimento** è svolta da numerose e sottili estroflessioni presenti nella parte terminale delle radici, dette peli radicali, che aumentano la superficie assorbente. Le radici possono essere a fittone (es. le carote) e fascicolate (es. le piante erbacee). La **funzione di riserva** è dovuta a strutture specializzate. In natura il rapporto chioma-radici è sempre ben equilibrato. La profondità a cui arrivano varia a seconda della specie e al variare delle condizioni idriche, nutrizionali e strutturali del suolo; infatti nei terreni aridi le radici si spingono in profondità, alla ricerca di vene d'acqua.

### Il fusto

È il sostegno delle foglie. Sottile nelle piante erbacee, nelle quali è chiamato anche stelo, diviene grosso e legnoso nelle piante arboree, di cui forma il tronco ed i rami. Le funzioni fondamentali, oltre che di sostegno, sono di conduzione e di riserva. Esso è la via di comunicazione tra le radici, che estraggono acqua e sali dal terreno, e le foglie, che fabbricano sostanze nutritive. Acqua e sali minerali formano la linfa grezza, che scorre nei tessuti conduttori: xilema (o legno), dove la linfa grezza sale dalle radici sino al fusto ed alle foglie; floema (o libro), dove la linfa elaborata scende verso le radici. All'apice dei fusti legnosi e lungo i rami si trovano le **gemme**. Le gemme laterali, schiudendosi, producono nuove foglie ogni primavera. Esse sono più piccole di quelle apicali. Le gemme fiorali, talvolta colorate, quando si aprono producono dei fiori. Il fusto è sede dell'accrescimento primario (che determina lo sviluppo in altezza) e di quello secondario (sviluppo in larghezza). Esso può inoltre specializzarsi nella sua funzione di riserva come nel caso dei tuberi, fusti sotterranei in cui la corteccia è tutta costituita da un tessuto ricco di amido (es. patata); fusti modificati che corrono parallelamente alla superficie del terreno sono gli stoloni (es. fragola). Se è l'intero germoglio a modificarsi, si ha il bulbo (es. cipolla). Non sempre esiste un fusto, anzi, in molte specie erbacee non vi è fusto, e in tal caso le piante stesse sono dette acauli.

### Le foglie

Sono organi essenziali: è qui che si svolgono la fotosintesi, la respirazione e la traspirazione. Sono sempre composte da una **lamina**, che ne costituisce la parte espansa, e da un picciolo, struttura di collegamento fra la lamina ed il fusto, formato in prevalenza dai fasci vascolari. Quando il picciolo manca, la foglia si dice sessile. La lamina è formata da: cuticola, epidermide superiore, mesofillo (parenchima a palizzata e parenchima spugnoso), epidermide inferiore, cuticola, peli dell'epidermide. Nell'**epidermide inferiore** sono presenti gli stomi, piccole aperture attraverso le quali avvengono gli scambi gassosi. Nelle piante adattate a vivere in condizioni di aridità, gli stomi sono infossati nell'epidermide inferiore e sono presenti numerosi peli la cui funzione è quella di ridurre le perdite idriche. Il **mesofillo** è composto da cellule provviste di cloroplasti e quindi fotosintetiche ed è attraversato dai fasci conduttori che formano le nervature. La **forma** delle foglie dipende dalla disposizione delle nervature che attraversano il mesofillo, distribuendo i vasi conduttori in ogni zona del lembo fogliare. Nelle foglie lunghe di varie monocotiledoni, le **nervature** sono parallele tra loro: queste foglie sono **parallinervie**. In alcuni alberi come il castagno, la foglia ha una nervatura principale, centrale, dalla quale, ad intervalli regolari, si distaccano verso i due lati del lembo fogliare delle nervature secondarie: queste foglie sono **penninervie**. Se le foglie, di solito trilobate, hanno 3 nervature, allora esse si dicono **palminervie**. Nelle foglie aghiformi del pino e di vari abeti le nervature, parallele, sono poco visibili. Il **margine fogliare** può essere: intero, ondulato, dentato, seghettato. Ci sono foglie a **lamina intera** (foglie semplici) e foglie che hanno la **lamina suddivisa in tante parti**, somiglianti ciascuna ad una fogliolina (foglie composte). In certe piante, inoltre, una parte delle foglie si trasforma in viticci, che aiutano il fusto a sostenersi attaccandolo ad un supporto. In altri casi le foglie si trasformano in spine, in altri ancora esse sono coloratissime come dei fiori.

### Il fiore

È l'organo preposto alla produzione di spore. Le parti che lo compongono sono foglie modificate che prendono il nome di antofilli. Questi a loro volta sono fertili o sterili a seconda delle funzioni che svolgono. Gli antofilli fertili sono gli stami ed i carpelli, quelli sterili sono gli elementi del calice e della corolla. Le caratteristiche dei diversi elementi fiorali sono fondamentali ai fini del riconoscimento delle diverse specie. Il fiore è costituito dal picciolo (collegamento al fusto o al ramo); dal carpello (parte a forma di calice che rappresenta la base del fiore e che contiene l'ovario e l'ovulo); da questo partono stilo e stigma, che, assieme ad ovario ed ovulo, rappresentano l'organo femminile del fiore; lo stame, costituito dal filamento e dall'antera (contenente il polline) che rappresentano l'organo maschile; i sepali ed infine i petali, la parte appariscente del fiore. Il colore dei petali è dovuto alla presenza di pigmenti quali carotenoidi, flavonoidi, flavonoli, ecc. I primi, di colore giallo o arancione, sono presenti nei cromoplasti, gli altri sono disciolti nell'acqua portata da piccoli inclusi cellulari detti vacuoli. Nella classe dei flavonoidi le più diffuse sono le antocianine alle quali è dovuto il colore rosso e blu. Il colore bianco o avorio è dovuto invece ai flavonoli. I fiori possono essere **isolati** o riuniti in gruppi detti **infiorescenze**. Queste possono suddividersi in definite o indefinite, in semplici o composte. Fra le infiorescenze indefinite ricordiamo: il racemo (o grappolo), con fiori peduncolati inseriti sull'asse, e la spiga, come la precedente ma con fiori sessili.

### Il frutto

In seguito al processo di fecondazione del fiore si ha la formazione del frutto. L'ovulo fecondato cresce e modifica la sua struttura sino a diventare seme, mentre cresce e si sviluppa anche l'ovario, che può prendere forme diverse. Di solito, quando si parla di frutto, s'intende appunto l'insieme del seme e dell'ovario che gli sta attorno. È il caso della ciliegia, che è un **vero frutto**. Ma spesso si ha la trasformazione anche del ricettacolo fiorale, che diventa grosso e carnoso, ed allora si ha un **falso frutto**, come la mela. In altre piante quello che noi chiamiamo frutto è in realtà una **infruttescenza**, cioè un insieme di tanti singoli frutti riuniti, come ad esempio il lampone o la mora di macchia. Nelle conifere, invece, non si può formare un vero frutto perché manca l'ovario. In esse l'involucro che avvolge i semi e che comunemente si chiama pigna o strobilo (pino, abete) è formato da squame che proteggono gli ovuli, ingrandite e lignificate dopo la fecondazione del fiore. Nei **frutti carnosi**, ad esempio un'albicocca o una susina, troviamo tre parti fondamentali: una parte esterna detta **epicarpo**, costituita da una pellicola sottile volgarmente detta buccia, una parte interna legnosa detta **endocarpo** o nocciolo, che contiene il seme, ed infine una parte intermedia costituita da una massa carnosa e succosa, detta **mesocarpo**. I **frutti secchi** possono contenere un solo seme oppure più semi. Essi possono inoltre essere deiscenti o indeiscenti, a seconda che a maturità si aprano spontaneamente o non si aprano per far uscire il seme. Tra i frutti secchi deiscenti citiamo il legume; tra quelli indeiscenti, la noce.

#### I semi

Possono essere considerati come dei contenitori ben chiusi, ricchi di sostanze nutritive; basta un po' di umidità per far aprire il seme e far iniziare alla pianta la fase attiva. La loro forma è molto varia: rotonda, ovoidale, oblunga, cilindrica, turbinata, discoide, reniforme, ecc. Il ciclo vitale della pianta comincia con la **germinazione del seme**. La plantula avvolta dai cotiledoni è l'embrione della pianta, formato da radichetta, fusticino e foglioline. La plantula comincia a svilupparsi nutrendosi delle sostanze contenute nei cotiledoni, perché per la germinazione occorrono acqua e ossigeno. La radichetta si allunga coprendosi di peli assorbenti, il fusticino emerge dal seme, che si è aperto, portando in alto le foglioline. Quando i cotiledoni si sono persi, la pianta è ormai verde e può nutrirsi per conto proprio. L'accrescimento del fusto dipende dalla gemma apicale.
Diversa è la diffusione dei semi delle piante; i frutti ed i semi molto leggeri o forniti di ali membranose o di ciuffi di peli possono essere portati lontano dal vento; altri, ricoperti di aculei ed uncini, si prestano invece ad essere passivamente trasportati dagli animali pelosi, ai quali si attaccano; i frutti carnosi vengono mangiati dagli animali che ne disperdono poi i semi con le loro deiezioni.
Perciò ogni pianta si è adattata all'ambiente in cui vive e si regola nel modo migliore per assicurare ai propri semi la possibilità di diffondersi e di germinare.

## 5.7 • Evoluzione

### 5.7.1 • Teorie evolutive

Il problema se gli organismi esistenti sulla Terra fossero stati sempre uguali o fossero cambiati nel tempo era stato sempre argomento di scienziati e di filosofi. Ma solo nel XVIII secolo, quando una vasta attività scientifica portò alla scoperta dei fossili, si poté asserire che le forme animali e vegetali del passato erano diverse da quelle attuali. Così iniziarono a definirsi le varie teorie per spiegare ciò. La prima teoria formulata era quella del **fissismo** (o del **creazionismo**), il cui sostenitore era Georges **Cuvier** (1769-1823), il quale affermò che i fossili erano resti di forme viventi nel passato e successivamente estinte. Secondo Cuvier le specie rimangono identiche a come l'atto di creazione le ha fissate (fissismo), ma ad intervalli avvengono delle catastrofi che distruggono la maggior parte delle specie viventi (catastrofismo). Dopo ogni catastrofe un nuovo atto creativo ripopola il pianeta di specie, non necessariamente identiche alle precedenti (creazionismo). Jean Baptiste de **Lamarck** (1744-1829) fu uno dei primi evoluzionisti a ritenere che alla base dell'evoluzione ci fosse l'ereditarietà dei caratteri acquisiti dai genitori nel corso della loro vita. Per Lamarck i fattori esterni, cioè l'ambiente, influenzano l'evoluzione degli organismi e le modifiche che essi apportano sono trasmesse alla prole. La sua teoria prevede che ogni organismo cerchi di adattarsi all'ambiente per ottenere i maggiori profitti. Per tale motivo sviluppano più quegli organi che sono utili ed atrofizzano quelli che non servono (*Legge dell'uso e del disuso*). Perdurando nel tempo questa situazione, la modifica viene trasmessa alle generazioni successive (*Legge dell'ereditarietà dei caratteri acquisiti*). Anche se la teoria di Lamarck fu vanificata ai suoi tempi, non bisogna sottovalutare il suo genio nell'affermare che gli organismi si sono evoluti, cosa che venne accettata solo mezzo secolo più tardi.

Il merito di aver elaborato un'organica teoria evolutiva, e di aver individuato per essa un meccanismo (*Selezione Naturale*) mediante il quale tale evoluzione avrebbe potuto avvenire, va attribuito al naturalista inglese Charles-Robert **Darwin** (1809-1892). Nella visione evoluzionistica la vita sulla Terra non si manifesta attraverso forme immutabili e statiche, ma attraverso forme dinamiche e mutevoli. Darwin, dopo essersi imbarcato come medico e naturalista su una nave da guerra britannica e circumnavigato il mondo, si ritirò per elaborare tutti i dati raccolti (reperti animali e vegetali) e per catalogarli. Anche lui, come Lamarck, sostenne che le forme oggi esistenti discendano da forme preesistenti, soggette a continue evoluzioni. Le modificazioni che portano a mutare gli organismi insorgono a caso e, giacché favorevoli alla vita, vengono trasmesse alla progenie (*Legge dell'ereditarietà*). Quelli che non le trasmettono si estinguono (*Teoria della selezione naturale*). Inoltre, aveva notato che il numero totale di individui che possono riprodursi resta uguale. Perciò interviene un meccanismo regolatore naturale, che viene da lui definito "lotta per la sopravvivenza".

Tutti gli autori concordano sul fatto che la vita si è mossa lungo linee filetiche che legano tra loro tutti gli organismi viventi e che convergono in un punto, ossia alla prima "cellula vivente". Questa struttura vivente presenta una funzionalità metabolica e genetica molto complessa e, attraverso il suo studio, il biochimico russo Alexsandr Ivanovic **Oparin** ed il biologo inglese John Burdon Sanderson **Haldane** formularono la prima delle cosiddette "**teorie chimico-biologiche**", secondo le quali la vita si è sviluppata sul nostro pianeta per evoluzione a partire da molecole non biologiche. Secondo Oparin e Haldane la Terra di circa 4 miliardi di anni fa era molto diversa dall'attuale. Era un pianeta ad alto contenuto energetico, con un'atmosfera primitiva caratterizzata dall'assenza di ossigeno, ma ricca di anidride carbonica, idrogeno, metano, ammoniaca e vapore acqueo; quindi fortemente riducente. Queste condizioni chimico-fisiche consentirono la formazione di una grande quantità di molecole organiche che, accumulandosi nei mari primitivi ("brodo primordiale"), poterono reagire tra loro in modo da originare una grande varietà di molecole biologiche importanti per la vita. Successivamente queste molecole si associarono nei primi sistemi macromolecolari in grado di esprimere una primitiva funzionalità vivente, accrescimento e autoriproduzione. Una tale disponibilità di materia organica in continua sintesi ha rappresentato, secondo Oparin e Haldane, il cibo per i primi sistemi viventi in grado di assimilarlo. I primi organismi furono dunque degli eterotrofi in grado di assumere combustibile chimico direttamente dall'ambiente. Infine, secondo Oparin e Haldane, questi sistemi viventi, per quanto semplici, ma tuttavia completi, furono sottoposti, durante milioni di anni, alla Selezione Naturale. Negli anni Cinquanta, Harold C. **Urey** e Stanley **Miller**, un suo allievo, riuscirono ad ottenere alcune conferme sperimentali alla teoria di Oparin, creando in laboratorio l'ambiente "primordiale". Non senza sorpresa si accorsero che si erano formati numerosissimi composti

organici, tra i quali amminoacidi. Dopo Miller, molti autori hanno compiuto esperimenti analoghi ed i risultati ottenuti dimostrano che quasi tutti i monomeri biologici possono essere prodotti in assenza di ossigeno, partendo da materiale inorganico. In seguito l'atmosfera primitiva ha perso molto velocemente il suo carattere riducente e la prevalenza di $CO_2$. Uno dei risultati più importanti conseguiti dalla scienza nella soluzione del problema dell'origine della vita si deve a T.R. **Cech**, che, nei primi anni Ottanta, ha dimostrato che molecole di RNA possono avere attività enzimatica (promuovendo reazioni chimiche autonome, senza l'intervento di enzimi proteici) e sono in grado di compiere una primitiva autoreplicazione, usando come stampo una subunità interna. Tali funzioni enzimatiche potrebbero essere la testimonianza di un primitivo "mondo a RNA", nel quale tutti gli organismi dovevano essere costituiti solo da RNA e dal quale si sarebbe solo successivamente evoluto il mondo attuale costituito da DNA e proteine, con funzioni rispettivamente genetiche e metaboliche.
In seguito, la popolazione di molecole autoreplicanti presente nel brodo primordiale potrebbe essere stata sottoposta ad una pressione selettiva analoga a quella descritta da Darwin come selezione naturale e si sarebbero, cioè, formate delle molecole mutanti, a causa di errori che comparivano casualmente durante la duplicazione: le varianti in grado di replicarsi in modo particolarmente efficiente sarebbero divenute dominanti nel brodo primordiale, mentre le varianti a replicazione inefficiente si sarebbero gradualmente ridotte di numero, fino a scomparire.

## 5.7.2 • Origine della vita

Le prime formazioni limitate da una membrana potrebbero essere stati organismi unicellulari, simili a batteri, di cui conserviamo la documentazione fossile, risalente a circa 3,5 miliardi di anni fa.
Resti fossili abbondanti si trovano solo a partire da quelli che risalgono al periodo Cambriano, ossia a circa 570 milioni di anni fa, quando era già comparsa la maggior parte dei principali phyla animali e vegetali. Ciò è probabilmente dovuto al fatto che le forme di vita precedenti al Cambriano erano prive di parti scheletriche rigide, come ossa e denti, e dunque non fossilizzavano facilmente. I primi vertebrati fecero la loro comparsa tra 300 e 400 milioni di anni fa: erano creature simili a pesci, interamente ricoperte di pesanti armature. L'uscita dall'acqua e la colonizzazione della terraferma deve essere avvenuta circa 250 milioni di anni fa, prima da parte di pesci con pinne lobate e polmoni, poi dagli anfibi ed infine da animali considerati simili ai rettili. I mammiferi e, successivamente, gli uccelli si sono originati in seguito.

## 5.7.3 • Evoluzione umana

La nostra specie si è evoluta all'interno del gruppo delle scimmie antropomorfe africane, grazie ad un passaggio evolutivo avvenuto qualche milione di anni fa. In base ad alcune prove molecolari, l'ultimo antenato comune alla specie umana, scimpanzé e gorilla, risalirebbe a non più di 5 milioni di anni fa. I resti fossili dei nostri diretti antenati ci mostrano diverse forme arcaiche di Homo sapiens (fra cui l'uomo di Neanderthal, vissuto in Europa), preceduto dall'Homo erectus, vissuto circa 2 milioni di anni fa, e dal genere Australopithecus, come testimoniano le dimensioni dell'encefalo.

### Prove dell'evoluzione e suoi meccanismi

Dati scientifici ci confermano la teoria evoluzionistica. Questi dati sono stati forniti dal ritrovamento di fossili, dallo studio dell'embriologia (similitudini tra gli embrioni delle varie specie), dall'anatomia comparata (gli organismi sono "costruiti" con unità simili), dalle somiglianze di carattere biochimico (proteine simili) e del materiale genetico (DNA). La moderna teoria genetica prevede che i geni di una popolazione di animali o di piante che si riproducono per via sessuale costituiscono un pool genico. I geni in un certo senso competono tra loro nel pool, come le prime molecole autoreplicanti competevano nel brodo primordiale.

Nel pool genico, ogni nuovo gene si origina a causa di una mutazione, un errore casuale. Una volta che, mediante mutazione, si è formata una nuova variante di un gene, questa entra a far parte del pool genico di una popolazione perché, attraverso la riproduzione sessuale, essa può essere trasmessa ad altri individui. L'evoluzione porta poi alla divergenza e alla diversità delle specie.

Il processo con cui da una specie si originano due nuove specie è detto **speciazione**. Si distinguono:

- la **speciazione allopatrica**, che si verifica quando una popolazione diventa geograficamente isolata dal resto della specie e se ne differenzia;
- la **speciazione simpatrica**, che si ha quando due popolazioni si evolvono separatamente pur vivendo nello stesso territorio. L'isolamento riproduttivo senza separazione geografica si può avere in due modi:
  - l'**isolamento ecologico**, dovuto al fatto che le popolazioni occupano **nicchie ecologiche** differenti. Un esempio classico sono i fringuelli delle Galapagos, che hanno dato origine a specie diverse per alimentazione;
  - l'**isolamento genetico**, causato da riarrangiamenti cromosomici stabilizzatisi in un piccolo gruppo.

Il termine **coevoluzione** si riferisce all'evoluzione di adattamenti determinati dalle interazioni tra specie, ad esempio tra predatore e preda o tra ospite e parassita.

Le specie di generazione in generazione continuano a subire cambiamenti e sono proprio queste variazioni a determinare il processo evolutivo. Si può parlare di **microevoluzione** solo quando il fenomeno riguarda una sola popolazione ed avviene in uno spazio abbastanza limitato. In genere a dare il via a questo processo sono mutazioni del tutto casuali, ma in altri casi possono intervenire anche fattori ambientali. Quando il processo evolutivo riguarda interi gruppi di specie si parla di **macroevoluzione**. Esiste, inoltre, l'**evoluzione divergente**, che è un processo di variazione di un determinato carattere, originariamente comune a diversi gruppi di organismi, in più direzioni. Un esempio è l'arto primitivo comune ad alcuni vertebrati, che si è differenziato in strutture diverse, sia dal punto di vista anatomico sia funzionale, diventando, nei diversi casi, il braccio degli uomini, l'ala degli uccelli o la zampa delle rane. Queste strutture sono dette omologhe, perché derivano da una stessa struttura, pur sembrando differenti.

Per **evoluzione convergente** si intende, invece, il fenomeno opposto: lo sviluppo di strutture simili dal punto di vista funzionale, a partire da strutture non affini dal punto di vista evolutivo. Queste strutture vengono dette analoghe: un esempio è rappresentato dall'occhio dei molluschi e da quello dei mammiferi.

# CAPITOLO 6
# Chimica

## 6.1 • Fenomeni chimici

La **chimica** è la scienza che studia la struttura, la composizione, le proprietà e le trasformazioni della materia.

### 6.1.1 • La materia

La materia è definita come tutto ciò che possiede una **massa** ed occupa un **volume**. Una porzione delimitata di materia può essere chiamata corpo, oggetto oppure sistema. Su queste porzioni di materia i chimici effettuano le loro indagini. Un bicchiere, un quaderno, una mela, un albero sono esempi di oggetti, di corpi o di sistemi.
Caratteristiche della materia come composizione, struttura, stato di aggregazione, sono dette **proprietà intensive**, che dipendono dalla natura delle sostanze ma non dalla loro quantità; proprietà intensive sono per esempio la densità, la conducibilità termica o elettrica, il calore specifico, ecc.
Le **proprietà estensive** dipendono invece dalla quantità di sostanza (come massa, volume, temperatura, ecc.) ed esse non permettono di caratterizzare una sostanza.

#### Sistemi omogenei e sistemi eterogenei

Si dice **fase** una porzione di materia, fisicamente distinguibile, che ha uniformi proprietà intensive (colore, densità, ecc.). Le fasi sono porzioni di materia omogenea, cioè sono sistemi omogenei, fisicamente distinguibili perché delimitati da un contorno esterno, ben definito e visibile. Un sistema può essere **omogeneo** oppure **eterogeneo**, a seconda che sia costituito da **una sola fase** oppure da **due o più fasi**.

#### Sostanze pure e miscugli

La materia può anche essere suddivisa come segue.
Un sistema è costituito da una **sostanza pura** solo se formato da **un singolo tipo di materia** che non può essere separato in altri tipi di materia mediante mezzi fisici e che possiede proprietà caratteristiche e ha una composizione costante. Sono considerati puri i 92 tipi di elementi esistenti in natura che non sono ulteriormente scindibili, ma costituiti da un solo tipo di atomo. Essi per una convenzione internazionale vengono individuati tramite un'abbreviazione (o simbolo) del nome latino o corrente di ciascun elemento. Ad esempio: Fe indica il ferro, H l'idrogeno dal latino hidrogenum, Al l'alluminio e così via. Di conseguenza un **elemento** è una sostanza pura che non può essere ridotta in sostanze pure più semplici.

La materia può essere costituita raramente da sostanze pure; il più delle volte si trova sotto forma di miscugli o miscele.
Il **miscuglio** o **miscela** è l'insieme di più composti chimici che conservano inalterate le loro caratteristiche. I miscugli possono essere eterogenei ed omogenei.
Un miscuglio è **eterogeneo** quando i suoi componenti sono facilmente distinguibili ed è costituito da due o più fasi. Un miscuglio è **omogeneo** se i suoi componenti non sono distinguibili e si presenta in un'unica fase. In questo modo viene detto **soluzione**, in cui la porzione più abbondante della soluzione è il *solvente*, mentre le porzioni meno abbondanti si chiamano *soluti*. Le soluzioni non sono soltanto liquide, come acqua e sale oppure acqua e zucchero, si conoscono soluzioni gassose, come l'aria che respiriamo, e solide, come l'acciaio, il bronzo e le altre leghe metalliche.

•• TABELLA 6.1 Classificazione dei materiali

| | **Sostanza** | **Miscuglio** |
|---|---|---|
| **Sistema omogeneo** | Acqua distillata, oro, cloruro di sodio | Acqua di rubinetto, oro a 14 carati, sale marino, acciaio |
| **Sistema eterogeneo** | Acqua distillata e ghiaccio, oro al suo punto di fusione (1064°C) | Acqua e sabbia, legno, granito, latte, marmo, sabbia, fumo, nebbia |

Una **molecola** è un gruppo di due o più atomi e può essere mono- o omo-atomica (se è presente un solo tipo di atomo), biatomica (2), triatomica (3), eteroatomica (più tipi diversi). Le sostanze pure contenenti molecole eteroatomiche sono dette composti.
Un **composto** è una sostanza pura che può essere ridotta in due o più sostanze pure (es. $H_2O$, acqua, $H_2O_2$, acqua ossigenata) ed ha caratteristiche proprie che differiscono da quelle delle sostanze che lo hanno originato. È possibile ricavare gli elementi da un composto solo, utilizzando dei sistemi chimico-fisici complessi (es. elettrolisi).

## Stati di aggregazione della materia

La materia si presenta sotto tre stati: solido, liquido e aeriforme (gas o vapore).

- **Stato solido:** la materia allo stato solido possiede una forma ed un volume proprio e non è comprimibile. In queste condizioni gli atomi sono costretti a rimanere vincolati in posizioni molto rigide.
- **Stato liquido:** la materia allo stato liquido possiede un volume proprio, ma prende la forma del recipiente in cui è contenuta e non è comprimibile. In queste condizioni gli atomi o le particelle di cui è composta sono libere di scivolare l'una sull'altra.
- **Stato aeriforme:** la materia allo stato gassoso non ha né forma né volume propri ed è comprimibile. In queste condizioni ogni particella è libera di muoversi rispetto alle altre e non ha legami con le altre.

•• TABELLA 6.2 Proprietà caratteristiche dei tre stati di aggregazione della materia

| Proprietà | Solido | Liquido | Aeriforme |
|---|---|---|---|
| Volume | Definito | Definito | Occupa tutto il volume del recipiente |
| Forma | Definita | Assume la forma del recipiente | Assume la forma di tutto il recipiente |
| Densità | Alta | Media | Bassa |
| Effetto della pressione esterna | Incomprimibile (a pressioni non elevate) | Incomprimibile (a pressioni non elevate) | Comprimibile |

Il seguente schema spiega le relazioni tra i vari concetti.

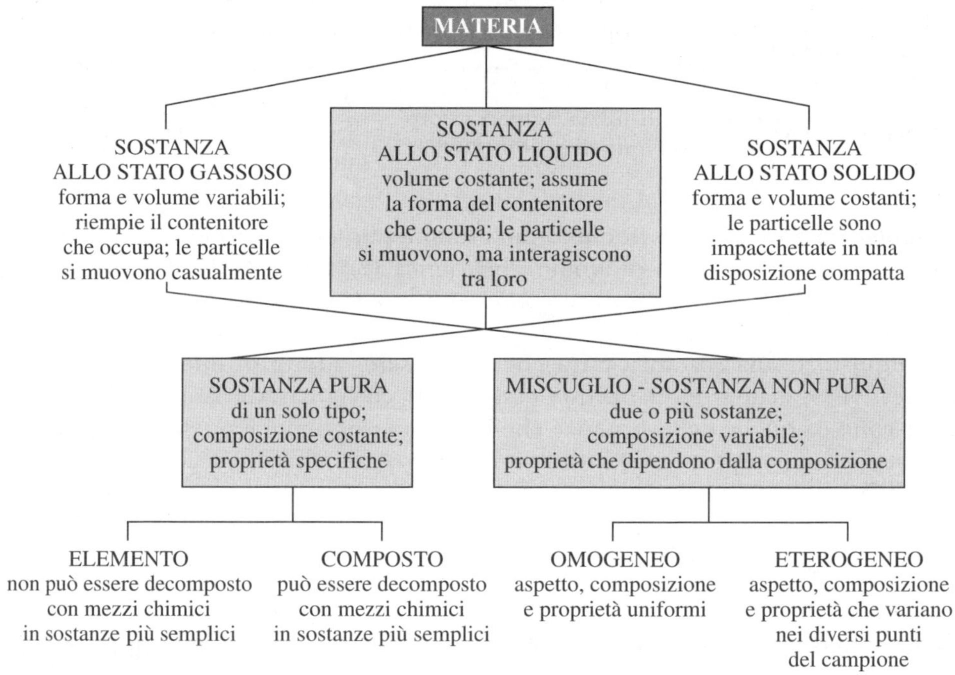


## Passaggi di stato

I cambiamenti di stato si distinguono in:

- **condensazione o liquefazione e evaporazione:** il passaggio dallo stato aeriforme a quello liquido si chiama *condensazione* o *liquefazione*. Raffreddando un aeriforme, si riduce l'energia cinetica delle particelle (molecole, atomi, ioni) e quindi possono formare legami. L'*evaporazione* è il passaggio dallo stato liquido a quello aeriforme e può avvenire, ad esempio, per ebollizione, coinvolgendo l'intera massa del liquido;
- **solidificazione e fusione:** la *solidificazione* è il passaggio dallo stato liquido allo stato solido. Raffreddando un liquido l'energia delle sue particelle (atomi, ioni, mole-

cole) diminuisce e queste si muovono più lentamente. Arrivando alla temperatura alla quale l'energia delle particelle è uguale a quella dei legami che le tengono unite, il liquido si solidifica. La *fusione* è il passaggio inverso dallo stato solido a quello liquido. In un solido le particelle oscillano intorno a punti fissi. Fornendo calore, fino ad arrivare alla temperatura di fusione, l'energia delle particelle uguaglia l'energia dei legami, questi si rompono e si ottiene il liquido. La temperatura di fusione è uguale a quella di solidificazione ed è molto diversa da sostanza a sostanza;
- **sublimazione:** è il passaggio diretto dallo stato solido allo stato aeriforme. Il passaggio inverso si chiama *brinamento*, ma talora è indicato anch'esso come sublimazione.

### 6.1.2 • Trasformazioni chimiche

Mentre le trasformazioni fisiche descritte lasciano inalterate le sostanze del sistema, le trasformazioni chimiche o reazioni chimiche si definiscono come qualunque trasformazione che fa variare profondamente la composizione della materia.
Già alla fine del 1700 numerosi scienziati, anche senza l'ausilio di sofisticate attrezzature, erano riusciti ad effettuare accurate misure delle masse dei reagenti e dei prodotti e ad individuare due aspetti importantissimi delle trasformazioni chimiche: la conservazione della massa e la riproducibilità dei rapporti ponderabili.

- **Legge di LAVOISIER o della conservazione delle masse** (fine 1700): afferma che in una reazione chimica la massa dei reagenti è uguale a quella dei prodotti. Ad esempio, nella molecola di $H_2O$ 2 g di H reagiscono con 16 g di O per formare 18 g di $H_2O$.
- **Legge di PROUST o delle proporzioni definite** (1799): afferma che il rapporto fra le quantità in peso di due elementi che reagiscono per formare un composto è costante. Si può anche dire che un dato composto ha una composizione ben precisa ed invariabile. Ad esempio, per formare il cloruro di sodio (NaCl), 23 g di Na reagiscono con 35.5 g di Cl, 4.6 g di Na reagiscono con 7.1 g di Cl ecc., ma il rapporto in peso Na/Cl è sempre 1/1.54.
- **Legge di DALTON o delle proporzioni multiple** (1803): afferma che quando due elementi si combinano tra loro per formare composti diversi, ad una quantità fissa del primo elemento corrispondono quantità multiple del secondo elemento, cioè queste ultime si combinano con una quantità fissa dell'altro e stanno fra loro in rapporti semplici, esprimibili mediante numeri interi e piccoli.

Sulla base delle tre leggi precedentemente enunciate, Dalton nel 1803 formulò la prima teoria atomica della materia (**legge atomica di Dalton**). Tale teoria può essere schematizzata come di seguito illustrato:

*a*) la materia è composta da particelle indivisibili ed indistruttibili, gli atomi;
*b*) gli atomi di uno stesso elemento sono tutti uguali tra loro e hanno la stessa massa;
*c*) gli atomi di elementi diversi hanno massa e proprietà differenti;
*d*) elementi diversi sono formati da atomi diversi (per volume, massa e proprietà), per cui un elemento non può essere trasformato in un altro elemento;
*e*) in una reazione chimica gli atomi si combinano secondo rapporti definiti, dando luogo a molecole.

Su tali basi poteva quindi essere affermato che:
- l'*atomo* è la più piccola porzione della materia che mantiene tutte le proprietà chimiche dell'elemento stesso;
- gli atomi sono le particelle che formano l'*elemento*;
- si definiscono *molecole* le unità costituite da due o più atomi – uguali se sono molecole elementari (idrogeno, $H_2$), diversi se sono molecole combinate (es. anidride carbonica, $CO_2$) – uniti da un legame chimico.

## La rappresentazione degli atomi e delle molecole

Tutti gli elementi vengono indicati con dei **simboli** costituiti da una o due lettere. Se le lettere sono due, la prima è maiuscola e la seconda è minuscola.

### ESEMPIO

**1)** Il simbolo Na non si legge "na" ma "enne-a".
Un composto, in chimica, è rappresentato con una **formula** che indica le caratteristiche delle sue molecole. La formula, infatti, contiene i simboli di tutti gli elementi presenti nella molecola, seguiti da un numero in pedice che indica quanti atomi dell'elemento sono presenti.

**2)** La molecola di $H_2SO_4$, acido solforico, contiene due atomi di idrogeno, uno di zolfo e quattro di ossigeno.
Una formula fornisce quindi due tipi di informazioni:
- quali elementi costituiscono la molecola o il composto;
- quanti atomi di ogni elemento sono presenti nella molecola del dato composto.

Esistono tre tipi di formule.
1. La **formula molecolare** indica la composizione qualitativa e quantitativa di un composto.

### ESEMPIO

Prendiamo ad esempio $Na_2O_2$ (perossido di sodio).

2. La **formula minima** rappresenta il rapporto minimo di combinazione tra gli atomi dei diversi elementi che formano un composto.

### ESEMPIO

Per il perossido di sodio la formula minima è NaO.

3. La **formula di struttura** non indica solo il tipo ed il numero degli atomi, ma anche come sono legati fra loro.

### ESEMPIO

Per l'acqua ($H_2O$) è 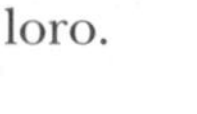
.

### Massa atomica e massa molecolare

La *massa atomica* (indicata con A) di un atomo è un numero che indica quanta materia è contenuta nell'atomo stesso. Essa è data dalla somma dei protoni e dei neutroni ed è perciò anche detta *numero di massa*. Viene indicata dal numero in alto a sinistra di ciascun elemento della Tavola Periodica. Ad esempio $^{1}H$ = 1 uma; $^{16}O$ = 16 uma. Per la misurazione della massa atomica si è scelta, per convenzione, l'*unità di massa atomica* (u.m.a.), chiamata anche *dalton*, ed è stata definita come la dodicesima parte della massa dell'atomo di $^{12}C$.

$$1 \text{ u.m.a.} = 1/12 \text{ della massa assoluta di } ^{12}C = 1.6605 \cdot 10^{-27} \text{ Kg}$$

Per *massa molecolare* di un composto si intende la somma delle masse atomiche degli atomi che compongono la molecola. Ad esempio $H_2O$: H × 2 = 2 uma, O × 1 = 16 uma; totale = 18 uma.

### Numero atomico e peso atomico

Il *numero atomico* (Z) indica il numero dei protoni che costituisce il nucleo di un atomo. Certi elementi si presentano con lo stesso numero atomico ma con *numero di massa* diverso, perché varia il numero dei neutroni che formano il loro nucleo. Il peso atomico di un elemento (PA) è definito come la sua massa atomica relativa (all'atomo $^{12}C$ ) e media (rispetto agli elementi che hanno il suo stesso numero atomico ma un differente numero di massa e una differente abbondanza naturale). Tali elementi vengono detti **isotopi** dell'elemento in questione. Il caso più tipico è quello dell'idrogeno (H). Esso è presente in natura sotto forma di tre isotopi differenti: il primo, detto idrogeno comune o prozio, è costituito da un elettrone e da un protone (A = 1, $^{1}_{1}H$). Il secondo, detto deuterio, è costituito da un elettrone, un protone ed un neutrone (A = 2, $^{2}_{1}H$). Il terzo, chiamato tritio (si legge trizio), ha peso atomico 3 perché è costituito da un elettrone, un protone e due neutroni (A = 3, $^{3}_{1}H$). Nei tre isotopi dell'idrogeno, il numero atomico è sempre 1.
Gli isotopi possono essere stabili o instabili. In quest'ultimo caso sono detti *radioisotopi*, che tendono a decadere per trasformarsi in stabili.

## 6.1.3 • L'atomo

L'atomo ha una struttura interna costituita da particelle elettriche subatomiche.
Il **protone** è una particella stabile, carica positivamente, con una massa atomica di 1 dalton.
Il **neutrone**, scoperto nel 1932, è una particella elementare priva di carica elettrica, perciò neutra, che, insieme al protone, è uno dei costituenti del nucleo atomico. Ha quasi la stessa massa atomica del protone.
L'**elettrone** ha carica negativa, è enormemente più piccolo e ruota intorno al nucleo. Ha massa atomica così piccola, da essere trascurabile rispetto a quella dei protoni e dei neutroni. La nuvola di elettroni che circonda il nucleo atomico per formare un atomo ne determina completamente le proprietà chimiche. Le proprietà elettriche della materia sono determinate dagli elettroni in essa contenuti. Il fatto che una sostanza sia un conduttore, un isolante, o un semiconduttore, è infatti determinato dalla disposizione dei suoi elettroni sui livelli energetici. Gli elettroni ruotano attorno al nucleo in spazi ben determinati, chiamati *orbitali*. Gli orbitali possono essere di varie forme e a diversa distanza dal nucleo.

•• TABELLA 6.3 Le caratteristiche delle particelle sub-atomiche

| particella | massa | carica elettrica |
|---|---|---|
| protone | $1.6726 \times 10^{-27}$ kg | +1 |
| neutrone | $1.6749 \times 10^{-27}$ kg | 0 |
| elettrone | $9.1095 \times 10^{-31}$ kg | –1 |

Un atomo risulta **neutro**, cioè privo di carica elettrica, quando il numero dei protoni è bilanciato dal numero di elettroni ruotanti intorno al nucleo.
Se all'atomo vengono sottratti elettroni, la carica positiva dei protoni non risulta più equilibrata e l'atomo acquista tante cariche positive per quanti elettroni ha perso. Viceversa, se un atomo acquista elettroni, la sua neutralità viene alterata da un eccesso di cariche negative, tante quanti sono gli elettroni aggiunti. Un atomo dotato di carica elettrica viene chiamato **ione**; per evidenziare lo stato elettrico dello ione, si aggiungono ai simboli chimici degli elementi i segni + o – a seconda se cede o acquista elettroni. Gli ioni con carica positiva si dicono **cationi**, quelli con carica negativa **anioni**.

## Modelli atomici

Gli scienziati a partire dalla fine del XIX secolo sentirono l'esigenza di ideare dei modelli per poter interpretare in modo semplice i fenomeni complessi. Descriviamo di seguito i modelli atomici, frutto più di intuizione che dell'evidenza sperimentale, sia per il loro interesse storico, sia per capire l'evoluzione del pensiero scientifico, che tende a raggiungere una conoscenza sempre più vicina alla realtà.

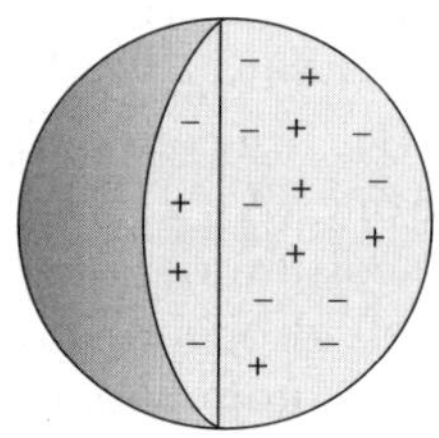

• Figura 6.1 Il modello di Thomson.

**Il modello atomico di Thomson.** Nel modello atomico di Thomson, formulato nel 1898, si ammetteva che l'atomo fosse una sfera omogenea di materia carica positivamente, in cui gli elettroni erano distribuiti in maniera uniforme e senza una disposizione spaziale particolare.

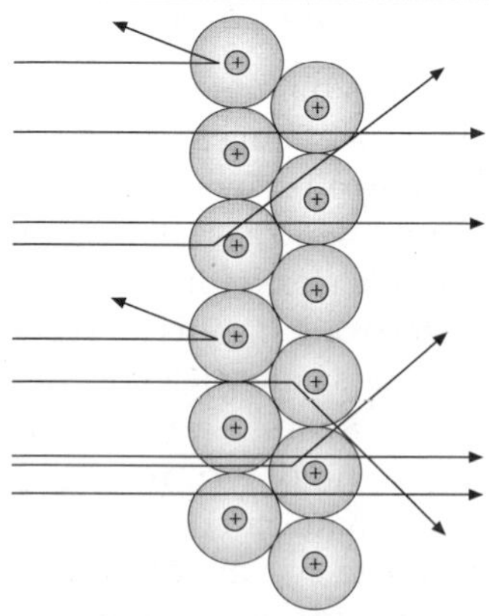

• Figura 6.2 Il modello di Rutherford.

**Il modello atomico di Rutherford.** Nel 1910 E. Rutherford ipotizzò che la massa e la carica positiva fossero concentrate in una parte molto piccola dell'atomo, chiamata nucleo, e che gli elettroni si trovassero nella zona periferica, a grande distanza dal nucleo. Quest'ipotesi nasceva da un'importante esperimento, effettuato da due allievi di Rutherford. Una lamina sottilissima di oro veniva bombardata con particelle alfa (α) (cariche positivamente come i protoni) veloci; uno schermo rivelatore indicava poi i punti di arrivo delle particelle α, permettendo quindi di stabilirne la traiettoria dopo il passaggio attraverso la lamina.
Se fosse stato valido il modello di Thomson, cioè se l'atomo avesse avuto una struttura omogenea, le particelle

α avrebbero dovuto comportarsi tutte nello stesso modo. In realtà le particelle α si comportavano in modo diverso (vedi figura): per la maggior parte passavano senza subire nessuna deviazione, alcune venivano deviate secondo varie angolazioni e poche venivano respinte. Questo comportamento spinse Rutherford a formulare la sua ipotesi: le particelle α che si avvicinavano ai nuclei venivano deviate per effetto della repulsione elettrica; quelle che andavano direttamente sui nuclei venivano respinte; quelle che non si avvicinavano ai nuclei passavano la lamina. Di conseguenza Rutherford suppose che il nucleo dovesse essere molto piccolo rispetto all'intero volume dell'atomo.

**Il modello atomico di Bohr.** Nel 1913 Bohr propose una modifica concettuale al modello di Rutherford, formulando una teoria basata su tre ipotesi:

- nell'atomo gli elettroni ruotano intorno al nucleo su orbite non fisse dette stati stazionari;
- gli elettroni sono capaci di saltare da uno stato stazionario ad un altro e, solo durante questi "salti", può emettere energia, cioè irraggiare;
- il momento angolare degli elettroni è quantizzato. Esso può assumere soltanto certi valori di energia, ma non può assumere valori intermedi.

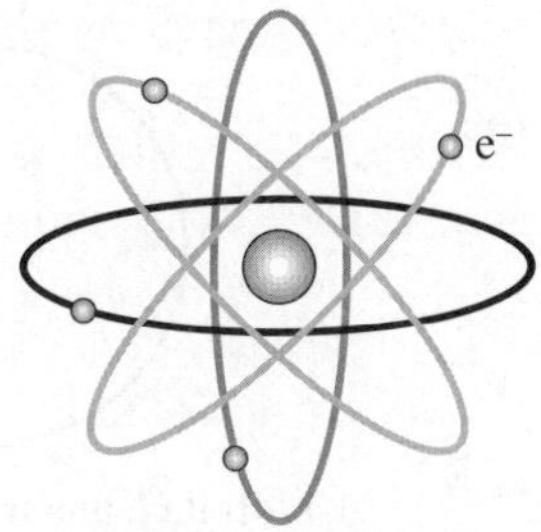


• **Figura 6.3** Il modello di Bohr.

Per passare da un'orbita con energia minore ad una con energia maggiore, l'elettrone deve ricevere dall'esterno una quantità di energia corrispondente alla differenza di energia fra le due orbite; nel passaggio inverso invece vi è emissione della stessa quantità di energia. L'energia viene emessa o assorbita come radiazione elettromagnetica, sotto forma di piccole unità indivisibili chiamate **quanti** (teoria della *Meccanica quantistica* di Max Planck). Esiste una relazione matematica fra i valori di energia delle orbite di partenza e di arrivo e la frequenza delle radiazioni:

$$E_1 - E_2 = h\nu$$

dove: $E_1$ è l'energia dell'orbita sulla quale si trovava l'elettrone all'inizio;
$E_2$ è l'energia dell'orbita sulla quale si è portato l'elettrone;
$h$ è la costante di Planck;
$\nu$ è la frequenza della radiazione emessa o assorbita.

Successivamente, si pervenne ad un modello atomico più coerente ai progressi che la meccanica quantistica aveva fatto.

## 6.1.4 • La teoria moderna

Nel 1930 fu scoperto il *neutrone*, per cui si pervenne presto ad un modello dell'atomo pressoché completo, in cui al centro vi è il nucleo composto da protoni e neutroni ed attorno vi ruotano gli elettroni. Il **principio di indeterminazione di Heisenberg** (che sostiene che non è possibile conoscere simultaneamente posizione e quantità di moto, detto *momento*, di una particella subatomica con precisione) e la scoperta della doppia **natura** (**ondulatoria e corpuscolare**) prima **della luce** e poi dell'elettrone da parte di **De Broglie,** indicavano chiaramente una cosa: non era più possibile trattare l'elettrone come una particella classica. Anche il concetto di orbita di Bohr venne abbandonato e fu introdotto il concetto di *orbitale*. Secondo la moderna **meccanica quantistica** non si può affermare con certezza dove un elettrone si trovi in un certo istante, né dove si potrebbe trovare in un istante successivo. Si può solo conoscere la probabilità di trovare l'elettrone in un certo punto dello spazio. Un orbitale non è una traiettoria in cui un elettrone può trovarsi, ma una "nuvola", cioè una regione di spazio dove vi è un'alta probabilità di trovare l'elettrone.

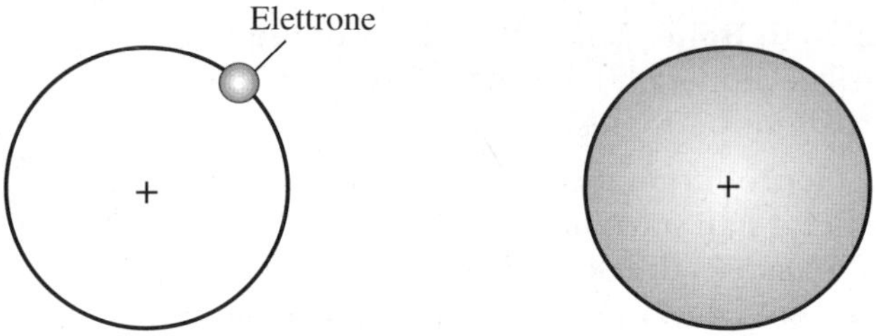


Un'orbita è una traiettoria ben definita

Un orbitale è un'intera regione di spazio intorno al nucleo, che può avere varie forme

• **Figura 6.4** Orbita e orbitale.

Il termine *orbitale* indica le funzioni che si ottengono come soluzione dell'equazione di Schrödinger, secondo il quale l'equazione d'onda serve a descrivere le proprietà ondulatorie di una particella e la sua evoluzione a partire da uno stato iniziale. Per lui gli orbitali sono visualizzabili come regioni dello spazio intorno al nucleo, nelle quali è possibile trovare l'elettrone. Si può dire che gli orbitali sono più di uno ed hanno varie forme, in relazione ai **numeri quantici** che ne caratterizzano la funzione d'onda. Ogni *funzione d'onda*, o orbitale, descrive uno stato dell'atomo. Le diverse funzioni d'onda di un atomo si denotano indicando i valori dei tre numeri quantici: $n$, $l$, $m$; ad ogni terzetto di numeri quantici corrisponde un orbitale ben preciso.

- Il *numero quantico principale*, ***n***, indica le dimensioni di un orbitale; può assumere valori interi maggiori o uguali a 1. All'aumentare di $n$ aumentano le dimensioni dell'orbitale.
- Il *numero quantico angolare*, ***l***, indica la forma di un orbitale; è legato al valore del momento angolare che l'elettrone ha nel suo moto intorno al nucleo e può assumere valori interi tra 0 e $n - 1$. Determina la forma degli orbitali. Esistono 4 forme principali di orbitali definite per i valori di $l = 0, 1, 2$ e 3. Per questi valori si utilizzano in genere le lettere *s*, *p*, *d* ed *f*.
- Il *numero quantico magnetico*, ***m***, indica la possibilità di orientazione di un orbitale nello spazio; determina l'inclinazione del vettore momento angolare dell'elettrone e può assumere valori tra $-l$ e $+l$.

All'interno di un orbitale possono trovarsi al massimo due elettroni, che però devono ruotare intorno al proprio asse in direzioni opposte, uno in senso orario e l'altro in senso antiorario. In questo caso si parla di un quarto *numero quantico*, $m_s$, detto di **spin**, che identifica i due elettroni assumendo i valori di $-1/2$ e $+1/2$.

Il sottolivello di tipo s può contenere 2 elettroni; il p, 6 elettroni; il d, 10 elettroni; l'f, 14 elettroni.

**ESEMPIO**

Nel primo livello energetico (n = 1) si ha solo un sottolivello (l = 0) di tipo s con una sola orientazione (m = 0), nel quale possono coesistere solo due elettroni.
Nel secondo livello energetico (n = 2) si hanno due sottolivelli (l = 0, 1) di tipo s e di tipo p, il primo con una sola orientazione (m = 0), nel quale possono coesistere solo due elettroni, ed il secondo con tre possibili orientazioni (m = –1, 0, +1), nelle quali possono coesistere fino a sei elettroni. Nel secondo livello energetico trovano quindi posto otto elettroni totali.
Continuando si può dimostrare che nel terzo livello energetico possono trovarsi 18 elettroni.

Gli elettroni che si trovano nello stesso livello possiedono circa la stessa energia, mentre quelli situati su livelli diversi hanno diversa energia. Un elettrone può passare da un livello ad un altro ma per far questo deve acquistare o perdere energia. Ogni livello è caratterizzato da un suo valore di energia e l'elettrone per abbandonare o per salire a quel livello, deve acquisire o perdere esattamente la differenza di energia tra il livello in cui si trova e quello nel quale deve andare (si dice che l'energia è quantizzata).
I livelli vengono occupati gradualmente man mano che aumenta il numero di elettroni e, quindi, l'energia e questo comporta che non sempre i livelli sono completi.

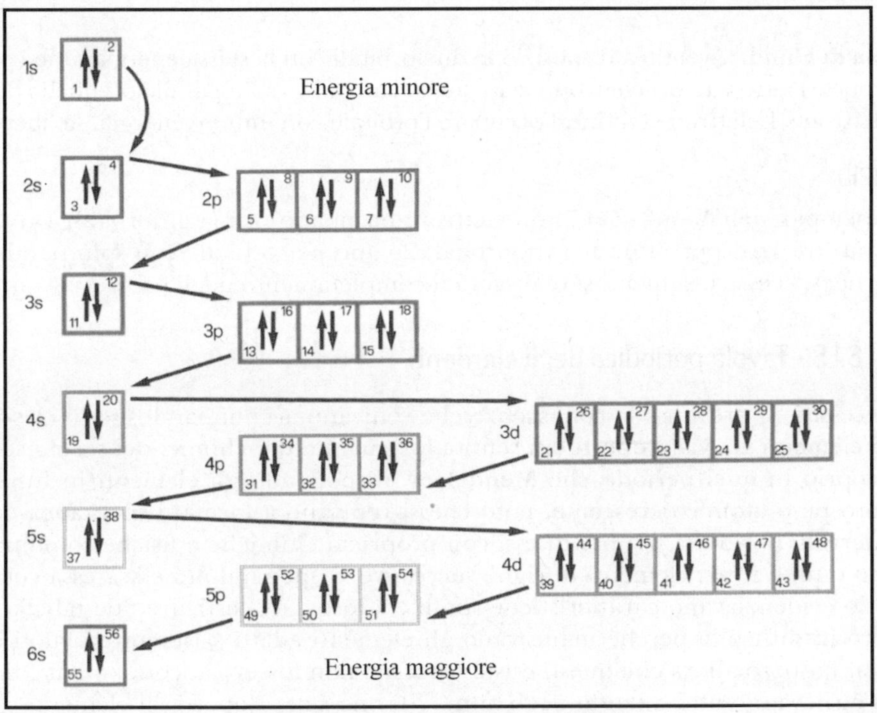


• **Figura 6.5** Configurazione elettronica.

Gli elettroni posti negli orbitali più esterni sono quelli più importanti dal punto di vista chimico, perché sono quelli che possono essere condivisi con gli atomi vicini. Per rappresentare quindi la configurazione elettronica degli elementi debbono essere osservate le regole riportate di seguito.

**Principio di Aufbau.** La costruzione degli atomi si effettua considerando i numeri atomici crescenti e inserendo gli elettroni in orbitali atomici con energia via via crescente. Il principio di Aufbau è lo schema per riprodurre la configurazione elettronica degli atomi nel loro stato fondamentale.

**ESEMPIO**

Per determinare la configurazione elettronica, ad esempio, del Palladio (Pd Z = 46) si procede in questo modo. Dobbiamo collocare 46 elettroni. Ricordando che gli orbitali *s*, *p* e *d* possono contenere rispettivamente 2, 6 e 10 elettroni, si procede al riempimento di tutti gli orbitali fino al 5*s* per un totale di 38 elettroni; i restanti 8 elettroni verranno collocati negli orbitali 4*d* che risulteranno quindi incompleti. La configurazione elettronica del Palladio verrà descritta come: $1s^2 2s^2 2p^6 3s^2 3p^6 4s^2 3d^{10} 4p^6 5s^2 4d^8$

**Principio di esclusione di Pauli.** In un orbitale non possono esistere più di due elettroni aventi tutti e quattro i numeri quantici uguali. Ciò significa che soltanto due elettroni possono essere descritti dallo stesso orbitale e, in tal caso, devono avere spin opposti.

**Regola di Hund.** Avendo a disposizione due orbitali con la stessa energia, uno con un elettrone e l'altro vuoto, l'elettrone va in quello vuoto, con spin parallelo a quello dell'altro elettrone. L'elettrone tende ad occupare l'orbitale con minore energia, se libero.

**ESEMPIO**

Ad esempio, nell'Azoto (Z = 7) gli elettroni occupano prima gli orbitali 1*s* e 2*s*, i restanti tre si disporranno nei tre orbitali 2*p* uno per orbitale con spin parallelo. Solo nei successivi elementi si realizzerà il completamento degli orbitali 2*p*.

### 6.1.5 • Tavola periodica degli elementi

La necessità di ordinare le conoscenze che venivano accumulandosi e di classificare gli elementi via via scoperti era sentita fortemente dai chimici del secolo scorso. Fu proprio in quel periodo che **Mendeleev**, disponendo gli elementi in funzione del loro peso atomico crescente, notò che si venivano a formare spontaneamente, ad intervalli periodici, gruppi di essi con proprietà chimiche e fisiche comuni: egli ordinò quindi i vari elementi in righe successive, disponendoli nella stessa colonna quando evidenziavano caratteristiche simili tra loro. Nel costruire tale tabella, egli si trovò in difficoltà perché mancavano gli elementi adatti a riempire i vuoti della tabella. Ipotizzò allora che questi esistessero, ma non fossero ancora noti ai chimici: ciò si è rilevato esatto quando negli anni '70 sono stati scoperti gli elementi con le

caratteristiche adatte alla collocazione prevista dallo scienziato. Inconsapevolmente lo scienziato russo suggeriva inoltre che l'atomo non poteva considerarsi un semplice blocchetto di materia inerte, ma doveva possedere una struttura interna ordinata, poiché solo in questo modo si potevano giustificare le variazioni graduali delle proprietà chimiche e fisiche degli elementi al crescere del loro peso.
Il più importante passo che venne successivamente fatto fu la spiegazione della posizione degli elementi all'interno della tavola. Il numero atomico rappresentava la carica positiva del nucleo atomico e questa carica aumentava di un'unità passando da un elemento a quello successivo. Il **numero atomico** dimostrava così di essere l'effettiva variabile all'interno della Tavola Periodica.

Legenda: 1 (numero atomico) – H (simbolo) – 1,01 (peso atomico) – idrogeno (nome)

| | IA (1) | IIA (2) | IIIB (3) | IVB (4) | VB (5) | VIB (6) | VIIB (7) | (8) | VIIIB (9) | (10) | IB (11) | IIB (12) | IIIA (13) | IVA (14) | VA (15) | VIA (16) | VIIA (17) | VIIIA/0 (18) |
|---|---|---|---|---|---|---|---|---|---|---|---|---|---|---|---|---|---|---|
| 1 | 1 H 1,01 idrogeno | | | | | | | | | | | | | | | | | 2 He 4,00 elio |
| 2 | 3 Li 6,94 litio | 4 Be 9,01 berillio | | | | | | | | | | | 5 B 10,81 boro | 6 C 12,01 carbonio | 7 N 14,01 azoto | 8 O 16,00 ossigeno | 9 F 19,00 fluoro | 10 Ne 20,18 neon |
| 3 | 11 Na 22,99 sodio | 12 Mg 24,31 magnesio | | | | | | | | | | | 13 Al 26,98 alluminio | 14 Si 23,09 silicio | 15 P 30,97 fosforo | 16 S 32,07 zolfo | 17 Cl 35,45 cloro | 18 Ar 39,95 argo |
| 4 | 19 K 39,10 potassio | 20 Ca 40,08 calcio | 21 Sc 44,96 scandio | 22 Ti 47,87 titanio | 23 V 50,94 vanadio | 24 Cr 52,00 cromo | 25 Mn 54,94 manganese | 26 Fe 55,85 ferro | 27 Co 58,93 cobalto | 28 Ni 58,69 nichel | 29 Cu 63,55 rame | 30 Zn 65,39 zinco | 31 Ga 69,72 gallio | 32 Ge 72,61 germanio | 33 As 74,92 arsenico | 34 Se 78,96 selenio | 35 Br 79,90 bromo | 36 Kr 83,80 cripto |
| 5 | 37 Rb 85,47 rubidio | 38 Sr 87,62 stronzio | 39 Y 88,91 ittrio | 40 Zr 91,22 zirconio | 41 Nb 92,91 niobio | 42 Mo 95,94 molibdeno | 43 Tc (98) tecnezio | 44 Ru 101,07 rutenio | 45 Rh 102,91 rodio | 46 Pd 106,42 palladio | 47 Ag 107,87 argento | 48 Cd 112,41 cadmio | 49 In 114,82 indio | 50 Sn 118,71 stagno | 51 Sb 121,76 antimonio | 52 Te 127,60 tellurio | 53 I 126,90 iodio | 54 Xe 131,29 xeno |
| 6 | 55 Cs 132,91 cesio | 56 Ba 137,33 bario | 57 La 138,91 lantanio | 72 Hf 178,49 afnio | 73 Ta 180,95 tantalio | 74 W 183,84 tungsteno | 75 Re 186,21 renio | 76 Os 190,2 osmio | 77 Ir 192,22 iridio | 78 Pt 195,08 platino | 79 Au 196,97 oro | 80 Hg 200,59 mercurio | 81 Tl 204,38 tallio | 82 Pb 207,2 piombo | 83 Bi 208,98 bismuto | 84 Po (209) polonio | 85 At (210) astato | 86 Rn (222) radon |
| 7 | 87 Fr (223) francio | 88 Ra (226) radio | 89 Ac (227) attinio | 104 Rf (261) rutherfordio | 105 Db (262) dubnio | 106 Sg (263) seaborgio | 107 Bh (264) bohrio | 108 Hs (265) assio | 109 Mt (268) meitnerio | 110 | 111 | 112 | | 114 | | 116 | | 118 |

| | | | | | | | | | | | | | | |
|---|---|---|---|---|---|---|---|---|---|---|---|---|---|---|
| Lantanidi | 58 Ce 140,12 cerio | 59 Pr 140,91 praseodimio | 60 Nd 144,24 neodimio | 61 Pm (144,91) promezio | 62 Sm 150,36 samario | 63 Eu 151,97 europio | 64 Gd 157,25 gadolinio | 65 Tb 158,93 terbio | 66 Dy 162,50 disprosio | 67 Ho 164,93 olmio | 68 Er 167,26 erbio | 69 Tm 168,93 tulio | 70 Yb 173,04 itterbio | 71 Lu 174,97 lutezio |
| Attinidi | 90 Th 232 torio | 91 Pa 231 protoattinio | 92 U 238 uranio | 93 Np 237 neptunio | 94 Pu (244) plutonio | 95 Am (243) americio | 96 Cm (247) curio | 97 Bk (247) berkelio | 98 Cf (251) californio | 99 Es (252) einsteinio | 100 Fm (257) fermio | 101 Md 1,01 mendelevio | 102 No 1,01 nobelio | 103 Lr 1,01 laurenzio |

• **Figura 6.6** Tavola periodica degli elementi.

## La classificazione periodica degli elementi

La successione degli elementi nella Tavola Periodica è caratterizzata dalla disposizione di strutture elettroniche di grande stabilità, come quelle dei gas nobili (colonna all'estrema destra), che corrispondono alla completa saturazione dei vari orbitali. La progressiva saturazione degli orbitali di ognuno di questi raggruppamenti definisce i vari **periodi** del sistema periodico. La disposizione a periodi si interpreta con il riempimento progressivo con gli elettroni degli orbitali dei diversi livelli energetici. Si possono contare 7 periodi (righe orizzontali).
Il primo periodo contiene elementi i cui elettroni più esterni si trovano nel primo livello energetico, il secondo periodo nel secondo livello e così via.
Passando da un periodo ai successivi, si nota inoltre il ripresentarsi verticale di strutture elettroniche esterne analoghe che vengono chiamate **gruppi** (righe verticali o colonne). Gli elementi dello stesso gruppo hanno quindi la stessa configurazione elettronica esterna, cioè lo stesso numero di elettroni negli orbitali più esterni, ma

essi hanno un differente numero totale di elettroni. In totale si hanno 7 periodi e 18 gruppi (sia per A che per B).
Dato che le proprietà degli elementi dipendono dal numero degli elettroni che si trovano negli orbitali più esterni, gli elementi di uno stesso gruppo hanno le stesse proprietà.

**ESEMPIO**

F $1s^2\ 2s^2 2p^5$
Cl $1s^2\ 2s^2 2p^6\ 3s^2 3p^5$
Br $1s^2\ 2s^2 2p^6\ 3s^2 3p^6\ 4s^2 3d^{10} 4p^5$
I $1s^2\ 2s^2 2p^6\ 3s^2 3p^6\ 4s^2 3d^{10} 4p^6\ 5s^2 4d^{10} 5p^5$
At $1s^2\ 2s^2 2p^6\ 3s^2 3p^6\ 4s^2 3d^{10} 4p^6\ 5s^2 4d^{10} 5p^6\ 6s^2\ 4f^{14} 5d^{10} 6p^5$

Spostandosi in un periodo da sinistra a destra, gli elettroni presenti negli orbitali più esterni aumentano con continuità da 1 a 18 e quindi con continuità variano le proprietà degli atomi. Il numero d'ordine dei vari gruppi indica il numero di **elettroni di valenza** presenti nell'atomo, cioè il numero di elettroni situati sugli orbitali di valenza (gli orbitali sul guscio o periodo più esterno). Tale numero indica la cosiddetta **valenza,** cioè la capacità di un atomo di combinarsi con altri atomi.
Nella tavola periodica si possono contare quattro blocchi. Il **blocco di sinistra** è formato da due colonne (denominate gruppo IA e gruppo IIA): in esso trovano sede gli elementi nei quali i rispettivi atomi vanno riempiendo con elettroni gli **orbitali di tipo *s*** dei vari livelli energetici. Il **blocco di destra** è formato da sei colonne (gruppi III A, IV A, V A, VI A, VII A e VIII A o 0): in esso trovano sistemazione gli elementi i cui atomi vanno via via riempiendo con elettroni gli **orbitali di tipo *p*** dei diversi livelli energetici. Il **blocco centrale** è formato da dieci colonne e in esso trovano sistemazione gli elementi corrispondenti a quegli atomi i cui elettroni occupano progressivamente tutti gli **orbitali di tipo *d*.** Si tratta di quegli elementi che in precedenza abbiamo chiamato elementi di transizione. Il **blocco inferiore**, infine, è costituito da quattordici colonne e in esso trovano sistemazione due periodi di quattordici elementi ciascuno, i Lantanidi e gli Attinidi, che conosciamo con il nome di elementi delle terre rare e che vengono anche detti "di transizione interna", i cui atomi completano di elettroni gli **orbitali di tipo *f*.**
La rappresentazione periodica degli elementi permette di individuare quattro classi fondamentali di elementi.

1. **Gas nobili.** Tutti i membri di questa classe, appartenenti all'VIII gruppo o gruppo 0, hanno gli orbitali di valenza saturi; tale configurazione dona loro una grande stabilità ed una scarsissima reattività chimica.
2. **Elementi tipici o rappresentativi.** I membri di questa classe corrispondono al progressivo riempimento degli orbitali di valenza; tutti gli orbitali a più bassa energia diventano saturi. Essi sono indicati con un numero romano seguito dalla lettera A. Appartengono a questa classe gli elementi i cui atomi hanno una configurazione elettronica esterna variabile da $ns^1$ a $ns^2np^5$.
   I A gruppo: $ns^1$ metalli **alcalini**
   II A gruppo: $ns^2$ metalli **alcalino-terrosi**
   III A gruppo: $ns^2np^1$

IV A gruppo: $ns^2np^2$
V A gruppo: $ns^2np^3$
VI A gruppo: $ns^2np^4$
VII A gruppo: $ns^2np^5$ **alogeni**
(VIII A gruppo: $ns^2np^6$ **gas nobili**)

Il loro comportamento chimico è determinato dalla tendenza più o meno marcata ad acquistare (elettronegatività) o a cedere un certo numero di elettroni o a metterne in comune con altri atomi, così da realizzare una configurazione elettronica analoga a quella del più vicino gas nobile.

3. **Elementi di transizione.** Si tratta di sostanze a carattere metallico, i cui atomi presentano nel livello energetico più esterno 2 elettroni (raramente 1), mentre gli orbitali di tipo d, immediatamente sottostanti, ospitano un numero variabile di essi (da 1 a 10).
4. **Elementi di transizione interna**. Sono sistemate quelle sostanze i cui atomi derivano rispettivamente dal riempimento degli orbitali 4f e 5f.

*N.B.*: Bisogna tener presente che la nomenclatura IUPAC, per rendere internazionale la Tavola Periodica, ha deciso di identificare i gruppi con un numero progressivo da 1 a 18. Così i numeri indicati precedentemente con i numeri romani da I a VIII oppure con i numeri semplici da 1 a 8, A e B (VIII A, dei gas nobili, definito anche 0), avranno una numerazione progressiva. Per approfondire tale suddivisione, consultare la Tavola Periodica riportata prima.

### Le proprietà degli elementi

Sia la struttura elettronica che le proprietà fisiche e chimiche degli elementi sono una funzione del peso atomico: le proprietà variano al crescere del peso atomico. Questa conclusione è di solito chiamata **legge periodica di Mendeleev**. Vediamo ora come alcune proprietà variano lungo i gruppi e i periodi della Tavola Periodica.

1. Il **raggio atomico** esprime la dimensione dell'atomo e dipende direttamente dal numero atomico. Indica il raggio della nuvola elettronica dell'atomo, ovvero di quell'area dove è massima la probabilità di trovare gli elettroni. Lungo ogni periodo il raggio atomico diminuisce gradualmente con l'aumento del numero atomico (in quanto aumentando il numero atomico, aumenta la carica nucleare che attrae maggiormente le nuvole elettroniche), mentre scendendo lungo ogni gruppo si ha un sensibile aumento del raggio medesimo (in quanto vengono riempiti i livelli energetici sempre più esterni).
2. L'**energia di ionizzazione** di un atomo è la quantità di energia necessaria per sottrarre l'elettrone più esterno da un atomo, trasformando l'atomo considerato in ione positivo. Lungo ogni periodo si ha un graduale incremento dovuto al fatto che gli elettroni più esterni si trovano sempre più vicini al nucleo (vedi raggio atomico) e quindi attratti maggiormente. Nell'ambito di ogni gruppo un aumento del numero atomico determina una diminuzione dell'energia di ionizzazione, in quanto l'elettrone più esterno si muove a distanza sempre più grande dal nucleo.
3. L'**affinità elettronica** di un atomo è l'energia liberata quando ad un atomo neutro viene addizionato un elettrone e si trasforma in ione negativo. È la misura della

tendenza di un atomo ad acquistare elettroni. L'andamento nell'ambito della Tavola Periodica è simile all'energia di ionizzazione: aumenta da sinistra a destra lungo i periodi, diminuisce dall'alto verso il basso lungo i gruppi. Non va confusa con l'elettronegatività.

4. L'**elettronegatività** è la tendenza di un atomo ad attrarre verso di sé gli elettroni di legame. Se una molecola è formata da due atomi con elettronegatività differenti, l'atomo più elettronegativo attrarrà maggiormente gli elettroni di legame rendendo la molecola polare.
   L'elettronegatività aumenta andando da sinistra a destra lungo i periodi della Tavola Periodica (perché diminuiscono le dimensioni degli atomi ed aumenta la loro carica nucleare) e diminuisce scendendo dall'alto verso il basso lungo i gruppi (perché aumentano le dimensioni degli atomi pur aumentando la carica nucleare).
5. Il **carattere metallico.** Gli elementi chimici si possono classificare nei due grandi gruppi dei **metalli** e dei **non metalli**: alla base di questa classificazione vi è l'entità delle forze attrattive che legano nei loro atomi gli elettroni più esterni al nucleo. Gli elementi i cui atomi sono caratterizzati da deboli forze attrattive fra elettroni esterni e nucleo costituiscono la classe dei metalli. Quelli che hanno caratteristiche opposte, e cioè i cui elettroni sono saldamente legati al nucleo ed hanno un'alta energia di ionizzazione, costituiscono la classe dei non metalli, che non sono conduttori di calore e di elettricità.

### 6.1.6 • Chimica inorganica

Descriviamo ora alcune proprietà dei gruppi degli elementi rappresentativi.

**Gruppo I A.** Ad eccezione dell'idrogeno (H) che non è un metallo, i metalli teneri e lucenti del gruppo I A formano composti caratteristici che prendono il nome di basi, o alcali. Essi sono noti perciò con il nome di **metalli alcalini**. Sono tutti molto reattivi dal punto di vista chimico e perciò non si trovano mai liberi in natura, ma sempre combinati in composti (es. il cloruro di sodio, NaCl, il comune sale da cucina).

**Gruppo II A.** I metalli del gruppo II A hanno qualche proprietà in comune con i metalli alcalini (si trovano sempre sotto forma di composti) e poiché alcuni di essi vennero isolati da giacimenti minerari un tempo chiamati "terre", tutta la famiglia prese il nome di metalli **alcalino-terrosi**. Essi sono altamente reattivi, ma non altrettanto quanto i metalli del gruppo I A.

**Gruppo III A.** Questo gruppo viene denominato impropriamente gruppo del boro-alluminio, in quanto contiene un non metallo, il boro, B, e quattro metalli, dei quali il più importante è l'alluminio, Al.

**Gruppo IV A.** AI gruppo IV A appartiene un non metallo, il carbonio (C), che forma numerosissimi composti, tra cui i composti organici, ed è uno dei principali elementi presenti negli organismi viventi. La parte della chimica che si occupa dello studio dei composti del carbonio viene detta *Chimica organica.*

**Gruppo V A.** Gli elementi del gruppo V A, detto gruppo dell'azoto, comprendono due non metalli: l'azoto e il fosforo, che hanno aspetto molto diverso fra loro. L'azoto, N, è un gas, presente nell'atmosfera sotto forma di molecole biatomiche incolori, $N_2$, ed è un elemento importante sia nelle piante che negli animali. Il fosforo, P, si presenta invece sotto forma di solido rosso o bianco e si trova sotto il livello del mare, perché si incendia a contatto con l'aria. Ha anch'esso notevole importanza biologica.

**Gruppo VI A.** Il gruppo inizia con l'ossigeno, un non metallo, un elemento molto abbondante, presente anche sotto forma di numerosi composti. La maggior parte dell'energia che consente la vita sulla Terra deriva da reazioni in cui l'ossigeno è il principale reagente.

**Gruppo VII A.** Gli elementi del gruppo VII A si chiamano **alogeni**, un termine che significa "formatori di sali". Si tratta di un nome appropriato, perché gli alogeni reagiscono chimicamente con la maggior parte dei metalli per formare composti chiamati, appunto, sali.

**Gruppo VIII A.** Questo viene detto gruppo dei **gas nobili**, oppure dei gas rari o dei gas inerti. Tutti gli elementi di questo gruppo sono gassosi, in condizioni normali. Sono le sole sostanze semplici costituite da molecole monoatomiche. Non si combinano in maniera stabile con alcun elemento, perciò manifestano una spiccata tendenza a rimanere come atomi isolati.

## 6.1.7 • Le molecole

### La regola dell'ottetto e i gas nobili

Raramente gli atomi si trovano isolati in natura, più di frequente essi si aggregano dando luogo a quella miriade di composti che caratterizza il mondo che ci circonda. I sistemi materiali tendono spontaneamente a realizzare la condizione di minimo contenuto energetico e questo vale anche per gli atomi che si aggregano per formare molecole. Possiamo quindi affermare che due o più atomi tendono ad unirsi in quanto il contenuto energetico del composto finale risulta inferiore a quello degli atomi di partenza.

Quando vennero scoperti i gas nobili, si osservò che questi elementi non reagivano né con altri elementi, né fra loro stessi: erano cioè stabili. Si ipotizzò quindi che tale inerzia fosse dovuta alla presenza di otto elettroni (di valenza) nel livello energetico più esterno (cioè nell's$^2$p$^6$ e si chiama ottetto) e che quindi tale configurazione fosse particolarmente stabile.

Nel 1916, il chimico americano **G. Lewis** suggerì un'ipotesi, che oggi va sotto il nome di **regola dell'ottetto**, per spiegare la tendenza che hanno gli atomi ad unirsi in composti. La regola può essere espressa nei seguenti termini: "Tutti gli atomi tendono a realizzare, sull'ultimo livello energetico, una configurazione ad otto elettroni, o singolarmente, o combinandosi".

## 6.1.8 • I legami

I legami sono quelle **forze attrattive di natura elettrica** che tengono uniti gli atomi nelle **molecole** e nei **composti,** come i cristalli. Esistono differenti tipi di legame chimico, ma in ogni caso le forze che tengono uniti gli atomi sono sempre dovute ad attrazioni elettriche fra particelle di carica opposta. Quando due atomi si legano, la molecola risultante è un sistema ad energia minore e quindi più stabile rispetto ai due atomi isolati. I legami si stabiliscono fra atomi uguali o diversi per formare le molecole, cioè quando gli elettroni del guscio esterno di un atomo sono attratti dal nucleo dell'altro atomo. Sono delle interazioni che avvengono tra gli orbitali che contengono gli elettroni di valenza, ovvero quegli elettroni che si trovano sugli orbitali esterni. I legami possono essere di due tipi: **legami chimici** e **legami fisici**.

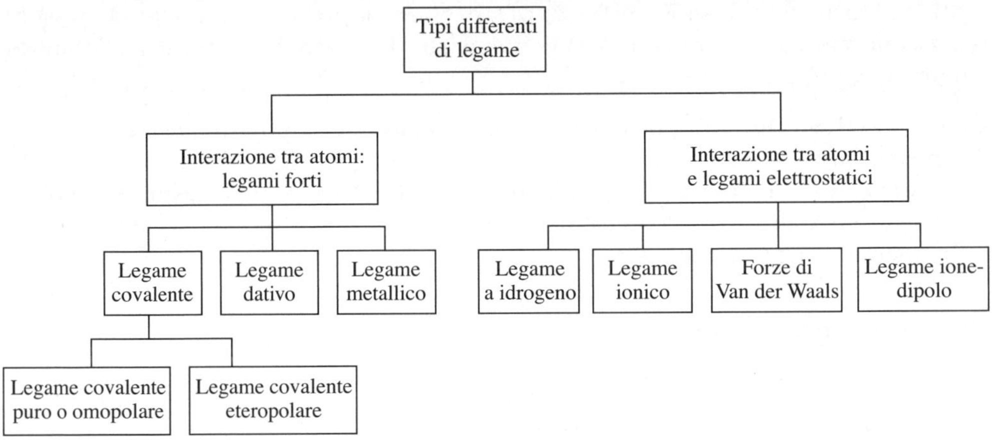


### Legami chimici

Quando due atomi si avvicinano per formare una molecola, si libera energia, ovvero gli atomi passano da uno stato instabile ad energia elevata ad uno stato stabile ad energia più bassa. Per spezzare il legame chimico ci vuole una quantità di energia pari a quella liberata durante la sua formazione. L'**energia di legame** può essere definita come quella quantità di energia che si libera quando si forma un legame, oppure come quella quantità di energia che è necessaria fornire per rompere lo stesso legame. L'energia di legame dipende da vari fattori: grandezza degli atomi, tipo di legame, numero dei legami presenti, ecc. Importante è anche l'orientamento spaziale che gli atomi hanno durante questo loro avvicinamento. Quando gli atomi raggiungono una distanza tale da permettere agli orbitali esterni di interagire, si forma il legame.

Esistono vari tipi di legame.

**Legame covalente puro o omopolare.** Si forma tra due elettroni di due atomi uguali. Nel legame omopolare gli elettroni di valenza vengono condivisi, la molecola è simmetrica come distribuzione di carica elettrica ed è stabile. (Es. $H_2$, $Cl_2$, ecc.).

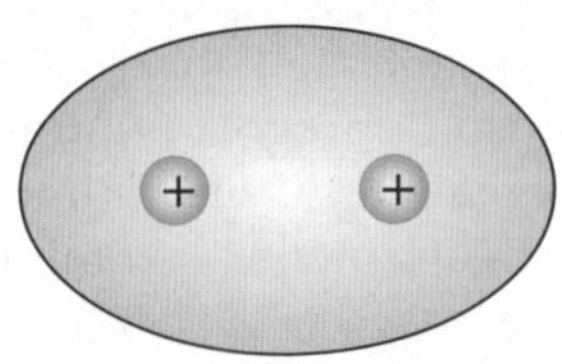


• **Figura 6.7** Legame omopolare.

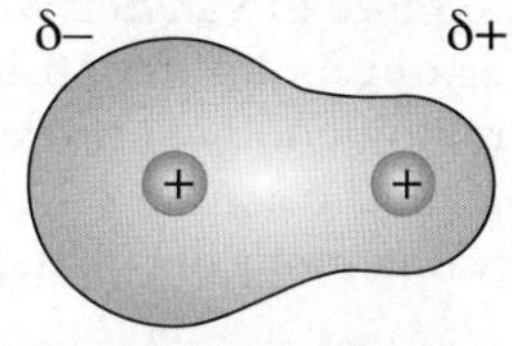


• **Figura 6.8** Legame eteropolare.

**Legame covalente eteropolare o covalente.** Si forma tra atomi che hanno tra loro una piccola differenza di elettronegatività. In questo caso gli elettroni condivisi non si troveranno più simmetricamente distribuiti all'interno dell'orbitale molecolare, ma addensati maggiormente verso l'atomo un po' più elettronegativo. Si ottengono atomi con una parziale carica positiva ed una negativa. L'orbitale molecolare che si verrà a formare in seguito al legame quindi non sarà più perfettamente simmetrico, ma si presenterà con un maggior addensamento elettronico nella regione dello spazio intorno all'elemento più elettronegativo. Quando sono presenti legami covalenti polari è possibile che la molecola abbia una struttura polare. (Es. $NH_3$, ammoniaca).

**Legame dativo.** In questo legame una coppia di elettroni di legame non impegnata viene messa a disposizione da un solo atomo, mentre l'altro atomo possiede orbitali liberi in grado di **accettare** gli elettroni. Il legame si verifica sempre tra una molecola già formata ed un atomo oppure uno ione. (Es. $NH_3$, ammoniaca, + $H^+ \rightarrow NH^{4+}$ ione ammonio).

**Legame metallico.** Avviene tra atomi con bassa energia di ionizzazione e quindi pensabili come cationi che tengono uniti debolmente gli elettroni degli orbitali più esterni. Un metallo allo stato solido è formato da un insieme ordinato di cationi (cariche positive) in una nube di elettroni (cariche negative). Gli elettroni possono muoversi liberamente all'interno del reticolo ordinato. Ciò consente ai metalli l'elevata conducibilità elettrica e termica.

**Legami elettrostatici o fisici.** Questi legami possono essere suddivisi in: legame ionico, legame ione-dipolo, forze di Van der Waals e legame idrogeno.

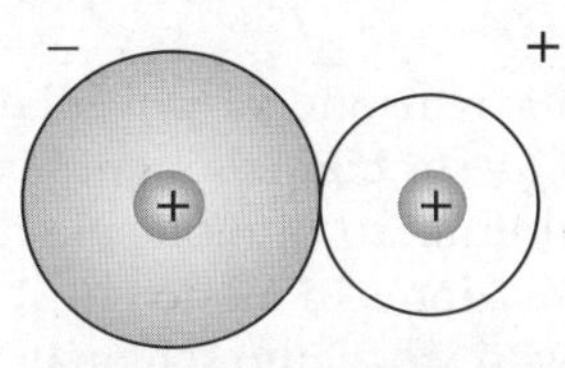


• **Figura 6.9** Legame ionico.

- Il **legame ionico** si forma tra atomi che hanno fra loro una grande differenza di elettronegatività. Un atomo cede i propri elettroni ad un altro atomo che li acquista. L'atomo che cede presenta un valore di elettronegatività basso (e diventa carico positivamente), al contrario l'atomo che acquista presenta un valore alto (e diventa carico negativamente). Quindi una molecola biatomica si comporta come un **dipolo**. Giacché è tipico dei sali, il legame ionico è detto anche salino. Il legame ionico non porta alla formazione di molecole, ma di composti o sali.
- Il **legame ione-dipolo** si ha tra uno ione ed una molecola dipolare. La parte positiva di ciascuna di queste molecole dipolari attrae quella negativa dello ione adiacente, provocando una sorta di attrazione elettrostatica a catena che tiene unite le molecole. Si hanno ogni volta che si scioglie in acqua un composto di tipo ionico (acido, base o sale).
- Il **legame idrogeno** è un legame elettrostatico che si forma tra un atomo di H (già legato covalentemente ad un atomo molto elettronegativo) ed un altro atomo molto elettronegativo. Quindi si ha quando l'H è legato a ossigeno, azoto e fluoro, gli elementi più elettronegativi. (Es. l'acqua).

Le **forze di Van der Waals**, dal nome del fisico olandese che le studiò per primo, sono legami molto deboli di natura elettrostatica tra molecole neutre. Si tratta di forze molto deboli e a breve raggio, cioè di forze che fanno sentire i loro effetti solo se le particelle sono molto vicine fra loro. Sono anche dette dipolo-dipolo, perché anche in una molecola elettricamente neutra può esserci separazione di cariche.

## 6.2 • Reazioni chimiche

Le reazioni chimiche sono processi attraverso cui due o più sostanze (dette **reagenti**) si combinano tra loro per dare origine ad altre sostanze (i **prodotti**) con caratteristiche chimiche diverse. Ogni volta che avviene una reazione chimica, si ha una diminuzione dell'energia del sistema, quindi maggiore stabilità. Una reazione chimica prevede la formazione e la rottura di legami deboli per formarne altri più forti.
La rappresentazione delle reazioni chimiche si fa ricorrendo all'**equazione chimica** che utilizza i simboli e le formule delle sostanze coinvolte nella trasformazione. In una reazione chimica devono essere rispettate:

1. la *legge della conservazione della materia* o *della massa di Lavoisier* secondo cui la materia non si crea e non si distrugge, ma si può trasformare, per cui in una trasformazione chimica, la somma delle masse delle sostanze reagenti è uguale a quella delle sostanze prodotte;
2. la legge delle *proporzioni definite* o *di Proust*, secondo cui quando due elementi si combinano per formare un composto, essi mantengono sempre rapporti di peso definiti e costanti. Per rappresentare una reazione vengono posti a sinistra i reagenti e a destra, collegati con una freccia, i prodotti. Sia i reagenti che i prodotti vengono rappresentati attraverso i loro simboli chimici.

**ESEMPIO**

$Na + Cl \rightarrow NaCl$ (Na e Cl sono i reagenti, NaCl il prodotto)

La reazione va poi bilanciata, cioè quello che c'è a sinistra deve esserci a destra. Questo **bilanciamento** viene realizzato definendo i **coefficienti stechiometrici**, cioè il numero di molecole di ogni composto, reagente e/o prodotto, che partecipa alla reazione, in modo che il numero di atomi di ogni specie atomica coinvolta sia conservato. Possiamo schematizzare una generica reazione chimica con l'equazione:

$$aA + bB = cC + dD$$

dove A e B rappresentano i reagenti, mentre C e D rappresentano i prodotti. I simboli a, b, c, d rappresentano i coefficienti stechiometrici, cioè il rispettivo numero di molecole che viene coinvolto nella reazione. Si risale ai coefficienti stechiometrici che garantiscono il bilancio di massa, valutando la formula dei composti coinvolti, cioè il numero di atomi di ogni specie chimica.

**ESEMPIO**

Vediamo come si descrive la formazione della ruggine in cui il ferro (Fe) reagisce con l'ossigeno (O) per dare l'ossido di ferro ($Fe_2O_3$). L'equazione chimica che rappresenta la reazione viene costruita in questo modo:

$$Fe + O_2 \rightarrow Fe_2O_3$$

L'equazione, così come è scritta, non rispetta la legge di Lavoisier per cui occorre bilanciarla. Se scrivo 3 davanti a $O_2$, indicando così che alla reazione partecipano tre molecole di ossigeno (6 atomi di ossigeno) e scrivo 2 davanti alla formula dell'ossido di ferro per indicare che vengono prodotte 2 molecole di $Fe_2O_3$, gli atomi di ossigeno a destra diventano 2 × 3 = 6. In questo modo ottengo un numero identico di atomi di O a sinistra e a destra della freccia.

$$Fe + 3O_2 \rightarrow 2Fe_2O_3$$

Per bilanciare il Fe basta scrivere 4 davanti al simbolo nella parte sinistra dell'equazione, in quanto a destra sono presenti 2 × 2 = 4 atomi di ferro

$$4Fe + 3O_2 \rightarrow 2Fe_2O_3$$

I numeri messi davanti ai simboli chimici o alle formule vengono detti **coefficienti di reazione**.

## 6.2.1 • Tipi di reazione

Come classificazione generale, le reazioni sono di due tipi: esotermiche ed endotermiche. Una reazione è esotermica quando avviene con produzione di calore; è endotermica quando avviene con assorbimento di calore. Come classificazione particolare, esistono diversi tipi di reazioni chimiche che formalmente possono essere classificate come di seguito illustrato.

**Reazioni di sintesi.** Sono reazioni in cui due o più atomi o molecole reagiscono tra loro per dare un solo tipo di molecola, secondo lo schema generale:

$$A + B \rightarrow AB$$

**Reazione di decomposizione.** Possono essere considerate l'inverso delle reazioni di sintesi, per cui un reagente costituito da un solo tipo di molecole si decompone per dar luogo a due o più prodotti, secondo lo schema generale:

$$AB \rightarrow A + B$$

**Reazione di scambio o di sostituzione.** Sono reazioni in cui un atomo di una molecola viene sostituito da un atomo diverso, secondo lo schema generale:

$$A + BC \rightarrow AC + B$$

Il tipo più importante di reazione di scambio è probabilmente quello che coinvolge gli acidi e le basi. Le reazioni acido-base, o di **neutralizzazione,** danno anch'esse fra i prodotti di reazione un composto molto stabile, l'acqua, che tende a formarsi combinando i due idrogenioni e lo ione ossidrile per mezzo di uno scambio.

**Reazione di doppio scambio.** Sono reazioni in cui si verifica uno scambio di atomi tra due molecole diverse, secondo lo schema generale:

$$AB + CD \rightarrow AD + CB$$

Normalmente esse sono accompagnate da sviluppo di gas o da formazione di solidi poco solubili, i **precipitati**, o da altri composti molecolari come l'acqua.

**Reazione di dissociazione.** Sono reazioni in cui da una molecola si ottengono ioni secondo lo schema:

$$AB \rightarrow A^+ + B^-$$

**Reazione di neutralizzazione o titolazione.** Sono reazioni in cui un acido reagisce con una base per formare un sale, con eliminazione, in genere, di acqua.

**Reazione di ossidazione-riduzione o redox.** Sono reazioni che comportano un trasferimento di elettroni da una specie chimica ad un'altra. La specie che cede elettroni si ossida ed è chiamata agente riducente, mentre la specie che acquista gli elettroni si riduce ed è chiamata agente ossidante.

### 6.2.2 • Parametri di una reazione chimica

Non tutte le reazioni avvengono spontaneamente. Alcune hanno bisogno di essere attivate. L'**energia di attivazione** è la quantità minima di energia che i reagenti devono avere per far avvenire la reazione.
Una volta attivate, non tutte le reazioni avvengono alla stessa velocità. Alcune possono essere immediate e altre possono impiegare anni, quindi varia la **velocità di reazione**, argomento studiato dalla **cinetica chimica**. Essa viene definita come il numero di moli di reagente consumate o di prodotto formate nell'unità di tempo.
Esistono reazioni che non avvengono se non si fornisce loro energia. In questo caso una reazione viene definita **esoergonica** (o **spontanea**) quando il contenuto di energia dei prodotti è diminuito rispetto a quello dei reagenti: si è avuta quindi una liberazione di energia verso l'esterno. Inversamente vengono chiamate **endoergoniche** (o **non spontanee**) quelle reazioni in cui il contenuto di energia dei prodotti è aumentato rispetto a quello dei reagenti: si è avuto quindi un assorbimento di energia dall'esterno, perché richiesto dalla reazione.

## 6.3 • Soluzioni

Le soluzioni sono miscele omogenee di due o più specie chimiche, in cui un soluto è disciolto in un solvente. Le particelle delle sostanze disperse hanno dimensioni atomiche o molecolari e a volte non sono distinguibili con mezzi ottici. In una soluzione possiamo riconoscere **il solvente** ed **il soluto**: il primo è il componente in maggiore quantità, il secondo è il componente presente in minore quantità.
A seconda della quantità di soluto disciolto nel solvente, la soluzione può essere definita **diluita** (poco soluto) o **concentrata** (molto soluto) o addirittura **satura** (il soluto è in quantità tale da non riuscire più a sciogliersi nel solvente e quindi rimane come deposito identificabile nella soluzione).
Si definisce **solubilità** di una specie chimica (soluto) la quantità massima che può sciogliersi, ad una specifica temperatura, in una data quantità di solvente.
Le soluzioni vengono inoltre definite in base allo stato di aggregazione in cui si trovano.

- **Soluzioni gassose.** Sono costituite da due o più gas mescolati fra loro e di solito vengono definite come "miscele" (aria, gas di scarico, ecc.).

- **Soluzioni solide.** Sono di solito costituite da un liquido sciolto in un solido e vengono definite "amalgama" (mercurio in oro) o da due solidi e vengono definite "leghe" (ottone = zinco in rame).
- **Soluzioni liquide.** Possono essere costituite da un gas disciolto in un liquido ($O_2$ in acqua), da due liquidi (acqua + alcol) o da un solido sciolto in un liquido (sale in acqua).

## 6.3.1 • Concentrazione delle soluzioni

La composizione quantitativa di una soluzione, cioè la quantità di soluto disciolto in una certa quantità di solvente, viene detta **concentrazione** o **titolo** e può essere espressa in diversi modi, mediante **unità fisiche** (% in peso, % in volume) e **unità chimiche** (molarità, normalità, molalità e frazione molare).

## 6.3.2 • Proprietà delle soluzioni

Si dicono **proprietà colligative** quelle proprietà specifiche delle soluzioni che dipendono solo dalla concentrazione, cioè dal numero di particelle di soluto presenti nella soluzione e non dal tipo di soluto che abbiamo sciolto nel liquido. Esse riguardano alcuni fenomeni di seguito illustrati.

- **Innalzamento ebullioscopico.** Differenza tra la temperatura di ebollizione della soluzione e quella del solvente puro. Aumenta all'aumentare della concentrazione.
- **Abbassamento crioscopico.** Differenza tra la temperatura di congelamento della soluzione e quella del solvente puro. Aumenta all'aumentare della concentrazione.
- **Pressione osmotica.** Si sviluppa quando una membrana semipermeabile separa due soluzioni, una delle quali contiene un soluto che non può passare attraverso la membrana.

## 6.3.3 • Soluzioni ed elettroliti

I composti chimici che in soluzione si dissociano in ioni sono detti **elettroliti**. Tali sostanze si dividono in ioni positivi e negativi che, muovendosi nella soluzione, conducono la corrente elettrica. A seconda del grado di dissociazione in soluzione, un elettrolita si definisce **forte** (alta dissociazione ed alta conducibilità) o **debole** (bassa dissociazione e bassa conducibilità). Una soluzione contiene acqua, che si dissocia in forma ionica ($H^+$ e $OH^-$). Se in una soluzione la concentrazione di $H^+$ è uguale a quella di $OH^-$, allora la soluzione viene definita neutra. Se ci sono più $H^+$, la soluzione è acida; se ci sono più $OH^-$, è basica.

## 6.3.4 • Acidi e basi

### Teoria di Arrhenius

Il chimico svedese Arrhenius nel 1887 mise in evidenza che quando gli acidi, le basi e i sali sono disciolti in acqua, essi si separano (si dissociano), parzialmente o completamente, in ioni positivi (cationi) e negativi (anioni). Da questa osservazione, furono considerati **acidi** quegli elettroliti capaci di accettare **ioni idrossido** (o **ioni ossidrile**), mentre le **basi** furono identificate come elettroliti capaci di donare ioni **ossidrile**, secondo le reazioni sotto riportate:

- **acido** = accettore di $OH^-$
- **base** = donatore di $OH^-$

### Teoria di Brønsted-Lowry

La definizione di acidi e basi secondo Arrhenius aveva la limitazione di poter essere applicata solo a soluzioni contenenti acqua. Nel 1923 il chimico danese Brønsted e il chimico inglese Lowry formularono, indipendentemente l'uno dall'altro, una definizione più generale. Essi proposero che fosse chiamata "**acido**" ogni sostanza che potesse **cedere un protone**, mentre le "**basi**" erano quelle sostanze in grado di **accettare un protone**. Il termine sostanza comprende sia ioni che molecole e il protone corrisponde ad un atomo di idrogeno che ha perso un elettrone. Pertanto:

- **acido** = donatore di protoni ($H^+$);
- **base** = accettore di protoni ($H^+$).

### Acidi e basi di Lewis

Nel 1923 il chimico americano Lewis definì gli acidi e le basi in termini di trasferimento di elettroni, piuttosto che di protoni. Secondo questa teoria, un **acido** è una sostanza che può **accettare elettroni** da una base, e la **base** è in grado, quindi, di **offrirli** per formare un legame chimico. La definizione di Lewis si è dimostrata utile, specialmente per descrivere quei sistemi che non contengono idrogeno. Tuttavia essa non è stata accettata così largamente come la definizione di Brønsted-Lowry. Pertanto:

- **acido** = sostanza che può accettare una coppia di elettroni;
- **base** = sostanza che può donare una coppia di elettroni, non impegnati in legami chimici.

### pH

Per i chimici è fondamentale definire un'**unità di misura dell'*acidità***, cioè della concentrazione di ioni idrogeno o protoni ($H^+$) delle soluzioni. L'unità oggi utilizzata è il pH, che indica la concentrazione idrogenionica di una soluzione. In particolare:

$$pH = -\lg [H^+] = 10^{-7}[H^+]$$

Il pH è definito perciò come il logaritmo decimale della concentrazione molare degli ioni idrogeno, con segno negativo. Come si evince dal grafico, valori bassi del pH caratterizzano soluzioni acide, mentre valori alti indicano basicità; 7 rappresenta il valore di neutralità.

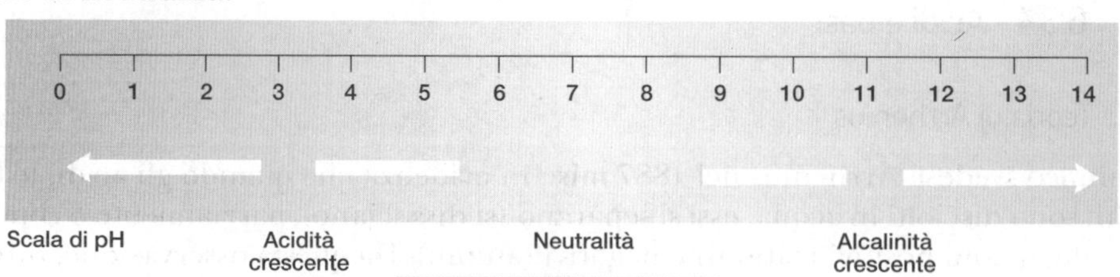


• **Figura 6.10** Scala di pH.

# CAPITOLO 7
# Fisica

## 7.1 • Introduzione

La fisica si occupa dei fenomeni naturali che avvengono nell'Universo e delle leggi che regolano il loro manifestarsi. Essi vengono studiati attraverso il metodo sperimentale, che venne introdotto da Galileo Galilei e che prevede cinque fasi: 1) osservazione del fenomeno; 2) formulazione dell'ipotesi; 3) riproduzione del fenomeno, nelle stesse condizioni a distanza di tempo e di luogo; 4) verifica e comparazione dei risultati; 5) formulazione della legge.
La fisica classica, elaborata prima del 1900, comprende le teorie, i concetti, le leggi e gli esperimenti di tre discipline: meccanica classica, termodinamica, elettromagnetismo. A queste in tempi recenti se ne sono aggiunte altre due: relatività e meccanica quantistica.

### 7.1.1 • Grandezze

Lo scopo della fisica è quello di fornire una comprensione quantitativa dei fenomeni naturali, studiandoli mediante l'osservazione sperimentale e l'analisi matematica, al fine di elaborare teorie. Il legame tra teoria ed esperimento permette di spiegare questi fenomeni con grandezze e, di conseguenza, con le loro specifiche unità di misura.
Si definisce grandezza fisica tutto ciò che può essere misurato; ciò implica la definizione degli strumenti di misura da adottare, le modalità di misurazione da eseguire e le unità di misura da utilizzare.
Ogni unità di misura deve restare immutata nel tempo ed essere facilmente riproducibile.
È stato definito a livello internazionale il seguente Sistema Internazionale di Unità (SI) di grandezze fondamentali:

| Grandezza | Unità | Simbolo |
|---|---|---|
| lunghezza | metro | m |
| massa | chilogrammo | Kg |
| intervallo di tempo | secondo | s |
| intensità di corrente | ampere | A |
| temperatura | Kelvin | K |
| quantità di materia | mole | mol |
| intensità luminosa | candela | cd |

Poiché è molto comune l'utilizzo di multipli e sottomultipli delle unità di misura, si adottano internazionalmente i seguenti prefissi decimali:

| Multipli | Valore | Simbolo | | Sottomultipli | Valore | Simbolo |
|---|---|---|---|---|---|---|
| deca | 10 | da | | deci | $10^{-1}$ | d |
| etto | $10^2$ | h | | centi | $10^{-2}$ | c |
| chilo | $10^3$ | k | | milli | $10^{-3}$ | m |
| mega | $10^6$ | M | | micro | $10^{-6}$ | μ |
| giga | $10^9$ | G | | nano | $10^{-9}$ | n |
| tera | $10^{12}$ | T | | pico | $10^{-12}$ | p |
| peta | $10^{15}$ | P | | femto | $10^{-15}$ | f |
| exa | $10^{18}$ | E | | atto | $10^{-18}$ | a |
| zeta | $10^{21}$ | Z | | zepto | $10^{-21}$ | z |
| yotta | $10^{24}$ | Y | | yocto | $10^{-24}$ | y |

### 7.1.2 • Strumenti di misura

Uno strumento di misura è un dispositivo in grado di confrontare la grandezza con l'unità di misura corrispondente. Uno strumento di misura va tarato, ovvero il suo comportamento deve essere conforme a valori di misura della grandezza in qualche modo già noti o predefiniti a livello teorico.
Le caratteristiche di uno strumento di misura sono:

- **sensibilità:** ovvero la variazione minima della grandezza che lo strumento è in grado di rilevare;
- **portata:** ovvero il massimo valore della grandezza che lo strumento è in grado di misurare;
- **precisione:** ovvero il grado di minimo scarto tra misure ripetute della stessa grandezza nelle stesse condizioni;
- **prontezza:** ovvero la rapidità con la quale lo strumento rileva variazioni della grandezza nel tempo.

### 7.1.3 • Errori di misura

La misura di una grandezza non è mai esatta, ma è dotata sempre di errore.
Gli errori di misura sono generati da:

- **errori di sensibilità:** ovvero errori introdotti nella misura dal fatto che non è possibile rilevare variazioni di misure inferiori alla sensibilità dello strumento (ad es. con un righello tarato in mm non è possibile misurare accuratamente lunghezze al di sotto del mm);

- **errori casuali:** ovvero errori prodotti da eventi imponderabili e/o ineliminabili (ad es. nella misura di un'onda sonora vi può essere la presenza di un brusio di sottofondo);
- **errori sistematici:** ovvero errori introdotti nella misura da difetti dello strumento e/o da metodi scorretti di misurazione (ad es. una scala non corretta).

Non è possibile eliminare le cause degli errori di misura, ma è possibile diminuirne gli effetti.

**Misura di una grandezza ed errori.** Il risultato della misura di una grandezza si può esprimere in questo modo: $x = M \pm \Delta M$, dove $M$ è la misura rilevata dallo strumento e $\Delta M$ è l'errore introdotto. Se la misura di una grandezza viene ripetuta n volte mediante uno strumento che abbia la massima sensibilità disponibile, le rilevazioni fornite daranno n valori diversi $x_1, x_2, x_3, \dots x_n$; in questo caso la misura $M$ è data dalla media aritmetica degli n valori cioè:

$$M = (x_1 + x_2 + x_3 + \dots + x_n)/n$$

e l'errore $\Delta M$ può essere stimato nei modi seguenti:

- **errore massimo** (o assoluto) $\Delta M = (x_{max} - x_{min})/2$, detta anche semidispersione ovvero la semidifferenza tra il valore massimo delle misure rilevate dallo strumento e il valore minimo;
- **errore statistico** $\Delta M = \sqrt{\dfrac{\sum_{i=1}^{n}(x_i - M)^2}{n-1}}$ detto anche scarto quadratico medio o deviazione standard.

Vi è la possibilità di indicare l'errore come errore relativo: $e_r = \Delta M/M$, o anche percentuale: $e_p = \left(\dfrac{M}{M}\right)\cdot 100$.

Gli errori di misura si propagano, ovvero se si effettuano calcoli o si applicano relazioni matematiche con le misure, il risultato finale è affetto da un errore che dipende dal tipo di calcolo o relazione applicata.

> Le **cifre significative** di una misura sono il numero di cifre certe della misura più la prima delle cifre incerte; gli errori si indicano al massimo con due cifre significative.

Se si misurano *n* valori di una grandezza in corrispondenza di *n* valori di un'altra (ad esempio spazi in corrispondenza di tempi) è possibile dare di essi una rappresentazione grafica mediante diagrammi cartesiani, evidenziando graficamente anche gli errori mediante segmenti che ne esprimono la consistenza.
Dalla rappresentazione grafica è possibile risalire alla formulazione matematica della legge, questo procedimento è detto di *interpolazione,* se è effettuato tra valori interni agli intervalli di misura determinati sperimentalmente; *estrapolazione,* se è effettuato all'esterno dell'intervallo delle misure.
Le grandezze fisiche si distinguono in **grandezze scalari** e **vettoriali**. Le grandezze scalari sono caratterizzate da un solo valore numerico che esprime la misura nell'unità corrispondente (ad es. la temperatura o la massa). Le grandezze vettoriali sono

invece caratterizzate da un valore numerico ed un verso (ad es. una forza applicata è descrivibile da un'intensità e da un verso di applicazione).

## 7.1.4 • I vettori

In fisica è estremamente utile far uso di strumenti teorici che possano indicare contemporaneamente:

- la **direzione**, ovvero la retta lungo la quale si sviluppa il fenomeno;
- il **verso**, ovvero l'orientamento del fenomeno sulla retta;
- il **modulo**, ovvero la descrizione quantitativa del fenomeno.

Le rappresentazioni che soddisfano queste tre condizioni sono dette **vettori** e sono rappresentate simbolicamente con un segmento orientato (una freccia) sulla lettera *v* ($\vec{v}$), oppure con la lettera in grassetto (**v**). Per rappresentare il modulo di un vettore si usa racchiudere la *v* tra due sbarrette verticali ($|\vec{v}|$ oppure $|\boldsymbol{v}|$). Le grandezze che possono essere rappresentate con vettori sono dette **grandezze vettoriali.**

Un tipico esempio di queste grandezze è lo *spostamento*, infatti per individuare correttamente il fenomeno si deve specificare la direzione nella quale lo spostamento avviene, il verso di percorrenza, il modulo, cioè la distanza percorsa.
L'algebra dei vettori è peculiare: infatti non rispetta le leggi degli scalari, cioè quelle numeriche. Alcune leggi possono essere sintetizzate nel modo di seguito riportato.

1. I vettori possono essere spostati lungo la loro direzione, ciò implica che si possono sempre ottenere vettori che abbiano la stessa origine o punto di applicazione.
2. L'opposto di un vettore è il vettore che ha la stessa direzione, stesso modulo, verso opposto di quello iniziale.
3. La somma di due vettori, che hanno la stessa direzione e lo stesso verso, è un vettore che ha la stessa direzione, lo stesso verso e modulo pari alla somma dei moduli dei vettori componenti (Fig. 7.1a).
4. La somma di due vettori, che hanno la stessa direzione e versi opposti, è un vettore che ha la stessa direzione, come verso il verso del vettore dotato di modulo maggiore, e modulo pari alla differenza dei moduli dei vettori componenti (Fig. 7.1b).
5. La somma di due vettori, che non abbiano la stessa direzione, è un vettore individuato dalla diagonale del parallelogramma che ha per lati i vettori stessi (Fig. 7.1c).

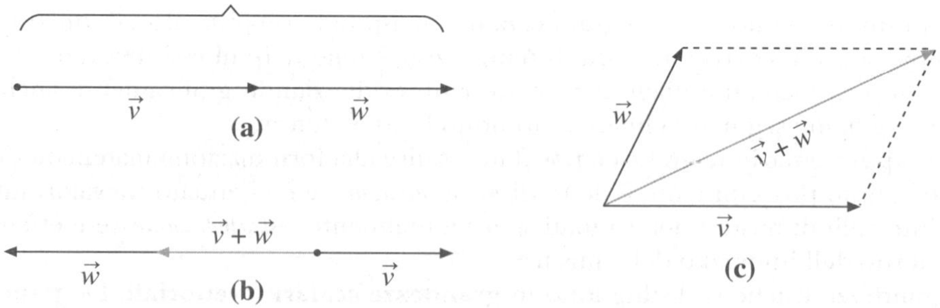


• **Figura 7.1** Somma di due vettori con: (a) stessa direzione e verso; (b) stessa direzione e verso opposto; (c) direzioni differenti.

Un vettore può essere sempre sostituito da vettori la cui somma è il vettore di partenza, pertanto è sempre possibile scomporre un vettore nelle sue componenti orizzontale $\vec{v}_x$ e verticale $\vec{v}_y$ dato un sistema di riferimento cartesiano (Fig. 7.2):

$$\vec{v} = \left(v_x, v_y\right)$$

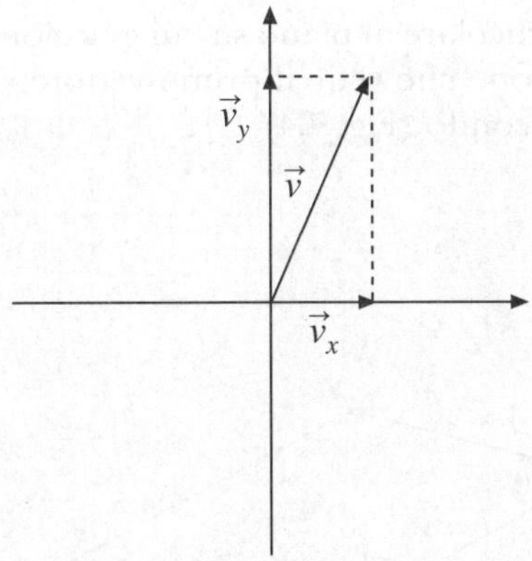

• **Figura 7.2** Scomposizione di un vettore nelle sue componenti cartesiane.

6. La differenza tra due vettori si può ottenere mediante la somma tra il primo e l'opposto del secondo.
   Nell'algebra dei vettori esistono addirittura tre tipi di prodotti:
   *a*) il **prodotto di uno scalare per un vettore** (che corrisponde alla dilatazione o alla contrazione del vettore) è dato da:

   $$k\vec{v} = \left(kv_x, kv_y\right)$$

   *b*) il **prodotto scalare** di due vettori, in grado di descrivere fenomeni tipo il lavoro prodotto da una forza, è uno scalare e può essere definito come (Fig. 7.3):

   $$Ps = \vec{v} \bullet \vec{w} = v_x w_x + v_y w_y$$

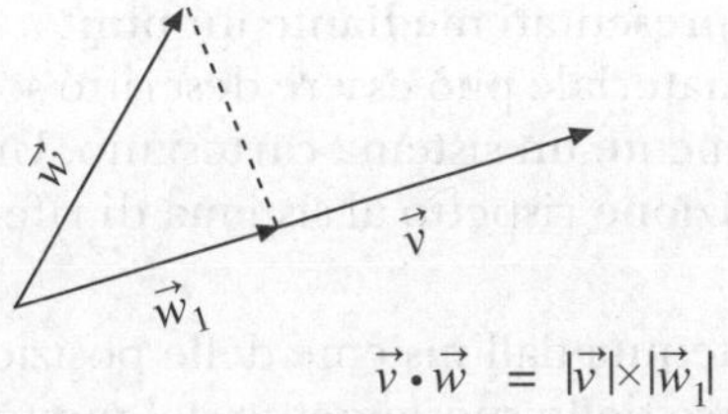

• **Figura 7.3** Prodotto scalare tra due vettori.

   Il prodotto scalare è massimo quando i vettori sono paralleli; è nullo quando sono perpendicolari;
   *c*) il **prodotto vettoriale** di due vettori, in grado di descrivere fenomeni tipo il momento meccanico, è un vettore avente le seguenti caratteristiche:

$$\vec{Pv} = \vec{v} \wedge \vec{v}$$

- il *modulo* è uguale al prodotto dei moduli dei vettori per il seno dell'angolo (θ) formato dalle due direzioni di applicazione:

$$|\vec{Pv}| = |\vec{v}| \cdot |\vec{w}| \cdot \text{sen}\theta$$

- la *direzione* è perpendicolare al piano su cui giacciono i due vettori;
- il *verso* è nella direzione che vede il primo vettore ruotare in senso antiorario per sovrapporsi al secondo (Fig. 7.4).

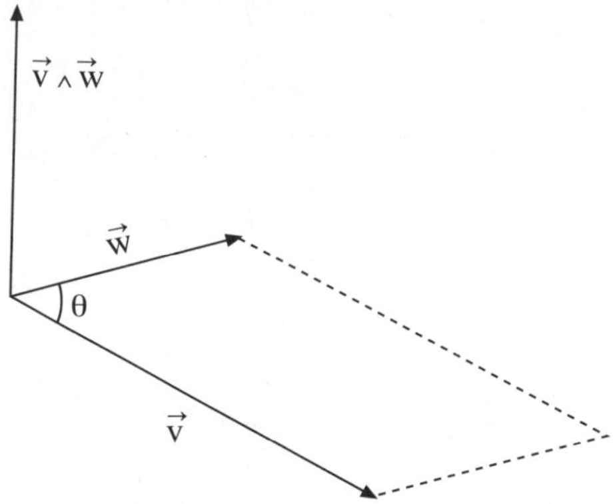


• Figura 7.4 Prodotto vettoriale di due vettori.

Il prodotto vettoriale è massimo quando i vettori sono perpendicolari; è nullo quando sono paralleli.

## 7.2 • Cinematica

La cinematica è quella parte della fisica che studia il moto dei corpi descrivendone le leggi senza occuparsi delle cause che hanno generato il moto stesso.
I corpi considerati nella cinematica sono detti punti materiali in quanto si assume che essi possano essere rappresentati mediante un punto.
Il movimento di un punto materiale può essere descritto solo se viene fissato un sistema di riferimento, generalmente un sistema cartesiano. Un punto viene considerato in movimento se la sua posizione rispetto al sistema di riferimento varia nel tempo.
Gli elementi del moto sono:

- la **traiettoria:** la curva ottenuta dall'insieme delle posizioni del punto in moto;
- il **verso:** del moto è il verso dello spostamento del punto;
- la **legge oraria:** la relazione matematica in grado di descrivere gli spazi percorsi in funzione del tempo.

**Velocità.** La *rapidità* di un corpo nel muoversi, cioè nel percorrere determinati spazi in un determinato tempo, è detta velocità. La velocità è una grandezza vettoriale. Il vettore velocità ha la direzione e il verso del moto. Il modulo della velocità è il rapporto tra lo spazio percorso e il tempo impiegato. L'unità di misura della velocità è espressa in *m/s*. Se la velocità di un moto è costante, ovvero se il corpo si muove percorrendo spazi uguali in tempi uguali, il **moto** viene detto **uniforme**. La velocità è data dallo spazio diviso il tempo (*s/t*).

## 7.2.1 • Il moto rettilineo uniforme

Se il punto materiale si muove a velocità costante su di una retta orientata, il moto viene detto **moto rettilineo uniforme**.
Detto s lo spazio percorso, $s_0$ lo spazio al tempo t = 0, la legge oraria del moto rettilineo uniforme è:

$$s = s_0 + v\,t$$

### ESEMPI

**1)** Calcolare la velocità di un veicolo che percorre 250 km in 3 ore e 30 minuti supponendo che il moto sia uniforme:
250 km = 250.000 m
3 ore e 30 min = 210 min = 12.600 s
velocità = s/t = 250.000 m/12.600 s = 19,84 m/s
oppure
velocità = s/t = 250 km/3,5 h = 71,43 km/h
71,43 km/h/3,6 (*) = 19,84 m/s
(*) dividendo per 3,6 si converte rapidamente da km/h in m/s, invece moltiplicando per 3,6 si converte da m/s in km/h.

**2)** Due veicoli A e B si spostano uno verso l'altro con moto uniforme. La velocità di A è 30 m/s e quella di B è 10 m/s.
Se la distanza che li separa è 200 m, dopo quanti secondi i due veicoli impattano?
Il problema così formulato non è di semplice soluzione. Se invece costruiamo un sistema fisico equivalente, potremo risolverlo facilmente.
Se consideriamo il veicolo A fermo e il veicolo B viaggiante alla velocità di 40 m/s, cioè con velocità pari alla somma delle due velocità, allora, per quanto riguarda il tempo di impatto, il sistema è equivalente. Il veicolo B impatterà dopo 200 m/40 m/s = 5 s.
Infatti, tornando al quesito iniziale, il veicolo A percorrerà 150 m in 5 s e il veicolo B percorrerà 50 m in 5 s, quindi impattano dopo 5 s.

## 7.2.2 • Il moto rettilineo vario

Se il moto del punto avviene su una retta e la velocità ed il verso sono variabili, il **moto** è detto **rettilineo vario**, in tali ipotesi ha più senso parlare di velocità media:

$$\vec{v}_m = \frac{\Delta \vec{s}}{\Delta t}$$

per $\Delta t$ *piccolo a piacere*, dove $\Delta \vec{s}$ è la variazione del vettore spostamento ($\Delta \vec{s} = \vec{s}_1 - \vec{s}_0$) e $\Delta t$ è l'incremento del tempo ($\Delta t = t_1 - t_0$).

Il moto di un punto può essere rappresentato mediante il grafico dello spostamento in funzione del tempo. Tale grafico si chiama *diagramma orario* (Fig. 7.5).

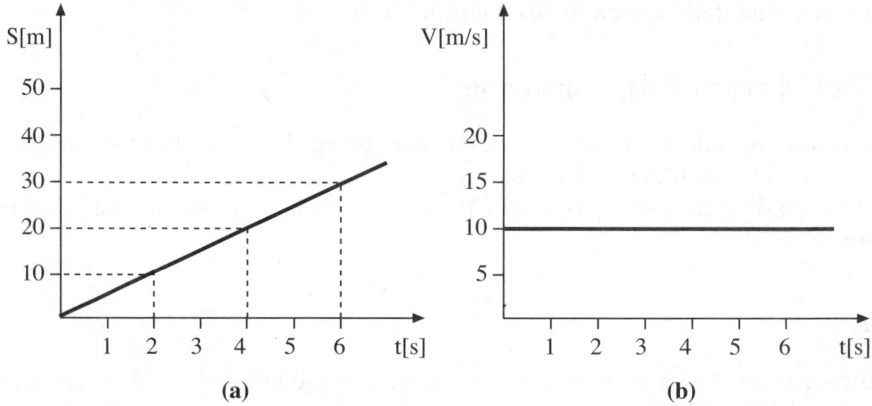


• **Figura 7.5** Esempio di diagramma orario (a) e corrispondente velocità/tempo (b).

**Accelerazione.** È la *rapidità* con cui la velocità varia. L'accelerazione è una grandezza vettoriale. Il vettore accelerazione ha la direzione e il verso di $\Delta\vec{v}$. L'unità di misura dell'accelerazione è m/s$^2$. Si può definire accelerazione media:

$$\vec{a}_m = \frac{\Delta \vec{v}}{\Delta t}$$

per $\Delta t$ *piccolo a piacere,* dove $\Delta\vec{v}$ è la variazione del vettore velocità e $\Delta t$ è l'incremento del tempo.

Nel moto rettilineo la velocità non varia di direzione, pertanto l'accelerazione ha la stessa direzione del moto. Un moto che ha un'accelerazione costante è detto **uniformemente accelerato**.

La legge oraria di un moto uniformemente accelerato è:

$$\vec{s} = \vec{s}_0 + \vec{v}_0 t + \frac{1}{2}\vec{a}t^2$$

dove $s_0$ e $v_0$ sono rispettivamente la posizione iniziale e la velocità iniziale.

La *velocità istantanea* in un moto uniformemente accelerato è dato dalla legge:

$$\vec{v} = \vec{v}_0 + \vec{a}t$$

Un classico esempio di moto uniformemente accelerato è dato dalla caduta di un grave. L'esperienza mostra che, in assenza di attriti (cioè in uno spazio sottovuoto) ed in particolare se la resistenza dell'aria è trascurabile, tutti i corpi lasciati cadere da una certa altezza cadono con un'accelerazione costante.

Questa accelerazione, pressoché costante su tutta la superficie terrestre, è stata determinata pari a circa 9,80 m/s$^2$ ed è indicata con la lettera g. Se il corpo viene lasciato cadere, la sua velocità iniziale è nulla, quindi le due leggi precedenti possono essere riscritte in questo modo:

$$\Delta\vec{s} = \frac{1}{2}\vec{g}t^2$$

$$\vec{v} = \vec{g}t$$

Da queste ultime si possono ricavare sia il tempo di caduta:

$$t = \sqrt{\frac{2\Delta s}{g}}$$

sia la velocità di impatto:

$$v = \sqrt{2g\Delta s}$$

Come si vede sia il tempo di caduta che la velocità di impatto non dipendono dalla massa del corpo come comunemente si crede.

**ESEMPIO**

Determinare il tempo di caduta e la velocità di impatto di un corpo lasciato cadere da 12 m di altezza.

$$t = \sqrt{\frac{2\Delta s}{g}} = \sqrt{\frac{2 \cdot 12m}{9,80m/s^2}} = 1,56 \text{ s}$$

$$v = \sqrt{2g\Delta s} = \sqrt{2 \cdot 9,80m/s^2 \cdot 12m} = 15,3 \text{ m/s} \sim 55 \text{ km/h}$$

## 7.2.3 • Moto di un proiettile

Un esempio di moto curvilineo uniformemente accelerato è il moto di un proiettile (Fig. 7.6).

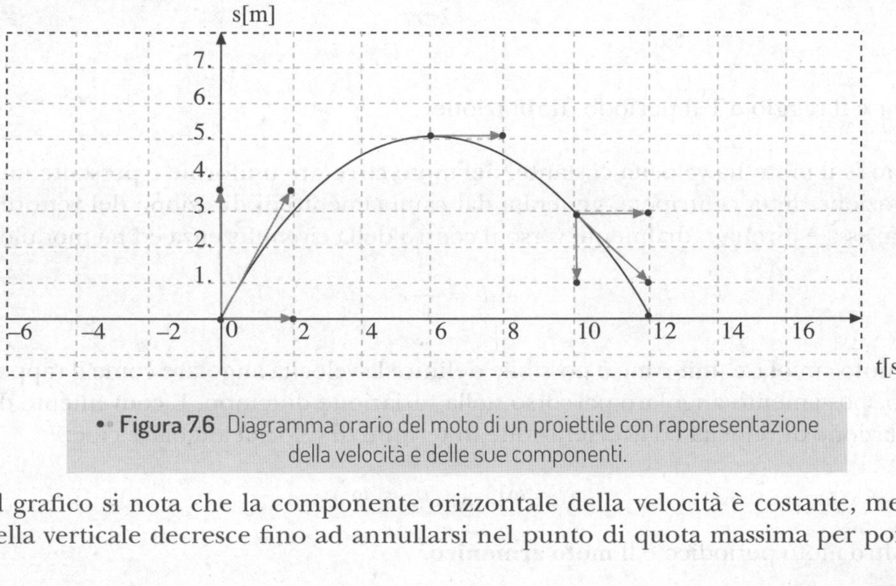


• **Figura 7.6** Diagramma orario del moto di un proiettile con rappresentazione della velocità e delle sue componenti.

Dal grafico si nota che la componente orizzontale della velocità è costante, mentre quella verticale decresce fino ad annullarsi nel punto di quota massima per poi tornare a crescere. Naturalmente stiamo considerando trascurabile l'attrito dell'aria sul proiettile. Il moto di un proiettile è, quindi, la composizione di due moti, uno orizzontale rettilineo uniforme, l'altro verticale uniformemente accelerato. Si riesce a dimostrare che la gittata G, ovvero la distanza orizzontale tra il punto di lancio e il punto di impatto a terra, è pari a:

$$G = \frac{2v_{0x}v_{0y}}{g}$$

dove $v_{0x}$ e $v_{0y}$ sono le componenti orizzontali e verticali della velocità di lancio. Si riesce a dimostrare, inoltre, che la gittata sarà massima quando $v_{0x}$ e $v_{0y}$ sono uguali, cioè quando l'angolo di tiro è 45° rispetto all'orizzontale.

### 7.2.4 • I moti periodici

Un moto si dice periodico o oscillatorio quando il punto materiale, in intervalli di tempo costanti, si ritrova sempre nella stessa posizione, con la stessa velocità e con la stessa accelerazione (un fenomeno ciclico). Qui la forza agisce sempre verso la posizione di equilibrio del corpo, producendo un moto ripetitivo di avanti ed indietro rispetto a questa posizione. Tipico moto periodico è quello delle lancette di un orologio. I parametri fondamentali del moto periodico sono:

- il **periodo** T, cioè il tempo per completare un ciclo, misurato in s;
- la **frequenza** f, cioè il numero di cicli nell'unità di tempo, misurata in Hertz (Hz).

Tra loro sussiste la relazione: $T \cdot f = 1$.

Un moto periodico è il **moto circolare uniforme** (Fig. 7.7), ovvero il moto di un punto che si muove con velocità costante su di una circonferenza. Il vettore velocità è tangente alla circonferenza e ha modulo:

$$v = \frac{2\pi r}{T}$$

dove r è il raggio e T il periodo di rotazione.

Anche se il moto ha velocità costante, nel moto circolare uniforme è presente un'accelerazione detta centripeta, generata dal cambiamento di direzione del vettore velocità, essa è diretta radialmente verso il centro della circonferenza ed ha modulo:

$$a_c = \frac{v^2}{r}$$

Nel moto circolare uniforme è possibile definire la velocità angolare come il rapporto tra lo spostamento angolare percorso nella variazione di tempo. È conveniente dare la relazione di velocità ed accelerazione in termini di velocità angolare cioè:

$$v = \omega r \qquad a_c = \omega^2 r$$

Un altro moto periodico è il **moto armonico**.

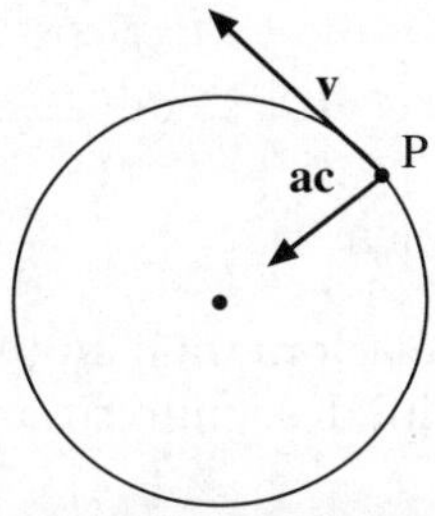


• **Figura 7.7** Rappresentazione delle grandezze caratteristiche di un moto circolare uniforme.

Se un punto P si muove di moto circolare uniforme, la sua proiezione Q su di un diametro oscilla in un verso e nell'altro rispetto al centro, descrivendo un moto che è detto armonico.
Il raggio r della circonferenza è l'ampiezza di oscillazione, la velocità angolare ω è chiamata pulsazione del moto armonico. Il pendolo semplice (Fig. 7.8) è un esempio di moto armonico a patto che le oscillazioni siano *piccole*, esso ha pulsazioni:

$$\omega = \sqrt{\frac{g}{l}}$$

e periodo:

$$T = 2\pi\sqrt{\frac{l}{g}}$$

dove $l$ è la lunghezza del pendolo e $g$ l'accelerazione di gravità.

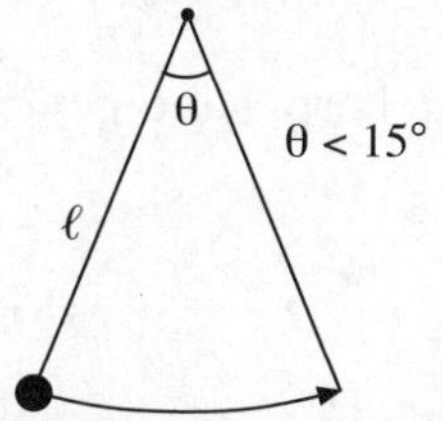


• **Figura 7.8** Il pendolo semplice.

Le formule sono ottenute supponendo che il pendolo oscilli lungo un arco di circonferenza, mentre in realtà il pendolo oscilla su di un arco di cicloide, comunque per oscillazioni di piccola ampiezza esso può essere approssimato con un arco di circonferenza.
Periodo e pulsazione sono indipendenti dall'ampiezza delle oscillazioni e dalla massa del pendolo. Una proprietà interessante è che il piano delle oscillazioni è fisso rispetto ad un qualunque sistema di riferimento, questo fatto riesce a provare la rotazione della Terra intorno al proprio asse (pendolo di Foucault – 1851).

# 7.3 • Dinamica

## 7.3.1 • I principi della dinamica

La dinamica studia e descrive le relazioni tra il moto dei corpi e le forze che agiscono su di essi. Essa si basa su tre principi di seguito riportati.

**I principio:** ogni corpo non soggetto a forze mantiene la sua condizione di quiete o di moto rettilineo uniforme.
Un sistema di riferimento nel quale è valido il I principio della dinamica è detto *inerziale.*
**II principio:** una forza applicata ad un corpo produce un'accelerazione, il cui modulo è direttamente proporzionale alla forza ed inversamente proporzionale alla massa del corpo; in altre parole:

$$\vec{F} = m\vec{a}$$

Nel primo e nel secondo principio è implicita la definizione di **forza**, cioè un'azione di qualsiasi genere in grado di produrre un'accelerazione di un corpo.

**III principio:** ad ogni azione corrisponde sempre una reazione uguale e contraria che agisce sulla stessa retta.

## 7.3.2 • La forza

La forza è una grandezza vettoriale. La sua unità di misura è il Newton ($N = kg\ m/s^2$).
Se su di un corpo agiscono più forze, la forza risultante è la somma vettoriale di tutte le forze.
Tutte le interazioni conosciute tra corpi sono generate da quattro *tipi di forze* fondamentali:
1. forza gravitazionale;
2. forza elettromagnetica;
3. forza nucleare forte;
4. forza nucleare debole.

Per descrivere le proprietà macroscopiche dei corpi è conveniente non far riferimento ad esse, ma introdurne di specifiche come quelle di seguito illustrate.

### La forza elastica

Consideriamo una molla con un estremo fissato e all'altro estremo agganciamo un peso (Fig. 7.9). La forza di richiamo della molla, se $\Delta s$ è lo spostamento dell'estremo libero rispetto alla posizione di riposo, si ha:

$$\vec{F} = -k\Delta\vec{s}$$

dove $k$ è la costante elastica che dipende dal tipo e dal materiale della molla e viene determinata sperimentalmente.

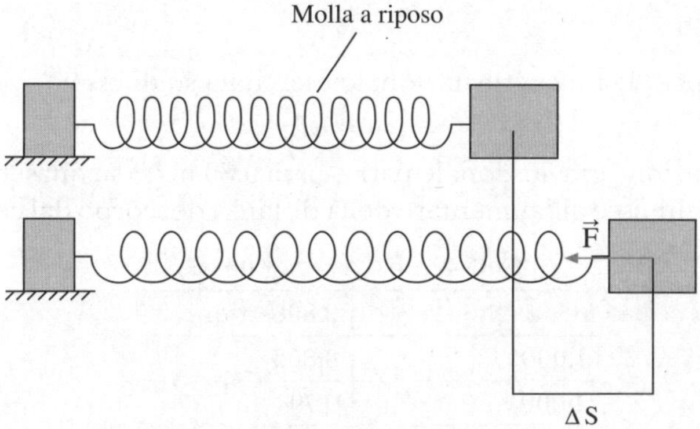


• **Figura 7.9** La forza elastica.

### La forza vincolare

La forza vincolare è quella forza che limita il movimento di un corpo. Tipica forza vincolare è quella che esercita un tavolo sul libro appoggiato ad esso. Il libro esercita una forza sul tavolo, dovuta al proprio peso, e il tavolo esercita una forza sul libro di uguale intensità ma di verso opposto. Un'altra forza vincolare è la forza di tensione che un filo esercita su di un peso attaccato ad esso.

### La forza di attrito

Un corpo in movimento, che *striscia* su di una superficie (Fig. 7.10), subisce una forza che si oppone al movimento, forza di **attrito dinamico**, pari a:

$$F_a = \mu_d N$$

dove $N$ è la forza vincolare della superficie e $\mu_d$ è il coefficiente di attrito dinamico, che dipende dal tipo e dal materiale della superficie, esso viene determinato sperimentalmente. Un corpo in quiete su di una superficie è soggetto ad una forza che è in grado di tenerlo fermo ed è dovuta all'**attrito statico**. Tale forza risulta:

$$F_a \leq \mu_s N$$

dove $\mu_s$ è il coefficiente di attrito statico sempre maggiore del corrispondente coefficiente dinamico. Per mettere in movimento il corpo occorre applicare una forza maggiore di $\mu_s N$.

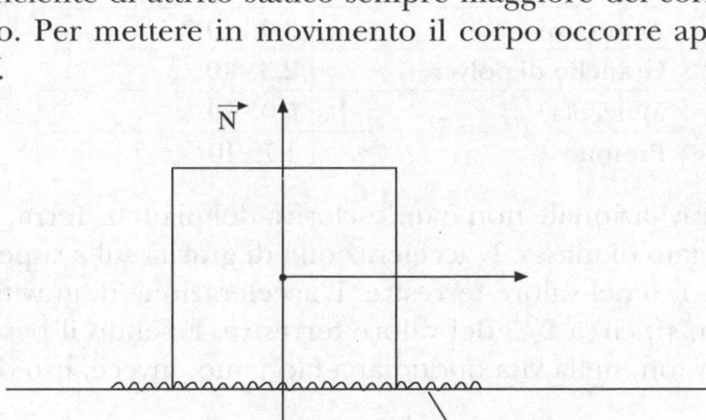


• **Figura 7.10** La forza di attrito.

## La forza peso

Il peso di un corpo è la forza gravitazionale esercitata su di esso:

$$\vec{P} = m\vec{g}$$

dove *g* è l'accelerazione gravitazionale pari a circa 9,80 $m/s^2$ su quasi tutta la superficie terrestre, essa diminuisce all'aumentare della distanza del corpo dal centro della Terra.

| Altitudine (m) | g ($m/s^2$) |
|---|---|
| 0 | 9,806 |
| 1.000 | 9,803 |
| 4.000 | 9,794 |
| 16.000 | 9,757 |
| 100.000 | 9,598 |

Mentre la *massa* è una proprietà intrinseca del corpo ed è uno scalare, il *peso* dipende dalla sua posizione rispetto al centro della Terra ed è una grandezza vettoriale.

**ESEMPIO**

In un'astronave, in assenza di gravità, ovvero ad una grande distanza dalla Terra, è facile sollevare un grosso blocco di acciaio ($p = 0$); ma se un astronauta prova a dare un colpo violento con un pugno allo stesso blocco, egli si farà sicuramente del male ($m \neq 0$).

Elenco di alcune masse misurate:

| Oggetto | Massa in kg |
|---|---|
| La nostra galassia (stima) | $2{,}2 \cdot 10^{41}$ |
| Sole | $2{,}0 \cdot 10^{30}$ |
| Terra | $6{,}0 \cdot 10^{24}$ |
| Luna | $7{,}4 \cdot 10^{22}$ |
| Grossa nave | $7{,}2 \cdot 10^{7}$ |
| Elefante | $4{,}5 \cdot 10^{3}$ |
| Uomo | $7{,}3 \cdot 10$ |
| Acino uva | $3{,}0 \cdot 10^{-3}$ |
| Granello di polvere | $2{,}3 \cdot 10^{-13}$ |
| Molecola | $5{,}0 \cdot 10^{-17}$ |
| Protone | $1{,}7 \cdot 10^{-31}$ |

L'accelerazione gravitazionale non è un'esclusiva del pianeta Terra, ma è presente in qualsiasi corpo dotato di massa. L'accelerazione di gravità sulla superficie della Luna è 1,67 $m/s^2$, circa 1/6 del valore terrestre. L'accelerazione di gravità sulla superficie di Marte è 3,63 $m/s^2$, circa 2/5 del valore terrestre. Essendo il peso una forza, essa va misurata in Newton, nella vita quotidiana facciamo, invece, uso del chilogrammo-peso ($Kg_p$):

$$1\ Kg_p = 1\ Kg_m \cdot 9{,}80\ m/s^2 = 9{,}80\ N$$

cioè 1 $Kg_p$ corrisponde al peso di un corpo di massa 1 $Kg_m$.

## 7.3.3 • Corpo rigido

Un corpo, di dimensioni non trascurabili, è detto rigido quando la distanza tra due qualunque suoi punti non cambia, ovvero è indeformabile.

**Momento di una forza.** Una forza applicata ad un corpo rigido in un determinato punto di applicazione produce un momento definito come:

$$\vec{M} = \vec{r} \wedge \vec{F}$$

dove $r$ è il vettore posizione del punto di applicazione rispetto ad un punto di riferimento. La forza risultante agente su di un corpo rigido è causa del moto traslatorio. Il momento risultante agente su di un corpo rigido è causa del moto rotatorio.

## 7.3.4 • Equilibrio

Se un corpo in quiete rimane nel tempo in quiete si dice in equilibrio. Se la forza risultante applicata ad un punto materiale è nulla, allora il punto è in equilibrio. Se la forza risultante e il momento risultante agenti su di un corpo rigido sono nulli, allora il corpo è in equilibrio (ovvero non trasla e non ruota).
L'equilibrio può essere di tre tipi:

- **stabile**, quando nonostante si provochi uno spostamento il corpo ritorna nella posizione iniziale;
- **instabile**, quando il corpo modifica permanentemente la sua posizione al minimo spostamento;
- **indifferente**, quando il corpo rimane in equilibrio pur se spostato in una nuova posizione.

Per un corpo soggetto alla forza peso si può considerare la forza semplicemente applicata nel baricentro o centro di gravità. Esso, nel caso di un corpo omogeneo e simmetrico, corrisponde al centro di simmetria.

**Leve.** Le leve sono dei dispositivi in grado di trasformare il movimento, cioè di amplificare o ridurre le forze applicate. Una leva è costituita da due bracci e da un fulcro. Consideriamo un'asta rigida che può ruotare attorno ad un punto fisso detto fulcro (Fig. 7.11), se indichiamo con:

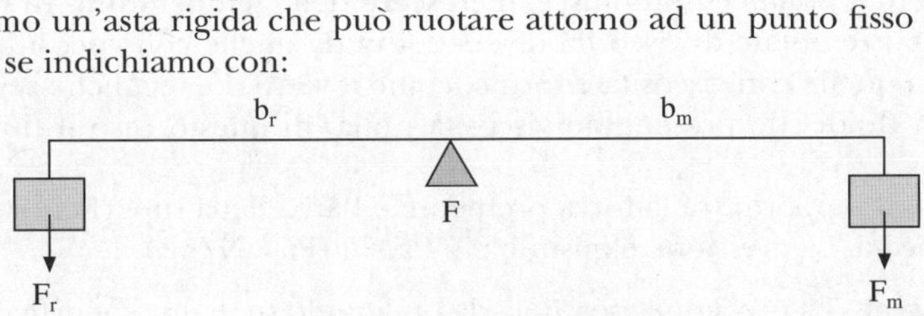


• **Figura 7.11** Schema di una leva.

$F_r$ la forza resistente; $F_m$ la forza motrice; $b_r$ il braccio della forza resistente, ovvero la distanza del punto di applicazione della forza resistente dal fulcro; $b_m$ il braccio della forza motrice, ovvero la distanza del punto di applicazione della forza motrice dal fulcro.

La leva è in equilibrio se: $F_r \cdot b_r = F_m \cdot b_m$ oppure: $F_r : F_m = b_m : b_r$, cioè il rapporto tra le forze resistente e motrice è inversamente proporzionale ai rispettivi bracci.
Le leve possono essere di:

- **primo genere**, se il fulcro è posto tra le due forze, tipico esempio le forbici;
- **secondo genere**, se la forza resistente è posta tra il fulcro e la forza motrice, esempio lo schiaccianoci;
- **terzo genere**, se la forza motrice è tra il fulcro e la forza resistente, esempio la pinzetta da francobolli.

Una leva si dice *vantaggiosa* se il braccio della resistenza è minore del braccio della forza motrice, *svantaggiosa* se è maggiore. Le leve di secondo genere sono sempre vantaggiose. Quelle di terzo genere sono svantaggiose.

**ESEMPIO**

Un bambino di peso 30 kg si trova su di un estremo di un'altalena a 3 metri dal fulcro, la madre vuole porre l'altalena in posizione orizzontale; che forza dovrà imprimere la madre se si trova a 2 metri dal fulcro dell'altalena?

**Soluzione.** La massa del bambino è 30 kg, quindi la sua forza peso è $p = m \cdot g = 30$ kg $\cdot$ 9,8 m/s$^2$ = 294 N; dalla legge $F_r : F_m = b_m : b_r$ ed essendo $F_m$ incognito risulta
294 N : x = 2 : 3
quindi x = 294 N · 3 / 2 = 441 N

## 7.3.5 • Equilibrio nei fluidi

La materia si presenta in tre stati fisici:

- **solido**, in cui il corpo ha forma e volume propri;
- **liquido**, in cui il corpo ha volume proprio ed assume la forma del recipiente;
- **gassoso**, in cui il corpo non ha forma e volume propri.

Per *fluido* intendiamo un corpo liquido o gassoso. I fluidi reali presentano una più o meno elevata resistenza allo *scorrimento* delle sue particelle su se stesse, questa resistenza è detta *viscosità* e diminuisce al crescere della temperatura. In natura sono presenti sostanze dotate di viscosità diverse, si va da quelle con viscosità bassissima, come i gas, a quelle con viscosità enorme, come il vetro. Le leggi che seguono sono applicabili a fluidi che presentano viscosità nulla, in questo caso il fluido è detto perfetto.
La *pressione* è il rapporto tra la forza premente e l'area della superficie sulla quale la forza è applicata. La pressione è misurata in Pascal (Pa = N/m$^2$).

**Legge di Pascal.** La pressione esercitata da un liquido su di una superficie si trasmette con lo stesso valore su ogni altra superficie a contatto con il liquido.

**Legge di Stevino.** La pressione dovuta alla forza peso di un liquido è direttamente proporzionale alla densità del liquido ed alla profondità del liquido, in altre parole:

$$P = g \cdot d \cdot h$$

dove *g* è l'accelerazione gravitazionale, *d* la densità, *h* la profondità.

**Legge di Archimede.** Un corpo immerso in un liquido subisce una forza diretta verso l'alto di intensità pari al peso del liquido spostato. In altre parole:

$$F = g \cdot d \cdot V$$

dove *g* è l'accelerazione gravitazionale, *d* la densità, *V* il volume del liquido.

### 7.3.6 • Quantità di moto e impulso

Se un corpo puntiforme di massa *m* è in moto con velocità *v*, esso possiede una quantità di moto pari a:

$$\vec{Q} = m\vec{v}$$

La quantità di moto totale di più corpi è data dalla somma vettoriale delle quantità di moto dei singoli corpi.
Un *sistema* si dice *isolato* quando la forza risultante su di esso è nulla. Per un sistema isolato si formula il seguente Principio di conservazione della quantità di moto:

**La quantità di moto totale, in un sistema isolato, è costante.**

L'impulso I di una forza è:

$$\vec{I} = \vec{F}_m \quad \Delta t$$

dove $F_m$ è la forza media e $\Delta t$ è l'intervallo in cui agisce.
Un'importante relazione tra quantità di moto ed impulso afferma che l'impulso di una forza su un corpo è pari alla variazione di quantità di moto.

## 7.4 • Gravitazione

La *teoria eliocentrica*, sviluppata da Nikolaus Kepperlingk detto Copernico (1473-1543), portò Johannes Kepler detto Keplero, nel 1609-1618, a formulare *tre leggi* riguardanti il Sistema Solare:
1. i pianeti descrivono intorno al Sole orbite ellittiche, di cui il Sole occupa uno dei due fuochi;
2. il raggio che unisce il Sole al pianeta descrive aree uguali in tempi uguali;
3. il quadrato del periodo di rivoluzione attorno al Sole è proporzionale al cubo del semiasse maggiore dell'orbita del pianeta.

Queste leggi furono la base per un ulteriore sviluppo ottenuto da Isaac Newton, nel 1687, con la formulazione della **Legge di gravitazione universale**.
Due corpi di massa $m_1$ ed $m_2$ si attraggono con una forza proporzionale al prodotto delle masse ed inversamente proporzionale al quadrato della loro distanza ($r^2$), in altre parole:

$$F = G\frac{m_1 m_2}{r^2}$$

dove *G* è la costante di gravitazione universale pari a $6{,}67 \cdot 10^{-11}$ $Nm^2/kg^2$, da non confondere con *g* accelerazione gravitazionale.

Se la massa di un corpo viene raddoppiata, la forza raddoppia. Se la distanza viene dimezzata, la forza quadruplica. La forza esercitata dal primo corpo è diretta verso il secondo corpo, allo stesso modo la forza esercitata dal secondo corpo è diretta verso il primo. La legge viene detta universale in quanto non si conoscono eccezioni ad essa. La legge è valida in sistemi di riferimento inerziali, per qualsiasi corpo dotato di massa, corpi sia di dimensioni atomiche che galattiche. Essa descrive una delle quattro interazioni fondamentali tra corpi: la forza gravitazionale.
Nella legge $F = ma$ e in quella di gravitazione universale è presente il valore della **massa**. La massa presente nel secondo principio è detta massa *inerziale*, quella della legge di Newton è detta massa *gravitazionale*; è stata determinata, sperimentalmente, la proporzionalità tra esse e successivamente Albert Einstein ha proposto un principio di equivalenza tra loro.

### ESEMPIO

Se un satellite si trova in orbita circolare ad una certa distanza $R$ dalla Terra, quale sarà la sua velocità?

**Soluzione.** Indichiamo con $m$ la massa del satellite e con $M$ la massa della Terra. Dal secondo principio della dinamica $F = ma$ risulta:

$F = m\frac{v^2}{R}$ poiché il moto è circolare uniforme; mentre $F$ è per la legge di gravitazionale universale:

$G\frac{mM}{R^2} = m\frac{v^2}{R}$ moltiplicando per $\frac{R}{m}$ otteniamo:

$v^2 = \frac{GM}{R}$ cioè $v = \sqrt{\frac{GM}{R}}$

Il **campo gravitazionale** generato da un corpo di massa $M$ è definito come il vettore pari al rapporto tra il vettore forza gravitazionale esercitato su una particella di massa $m$ posta in quel punto e la stessa massa $m$, cioè:

$$\vec{g} = \frac{\vec{F}}{m}$$

il cui modulo è:

$$g = \frac{GM}{r^2}$$

L'intensità del campo gravitazionale terrestre, in funzione dell'altezza rispetto alla superficie, è dato da:

$$g = g_0\frac{R_T^2}{(R_T + h)^2}$$

dove $R_T$ è il raggio terrestre e $g_0$ è pari a 9,80 m/s$^2$. Questa legge descrive la variazione di $g$ accelerazione gravitazionale in funzione dell'altezza. Il campo gravitazionale è, quindi, uno spazio nel quale in tutti i punti è presente un vettore accelerazione che dipende esclusivamente dalla posizione del punto stesso (Fig. 7.12).

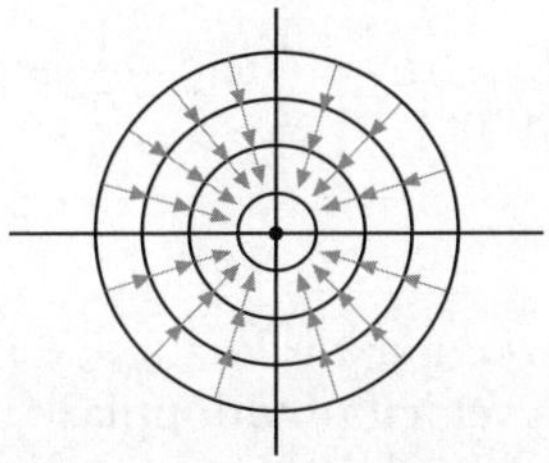

• **Figura 7.12** Rappresentazione schematica di un campo gravitazionale.

## 7.5 • Lavoro ed energia

Il **lavoro** di una forza costante è definito come il prodotto scalare della forza per lo spostamento, cioè:

$$L = \vec{F} \cdot \vec{d}$$

Il lavoro si misura in Joule (J) ovvero N · m (Newton per metro).
Il lavoro può essere sia positivo che negativo, quando una particella su cui agisce una forza ha una componente del moto opposta alla forza, il lavoro è negativo.
Esempio, quando una persona abbassa un peso verso il pavimento, applica una forza diretta verso l'alto, lo spostamento è verso il basso, il lavoro risulta negativo.
Il concetto di lavoro fisico non corrisponde all'uso che si fa di tale parola nel quotidiano, infatti una persona che mantiene sospeso un peso non fa lavoro in senso fisico, difatti lo spostamento è nullo, ma lo fa in senso fisiologico. Una forza perpendicolare allo spostamento non compie alcun lavoro, come ad esempio nel moto circolare uniforme in cui l'accelerazione è perpendicolare allo spostamento.

La **potenza** è la quantità di lavoro prodotto nell'unità di tempo ed è definita come:

$$P = \frac{\Delta L}{\Delta t}$$

La potenza viene misurata in Watt (W) cioè J/s.

### 7.5.1 • Energia cinetica

Un corpo di massa $m$ e velocità $v$ possiede un'energia cinetica direttamente proporzionale alla massa e al quadrato della velocità ovvero pari a:

$$E_c = \frac{1}{2} m v^2$$

Anche l'energia cinetica si misura in Joule.

**Teorema dell'energia cinetica.** Il lavoro totale compiuto su una particella di massa $m$ che varia la sua velocità da $v_a$ a $v_b$ è pari alla variazione di energia cinetica:

$$L = \Delta E_c = \frac{1}{2}mv_b^2 - \frac{1}{2}mv_a^2$$

**ESEMPIO**

Se un'automobile di massa $m$ viaggia a velocità $v_a$ e frena fino ad arrestarsi, quale sarà la distanza di arresto se la velocità raddoppia?
$V_b = 0$ allora

$$-Fs = -\frac{1}{2}mv_a^2$$

quindi:

$$s = \frac{mv_a^2}{2F}$$

Questo significa che lo spazio è proporzionale al quadrato della velocità, per cui se la velocità raddoppia, lo spazio quadruplica.

### 7.5.2 • Forze conservative

Una forza si dice conservativa se il lavoro prodotto, passando da un punto A ad un punto B, è indipendente dal cammino percorso ovvero dipende esclusivamente dalla posizione di A e di B. Un esempio di forza conservativa è la forza peso, un esempio di forza non conservativa è la forza di attrito.
Il lavoro di una forza conservativa può essere espresso come:

$$L = -\Delta U = U_A - U_B$$

dove $U$ è una particolare funzione della posizione chiamata **energia potenziale**.
Esempi di energie potenziali sono:

- l'**energia potenziale gravitazionale** di un corpo di massa $m$, posto ad altezza $h$ da un sistema di riferimento che è pari a:

$$U = mgh$$

- l'**energia potenziale elastica** di una molla di costante $k$, allungata o compressa di $\Delta x$, è:

$$U = \frac{1}{2}k\Delta x^2$$

- L'energia meccanica è data dalla somma dell'energia cinetica e potenziale.

**Principio di conservazione dell'energia.** Se un corpo si muove in presenza di sole forze conservative, la sua energia meccanica rimane costante durante il moto:

$$E = E_c + U = \text{costante}$$

**ESEMPIO**

Un carrello viene fatto scivolare lungo un piano inclinato, con attrito trascurabile. Supponendo che la sommità del piano inclinato si trovi a 3 metri di altezza rispetto al piano orizzontale, quale sarà la velocità alla fine del piano inclinato?

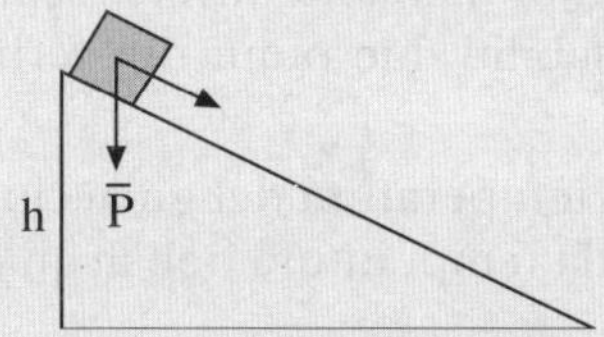


**Soluzione.** Il carrello alla sommità del piano inclinato possiede energia cinetica nulla (è fermo) ed energia potenziale pari ad *mgh*, mentre alla fine del piano inclinato l'energia cinetica è $1/2\ mv^2$e l'energia potenziale è nulla, infatti $h = 0$. Dal principio di conservazione dell'energia risulta:

$$\frac{1}{2}mv^2 = mgh$$

da cui:

$$v = \sqrt{2gh} = \sqrt{2 \cdot 9{,}80 m/s^2 3m} \approx 7{,}7 m/s$$

## 7.5.3 • Urti

L'applicazione del principio di conservazione dell'energia e della conservazione della quantità di moto è in grado di risolvere le interazioni tra corpi chiamate **urti**. Gli urti sono interazioni tra corpi che producono forze di elevata intensità in tempi molto brevi; per essi è valido il principio di conservazione della quantità di moto. Gli urti si distinguono in *elastici*, quando è valido il principio di conservazione dell'energia; *anelastici*, quando non è valido il principio di conservazione dell'energia, cioè quando le forze in gioco non sono conservative, ad esempio quando parte dell'energia viene dissipata per deformare i corpi che vengono a contatto.

# 7.6 • Termologia

È la parte della Fisica che studia i fenomeni riguardanti il calore.

**Calore.** Il calore di un corpo è l'energia cinetica complessiva posseduta dalle particelle che lo costituiscono. È anche definito come l'energia che si trasferisce fra il sistema e l'ambiente circostante a causa di una loro differenza di temperatura. Il calore viene anche chiamato energia termica e viene misurato in Joule, anche se è di uso quotidiano la caloria (cal), dove 1 cal = 4,186 Joule.

**Temperatura.** La temperatura è un indice dello stato di energia termica, ovvero è l'energia cinetica media posseduta dalle singole particelle che costituiscono il corpo. La temperatura non viene espressa mediante l'energia cinetica media, ma viene descritta mediante unità di misura proprie e rilevate con strumenti appropriati

chiamati termometri. Un termometro è un dispositivo in grado di rilevare variazioni di temperatura grazie alla dilatazione di un liquido o di un gas (oppure grazie alla variazione di resistenza elettrica di un conduttore sottoposto ad una variazione di temperatura).
Un termometro può essere tarato mediante diverse scale termometriche.
In un termometro vengono stabiliti due punti di riferimento (pressione atmosferica *ordinaria*):

- il primo A corrisponde alla temperatura del ghiaccio fondente dell'acqua;
- il secondo B corrisponde alla temperatura dell'acqua bollente.

**La scala Celsius (°C) o centigrada.** L'intervallo AB viene suddiviso in 100 parti, ognuna delle quali è pari ad un grado centigrado o Celsius, quindi 0°C corrisponde alla temperatura del ghiaccio fondente dell'acqua e 100°C corrisponde alla temperatura dell'acqua bollente.

**La scala Kelvin.** Le suddivisioni dell'intervallo AB hanno la stessa ampiezza della scala Celsius (1K). Lo zero Kelvin corrisponde a –273,15°C, questo zero è detto anche *zero assoluto* in quanto non è possibile avere temperature inferiori ad esso.

**La scala Fahrenheit.** L'intervallo AB viene diviso in 180 parti, ognuna delle quali è 1 grado Fahrenheit (1°F): il punto A viene indicato come 32°F, il punto B viene segnato come 212°F.

Nel Sistema Internazionale la temperatura è misurata in gradi Kelvin.
Un **termometro** può essere pronto se è in grado di rilevare rapidamente la temperatura del corpo, può essere sensibile se è in grado di rilevare piccole variazioni di temperature.
Esistono *termometri a minima,* ovvero termometri che indicano la temperatura minima raggiunta dal corpo in un determinato periodo di tempo, e *termometri a massima,* ovvero termometri che indicano la temperatura massima raggiunta dal corpo in un determinato periodo di tempo (per es. il termometro clinico).

## 7.6.1 • Dilatazione dei solidi e dei liquidi

I termometri si basano sulla legge di dilatazione termica dei solidi e dei liquidi, secondo la quale un corpo, quando la sua temperatura aumenta, è soggetto ad un aumento di volume.
Se il corpo ha una dimensione molto grande, dal punto di vista termico, subisce una dilatazione lineare, che è:

- direttamente proporzionale alla lunghezza iniziale;
- direttamente proporzionale alla variazione di temperatura;
- dipendente dal materiale da cui è composto.

In altre parole:

$$\Delta l = \alpha l_0 \Delta T$$

dove $\alpha$ è il coefficiente di dilatazione lineare della sostanza, coefficiente che viene determinato sperimentalmente.

La legge di dilatazione dei volumi è formalmente identica a quella lineare, tranne per il coefficiente di dilatazione:

$$\Delta V = kV_0 \Delta T$$

**Legge fondamentale della termologia.** La quantità di calore acquistata da un corpo, soggetto ad una sorgente di calore, è:

- direttamente proporzionale alla massa del corpo;
- direttamente proporzionale alla variazione di temperatura;
- dipendente dalla natura della sostanza da cui è composto;

cioè:

$$Q = mc\Delta T$$

dove $c$ è il calore specifico della sostanza.

### 7.6.2 • Cambiamenti di stato

I corpi, in natura, possono presentarsi allo stato solido, liquido e gassoso.
Un corpo che acquista o cede calore può cambiare stato e determinare i seguenti passaggi:

- **fusione**: dal solido al liquido, con assorbimento di calore da parte del corpo;
- **solidificazione**: dal liquido al solido, con emissione di calore da parte del corpo;
- **evaporazione**: dal liquido al gas, con assorbimento di calore da parte del corpo;
- **condensazione**: dal gas al liquido, con emissione di calore da parte del corpo;
- **sublimazione**: dal solido al gas, con assorbimento di calore da parte del corpo;
- **condensazione**: dal gas al solido, con emissione di calore da parte del corpo.

Gli ultimi due passaggi, a temperatura e pressione ordinarie, non sono comuni.

### 7.6.3 • Propagazione del calore

Il calore si propaga mediante:

- **conduzione:** la propagazione dell'energia termica avviene senza trasporto di materia, ovvero l'energia termica si trasmette da una particella a quelle *vicine*;
- **convezione:** questa propagazione è tipica nei fluidi, cioè gas o liquidi, ed avviene mediante il movimento del fluido stesso;
- **irraggiamento:** è la propagazione di calore mediante onde elettromagnetiche. Ogni corpo, la cui temperatura sia superiore a 0 K, emette energia elettromagnetica capace di trasportare energia termica.

Le sostanze che conducono bene l'energia termica si chiamano conduttori (ad es. i metalli), quelli che non la conducono vengono detti isolanti (ad es. legno).

## 7.7 • Termodinamica

È la parte della Fisica che si occupa del calore, della temperatura e della cinetica dei gas.
La **pressione** è definita come il rapporto tra la forza premente e l'area della superficie, cioè:

$$p = \frac{F}{A}$$

La pressione si misura, nel Sistema Internazionale (SI), in Pascal (Pa = $N/m^2$) oppure in etto-Pascal (= 100 Pa); altra unità, piuttosto utilizzata nel quotidiano, è l'atmosfera (atm = 101.300 Pa), ovvero la misura della pressione che esercita l'atmosfera sulla superficie terrestre. La pressione, il volume e la temperatura sono le grandezze che caratterizzano lo stato di equilibrio di un gas.
Le leggi che mettono in relazione queste grandezze sono descritte di seguito.

La **legge di Boyle** $pV = k$

ovvero la pressione è inversamente proporzionale al volume occupato, a patto che la temperatura sia costante ovvero sia una trasformazione isotermica.

La **legge di Avogadro.** Una mole di gas ($6{,}02 \cdot 10^{23}$ molecole), a pressione e temperature costanti, occupa sempre lo stesso volume, qualunque sia il tipo di gas.

La **legge di Gay-Lussac** $V = V_0(1 + \alpha T)$

a pressione costante (trasformazione isobara), le variazioni di volume dei gas sono direttamente proporzionali alle variazioni di temperatura.
La costante $\alpha$ è un valore identico per quasi tutti i gas pari a 0,00366 $°C^{-1}$.

La **legge di Charles** $p = p_0(1 + \alpha T)$

A volume costante (trasformazione isocora), le variazioni di pressione sono direttamente proporzionali alla variazione di temperatura.
Queste leggi possono essere riassunte in una relazione, dovuta a Clapeyron, detta **equazione caratteristica dei gas perfetti**:

$$pV = kNT$$

dove $k$ è la costante di Boltzmann e $N$ è il numero di molecole. Questa può essere espressa anche come:

$$pV = nRT$$

dove $R$ è la costante universale dei gas, $T$ è la temperatura assoluta in Kelvin, $n$ è il numero di moli.
Una *trasformazione* si dice *adiabatica* se il sistema non ha scambi di calore con l'ambiente.

## 7.7.1 • Leggi della termodinamica

**Principio zero della termodinamica.** Se due corpi separatamente sono in equilibrio termico con un terzo corpo, allora lo sono anche tra loro.
**Primo principio della termodinamica.** È una generalizzazione della legge di conservazione dell'energia, che include possibili variazioni di energia interna. In ogni sistema termodinamico, in equilibrio, la variazione di energia del sistema è data da:

$$\Delta U = Q - L$$

con $U$ variazione di energia interna, $Q$ calore e $L$ lavoro.

**Secondo principio della termodinamica.** Può essere espresso in vari modi.

1. È impossibile realizzare una trasformazione termica, il cui unico risultato sia solo quello di assorbire calore prelevato da una sorgente e produrre uguale quantità di lavoro (*enunciato Kelvin*).

Oppure:

2. È impossibile realizzare una trasformazione il cui unico risultato sia il passaggio di calore da un corpo a una data temperatura a un altro a temperatura maggiore del primo, senza impiegare lavoro (*enunciato Clausius*).

L'enunciato Kelvin afferma in sostanza che non è possibile impedire perdite di calore. Quello Clausius stabilisce che non è possibile che il calore fluisca, spontaneamente, da un corpo più freddo ad uno più caldo.

## 7.7.2 • Macchine termiche

Le macchine termiche lavorano seguendo un ciclo: assorbono calore da una sorgente ad una data temperatura, lo trasformano in lavoro, cedono il calore residuo ad una sorgente ad una temperatura più bassa.
Il ciclo di una macchina ideale fu ideato da Sadi Carnot (1796-1832) (ciclo di Carnot), esso prevede quattro trasformazioni (Fig. 7.13):

1. un'espansione isotermica;
2. un'espansione adiabatica;
3. una compressione isotermica;
4. una compressione adiabatica.

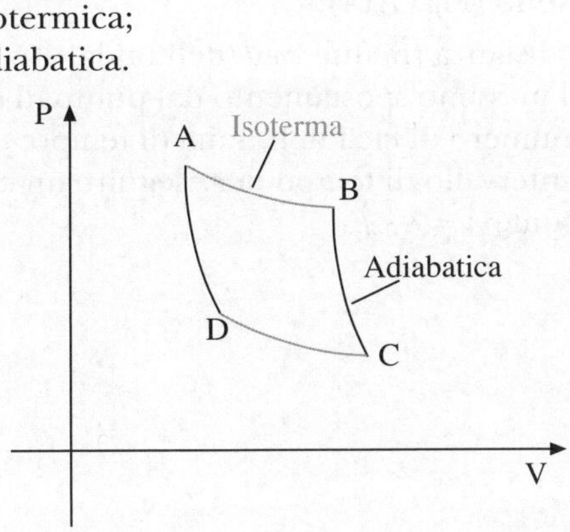


• **Figura 7.13** Diagramma del ciclo di Carnot.

I risultati di Carnot furono che il **rendimento**, definito come il rapporto tra lavoro eseguito e calore assorbito, dipende solo dalle temperature delle sorgenti cioè:

$$r = 1 - \frac{T_f}{T_c}$$

dove $r$ è il rendimento, $T_f$ è la temperatura della sorgente *fredda* e $T_c$ è la temperatura della sorgente *calda*.
Il rendimento massimo di una macchina si ottiene solo con il ciclo di Carnot.
Il rendimento di una macchina reale ha un rendimento sempre inferiore.
Le macchine termiche possono essere di due tipi:

1. a combustione esterna (ad es. macchina a vapore)
2. a combustione interna (motore a scoppio, Diesel).

## 7.8 • Le onde

Le onde sono perturbazioni che si generano quando un corpo si muove, cioè quando l'energia meccanica che possiede si sposta con esso. Il mondo che ci circonda è pieno di onde di ogni specie. Queste si dividono in *onde meccaniche*, la cui perturbazione si propaga attraverso un mezzo (ne sono un esempio le onde sonore-attraverso l'aria; le onde sismiche-attraverso la crosta terrestre; le onde marine-attraverso l'acqua), e le *onde elettromagnetiche* (ne sono un esempio le onde radio, le luminose, i raggi X).
Un corpo che ha una posizione di equilibrio stabile, se spostato, può subire un moto periodico di oscillazione che lo allontana dalla sua posizione di equilibrio. Questa oscillazione può produrre un'onda.

### ESEMPIO

Se facciamo vibrare una lamina metallica a contatto con l'acqua, essa produce sulla superficie dell'acqua delle onde.

Se il moto periodico è armonico, l'onda prodotta è una sinusoide. Le grandezze caratteristiche di un'onda sono (Fig. 7.14):

- la **lunghezza** $\lambda$, cioè la distanza tra due *creste* dell'onda;
- l'**ampiezza** $A$, ovvero il massimo spostamento dal punto di equilibrio;
- la **frequenza** $f$, cioè il numero di cicli nell'unità di tempo;
- il **periodo** $T$, ovvero l'intervallo di tempo per eseguire un ciclo;
- la **velocità** $v$, definita come: $v = \lambda \cdot f$.

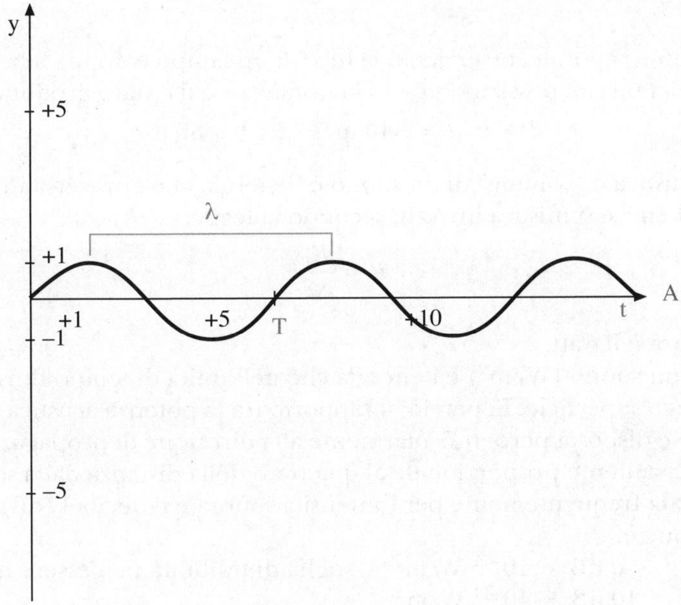


• Figura 7.14 Rappresentazione grafica di un'onda.

Esistono due tipi di onde:

- **longitudinali**, in cui le particelle del mezzo oscillano nella direzione di propagazione dell'onda;
- **trasversali**, in cui le particelle del mezzo oscillano in direzione perpendicolare alla direzione di propagazione dell'onda.

Le onde soddisfano il principio di sovrapposizione: se due onde si incontrano in un punto, le loro ampiezze si sommano algebricamente.

## 7.8.1 • Il suono

Le onde sonore sono onde di tipo meccanico, ovvero hanno bisogno della presenza di un mezzo materiale per propagarsi, sono l'esempio più importante di onde longitudinali. La propagazione dell'onda sonora avviene con una velocità che dipende dal mezzo:

| Mezzo | Velocità m/s |
|---|---|
| Aria | 340 |
| Acqua | 1500 |
| Benzene | 1250 |
| Acciaio | 5500 |
| Alluminio | 6400 |

(in condizioni di temperatura e pressione ordinarie).

**ESEMPIO**

Se, durante un temporale, osserviamo la luce di un lampo e dopo circa 2 sec sentiamo il suono del tuono, possiamo sapere la distanza a cui è stato prodotto il fulmine:

$$d = v \cdot t = 340 \text{ m/s} \cdot 2 \text{ s} = 680 \text{ m}$$

La potenza acustica o "volume" di un suono è l'energia che attraversa in 1 secondo la superficie di 1 $cm^2$ e si misura in Watt, secondo la legge:

$$P = \frac{E}{\Delta t}$$

l'unità di misura è il watt.
L'intensità di un suono ($W/m^2$) è l'energia che nell'unità di tempo fluisce attraverso una determinata superficie. È, perciò, il rapporto tra la potenza acustica e l'area della superficie che è disposta perpendicolarmente alla direzione di propagazione dell'onda. Essa è inversamente proporzionale al quadrato della distanza dalla sorgente.
L'unità utilizzata frequentemente per l'intensità sonora è il decibel (dB), la cui tabella di conversione è:

$0 \text{ dB} = 10^{-12} \text{ W/m}^2$ – soglia di udibilità nell'essere umano
$10 \text{ dB} = 10^{-11} \text{ W/m}^2$
$20 \text{ dB} = 10^{-10} \text{ W/m}^2$
$100 \text{ dB} = 10^{-2} \text{ W/m}^2$ – soglia del dolore nell'essere umano

Intensità sonora di alcuni suoni nella vita quotidiana:

| | |
|---|---|
| 20 dB | bisbiglio |
| 40 dB | ambiente tranquillo |
| 60 dB | conversazione |
| 80 dB | treno |
| 100 dB | discoteca |
| 140 dB | aereo distante meno di 50 m |

Relativamente alla frequenza di un suono, l'orecchio umano è in grado di percepire suoni di frequenza superiore a 20 Hz ed inferiore a 18000 Hz, al di fuori di questo intervallo l'uomo, a differenza di altri esseri viventi, non è in grado di sentire il suono prodotto.

## 7.9 • Elettricità

È noto che una sostanza come l'ambra, strofinata con un pezzo di stoffa, ha la capacità di attrarre piccoli corpi. William Gilbert (1540-1603) introdusse il termine *elettricità* per indicare il fenomeno, questo termine deriva dal greco *elektron*, ambra. La quantità di elettricità che un corpo assume, cioè quando un corpo viene elettrizzato, viene detta *carica elettrica*. Alcuni corpi, caricati in un determinato modo, si attraggono, altri invece si respingono.
Per distinguere l'attrazione e la repulsione tra corpi carichi, si dice che i corpi possono assumere carica positiva oppure negativa. Due cariche dello stesso segno si respingono, cariche di segno opposto si attraggono. Se un corpo non esercita attrazione,

esso è detto elettricamente neutro, ovvero possiede cariche positive e negative in ugual numero. L'elettricità è un fenomeno la cui genesi proviene dall'atomo. I risultati di Thomson (1897), Millikan (1909), Rutherford (1911) stabilirono che l'atomo è formato da particelle elettricamente cariche, i protoni con carica positiva posti nel nucleo dell'atomo, gli elettroni, particelle di carica negativa, orbitanti intorno al nucleo. La carica dell'elettrone è la più piccola esistente in natura, la carica di un corpo è multipla di essa. La carica di un corpo, quindi, ha sempre valori piccoli.

**Conduttori e isolanti.** Non tutti i corpi hanno le stesse proprietà elettriche. Ci sono corpi, i *conduttori*, in grado di far propagare la carica al loro interno; gli *isolanti*, invece, localizzano la carica nel punto in cui è stata depositata.
La distinzione tra conduttori (rame, alluminio, argento) e isolanti (plastica, vetro, carta) non è così netta. Esistono in natura molte sostanze che hanno proprietà intermedie, in particolare, esistono i *semiconduttori*, che si comportano sia come cattivi conduttori che come cattivi isolanti, queste sostanze sono molto utilizzate in elettronica.

## 7.9.1 • Il campo elettrico

Coulomb (1736-1806) stabilì che: la forza con cui si attraggono, o si respingono, due corpi elettricamente carichi è direttamente proporzionale al prodotto delle cariche ed inversamente proporzionale al quadrato della loro distanza (**legge di Coulomb**, cioè:

$$F = k\frac{Q_1 Q_2}{r^2}$$

dove $k$ è la costante di Coulomb, dipendente dal mezzo interposto tra le cariche.
L'unità di misura della carica elettrica è il Coulomb (C) definito come la carica necessaria a due corpi, posti alla distanza di 1 metro, per interagire con una forza pari a $9 \cdot 10^9$ N. La legge è valida solo per cariche puntiformi o particelle.
Il **campo elettrico** di una carica elettrica $q$ (o $Q$) è definito come il rapporto tra la forza elettrica F, che esercita su di una carica esploratrice $q$ (o carica di prova positiva) in un punto P, diviso il valore assoluto della carica $q$ stessa:

$$\vec{E} = \frac{\vec{F}}{q}$$

L'intensità del campo si misura in Newton/Coulomb.
Se il campo è generato da una **carica Q puntiforme**, per la legge di Coulomb, il campo è pari a:

$$E = k\frac{Q}{r^2}$$

il campo dipende proporzionalmente dalla carica $Q$, inversamente proporzionale al quadrato della distanza, ed è indipendente dalla carica esploratrice. Il campo elettrico può essere rappresentato da linee dette linee di forza. Il vettore campo elettrico è tangente alle linee di forza in ogni punto.

L'**energia potenziale** di una carica $q$ in un punto P di un campo elettrico è il lavoro che bisogna fare per portare $q$ da una distanza infinita al punto P. Tale lavoro è positivo se le due cariche sono concordi. L'energia potenziale è data da:

$$E_p = k\frac{Qq}{r^2}$$

Il **potenziale elettrico** di un campo elettrico in un punto P è l'energia potenziale che avrebbe una carica unitaria posta nel punto P. Esso è dato da:

$$V_p = k\frac{Q}{r}$$

Essendo il campo elettrico un campo conservativo, il **lavoro** compiuto dalla forza per spostare una carica da un punto ad un altro non dipende dal percorso seguito dalla carica, ma dipende dalla posizione iniziale A e finale B della carica e, nel caso di un campo uniforme, è pari a:

$$L = qEs$$

Mentre nel caso di un campo generato da una carica puntiforme è:

$$L = kQq\left(\frac{1}{r_b} - \frac{1}{r_a}\right)$$

Il lavoro nel campo elettrico è misurato in Joule.

La **differenza di potenziale** (d.d.p.) fra due punti del campo è il rapporto tra il lavoro necessario per spostare una carica da un punto ad un altro del campo e la carica stessa:

$$V = \frac{L}{q}$$

la differenza di potenziale è misurata in Volt (V = J/C).

In un conduttore isolato il rapporto tra la carica e il suo potenziale è costante, in altre parole:

$$C = \frac{Q}{V}$$

l'unità di misura della **capacità elettrica** è il Farad (F = C/V), poiché il Farad è un'unità piuttosto *grande*, il suo uso, nel caso di conduttori reali, è limitato ai suoi sottomultipli (μF, nF, pF, etc.).

Esistono dispositivi particolari chiamati **condensatori** che sono in grado di accumulare cariche elettriche, costituiti da due *conduttori*, detti *armature*, posti ad una piccola distanza. Tra le armature, solitamente è sistemato un isolante che non lascia passare cariche elettriche. A seconda della forma geometrica delle armature, si hanno condensatori piani, sferici, cilindrici, etc. La capacità di un condensatore dipende esclusivamente dalla sua geometria e dal dielettrico interposto tra le armature:

$$C = \varepsilon_r \varepsilon_0 \frac{S}{d}$$

dove $S$ è la superficie di un'armatura, $d$ è la distanza tra le armature, $\varepsilon_0$ e $\varepsilon_r$ sono rispettivamente la costante dielettrica del vuoto e la costante relativa del dielettrico interposto. L'energia accumulata nel condensatore è pari al lavoro necessario per caricarlo che può essere espresso come:

$$L = \frac{1}{2} CV^2$$

I condensatori possono essere collegati tra loro in parallelo o in serie.
Nel caso siano collegati *in parallelo*, la capacità totale del circuito è pari alla somma delle singole capacità dei condensatori. Nel caso siano collegati *in serie*, il reciproco della capacità totale è pari alla somma dei reciproci delle capacità dei singoli condensatori.

## 7.9.2 • La corrente elettrica

Se in un conduttore è possibile stabilire un flusso ordinato di cariche elettriche dello stesso segno, ovvero di elettroni che si muovono sempre nello stesso verso, si dice che nel conduttore è presente una *corrente*. Una corrente elettrica, convenzionalmente, ha lo stesso verso del moto delle cariche positive, in realtà il verso del movimento degli elettroni è inverso. Per ottenere un flusso di corrente è necessaria la presenza di un generatore di corrente, capace di stabilire una differenza di potenziale, e di un dispositivo utilizzatore.
Il primo generatore di corrente è stato la pila, inventata da Alessandro Volta nel 1799. La pila di Volta è costituita da una serie di dischetti di rame e zinco immersi in soluzioni acide, separati da un dischetto di materiale poroso. Per effetto di reazioni chimiche dovute ai metalli nella soluzione acida, l'elettrodo di zinco si carica negativamente, quello di rame si carica positivamente, riuscendo così a stabilire tra i due poli una differenza di potenziale. Altri generatori sono: la batteria, la dinamo, l'alternatore, le celle fotovoltaiche. Questi generatori sfruttano in ingresso l'energia chimica oppure meccanica o anche luminosa.

### L'intensità di corrente

Se al generatore viene collegato un dispositivo utilizzatore (ad esempio una lampada) nel circuito si stabilisce una corrente elettrica. Una grandezza, che quantifica il fenomeno, è l'intensità di corrente.
L'intensità di corrente è definita come il rapporto tra la quantità di carica che passa in una sezione del conduttore e l'intervallo di tempo in cui passa:

$$i = \frac{Q}{\Delta t}$$

Nel sistema SI l'intensità di corrente è misurata in Ampere (A = C/s).
Lo strumento di misura utilizzato per rilevare l'intensità di corrente è chiamato amperometro ed è tarato in Ampere e sottomultipli. Lo strumento che misura la differenza di potenziale è il voltmetro, tarato in volt.

## La potenza elettrica

La potenza assorbita da un utilizzatore è pari a:

$$P = i\Delta V$$

con $i$ intensità di corrente e $V$ differenza di potenziale ed è misurata in Watt (W).

**ESEMPIO**

Se agli estremi di una lampadina c'è una d.d.p. di 12 V e passa una corrente di intensità di 0,5 A, la potenza assorbita è:

$$P = (0{,}5\ \text{A}) \cdot (6\ \text{V}) = 3\ \text{W}$$

Ciò vuol dire che, in ogni secondo, 3 J di energia elettrica vengono trasformati dalla lampadina in energia luminosa ed in energia termica.

## La resistenza elettrica

La resistenza elettrica è un parametro che quantifica la capacità di un conduttore ad opporsi al flusso delle cariche elettriche, essa viene definita come il rapporto tra la differenza di potenziale ai capi del conduttore e l'intensità di corrente che fluisce al suo interno:

$$R = \frac{\Delta V}{i}$$

La resistenza elettrica è misurata in ohm ($\Omega$ = V/A).

**ESEMPIO**

Se un conduttore è attraversato da una corrente elettrica di 0,05 A ed ai suoi capi è presente una d.d.p. di 24 V, la sua resistenza è:

$$R = 24\ \text{V}/0{,}05\ \text{A} = 480\ \Omega$$

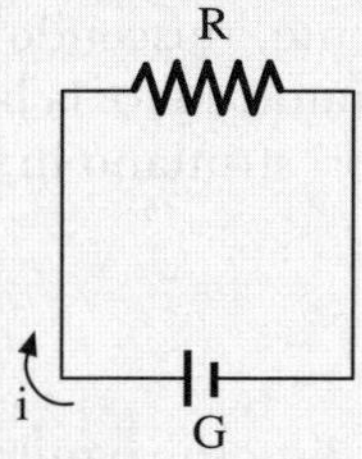


La resistenza dei conduttori può dipendere dalla differenza di potenziale applicata. Se la resistenza del conduttore è costante al variare della differenza di potenziale, purché la temperatura si mantenga costante, il conduttore soddisfa la prima **legge di Ohm** ovvero:

$$\Delta V = Ri$$

Gran parte dei conduttori metallici sono di questo tipo e vengono detti ohmici o resistori.

È possibile, per i conduttori ohmici, definire la potenza assorbita come:

$$P = Ri^2$$

La resistenza di un conduttore ohmico non dipende dalla differenza di potenziale applicata, ma è una grandezza intrinseca del conduttore; essa è:

- direttamente proporzionale alla lunghezza del conduttore;
- inversamente proporzionale alla sezione del conduttore;
- dipendente dalla sostanza di cui è costituito il conduttore;

cioè:

$$R = \rho \frac{l}{A} \quad \text{(seconda legge di Ohm)}$$

la quantità ρ è detta resistività ed è la quantificazione dell'ostacolo che gli elettroni incontrano nel loro movimento all'interno del conduttore (che può essere ohmico e non ohmico):

| Sostanza | Resistività $\Omega mm^2/m$ |
|---|---|
| Rame | $1{,}7 \times 10^{-8}$ |
| Ferro | $10 \times 10^{-8}$ |
| Carbonio | $3{,}6 \times 10^{-5}$ |
| Argento | $1{,}6 \times 10^{-8}$ |

La resistenza di un conduttore ohmico si può esprimere in termini di conduttività, indicata con σ (= 1/ρ):

$$R = \frac{\rho}{\sigma A}$$

I conduttori possono essere collegati in serie oppure in parallelo. La resistenza di conduttori collegati in serie è uguale alla somma delle resistenze dei singoli conduttori. Il reciproco della resistenza di conduttori collegati in parallelo è pari alla somma dei reciproci delle resistenze dei singoli conduttori.

### Effetto termico della corrente elettrica

Il passaggio di cariche elettriche in un conduttore dotato di una determinata resistività ha un effetto termico, ovvero al passaggio di una corrente elettrica il conduttore tende a produrre calore.
Questo effetto è chiamato **effetto Joule** ed è regolato dalla seguente legge:

$$Q = Ri^2 \Delta t$$

cioè la quantità di calore prodotto in un conduttore percorso da corrente è direttamente proporzionale a:

- la resistenza;
- il quadrato dell'intensità di corrente;
- l'intervallo di tempo durante il quale passa la corrente.

Questo effetto, indesiderabile per alcuni dispositivi come un motore elettrico o una lampada, è alla base del funzionamento di tutti quei dispositivi che producono calore mediante corrente elettrica, quali una stufa, un asciugacapelli, un fornello. L'effetto Joule è la causa dei danni che possono essere provocati dal passaggio di una corrente elettrica di forte intensità in un conduttore che non è in grado di sostenerla, la produzione di calore può raggiungere alti livelli innescando una combustione. In genere la resistività di un conduttore aumenta al crescere della temperatura, al contrario la resistività di un semiconduttore diminuisce.

### Effetto chimico della corrente elettrica

È noto che l'acqua pura è un cattivo conduttore, invece le soluzioni acide, basiche o saline sono dei buoni conduttori. In una soluzione di questo tipo avviene una dissociazione elettrolitica, ovvero la sostanza disciolta si dissocia negli ioni costituenti. Se in una soluzione salina, ad esempio, di cloruro di sodio (NaCl) si immergono due elettrodi, il catodo negativo, l'anodo positivo, ad una determinata differenza di potenziale, gli ioni positivi $Na^{++}$ si dirigono verso il catodo, viceversa gli ioni negativi $Cl^-$ si dirigono verso l'anodo. Una volta giunti sui rispettivi elettrodi acquistano o cedono elettroni e si producono molecole stabili di cloro e di sodio che si depositano sugli elettrodi (Fig. 7.15). Questo effetto chimico della corrente elettrica è alla base di una tecnica, la *galvanotecnica*, che permette di ricoprire un oggetto metallico con uno strato di metallo diverso, a seconda del metallo impiegato si parla di zincatura, nichelatura, ramatura, etc.

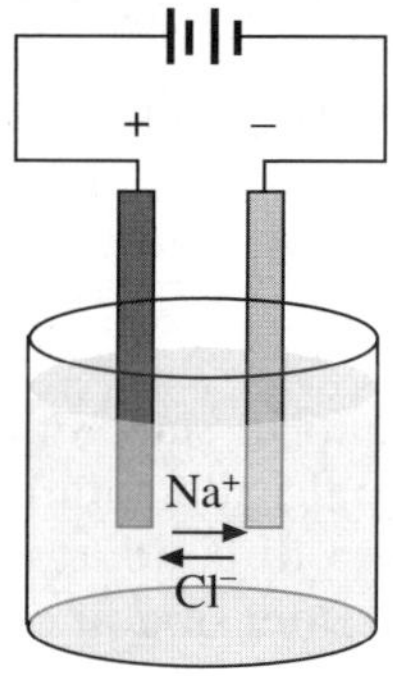


• **Figura 7.15** Schema rappresentativo di una pila.

## 7.10 • Magnetismo

Fin dall'antichità è nota la proprietà magnetica di alcuni minerali, come la magnetite, capaci di attrarre pezzetti di ferro posti nelle vicinanze. Il termine magnete deriva da Magnesia, la città nella quale si estraeva il minerale. È stato possibile, successivamente, magnetizzare sostanze quali il ferro o l'acciaio. Il magnete (o calamita) presenta due zone nelle quali la capacità di attrazione è più evidente, il polo nord e il polo sud. Poli dello stesso tipo si respingono, poli opposti si attraggono. Contrariamente a quanto avviene per le cariche elettriche, non è possibile separare i due poli.
Un magnete, nello spazio circostante, crea un campo magnetico $\vec{B}$ . Il campo può essere visualizzato con una serie di piccoli aghi magnetici che, liberi di ruotare, si dispongono lungo le linee di forza del campo. Un campo magnetico particolare è quello terrestre, scoperto da W. Gilbert (1544-1603). Il campo magnetico terrestre ha i poli magnetici nord e sud posizionati in prossimità dei poli geografici nord e sud.

Vi sono prove che i poli del campo magnetico terrestre si sono invertiti più volte nel corso della storia del nostro pianeta, attraverso l'analisi di rocce fossili.

### 7.10.1 • Effetto magnetico della corrente elettrica

Nel 1820 Oersted scoprì un'interazione tra corrente elettrica e il campo magnetico: osservò che in un **filo**, in cui fluisce una corrente, si genera un campo magnetico disposto perpendicolarmente al conduttore con linee di forza concentriche. L'intensità del campo magnetico è data dalla seguente **legge di Biot-Savart**:

$$B = k\frac{i}{d}$$

cioè il campo è direttamente proporzionale all'intensità della corrente elettrica che circola nel filo ed è inversamente proporzionale alla distanza dal filo stesso. L'intensità del campo magnetico viene misurata in Tesla (T).
Quando il conduttore è una **spira circolare**, percorsa da una corrente elettrica, si crea un campo magnetico, che al centro della spira è perpendicolare al piano della spira stessa.
Se affianchiamo un certo numero di spire circolari, percorse da una corrente elettrica, otteniamo un **solenoide**. Il campo magnetico generato da un solenoide è paragonabile a quello di un magnete rettilineo. Se introduciamo un cilindro di ferro all'interno di un solenoide e misuriamo l'intensità del campo magnetico, si nota un incremento dell'intensità; viceversa, se il cilindro è di rame, si rileva un decremento. A tale scopo si introduce il concetto di *permeabilità magnetica* relativa:

$$\mu_r = \frac{B}{B_0}$$

dove $B_0$ è l'intensità del campo magnetico nel vuoto e $B$ è l'intensità nel mezzo. La permeabilità esprime l'attitudine di una sostanza a lasciarsi magnetizzare. Le sostanze vengono classificate a seconda se la loro permeabilità magnetica è maggiore o minore di 1.

| Sostanza | Permeabilità | Tipo |
|---|---|---|
| Ferro | 150 | Ferromagnetica |
| Alluminio | 1,000022 | Paramagnetica |
| Platino | 1,0003 | Paramagnetica |
| Argento | 0,999981 | Diamagnetica |
| Rame | 0,999990 | Diamagnetica |

Un'applicazione molto utile di questi ultimi due fenomeni è l'elettrocalamita o elettromagnete.
Esso è formato da una bobina al cui interno è presente un cilindro di materiale ferromagnetico. Al passaggio della corrente elettrica il dispositivo si comporta come un magnete generando un campo, alla sua interruzione il campo torna ad essere nullo.

Una particella carica in moto in un campo magnetico è soggetta ad una forza (detta di Lorentz) che tende a modificarne la traiettoria, in particolare la **forza di Lorentz** ha:

- l'intensità proporzionale alla velocità della carica;
- l'intensità che dipende dall'angolo che il vettore velocità forma con il vettore campo magnetico;
- direzione perpendicolare al piano individuato dai vettori velocità e campo magnetico.

Un'applicazione pratica di questo fenomeno è il **motore elettrico**. Una spira (meglio una bobina, cioè una serie di spire contigue) percorsa da una corrente elettrica posta in un campo magnetico è soggetta ad un momento torcente che la fa ruotare, finché la sua superficie non si dispone perpendicolarmente al campo magnetico, posizione in cui il momento è nullo; grazie però ad un accorgimento che è in grado di invertire il senso di percorrenza della corrente, il momento torcente agisce in modo continuo, la spira, quindi, riesce a ruotare con continuità. Il motore elettrico trasforma l'energia elettrica in lavoro meccanico.
Altre applicazioni sono strumenti di misura di grandezze elettriche e strumenti scientifici come lo spettrometro di massa, in grado di misurare la massa di una particella elettricamente carica.

### 7.10.2 • Induzione

Un fenomeno inverso a quello precedentemente descritto è l'induzione. In un circuito formato da una bobina cava e da un galvanometro (o un microamperometro) non circola corrente elettrica, non appena viene inserito un magnete all'interno della bobina, circola una corrente chiamata *corrente indotta*. Questa corrente è presente fin quando il magnete è in movimento, nel momento in cui il magnete si ferma, la corrente cessa di fluire. Se il magnete inverte il proprio movimento, anche la corrente inverte il proprio verso. Il fenomeno è presente anche se a muoversi è la bobina e il magnete è fermo.
Le leggi che regolano questo fenomeno sono due.

**La legge di Faraday.** La differenza di potenziale indotta in un circuito è direttamente proporzionale alla variazione del flusso magnetico ed inversamente proporzionale all'intervallo di tempo in cui avviene la variazione di flusso.

**La legge di Lenz.** Una corrente indotta circola in un verso tale da creare un campo magnetico indotto che si oppone alla variazione di flusso del campo magnetico che l'ha generato.
Un'importante applicazione del fenomeno della corrente indotta è la *dinamo* o l'*alternatore*: un magnete rotante all'interno di una bobina genera nel conduttore una corrente elettrica. Lo stesso effetto si ottiene con una bobina rotante in un campo magnetico statico. La dinamo o l'alternatore trasformano l'energia cinetica di rotazione in corrente elettrica.
La *corrente* che si ottiene da dispositivi del genere può essere *continua* ovvero scorre sempre nello stesso verso, oppure può essere *alternata*, ovvero cambia verso nel tempo. La corrente alternata cambia verso ogni mezzo periodo di rotazione del dispositivo, quindi anche parecchie volte al secondo, la corrente alternata distribuita in Europa ha una frequenza di 50 Hz.

La corrente prodotta con questi dispositivi e poi distribuita per uso domestico ed industriale è di tipo alternata per due buoni motivi:
1. è tecnicamente vantaggiosa in quanto è possibile, attraverso particolari dispositivi ad alto rendimento (chiamati trasformatori), ottenere correnti con differenze di potenziale diverse da quella distribuita;
2. è economicamente vantaggiosa, in quanto si riducono i costi di perdite per effetto Joule e i costi delle linee di trasmissione.

## 7.11 • Le onde elettromagnetiche

Per quanto detto in precedenza, risulta che: la variazione del campo elettrico genera un campo magnetico variabile perpendicolare a quello elettrico, la variazione del campo magnetico genera, a sua volta, un campo elettrico variabile perpendicolare al campo magnetico.
Questo fatto implica che nella regione di spazio possono essere presenti due campi variabili, uno magnetico ed uno elettrico, perpendicolari l'uno all'altro, intimamente legati. Questo *campo* particolare è detto *elettromagnetico.*
Questo campo si propaga nello spazio, come un'onda, con una velocità finita pari, nel vuoto, a circa $3 \cdot 10^8$ m/s, questa velocità prevista teoricamente da James Clerk Maxwell (1831-1879) è uguale a quella della luce, da qui nacque l'ipotesi che la luce fosse un fenomeno elettromagnetico.
Le onde elettromagnetiche:
- sono onde trasversali;
- hanno i vettori campo magnetico ed elettrico che oscillano in direzioni perpendicolari tra loro e rispetto alla direzione della propagazione;
- si propagano sia nel vuoto che in un mezzo materiale;
- subiscono fenomeni quali: la riflessione, la rifrazione, la diffrazione, l'interferenza;
- trasportano energia.

**Spettro elettromagnetico.** Si conviene suddividere lo spettro delle frequenze delle onde elettromagnetiche in questo modo:

| Nome | Frequenza | Tipo sorgente |
|---|---|---|
| Onde lunghe | $10^3 - 10^5$ | Radio |
| Onde medie | $10^6$ | Radio |
| Onde corte | $10^7$ | Radio – Tv |
| Onde ultracorte | $10^8 - 10^{10}$ | Tv |
| Microonde | $10^{11}$ | Radar |
| Infrarosso | $10^{12} - 10^{14}$ | Corpi caldi |
| Visibile | $4 \cdot 10^{14} - 8 \cdot 10^{14}$ | Luce visibile |
| Ultravioletto | $8 \cdot 10^{14} - 10^{17}$ | Emissioni atomiche |
| Raggi X | $10^{17} - 10^{19}$ | Urti particelle alta energia |
| Raggi gamma | $10^{19} - 10^{23}$ | Decadimenti nucleari |

### 7.11.1 • La luce

La luce è un'onda elettromagnetica. All'inizio del XIX secolo si riteneva che la luce fosse costituita da un flusso di particelle emesse da una sorgente di luce. Questa teoria, definita corpuscolare della luce, venne suggerita da Isaac Newton che poté così dare spiegazione su alcuni fenomeni collegati alla luce (come la rifrazione e la riflessione). Ma più tardi fu individuata anche una natura ondulatoria per la luce, che spiegasse i fenomeni collegati. Quindi i fenomeni che interessano la luce hanno una natura duplice: ondulatoria e corpuscolare. Un primo tentativo di determinare la velocità della luce fu fatto da Römer nel 1676, un risultato molto più attendibile si ottenne nel 1848 da Fizeau, oggi la velocità della luce è stimata circa 299 792 458 m/s. In genere si utilizza il valore $3{,}0 \cdot 10^8$ m/s, cioè 300.000 km/s.

#### La riflessione

Un raggio di luce che incontra sul suo cammino una superficie riflettente (uno specchio) si riflette, cioè il raggio inverte la sua traiettoria (Fig. 7.16).
La riflessione è basata su due leggi, dovute a René Descartes (Cartesio, 1596-1650):

- il raggio incidente, il raggio riflesso, la perpendicolare alla superficie nel punto di incidenza si trovano nello stesso piano;
- l'angolo di riflessione è uguale all'angolo di incidenza.

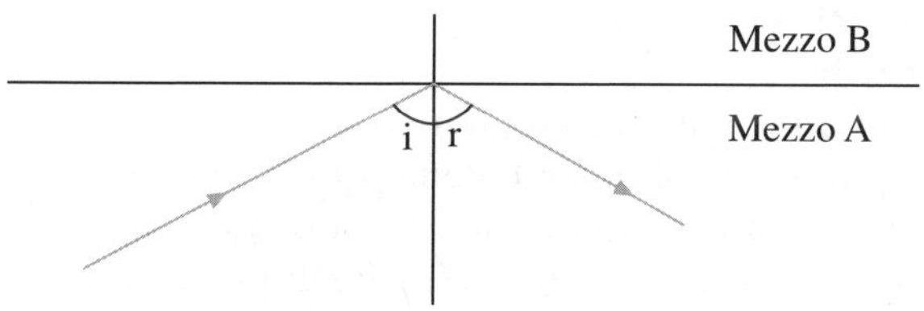


• **Figura 7.16** Riflessione della luce.

#### La rifrazione

Un raggio di luce che attraversa due mezzi trasparenti subisce una deviazione. Il raggio deviato nel secondo mezzo si chiama raggio rifratto, l'angolo che forma con la retta normale alla superficie viene detto angolo di rifrazione (Fig. 7.17).

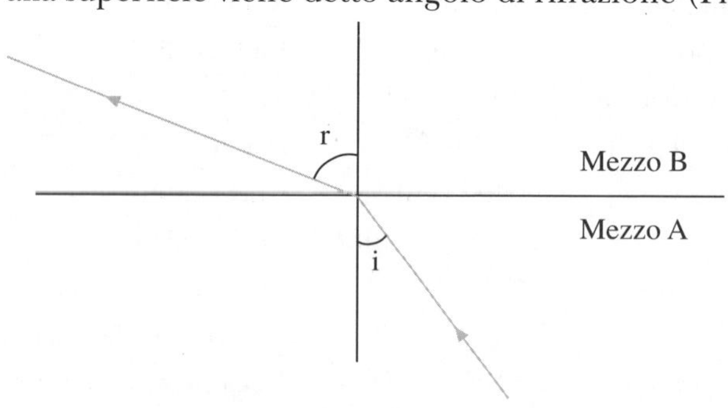


• **Figura 7.17** Rifrazione della luce.

L'angolo di incidenza a cui corrisponde un angolo di rifrazione di 90° viene detto angolo limite. Se un raggio di luce incide con un angolo superiore all'angolo limite, il raggio di luce viene riflesso totalmente, cioè non si propaga nel secondo mezzo. Un'applicazione della riflessione totale è la *fibra ottica*. La luce penetra nella fibra con un angolo maggiore dell'angolo limite e viene riflessa totalmente, raggiungendo la parete opposta con un angolo di incidenza ancora maggiore dell'angolo limite, viene riflessa e prosegue il proprio cammino subendo altre riflessioni totali. In questo modo la luce si trasmette nel mezzo. Alcuni dispositivi che si basano su questa proprietà vengono utilizzati per trasmettere dati oppure nel campo medico.
Un fascio di luce bianca che attraversa un prisma viene rifratto due volte (Fig. 7.18). Il fascio di uscita si presenta scomposto in sette fasci che hanno colori diversi: rosso, arancio, giallo, verde, azzurro, indaco, violetto. Questo fenomeno si chiama **dispersione** e consente di scomporre la luce bianca nei suoi colori componenti, la distribuzione dei colori viene chiamata spettro.

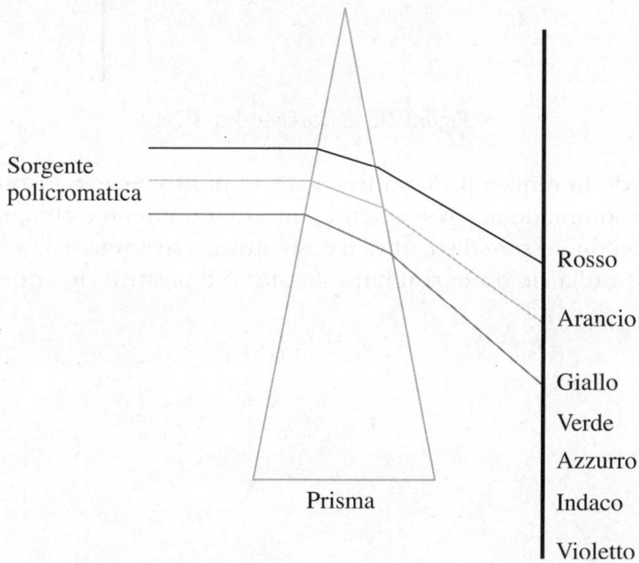


• **Figura 7.18** Scomposizione della luce per mezzo di un prisma.

### La diffrazione

Quando la luce attraversa una fenditura di dimensioni confrontabili con la sua lunghezza d'onda in uno schermo opaco, si diffrange, cioè si propaga come un'onda al di là dello schermo (Fig. 7.19).

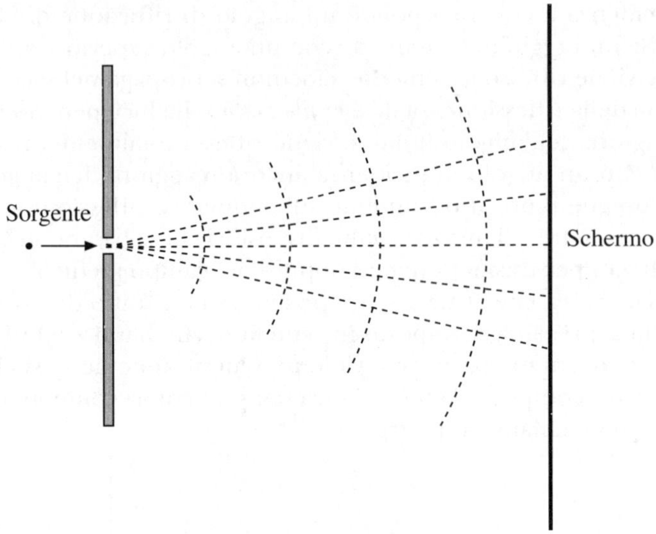


• Figura 7.19 Diffrazione della luce.

Quando due onde luminose passano nello stesso punto, esse si sovrappongono e le loro ampiezze si sommano algebricamente, questo fenomeno è chiamato **interferenza**. L'interferenza può essere distruttiva o costruttiva, a seconda se la somma algebrica delle ampiezze è nulla (le onde risultano sfasate) o è positiva (le onde sono in fase o allineate).

# CAPITOLO 8
# Cultura religiosa

La religiosità deve essere considerata a partire dallo sviluppo dell'intelligenza dell'uomo primitivo e dall'evoluzione del suo modo di rapportarsi col mondo circostante e collocarsi nella natura in una posizione appropriata, per entrare in relazione con i ritmi e le forze che la regolano. È anzitutto un fatto culturale in quanto appartiene a ciò che non è strettamente biologico e che rende l'uomo sempre più diverso dagli altri esseri viventi. L'uomo quindi rapportandosi con ciò che sta dentro e ciò che è fuori da sé, arriva a scoprire che la realtà percepibile va oltre i cinque sensi e oltre la sua relazione con la realtà che lo circonda, in cui egli deve inserirsi per vivere e sopravvivere, cercando un equilibrio mentale tra la consapevolezza di sé e la realtà circostante, per riuscire a convivere con le ansie e le paure suscitate dai fenomeni importanti dell'esistenza (morte propria o di persone care) che richiedono una spiegazione. È così che intuisce la presenza del sacro e sono questi i fattori che lo stimolano nella ricerca di elementi soprannaturali.
È quindi la contraddizione tra desiderio di vita piena – felicità, pace, giustizia – ed esperienza costante di limiti ad essa – morte, dolore, peccato – che ha favorito la ricerca di un "luogo" concreto, il sacro, dove l'uomo possa incontrare la divinità per ottenere la salvezza dalle proprie sofferenze.
Pur nelle sue diverse manifestazioni la religione è stata sempre presente nella coscienza e nelle preoccupazioni degli uomini, all'inizio riguardava l'individuo, poi la natura sociale dell'uomo ha spinto le comunità a incontrare la divinità assieme agli altri attraverso momenti adatti all'incontro con il divino, in un ambiente (luoghi) e tempi (festività) specifici (sacri) con connotati simbolici attraverso i quali poter intuire immediatamente un valore che va oltre la sua apparenza materiale.
Ogni religione offre agli uomini una via di salvezza dal male affidandosi all'insegnamento della divinità, che già gode di una vita piena e può offrirla anche agli uomini, trovando finalmente la pace.

## 8.1 • Religione

### 8.1.1 • Cristianesimo cattolico

#### Denominazione

Il Cristianesimo è l'insieme delle Chiese che, pur differenziandosi tra di loro, professano la fede in Gesù di Nazareth, Figlio di Dio, incarnato, morto e risorto: il Cristo (dal greco: l'Unto, il consacrato del Signore). E proprio da questo attributo di Gesù, che ne evidenzia la funzione messianica, i suoi seguaci furono indicati con il nome di cristiani. Intorno all'anno 50 (d.C.) "ad Antiochia per la prima volta i discepoli furono chiamati cristiani" (At 11, 26).

Il Cristianesimo attualmente è la più importante tra le religioni quanto a numero di seguaci e a diffusione geografica. I seguaci del Cristianesimo sono organizzati in diverse Chiese e comunità differenziate tra loro in base alla 'confessione', cioè alla professione di fede. Appartengono al cristianesimo la chiesa cattolica, le chiese orientali, le chiese protestanti (che si dividono in luterane, calviniste, metodiste, battiste...) e la chiesa anglicana.
La definizione 'Cattolica' deriva dal greco *katholicòs* cioè 'riguardante tutti, universale'e compare già all'inizio del secondo secolo in Ignazio d'Antiochia in riferimento alla Chiesa istituita da Cristo nel suo complesso. Se inizialmente il termine sottolineava questa dimensione universale, 'per tutti, tale da comprendere al suo interno le singole parti', in seguito viene ad indicare la 'retta fede' in contrapposizione a gruppi scismatici ed eretici. Storicamente della qualifica di 'cattolica' si appropria la Chiesa d'occidente (latina) e questa caratteristica la definisce nella professione di fede con altre tre proprietà: Una, Santa e Apostolica. Attualmente la Chiesa cattolica è la più numerosa.
Le diversificazioni sono presenti anche nella chiesa cattolica: esistono delle 'Chiese particolari' che, pur essendo unite alla Chiesa di Roma dalla stessa fede, dagli stessi sacramenti e dal comune riconoscimento del primato papale, si discostano da questa perché seguono tradizioni liturgiche proprie.

### Simboli

Il termine "simbolo" deriva da un verbo greco, *sym-ballo*, che significa "mettere insieme, congiungere, unire". Da un punto di vista religioso il simbolo permette un collegamento tra il visibile e l'invisibile, tra l'umano e il divino, e testimonia il legame tra i due soggetti. Grazie al simbolo le persone che vivono nel mondo materiale possono entrare in collegamento col mondo sacro, ossia con ciò che resterebbe nascosto se non avessero a disposizione una "chiave" di collegamento reale, visibile, percepibile.
Il sacro si rende attuale attraverso il simbolo cui si accede tramite l'apertura intuitiva, come se fosse un senso ulteriore che sa vedere oltre ciò che appare, che sa intuire il significato misterioso che va al di là dell'oggetto in sé. Il simbolo permette quindi al divino di rilevarsi e viceversa permette all'uomo di partecipare (prendere parte) al divino.
La croce, durante i primi decenni del Cristianesimo, non venne considerata uno dei simboli della religione perché ancora usata come strumento di esecuzione capitale, come patibolo. Per la Cristianità la croce iniziò a comparire in alcune chiese attorno alla metà del III secolo, ma sarà solo sotto Costantino I (IV secolo) che avrà la sua maggiore diffusione ed impiego come simbolo Cristiano.
La **croce** è comunemente accettata come simbolo ufficiale del cristianesimo: essa ricorda il sacrificio di Cristo e la fede in un Dio Uno e Trino, rappresenta la Redenzione che Gesù Cristo ha indicato agli uomini credenti come modo per arrivare alla vita eterna dopo la morte. Il crocefisso cattolico porta spesso il corpo di Cristo appeso al legno della croce.

Al centro del crocifisso la faccia di Cristo diventa punto di riferimento per il credente che lo contempla. Nella croce ci sono quattro chiodi: 2 infissi nelle mani, 1 nei piedi e l'altro sostiene il cartello INRI, al fine di fissare l'attenzione sulla persona di Cristo come vittima sacrificale che fa convergere su di sé gli uomini da tutte le direzioni. Il crocifisso abbraccia tutta l'umanità e la solleva verso il Padre che dona la vita eterna. La croce quindi simboleggia la scala per salire a Dio, come gli alberi che avvicinano al cielo. Come nelle culture antiche la croce è stata sempre simbolo di vita, l'albero della croce diviene il nuovo albero della vita che offre Cristo quale cibo e bevanda per la vita eterna (come avviene nell'Eurcarestia, durante la quale i cristiani vedono il frutto del nuovo albero della vita – la croce –, il corpo e il sangue di Cristo consacrati).
Il cristianesimo è pieno di simboli, di cui oggi la croce rappresenta il simbolo ufficiale, ma nei primi secoli del cristianesimo al suo posto (per i motivi già summenzionati) venivano usati una varietà di simboli, ancora oggi in uso. Tra i principali che ricordiamo vi sono:

- il **monogramma di Cristo**, introdotto dall'Imperatore Costantino, formato dalle iniziali greche maiuscole di Cristo, la X (Chi) e la Ro (P) incrociate insieme, che inizia a trovarsi sui sarcofagi cristiani a partire dal III secolo in contesti di uso privato e indicava che il defunto era cristiano;
- il **pesce**, che in greco si dice *ictus*, le cui lettere poste verticalmente formano un acrostico che sta per: *Iesùs Christòs Theòu Uiòs Sotèr* = Gesù Cristo Figlio di Dio Salvatore. Nei primi secoli dopo Cristo il pesce era un simbolo con cui i romani marcavano posti di riunioni o di tombe o lo usavano anche per distinguere gli amici dai nemici come segno di riconoscimento (quando un cristiano incontrava uno straniero per strada tracciava per terra un arco e se lo straniero lo completava con un arco opposto si identificava anche lui come cristiano);
- la **colomba**, simbolo della pace divina dell'anima ma anche simbolo dello Spirito Santo (si posa su Gesù al momento del battesimo sul Giordano);
- la **lampada** è il simbolo della luce divina, della saggezza e di Cristo, luce del mondo;
- la **palma**, con il suo fogliame sempre verde che simboleggia la longevità e la vita eterna;
- l'**agnello**, simbolo di Cristo, nuovo agnello pasquale, che con il sangue versato sulla croce garantisce la salvezza a tutti gli uomini;
- il **pane**, quale simbolo della vita, "*Io sono il pane della vita*" dice di sé Gesù, simbolo del corpo di Cristo, spezzato e condiviso nell'eucaristia, è il nutrimento del cristiano, che diventa così una sola cosa con il Cristo Gesù; e il **vino** simbolo del sangue di Cristo, versato in rimessione dei peccati degli uomini.

### Diffusione

Su una popolazione mondiale di oltre sei miliardi di persone, i cristiani sono circa 2.254.848.000; tra loro i cattolici sono poco più di un miliardo (il 17,4% del totale).

### Culto

Il culto cattolico si articola soprattutto attorno ai **Sacramenti**: Battesimo, Confermazione, Eucarestia, Riconciliazione, Matrimonio, Ordine Sacro, Unzione dei malati. La

celebrazione dell'Eucarestia, vertice della liturgia e del culto cattolico, è memoria e attualizzazione del mistero pasquale di Cristo, della sua passione, morte e resurrezione. Per i cattolici il pane e il vino sono realmente il corpo e il sangue di Cristo (dottrina della *transustanziazione*). Il culto cattolico viene celebrato particolarmente nella Chiesa. Il sacramento è un segno efficace per la salvezza, dal male e dal peccato, che Dio dona ai credenti attraverso la morte in croce e la resurrezione di Cristo. L'efficacia del sacramento viene garantita dalla fede, attraverso la quale il credente raccoglie i benefici della grazia sacramentale. I sacramenti vengono offerti dalla Chiesa e sono resi efficaci dalla presenza dello Spirito Santo che scende su tutta la comunità cristiana.
In greco sacramento viene detto *mysterion*, forse a sottolineare che resta un'azione divina non comprensibile all'uomo, segno della grazia divina che opera nei simboli dell'acqua, del pane, del vino, dell'olio consacrato, ecc. Il fedele crede che se Cristo è risuscitato dai morti allora sarà certamente in grado di donare ai fedeli la salvezza attraverso i sacramenti, che sono appunto i mezzi per entrare in contatto con Dio ed ottenere il beneficio della sua presenza.

### Feste

La *Pasqua*, che ricorda la resurrezione di Cristo, è la più importante festa cristiana ed è celebrata la domenica successiva all'inizio della festività ebraica di Pesach. Il *Natale*, che ricorda la nascita di Cristo, è celebrato il 25 dicembre. La *Pentecoste* ricorda la discesa dello Spirito Santo sugli apostoli riuniti nel Cenacolo e si celebra cinquanta giorni dopo la Pasqua. L'*Ascensione* ricorda la salita in cielo di Gesù dopo la sua Resurrezione. Oltre a queste feste, comuni a tutti i cristiani, i cattolici celebrano ricorrenze specifiche, per esempio delle festività dedicate alla Madonna. Inoltre, ogni giorno i cattolici ricordano determinati santi che sono celebrati comunitariamente il 1° Novembre.

### Dottrina

Il Cristianesimo è una religione nata in Palestina nel primo secolo e diffusasi in seguito nell'area greco-romana per opera di Paolo di Tarso. È diventata poi una delle grandi religioni mondiali, prima in Europa e poi anche al di fuori di essa. Per i cristiani Gesù è il Figlio di Dio, il Messia atteso dagli ebrei, la seconda persona della Trinità, formata dal Padre, dal Figlio e dallo Spirito Santo. La fede cristiana ha stretti legami con la fede degli Ebrei: Gesù era ebreo, e nella fede di Israele ha vissuto ed è morto. Il testo sacro degli Ebrei (la Bibbia) è, infatti (con l'aggiunta dei Vangeli canonici, delle lettere di Paolo e di altri scritti), il testo di riferimento dei cristiani.
Il Dio padre di Gesù Cristo, che ha fatto risorgere dalla morte il suo figlio per la redenzione dell'umanità, è lo stesso Dio degli Ebrei. Inizialmente i Romani non percepirono una particolare differenza fra l'ebraismo e il cristianesimo. Pensavano si trattasse di una delle numerosissime sette mistiche di stampo orientale. Esse trovavano grande seguito a causa delle misere condizioni di vita alle quali erano costretti ampie fasce della popolazione. I culti misterici orientali offrivano un impianto religioso consolatorio, basato sul contatto diretto con la divinità e sulla promessa di una vita ultraterrena migliore. Tuttavia, il cristianesimo andava ben oltre questa impostazione, e ciò sfuggì agli storici romani dell'epoca.

Il cristianesimo è una religione **monoteista** non individualistica, ma **comunitaria**, fondata su ideali di **egualitarismo** e **fratellanza**, secondo criteri solidaristici del tutto innovativi per l'epoca.
è una **fede interiore**, prima ancora che esteriore, priva del carattere strumentale-pragmatico che era invece tipico della religione Romana. Essa è libera dal raggiungimento di scopi materiali. L'unico obiettivo che si prefigge il cristiano è la salvezza della propria anima.
Il cristianesimo non è una religione nazionale, ma **universale**, indirizzata a "tutti i popoli della Terra".
Nel corso dei secoli, per motivi teologici, dottrinali, storici, politici, la comunità cristiana si è divisa in una molteplicità di gruppi, che però si riconoscono tutti nell'essenziale della fede. In comune con gli ortodossi i cattolici hanno il culto dei santi.
Il papa, chiamato anche "Santo Padre" o "Sommo Pontefice", è riconosciuto dai cattolici come successore di Pietro e vescovo di Roma, con preminenza su tutti gli altri vescovi e quindi rivestito di una missione universale. Nel 1870 il Concilio Vaticano I ha proclamato il dogma dell'infallibilità pontificia, chiarito meglio nel Concilio Vaticano II, nel quale si sottolineò che l'infallibilità risiede anche nel corpo dei vescovi quando esercitano la missione di insegnare al più alto livello in unione con il successore di Pietro.

### Organizzazione

- *PAPA:* è la stessa parola (padre) che ha prodotto *papa* e *pope*. Il vescovo di Roma, eletto dai cardinali, rivendica un primato sulle altre chiese. L'*enciclica* è una lettera di carattere dottrinale o pastorale, abitualmente redatta in latino, che il papa indirizza ai vescovi di tutto il mondo e, attraveso loro, ai fedeli.
- *VESCOVO:* il vescovo è considerato come il successore degli apostoli. È il pastore supremo della sua diocesi. Nominato dal papa, egli ordina i sacerdoti e i diaconi e amministra la Confermazione.
- *DIOCESI:* circoscrizione amministrativa della Chiesa Cattolica al vertice della quale sta un vescovo.
- *CARDINALE:* membro del Sacro Collegio che elegge il papa e da lui nominato. Originariamente, un cardinale era titolare di una chiesa di Roma.
- *PARROCCHIA:* divisione territoriale attribuita a un parroco. Le parrocchie sono raggruppate in decanati.
- *SACERDOZIO:* è l'esercizio di una funzione sacra. Nel Cristianesimo, tutti i battezzati partecipano a questa funzione sacra di testimoniare Gesù Cristo. Per i cattolici attraverso il sacramento dell'Ordine si assume un ruolo (ministero) particolare.

### Morale

Vivere secondo una morale cristiana significa conformarsi all'esempio di Gesù e imitarlo nei suoi comportamenti.
Nato a Betlemme fra il 7 e il 2 a.C., Gesù di Nazareth iniziò la sua predicazione in tutta la Palestina all'età di trent'anni. Si trattava di una **predicazione rivoluzionaria** per l'epoca, perché sanciva l'**uguaglianza** davanti a Dio di tutti gli uomini, la **fratellanza**, un rapporto padre-figli fra Dio e gli uomini. In più, Gesù predicava la **libertà** degli

uomini e l'**amore**, per Dio e per il prossimo, anche se nemico. Per quanto riguarda le autorità romane, la pericolosità della predicazione di Gesù risiedeva:

- principalmente nell'innovativa **divisione fra potere temporale e potere spirituale**, secondo l'indicazione "Date a Cesare quel che è di Cesare e a Dio quel che è di Dio",
- ma anche nel suo essere spirituale e trascendentale.

La nuova predicazione, infatti, rifacendosi al misticismo orientale, non era ancorata al pragmatismo e all'utilitarismo religiosi tipici del paganesimo romano. Nell'antica Roma la devozione agli dèi era offerta per ottenerne, in cambio, dei benefici materiali. La predicazione di Gesù, invece, non incoraggiava il materialismo. Le sofferenze e le difficoltà andavano viste come dei passaggi obbligati, da affrontare attraverso la fede in Dio e nella speranza della risurrezione.

### Libri sacri

Il testo di riferimento dei cristiani è la **Bibbia**, una raccolta di testi scritti in più di mille anni in situazioni storiche e culturali molto diverse. Consta di due parti disuguali: la prima, chiamata "Antico Testamento", corrisponde ai trentanove libri della Bibbia ebraica con l'aggiunta però di sette libri chiamati "deuterocanonici" (Tobia, Giuditta, Sapienza, Ecclesiastico, Baruc, Maccabei I e Maccabei II).
Tra la metà e la fine del I secolo d.C. furono scritti i **4 vangeli canonici**, ossia quelli riconosciuti ufficialmente dalla Chiesa attribuiti agli Apostoli Matteo e Giovanni e ai discepoli Luca e Marco. I Vangeli di Matteo, Marco e Luca sono detti **sinottici**. Messi a confronto fra loro su colonne parallele, ci si può rendere conto che i fatti narrati sono più o meno gli stessi per tutti e tre gli evangelisti, anche se declinati in forme leggermente diverse e secondo un ordine cronologico non sempre identico. Quello di Giovanni, scritto attorno al 100 d.C., a differenza degli altri, pone l'accento sull'**essere divino** di Gesù. Tutti gli altri furono dichiarati **apocrifi** già nel II secolo e pertanto, da allora, non sono stati più presi in considerazione sul piano dottrinario.
Ai quattro Vangeli si aggiungono gli **Atti degli Apostoli**, il libro attribuito a Luca, in cui si narrano le gesta delle prime comunità cristiane, e le **Lettere**, scritte per lo più da Paolo di Tarso, un ebreo convertito al cristianesimo. Egli, pur non avendo mai conosciuto Gesù, si adoperò in un'infaticabile opera di evangelizzazione in tutto l'Impero. Infine, l'Apostolo Giovanni scrisse l'**Apocalisse**, un testo caratterizzato da visioni simboliche sul paradiso e la fine del mondo.
I Vangeli, gli Atti degli Apostoli, le Lettere e l'Apocalisse sono i libri sacri del cristianesimo e compongono il **Nuovo Testamento**. Insieme ai libri della tradizione ebraica, quelli dell'Antico Testamento, formano la Bibbia.
In tutto l'Impero nacquero numerose **comunità**, dirette da **presbiteri** ai quali si affiancavano dei ministri detti **diaconi**. Gli Apostoli, i più stretti discepoli di Gesù, fornivano ai presbiteri le direttive sulla dottrina e l'amministrazione delle chiese. La struttura della nuova religione si fece via via più articolata. Un certo gruppo di chiese fu raggruppato territorialmente in **diocesi**, dirette dai **vescovi**, ossia dai successori degli Apostoli. Ovviamente all'inizio non esisteva un'unica chiesa universale. Ogni chiesa locale assunse **caratteri peculiari** sia sul piano dottrinario, sia su quello formale, che nei secoli successivi sarebbero stati annullati solo tramite i **concili**, assemblee straordina-

rie dei vescovi attraverso le quali si delineano le linee guida che i fedeli e i religiosi devono seguire per non essere esclusi dalla vita dell'unica Chiesa.

### Aspetti storici del cristianesimo

Tra la fine del I secolo e l'inizio del II, il cristianesimo era una religione ancora minoritaria, sebbene avesse già preso spazio in Palestina e in Asia Minore, oltre che in Egitto, in Italia, in Africa settentrionale, in Gallia e in Spagna con alcune comunità. Le fasce sociali in cui trovò un terreno fertile erano quelle **più povere** e i **ceti medi cittadini**. Nel II secolo il cristianesimo attecchì anche fra coloro che ricoprivano incarichi di responsabilità e che appartenevano alle **classi più ricche**. Nel corso del III secolo la Chiesa era ormai un'**istituzione stabile**, ma la crisi imperiale suggerì agli Augusti di turno di adottare una **politica persecutoria** proprio contro i cristiani, considerati come elemento di disgregazione sociale dello Stato in un momento in cui, invece, sarebbe stato utile restare uniti. Quindi, al di là di una malcelata tolleranza e di sporadici episodi di grave violenza, fu solo nel III secolo che si assistette all'inasprimento della persecuzione contro i cristiani. Particolarmente aggressiva fu la campagna anti-cristiana inaugurata dall'imperatore **Decio**. Il suo governo durò soli due anni, fra il 249 e il 251 d.C., ma ebbe il tempo per istituire delle **commissioni religiose** dinanzi alle quali erano condotti i cristiani o presunti tali. Molti non abiurarono la fede cristiana e finirono incarcerati, torturati e uccisi. La persecuzione riprese violenta sotto **Diocleziano**, imperatore dal 284 al 311, ma terminò subito dopo con **Costantino**. L'**Editto di Milano** del **313** sancì la libertà di culto per tutte le confessioni dell'Impero, ma il provvedimento serviva a favorire principalmente proprio i cristiani. La Chiesa ormai aveva acquisito una propria fisionomia e una propria struttura, religiosa e assistenzialistica. Ancora una volta, però, è da rilevare la superiore forza politica dell'Impero rispetto alla Chiesa. Nel **325**, dinanzi al rischio di pericolose scissioni interne alla Chiesa, fu l'imperatore Costantino a organizzare a **Nicea** il **primo concilio ecumenico**, al quale furono invitati tutti i vescovi della cristianità. In quella sede, fu dichiarato eretico l'**arianesimo** e fu sancita la totale divinità di Gesù Cristo e la sua completa uguaglianza con Dio. Il Concilio niceno è il primo vero esempio storico di **cesaropapismo**, ossia di intromissione dell'imperatore o del potere temporale nelle questioni spirituali della Chiesa. Nel **380** con l'**Editto di Tessalonica**, per volere dell'imperatore **Teodosio I**, il cristianesimo divenne religione di Stato. La posizione della Chiesa migliorò notevolmente, mentre il cristianesimo ariano si diffuse fra i Goti grazie alla predicazione e alla diffusione della Bibbia da parte del vescovo **Ulfila**.

Man mano che le istituzioni dell'Impero d'Occidente si sgretolavano, la Chiesa diventava l'**unico vero punto fermo della società**. Tuttavia, anche all'interno della Chiesa cominciava a trasparire un lieve solco fra Occidente e Oriente, fra Roma e le comunità orientali, fra il vescovo di Roma e i patriarchi. Venendo meno il primato imperiale in Occidente, la Chiesa romana tentò di prendere il sopravvento politico non solo sull'Occidente, ma anche sulla Chiesa greco-bizantina e sull'imperatore d'Oriente. Il vescovo di Roma, successore del capo degli Apostoli, Pietro, tuttavia non riuscì in questo obiettivo. L'**ortodossia** cristiana, sancita con il concilio di Nicea, stava inconsapevolmente imboccando la via dello **scisma**. Il riconoscimento del primato del vescovo di Roma e della Chiesa romana (**cattolicesimo**) su tutte le altre comunità sarebbe divenuto, qualche secolo dopo, un insanabile motivo di contrasto all'interno della Chiesa cristiana.

La Chiesa assunse, quindi, un ruolo politico assai forte. Nonostante i numerosi episodi di cesaropapismo, nel Medioevo la Chiesa avrebbe acquisito un peso sociale e politico, e non solo spirituale, vincolante persino per i sovrani d'Europa. Qualora i monarchi e gli imperatori avessero tentato di ribadire la loro supremazia sulla Chiesa, si sarebbero accorti a loro spese di quanto forte sarebbe stata l'opposizione di un'istituzione che, con il tempo, da strumento di diffusione di valori come l'amore, la tolleranza e la pace, si era trasformata in elemento di **conservazione del potere**, anche attraverso metodi e strumenti paradossalmente "poco cristiani", come le violente persecuzioni contro gli eretici o le guerre a scopo (ufficialmente) religioso, ma dietro le quali si nascosero torbide motivazioni di ordine politico ed economico.

### Aspetti filosofici del cristianesimo

Quanto la filosofia aveva rappresentato prima dell'avvento del cristianesimo viene adesso a scontrarsi con una realtà del tutto nuova che mette l'indagine filosofica di fronte a una presa di posizione imprescindibile: la **fede**. La religione, infatti, per la sua stessa natura implica l'accettazione di una verità che non è frutto di una ricerca razionale, bensì di una rivelazione, escludendo dunque in parte quell'atteggiamento speculativo tipico della filosofia.
Dalla religione cristiana è nata così la **filosofia cristiana** che non si pone come obiettivo di scoprire nuove verità (come la filosofia antica), né di rinforzare la verità originale del cristianesimo, ma di trovare la via migliore attraverso cui l'uomo può comprendere il messaggio di Cristo e farlo proprio attraverso una rielaborazione dei sistemi filosofici greci.
Nato naturalmente come una religione, il cui culto fu riconosciuto libero al pari delle altre credenze con l'**editto di Costantino** del 313, il cristianesimo si trova ad assumere un vero e proprio mandato di evangelizzazione. Anche in ragione di questo, dal II e dal III secolo d.C. esso comincerà a espandersi e a trovare sempre più luoghi di diffusione.
Naturalmente la stessa filosofia sarà fortemente compromessa dal pensiero cristiano, tanto che per un lunghissimo periodo di tempo, in Europa, qualsiasi riflessione speculativa sarà elaborata da voci cristiane. Ciò è dovuto alla mutata situazione politica e culturale che si viene a configurare con la **caduta dell'Impero Romano d'Occidente** (476 d.C.) che vede lo sfaldamento dello Stato, la nascita di nuove agenzie di potere e l'esclusiva gestione della cultura da parte di tali agenzie, tra cui la Chiesa.

**Approfondimento**
L'**editto di Costantino**, anche detto editto di Milano, venne firmato dall'imperatore d'Occidente Costantino e dall'imperatore d'Oriente Licinio a Milano nel 313. Con tale editto si ergeva qualsiasi religione a religione imperiale: venne cioè sancita la libertà di culto. In realtà esso fu emanato soprattutto per l'emergere incessante dei seguaci del culto dei cristiani: un numero di fedeli che l'impero non poteva certo tralasciare. Pare che lo stesso imperatore Costantino si fosse convertito al cristianesimo, o che fosse devoto a una religione fondata sul culto del **Sol Invictus**, diffusa soprattutto tra Egitto e Medio Oriente, in cui il Sole veniva venerato come una divinità.

Le fonti di elaborazione delle dottrine filosofiche cristiane si basano inizialmente su quel testo da cui la religione cristiana si irradia concretamente: la **Bibbia**. È questo il motivo per cui nei primi secoli dopo la nascita di Cristo fiorisce l'esegesi biblica, ovvero l'interpretazione della Bibbia, da cui si gemmeranno in futuro numerosissime dottrine filosofiche (fino addirittura all'ermeneutica, filone teorico volto alla corretta interpretazione dei testi sacri, oramai lontanissimo dalle sue prime formulazioni cristiane sopravvissuto fino ai giorni nostri).
I temi che possono essere definiti come costitutivi della filosofia cristiana, e che derivano direttamente dalla dottrina religiosa, sono i seguenti:

- il **creazionismo**: come il Demiurgo di Platone il Dio dei cristiani ha creato il mondo per sua spontanea volontà, non per caso o per la sua stessa natura intrinseca (come sosteneva Plotino). Dio avrebbe creato il mondo dal nulla, e questo è il dato innovativo della filosofia cristiana. Tale concezione, infatti, implica una conseguenza che sul piano filosofico deve necessariamente contemplare il passaggio dal non-essere all'essere;
- il **monoteismo**: Dio è uno solo, sostengono i cristiani. Ciò significa che vengono negate tutte le dottrine che professavano o che giustificavano il politeismo e le sue varianti. Viene negata anche l'esistenza di figure ontologicamente mediatrici tra io e il mondo (come era per le ipostasi del neoplatonismo, per esempio);
- l'**antropomorfismo**: Dio crea l'uomo a sua immagine e somiglianza. Ciò significa che egli ha forma umana e che, anche in ragione del suo avere una volontà e una razionalità proprie (seppur perfette), può essere rappresentato figurativamente;
- l'**antropocentrismo**: Dio ha deciso di creare l'uomo, e di affidargli l'enorme privilegio della vita sulla Terra, che è il centro dell'universo. Ciò pone l'uomo in una posizione privilegiata nei confronti della natura e del mondo intero, cosa tra l'altro già definita dalla decisione di Dio di creare l'uomo a propria immagine;
- il **peccato originale**: l'uomo, nonostante il privilegio concessogli da Dio, commette all'inizio dei propri tempi il cosiddetto peccato originale, sancendo così da sé il suo destino. La religione, allora, ha il compito generale di rendere possibile un'espiazione di tale peccato cercando di indicare la possibile strada per il ricongiungimento con Dio. Proprio il peccato originale è infatti alla base dell'esistenza del male in terra, male da cui l'uomo deve liberarsi;
- il **libero arbitrio**: l'uomo, a cui Dio ha concesso la libertà di scegliere come agire e comportarsi, è libero di decidere di sé;
- l'**immortalità dell'anima**: l'uomo è costituito da due realtà, l'anima e il corpo. Il secondo costituisce la realtà terrena e materiale, la prima quella spirituale e immortale, che risponde, dopo la morte, delle azioni commesse dall'uomo nella propria vita terrena.

All'interno di questi paletti, seppur con l'originalità di ogni singolo pensatore, si svilupperanno numerosissime teorie e apporti filosofici, in un clima di contaminazione tra filosofia e religione sconosciuto alla speculazione classica fin dai tempi di Talete.
Il problema che si trovano a dover affrontare i primi pensatori cristiani, definiti **Padri della Chiesa** (la cui filosofia è a sua volta chiamata **Patristica**), è l'elaborazione dottrinale del cristianesimo tesa, soprattutto inizialmente, alla difesa contro gli attacchi dei pagani e delle eresie.
Sotto il termine di Patristica va, genericamente, un estesissimo gruppo di contributi che hanno collaborato alla definizione della dottrina cristiana. Al suo interno esisto-

no alcune differenziazioni anche geografiche (per le quali si distingue una Patristica greca e una latina) e la vastità e la diversità dei contributi impediscono qui di affrontare una descrizione troppo dettagliata, autore per autore. Si dica adesso semplicemente che i primi filosofi cristiani, per un periodo lungo diversi secoli, adempiono a diversi tipi di esigenze:

- istituire un *corpus* religioso attorno alle Scritture (I secolo);
- difendere la dottrina cristiana dalle accuse dei pagani e dalle persecuzioni, spesso anche sanguinose (dal II al III secolo);
- raccogliere l'eredità della filosofia greca e riformulare i grandi temi del dibattito della filosofia (dal III secolo al V secolo);
- imbastire le linee di una filosofia cristiana che giustificasse l'impianto squisitamente religioso e che su questo si adagiasse (dal III secolo al V secolo).

La prima di queste necessità viene soddisfatta dal lavoro dei cosiddetti **Padri Apostolici** autori di *Lettere* in cui vengono illustrati alcuni aspetti della dottrina cristiana senza però trattare ancora temi filosofici. La vera **attività più propriamente filosofica** inizia, infatti, successivamente con i **Padri Apologisti** (II secolo), il cui nome deriva appunto dalla loro dispodizione nello scrivere delle apologie, ossia delle opere in difesa del cristianesimo contro gli attacchi dei pagani. In tali scritti gli apologisti cercano di indagare quali rapporti di continuità esistono tra la dottrina cristiana e la filosofia pagana. Aspetto che viene approfondito dalla **Patristica** vera e propria, quella che cioè elabora fattivamente l'impianto filosofico-teologico del cristianesimo, e che ha inizio dal III secolo in poi, presentando il pensiero cristiano come una sorta di giusto coronamento di quello greco e che in tal modo ha portato alla verità il sapere antico di cui si serve per trarre gli elementi della propria giustificazione.
I temi su cui si sviluppa il dibattito nell'ambito della Patristica riguardano in particolar modo:

- la definizione dell'uomo e della sua natura;
- l'essenza di Dio, di Cristo e della Trinità.

Nel primo caso, in linea con le assunzioni generali della filosofia greca (e romana), i Padri della Chiesa sostengono che l'uomo è fatto di un'**anima** e di un **corpo**. Tutti gli uomini, compreso il primo venuto sulla Terra, Adamo, sono costituiti in maniera siffatta. Uno dei problemi fondamentali era quello di legare le due figure più importanti che venivano fuori dalla lettura delle Scritture, Dio e Cristo. Grandissima parte della Patristica verte sulla considerazione della figura del Cristo in relazione al Dio padre. Secondo alcuni il rapporto sussistente tra i due poteva configurarsi come **identità di sostanza**, secondo altri come **similarità di sostanza**, per altri ancora come **diversità di sostanza** (il problema della cosiddetta **consustanzialità**). A Dio e al Cristo andava poi aggiunto lo Spirito Santo, ovvero l'ultima porzione della Trinità. La soluzione alla prima parte di questo problema viene proposta, e gradualmente accettata, nel 362, al **Sinodo di Alessandria**, nell'ambito del quale si arriva alla conclusione che Dio e Cristo, pur essendo composti della stessa sostanza (dunque sono identici), sussistono individualmente (dunque sono diversi). Per quanto riguarda lo Spirito Santo è il Padre della Chiesa **Atanasio** a sancire la sua appartenenza alla stessa sostanza del Dio padre e del Cristo.

Uno dei più importanti protagonisti del primo periodo della Patristica è Origene, nato ad Alessandria nel 185. All'interno del dibattito sulla natura delle tre persone della Trinità, Origene tende a separarne la sostanza. Influenzato dal platonismo, infatti, il filosofo di Alessandria descrive una vera e propria gerarchia dei vertici celesti:

- **Dio** è unico e Bene assoluto, superiore all'essere e alle idee. Egli è la vera sostanza divina in quanto, a differenza di Cristo, è il solo a non essere mai stato generato. Sussiste quindi di per sé;
- **Cristo** è il **Verbo**, che si pone come mediatore tra Dio e il mondo. Il suo essere generato dal Dio padre lo esclude dalla divinità propriamente detta;
- lo **Spirito Santo** a sua volta proviene per gemmazione dal Cristo. La sua azione ha come campo di pertinenza la schiera dei santi.

Nel solco del platonismo, Origene sostiene che le anime abbiano vita sussistente già prima di incarnarsi. Esse infatti abitano un mondo voluto da Dio prima di quello terreno. In questo mondo spirituale l'azione è diretta dal libero arbitrio. Proprio in virtù del libero arbitrio le anime hanno cominciato ad allontanarsi dal mondo intellegibile e da Dio. Così sono nati gli esseri in base al loro grado di allontanamento da Dio. I più vicini a Dio sono gli angeli, i più lontani sono i demoni. Tra angeli e demoni ci sono gli uomini. La condanna che le anime ebbero per questo loro allontanamento fu l'incarnazione nei corpi. Tra tutti gli uomini, tuttavia, ce n'è stato uno la cui anima non si è mai allontanata da Dio: quest'uomo è Cristo. La sua funzione, quella di essere Verbo, dà alle altre anime la possibilità di conoscere la perfezione e la bontà divina al fine di guadagnare la redenzione dal peccato originato dall'allontanamento.
Origene, infatti, che, come detto, è sensibile all'influenza platonica, identifica Dio come **Sommo Bene**, come *lógos* ordinatore che alla fine dei tempi salverà tutti: uomini, anche se peccatori, angeli e demoni secondo quella che il filosofo cristiano chiama **apocatastasi** (dal greco *apokatastasis*) che letteralmente significa "ristabilimento della condizione originaria di perfezione in Dio". Essa tuttavia non è la conclusione ultima e definitiva, perché dopo di essa ricomincerà la vicenda eterna, anche se non in maniera identica al passato, poiché il libero arbitrio rimane un elemento determinante. Sostenendo che Dio salverà anche le creature infernali, Origene ammette che le pene cui queste sono sottoposte, per quanto lunghe, hanno un carattere non definitivo ma purificatorio.

**Approfondimento**
Il termine "consustanzialità" deriva dal greco homooúsios e significa "della stessa sostanza". Esso fu usato per la prima volta al concilio di Nicea nel 325, indetto dall'imperatore Costantino per definire la natura di Cristo in rapporto al Dio padre. La consustanzialità indica che la natura del Figlio è divina come quella del Padre e che il Figlio è egualmente Dio come il Padre e che come lui è eterno. In questo modo il concilio si pronunciò contro la dottrina del monaco egiziano **Ario**, che fu dichiarata eretica, secondo cui Cristo non poteva essere considerato uguale a Dio padre senza che si rischiasse di introdurre nel cristianesimo elementi di politeismo. La decisione presa nell'ambito del concilio di Nicea inserì nel Credo la formula per la quale Gesù Cristo è "generato, non creato" da Dio. Nel 362 il sinodo di Alessandria voluto dal Padre della Chiesa Atanasio riconobbe alla terza persona della Trinità, lo Spirito Santo, la stessa sostanza e divinità delle altre due.

| Cronologia dei papi (dal 1800 ad oggi) | | | | | |
|---|---|---|---|---|---|
| **NOMI** | **ANNI** | | **DURATA DEL PONTIFICATO** | | |
| | **della elezione** | **della fine del pontificato** | **Anni** | **Mesi** | **Giorni** |
| **Pio VII** *(Barnaba Chiaromonti, Cesena)* | 1800 | 1823 | 23 | 5 | 6 |
| **Leone XII** *(Annibale Sermattei della Genga, Genga, Ancona)* | 1823 | 1829 | 5 | 5 | 13 |
| **Pio VIII** *(Francesco Saverio Castiglioni, Cingoli, Macerata)* | 1829 | 1830 | 1 | 1 | – |
| **Gregorio XVI** *(Bartolomeo Mauro Cappellari, Belluno)* | 1831 | 1846 | 15 | 3 | 29 |
| **Pio IX** *(Giovanni Maria Mastai Ferretti, Senigallia, Ancona)* | 1846 | 1878 | 31 | 7 | 22 |
| **Leone XIII** *(Gioacchino Pecci, Carpineto, Anagni)* | 1878 | 1903 | 25 | 5 | – |
| **Pio X** *(Giuseppe Sarto, Riese, Treviso)* | 1903 | 1914 | 11 | – | 7 |
| **Benedetto XV** *(Giacomo dalla Chiesa, Genova)* | 1914 | 1922 | 7 | 3 | 19 |
| **Pio XI** *(Achille Ratti, Desio, Milano)* | 1922 | 1939 | 17 | – | 4 |
| **Pio XII** *(Eugenio Pacelli, Roma)* | 1939 | 1958 | 19 | 7 | 7 |
| **B. Giovanni XXIII** *(Angelo Giuseppe Roncalli, Brusicco di Sotto il Monte, Bergamo)* | 1958 | 1963 | 4 | 6 | 6 |
| **Paolo VI** *(Giovan Battista Montini, Concesio, Brescia)* | 1963 | 1978 | 15 | 1 | 15 |
| **Giovanni Paolo I** *(Albino Luciani, Forno di Canale Agordo, Belluno)* | 1978 | 1978 | – | – | 33 |
| **Giovanni Paolo II** *(Carol Wojtyla, Wadowice, Cracovia, Polonia)* | 1978 | 2005 | 26 | 5 | 17 |
| **Benedetto XVI** *(Joseph Ratzinger, Marktl am Inn, Germania)* | 2005 | 2013 | 7 | 10 | 9 |
| **Francesco** *(Jorge Mario Bergoglio, Buenos Aires, Argentina)* | **2013** | | | | |

## I Concili

Il termine *concilio* deriva dal latino *concilium* = riunione e sta a indicare un'adunanza di prelati della Chiesa cattolica per la definizione e l'interpretazione ortodossa della dottrina e per la contemporanea confutazione di errori ed eresie.

Il concilio per eccellenza è quello "*ecumenico*" (o "universale") poiché riunisce tutti i vescovi della Chiesa cattolica. Esso è convocato e presieduto dal Pontefice il quale dà anche al concilio l'impostazione relativa all'argomento da discutere e da definire e alla procedura da seguire.
I primi otto concili della storia furono convocati dagli imperatori in Oriente, poi, dopo il concordato di Worms (1122), la Chiesa rivendicò il diritto di elezione e investitura dei Vescovi e gli altri tredici concili si svolsero tutti in Occidente.

Tra i ventuno concili generali tenutisi, ricordiamo ad esempio:

- **Concilio I di NICEA**, nel 325, sotto il papa Silvestro e l'Imperatore Costantino. Definì la divinità del Verbo contro gli Ariani. Presenti 318 vescovi.
- **Concilio I di COSTANTINOPOLI**, nel 381, sotto il papa Damaso e l'imperatore Teodosio Magno. Definì la divinità dello Spirito Santo contro i Macedoniani. Presenti 150 vescovi.
- **Concilio di EFESO**, nel 431, sotto il papa Celestino e l'imperatore Teodosio II. Definì che in Gesù Cristo vi è una sola persona contro Nestorio. Presenti 120 vescovi.
- **Concilio di CALCEDONIA**, nel 451, con 520 vescovi, sotto il papa Leone Magno e l'imperatore Marciano. Definì contro Eutiche che in Gesù Cristo vi sono due nature.
- **Concilio di COSTANZA**, nel 1414-1415, per terminare lo scisma d'Occidente. Si elesse papa Martino V e si condannarono gli eretici Wyclif ed Huss.
- **Concilio di FIRENZE**, sotto Eugenio IV. Era cominciato a Basilea nel 1431, poi si trasferì a Ferrara e quindi a Firenze, dove nel 1439 l'unione tra la Chiesa greca e la latina fu accettata dall'imperatore greco Giovanni VIII Paleologo, da quattro patriarchi, sedici metropolitani e otto altri ecclesiastici o principi greci e da otto cardinali, due patriarchi, 61 arcivescovi e vescovi e 44 ecclesiastici latini. Si chiuse nel 1442.
- **Concilio di TRENTO**, nel 1545-1563, sotto tre Papi, contro il Protestantesimo e per la riforma.
- **Concilio VATICANO I**, sotto Pio IX. S'inaugurò l'8 dicembre 1869 con circa 700 vescovi. Nella IV sessione, il 18 luglio 1870, definì l'infallibilità pontificia. Fu sospeso il 20 ottobre del 1870.
- **Concilio VATICANO II**, riunito da Giovanni XXIII (1959 annunciazione; 25 dicembre 1961 convocazione; 11 ottobre 1962 apertura del Concilio; 1965 termine dei lavori), per impostare un dialogo col mondo di fuori e per rivedere strutture e ispirazioni della Chiesa cattolica. Terminò nel 1965 sotto Paolo VI.

### Lo sapevi che...

- Il termine "Papa" deriva dal greco *pappas*, il vezzeggiativo con cui i bambini chiamavano il padre. Nei primi secoli del cristianesimo tale appellativo veniva usato per i sacerdoti e i vescovi; soltanto nell'VIII secolo si trasformò in titolo esclusivo.
- Escludendo antipapi[1] e papi di elezione irregolare, sono stati 267 i Papi saliti al soglio pontificio a partire da San Pietro.

[1] Antipapa era chi veniva elevato al soglio pontificio in modo non canonico, per cui diventava usurpatore di un potere, che non gli competeva. Il primo antipapa fu S. Ippolito, che dal 217 al 235 si oppose a papa Callisto; l'ultimo fu Felice V, eletto dal **Concilio di Costanza** nel 1439 e deposto dallo stesso nel 1449.

- Le modalità di elezione del papa hanno subito numerose trasformazioni nel corso dei secoli. Inizialmente veniva eletto dal popolo e dal clero romano. Attualmente l'elezione del Papa viene decisa dai cardinali riuniti in **conclave** (diritto risalente al 1059) tramite votazione segreta che richiede la maggioranza dei due terzi. Il conclave si riunisce non prima di quindici giorni e non oltre i ventidue dalla morte del precedente pontefice. Una parte del Vaticano, compresa la Cappella Sistina, viene chiusa, lasciando aperta una sola porta costantemente custodita. Le stanze che circondano la Cappella vengono suddivise in piccoli appartamenti per fornire sistemazione a ogni cardinale, al suo segretario e a un domestico; il cibo viene preparato in clausura e i cardinali non possono uscire né comunicare con alcuno all'esterno fino all'avvenuta elezione del papa. Per gli scrutini si tengono quattro votazioni al giorno e il loro esito è comunicato ai fedeli all'esterno con una fumata: nera se negativo, bianca se positivo.
- Potenzialmente qualsiasi maschio battezzato può essere eletto Papa e se non ha ancora ricevuto gli ordini sacri, gli vengono subito conferiti e viene consacrato vescovo. Le norme in vigore per la sede vacante, per lo svolgimento del conclave e per l'elezione del nuovo papa sono state promulgate nella costituzione apostolica *Universi Dominici Gregis* da *Papa Giovanni Paolo II* nel 1996.
- Papa Clemente V (1305-1314) trasferì la residenza dei Papi ad Avignone; Gregorio XI (1370-1378) restituì la residenza dei Papi a Roma.
- È ormai tradizione che il nuovo papa scelga per sé un nuovo nome; eppure, non è sempre stato così: il primo papa a cambiare il suo nome di battesimo fu, infatti, papa Giovanni II nel 533 che si chiamava Mercurio e giudicava inappropriato che il vescovo di Roma avesse il nome di una divinità pagana. Dopo di lui anche altri papi scelsero un nuovo nome, o perché avevano nomi sgradevoli o perché stranieri.
- Nella serie dei pontefici che portano lo stesso nome vennero saltati i seguenti otto, dei quali i primi cinque erano antipapi:
  - Gregorio XVI, antipapa (997-998)
  - Felice II, antipapa (355-365)
  - Bonifacio VII, antipapa (974 e 984-985)
  - Benedetto X, antipapa (1058-1059)
  - Alessandro V, antipapa (1409-1415)
  - Giovanni XX: non è mai esistito e si saltò da Giovanni XIX a Giovanni XXI
  - Martino II e Martino III non sono mai esistiti; fuvrono scambiati con nomi Marino I e Marino II, per cui da Martino I si saltò direttamente a Martino IV

| I pontificati più brevi | I pontificati più lunghi |
|---|---|
| Papa Urbano VII (anno 1590): 13 giorni | San Pietro (30-64 o 67): 34 o 37 anni |
| Papa Bonifacio VI (896): 16 giorni | Papa Pio IX (1846-1878): 31 a. 7 m. e 23 g. |
| Papa Celestino IV (1241): 17 giorni | Papa Giovanni Paolo II (1978-2005): 26 a. 5 m. e 17 g. |
| Papa Sisinnio (708): 21 giorni | Papa Leone XIII (1878-1903): 25 a. 4 m. e 29 g. |
| Papa Teodoro II (897): 21 giorni | Papa Pio VI (1775-1799): 24 a. 6 m. e 14 g. |
| Papa Marcello II (1555): 22 giorni | Papa Adriano I (772-795): 23 a. 10 m. e 25 g. |
| Papa Damaso II (1048): 24 giorni | Papa Pio VII (1800-823): 23 a. 5 m. e 6 g. |

*(segue)*

| I pontificati più brevi | I pontificati più lunghi |
|---|---|
| Papa Pio III (1503): 27 giorni | Papa Alessandro III (1159-1181): 21 a. 11 m. e 2 g. |
| Papa Leone XI (1605): 27 giorni | Papa Silvestro I (314-335): 21 a. e 11 m. |
| Papa Benedetto V (964): 33 giorni | Papa Leone I (440-461): 21 a. e 1 m. |
| Papa Giovanni Paolo I (1978): 34 giorni | Papa Urbano VIII (1623-1644): 20 a. 11 m. e 23 g. |

## 8.1.2 • Cristianesimo protestante

### Denominazione

Il termine *Protestantesimo* deriva dalla *protestatio*, ossia dalla dichiarazione solenne dei diritti, presentata dal partito luterano, composto da cinque principi e quattordici città, alla seconda dieta di Spira (1529), che aveva confermato la condanna di Lutero. La definizione venne poi estesa a tutte le confessioni della Riforma.

### Simboli

I protestanti usano in genere il ***crocifisso senza il corpo di Cristo***, per privilegiare il messaggio della Risurrezione invece di quello del sacrificio sulla croce.

### Diffusione

Su un totale di circa 2 miliardi e 250 milioni di cristiani, sono circa quattrocento milioni coloro che si riconoscono nelle varie confessioni nate dalla Riforma.

### Culto

Il culto evangelico è stato caratterizzato sin dalle origini da due elementi: grande semplicità e uso della lingua parlata dal popolo dei fedeli. La liturgia, cioè lo svolgimento del culto, segue quella della chiesa cristiana antica con una sola differenza: alla presidenza può essere chiamato qualsiasi credente, uomo o donna, ministro o laico. La celebrazione eucaristica non ha bisogno del sacerdote consistendo nella commemorazione del sacrificio di Cristo e nell'invocazione del suo Spirito. I templi protestanti sono molto semplici ed essenziali, privi di immagini al loro interno. L'elemento principale di un tempio protestante è di solito il leggio con il libro della Bibbia aperto, segno della centralità della Scrittura nel culto riformato.

### Dottrina

Il movimento genericamente indicato come Protestantesimo trova origine in Germania nel XVI sec. Nato come una reazione alla eccessiva ricchezza della Chiesa di Roma, la cosiddetta "Riforma Protestante" ha dato origine a una molteplicità di chiese unite nella concezione non gerarchica della chiesa, nella centralità della Bibbia, nella responsabilità individuale nel campo etico-morale, nel rapporto diretto e personale con Dio. La confessione protestante è un modo di vivere la fede cristiana che differisce dal Cattolicesimo e dall'Ortodossia per diversi aspetti. Il fondatore del movimento protestante, Martin Lutero, teorizzò una nuova forma di intendere la religione che si riassume nei tre principi di "*sola Fede*", "*sola Grazia*", "*sola Scrittura*". Questi punti si concretizzano nei seguenti aspetti pratici della dottrina:

- il punto di riferimento è la parola di Dio, che si trova nella Bibbia; tutti gli aspetti della dottrina, del culto e dell'etica protestante hanno un fondamento nella Scrittura. I Riformati rifiutano tutti quegli aspetti che non hanno riscontro esplicito nella Parola di Dio;
- libera interpretazione di sé, sulla base delle Sacre Scritture;
- il rapporto con Dio è diretto, non ha bisogno di mediazioni;
- tutte le confessioni riformate pongono l'accento sul sacerdozio universale dei fedeli, che si esprime mediante carismi o ministeri (come il diaconato, il pastorato e l'insegnamento);
- la salvezza è ottenuta per Grazia di Dio, mediante la dottrina della giustificazione per sola fede: l'uomo è salvato dalla Grazia di Dio e dalla sua fede nella misericordia del Signore, e non dalle sue opere;
- sono riconosciuti solo i sacramenti del Battesimo e dell'Eucarestia, perché sono gli unici che hanno un fondamento nella Scrittura;
- pur riconoscendo a Maria un ruolo significativo nella storia della salvezza, non manifestano nei suoi confronti alcun tipo di culto;
- rifiutano l'ordinamento gerarchico, considerato in modo diverso a seconda delle Chiese.

#### Libri sacri

Il protestantesimo pone la Bibbia al centro della vita cristiana ma, a differenza dei cattolici, segue il canone della ***Bibbia ebraica***, non includendo quindi nell'A.T. i libri "deuterocanonici".

### 8.1.3 • Cristianesimo ortodosso

#### Denominazione

Il termine *Ortodossia* deriva dalla parola greca οαρθο~, *órthos*, "retto", e δοαξα, *dóxa*, "dottrina" e significa quindi "Retta Dottrina". La chiesa ortodossa è formata dall'insieme delle chiese bizantine che accettarono e mantennero gli insegnamenti del Concilio di Calcedonia.

#### Simboli

Il crocifisso ortodosso è la tipica ***croce a tre bracci***, con riferimento alla Trinità.

#### Diffusione

Su un totale di circa 2 miliardi e 250 milioni di cristiani, sono circa 180 milioni i fedeli delle chiese ortodosse delle varie denominazioni, pari all'8% di tutti i cristiani. La maggior parte degli ortodossi (48%) vive nella Russia europea, il 37% in Grecia, Bulgaria, Romania, Serbia. Consistenti comunità ortodosse si trovano negli Stati Uniti.

#### Culto

Il culto ortodosso è ricchissimo e molto diversificato a seconda delle tradizioni delle diverse chiese. Le chiese ortodosse sono ricchissime di immagini sacre, le "Icone". Gli ortodossi hanno gli stessi sacramenti dei cattolici con la sola differenza che il battesimo viene conferito mediante una triplice immersione nell'acqua. I preti ortodossi sono chiamati "Pope" e possono essere ordinati anche se sono sposati, a differenza dei vescovi e dei monaci che devono essere celibi.

#### Dottrina

I cristiani ortodossi condividono con i cattolici l'essenziale della fede cristiana: i contrasti esistenti sono più di natura politica (soprattutto il primato del papa di Roma) che dottrinali. A partire dal Concilio Vaticano II il cammino di avvicinamento tra le due chiese ha fatto grandi passi e ha avuto il suo culmine nel 1964, con l'incontro tra il papa Paolo VI e il patriarca Atenagora, e il ritiro delle reciproche scomuniche del 1054.

#### Libri sacri

Come il Cattolicesimo.

### 8.1.4 • Ebraismo

#### Denominazione

> *Ebreo*, etimologicamente, significa "straniero", "colui che è di passaggio in un paese non suo".

#### Simboli

***Menorah*, *candelabro a sette bracci*** sul modello di quello presente nel Tempio di Gerusalemme. Divenne un simbolo importante dopo la distruzione del secondo tempio; ***Magen David***, stella formata da due triangoli intersecati, che nell'antichità fu un segno decorativo ma che sotto il regime nazista fu imposta agli Ebrei come segno discriminante.

#### Diffusione

Attualmente gli ebrei nel mondo sono circa 20 milioni. Le più consistenti comunità ebraiche si trovano in Israele, Stati Uniti, Ex Unione Sovietica, Italia, Inghilterra, Francia, Germania.

### Culto

L'Ebreo deve pregare tre volte al giorno (mattino, pomeriggio e sera); al sabato c'è la preghiera comunitaria (almeno 10 adulti) in "***sinagoga***", casa di preghiera, nonché luogo di riunione, di studio, di discussione, costituita da tre elementi fondamentali: nella parte orientale l'*Aròn ha-qòdesh*, l'Arca santa, in cui viene conservata il *Séfer Torà*, il rotolo della legge; l'*amud* (colonna), una struttura con leggio davanti alla quale si pone l'officiante durante la preghiera, a destra dell'Arca santa; la *tevà* che si trova all'estremità occidentale; l'officiante vi sale per leggervi sia la Torà che le preghiere.

### Dottrina

Nella religione ebraica l'uomo è infinitamente distante da Dio, quest'ultimo infatti è l'ALTRO per eccellenza. L'uomo, però, essendo stato creato "a immagine di Dio", possiede una dignità immensa, è dotato di libero arbitrio ed è totalmente responsabile dei suoi atti, dei quali dovrà poi rendere conto al Creatore. Egli deve sforzarsi di scegliere il Bene, in caso contrario Dio aspetta il pentimento.

### Libri sacri

Il Libro Sacro della religione ebraica è la ***Bibbia*** che è scritta in ebraico ed è composta da 39 libri divisi in 3 gruppi. I primi cinque libri della Bibbia ebraica (Genesi, Esodo, Numeri, Levitico, Deuteronomio) formano la Legge, in ebraico *Torah*. L'Ebreo deve seguire gli insegnamenti della Torah in ogni istante della sua vita. Il centro della Torah è il decalogo, dato da Dio a Mosè.

### Feste

Le principali feste ebraiche sono legate alle stagioni e ad antiche tradizioni agricole pastorali. Il calendario ebraico comprende cinque feste maggiori di origine biblica. Le tre feste "del pellegrinaggio" o "feste del raccolto" (*Pesach, Shavuot* e *Sukkoth*) associate all'esodo dell'Egitto e le due "feste penitenziali" (*Rosh HaShanan* e *Yom Kippur*). Pesach o Pesah (Pasqua), celebrata tra marzo e aprile, è la festa più importante del calendario ebraico e ricorda la liberazione dalla schiavitù egiziana. Shavuot (Pentecoste) si celebra nel periodo della mietitura, cinquanta giorni dopo la Pasqua e ricorda il dono delle leggi (Torah) sul monte Sinai che trasformò gli schiavi fuggiti dall'Egitto in un vero "popolo".

### Calendario

Il calendario ebraico è basato sul ciclo lunare (cioè il ciclo dei mesi corrisponde al ciclo delle rotazioni lunari) e viene adattato con anni bisestili al ciclo solare. I mesi sono di 29 o 30 giorni. Gli Ebrei contano gli anni partendo dalla data tradizionale della creazione. L'anno 1999 corrisponde all'anno 5759.

## 8.1.5 • Islamismo

### Denominazione

*Islam* è termine arabo indicante il sistema di credenze e di rituali fondati sul Corano e proclamato da Maometto. Oltre il 90% dei musulmani è sunnita. La differenza tra sunniti e sciiti nasce dal contrasto sulla modalità di successione al Profeta: i capi della comunità islamica (*umma*), che chiamiamo califfi o con il termine generico di imàm (*guida*), si dividono tra chi ritiene che a succedere a Maometto debbano essere i suoi familiari e chi invece sostiene che possano essere i suoi collaboratori più stretti. Con il passare dei secoli si sono create distinzioni anche in campo giuridico o nelle formule di preghiera; si tratta però di distinzioni minime.

### Simboli

Un minareto, un fedele prostrato su una stuoia rivolto verso la Mecca, la mezzaluna e la stella su bandiere e cupole fanno pensare subito all'Islamismo. La ***mezzaluna*** e la ***stella*** meritano un'attenzione particolare per il loro significato. Secondo le interpretazioni di molti studiosi, il culto della diade (due divinità) benevola e fecondante del dio Luna, che protegge la vita nel deserto nel periodo delle trasmigrazioni dei greggi e della pioggia, e del pianeta Venere, che ha la funzione di orientamento notturno, risale alle popolazioni arabe preislamiche. In tale concezione il sole, contrariamente ad altre religioni, assume una posizione secondaria ed è una divinità femminile, la dea Sole.

### Diffusione

In meno di un secolo dalla sua fondazione, l'Islamismo si estese dall'India alla Spagna. Attualmente è molto vivo non solo nei paesi arabi, ma anche in Africa e in Oriente. Ha numerosi adepti in America del Nord (i famosi musulmani neri che sono una forza eversiva) e nell'Africa occidentale e orientale. Si calcola che oggi i musulmani in tutto il mondo raggiungano il miliardo.

### Culto

Le correnti principali dell'Islamismo non ammettono né riconoscono clero e quindi gerarchie clericali (salvo, in parte, nell'ambito sciita) dal momento che si crede non possa esistere alcun intermediario fra Dio e le Sue creature. Ognuno è quindi sacerdote di se stesso e responsabile dei suoi errori. La ***moschea*** non è solo un luogo di preghiera, ma anche un luogo di riunione e di studio; è costituita da una grande sala con i pavimenti ricoperti da tappeti, e con le pareti decorate da versetti del Corano. La parte più importante della Moschea è il *Mihrab,* che indica la direzione de La Mecca. Il *Minbar* è il pulpito dal quale l'Imam guida la preghiera. I momenti della preghiera vengono annunciati dal Muezzin dall'alto del Minareto.

### Libri sacri

Testi fondamentali a cui fanno riferimento i musulmani sono il ***Corano***, considerato dai musulmani dettato parola per parola, in arabo, da Dio (Allah) e la ***Sunna***, basata su hadith (tradizioni).

### Calendario e festività

Le principali festività del calendario musulmano sono tutte legate alle vicende del Profeta, tranne due che stabiliscono come un ponte fra le tre religioni monoteistiche: la commemorazione dell'obbedienza di Abramo e dell'esodo degli Ebrei dall'Egitto sotto la guida di Mosè. Il calendario musulmano, stabilito da Maometto, non è solare come quello giuliano o gregoriano, ma lunare ed è perciò di soli 354 giorni e otto ore. L'inizio del giorno è calcolato dal tramonto del sole e l'inizio del mese si basa sull'osservazione della primissima falce di luna. In questo calendario i giorni sono designati da un numero cardinale a partire dalla domenica che è il primo giorno.

## 8.1.6 • Buddismo

### Denominazione

Religione universale a carattere salvifico-liberatorio, fondata sulla predicazione del *Buddha*. Assume connotazioni varie secondo le zone di diffusione.

### Simboli

Sono *numerosi*. Tra questi, vanno citati il Buddha Amida e Bodhisattva sotto forma di diademi e monili; la ruota ad otto raggi (via del Buddha): dottrina buddhista, ordine dell'universo (darmachackra); il fiore di loto: elevazione o ricerca spirituale (posizione "loto": ideale per la meditazione), purezza; l'elefante: il divenire spirituale di Buddha; lo stendardo arrotolato: vittoria della dottrina buddista.

### Diffusione

Nata in India, è la religione dominante nell'Asia sud-orientale in paesi come Sri Lanka, Birmania, Laos, Thailandia, Cambogia, sebbene costituisca pure una delle più grandi forze religiose in Cina, Giappone, Tibet. Negli ultimi tempi ha raggiunto qualche isola del Pacifico e alcune zone dell'America. In Occidente il buddhismo è conosciuto soprattutto nella sua forma tibetana e nella sua forma Zen.

### Culto

Il culto buddhista non è organizzato da una struttura gerarchica. I buddhisti venerano alcune divinità, ma le ritengono inferiori al Buddha. Di fronte alle statue di Buddha, che sono numerosissime sia all'aperto che nelle ***pagode***, il fedele si inchina, si inginocchia e si prostra. Non esistono cerimonie o rituali fissi, non c'è nessuno che possa costituirsi intermediario tra Dio e gli uomini. Esistono delle feste stagionali, come quelle del novilunio e del plenilunio, durante le quali si radunano folle enormi per commemorare gli avvenimenti della vita di Buddha e celebrare l'inizio o la fine della stagione delle piogge.

#### Libri sacri

L'insegnamento di Buddha all'inizio fu tramandato oralmente. I frammenti scritti più antichi si trovano in monumenti di pietra innalzati dal pio grande re Asoka verso il 250 a.C.. In seguito, per le molte controversie ed eresie dottrinali sorte nel movimento, furono indetti vari concili per fissare per iscritto la dottrina dell'Illuminato. Il ***Canone*** (cioè l'elenco ufficiale dei testi sacri) fu redatto in lingua pali (dialetto sanscrito) nel I secolo a.C., sotto il re di Ceylon, Vattagamani. Il ***Tripitaka*** (letteralmente: i tre canestri, perché gli scritti di pergamena erano raccolti entro canestri) o triplice Canone delle Scritture buddhiste si compone di tre raccolte: Vinaya-Pitaka, Sutta-Pitaka e Digha-Nikaya.

#### Dottrina

La dottrina buddhista si fonda sulle Quattro Nobili Verità, che Buddha comprese sotto l'albero della ***Bodhi*** (illuminazione), e sugli strumenti pratici attraverso i quali ogni discepolo può realizzare la liberazione dal dolore-esistenza, cioè l'Ottuplice Sentiero che porta alla meta salvifica.

#### Morale

Le norme morali prescritte riguardano la Retta Parola, la Retta Azione, il Retto Comportamento. Sono rivolte principalmente ai monaci che intendono praticare l'ascesi per raggiungere la salvezza. Sono però estensibili ai laici che intendono porre a motivi fondamentali della loro vita la tolleranza e l'amore.

### 8.1.7 • Induismo

#### Diffusione

Dopo il Cristianesimo e l'Islamismo è la religione più diffusa nel mondo: circa 550 milioni di seguaci. Gli Stati nei quali è più diffuso sono India, Bangladesh, Pakistan, Nepal, Malaysia, Sri Lanka. La tradizione religiosa induista non ha avuto né fondatori né profeti, ma è il prodotto di 5000 anni di storia e si è sviluppata gradualmente nel corso del tempo.

#### Culto

La pratica religiosa di ogni indù è la ***puja***, un rito di offerte e preghiere che si possono fare sia in casa sia nel tempio. La maggior parte delle persone pratica un culto individuale, non attivo in una funzione comunitaria.

### Calendario e festività

Le festività religiose sono basate sul calendario indù e sono spesso legate ai cambiamenti stagionali; esse combinano culto e piacere e sono usate per allontanare gli influssi maligni. Le festività principali sono: *Holi*, che celebra il nuovo anno e il ritorno della primavera; *Dusserah*, che viene celebrata tra la fine di settembre e la metà di ottobre, dura nove giorni e celebra il trionfo del bene sul male; *Diwali*, che commemora il ritorno di Rama dall'esilio, celebra l'inizio dell'anno finanziario, cade tra la fine di ottobre e la metà di novembre ed è la festa delle luci e dei doni. Inoltre ad ottobre c'è la festa del *Dasara*: le celebrazioni in onore di Kalì (uno degli shakti di Shiva) durano dieci giorni, con processione, danze e scambi di doni.

### Dottrina

Oltre alla triade *Brahma, Vishnu* e *Shiva*, l'Induismo venera una serie di altre divinità; è quindi politeista in duplice senso in quanto le sue 33 divinità sono a loro volta comprese in un unico dio superiore.
Esiste una divisione in caste, la condizione della donna, la situazione dei "paria" o intoccabili, la venerazione per la vacca sacra. Oltre alle quattro caste principali (sacerdoti, guerrieri, coltivatori, artigiani), vi sono fino a 3000 sottocaste. È impossibile passare da una casta all'altra.

## 8.1.8 • Confucianesimo

### Denominazione

*Confucianesimo* è un termine occidentale che designa una scuola di pensiero cinese con rilevanti risvolti filosofici, politici, etici e soprattutto religiosi. Si fonda sulla figura del filosofo Kong Fuzi latinizzato in Confucius, da cui in italiano Confucio. Il Confucianesimo è insieme religione e insegnamento spiccatamente cinese; questa fede non si presta all'esportazione.

### Simboli

Il ***cerchio diviso in due metà*** che rappresentano lo *ying* (la luce, il sole, il cielo, l'elemento maschile) e lo *yang* (il buio, la terra, l'elemento femminile).

### Testi sacri

Secondo la tradizione Confucio avrebbe scritto e pubblicato ***cinque libri classici***: 1) Libro della Storia, che parla dell'antica storia cinese; 2) Libro delle Poesie o delle Odi, o dei Canti, nel quale sono racchiuse le credenze e la vita dei contadini dell'epoca feudale; 3) Annotazioni sui Costumi o sui Riti che raccoglie le regole rituali e di etichetta dei confuciani; 4) Libro dei Cambiamenti, un manuale di divinazione, che è l'arte di rivelare il futuro; 5) Annali della Primavera e dell'Autunno, dove sono elencati gli avvenimenti più importanti riguardanti le varie dinastie. Ma ancora più importante per la conoscenza della vita e della dottrina di Confucio risulta essere il testo ***Lu Yu***, titolo reso anche con Dialoghi; si tratta di un documento storico importante per conoscere il pensiero del maestro.

#### Diffusione

Ogni statistica che si riferisce al numero di praticanti del Confucianesimo, del Taoismo o del Buddismo cinese è sostanzialmente equivoca, perché ogni cinese segue effettivamente tre religioni (o nessuna). Il Confucianesimo, che ha modellato la mentalità cinese, è la religione che ha educato la burocrazia dello stato, ma non è mai divenuta una religione del popolo. In ogni caso il sistema filosofico di Confucio, oltre che in Cina, ha trovato adepti anche in altre aree influenzate dalla civiltà cinese. Ad esempio, nella Repubblica della Corea del Sud circa il 13 % della popolazione è confuciana.

#### Culto

Il culto si riduce all'attenta osservanza del ritualismo cerimoniale: la cerimonia è la forma che l'etichetta e i rapporti sociali assumono nell'incontro con il mondo divino. Dall'epoca in cui il Confucianesimo divenne religione di stato in Cina, in ogni città che fosse un centro amministrativo esisteva un tempio di Confucio. Le sale in cui venivano onorati Confucio e i suoi discepoli erano *wenmao*, ovvero 'templi della letteratura", dove venivano effettuate le genuflessioni rituali. A questi templi era spesso annessa una biblioteca. Famosi templi di Confucio si trovano a Zhufou, nella provincia dello Shandong, luogo di nascita di Confucio, e a Tainfu, sempre nello Shandong.

#### Dottrina

La dottrina di Confucio fu presentata alla classe feudale dirigente per ripristinare l'ordine sociale in un'età di decadenza e di crisi politico-morale. Basata sullo studio degli antichi testi canonici, la dottrina confuciana si esprimeva in due esigenze fondamentali: quella di riaffermare una concezione politica centralizzata nella quale la virtù del principe divenisse il sostegno e il cardine della convivenza civile e quella di inculcare la pratica dell'umanità, cioè un vivo senso umanitario in tutto; erano questi i mezzi indispensabili per il perfezionamento dell'individuo.

### 8.1.9 • Shintoismo

#### Morale

Il giapponese attribuisce grande importanza alle relazioni umane, alla gerarchia e allo status sociale; antepone il valore pratico a qualunque speculazione metafisica che non ama. L'ordine sociale feudale e patriarcale è rimasto tale. Il culto per la gerarchia si esprime nella devozione verso i padroni, i superiori, i dirigenti d'azienda, la quale dà origine a un compatto nazionalismo. La tradizione insegna che il Giappone è il primo e il migliore paese del mondo, per questo motivo si sforzano nel lavoro. Non esiste un ordine etico, le norme di comportamento si fondano sui due concetti rituali di "peccato" e di "impurità".

### Testi sacri

Nel VI secolo d. C. venne importato in Giappone il sistema grafico cinese che permise la stesura delle "***Storie Shintoiste***": "Nihongi" (cronache del Giappone) e "Kojiki" (memoria delle storie antiche), che però risalgono al VII sec. Essi non sono dei libri sacri perché non insegnano verità religiose e norme, ma raccontano il mito della nascita del Giappone e l'origine divina dell'imperatore.

### Culto

Lo Shintoismo è una religione praticata per lo più in un ambiente naturalistico, anche se esistono dei templi che hanno sempre due edifici, l'*Honden* (sacrario ove si trova lo Shintai, inaccessibile ai laici) e l'*Haiden* (sala di preghiera per i fedeli). Il culto può essere privato e domestico. Vi è poi il culto ufficiale, che è codificato minuziosamente in rituali e calendari ed è assolto solo dalle classi sacerdotali prescelte attraverso offerte e atti cerimoniali (inchini e battimani che avvenivano durante la recitazione di formule magiche e divinatorie).

### Festività

La festa della Grande Nuova Degustazione viene celebrata in occasione dell'ascesa al trono di un nuovo imperatore. Altre feste sono celebrate in occasione di particolari ricorrenze annuali connesse con i riti agricoli.

## 8.1.10 • Taoismo

### Denominazione

Il *Taoismo* è una delle tre religioni fondamentali della Cina. Il termine indica la religione nei suoi vari elementi e il sistema filosofico che deriva dagli insegnamenti del filosofo **Lao-Tzu**.

### Simboli

Il ***Tao*** viene indicato come un cerchio diviso in due metà rappresentanti: lo *Yin* (oscurità, terra, elemento femminile) e lo *Yang* (luce, sole, elemento maschile).

### Testi sacri

Il ***Tao-Teh-Ching***, detto anche Daodejing, è un'opera fondamentale del Taoismo, attribuita a Lao-Tzu, composta da cinquemila parole, suddivisa in 81 paragrafi e di notevole valore poetico; il ***Chuang-Tzu***, raccolta di dialoghi, aneddoti e apologhi scritti da Chuang-Tzu, è considerata una delle più interessanti e briose esposizioni dottrinali del taoismo ed è divisa in 33 capitoli, con un linguaggio fresco e brillante; il ***Lieh-Tzu***, raccolta di scritti filosofici e metafisici del taoismo, attribuita a Lieh-Tzu, sostenitore della "scuola di legisti", sorta in contrapposizione ideologica al Confucianesimo.

#### Diffusione

Il Taoismo è diffuso in Giappone e in Cina. È impossibile quantificarne i fedeli in quanto in Cina non esiste una marcata differenziazione tra le tre principali religioni (Buddismo, Confucianesimo e Taoismo).

#### Dottrina

All'origine di ogni cosa vi è il Tao, da cui derivano i due opposti Yin e Yang. L'essere umano deve tendere al miglioramento del proprio io, tramite l'isolamento dalla vita sociale, praticando il non-agire, e cercando di raggiungere l'immortalità. Si predica quindi un ritorno alla natura, per reintegrarsi nell'ordine cosmico (tao): questo è libertà dalla passionalità, dall'interesse e dall'attaccamento.

## 8.2 • I principali temi della bioetica

### 8.2.1 • Premessa

La bioetica è la disciplina accademica che si occupa delle questioni morali sottese alla ricerca biologica e alla medicina. Segnatamente, essa è "l'ambito di riflessione interdisciplinare che si occupa dell'analisi razionale dei problemi morali emergenti nell'ambito delle scienze biomediche, proponendosi di definire criteri e limiti di liceità alla pratica medica e alla ricerca scientifica, affinché il progresso avvenga nel rispetto di ogni persona umana e della sua dignità"[2].

Il primo a utilizzare il termine fu il tedesco **Fritz Jahr**, filosofo e pastore protestante, il quale nel 1927 scrisse un articolo sulla rivista tedesca *Kosmos*, riferendo l'«imperativo bioetico» ai rapporti etici degli uomini con gli animali e le piante. «La netta divisione tra animale e uomo – scriveva Jahr – la quale ha dominato la cultura europea fino alla fine del XVIII secolo, oggi non può più essere ritenuta corretta». L'oncologo statunitense **Van Rensselaer Potter**, negli anni '70, parlò per primo di «bioetica» nel significato attuale, in un articolo pubblicato sulla rivista *Perspectives in Biology and Medicine*, dell'Università del Wisconsin, con il titolo *Bioetica: la scienza della sopravvivenza*. Ma fu il medico olandese **André Hellegers**, fondatore del primo istituto al mondo dedicato alla bioetica, a introdurre questa disciplina nel mondo accademico, definendola come una branca dell'etica dedita allo studio e alla ricerca della biomedicina. **Warren Reich**, infine, nella sua *Enciclopedia della bioetica*, elaborò la seguente definizione: «Lo studio sistematico delle dimensioni morali – inclusa la visione morale, la condotta e le politiche – delle scienze della vita e della salute, utilizzando varie metodologie etiche e con un'impostazione interdisciplinare».

2 In www.treccani.it – L'enciclopedia italiana.

Definizione più recente è quella che identifica la bioetica come un movimento di idee e di valori che continuamente cambiano nel corso della storia[3]. In effetti, la bioetica della pluralità esistente di visioni morali sostanziali riguardo a ciò che è bene e ciò che è male, ciò che è giusto e ciò che è sbagliato, ciò che è etico e ciò che non lo è. Il progresso tecnologico e scientifico, inarrestabile, induce a nuove sfide. Viviamo in un'epoca in cui è possibile selezionare i geni migliori per ottenere le mucche che danno il latte migliore, sostituire organi come se fossero «pezzi di ricambio» e, addirittura, è possibile clonare essere viventi. Tutto questo impone la necessità di un'etica comportamentale che ponga limiti ben precisi.

Nella maggior parte dei Paesi, alla base del dibattito bioetico è il concetto religioso di «Creazione divina», per il quale ciò che ci circonda è il frutto di un intervento soprannaturale. Il ruolo delle religioni, nello sviluppo della riflessione bioetica, è preponderante. Nei Paesi di tradizione cattolica è preponderante il ruolo della **bioetica cattolica** – contenuta nei documenti del magistero della Chiesa, nelle opere degli autori che la divulgano e nella comunità scientifica che ad essa fa riferimento – la quale è saldamente ancorata all'idea della sacralità e della indisponibilità della vita. Idea che ha per ovvi corollari la proibizione dell'aborto, il rifiuto dell'eutanasia e del suicidio assistito, il rifiuto di sperimentazione sull'embrione umano.

Alla bioetica religiosa si affianca la **bioetica laica**, la cui visione – come si legge nel *Manifesto di bioetica laica pubblicato* nel 1996 in Italia – «si differenzia dalla parte preponderante delle visioni religiose in quanto non vuole imporsi a coloro che aderiscono a valori e visioni diverse. Là dove il contrasto è inevitabile, essa cerca di non trasformarlo in conflitto, cerca l'accordo locale, evitando le generalizzazioni. Ma l'accettazione del pluralismo non si identifica con il relativismo, come troppo spesso sostengono i critici. La libertà della ricerca, l'autonomia delle persone, l'equità, sono per i laici dei valori irrinunciabili. E sono valori sufficientemente forti da costituire la base di regole di comportamento che sono insieme giusti ed efficaci».

Nei paragrafi che seguono saranno illustrati i principali temi della bioetica, enunciando le posizioni sia religiose che laiche.

## 8.2.2 • L'aborto

L'aborto è l'interruzione prematura di una gravidanza, per cause naturali (**aborto spontaneo**) o per libera scelta della gestante, che lo provoca artificialmente per via chirurgica o chimica nei primi mesi della gestazione (**aborto provocato**). Le legislazioni contemporanee hanno legalizzato l'aborto medico entro un certo limite di tempo dal concepimento, passato il quale si commette il reato di **infanticidio**. Nondimeno l'**Interruzione Volontaria di Gravidanza** (**IVG**) presenta, com'è noto, notevoli implicazioni mediche, etiche e religiose per le tematiche legate all'inviolabilità della vita nascente e dunque, al di là delle inevitabili implicazioni di carattere giuridico, della vita come diritto naturale e bene sommo da proteggere in assoluto fin dal momento del concepimento.

[3] E. Sgreccia – C. Paolazzi, *Manuale di bioetica*, Vita e Pensiero, 2007.

In Italia l'aborto è disciplinato dalla L. 22 maggio 1978, n. 194 che consente alla madre d'interrompere la gravidanza **entro 90 giorni dal concepimento**. Oltre questo termine, le legge riconosce al concepito il diritto di nascere, negando alla gestante il diritto di abortire. Ciò nondimeno, anche **oltre il novantesimo giorno dal concepimento**, l'interruzione volontaria è consentita qualora la prosecuzione della gestazione o il parto comporti un grave pericolo per la vita della partoriente o siano accertati processi patologici, fra cui quelli relativi a rilevanti anomalie o malformazioni del nascituro, che determinino un grave pericolo per la salute fisica o psichica della donna medesima.
Chiunque, inclusa la partoriente, cagioni l'interruzione della gravidanza al di fuori di queste ipotesi e/o senza l'osservanza delle modalità e delle procedure prescritte dalla legge, è perseguito penalmente.
Dopo l'introduzione di questa legge, le richieste di aborto registrarono subito un picco crescente. In seguito le campagne di sensibilizzazione sul sesso sicuro, l'introduzione dell'educazione sessuale nelle scuole, l'attività dei consultori come punti di riferimento per le donne bisognose di sostegno e cure mediche anonime favorirono una metamorfosi dell'atteggiamento culturale.
D'altro canto, il principio di mettere al centro la salute e l'autodeterminazione della donna ha lasciato aperto il dibattito etico nel quale si contrappongono la posizione «antiabortista» di chi ritiene l'IVG gravemente lesiva della prerogativa naturale e giuridica che il concepito ha di nascere e quella «abortista» di chi antepone alla salvaguardia del feto il diritto di scelta della donna.
Il fulcro della questione, evidentemente filosofica, sta nel decidere se il feto sia o meno una «persona». Una questione, questa, che richiede un necessario approfondimento sui diritti degli esseri umani, in particolare sulla liceità della distinzione tra la vita di un embrione e quella di un uomo. Se l'insieme dei processi mediante i quali si compie lo sviluppo biologico di un organismo umano (cd. *ontogenesi*) ha inizio nell'istante stesso della fecondazione – come asseriscono i sostenitori del movimento *pro-life* che si oppongono all'aborto – allora lo zigote, quale portatore di un nuovo patrimonio genetico, è indubbiamente un individuo. In questa prospettiva la vita umana deve essere difesa dal momento del concepimento fino alla morte naturale e la libertà della donna, «procreatrice», finisce laddove inizia la vita del «procreato». Non è un caso che, tra i diritti dell'uomo, la tradizione del costituzionalismo europeo abbia annoverato in primo luogo il diritto alla vita, prima ancora che il diritto alla libertà e alla proprietà.
Vittorio Possenti, filosofo, accademico e membro del Comitato Nazionale per la Bioetica, così scrive: «L'eguale estensione dei concetti di "individuo umano" e di "persona umana" conduce ad attribuire all'embrione lo statuto di persona. Tale inferenza, che gode del grado di certezza che è proprio del sapere filosofico, sembra la più plausibile. [...] In virtù dei più sicuri elementi offerti dalla scienza biologica, su cui non ci si è finora soffermati dandoli per conosciuti, è certa l'individualità sostanziale dell'embrione umano, manifestata dalla sua attività immanente, autonoma, autoprogrammata, teleologica. È noto che, appena concepito, lo zigote comincia a comportarsi come un essere vivo, indipendente, in possesso di un patrimonio genetico assolutamente individualizzato ed appartenente in modo esclusivo alla specie umana, e che procede a svilupparsi in modo omogeneo e continuo».
D'accordo con il movimento *pro-life*, il Comitato Nazionale per la Bioetica ribadisce la costituzionalità dell'**obiezione di coscienza**. Secondo il giurista Lorenzo D'Avack, vi-

cepresidente del Comitato, le sfide della bioetica che si confrontano con leggi su temi come eutanasia, testamento biologico, nascita, morte, tutti diritti inviolabili dell'uomo, ci impongono di tutelare chi decide di non "obbedire", senza che per questo debba essere discriminato o punito.

Il fronte *pro-life* si rifà al **rapporto Warnock** (1984), stilato da una commissione bioetica inglese presieduta dalla filosofa Mary Warnock, nel quale, anche se si afferma che fino al 14° giorno – momento in cui si forma nell'embrione la "stria primitiva", primo elemento del sistema nervoso – l'embrione non possiede ancora un'individualità, perché è formato da cellule totipotenti e quindi può ancora dividersi[4], si evidenzia poi come la vita debba essere ritenuta continua e progressiva, dal momento del concepimento fino alla morte.

Se la moderna genetica considera ogni essere umano come identificato da uno specifico DNA, che si forma al momento del concepimento a partire dai gameti maschili e femminili, l'opinione dei cattolici è che l'aborto sia egoisticamente e irresponsabilmente utilizzato da molte donne come pratica contraccettiva. Dalla **Chiesa cattolica** e dal *Right to life movement* (lett. «Movimento per il diritto alla vita») arriva tutt'oggi la maggiore opposizione alla pratica abortistica. Secondo la Chiesa, l'aborto è un'azione che non conduce al fiorire dell'individuo né della famiglia e, come fenomeno sociale, non contribuisce al bene comune. Dunque, l'aborto è un grave male morale. Questa posizione di dura condanna, già espressa in seno al Concilio Vaticano II (1962-1965), viene ribadita a chiare lettere nell'enciclica *Evangelium Vitae* di papa **Giovanni Paolo II**, promulgata il 25 marzo 1995, in cui il pontefice dichiara: «...l'aborto diretto, cioè voluto come fine o come mezzo, costituisce sempre un disordine morale grave, in quanto uccisione deliberata di un essere umano innocente. Tale dottrina è fondata sulla legge naturale e sulla parola di Dio scritta, è trasmessa dalla tradizione della Chiesa e insegnata dal magistero ordinario e universale».

La morale cattolica, dunque, considera l'embrione come un essere vivente e, per conseguenza, la sua soppressione come l'ingiusto omicidio di un innocente. Il feto è una persona umana con i medesimi diritti della madre. Né quest'ultima né la legge possono arrogarsi il diritto di decidere sulla vita della nuova creatura. Secondo quest'impostazione, l'aborto è moralmente lecito, come male minore, solamente se la prosecuzione della gravidanza espone la gestante a sicuro pericolo di vita.

**«Ancora informe mi hanno visto i tuoi occhi» (Sal. 139/138, 16): il delitto abominevole dell'aborto**

«Fra tutti i delitti che l'uomo può compiere contro la vita, l'aborto procurato presenta caratteristiche che lo rendono particolarmente grave e deprecabile. Il Concilio Vaticano II lo definisce, insieme all'infanticidio, «delitto abominevole».

Ma oggi, nella coscienza di molti, la percezione della sua gravità è andata progressivamente oscurandosi. L'accettazione dell'aborto nella mentalità, nel costume e nella stessa legge è segno eloquente di una pericolosissima crisi del senso morale, che diventa sempre più incapace di distinguere tra il bene e il male, persino quando è in gioco il diritto fondamentale alla vita. Di fronte a una così grave situazione, occorre più che mai il coraggio di guardare in faccia alla verità e di

[4] N.M. Ford, *Quando comincio io?*, Baldini e Castoldi, Milano 1997.

*chiamare le cose con il loro nome*, senza cedere a compromessi di comodo o alla tentazione di autoinganno. A tale proposito risuona categorico il rimprovero del Profeta: «Guai a coloro che chiamano bene il male e male il bene, che cambiano le tenebre in luce e la luce in tenebre» (*Is* 5, 20). Proprio nel caso dell'aborto si registra la diffusione di una terminologia ambigua, come quella di «interruzione della gravidanza», che tende a nasconderne la vera natura e ad attenuarne la gravità nell'opinione pubblica. Forse questo fenomeno linguistico è esso stesso sintomo di un disagio delle coscienze. Ma nessuna parola vale a cambiare la realtà delle cose: l'aborto procurato *è l'uccisione deliberata e diretta, comunque venga attuata, di un essere umano nella fase iniziale della sua esistenza, compresa tra il concepimento e la nascita.*
La gravità morale dell'aborto procurato appare in tutta la sua verità se si riconosce che si tratta di un omicidio e, in particolare, se si considerano le circostanze specifiche che lo qualificano. Chi viene soppresso è un essere umano che si affaccia alla vita, ossia quanto di più *innocente* in assoluto si possa immaginare: mai potrebbe essere considerato un aggressore, meno che mai un ingiusto aggressore! È *debole*, inerme, al punto di essere privo anche di quella minima forma di difesa che è costituita dalla forza implorante dei gemiti e del pianto del neonato. È *totalmente affidato* alla protezione e alle cure di colei che lo porta in grembo. Eppure, talvolta, è proprio lei, la mamma, a deciderne e a chiederne la soppressione e persino a procurarla.
È vero che molte volte la scelta abortiva riveste per la madre carattere drammatico e doloroso, in quanto la decisione di disfarsi del frutto del concepimento non viene presa per ragioni puramente egoistiche e di comodo, ma perché si vorrebbero salvaguardare alcuni importanti beni, quali la propria salute o un livello dignitoso di vita per gli altri membri della famiglia. Talvolta si temono per il nascituro condizioni di esistenza tali da far pensare che per lui sarebbe meglio non nascere. Tuttavia, queste e altre simili ragioni, per quanto gravi e drammatiche, *non possono mai giustificare la soppressione deliberata di un essere umano innocente*».

(tratto da Lettera enciclica *Evangelium Vitae* di Giovanni Paolo II sul valore e l'inviolabilità della vita umana – 25 marzo 1995)

Condividono quest'idea anche gli **ebrei** i quali, pur rifacendosi ai testi biblici contrari all'aborto, ne accettano la pratica nelle prime quattro settimane, purché sussista pericolo per la salute della madre. Anche i **musulmani**, contrari, consentono la pratica abortiva nel caso che i rischi sanitari della madre siano di estrema gravità. Contrari sono anche gli **ortodossi** e i cristiani delle **Chiese orientali**, gli **induisti** e i **buddisti**. Gli **anglicani**, in minoranza, condividono la posizione cattolica; tra di loro, infatti, prevale l'idea che l'aborto, in certi casi, è moralmente giustificabile.
In questo contesto si colloca anche il tema del cosiddetto **aborto preventivo**. La diagnosi pre-natale, in particolare l'**amniocentesi**, permette oggi di prevedere se il nascituro sarà sano oppure portatore di malattie genetiche o disabilitanti. In quest'ultimo caso al genitore è rimessa la difficile scelta se abortire, limitando il libero arbitrio del futuro nascituro, oppure far nascere il bambino assumendosene le responsabilità.

**La diagnosi prenatale**

«[...] il giudizio sulla diagnosi prenatale risulta positivo, perché alle possibilità diagnostiche si possono associare possibilità terapeutiche, che portano il nascituro ad essere un vero e proprio paziente. Tuttavia, negli ultimi decenni è aumentato il successo della gravidanza, quindi è diminuita la tolleranza circa l'incertezza del suo esito. Il parere sottolinea che la diagnosi prenatale è propriamente prevenzione quando favorisce una pronta correzione dell'anomalia rilevata,

mentre non lo è se finalizzata esclusivamente a valutare l'opportunità di interrompere la gravidanza.
A causa delle rilevanti implicazioni etiche che la diagnosi prenatale comporta, tale percorso diagnostico dovrebbe essere accompagnato da un'appropriata consulenza genetica, che fornisca informazioni sulle caratteristiche del test, ma anche sulle implicazioni dei suoi possibili risultati e sostenga la donna e la famiglia dal punto di vista psicologico. Gli aspetti più importanti sui quali si dovrebbe soffermare la consulenza genetica riguardano l'affidabilità della tecnica, il rischio biologico per la madre e per il feto, le finalità dell'indagine e i vantaggi e gli svantaggi che ne derivano. Le implicazioni etiche e psicologiche comportano che una diagnosi prenatale, anche se non invasiva e a basso rischio, non possa prescindere dal consenso informato della gestante.
Problematica è anche la valutazione etica della diagnosi preimpianto, condizionata dalle diverse concezioni in merito allo statuto dell'embrione umano non ancora impiantato, che secondo alcuni è persona in senso pieno, mentre per altri non lo è. Quest'ultima posizione porta a considerare lecita la selezione degli embrioni da impiantare in utero e quindi la distruzione degli embrioni che rischiano di sviluppare gravi malformazioni».

(Comitato Nazionale per la Bioetica - *abstract* - 18 luglio 1992)

Sul fronte opposto, quello del movimento *pro-choice* – favorevole a che la donna eserciti, nei casi ed entro limiti fissati dalla legge, il diritto di interrompere la gravidanza – la dipendenza dell'embrione dal corpo materno, fuori del quale l'embrione non ha alcuna autonomia di vita, costruisce il principale appiglio scientifico a favore dell'aborto. Lo zigote, almeno nelle prime settimane di gravidanza, non può essere considerato biologicamente e ontologicamente una «persona», non avendo ancora sviluppato sufficientemente il sistema nervoso centrale. Prima dell'inizio di una regolare attività cerebrale, non esiste alcuna persona umana. L'embrione non è capace di movimenti volontari e non percepisce alcunché, non può provare dolore, né può avere coscienza di essere sradicato dalla parete uterina.
Secondo gli abortisti, inoltre, le leggi che regolamentano l'aborto non obbligano le donne ad abortire, né incoraggiano il ricorso alla pratica abortiva. Semplicemente esse delegano alla diretta interessata la decisione di interrompere o meno la gravidanza e ciò nel sottinteso che la nascita indesiderata di un figlio può generare una situazione di pericolo per le condizioni di salute, fisiche e psicologiche, della madre. Sotto l'aspetto giuridico, il concepito non sarebbe titolare di un vero e proprio diritto, bensì di una mera aspettativa a nascere, sulla quale, nei casi previsti, prevarrebbe la libera e consapevole autodeterminazione della madre. Quanto al calo delle IVG, registrato negli ultimi anni, i sostenitori della posizione abortista l'attribuiscono alla diffusione delle pratiche contraccettive, della quale auspicano l'ulteriore espansione, soprattutto nei paesi sottosviluppati o in via di sviluppo.
L'obiezione di fondo è che non si può costringere la donna a prestare il proprio corpo a una gestazione sgradita o, peggio ancora, odiosa (si pensi ai casi di stupro), contro ogni sua volontà, ogni suo interesse e convincimento etico. Diversamente opinando, si infrangerebbe il principio di tutela dell'integrità fisica e morale della persona, consacrato dal nostro diritto positivo. Se dunque, nella maggior parte degli ordinamenti, trova cittadinanza il principio per il quale la donazione del proprio corpo o di una sua parte, per consentire ad un'altra persona di vivere, deve essere un atto spontaneo, assolutamente

non coercibile, questo principio deve valere anche per la continuazione della gravidanza, perché in entrambi i casi si tratta di offrire il proprio corpo al fine di permettere la vita di un'altra entità umana.
Se si guarda all'Italia, gli abortisti lamentano da tempo la persistenza di una visione moralistica verso l'IVG e la stessa sessualità, che porta spesso a manifestazioni populistiche piuttosto che all'effettiva prevenzione delle pratiche abortive. Un atteggiamento, questo, che nuocerebbe ai diritti delle donne. Qualcuno vorrebbe che l'obiezione di coscienza all'aborto per i medici fosse addirittura vietata. Il dibattito è tuttora aperto.

### 8.2.3 • L'eutanasia e il suicidio assistito

L'**eutanasia** consiste nel procurare intenzionalmente la morte di un individuo la cui qualità di vita sia permanentemente compromessa da una prognosi medica infausta e da sofferenze fisiche e/o psichiche ritenute intollerabili secondo il comune sentire. Il termine, derivato dal greco ε}υθανασῴα, significa giusto appunto «*buona morte*».
Concettualmente essa differisce dal **suicidio assistito** perché consiste nella somministrazione al paziente di un medicinale che ne provoca la morte o nella sospensione degli interventi che lo mantengono in vita, mentre nel suicidio assistito è il suicida stesso a porre in essere l'attività mirata allo spegnimento della vita, e i soggetti terzi (medici, paramedici, familiari etc.) si occupano solo di prestargli assistenza – appunto – sotto l'aspetto medico, morale e/o amministrativo.
I casi più noti di eutanasia sono quelli di **Elena Moroni** (1998), **Terry Schiavo** (2005), **Piergiorgio Welby** (2006), **Giovanni Nuvoli** (2007), **Eluana Englaro** (2009), **Fabiano Antoniani** (Dj Fabo, 2017).
In Italia, com'è noto, l'eutanasia è un reato: essa è perseguita come omicidio volontario, salvo che si dimostri il consenso del malato, nel qual caso si applica la pena, relativamente più mite, prevista per l'omicidio del consenziente. Anche il suicidio assistito è considerato un reato. In alcuni Paesi dell'Unione Europea, invece, tra cui l'Olanda, è legale. In Grecia – paese in cui la pratica è consentita dal 2004 anche sui minori con l'autorizzazione dei genitori – è sufficiente la richiesta al medico curante previa compilazione di un questionario. In Belgio è necessario che il paziente sia soggetto ad una sofferenza psichica e fisica continua e insopportabile. In Svizzera, su richiesta del paziente è ammessa l'eutanasia, il medico deve limitarsi a fornire i farmaci al malato. In Norvegia è praticabile l'eutanasia assistita; in Svezia la pratica è depenalizzata e in Germania è tollerato il suicidio assistito; in Francia e in Ungheria è legalizzata l'eutanasia passiva, quella, cioè, provocata dall'interruzione o dall'omissione dei trattamenti medici necessari alla sopravvivenza dell'individuo. In Cina l'eutanasia è praticabile ai malati terminali. Negli Stati Uniti d'America è stata accettata l'eutanasia da quasi tutti gli stati.
Nondimeno il tema, per le immaginabili implicazioni di natura religiosa ed etica da cui è accompagnato, continua a essere oggetto di un appassionato dibattito internazionale. Il problema, nella sua sostanza, concerne il diritto di disporre liberamente della propria esistenza, in particolare nel caso dei malati «terminali», che richiedono l'eutanasia per porre fine a sofferenze insostenibili, non più trattabili da alcuna terapia del dolore.
Le impostazioni che si contendono il campo sono essenzialmente due. Quella *consequenzialista*, rispettosa dell'autonomia decisionale dell'individuo, ammette l'eutanasia come **diritto che il malato ha di morire con dignità**, rinunciando al cosiddetto «**acca-**

**nimento terapeutico**», ossia alla esecuzione di trattamenti di documentata inefficacia in relazione all'obiettivo, e ai quali si aggiunga per di più un rischio elevato e/o una particolare gravosità con un'ulteriore sofferenza (si sostiene che il dolore e lo strazio, durante una malattia, possono risultare incomprensibili e insostenibili dal malato, e chi non sperimenta sulla propria persona non può capire, per cui la decisione di prolungare o meno la sofferenza non può essere presa da terzi, medici o parenti che siano). Quella *deontologica*, basata sulla *gravitas materiae*, si schiera con la Chiesa cattolica nel sostenere il **principio di indisponibilità della vita**, che va rispettata come un dono ricevuto da Dio, non diversamente dalla morte.

Nel nostro Paese la posizione del **Comitato Nazionale per la Bioetica** è che «nessuna legislazione propriamente eutanasica possa avere valore bioetico». Il rifiuto del paziente di sottoporsi alla terapia deve ritenersi «lecito e degno di rispetto da parte dei terapeuti» purché sia «libero, attuale e consapevole». Parimenti lecito è «ogni intervento di carattere palliativo», ma è «doverosa la sospensione da parte del medico di ogni accanimento terapeutico». Illecita, invece, è «ogni forma di eutanasia eugenetica e di eutanasia su neonati malformati» e «gravemente illecita ogni forma di eutanasia operata su di un paziente non consenziente».

La convinzione del Comitato è che «per propria natura un atto normativo non possa disciplinare adeguatamente situazioni singolari, tragiche e irripetibili come quelle eutanasiche» né sarebbe etico «affidare al medico un potere ultimativo di vita e di morte sul paziente: un potere che si vorrebbe naturalmente radicato nelle migliori intenzioni soggettive del terapeuta, ma che, una volta formalizzato legalmente, acquisterebbe la natura anonima e oggettiva che possiede ogni potere riconosciuto dal diritto». Se questo potere fosse legalizzato «esso non solo altererebbe profondamente e irrimediabilmente l'identità della professione medica, ma la stessa fiducia che i consociati devono nutrire nel diritto».

Ancora più radicale è la posizione della **Chiesa cattolica**, contraria a ogni forma di eutanasia attiva od omissiva, giudicata una grave violazione della Legge di Dio, in quanto uccisione deliberata e moralmente inaccettabile di una persona umana: «Impadronirsi della morte, procurandola in anticipo e ponendo così fine "dolcemente" alla vita propria o altrui – si legge nell'enciclica *Evangelium Vitae*, che riassume efficacemente questa posizione – potrebbe sembrare logico e umano», ma «visto in profondità si presenta assurdo e disumano». Ciò si appalesa ancora più grave quando l'eutanasia diventa un omicidio che altri praticano su una persona che non l'ha richiesta in nessun modo e che non ha mai dato ad essa alcun consenso. E il «colmo dell'arbitrio e dell'ingiustizia» si raggiunge «quando alcuni, medici o legislatori, si arrogano il potere di decidere chi debba vivere e chi debba morire».

Per altro verso, si incoraggia il ricorso alle cure palliative, ritenendo moralmente accettabile l'uso di analgesici per trattare il dolore, anche qualora comportino – come effetto secondario e non desiderato – l'accorciamento della vita del paziente. Si consente invece di sospendere, dietro richiesta del paziente, procedure mediche che risultino onerose, pericolose, straordinarie o sproporzionate rispetto ai risultati attesi (accanimento terapeutico); posizione, questa, confermata nei paragrafi 2277, 2278 e 2279 del *Catechismo*.

**«"Sono io che do la morte e faccio vivere" (Dt 32, 39): il dramma dell'eutanasia**

Per un corretto giudizio morale sull'eutanasia, occorre innanzitutto chiaramente definirla. Per *eutanasia in senso vero e proprio* si deve intendere un'azione o un'omissione che di natura sua e nelle intenzioni procura la morte, allo scopo di eliminare ogni dolore. "L'eutanasia si situa, dunque, al livello delle intenzioni e dei metodi usati".

Da essa va distinta la decisione di rinunciare al cosiddetto "*accanimento terapeutico*", ossia a certi interventi medici non più adeguati alla reale situazione del malato, perché ormai sproporzionati ai risultati che si potrebbero sperare o anche perché troppo gravosi per lui e per la sua famiglia. In queste situazioni, quando la morte si preannuncia imminente e inevitabile, si può in coscienza "rinunciare a trattamenti che procurerebbero soltanto un prolungamento precario e penoso della vita, senza tuttavia interrompere le cure normali dovute all'ammalato in simili casi". [...]

Condividere l'intenzione suicida di un altro e aiutarlo a realizzarla mediante il cosiddetto "*suicidio assistito*" significa farsi collaboratori, e qualche volta attori in prima persona, di un'ingiustizia, che non può mai essere giustificata, neppure quando fosse richiesta. [...]. Anche se non motivata dal rifiuto egoistico di farsi carico dell'esistenza di chi soffre, l'eutanasia deve dirsi una *falsa pietà*, anzi una preoccupante "perversione" di essa: la vera "compassione", infatti, rende solidale col dolore altrui, non sopprime colui del quale non si può sopportare la sofferenza. E tanto più perverso appare il gesto dell'eutanasia se viene compiuto da coloro che – come i parenti – dovrebbero assistere con pazienza e con amore il loro congiunto o da quanti – come i medici –, per la loro specifica professione, dovrebbero curare il malato anche nelle condizioni terminali più penose».

(tratto da Lettera enciclica *Evangelium Vitae* di Giovanni Paolo II
sul valore e l'inviolabilità della vita umana – 25 marzo 1995)

Meno radicali e, per certi aspetti, addirittura divergenti sono le posizioni delle **Chiese riformate**. I Valdesi, per esempio, si proclamano favorevoli all'eutanasia come pratica per combattere l'inutile sofferenza e, in generale, tutelare la dignità dei malati. Anche la **Chiesa anglicana**, nel 2006, s'è aperta alla pratica eutanasica, in nome della pietà cristiana, ammettendo l'eutanasia passiva per i neonati affetti da gravissimi e irrimediabili handicap.

Una parziale divergenza si registra in seno all'**ebraismo**: se le correnti teoriche di matrice ortodossa condannano, spesso con durezza, l'eutanasia, l'atteggiamento opposto risulta essere abbastanza diffuso nell'ambito dell'ebraismo conservativo o riformato.

Una posizione di tradizionale rifiuto è quella dei **buddisti**, tra i quali però si registra qualche segnale di apertura. Il Dalai Lama, pur sostenendo che ogni vita è preziosa e nessuna più di quella umana, ha precisato che il metodo buddista consiste nel giudicare il giusto e l'errore o i vantaggi e gli svantaggi: «l'eutanasia – egli dice – dovremmo evitarla, ma in casi particolari si potrebbero fare delle eccezioni». L'**induismo**, quanto all'eutanasia, lascia libertà di coscienza, pur rispettando la vita umana, ma censura il suicidio assistito come atto che genera karma negativo. Netto, invece, è il **divieto islamico** di tutte le forme di suicidio e di tutte le azioni che possano agevolare il suicidio di qualcun altro.

In Italia, il caso di Dj Fabo ha recentemente riacceso il dibattito. Uno degli argomenti usati dai fautori dell'eutanasia è il cosiddetto **diritto a morire**, ossia la prerogativa che ciascuno avrebbe di scegliere il momento della propria morte. Ci si chiede allora se la

morte sia solamente una questione personale o se riguardi anche la società. Se si accetta l'esistenza di un diritto a morire – ribattono coloro che si oppongono all'eutanasia – e, ancora di più, di un diritto a essere aiutati a morire, il rischio è di svalutare la vita umana, spalancando le porte a ogni sorta di abuso. Contro quest'assunto si obietta, in un'ottica utilitaristica, che il *valore dell'esistenza umana* si stabilisce rispetto alla *qualità della vita* .
Segna la storia dei diritti della persona malata, nel nostro Paese, la **sentenza della Corte costituzionale del 25 settembre 2019**, sul cd. caso Cappato, che "ha ritenuto non punibile ai sensi dell'articolo 580 del codice penale, a determinate condizioni, chi agevola l'esecuzione del proposito di suicidio, autonomamente e liberamente formatosi, di un paziente tenuto in vita da trattamenti di sostegno vitale e affetto da una patologia irreversibile, fonte di sofferenze fisiche o psicologiche che egli reputa intollerabili nella piena capacità di prendere decisioni libere e consapevoli"[5]. Il divieto di istigazione al suicidio e di assistenza al suicidio al di fuori delle condizioni prefissate, rimangono un reato per salvaguardare le persone specialmente vulnerabili, ossia depresse, malate, psicologicamente fragili che potrebbero essere facilmente indotte al suicidio. In attesa di un intervento del legislatore, la non punibilità è subordinata al rispetto delle modalità previste dalla normativa sul consenso informato, sulle cure palliative e sulla sedazione profonda continua (articoli 1 e 2 della L. 22 dicembre 2017, n. 219) e alla verifica sia delle condizioni richieste che delle modalità di esecuzione da parte di una struttura pubblica del SSN, sentito il parere del comitato etico territorialmente competente. Nel novembre 2021 per la prima volta in Italia un paziente ha ottenuto il via libera ad accedere al suicidio assistito come disciplinato dalla Corte Costituzionale nella sentenza del 2019.

### 8.2.4 • La fecondazione assistita

Giova precisare preliminarmente taluni concetti, per sgomberare il campo dalla diffusa quanto errata identificazione tra **fecondazione** e **procreazione**. Ciò permetterà di comprendere meglio i contenuti religiosi ed etici del dibattito di cui la fecondazione assistita, come soluzione all'infertilità di coppia, è oggetto sin dal 25 luglio 1978, giorno in cui nacque **Louise Brown**, la prima bambina concepita in provetta.
La procreazione assistita ha un significato relativamente più ampio: in essa sono ricomprese tutte quelle metodiche (chirurgiche, ormonali, farmacologiche o di altro tipo) che aiutano gli individui, precisamente le coppie sterili, a procreare. Concetto più ristretto è quello di «fecondazione assistita» (o «artificiale»), che identifica il processo con il quale si attua artificialmente l'unione dei gameti. E qui sta il secondo ordine di precisazioni: la fecondazione si dice «**omologa**», se il seme e l'ovulo utilizzati appartengono alla coppia di genitori del nascituro, il cui patrimonio genetico sarà così ereditato dagli individui che intendono allevarlo, ed «**eterologa**» se il seme o l'ovulo provengono da un soggetto esterno alla coppia. Se quella del primo tipo solleva "problemi legati all'intrusione medica nell'intimità del rapporto di coppia e alla manipolazione del corpo"[6], quella eterologa solleva questioni etiche e religiose ancora più complesse.

---

5 Ufficio stampa della Corte costituzionale, *Comunicato del 25 settembre 2019.*

6 Riccio P.A., *La fecondazione assistita,* La filosofia e i suoi eroi (www.filosofico.net).

Gli interrogativi di più difficile risposta riguardano, ovviamente, il tema della paternità: quali diritti ha il donatore nei confronti del neonato e quale diritto ha costui, quando diviene adulto, di conoscere il padre biologico; se il donatore deve restare anonimo oppure no in considerazione del fatto che il nascituro porterà in sé il corredo genetico del genitore biologico. Ma è stato a lungo discusso anche il tema della *crioconservazione* degli embrioni formati in eccesso rispetto a quelli necessari per il trasferimento in utero. Questi, infatti, spesso inutilizzati per lunghi periodi, il più delle volte erano destinati alla distruzione (oggi giorno, invece, la crioconservazione ha raggiunto livelli di affidabilità tecnologica simili a quelli ottenuti con il congelamento, quest'ultimo ammesso dalla legge italiana solo se l'embrione è già stato richiesto da una coppia per essere impiantato entro i successivi cinque anni).

La Chiesa cattolica pone problemi ancora più radicali. La persona umana ha il diritto di nascere da un gesto d'amore dei suoi genitori. Secondo il *Catechismo della Chiesa cattolica* (CCC), nella procreazione artificiale accade qualcosa di diverso: il concepimento cessa di essere il frutto dell'atto coniugale, «e cioè del gesto specifico dell'unione degli sposi» e diventa il frutto di un processo artificiale; «soltanto il rispetto del legame che esiste tra i significati dell'atto coniugale e il rispetto dell'unità dell'essere umano consente una procreazione conforme alla dignità della persona».

L'inseminazione e la fecondazione artificiali eterologhe «provocano una dissociazione dei genitori, per l'intervento di una persona estranea alla coppia (dono di sperma o di ovocita, prestito dell'utero), e sono gravemente disoneste. Tali tecniche (inseminazione e fecondazione artificiali eterologhe) ledono il diritto del figlio a nascere da un padre e da una madre conosciuti da lui e tra loro legati dal matrimonio. Tradiscono il diritto esclusivo [degli sposi] a diventare padre e madre soltanto l'uno attraverso l'altro» (CCC n. 2376).

L'inseminazione e la fecondazione artificiali omologhe, ossia praticate in seno alla coppia, «sono, forse, meno pregiudizievoli, ma rimangono moralmente inaccettabili. Dissociano l'atto sessuale da quello di procreare. L'atto che fonda l'esistenza del figlio non è più un atto con il quale due persone si donano l'una all'altra, bensì un atto che "affida la vita e l'identità dell'embrione al potere dei medici e dei biologi e instaura un dominio della tecnica sull'origine e sul destino della persona umana. Una siffatta relazione di dominio è in sé contraria alla dignità e all'uguaglianza che deve essere comune a genitori e figli» (CCC n. 2377).

Tale posizione di condanna trova esplicita conferma nella *Evangelium Vitae*, nella quale si dichiara che le tecniche di riproduzione artificiale, seppure sembrano porsi al servizio della vita, «in realtà aprono la porta a nuovi attentati contro la vita. Al di là del fatto che esse sono moralmente inaccettabili, [...] queste tecniche registrano alte percentuali di insuccesso: esso riguarda non tanto la fecondazione, quanto il successivo sviluppo dell'embrione, esposto al rischio di morte entro tempi in genere brevissimi. Inoltre, vengono prodotti talvolta embrioni in numero superiore a quello necessario per l'impianto nel grembo della donna e questi cosiddetti "embrioni soprannumerari" vengono poi soppressi o utilizzati per ricerche che, con il pretesto del progresso scientifico o medico, in realtà riducono la vita umana a semplice "materiale biologico" di cui poter liberamente disporre».

Sulle tecniche omologhe le originarie posizioni di chiusura si sono con il tempo significativamente ammorbidite. Sicché la procreazione artificiale è ritenuta accettabile in presenza delle seguenti condizioni: che l'inseminazione e la fecondazione siano prati-

cate all'interno di una coppia di coniugi, senza che si ricorra a terzi donatori, siano effettuate con un comune rapporto sessuale e non comportino interventi invasivi o rischi rilevanti a danno dell'embrione o del feto.
Dal canto suo, il Comitato Nazionale per la Bioetica – pur dando atto della discordanza di opinioni tra i suoi stessi membri, in merito al problema della valutazione morale delle tecniche di inseminazione artificiale eterologa, di fecondazione extracorporea e di crioconservazione degli embrioni umani – ha dichiarato di vedere con favore «lo sviluppo di tecnologie che contribuiscano ad alleviare le sofferenze connesse ad una sempre più ampia diffusione della sterilità», sottolineando al tempo stesso «la necessità di non tralasciare, anzi di incrementare senz'altro, le ricerche relative alle cause della sterilità e alla possibilità che queste siano prevenute ovvero rimosse».
Per gli aspetti più strettamente afferenti la **tutela dell'embrione umano**, il Comitato pone i seguenti punti fermi:

- la proscrizione di ogni pratica di procreazione assistita ispirata a pregiudizi razziali;
- il divieto di prelevare gameti o embrioni per destinarli a procreazione assistita senza il consenso esplicito dell'interessato;
- la messa al bando di ogni sfruttamento commerciale o industriale di gameti, embrioni e tessuti embrionali o fetali;
- il divieto di produrre embrioni al solo scopo di farne oggetto di sperimentazione e ricerca, prescindendo cioè dall'obiettivo di ottenere una gravidanza;
- il divieto di pratiche quali la scissione embrionaria precoce, la clonazione e l'ectogenesi a fini procreativi, la produzione di ibridi o chimere e gli impianti interspecifici, sia a fini procreativi sia a fini di ricerca.

**«Il destino degli embrioni derivanti da procreazione medicalmente assistita e non più impiantabili**

Il Comitato Nazionale per la Bioetica ha preso in considerazione il "destino" di quegli embrioni, formati a fini procreativi attraverso tecniche extracorporee di **procreazione medicalmente assistita**, che a seguito di analisi morfologica presentano gravi anomalie irreversibili, così da ritenere non opportuno il loro impianto e, pertanto, destinati a non essere portati a nascita. Questa situazione dell'embrione è prevista dalle Linee guida all'art. 13 della L. 40/2004 che stabiliscono che, qualora dall'indagine osservazionale "vengono evidenziate gravi anomalie irreversibili dello sviluppo di un embrione", questo non sia crioconservato, bensì lasciato in cultura fino alla sua estinzione. [...]
I componenti del Comitato hanno discusso ed esaminato la possibilità che venga individuato un **criterio di accertamento di morte dell'embrione**, quando la sua vitalità non sia definitivamente venuta meno, di modo che si renda possibile la donazione di cellule embrionali alla ricerca, stabilendo un'analogia con la donazione di organi *ex mortuo*.
Alcuni componenti ritengono sostenibile l'analogia e auspicato che si possa giungere da parte del mondo scientifico ad accertare la morte dell'embrione a fronte di sue determinate condizioni fisiche che ne impediscono lo sviluppo (morte organismica). E se il prelievo e l'utilizzazione di blastomeri vivi da un embrione dichiarato morto può essere paragonabile al prelievo di organi e tessuti da un individuo dichiarato morto, può allora ritenersi eticamente lecita la donazione dei primi alla ricerca.
Altri componenti del Comitato non si riconoscono in questa ipotesi di lavoro poiché ritengono non praticabile l'analogia tra accertamento della **morte cerebrale totale** su chi è già nato (per

l'eventuale espianto di organi) e l'accertamento della **morte per arresto e degenerazione dello sviluppo** dell'embrione (allo scopo di un eventuale prelievo di uno o più blastomeri ancora funzionali)».

(Comitato Nazionale per la Bioetica - *abstract* - 18 luglio 1992)

Unanime, per altro verso, anche da parte del Comitato Nazionale per la Bioetica, è la condanna morale e giuridica della **maternità surrogata** (cd. affitto d'utero), conformemente al principio di diritto positivo che delegittima ogni forma di commercializzazione del corpo umano. Ciò soprattutto «con riferimento al bene del nascituro, alla sua situazione psicologica, a quella dei committenti e della madre portatrice, nonché al profondo legame affettivo che si instaura tra gestante e feto». La maternità surrogata, infatti, «attua una così grave scissione dell'atto generativo e una così profonda frammentazione della figura materna, da contraddirne il significato autentico». Anche chi la considera «non moralmente illecita in ogni circostanza» la ritiene generalmente non auspicabile «tenuto conto che essa può essere mossa dal fine benefico della nascita di un nuovo essere umano e da motivazioni oblative».

Queste le posizioni ideologiche, al di là delle quali l'infertilità resta un problema di enormi proporzioni, legato nel 35% dei casi al fattore femminile, nel 30% al fattore maschile, nel 20% a entrambi i fattori. L'Organizzazione Mondiale della Sanità stima intorno al 15-20% le coppie infertili nei paesi industrializzati.

In Italia la procreazione assistita è disciplinata dalla legge n. 40 del 19 febbraio 2004, che consente il ricorso alla procreazione medicalmente assistita da parte di *«coppie maggiorenni di sesso diverso, coniugate o conviventi, in età potenzialmente fertile, entrambi viventi»* quando non siano praticabili altri metodi terapeutici efficaci per rimuovere le cause di sterilità o infertilità della coppia.

Il divieto assoluto di ricorso a **tecniche di tipo eterologo**, originariamente contenuto nella legge, è caduto con la sentenza n. 162/2014 della Corte costituzionale, che ne ha dichiarato l'incostituzionalità. Per effetto di questa pronuncia, la fecondazione eterologa è praticabile qualora venga diagnosticata una patologia che sia causa di sterilità o infertilità assolute ed irreversibili. Ad avviso dei giudici, infatti, l'assolutezza del divieto ledeva irragionevolmente la legittima aspirazione della coppia a formare una famiglia con dei figli, negando loro, in contrasto con la *ratio legis*, il diritto alla genitorialità.

Con la sentenza n. 96/2015, la Corte, estendendo ulteriormente il campo di operatività delle tecniche medicali di procreazione assistita, ne ha riconosciuto l'accessibilità anche alle **coppie fertili portatrici di malattie genetiche trasmissibili**, rispondenti ai criteri di gravità fissati dalla legge, accertate da apposite strutture pubbliche.

Si distinguono 3 livelli di tecniche, a seconda della complessità e del grado di invasività. Almeno ogni 3 anni, in rapporto all'evoluzione tecnico-scientifica, il Ministro della Salute definisce le **linee guida** contenenti l'indicazione delle procedure e delle tecniche. Resta bandita dal nostro Paese la pratica della maternità surrogata (cd. **affitto d'utero**).

### 8.2.5 • Le pratiche anticoncezionali

Il termine «**contraccezione**» indica il complesso delle tecniche dedite a impedire o ridurre la probabilità che si verifichi una gravidanza. Oggigiorno, non diversamente dall'antichità, le pratiche anticoncezionali sono comunemente utilizzate come strumen-

to per la pianificazione familiare e, in senso generale, come strumento di controllo delle nascite, un tema del quale s'è ricominciato a parlare pubblicamente solo nel secolo scorso, mettendo in discussione la «condanna morale» della contraccezione da parte della Chiesa. Il coito interrotto, l'astinenza periodica e l'aborto sono le modalità con cui, in prevalenza, «si realizza la prima rivoluzione contraccettiva e si apre la strada al riconoscimento, da parte dei governi e della società cosiddetta benpensante, di un processo che, pur disapprovato formalmente, viene realizzato autonomamente dalla popolazione comune»[7].
Giovanni XXIII, negli anni '60, tentò di ridiscutere la posizione del cattolicesimo, ma Paolo VI, con l'enciclica *Humanae Vitae* (1968), ritornò ai temi tradizionali: nell'adempiere al dovere di trasmettere la vita umana, gli sposi erano liberi e responsabili collaboratori di Dio creatore e, se non desideravano procreare, l'astinenza era e rimaneva il metodo prediletto. Tale tesi è stata ribadita da Giovanni Paolo II nell'enciclica *Evangelium Vitae* e, ancora prima, dal *Catechismo della Chiesa*, per il quale l'unione carnale tra un uomo e una donna liberi, al di fuori del matrimonio «è gravemente contraria alla dignità delle persone e della sessualità umana naturalmente ordinata sia al bene degli sposi, sia alla generazione e all'educazione dei figli» (CCC n. 2353).

**«La paternità responsabile**
[...] l'amore coniugale richiede agli sposi che essi conoscano convenientemente la loro missione di paternità responsabile, sulla quale oggi a buon diritto tanto si insiste e che va anch'essa esattamente compresa. Essa deve considerarsi sotto diversi aspetti legittimi e tra loro collegati. In rapporto ai processi biologici, paternità responsabile significa conoscenza e rispetto delle loro funzioni: l'intelligenza scopre, nel potere di dare la vita, leggi biologiche che riguardano la persona umana. In rapporto alle tendenze dell'istinto e delle passioni, la paternità responsabile significa il necessario dominio che la ragione e la volontà devono esercitare su di esse. [...] Nel compito di trasmettere la vita, [gli sposi] non sono quindi liberi di procedere a proprio arbitrio, come se potessero determinare in modo del tutto autonomo le vie oneste da seguire, ma, al contrario, devono conformare il loro agire all'intenzione creatrice di Dio, espressa nella stessa natura del matrimonio e dei suoi atti, e manifestata dall'insegnamento costante della Chiesa.
Questi atti, con i quali gli sposi si uniscono in casta intimità e per mezzo dei quali si trasmette la vita umana, sono, come ha ricordato il recente concilio, "onesti e degni", e non cessano di essere legittimi se, per cause mai dipendenti dalla volontà dei coniugi, sono previsti infecondi, perché rimangono ordinati a esprimere e consolidare la loro unione. Infatti, come l'esperienza attesta, non da ogni incontro coniugale segue una nuova vita. Dio ha sapientemente disposto leggi e ritmi naturali di fecondità che già di per sé distanziano il susseguirsi delle nascite. Ma, richiamando gli uomini all'osservanza delle norme della legge naturale, interpretata dalla sua costante dottrina, la Chiesa insegna che qualsiasi: atto matrimoniale deve rimanere aperto alla trasmissione della vita».

(tratto da Lettera enciclica *Humanae Vitae* di Paolo VI – 25 luglio 1968)

Se dunque la Chiesa cattolica condanna tutt'oggi l'uso dei contraccettivi, ci si chiede se, anche a voler considerare quest'uso come un male, lo si possa almeno vedere come un

[7] Salvini S., *Controllo delle nascite*, in www.treccani.it – L'enciclopedia italiana.

«male minore» rispetto all'aborto, conseguenza di una gravidanza non desiderata, o, addirittura, come un rimedio contro le pratiche abortive. La posizione della Chiesa è bene esplicitata, ancora una volta, nell'enciclica *Evangelium Vitae*, nella quale Giovanni Paolo II dichiara: «Si afferma frequentemente che la contraccezione, resa sicura e accessibile a tutti, è il rimedio più efficace contro l'aborto. Si accusa poi la Chiesa cattolica di favorire di fatto l'aborto perché continua ostinatamente a insegnare l'illiceità morale della contraccezione. L'obiezione, a ben guardare, si rivela speciosa. Può essere, infatti, che molti ricorrano ai contraccettivi anche nell'intento di evitare successivamente la tentazione dell'aborto. Ma i disvalori insiti nella "mentalità contraccettiva" – ben diversa dall'esercizio responsabile della paternità e maternità, attuato nel rispetto della piena verità dell'atto coniugale – sono tali da rendere più forte proprio questa tentazione, di fronte all'eventuale concepimento di una vita non desiderata».
Ritenuta peccato mortale fin dai tempi di Sant'Agostino, nemmeno il dramma dell'**Aids** ha inciso su questa posizione. A riguardo, il 4 aprile 2000, così scriveva *L'Osservatore Romano*: «Il profilattico non esclude la trasmissione dell'Aids; favorirne l'uso rischia di far abbassare la guardia contro la malattia; l'unica vera prevenzione è l'astinenza sessuale». Benedetto XVI, nel corso del suo pontificato, ha ribadito che la contraccezione nega il significato stesso del matrimonio: «la possibilità di procreare una nuova vita umana» – egli ha detto – «è inclusa nell'integrale donazione dei coniugi». Più recentemente, nel 2016, è stata resa pubblica l'esortazione apostolica postsinodale di papa Francesco sull'amore nella famiglia. In essa si legge:

**«Accompagnare nei primi anni della vita matrimoniale**
[...]
222. L'accompagnamento deve incoraggiare gli sposi ad essere generosi nella comunicazione della vita. «Conformemente al carattere personale e umanamente completo dell'amore coniugale, la giusta strada per la pianificazione familiare è quella di un dialogo consensuale tra gli sposi, del rispetto dei tempi e della considerazione della dignità del partner. In questo senso l'EnciclicaHumanae vitae (cfr 10-14) e l'Esortazione apostolica Familiaris consortio (cfr 14; 28-35) devono essere riscoperte al fine di ridestare la disponibilità a procreare in contrasto con una mentalità spesso ostile alla vita [...]. La scelta responsabile della genitorialità presuppone la formazione della coscienza, che è "il nucleo più segreto e il sacrario dell'uomo, dove egli è solo con Dio, la cui voce risuona nell'intimità" (Gaudium et spes, 16). Quanto più gli sposi cercano di ascoltare nella loro coscienza Dio e i suoi comandamenti (cfr Rm 2,15), e si fanno accompagnare spiritualmente, tanto più la loro decisione sarà intimamente libera da un arbitrio soggettivo e dall'adeguamento ai modi di comportarsi del loro ambiente».[248] Rimane valido quanto affermato con chiarezza nel Concilio Vaticano II: «I coniugi [...], di comune accordo e con sforzo comune, si formeranno un retto giudizio: tenendo conto sia del proprio bene personale che di quello dei figli, tanto di quelli nati che di quelli che si prevede nasceranno; valutando le condizioni sia materiali che spirituali della loro epoca e del loro stato di vita; e, infine, tenendo conto del bene della comunità familiare, della società temporale e della Chiesa stessa. Questo giudizio in ultima analisi lo devono formulare, davanti a Dio, gli sposi stessi».[249]D'altra parte, «il ricorso ai metodi fondati sui "ritmi naturali di fecondità" (Humanae vitae, 11) andrà incoraggiato. Si metterà in luce che "questi metodi rispettano il corpo degli sposi, incoraggiano la tenerezza fra di loro e favoriscono l'educazione di una libertà autentica" (Catechismo della Chiesa Cattolica, 2370).

Va evidenziato sempre che i figli sono un meraviglioso dono di Dio, una gioia per i genitori e per la Chiesa. Attraverso di essi il Signore rinnova il mondo». [250]»

(tratto da Amoris Laetitia di papa Francesco, Capitolo VI, n. 222)

Dunque, se da un lato si evince comprensione per i casi concreti, realismo nell'affrontare la situazione in cui si trovano tante coppie e responsabilità affidata ai coniugi, perché solo loro possono giudicare in base alla situazione concreta; dall'altro si riafferma la dottrina contenuta in «Humanae vitae» e l'incoraggiamento verso l'apertura alla vita, con l'aiuto dello Spirito e di tutta la Chiesa.

Il giudizio è molto differente tra le diverse religioni. La Chiesa cristiano-ortodossa concepisce il rapporto sessuale coniugale volto al solo scopo della procreazione e non ammette alcuna pratica contraccettiva eccetto l'astinenza. Per gli ebrei, «poiché lo scopo del matrimonio è la procreazione, le leggi rabbiniche ammettono la contraccezione solamente nel caso che la gravidanza rappresenti un pericolo per la vita della sposa e condannano ogni forma di perversione sessuale»[8]. Nella religione islamica la contraccezione è consentita, purché vi sia totale accordo tra i coniugi. Il buddismo e l'induismo entrambi basati sul concetto di non violenza e sul rispetto per tutte le forme di vita, ammettono la contraccezione proprio perché non comporta alcun atto di crudeltà verso una creatura vivente.

Particolarmente critica nei riguardi della Chiesa cattolica è la posizione delle Chiese protestanti (Tavola Valdese, Assemblee di Dio in Italia, Unione Italiana delle Chiese Cristiane Avventiste del 7° Giorno, Unione Cristiana Evangelica Battista d'Italia e Chiesa Evangelica Luterana in Italia) per le quali «il fine del matrimonio non è anzitutto la procreazione, ma l'unità dei coniugi. Tutto ciò che può favorire quest'unità è approvabile. Ma l'astinenza sessuale auspicata dalla Chiesa cattolica come metodo di regolamentazione non può rispondere a questa ricerca di unità perché, in un certo senso, squalifica la sessualità, riducendola alla sua funzione procreatrice»[9].

Che il profilattico, come metodo contraccettivo, sia al tempo stesso uno dei pochi strumenti realmente efficaci contro la diffusione delle malattie a trasmissione sessuale, in particolare dell'Aids, come confermato dai congressi medico-scientifici, è il principale argomento utilizzato da quanti addebitano al Vaticano la responsabilità morale del dilagare della malattia nei Paesi del Terzo Mondo.

Al di là di quest'indubbia verità scientifica, i dati pubblicati dalle Nazioni Unite rivelano che oggi la contraccezione, come strumento di controllo delle nascite, è più diffusa di quanto normalmente si creda, a dispetto delle dottrine religiose: 70% nei Paesi ricchi e 60% in quelli poveri. I metodi femminili rappresentano oltre l'80% del totale dei metodi contraccettivi nei Paesi poveri e il 60% in quelli ricchi. Il metodo più diffuso è la sterilizzazione, che nei Paesi poveri riguarda in larga maggioranza le donne (ben il 22% contro il 3% dei maschi), sebbene la sterilizzazione maschile sia un intervento più sem-

[8] Piazza G.P., *40 secoli di calvario in attesa del Messia (Chi sono gli ebrei?)*, articolo pubblicato su www.cronologia.leonardo.it.

[9] Fuchs E., *Desiderio e tenerezza. Una teologia della sessualità*, Claudiana, 1984.

plice dal punto di vista medico. Piuttosto ridotto è il contributo dei metodi tradizionali (controllo del ciclo, coito interrotto e astinenza): appena il 13% nei Paesi ricchi contro il 6% dei Paesi poveri. Poco diffusi, nei Paesi sottosviluppati, sono i metodi moderni (pillola e condom). I Paesi in via di sviluppo dell'Asia orientale fanno registrare il maggior livello di uso contraccettivo (79%). La Cina, in particolare, tra i paesi asiatici a basso reddito costituisce un esempio per l'efficienza dimostrata nella pianificazione familiare delle nascite, ma quest'efficienza è spesso il frutto di politiche molto rigide e repressive della volontà individuale, come la cosiddetta politica del figlio unico[10].
In Italia, il primo passo fu fatto nel 1971 con la pronuncia d'illegittimità dell'art. 553 del codice penale, che prevedeva il reato di incitamento a pratiche contro la procreazione, vietando la diffusione e la somministrazione di anticoncezionali. Poi arrivò l'istituzione dei consultori familiari (ad opera della legge 405 del 1975), tra i cui compiti rientrava e (rientra) l'assistenza psicologica, sociale e medica alla maternità e alla paternità, alla procreazione responsabile e alla contraccezione. Il principio ispiratore era quello di mettere al centro la salute e l'autodeterminazione della donna.
A quasi quarant'anni di distanza dall'approvazione di quella legge, il nostro Paese, tra divieti sacrali e carenza di informazione risulta ancora indietro in materia di contraccezione rispetto alla media europea. Un terzo delle coppie, pur non desiderando procreare, non fa uso di metodi contraccettivi o sceglie di ricorrere al coito interrotto, e le gravidanze indesiderate sono ancora troppo numerose.
Nel 2011, pronunciandosi sulle legittimità della rivendicazione da parte di alcuni farmacisti del diritto di fare obiezione di coscienza alla vendita della **pillola del giorno dopo**, il Comitato Nazionale per la Bioetica ha ribadito – come in altre occasioni – la costituzionalità di tale diritto, ma nel contempo ha sostenuto che il presupposto necessario e indispensabile per l'eventuale riconoscimento legale dell'obiezione di coscienza è che la donna abbia in ogni caso la possibilità di ottenere altrimenti la realizzazione della propria richiesta farmacologica e che spetti alle istituzioni e alle autorità competenti prevedere i sistemi più adeguati nell'esplicitazione degli strumenti necessari e delle figure responsabili per l'attuazione di questa prerogativa.

### 8.2.6 • La sperimentazione sulle cellule staminali embrionali

Anche riguardo a questo argomento è bene fare qualche premessa di carattere nozionistico. Le **cellule staminali** sono cellule primitive non specializzate, presenti in ogni organismo multicellulare. Ciò che le rende particolari è loro capacità, praticamente unica, di riprodursi attraverso il processo di divisione mitotica; ma le rende uniche anche la proprietà che hanno di potersi trasformare in diversi altri tipi di cellule, differenziandosi in cellule specializzate, attraverso un processo denominato «differenziamento cellulare». Le **cellule staminali embrionali** (ES) sono le più giovani, le meno differenziate e perciò posseggono la capacità di trasformarsi in qualunque organo o tessuto anche embrionale. Una capacità, questa, che le rende estremamente interessanti per la scienza e la ricerca medica: siffatte cellule sono il principale strumento per gli studi sulla rigenerazione di alcuni tessuti che nell'organismo sono quiescienti o non proliferanti, come i

[10] SALVINI S., *Controllo delle nascite*, in www.treccani.it – L'enciclopedia italiana.

cardiomiociti cardiaci, i neuroni o gli epatociti. Ma avendo esse origine dall'embrione il loro utilizzo e la loro conseguente manipolazione comportano problemi etici. Il prelievo delle staminali, infatti, provoca la distruzione dell'embrione.
Per questa ragione la sperimentazione sulle cellule staminali embrionali è generalmente vietata. In Europa, la *Carta dei diritti fondamentali*, proclamata a Nizza, riconosce a ogni individuo il diritto all'integrità fisica e psichica nei confronti delle applicazioni della medicina e della biologia. Nondimeno ciascun Paese adotta normative diverse sull'utilizzo degli embrioni, per cui ciò che è legale in un Paese, può essere vietato in un altro. In Danimarca è legale utilizzare embrioni umani se l'obiettivo è quello di perfezionare le tecniche di fecondazione artificiale e quelle di ricerca genetica dell'embrione. Anche nel Regno Unito la legge permette la ricerca per fini specifici: tra questi, la ricerca sull'aborto spontaneo, sull'infertilità e sulle malattie genetiche. Divieti categorici, invece, vigono in Francia – eccetto che la ricerca abbia benefici per l'embrione e i genitori siano consenzienti – e in Germania. In Spagna la ricerca è autorizzata solo su embrioni non vitali.
In Italia è vietata qualsiasi sperimentazione sull'embrione umano. In particolare, è vietata qualsiasi tipo di produzione di embrioni a fini di ricerca come a fini di sperimentazione e inoltre è vietato il clonaggio, seppure terapeutico. La ricerca clinica e sperimentale è consentita solo a condizione che si perseguano finalità esclusivamente terapeutiche e diagnostiche volte alla tutela della salute e allo sviluppo dell'embrione e solo qualora non siano disponibili metodologie alternative.
Il Comitato Nazionale per la Bioetica, il 27 giugno 1996, ha adottato un documento dal titolo *Identità e statuto dell'embrione umano*, nel quale si riconosce all'embrione lo statuto di individuo per lo meno a partire dal momento in cui viene perduta irreversibilmente la capacità di suddivisione in due o più embrioni, o di ricostituzione di un singolo embrione in seguito alla fusione di due embrioni.
La posizione del Comitato è stata in seguito puntualizzata nelle seguenti affermazioni di principio (Risposta – *Ricerche utilizzanti embrioni umani e cellule staminali* – 11 aprile 2003):

- gli embrioni umani sono vite umane a pieno titolo;
- esiste il dovere morale di sempre rispettarli e sempre proteggerli nel loro diritto alla vita, indipendentemente dalle modalità con cui siano stati procreati e indipendentemente dal fatto che alcuni di essi possano essere qualificati – con espressione discutibile, perché priva di valenza ontologica – «soprannumerari»;
- la sperimentazione a loro carico è giustificata unicamente se praticata nel loro specifico interesse e non può essere giustificata dal pur rilevante interesse generale della società e della scienza, né può quindi in alcun modo sostanziarsi nella loro distruzione;
- nemmeno è lecita la sperimentazione sugli embrioni soprannumerari, la quale, oltre a non avere motivazione logica, ma solo occasionale e pragmatica, favorirebbe surrettiziamente la pratica di produzione di embrioni in vitro a soli scopi di ricerca;
- il prelievo di cellule staminali umane da embrioni, comportando la distruzione di questi ultimi, deve essere a pari titolo stigmatizzato, anche per l'ulteriore effetto eticamente inaccettabile di non orientare la ricerca verso la sempre più promettente ed eticamente impeccabile utilizzazione di cellule staminali prelevate da cordone ombelicale o da feti spontaneamente abortiti o di cellule staminali adulte.

Da parte di alcuni ricercatori – come si può leggere in un documento del Centro di Bioetica dell'Università Cattolica del Sacro Cuore di Roma – è perfino stata avanzata la richiesta di poter sperimentare su embrioni umani formati appositamente a scopi sperimentali, per poter disporre di una maggiore quantità di materiale biologico non alterato dai processi di congelamento e di scongelamento. Il rifiuto di tale richiesta, tradotto in espliciti divieti legislativi, «ha indotto all'ulteriore proposta di utilizzare gli embrioni in cd. stato di abbandono, cioè quegli embrioni crioconservati, prodotti in soprannumero in occasione di fecondazioni in vitro, e che non sono destinati al trasferimento in utero perché i genitori non li desiderano più o si oppongono alla donazione. Analoga richiesta di utilizzo a fini sperimentali viene avanzata per quegli embrioni (freschi o crioconservati) che risultano inadatti al trasferimento in utero o che vengano giudicati non vitali". Ma "dimostrare che l'embrione è inadatto all'impianto non significa tuttavia che esso sia morto, per cui la sperimentazione, che di fatto ne determina la soppressione, è anche in questo caso illecita»[11].

La Chiesa cattolica, al centro del dibattito, punta il dito sia contro la disumanizzazione di una scienza priva di etica e asservita a criteri mercantili, sia contro il rischio di un uomo che diventi creatore di se stesso, attraverso la fabbricazione di una nuova natura, il cui confine con l'artificiale scompare. Ecco che cosa scrive Giovanni Paolo II nell'enciclica *Evangelium Vitae*: «La valutazione morale dell'aborto è da applicare anche alle recenti forme di *intervento sugli embrioni umani* che, pur mirando a scopi in sé legittimi, ne comportano inevitabilmente l'uccisione. È il caso della *sperimentazione sugli embrioni,* in crescente espansione nel campo della ricerca biomedica e legalmente ammessa in alcuni Stati. Se si devono ritenere leciti gli interventi sull'embrione umano a patto che rispettino la vita e l'integrità dell'embrione, non comportino per lui rischi sproporzionati, ma siano finalizzati alla sua guarigione, al miglioramento delle sue condizioni di salute o alla sua sopravvivenza individuale, si deve invece affermare che l'uso degli embrioni o dei feti umani come oggetto di sperimentazione costituisce un delitto nei riguardi della loro dignità di esseri umani, che hanno diritto al medesimo rispetto dovuto al bambino già nato e ad ogni persona».

La stessa condanna morale riguarda il procedimento che sfrutta gli embrioni e i feti umani ancora vivi sia come *materiale biologico* da utilizzare sia come *fornitori di organi o di tessuti da trapiantare* per la cura di alcune malattie.

Di questi principi s'è appropriata nel 2011 la **Corte di Giustizia europea**, sancendo la non brevettabilità dei procedimenti che comportino la distruzione di embrioni umani e, per contro, affermando la brevettabilità di quelli che risultano di una qualche utilità per l'embrione. Sebbene la Corte abbia specificato di aver preso in esame la questione da un punto di vista esclusivamente giuridico, lasciando da parte qualsiasi considerazione di ordine etico o medico, è evidente l'influsso delle posizioni bioetiche. Un embrione umano non può mai essere mercanteggiato, dunque, perché la qualifica di "umano" gli appartiene fin dal primo istante della sua esistenza. La decisione rende perfino più ampia la definizione di embrione, includendo anche quelli formati mediante trasferimento nucleare e quelli per partenogenesi da ovocita non fecondato.

---

[11] Documento n. 1/1996, *Contro la sperimentazione sugli embrioni umani,* Centro di Bioetica dell'Università Cattolica del Sacro Cuore di Roma.

## 8.2.7 • Il testamento biologico

Il testamento biologico – termine preso a prestito dalla nomenclatura giuridica – o anche «*dichiarazione anticipata di trattamento*», è l'atto con il quale una persona – in condizioni di lucidità mentale – manifesta, con determinate formalità, il proprio volere in merito ai trattamenti sanitari che intende accettare o meno nel caso in cui, nel decorso di una malattia o a causa di traumi improvvisi, non fosse più in grado di esprimere il proprio consenso o il proprio dissenso informato.

Si tratta quindi di dichiarazioni che costituiscono un'eccezione al requisito dell'attualità richiesto per il consenso informato, in quanto con esse la persona assistita esprime le proprie volontà, partecipando alle scelte terapeutiche e assistenziali, su trattamenti sanitari eventualmente disposti in futuro. In quanto "eticamente sensibile", esso è stato per molti anni oggetto di un dibattito vivace, alimentato in Italia dalla mancanza, per lungo tempo, di una legislazione *ad hoc*, nonostante il Parlamento abbia ratificato con la legge n. 145 del 28 marzo 2001 la *Convenzione sui diritti umani e la biomedicina*, approvata a Oviedo il 4 aprile 1997, nella quale si stabilisce che «i desideri precedentemente espressi a proposito di un intervento medico da parte di un paziente che, al momento dell'intervento, non è in grado di esprimere la sua volontà saranno tenuti in considerazione».

Nel 1999 fu presentata una proposta di legge da parte di sedici deputati dell'Ulivo e una successiva proposta, sullo stesso tema, pervenne l'anno dopo dai senatori appartenenti ai Verdi, Manconi, Carella e Pettinato, ma nessuna ha avuto seguito.

Solo alla fine del 2017 il Parlamento italiano ha approvato la Legge 22 dicembre 2017, n. 219 (*Norme in materia di consenso informato e di disposizioni anticipate di trattamento*). La norma dispone, tra l'altro, che ogni persona maggiorenne, in previsione di un'eventuale futura incapacità di autodeterminarsi, possa, attraverso "Disposizioni anticipate di trattamento" (Dat), sempre revocabili, "esprimere le proprie convinzioni e preferenze in materia di trattamenti sanitari, nonché il consenso o il rifiuto rispetto a scelte diagnostiche o terapeutiche e a singoli trattamenti sanitari, comprese le pratiche di nutrizione e idratazione artificiali".

Si è colmata in tal modo una lacuna legislativa, che ha posto il nostro Paese indietro rispetto, ad esempio, alla Germania, laddove vige dal 2009 una legge sul testamento biologico che prevede l'assistenza di un fiduciario e del medico curante, all'Olanda, paese in cui i pazienti e i potenziali pazienti possono specificare per iscritto le circostanze in base alle quali vorrebbero accedere all'eutanasia, all'Inghilterra o al Galles, paesi in cui in base al *Mental Capacity Act* (2005) una persona può fare una dichiarazione anticipata di trattamento o nominare un curatore.

Anche la Chiesa cattolica si era dichiarata favorevole alla promulgazione di una legge che attribuisse valore legale alle dichiarazioni sui trattamenti terapeutici, purché fossero date tutte le necessarie garanzie sulla presa in carico dell'ammalato e sul suo rapporto fiduciario con il medico, cui andava assegnato il compito di valutare in concreto i singoli atti e decidere in scienza e coscienza. L'auspicio – espresso dalla **Conferenza Episcopale Italiana** – era «che in questo delicato passaggio, mentre si evitano inutili forme di accanimento, non vengano in alcun modo legittimate o favorite forme mascherate di eutanasia, in particolare di abbandono terapeutico, e sia invece esaltato ancora una volta quel *favor vitae* che a partire dalla Costituzione contraddistingue l'ordinamento italiano».

Questa sostanziale posizione di apertura, da parte della Chiesa, negli ambienti cattolici non è stata esente da critiche. Si è osservato, cioè, come il testamento biologico, come dichiarazione preventiva diretta ad autorizzare l'interruzione di terapie o trattamenti necessari al mantenimento della vita, provochi in maniera volontaria la morte dell'interessato in virtù del consenso preventivamente rilasciato. Sicché, «se nella visione cristiana la vita costituisce un bene indisponibile per l'uomo, in tale ottica sarà per forza di cose inaccettabile ogni determinazione comunque tendente ad incidere sul naturale corso dell'umana esistenza ed a consentire una forma di eutanasia»[12].

### 8.2.8 • L'eugenetica

Il termine «eugenetica» è composto dalla combinazione di due parole: *eu* (buono) e *genet* (nascita), le quali, messe insieme, significano "buona nascita" o "bontà genetica". L'eugenetica, dunque, è lo studio dei metodi diretti a favorire il perfezionamento della specie umana attraverso selezioni artificiali operate con la promozione dei caratteri ritenuti positivi (o *eugenici*) e la rimozione di quelli negativi (o *disgenici*). Essa «si prefigge di favorire e sviluppare le qualità innate di una razza, giovandosi delle leggi dell'ereditarietà genetica»[13], nel presupposto che la maggior parte dei tratti del carattere di una persona venga ereditata.

Già proposta da Platone, e demonizzata nel Medioevo, l'eugenetica nasce come disciplina scientifica nel XIX secolo, con l'antropologo britannico **Francis Galton** – cugino di Charles Darwin – che teorizzò il miglioramento progressivo della razza secondo criteri similari a quelli della evoluzione biologica. La sua teoria è anche detta **darwinismo sociale**.

I risvolti pratici di questa teoria, portati alle estreme conseguenze dal **Nazismo**, furono di una crudeltà inaudita. Galton affermava che soltanto la razza migliore doveva essere protetta mentre le altre dovevano subire una selezione artificiale. L'umanità doveva prendere il controllo della sua stessa evoluzione e creare una "razza suprema". Significativa di questa tesi è l'opinione che le persone di colore avessero un livello di intelligenza inferiore: «[...] è vasto il numero di neri che dovremmo definire di parziale intelligenza. Qualsiasi libro che alluda ai servi neri d'America ne è pieno di esempi. Io stesso me ne sono reso conto durante i miei viaggi in Africa. Gli errori commessi dai neri nei loro stessi riguardi erano così puerili, stupidi e da semplicioni che mi sono vergognato spesso di appartenere alla loro stessa razza». I nazisti, applicando questi principi, criminalizzarono la non appartenenza alla razza ariana, mettendo in atto programmi di sterilizzazione e di sterminio.

L'**Italia fascista**, dopo un'iniziale fase demografica mirata all'incremento quantitativo della popolazione, approdò anch'essa alle politiche eugenetiche, prima con le misure in difesa della razza in terra coloniale e poi, tra il 1938 e il primo quinquennio degli anni '40, con l'antisemitismo di Stato, a emulazione di quanto accadeva nella Germania hitleriana. Il 5 agosto 1938 era dato alle stampe il primo numero della rivista *La difesa*

---

12 CANONICO M., *Eutanasia e testamento biologico nel magistero della Chiesa cattolica* – Stato, chiese e pluralismo confessionale – Rivista telematica, maggio 2009.

13 In www.treccani.it – L'enciclopedia italiana.

*della razza*, diretta da Telesio Interlandi: «La questione del razzismo in Italia – vi si leggeva – deve essere trattata da un punto di vista puramente biologico, senza intenzioni filosofiche o religiose. La concezione del razzismo in Italia deve essere essenzialmente italiana e l'indirizzo arianonordico». Il programma legislativo antisemita comprendeva il divieto di matrimonio tra italiani ariani ed ebrei. Ma l'obiettivo del perfezionamento razziale fu perseguito dal regime fascista anche attraverso interventi strutturali di risanamento ambientale, come la bonifica integrale delle paludi, la creazione dei consorzi antitubercolari e dei sanatori, le colonie estive, la promozione dell'educazione ginnica e dello sport.

Nel 1937 la **Società Lombarda di Medicina** accolse la proposta di istituire un **Centro italiano di studi di genetica umana** presso l'Università. Il Centro cominciò la sua attività nel 1940 e il suo primo impegno fu la raccolta del materiale clinico proveniente da ospedali e cliniche lombarde, destinato a costituire il nucleo originario dello schedario del Centro, fondamentale supporto per lo studio della trasmissione ereditaria di vari caratteri fisiologici e patologici nell'uomo. Nei propositi dei fondatori, l'ente avrebbe dovuto trasformarsi in Istituto nazionale alla costituzione di uno schedario genetico generale della popolazione italiana, ma i successivi eventi bellici ne impedirono la realizzazione. Nel 1946 nacque il primo consultorio genetico italiano, sempre presso l'Università di Milano: il suo compito era fornire consulenza genetica ed eugenica pre e post matrimoniale alle coppie riguardo al rischio di contrazione di malattie ereditarie, nonché trattare altri problemi di interesse genetico. Tra gli anni '50 e '60, in diverse città, consultori prematrimoniali e matrimoniali sorsero per iniziativa pubblica o privata. Il Centro di studi milanese, con la sua attività pionieristica, contribuì a diffondere la cultura genetica nel nostro Paese, guadagnando prestigio anche internazionale, nonostante la diffidenza opposta dagli ambienti cattolici.

Oggi la *Carta dei diritti fondamentali dell'Unione europea* (Nizza, 2000) all'art. 3 §2 impone il **divieto delle pratiche eugenetiche**. Il termine stesso «eugenetica» è spesso usato da esponenti cattolici e conservatori per etichettare in modo negativo anche l'aborto terapeutico e le tecniche di diagnosi di preimpianto dell'embrione nei casi di fecondazione assistita.

In Italia, da parte del Comitato Nazionale per la Bioetica, si acclara l'illiceità di ogni forma di eutanasia eugenetica e di eutanasia su neonati malformati. Sulle stesse posizioni è arroccata la Chiesa cattolica, ferma nel condannare l'**aborto eugenetico** (o **aborto selettivo**), utilizzato per impedire la nascita di bambini affetti da vari tipi di anomalie, «la cui legittimazione nell'opinione pubblica nasce da una mentalità – a torto ritenuta coerente con le esigenze della "terapeuticità" – che accoglie la vita solo a certe condizioni e che rifiuta il limite, l'handicap, l'infermità». Una simile mentalità «è ignominiosa e quanto mai riprovevole, perché pretende di misurare il valore di una vita umana soltanto secondo parametri di "normalità" e di benessere fisico, aprendo così la strada alla legittimazione anche dell'infanticidio e dell'eutanasia»[14].

---

[14] Lettera enciclica *Evangelium Vitae* di Giovanni Paolo II sul valore e l'inviolabilità della vita umana – 25 marzo 1995.

# CAPITOLO 9
# Inglese

La verifica delle abilità linguistiche in lingua inglese è normalmente presente nelle prove di ammissione. I quesiti, le cui risposte devono essere scelte tra diverse opzioni, si presentano generalmente sotto forma di *cloze test*, che consiste nel reinserimento di parole in un testo precedentemente cancellate. Altra tipologia assegnata di frequente è la prova di *translation*, che consiste nella traduzione di un testo, dall'inglese all'italiano o viceversa. Più di rado le prove sono di tipo *reading comprehension*, che consistono nella lettura e comprensione di un testo specialistico. Presentiamo di seguito una breve disamina delle principali tipologie di domande riscontrabili in sede d'esame preselettivo.

## 9.1 • Cloze test

Il *cloze test* è utilizzato per sondare le proprietà lessicali (ricchezza di linguaggio e microlinguaggio settoriale) e le competenze grammaticali. Esso consiste nella ricostruzione di una frase o di un brano tramite il reinserimento di alcune parole precedentemente cancellate (*fill in the blanks*), scegliendo tra le opzioni elencate.
I quesiti riguardano generalmente le regole fondamentali della grammatica inglese (solitamente si richiede di inserire il verbo nella forma adeguata o di scegliere l'aggettivo, l'avverbio, il pronome appropriati al contesto) e la proprietà di linguaggio; non presentano particolari difficoltà.

È innanzitutto necessario cogliere il senso generale della frase o del testo, leggendo interamente il brano prima di iniziare l'esercizio. Nel caso in cui venga chiesto di riempire più spazi vuoti presenti all'interno di un brano, occorre analizzare ogni singola frase per capire qual è la parte del discorso che manca: nome/pronome, aggettivo, avverbio, preposizione, verbo (ausiliare, modale, ecc.), congiunzione. È bene ricordare che la risposta giusta va scelta non solo analizzando la frase in questione, ma anche considerando le informazioni che la precedono o la seguono. Successivamente, occorre rileggere il tutto soffermandosi in particolare laddove ci sono gli spazi vuoti.

### 9.1.1 • Question tags

**Indicare la soluzione che completa correttamente la frase:**
***Emily plays the piano well, _________?***
A. isn't it?
B. does she?
C. doesn't she?

D. is she?
E. isn't she?

La risposta corretta è la **C**. L'esercizio, infatti, richiede la conoscenza delle ***question tags***, ovvero delle domande brevi poste al termine di una frase affermativa o negativa con la funzione di rafforzare ciò che si è detto. La regola stabilisce che, se la frase è affermativa, la *question tag* va messa in forma negativa, mentre se la frase è negativa, la *question tag* va in forma affermativa.

- Forma affermativa: AUSILIARE + NOT + PRONOME SOGGETTO + ?
- Forma negativa: AUSILIARE + PRONOME SOGGETTO + ?

### 9.1.2 • I verbi modali

**Indicare la soluzione che completa correttamente la frase:**
***Jack ________ go to hospital yesterday.***
A. must
B. had to
C. need
D. can
E. ought

La risposta corretta è la **B**, in quanto Jack "**è dovuto** andare in ospedale **ieri**". Il verbo ***MUST*** è un **verbo modale** (insieme a *MAY, WILL* e *SHALL*) e, come tale, *non possiede alcuni modi e tempi* (per "sostituirli" vengono utilizzati altri verbi).
Tutti i verbi modali presentano delle particolari caratteristiche:

- Sono invariabili
- Non usano l'ausiliare nelle forme interrogativa, negativa e interrogativo-negativa.
- I verbi che li seguono sono all'infinito senza il *to* (ad eccezione di *ought*).
- Non sono mai seguiti da un complemento oggetto.

Pertanto, non essendoci una forma al passato di *must* per tradurre "è dovuto" si utilizza ***To have*** + **infinito** che è la forma sostitutiva che viene utilizzata per tutti i tempi verbali di cui *must* manca. Il verbo *to have* viene coniugato al tempo desiderato ed il verbo che segue viene messo all'infinito con *to*.

### 9.1.3 • I pronomi interrogativi

**Indicare la soluzione che completa correttamente la frase:**
***_____ is your shoe size?***
A. What
B. Which
C. How
D. Who
E. Whose

La risposta esatta è la **A**. Occorre ricordare che:

- ***Which*** si usa per chiedere "quale" quando la scelta è tra un numero *definito* di cose o persone.
- ***How*** significa "quanto" quando è seguito da aggettivo o da avverbio.
- ***What***, è usato con il significato di "quale" quando si propone una scelta tra un numero *indefinito* di cose, (come in questo caso in cui il numero di scarpe potrebbe essere uno qualunque).

## 9.1.4 • Il futuro

**Indicare la soluzione che completa correttamente la frase:**
***If you want to go to the shop, you can borrow my brother's bicycle.***
***I'm sure* ________________.**

A. he won't mind
B. he's not going to mind
C. he minds
D. he didn't mind
E. he don't mind

La risposta esatta è la **A**.

Il **futuro** con ***WILL***, infatti, si utilizza *per esprimere l'opinione di chi parla* sul futuro, o *ciò che si pensa accadrà*.
Per questo motivo, esso segue spesso espressioni come *I'm sure that* (*sono sicuro che*), *I think that (penso che), I'm afraid that (temo che), probably (probabilmente), surely (sicuramente)* e così via.
Si ricorre al futuro con ***WILL*** anche nei seguenti casi:

- *per indicare eventi che sicuramente accadranno in futuro e che non dipendono dalla volontà di chi parla*;
- *per esprimere qualcosa che si è deciso di fare nel momento in cui si parla*, senza cioè averlo precedentemente programmato;
- *per annunciare previsioni ufficiali*, come quelle date in radio o in televisione.

Si ricordi che in inglese, oltre alla forma con *will*, è possibile esprimere il futuro in **altri due modi**:

- usando il ***present progressive***
- usando il ***to be going to*** + l'infinito del verbo.

Il *Present Progressive* si usa *per esprimere un programma preciso per il futuro*:
Es. ***Sarah is meeting* Susan this evening.**
*Sarah incontrerà Susan questa sera.*

Il futuro con il *to be going to* + l'infinito del verbo si usa nei seguenti casi:

- *per esprimere l'intenzione di fare qualcosa*:
  Es. ***Sarah is going to meet Susan tonight.***
  *Sarah ha intenzione di incontrare Susan questa sera*

- *per esprimere qualcosa che sta per accadere, o* quando qualcosa nella situazione che viviamo ci permette di *prevedere un evento futuro*:
  Es. ***Come down! You're going to get hurt!***
  *Scendi! Ti farai male!*

Riassumendo, possiamo esprimere una stessa frase con i vari tipi di futuro, conferendo una diversa sfumatura di significato.

**ESEMPIO**

Vedrò Jane domani.
***I will meet Jane tomorrow.***
(L'ho deciso in questo momento).
***I'm meeting Jane tomorrow.***
(Ho in programma di vedere Jane domani, probabilmente abbiamo già fissato un appuntamento).
***I'm going to meet Jane tomorrow.***
(Ho intenzione di vedere Jane domani).

### 9.1.5 • Il verbo "portare"

**Indicare la soluzione che completa correttamente la frase:**
***In the study, father to son: "Do you mind ____ this letter to your mother? She's in the kitchen".***

A. bringing
B. fetching
C. taking
D. carrying
E. getting

La risposta giusta è la **C**. Questo è uno dei casi in cui è facile ingannarsi: i cinque verbi, infatti, significano tutti *portare* ma la loro distinzione è fondamentale in inglese:

- ***to bring*** si usa ogni volta che *portare* indica un movimento che parte dall'esterno e viene verso di me:
  Es. *Portami quella sedia* → ***Bring me that chair***
- ***to fetch*** si usa ogni volta che *portare* indica un movimento che prevede andata e ritorno:
  Es. *Prendimi qualcosa da mangiare, per piacere* → ***Fetch me something to eat, please***
- ***to take*** si usa ogni volta che *portare* indica un movimento che parte dal luogo dove mi trovo e va verso un punto lontano da me:
  Es. *Porta questo maglione a Silvia* → ***Take this sweater to Silvia***
- ***to carry*** si usa ogni volta che *portare* indica il trasportare:
  Es. *Portare una valigia* → ***To carry a suitcase***
- ***to get*** si usa ogni volta che l'oggetto da *portare* è lontano sia da me che dal mio interlocutore:
  Es. *Ti spiacerebbe prendermi il cappotto dall'attaccapanni?* → ***Get me my coat from the rack, will you?***

## 9.1.6 • Verbi + "ing form" e verbi + infinito

**Indicare la soluzione che completa correttamente la frase:**
***I enjoy __________ on the beach all day.***

A. to lie
B. lying
C. to lying
D. lie
E. to lye

La risposta esatta è la **B**. Alcuni verbi inglesi, infatti, sono sempre seguiti dalla forma in *ing* del verbo. Altri verbi, invece, vogliono sempre l'infinito dopo di essi. I più comuni di queste due categorie sono:

| Verbi + ing |
|---|
| can't help > non riuscire a non |
| can't stand/bear > non potere sopportare |
| to admit > ammettere |
| to appreciate > apprezzare |
| to avoid > evitare |
| to consider > prendere in considerazione |
| to deny > negare |
| to dislike > non piacere (generico) |
| to enjoy > essere felici di |
| to enjoy > piacere |
| to feel like > aver voglia di |
| to finish > finire |
| to forget > dimenticare |
| to get used to > abituarsi |
| to give up > rinunciare/smettere |
| to hate > odiare (generico) |
| to imagine + that > immaginare che |
| to involve > coinvolgere/ implicare |
| to like > piacere (generico) |
| to look forward to > aspettare con impazienza |
| to love > amare (generico) |
| to mean > implicare, coinvolgere, significare |
| to miss > mancare |

*(segue)*

| Verbi + ing |
|---|
| to practise > esercitarsi |
| to prefer > preferire (generico) |
| to regret/to be sorry for > scusarsi per (generico) |
| to resist > resistere |
| to risk > rischiare |
| to stop > smettere di fare qualcosa |
| to thank someone for > ringraziare qualcuno per |
| to try > fare un tentativo |

| Verbi + inf |
|---|
| to agree > essere d'accordo |
| to allow > permettere |
| to arrange > organizzare |
| to choose > scegliere |
| to decide > decidere |
| to dislike > non piacere (in particolari occasioni) |
| to fail > non riuscire a |
| to hate (in particolari occasioni) |
| to help > aiutare |
| to hesitate > esitare |
| to hope > sperare |
| to learn > imparare |
| to like > piacere (in particolari occasioni) |
| to love > amare (in particolari occasioni) |
| to manage > riuscire |
| to prefer > preferire (in particolari occasioni) |
| to pretend > fingere |
| to promise > promettere |
| to say > dire |
| to seem > sembrare |
| to want > volere |

Si noti però che alcuni di essi – come ***to like***, ***to love***, ***to hate*** – possono trovarsi sia seguiti dal verbo nella *ing form* sia seguiti da un verbo all'infinito. In generale possiamo dire che scegliamo di porre il verbo nella forma in *ing* quando facciamo riferimento ad un'attività considerata in senso generale:

**ESEMPIO**

Odio *stirare* (odio stirare *in generale*)
***I hate doing the ironing.***

Quando invece facciamo riferimento a una circostanza particolare, specifica, allora usiamo il verbo all'infinito:

**ESEMPIO**

Odio *stirare* prima di andare a lavoro (odio stirare *in un momento particolare* della giornata)
***I hate to do the ironing before I go to work.***

Nel caso particolare di ***like*** va aggiunto che esso è seguito dal verbo all'infinito anche quando si fa riferimento a qualcosa ritenuta conveniente, giusta:

**ESEMPIO**

Ci tengo a mantenermi in forma
***I like to keep fit***

### 9.1.7 • Le azioni abituali

**Indicare la soluzione che completa correttamente la frase:**
***When I was ten*** ____________
A. I used to go to bed early
B. I used go to bed early
C. I usually go to bed early
D. I used to going to bed early
E. I used go bed early

La risposta esatta è la **A**. In inglese, per esprimere un'azione che era abituale nel passato e non lo è più nel presente, si può usare la forma ***used to***, che corrisponde al nostro dire "ero solito...".
Per esprimere invece azioni che sono abituali nel presente, si ricorre alla forma ***to be used to*** + la ***ing form*** del verbo, che corrisponde al nostro dire "sono abituato a...":

**ESEMPIO**

***I'm used to having a cup of tea when I wake up***
Ho l'abitudine di bere una tazza di tè al mio risveglio

Oppure al Presente semplice accompagnato da avverbi come ***generally, usually*** ecc.:

**ESEMPIO**

***I usually have a cup of tea when I wake up***
Solitamente bevo una tazza di tè al mio risveglio

## 9.1.8 • I verbi causativi

**Indicare la soluzione che completa correttamente la frase:**
***The children were very tired when we came home last night, so ___________***

A. we made that them go to bed straight away
B. we made them to go to bed straight away
C. we made them going to bed straight away
D. we made them went to bed straight away
E. we made them go to bed straight away

La risposta esatta è la **E**. Questa domanda richiede infatti la conoscenza dei ***verbi causativi***, come ***make, let, get*** e ***have*** che hanno il significato di "far fare" qualcosa. Questi verbi si formano aggiungendo ad essi il complemento oggetto e l'infinito senza "to" o il participio passato. Schematizzando:

- MAKE + COMPL. OGGETTO + FORMA BASE DEL VERBO
  (quando "far fare" ha il significato di *costringere qualcuno a fare qualcosa*)
  ***Mum made me clean the carpet***
  (La mamma mi fece pulire il tappeto)
- LET + COMPL. OGGETTO + FORMA BASE DEL VERBO
  (quando "far fare" ha il significato di *lasciare che qualcuno faccia qualcosa*)
  ***My father didn't let me go out with my friends***
  (Mio padre non mi premise di uscire con gli amici)
- GET + COMPL. OGGETTO + INFINITO DEL VERBO
  (quando "far fare" ha il significato di *convincere qualcuno a fare qualcosa*)
  ***I got the client to sign the cheque***
  (Convinsi il cliente a firmare l'assegno)
- HAVE (GET) + COMPL. OGGETTO + PARTICIPIO PASSATO
  (se "far fare" ha un significato **passivo**, cioè che *qualcosa venga fatto da qualcun altro*)
  ***I'll have my car repaired soon***
  (Mi farò riparare l'auto presto)

Il verbo ***make***, in particolare, può anche avere altri tipi di costruzione:

- costruzione passiva e, in tal caso, si trova seguito dall'infinito:
  ***I was made to wait more than two hours***
  (Mi fecero aspettare più di due ore)
- MAKE + PRON. RIFLESSIVO + PART. PASSATO
  ***I made myself understood***
  (Mi feci capire)
  oppure LET + PRON. RIFLESSIVO + INFINITO PASSIVO SENZA "TO"
  ***Jim let himself be laughed at without saying a word***
  (Jim si lasciò prendere in giro senza dire una parola)
- MAKE + COMPL. OGGETTO + PARTICIPIO PASSATO
  ***Her helpfulness makes her appreciated by the workmates***
  (La sua disponibilità la fa apprezzare dai colleghi di lavoro)

### 9.1.9 • Uncountable nouns

**Indicare la soluzione che completa correttamente la frase:**
***Carol has gone to the station ___________***
A. to get some informations
B. to get some information
C. to get an information
D. to get one information
E. to get a information

La risposta giusta è la **B**. Esistono, infatti, alcuni sostantivi che sono **non numerabili** in inglese ma numerabili in altre lingue. Rientrano in questa categoria:

***Accommodation*** alloggio – ***advice*** consiglio – ***business*** affair – ***equipment*** apparecchiatura – ***furniture*** mobilio – ***information*** informazioni – ***knowledge*** conoscenza – ***luggage*** bagaglio/i – ***news*** notizie – ***nonsense*** sciocchezze – ***progress*** progresso/i – ***rubbish*** rifiuti
Questi sostantivi richiedono sempre il verbo al singolare e nessuna desinenza al plurale. Pertanto, se si vuole indicare un solo esemplare, si deve far ricorso a locuzioni come *a piece of*, *an article of* ecc.

## 9.2 • Translation

Nella maggior parte dei casi, la prova di *translation* non consiste in una traduzione di un brano bensì di piccole frasi contenenti importanti regole grammaticali. Al candidato viene presentata una frase in italiano o in inglese e dovrà scegliere quale tra le alternative proposte a suo parere ne rappresenta la traduzione corretta.

### 9.2.1 • False friends

Normalmente, le domande non presentano particolari problemi di comprensione, tuttavia conviene prestare attenzione ai cosiddetti *false friends*, che compaiono tra le alternative proposte costituendo un distrattore particolarmente insidioso. I *false friends* sono quei termini straordinariamente affini morfologicamente a parole italiane, ma che hanno un significato completamente diverso anzi, a volte, opposto. Vengono detti comunemente "falsi amici" per indicare che, paradossalmente, le difficoltà che il traduttore incontra nel tradurli non sono dovute alla troppa diversità fra la lingua di partenza e la lingua d'arrivo, bensì alla grande somiglianza fra le parole nelle due lingue. Capita spesso di incontrarne qualcuno e magari se ne è tratti in inganno, poiché la tendenza sarà quella di tradurre o interpretare questi termini letteralmente, ottenendo così un significato fuorviante dal punto di vista concettuale.
I falsi amici possono essere totali e parziali. I falsi amici **totali** hanno significati completamente diversi ed hanno in comune solo l'origine e la forma. Ad esempio, il termine inglese *FIRM* si traduce in italiano con DITTA (il termine italiano *FIRMA* si traduce in inglese con *SIGNATURE*).

I falsi amici **parziali**, invece, presentano una differenza di significato più sottile, poiché può anche essere mantenuto il valore semantico originario ma accanto ad altri significati. Ad esempio, il termine inglese *JOURNAL* si traduce in italiano con RIVISTA (il termine italiano GIORNALE si traduce in inglese con *NEWSPAPER*); oppure, la parola inglese *LIBRARY* si traduce in italiano con BIBLIOTECA (il termine italiano LIBRERIA si traduce in inglese con *bookshop*).

| I piu comuni false friends | |
|---|---|
| **Actually** (in realtà, effettivamente) | **Magazine** (rivista) |
| **Agency** (ente, ufficio pubblico) | **Medication** (medicina) |
| **Annoy** (disturbare) | **Mess** (confusione) |
| **Ape** (scimmia) | **Minor** (secondario) |
| **Argument** (tesi, discussione) | **Particular** (specifico, oppure: suscettibile) |
| **Brave** (coraggioso) | **Peculiar** (strano, particolare) |
| **Confrontation** (sfida) | **Present** (attuale) |
| **Consistent** (congruente, oppure: stabile) | **Question** (anche: domanda) |
| **Critical** (anche: decisivo) | **Rumor** (diceria) |
| **Cynical** (scettico) | **Sale** (saldi) |
| **Department** (anche: ministero) | **Sensible** (sensato) |
| **Direction** (anche: guida) | **Sensitive** (sensibile) |
| **Division** (anche: ufficio, reparto) | **Significance** (rilevanza) |
| **Dramatic** (importante, vistoso) | **Storm** (temporale) |
| **Editor** (curatore, redattore capo) | **Substantial** (considerevole) |
| **Education** (istruzione) | **Suggestion** (suggerimento) |
| **Emotional** (emotivo) | **Tap** (rubinetto) |
| **Eventual** (finale) | **To anticipate** (prevedere) |
| **Exhibition** (mostra) | **To import** (importare merce) |
| **Factory** (fabbrica) | **To introduce** (presentare) |
| **Gymnasium** (palestra) | **To pretend** (fingere) |
| **Horse** (cavallo) | **To realize** (capire, rendersi conto) |
| **Ingenuity** (ingegnosità) | **Trivial** (banale) |
| **Instance** (caso, esempio) | **Turkey** (tacchino) |
| **Lecture** (lezione) | **Ultimate** (fondamentale) |
| **Library** (biblioteca) | **Use** (anche: utilità) |
| **Luxury** (lusso) | **Vacancy** (posto vacante) |
| **Lyrics** (testo di canzone) | |

Un errore molto comune è quello di utilizzare al plurale termini importati da una lingua straniera. È bene ricordare che le parole straniere entrate nell'uso italiano sono invariabili. Si dirà dunque 'due *bungalow*' (e non *bungalows*), 'gli *hobby*' (e non *hobbies*). Naturalmente, fanno eccezione tutti quei termini entrati in italiano già nella forma plurale, che quindi la conservano: *fines herbes, blue-jeans,* ecc.

Attenzione, inoltre, ai cosiddetti *Compound verbs* (verbi composti) che potrebbero indurti in errore trovandoti a tradurre dall'italiano all'inglese o viceversa. Sotto questa denominazione vengono racchiusi sia i verbi seguiti da preposizione sia i *phrasal verbs.*

## 9.2.2 • I verbi seguiti da preposizione

In inglese alcuni verbi reggono delle preposizioni diverse rispetto a quelle rette dal verbo italiano corrispondente. Tale differenza potrebbe indurci a tradurre erroneamente la frase che ci viene proposta. Ecco un elenco di quelli più comuni:

| **I piu comuni verbi seguiti da preposizioni** |
|---|
| **to account *for*** spiegare, render conto di |
| **to apologize *to* (sb) *for* (sth)** scusarsi con qln di qlc |
| **to apply *for*** presentare domanda di/per qc |
| **to approve *of* (sb/sth)** approvare qn/qs |
| **to ask (sb) *for* (sth)** chiedere qc a qn |
| **to ask (sb) *about* (sth)** chiedere informazioni a qn circa qc |
| **to care *about*** preoccuparsi/interessarsi di |
| **to complain *to* (sb) *about* (sth)** lamentarsi con qn per qc |
| **to congratulate (sb) *on* (sth)** congratularsi con qc per qc |
| **to cut *into* (sth)** tagliare a/in qc |
| **to depend *on* (sb/sth)** dipendere da qn/qc |
| **to disapprove *of* (sb/sth)** disapprovare qn/qc |
| **to dream *about/of* (sb/sth)** sognare (di) qn/qc |
| **to fill (sth) *with*** riempire qc di/con |
| **to hear *from* (sb)** avere notizie di qn |
| **to insist *on*** insistere a/nel/su |
| **to laugh *at* (sb/sth)** ridere di qn/qc |
| **to listen *to* (sb/sth)** ascoltare qn/qc |
| **to live *on*** vivere di |
| **to look *at* (sb/sth)** guardare, osservare qn/qc |
| **to object *to* (sth)** obiettare a qc |
| **to pay *for* (sth)** pagare (per avere) qc |

*(segue)*

| I piu comuni verbi seguiti da preposizioni |
|---|
| **to provide (sb) *with* (sth)** fornire qualcuno di qualcosa |
| **to send *for* (sb)** mandare a chiamare qn |
| **to speak *to* (sb)** parlare a/con qn |
| **to spend (money) *on* (sb/sth)** spendere (soldi) per/in qn/qc |
| **to suffer *from* (sth)** soffrire di/per qc |
| **to succeed *in* (sth)** riuscire a/in qc |
| **to talk *to* (sb)** chiacchierare con qn |
| **to thank (sb) *for* (sth)** ringraziare qn di qc |
| **to think *about/of* (sb/sth)** pensare a qc/qc |
| **to wait *for* (sb/sth)** aspettare qn/qc |

### 9.2.3 • Phrasal verbs

I ***phrasal verbs*** sono strutture verbali inglesi costituite dal verbo + una particella.

La particella, dunque, è una parte inscindibile dal verbo in quanto fa sì che esso assuma quel particolare significato. La particella può essere costituita da una preposizione o da un avverbio. Uno stesso verbo può combinarsi con diverse preposizioni e con diversi avverbi, assumendo significati a volte anche notevolmente diversi.
Riportiamo di seguito una lista delle preposizioni che più frequentemente accompagnano i verbi:

| I piu comuni phrasal verbs | |
|---|---|
| **To be about to** | Essere in procinto di |
| **To break into** | Fare irruzione, entrare illegalmente |
| **To break out** | Scoppiare di incendio, guerra, malattie, epidemie |
| **To break up** | Distruggere, smantellare, rompere una relazione (intransitivo) |
| **To break off** | Rompere (transitivo, formale), staccare, interrompersi |
| **To bring up** | Allevare, sollevare un argomento |
| **To bring out** | Pubblicare, produrre |
| **To bring back** | Reintrodurre, riportare |
| **To bring off** | Portare a termine con successo |
| **To build up** | Costruire |
| **To carry on** | Continuare |
| **To carry out** | Realizzare, portare a termine |
| **To find out** | Scoprire, indovinare |
| **To gaze on** | Guardare fissamente |

*(segue)*

| I piu comuni phrasal verbs | |
|---|---|
| **To get away** | Scappare |
| **To give back** | Ridare |
| **To give out** | Distribuire |
| **To give up** | Smettere, cedere, rinunciare |
| **To hold back** | Trattenere |
| **To look back** | Guardare indietro |
| **To look through** | Esaminare attentamente |
| **To make up** | Inventare, truccarsi |
| **To pick up** | Raccogliere, prendere malattie, passare a prendere qualcuno |
| **To put back** | Rimettere |
| **To put on** | Indossare |
| **To set up** | Stabilire |
| **To take after** | Assomigliare |
| **To take care** | Prendersi cura di |
| **To take place** | Avere luogo |
| **To think over** | Riflettere |
| **To work on** | Utilizzare come base per lavorarci su |
| **To work out** | Trovare una soluzione, calcolare |
| **To hold on** | Attendere, restare in linea |

**ESEMPIO**

**Scegliere quale tra le alternative proposte traduce esattamente la frase:**
***Questo problema non era mai stato sollevato finora.***

A. This problem had never been brought up so far.
B. This problem had never been picked up so far.
C. This problem had never been brought on so far.
D. This problem had never been brought over so far.
E. This problem had never been brought in so far.

La risposta giusta è la **A**. Infatti, come abbiamo visto poc'anzi, il verbo "sollevare" riferito a un problema, a una questione ecc., si traduce in inglese con il *phrasal verb to bring up*.

## 9.2.4 • Il future in the past

**Scegliere quale tra le alternative proposte traduce esattamente la frase:**
***La signora Dalloway disse che i fiori li avrebbe comperati lei.***

A. Mrs Dalloway said that she will buy the flowers herself.
B. Mrs Dalloway said that she would have bought the flowers herself.
C. Mrs Dalloway said that she would buy the flowers herself.

D. Mrs Dalloway said that she buys the flowers herself.
E. Mrs Dalloway said that she bought the flowers herself.

La risposta esatta è la **C**. In questo caso, infatti, ci troviamo di fronte a un ***future in the past*** (*futuro nel passato*), argomento che spesso costituisce un vero e proprio scoglio per lo studente italiano a causa della differenza di comportamento sintattico tra le due lingue. Esso sta ad indicare un'azione considerata **futura** rispetto ad un momento nel passato e comporta l'uso del *condizionale semplice o passato* in inglese laddove in italiano è quasi sempre opportuna la forma passata. In particolare:

- si usa il condizionale semplice se il tempo per compiere un'azione non è ancora del tutto trascorso (e l'azione è quindi ancora possibile):
  Es. ***Yesterday Robert said he would soon buy a new house.***
  Ieri Robert mi disse che avrebbe presto comprato una nuova casa.
- Si usa invece il condizionale passato se il tempo per compiere un'azione è ormai trascorso (sia nel caso in cui l'azione sia stata realizzata sia se no):
  Es. ***Two years ago Robert said he would have bought a new house two months later but he didn't.***
  Due anni fa Robert mi disse che avrebbe comprato una nuova casa due mesi dopo ma non l'ha fatto.

## 9.2.5 • Il passato: Past Simple, Present Perfect e Present Perfect Continuous

**Scegliere quale tra le alternative proposte traduce esattamente la frase:**
***Siamo buoni amici. Ci conosciamo da molti anni.***

A. We're good friends. We know each other for a long time.
B. We're good friends. We have known each other for a long time.
C. We're good friends. We have been knowing each other for a long time.
D. We're good friends. We knew each other for a long time.
E. We're good friends. We have knew each other for a long time.

La risposta esatta è la **B**. In inglese, infatti, per indicare che *uno stato di cose è iniziato nel passato e prosegue nel presente* si usa il **Present Perfect** con i verbi di percezione, di stato, di sentimento, di attività mentale (***be, have, know, like, love, hate, hear, see, smell, taste*** ecc.) oppure si usa il **Present Perfect Continuous**, con verbi di azione che prendono la forma progressiva. Quindi, ricapitolando i modi di esprimere un'azione al passato abbiamo:

| **Past Simple vs** | **Present Perfect** |
|---|---|
| Si usa con espressioni di tempo come *three ours ago, last year, yesterday*, ecc.<br>***It was very hot last year.*** | Si usa con espressioni di tempo come *this week, this year, today*, ecc.<br>***It has been very hot this year.*** |
| Si usa per parlare di un'azione avvenuta in un momento preciso nel passato | Si usa per parlare di un'azione avvenuta in un momento imprecisato del passato |

*(segue)*

| Past Simple vs | Present Perfect |
|---|---|
| Si usa per parlare di un periodo di tempo che è terminato nel passato | Si usa per parlare di un periodo di tempo che include il presente |
| Si può usare con espressioni come *ago, for, from-to*<br>***I lived in Naples for five years.***<br>(Non vivo a Napoli oggi) | Si usa per parlare di un periodo di tempo che arriva fino al presente con *for* o con *since*<br>***I I have lived in Naples for five years.***<br>(Vivo ancora a Napoli) |
| Nelle interrogative si trova preceduto da *When*<br>***When did Pat and Jim first meet?***<br>***They first met a long time ago.***<br>(Quando si sono conosciuti Pat e Jim? Si sono conosciuti molto tempo fa) | Nelle interrogative si trova preceduto da How long<br>***How long have Pat and Jim known each other?***<br>***They've known each other for a long time.***<br>(Da quanto tempo si conoscono Pat e Jim? Si conoscono da molto tempo) |

| Present Perfect vs | Present Perfect Continuous |
|---|---|
| Si usa per parlare di un'azione avvenuta nel passato e che ora è completa<br>***I have worked in Rome for six years.***<br>(Lavoro a Roma da sei anni)<br>→ enfatizzo lo STATO | Si usa per ENFATIZZARE la durata di un'azione avvenuta nel passato, che ora può essere completa o meno<br>***I have been working in Rome for six years.***<br>(Lavoro a Roma da sei anni)<br>→ enfatizzo l'AZIONE |
| Si preferisce nelle interrogative con *How much, how many o how many times*<br>***How much money have you saved so far?***<br>(Quanto denaro hai risparmiato finora?) | Si preferisce nelle interrogative con *How long*<br>***How long have you been saving money?***<br>(Da quanto tempo stai risparmiando denaro?) |
| Si usa nelle frasi negative<br>***Jane hasn't phoned me for two days.***<br>(Jane non mi telefona da due giorni) | |

## 9.2.6 • Periodo ipotetico

**Scegliere quale tra le alternative proposte traduce esattamente la frase:**
***Nessuno ti riconoscerà se indosserai una maschera.***

A. Nobody will recognize you if you will wear a mask.
B. Nobody won't recognize you if you wear a mask.
C. Nobody will recognize you if you won't wear a mask.
D. Nobody will recognize you if you wear a mask.
E. Nobody willn't recognize you if you wear a mask.

La risposta giusta è la **D**. In inglese, Infatti, nelle frasi subordinate temporali introdotte da *when, while, as soon as, before, after, until* e nei periodi ipotetici di primo tipo (the *First Conditional*) introdotti da *if, unless, as long as* ecc e e riferite al futuro, si usa:

- il *Present Simple* al posto del futuro semplice che si usa in italiano;
- il *Present Perfect Simple* al posto del futuro anteriore italiano.

**ESEMPIO**

***Unless you have a booking, you won't get a table at that restaurant.***
A meno che tu non abbia una prenotazione, non troverai un tavolo in quel ristorante.
***I'll send you the goods when I have received the money.***
Le invierò la merce quando avrò ricevuto il denaro.

Ricorda che **NON** si usa *will/won't* dopo **IF**.

Se non ricevo/riceverò il denaro, non le invierò la merce.
~~***If I won't receive the money, I won't send you the goods.***~~ **NO!!**
***If I don't receive the money, I won't send you the goods.***

Anche il periodo ipotetico presenta molte differenze rispetto all'italiano.
In generale, anch'esso è composto da una proposizione principale (*main clause*) e da una subordinata (*if-clause*), introdotta da *if, unless, in case* ecc, che esprime la condizione secondo la quale l'ipotesi espressa nella principale sia verificabile o no.
Esistono quattro tipi di periodo ipotetico:

| **Tipo O: Verità o condizioni universali** | |
|---|---|
| **IF-CLAUSE** | **MAIN CLAUSE** |
| If/When + Present | Present |
| *If you heat ice, it melts* (Se riscaldi il ghiaccio, si scioglie) | |

| **Tipo I: Azioni probabili o reali nel futuro** | |
|---|---|
| **IF-CLAUSE** | **MAIN CLAUSE** |
| If + Present Simple | Will/can/may/might |
| *If I have got enough money I will go round the world* (Se ho/avrò abbastanza soldi, girerò il mondo) | |

| **Tipo II: Azioni poco probabili nel futuro o difficilmente realizzabili** | |
|---|---|
| **IF-CLAUSE** | **MAIN CLAUSE** |
| If + Past | Would/should |
| *If I had got enough time I would go round the world* (Se avessi abbastanza tempo, girerei il mondo) | |

| **Tipo III: Azioni impossibili o irrealizzabili nel passato** | |
|---|---|
| **IF-CLAUSE** | **MAIN CLAUSE** |
| If + Past Perfect | Would/should have/could have/ might have |
| *If I had had enough time I would have gone round the world* (Se avessi avuto abbastanza tempo, avrei girato il mondo) | |

## 9.3 • Reading comprehension

Può capitare che la prova d'esame contenga dei quesiti volti a valutare la capacità di comprendere un testo scritto. Normalmente i quiz di *reading comprehension* comprendono un brano più o meno lungo, (e più o meno specialistico a seconda dell'importanza che la conoscenza della lingua inglese riveste nell'ambito della professione). Seguito da alcune domande (in italiano o in inglese) che ne verifichino il livello di comprensione. Si tratta per lo più di saggi o articoli giornalistici, redatti in inglese contemporaneo, di lunghezza inferiore rispetto ai brani presentati per la prova in lingua madre, seguiti da 3/4 domande a risposta multipla.

Ecco alcuni consigli e qualche "strategia" per aiutare ad affrontare la prova.

### Studiare il testo

- Analizzare il titolo
- Cercare di farsi un'idea generale sul contenuto del testo
- Osservare più approfonditamente ogni singolo passaggio o paragrafo: spesso si troverà una frase – solitamente è la prima o l'ultima del paragrafo – che riassume in poche parole il suo contenuto.

### Analizzare le domande

- Se la domanda si riferisce all'argomento generale del passaggio/paragrafo, si può trovare rapidamente la risposta. Se la domanda riguarda un aspetto specifico del testo, occorre accertazioni di avere compreso qual è l'informazione necessaria per rispondere in modo corretto (un numero, un periodo di tempo, un'azione ecc.).

### Rivedere rapidamente il testo per trovare la risposta alla domanda

- Evitare di leggere cercando di tradurre ogni parola: non è fondamentale comprendere tutto ma è importante cercare di afferrare il senso generale del testo cercando di desumere dal contesto il significato delle eventuali parole che non conosci. Usare poi il contesto generale del brano per 'riempire' il vuoto fra le parole comprese e quelle non comprese e provare a 'ricostruire' il significato della frase e poi del paragrafo.
- Assicurarsi che ti sia perfettamente chiara l'informazione di cui si ha bisogno e cercare solo questa nel testo. Tenere inoltre presente che solitamente le domande seguono il testo in modo cronologico.

Alcune parole o frasi fungono da veri e propri "indicatori" nel senso che l'autore del brano li utilizza per chiarire alcuni punti. Vengono solitamente detti ***link words*** o ***semantic markers***, e possono essere usati:

- per elencare: *in the first place, firstly, secondly, thirdly, last, finally, in the end* ecc
- per indicare una relazione di causa-effetto: *therefore, so, because, since, as, thus,* ecc.
- per fornire degli esempi: *for example, for instance, let's take…; an example / instance of this is…,* ecc.

- per indicare una relazione di contrasto o paragone: *but, however, (and) yet, nevertheless, although, on the one hand / on the other hand,* ecc.
- per riassumere il messaggio: *if I can just sum up, to summarise, in other words, it amounts to this,* ecc.
- per indicare relazioni temporali: *after that, then, next, previously, while, when,* ecc.
- per enfatizzare: *particularly, in particular, especially, essentially, it is worth noting* ecc.
- per riformulare o introdurre una definizione: *that is to say, in other words, let me put it this way, to put it another way,* ecc.
- per esprimere una condizione: *assuming that, supposing that, if, in case, unless, provided that,* ecc.

### Controllare la risposta

- Verificare rapidamente tutte le risposte
- Soffermarsi sulle risposte di cui non sei sicuro
- Leggere nuovamente le istruzioni fornite e assicurarsi di averle seguite correttamente.

## ESEMPIO

«To the French the body beautiful is almost an obsession. Despite their reputation for indulging in food, they actually choose it very carefully. It is true they eat a lot of chips, but they eat lots of fresh vegetables and salads with them. They eat a lot of bread, but they don't put butter or fat on it. Many don't eat at all after 5pm, thus getting a chance to burn extra calories; and they never eat between meals. French women will do almost anything to be slim. An instance of this is that they take pills, go on strict diets and smear themselves with expensive creams. The Italians run them a close second. Their Mediterranean diet, particularly in the south of the country, is excellent for keeping fit. It includes plenty of fresh fruit and vegetables and the olive oil used for cooking doesn't add to their cholesterol level. Particularly, their favourite summer dishes, melon and Parma ham or caprese - slices of mozzarella cheese with tomatoes and fresh basil - help them stay in shape. It is worth noting that pasta itself is not that fattening unless it is smothered in a creamy sauce. Both Italian men and women are very figure-conscious: many palestre (gyms) and tanning centres are springing up. Spaniards still indulge in a fatty diet, even though they eat lots of seafood and cook with olive oil. Traditional paella is healthy enough, but people eat more fattening dairy foods and meat than ever before. In the last 30 years Spanish people's meat consumption has tripled. However, they are not the worst. The Greeks rank as one of the most unhealthy races in Europe. They eat a lot of fat - sometimes meat twice a day - and drown almost everything in oil. Their meat consumption is ever increasing. From 30 kilos a head per year in 1960 it is now 75 kilos.
Even further up the fatty scale are the British. According to their National Food Alliance, Britain is the "sick man of Europe". The rate of premature death from heart attacks is high and one reason is the lousy food, they say. It's heavily processed, very fatty and sugary. The British eat fewer vegetables and fruit than the French, Italians or Spanish. They love chips and stodgy puddings, eat a lot of meat and rarely cook food in olive oil, preferring

other high-cholesterol oils and fats. When it comes to fitness the British also rank among the worst in Europe, though they are not the worst ones among people of Anglo-Saxon origin. Finally, a nutrition survey by the German government showed that nearly half the women and four out of ten men are overweight. The Germans love meat. After staggeringly big breakfasts, they rarely resist coffees and cakes in mid-afternoon. And they drink a lot of beer. Germans seldom exercise».

(From The European, August 16-18, 1991)

**1) Una sola delle affermazioni seguenti si può ricavare da ciò che si sostiene nel brano sopra riportato, ed è in accordo con quanto lì espresso dall'autore. Quale?**

A. In Francia, come in Italia e in Spagna, si dedica molta cura e molto tempo alla preparazione dei cibi
B. In Francia la cura del corpo ha un'importanza enorme, quasi ossessiva
C. I francesi usano molto burro eppure sono più magri degli italiani
D. La cucina francese è nota per la varietà e la fantasia nell'elaborazione dei piatti

**2) Una sola delle affermazioni seguenti si può ricavare da ciò che si sostiene nel brano sopra riportato, ed è in accordo con quanto lì espresso dall'autore. Quale?**

A. Gli italiani consumano molta frutta e verdura ma è una quantità molto inferiore rispetto a quella raccomandata
B. L'olio d'oliva, usato frequentemente nella cucina italiana, è equivalente a tutti gli altri grassi nei confronti del sovrappeso, anzi ha più calorie del burro
C. La dieta mediterranea si basa sul consumo abbondante di frutta e verdura e sull'uso dell'olio d'oliva come condimento principale
D. La dieta mediterranea è il vero segreto di una vita più salubre e più lunga

**3) Una sola delle affermazioni seguenti si può ricavare da ciò che si sostiene nel brano sopra riportato, ed è in accordo con quanto lì espresso dall'autore. Quale?**

A. Dalle statistiche risulta che negli ultimi anni in Spagna è triplicato il consumo di cibo
B. La tradizione culinaria spagnola associa alimenti appartenenti a diverse categorie. La nota *paella*, ad esempio, unisce la frutta con carne
C. La cucina spagnola è varia e fantasiosa e comprende preparazioni a base di pesce, legumi e di carne, spesso cucinati con il burro
D. La cucina spagnola è molto leggera perché si fonda essenzialmente sull'uso dell'olio d'oliva e sull'aglio

**4) Una sola delle affermazioni seguenti si può ricavare da ciò che si sostiene nel brano sopra riportato, ed è in accordo con quanto lì espresso dall'autore. Quale?**

A. La cucina greca è una cucina di antichissima tradizione caratterizzata da un giusto equilibrio di erbette e condimenti

B. La cucina inglese è soprattutto ricca di carne e di pesanti dessert
C. La cucina inglese non è molto apprezzata ma nonostante ciò è tutto sommato una buona cucina
D. La cucina tedesca, a differenza di quanto si creda comunemente, è una cucina molto leggera e sana

**Risposte:** 1) B, 2) C, 3) A, 4) B

# Prontuario di conversazione

## Vocabolario: capire e usare l'inglese per le piccole esigenze quotidiane

### I colori

| | | | |
|---|---|---|---|
| **arancione** | *orange* | **bianco** | *white* |
| **blu** | *blu* | **giallo** | *yellow* |
| **grigio** | *grey* | **marrone** | *brown* |
| **nero** | *black* | **rosa** | *pink* |
| **rosso** | *red* | **verde** | *green* |
| **viola** | *purple* | | |

### I mesi

| | | | |
|---|---|---|---|
| **gennaio** | *January* | **febbraio** | *February* |
| **marzo** | *March* | **aprile** | *April* |
| **maggio** | *May* | **giugno** | *June* |
| **luglio** | *July* | **agosto** | *August* |
| **settembre** | *September* | **ottobre** | *October* |
| **novembre** | *November* | **dicembre** | *December* |

### I giorni della settimana

| | | | |
|---|---|---|---|
| **domenica** | *Sunday* | **lunedì** | *Monday* |
| **martedì** | *Tuesday* | **mercoledì** | *Wednesday* |
| **giovedì** | *Thursday* | **venerdì** | *Friday* |
| **sabato** | *Saturday* | | |

### Le stagioni

| | | | |
|---|---|---|---|
| **autunno** | *autumn (UK)/fall (USA)* | **estate** | *summer* |
| **primavera** | *spring* | **inverno** | *winter* |

## Le parti del corpo

| | | | |
|---|---|---|---|
| **bocca** | *mouth* | **braccio** | *arm* |
| **capelli** | *hair* | **caviglia** | *ankle* |
| **ciglia** | *eyelash* | **collo** | *neck* |
| **corpo** | *body* | **dito** | *finger* |
| **dito (del piede)** | *toe* | **faccia** | *face* |
| **fronte** | *forehead* | **gamba** | *leg* |
| **ginocchio** | *knee* | **gomito** | *elbow* |
| **guancia** | *cheek* | **labbro** | *lip* |
| **lingua** | *tongue* | **mano** | *hand* |
| **mento** | *chin* | **naso** | *nose* |
| **occhio** | *eye* | **orecchio** | *ear* |
| **palma** | *palm* | **petto** | *chest* |
| **piede** | *foot* | **polso** | *wrist* |
| **schiena** | *back* | **sopracciglio** | *eyebrow* |
| **spalla** | *shoulder* | **stomaco** | *stomach* |
| **tallone** | *heel* | **testa** | *head* |
| **unghia** | *nail* | **pollice** | *thumb* |
| **indice** | *forefinger/index finger* | **medio** | *second finger/ middle finger* |
| **anulare** | *ring finger* | **mignolo** | *little finger (UK)/ pinkie (USA)* |
| **alluce** | *big toe* | **mignolo (piede)** | *little toe* |

## Frasi idiomatiche e proverbi

| *Frase idiomatica/proverbio* | **Traduzione** | **Significato/proverbio** |
|---|---|---|
| *A bad penny is always turning up* | Una moneta falsa viene sempre alla luce | L'erba cattiva non muore mai |
| *A bird in the hand is worth two in the bush* | Un uccello in mano vale due nel cespuglio | Meglio un uovo oggi che una gallina domani |
| *A constant guest is never welcome* | L'ospite permanente non è mai benvenuto | L'ospite è come il pesce, dopo tre giorni puzza |
| *A contented mind is a perpetuai feast* | Una mente soddisfatta è una festa continua | Chi si contenta gode |
| *Actions speak louder than words* | Le azioni parlano più forte delle parole | Un esempio vale più di mille parole |
| *A dog is a man's best friend* | Un cane è il migliore amico di un uomo | Il cane è il migliore amico dell'uomo |
| *Alter the sweet comes the sorrow* | Dopo il dolce viene il dolore | Dopo il dolce viene l'amaro |

| | | |
|---|---|---|
| *A good arrow cannot be made of a sow's tail* | Non si può fare una buona freccia con la coda di una scrofa | Non si può fare un buon lavoro se non hai il materiale giusto |
| *A guilty conscience needs no accuser* | Una coscienza sporca non ha bisogno di un accusatore | Si vede quando si è colpevoli |
| *A little is better than none* | Un po' è meglio che niente | Meglio poco che niente |
| *All for one, one for ali* | Tutti per uno, uno per tutti | Tutti per uno, uno per tutti |
| *All is well that ends well* | Tutto è bene ciò che finisce bene | Tutto è bene ciò che finisce bene |
| *All must die* | Tutti debbono morire | Tutti debbono morire |
| *All roads lead to Rome* | Tutte le strade conducono a Roma | Tutte le strade portano a Roma |
| *All's fair in love and war* | Tutto è lecito in amore e in guerra | In guerra e in amore tutto è lecito |
| *All that glitters is not gold* | Tutto ciò che luccica non è oro | Non è tutt'oro quel che luccica |
| *All things come to those who wait* | Tutte le cose arrivano a coloro che aspettano | Chi sa aspettare ottiene tutto |
| *An apple a day keeps the doctor away* | Una mela al giorno toglie il medico di torno | Una mela al giorno toglie il medico di torno |
| *An eye for an eye, tooth for a tooth* | Un occhio per un occhio, dente per dente | Occhio per occhio, dente per dente |
| *An hour in the morning is worth two in the evening* | Un'ora del mattino è migliore di due della sera | Le ore del mattino hanno l'oro in bocca |
| *A penny saved is a penny earned* | Un penny risparmiato è un penny guadagnato | Risparmiare è guadagnare |
| *A picture says a thousand words* | Un'immagine esprime mille parole | Un esempio vale più di mille parole |
| *A piece of cake* | Una fetta di torta | Qualcosa facile da fare |
| *Appearences are deceptive* | Le apparenze sono ingannevoli | L'apparenza inganna |
| *Appetite comes with eating* | L'appetito viene mangiando | L'appetito vien mangiando |

# ESERCITAZIONE

# VERIFICA 1 • LOGICA VERBALE

**1) Qual è il significato di *desueto*?**

A. Stantio
B. Antico
C. Inconsueto
D. Disusato
E. In uso

**2) Qual è il significato di *palustre*?**

A. Relativo ad una palude
B. Lucido
C. Famoso
D. Preistorico
E. Relativo ad un lago

**3) Qual è il significato di *simulacro*?**

A. Effigie
B. Falsità
C. Simulazione
D. Altare
E. Dispiacere

**4) Qual è il significato di *unanimità*?**

A. Attivismo sfrenato
B. Concordanza totale
C. Situazione controversa
D. Concorrenza accanita
E. Concordanza maggioritaria

**5) Un contrario di *estratto* è:**

A. immesso
B. indigeno
C. straniero
D. estromesso
E. tolto

**6) Un contrario di *fulgido* è:**

A. rapido
B. raggiante
C. fuggiasco
D. opaco
E. splendente

**7) Un contrario di *scialbo* è:**

A. stupito
B. chiaro
C. squallido
D. nero
E. vivace

**8) UNA sola delle soluzioni completa correttamente l'eguaglianza di significati proposta:
"grafomane : $x$ = $y$ : lirica"**

A. $x$ = scrittura; $y$ = canto
B. $x$ = scrittore; $y$ = libro
C. $x$ = scrittura; $y$ = melomane
D. $x$ = libro; $y$ = operetta
E. $x$ = melomane; $y$ = scrittore

**9) Completare i termini mancanti della seguente proporzione:
"strumento : orchestra = $x$ : $y$"**

A. $x$ = tromba; $y$ = assolo
B. $x$ = uccello; $y$ = stormo
C. $x$ = marmo; $y$ = statua
D. $x$ = rima; $y$ = poesia
E. $x$ = violino; $y$ = suonata

**10) Completare i termini mancanti della seguente proporzione:
"discorso : candidato = $x$ : $y$"**

A. $x$ = monologo; $y$ = attore
B. $x$ = carta; $y$ = albero
C. $x$ = pianista; $y$ = concerto
D. $x$ = melodia; $y$ = sinfonia
E. $x$ = albero; $y$ = foresta

**11) Quali, tra i termini proposti, completano la seguente proporzione? "Alpi : Monte Bianco = $x$ : $y$"**

A. $x$ = montagna; $y$ = roccia
B. $x$ = Padania; $y$ = pianura
C. $x$ = città; $y$ = regione
D. $x$ = Himalaya; $y$ = Everest
E. $x$ = Europa; $y$ = continente

**12) Individuare la parola da scartare.**

A. Staffetta
B. Maratona
C. Sollevamento pesi
D. Salto con l'asta
E. Lancio del disco

**13) Individuare la parola da scartare.**

A. Panama
B. Sombrero
C. Foulard
D. Basco
E. Bombetta

**14) Individuare la parola da scartare.**

A. Noci
B. Nocciole
C. Pinoli
D. Arachidi
E. Banane

**15) Individuare la parola da scartare.**

A. Moffo
B. Tebaldi
C. Simionato
D. Milva
E. Callas

**16) Individuare la parola da scartare.**

A. Strudel
B. Ricciarelli
C. Panforte
D. Cassata
E. Calzone

**17) Individuare la parola da scartare.**

A. Thomas More
B. Francis Drake
C. Henry Morgan
D. William Fly
E. Barbanera

**18) Individuare la parola da scartare.**

A. Vascello
B. Bastimento
C. Brigantino
D. Galeone
E. Caravella

**19) Individuare la coppia anomala rispetto alle altre.**

A. Franco e Ciccio
B. Stanlio e Ollio
C. Fred Astaire e Ginger Rogers
D. Gianni e Pinotto
E. Jerry Lewis e Dean Martin

**20) Individuare l'intruso.**

A. Elvis Presley
B. Michael Jackson
C. Barbra Streisand
D. John Lennon
E. George Harrison

**21) Individuare l'intruso.**

A. My Fair Lady
B. West Side Story
C. Cabaret
D. Riso Amaro
E. Mary Poppins

**22) Completare correttamente la frase seguente: "Marco è stato assunto come ... da una grande ditta".**

A. magazzinatore
B. magazziniere
C. magnetizzatore
D. magazzinaggio
E. magazzino

**23) Completare correttamente la frase seguente: "… lo si giudichi, è un incapace".**

A. Comunque
B. Per quanto
C. Quindi
D. Anche
E. Così

**24) Individuare l'alternativa che completa la frase nel modo più corretto nel contesto dato: "Mio padre, Atticus Finch, sparò a un cane …".**

A. idrofugo
B. idrorepellente
C. idrofobo
D. idrogeno
E. idrofilo

**25) Individuare, tra le alternative proposte, quella che completa correttamente la frase seguente: "La scienza che studia la costituzione, la struttura e l'evoluzione della crosta terrestre è la …".**

A. vulcanologia
B. geotermia
C. geodesia
D. geologia
E. geometria

**26) Completare correttamente la frase seguente: "… si sforzasse, non riusciva a ricordare il suo nome".**

A. Anche se
B. Mentre
C. Finché
D. Per quanto
E. Poiché

**27) Individuare l'alternativa che completa la frase nel modo più corretto nel contesto dato: "Trovai lavoro come … in un'azienda informatica".**

A. sistematico
B. sistemico
C. sistemista
D. sistemato
E. sistolico

**28) Individuare l'alternativa che completa correttamente la frase: "Se ti fossi curato subito … prima".**

A. guariresti
B. avresti guarito
C. fossi guarito
D. guaristi
E. saresti guarito

**29) Individuare l'alternativa che completa correttamente la frase: "Se … più concordi, … concluso di più".**

A. fossimo – avessimo
B. eravamo – avessimo
C. fossimo stati – avremmo
D. saremmo – abbiamo
E. saremmo stati – avevamo

**30) Qual è il significato di *sindacare*?**

A. Criticare
B. Fare proselitismo
C. Difendere
D. Perorare
E. Eleggere

**31) Qual è il significato di *perspicace*?**

A. Acuto
B. Loquace
C. Pervicace
D. Inusitato
E. Ostinato

**32) Un contrario di *idrorepellente* è:**

A. riarso
B. astemio
C. impermeabile
D. permeabile
E. resistente

**33) Un contrario di *furbizia* è:**

A. astuzia
B. dolcezza
C. furia
D. ingenuità
E. perseveranza

**34) Un contrario di *castigatezza* è:**

A. carità
B. morigeratezza
C. licenziosità
D. isterismo
E. pudore

**35) Un contrario di *lecito* è:**

A. interdetto
B. lesivo
C. legittimo
D. loquace
E. consentito

**36) Un contrario di *scorporare* è:**

A. escludere
B. spogliare
C. addentrarsi
D. rammendare
E. includere

**37) Un contrario di *rinsavire* è:**

A. voltare
B. scendere
C. costringere
D. impazzire
E. guarire

**38) Completare i termini mancanti della seguente proporzione:**
**"scalatore : corda = pianista : $x$ = chimico : $y$"**

A. $x$ = sgabello; $y$ = composto
B. $x$ = leggìo; $y$ = libro
C. $x$ = archetto; $y$ = provetta
D. $x$ = tastiera; $y$ = provetta
E. $x$ = musica; $y$ = computer

**39) Tempo sta a cronometro come pressione sta a ...:**

A. altimetro
B. termometro
C. barometro
D. igrometro
E. anemometro

**40) Quali tra i termini proposti completano correttamente la seguente proporzione?**
**"Adda : $x$ = $y$ : mare"**

A. $x$ = lago; $y$ = Ionio
B. $x$ = monte; $y$ = Adriatico
C. $x$ = fiume; $y$ = Sila
D. $x$ = Po; $y$ = fiume
E. $x$ = fiume; $y$ = Tirreno

**41) Completare correttamente la frase seguente: "Chiedo ... per il mio increscioso comportamento dell'altro giorno".**

A. ragione
B. riconoscenza
C. pena
D. venia
E. apprezzamento

**42) Completare la frase: "I marosi ... la diga foranea".**

A. fratturarono
B. frangettero
C. fransero
D. frangerono
E. frangessero

**43)** "Le aziende con allevamenti sono risultate al censimento dell'agricoltura del 2007 circa 675.835 (pari al 26,1% del totale), con una flessione del 35,2% rispetto al 1997, che indica l'abbandono della pratica zootecnica da parte di un gran numero di aziende. La zootecnia ha il suo punto di forza nella Pianura Padana, dove i bovini vengono allevati con criteri moderni e prevalentemente in funzione della produzione del latte".

**Quale delle seguenti affermazioni è contenuta nel (o deducibile dal) testo?**

A. Nel 1997 le aziende con allevamenti erano più di 900.000 e meno di 1.000.000
B. Nel 1997 le aziende con allevamenti erano più di 1.000.000
C. Nella Pianura Padana si allevano bovini esclusivamente in funzione della produzione del latte
D. Nella Pianura Padana si allevano più bovini che suini
E. Nel 2007 vi è stato un aumento del numero di aziende con allevamenti rispetto al 1997

**44)** "Il male non ci ferma: possiamo cadere mille volte, ma il male non ci definisce, come invece definisce la mentalità mondana, per cui alla fine gli uomini giustificano quello che non riescono a non fare. Caratteristica della vera moralità è allora il desiderio di correzione. Il termine "correggere", che traduce il latino "regere cum", indica il camminare reggendosi assieme".

**Una sola delle seguenti affermazioni è coerente con il significato del brano precedente. Quale?**

A. Non importa fare il male o il bene: l'importante è fare, tanto poi qualcuno potrà intervenire a correggere gli errori
B. Le persone non possono essere fermate dalle azioni malvagie perché alla fine qualcuno giustificherà quello che non riescono a fare
C. Una persona veramente morale non ha come caratteristica quella di non fare mai il male, bensì il desiderio di correzione
D. Se si cammina assieme si può fare ciò che si vuole perché il giudizio morale deriva dal sorreggersi a vicenda
E. Gli uomini con il desiderio di correzione giustificano quello che non riescono a non fare

**45)** "La conoscenza aumenta sicuramente nel corso degli studi medici, mentre successivamente alla laurea sono possibili sia un suo ulteriore incremento, sia un impoverimento legato alla perdita delle nozioni non strettamente legate alla routine professionale. In ogni caso, le caratteristiche della conoscenza si modificano sostanzialmente quando il sanitario entra in contatto con la realtà professionale".

**Quale delle seguenti affermazioni NON può essere dedotta dalla lettura del brano precedente?**

A. Gli studenti di medicina aumentano le loro conoscenze durante gli studi
B. Gran parte delle nozioni acquisite durante gli studi va comunque perduta dopo la laurea
C. Una parte delle nozioni acquisite durante gli studi può andare perduta dopo la laurea
D. È possibile che alcuni medici aumentino le loro conoscenze dopo la laurea
E. A contatto con la realtà professionale si verificano modifiche qualitative della conoscenza

**46)** Concetto cardine per l'approccio McKenzie è che la maggior parte dei dolori lombari abbiano un'origine di natura meccanica. Il dolore insorge per una deformazione meccanica dei tessuti molli tale da attivare il sistema nocicettivo. L'esame di McKenzie utilizza metodi meccanici, movimenti ripetuti e posizioni mantenute per determinare le caratteristiche di tale deformazione del tessuto molle. Ciò consente di inquadrare il paziente in una o più delle sindromi meccaniche e di scegliere il metodo di trattamento appropriato. Avvicinando il problema da una prospettiva meccanica, McKenzie ha identificato due principali fattori di predisposizione derivanti dallo stile di vita: *a*) la postura seduta scorretta; *b*) la frequenza della flessione. Tali fattori meccanici sono causati da un complessivo stile di vita che porta a un cedimento, per eccesso di logoramento, dei tessuti molli che sostengono la spina dorsale. Tali fattori predisponenti sono affrontati nel piano di trattamento a breve e lungo termine per ciascun paziente, in quanto specificamente collegati al disturbo del paziente stesso.

**In base al brano, individuare tra le seguenti l'affermazione vera.**

A. La possibilità di effettuare un trattamento adeguato è legata alla diagnosi di una specifica sindrome
B. Il mal di schiena deriva dall'attività del meccanico
C. Per guarire il mal di schiena occorre correggere la postura scorretta
D. Le persone che non fanno mai flessioni non hanno mal di schiena
E. Il trattamento a breve termine della lombaggine è una questione meccanica

**47)** Pochi giorni fa, l'Istituto archeologico di Halle, in Germania, ha annunciato di aver risolto il mistero del manufatto di bronzo con Sole, Luna e stelle d'oro, datato 1.600 avanti Cristo, ritrovato vicino alla città tedesca di Nebra: il Disco di Nebra è un orologio astronomico usato per calcolare le discrepanze fra il calendario solare e quello lunare. La notizia contiene due rivelazioni. La prima è che, nell'Età del bronzo, i nordeuropei erano più evoluti di quanto ci si aspettasse. E la seconda è che, già 3.600 anni fa, gli esseri umani – da Babilonia alle rive del Reno – erano alle prese con il grande ingannatore: il tempo. La scienza deve ancora trovare la risposta a un mistero ancor più grande del Disco di Nebra: per quale meccanismo biologico il tempo passa lentamente in gioventù – dando la sensazione che la vita sia lunga – e si mette a correre con l'età adulta? In compenso, sappiamo che il corpo umano è pieno di "cronometri" cellulari, regolati chimicamente: sono la dopamina e altre molecole, a far sì che il fluire del tempo paia interminabile durante un convegno sui tassi d'interesse argentini e che invece voli via, in una notte d'amore. Ma il più spettacolare degli enigmi, rimane quello della freccia del tempo. Ai nostri occhi – giovani o vecchi che siano – il tempo dà sempre la sensazione di un flusso, che va diritto lungo la traiettoria passato-presente-futuro. Peccato che, in fisica, questo tempo unidirezionale non abbia significato. "Passato, presente e futuro sono solo illusioni", scrisse Einstein a un amico. Secondo la Relatività speciale, due eventi che possono apparire simultanei da una visuale, possono non esserlo da un'altra. "La conclusione più immediata – osserva il divulgatore Paul Davies – è che sia il passato che il futuro siano prefissati. Per questo motivo, i fisici concepiscono il tempo nella sua interezza: un "temporama" analogo a un panorama, con tutti gli eventi passati e futuri osservati insieme". La percezione del tempo è soggettiva, e pure illusoria. Per di più, secondo la teoria della gravità quantistica, lo spazio e il tempo non sarebbero continui come ci appaiono, bensì avanzerebbero in pezzi "discreti". Un po' come la musica che ascoltiamo: è codificata in blocchi di bit, ma la udiamo come una cosa continua.

**Secondo il testo del brano, la percezione del tempo come più lento durante la giovinezza e più veloce durante l'età adulta è dovuta:**

A. a un fenomeno quantistico denominato futurama
B. all'invecchiamento del sistema cerebrale
C. ad alcune molecole che fungono da cronometri chimici
D. alla sensazione di unidirezionalità del tempo: passato – presente – futuro
E. al fatto che i giovani non vedono l'ora di diventare adulti

**48)** "Il clima della Valle d'Aosta presenta una notevole varietà, legata alla complessità morfologica del territorio; in genere il clima stesso può essere definito come semicontinentale di montagna, di tipo temperato freddo, con precipitazioni assai scarse, specie in autunno e in inverno: la piovosità è assai ridotta soprattutto nella parte centrale della valle (Aosta 580 mm di pioggia media annua, Saint Marcel 475 mm, circa la metà di Napoli). Ciò obbliga a ricorrere all'irrigazione artificiale delle colture".
**Quale delle seguenti affermazioni PUÒ essere dedotta dalla lettura del brano?**

A. L'irrigazione artificiale delle colture in Valle d'Aosta deve essere effettuata in autunno e in inverno
B. La piovosità media annua a Napoli è inferiore a 475 mm
C. La piovosità media annua a Napoli è di poco superiore a 1 m
D. A Napoli non è necessario ricorrere all'irrigazione artificiale delle colture
E. A Napoli piove sempre più che ad Aosta

**49)** Richard C. Lewontin, eminente genetista di popolazioni dell'Università di Harvard, e Martin Kreitman, suo giovane collaboratore, stanno sequenziando un gene particolare in diverse varietà di Drosofila. La Drosofila è il celeberrimo moscerino della frutta che costituisce da oltre mezzo secolo il banco di prova preferito dei genetisti. Il gene di cui Kreitman e Lewontin stanno analizzando la sequenza dirige la sintesi di un enzima piuttosto banale, una deidrogenasi dell'alcool, ideale per cogliere le differenze genetiche, spesso infinitesime, tra individui di una stessa specie. In genetica queste differenze si chiamano polimorfismi. Il più noto caso nell'uomo è quello dei gruppi sanguigni (A, B, AB, O). Uno dei risultati più sorprendenti delle ricerche di Kreitman e Lewontin è che le regioni silenti dei geni, dette introni, mutano esattamente alla stessa frequenza delle regioni codificanti, dette esoni. Questi segmenti dormienti, che si trovano all'interno dei geni degli organismi superiori, non sono mai "tradotti" o "espressi" in prodotti finiti, cioè in proteine.
**Delle seguenti affermazioni, una sola NON è tratta dal brano. Quale?**

A. La Drosofila è stata lungamente studiata dai genetisti
B. La deidrogenasi dell'alcool è un enzima
C. Le differenze genetiche tra individui di una stessa specie si chiamano polimorfismi
D. I polimorfismi dei gruppi sanguigni sono diversi da quelli degli enzimi
E. Le regioni dei geni si distinguono in introni ed esoni

**50)** L'isola di Creta è in una posizione geografica particolarmente favorevole: allungandosi da Ovest a Est, è un ponte naturale dal Peloponneso all'Asia Minore. Il suo carattere prevalentemente montuoso consente lo sfruttamento del suolo soltanto in piccole zone: la fascia costiera Canea, la pianura di Eraclion, dove sorge Cnosso, la pianura orientale costiera dove c'è Zakros e la pianura di

Mesarà, nella quale si trovano Festos e Haghia Triada. La disposizione stessa dei palazzi al centro delle aree pianeggianti mostra subito quale fosse la loro principale funzione: la raccolta dei prodotti agricoli e la loro ridistribuzione. Nel neolitico, con la trasformazione dell'uomo da cacciatore in agricoltore, il passaggio dall'insediamento più antico, in grotta, allo stanziamento all'aperto è molto probabilmente legato allo sviluppo dell'agricoltura. Dei primi insediamenti all'aperto, presumibilmente capanne di paglia e fango, non sono rimaste tracce. Le più antiche strutture risalgono al sub-neolitico/Minoico Antico I e testimoniano, pur nella loro semplicità, un'abitazione legata all'agricoltura. La pianta di una casa di Magasà (circa 2800 a.C.) presenta un ingresso che si affaccia su di un vestibolo usato forse come magazzino, da dove si passa in un'unica stanza. Questa struttura racchiude in sé i due elementi tipici dell'architettura minoica.

**Su quale dei seguenti argomenti NON sono fornite informazioni dal testo?**

A. La morfologia dell'isola di Creta
B. L'uso del territorio in epoca minoica
C. Il passaggio dal Paleolitico al Neolitico
D. La topografia dell'edilizia privata
E. La topografia dell'edilizia pubblica

# RISPOSTE COMMENTATE • LOGICA VERBALE

**1) D.** Il termine "desueto" sta ad indicare qualcosa che non è più in uso, quindi è un sinonimo di "disusato"; ad esempio, "un vocabolo desueto" è un vocabolo che ricorre poco nel linguaggio comune. Si nota quindi che "in uso" è il contrario di "desueto" o "disusato". Il termine "antico" si riferisce a un qualcosa "di vecchia epoca" o "di vecchia data". Talvolta si usa come sinonimo di antico il termine "consueto" e tale uso può trarre in inganno nella risposta; ad esempio, l'espressione "un'antica tradizione" sta ad indicare "una tradizione divenuta ormai consuetudine". Il termine "stantio" è tipicamente riferito ad un alimento non più fresco. In senso lato può anche significare "antico" oppure "antiquato". Il termine "inconsueto" è quello che maggiormente può trarre in inganno, in quanto è molto assonante con "desueto", ma il suo significato è distinto da tale parola. "Inconsueto" vuol dire "raro" oppure "poco comune"; ad esempio ci si riferisce ad un "fenomeno inconsueto" per indicare "un fenomeno che accade raramente".

**2) A.** Il termine "palustre" sta ad indicare un qualcosa che è proprio di una palude o è relativo ad una palude.
Il termine "famoso" vuole trarre in inganno mediante il vocabolo "illustre" che crea assonanza con "palustre".
L'espressione "relativo ad un lago" può essere sostituita con il termine "lacustre", che somiglia al termine "palustre" dando luogo a una certa ambiguità che potrebbe distogliere dalla risposta esatta. "Lacustre" sta ad indicare un qualcosa che è proprio di un lago o è relativo ad un lago. Il termine "lucido" è un aggettivo che indica la caratteristica di un oggetto di emettere riflessi di luce. Il termine "preistorico" è riferito all'epoca preistorica, oppure, in senso figurato, può indicare qualcosa di vecchio, di datato.

**3) A.** La parola "simulacro" indica un'immagine riprodotta oppure una statua di una divinità o di un personaggio carismatico o famoso. Per tale motivo il termine "simulacro" è un sinonimo del termine "effigie" che indica una immagine disegnata o scolpita.
La parola "simulazione" sebbene presenti la stessa radice di simulacro (ossia simul) non ha lo stesso significato. Essa indica una finzione nella vita reale oppure una riproduzione computerizzata di un determinato processo. In modo analogo, il termine "falsità" ha una accezione un po' più ampia di "simulazione", ma sta ad indicare sempre qualcosa di non reale, qualcosa di finto, di simulato.
Il termine "altare" indica un tavolo usato dall'officiante in riti religiosi. Infine il lemma "dispiacere" indica un sentimento di sofferenza, di amarezza.

**4) B.** La parola "unanimità" si riferisce a quella condizione di "concordanza totale" di opinioni tra più persone. Ad esempio, una "decisione presa all'unanimità" da una

assemblea di persone indica che tutti i componenti dell'assemblea erano favorevoli a quella decisione. Per tale motivo, unanimità non vuol dire "concordanza maggioritaria". Tornando all'esempio precedente, con "concordanza maggioritaria" si indica che la maggioranza dei componenti di un'assemblea concorda con la decisione presa, ma non tutti i componenti concordano in modo unanime. In tal caso si parla di "decisione presa a maggioranza".
Le altre tre risposte sono errate e presentano espressioni che solo vagamente, in qualcuna delle loro accezioni, possono richiamare l'idea di concordia o discordia tra partecipanti. Ad esempio, per "situazione controversa" si può intendere una circostanza in cui i pareri degli individui interessati sono discordi; per "concorrenza accanita" si può intendere una competizione tra individui con lo stesso scopo o imprese che mirano allo stesso mercato; per "attivismo sfrenato" si può intendere un modello di vita dinamico, legato all'operosità.

**5) A.** La parola "estratto" si riferisce a qualcosa o qualcuno che è stato tirato fuori da un luogo o da un oggetto. Per tale motivo la risposta corretta è "immesso" che vuol dire posto dentro un luogo o un oggetto; pertanto il suo significato è l'opposto di "estratto".
I termini "tolto" e "estromesso" sono dei sinonimi di "estratto" e vanno scartati. Il termine "straniero" si riferisce ad una nazione estera e può essere usato per indicare qualcuno o qualcosa proveniente da una nazione estera. Il termine "indigeno" è il contrario di "straniero" e si riferisce a qualcosa o qualcuno legato alla cultura del luogo in cui si vive.

**6) D.** La parola "fulgido" significa risplendente, luminoso. Pertanto la risposta corretta è "opaco" che è il contrario di fulgido. Con il termine "opaco" ci si riferisce ad un oggetto che non lascia passare o non riflette la luce. Il termine "raggiante" indica qualcosa che emana raggi di luce; tale termine può essere usato anche in modo figurato. Il termine "splendente" indica qualcosa che emette luce con alta intensità. Quindi entrambe queste risposte vanno scartate. Il termine "rapido" non ha alcun legame con "fulgido" né con il contrario di tale termine; esso è un sinonimo di veloce, spedito. Il termine "fuggiasco" è anch'esso scollegato dal significato di fulgido; con tale termine si indica una persona che fugge.

**7) E.** L'aggettivo "scialbo" assume diversi significati, a seconda del sostantivo con cui viene utilizzato. Accoppiato con un oggetto ne può indicare la tinta sbiadita, smunta o poco carica, riferito ad un racconto o ad una storia può indicarne i contenuti miseri e scontati, infine, associato ad un individuo, ne può indicare l'inespressività ed il carattere poco deciso. La risposta esatta è quindi il termine "vivace" con il quale si può indicare una persona con un carattere deciso, un oggetto dalle tinte rimarcate o un racconto avvincente. Pertanto "vivace", in via generale, rappresenta il contrario di "scialbo". La parola "chiaro" può richiamare vagamente il significato di scialbo, soprattutto in riferimento al colore di un oggetto, anche se non è un vero e proprio sinonimo della parola "scialbo". Anche il termine "nero", che esprime una idea opposta al termine "chiaro", non può indicare in modo rigoroso il contrario di scialbo; pertanto non rappresenta la risposta corretta. Il termine "squallido", riferito ad un ambiente o ad un individuo, ha un significato dispregiativo come il termine "scialbo", anche se con sfumature diverse; pertanto "squallido" non può essere un termine con significato contrario di "scialbo" e va scartato. Il termine "stupito" ha un significato differente da "scialbo"; esso è sinonimo di "sorpreso", "meravigliato", pertanto non costituisce la risposta corretta.

**8) C.** Il "grafomane" è una persona che ha la passione o la mania della scrittura, questa parola rappresenta il termine antecedente del primo membro della proporzione (a sinistra dell'uguale). Il termine conseguente del primo membro è incognito "*x*". Nel secondo membro della proporzione il termine antecedente è incognito "*y*", mentre il termine conseguente è rappresentato dal vocabolo "lirica" che è un'arte relativa al canto.
Pertanto, si deduce che in entrambi i membri della proporzione viene messo in relazione un termine antecedente, rappresentato da "una persona che ha la passione o la mania per un qualcosa o per un'arte", e un termine conseguente che rappresenta "l'arte" stessa.
La risposta esatta è rappresentata dalla coppia "*x* = scrittura; *y* = melomane" perché con essa si crea la proporzione:

grafomane : scrittura = melomane : lirica

Infatti il "grafomane" è un maniaco della "scrittura" così come il "melomane" è un appassionato di musica, in particolare di "musica lirica".
La coppia "*x* = scrittura; *y* = canto" non rappresenta la risposta esatta perché il termine incognito "*y*" verrebbe rappresentato da un'altra arte, ossia il "canto", piuttosto che da un appassionato di un'arte.
La coppia "*x* = scrittore; *y* = libro" non rappresenta la risposta esatta perché i termini incogniti "*x*" e "*y*" vengono sostituiti rispettivamente da "scrittore", un praticante di un'arte o di una attività, ossia la "scrittura", e da un sostantivo, il "libro".
La coppia "*x* = libro; *y* = operetta" non rappresenta la risposta esatta perché i termini incogniti "*x*" e "*y*" vengono sostituiti dal sostantivo "libro" che non è un'arte ma il frutto di essa e da un'altra arte, "l'operetta".
Infine la coppia "*x* = melomane; *y* = scrittore" non rappresenta la risposta esatta perché i termini incogniti "*x*" e "*y*" vengono sostituiti dall'appassionato della lirica, il "melomane", e da "scrittore", colui che pratica l'attività di scrivere libri.

**9) B.** A sinistra dell'uguale, il primo membro della proporzione mette in relazione il termine "strumento" con il termine "orchestra". Al secondo membro i due termini "*x*" e "*y*" sono incogniti. "L'orchestra" è un insieme di suonatori, ognuno dei quali è capace di suonare un determinato "strumento" musicale. Pertanto, il primo membro della proporzione mette in relazione un particolare elemento di un insieme (lo "strumento") con la totalità dell'insieme stesso (l'"orchestra"). Al secondo membro va ristabilita una relazione dello stesso tipo; pertanto il termine incognito "*x*" deve rappresentare il singolo elemento di un insieme, mentre la "*y*" deve rappresentare la totalità dell'insieme.
A tale proposito si nota che se *x* = "uccello" e *y* = "stormo", allora la proporzione viene rispettata in quanto l'uccello rappresenta un particolare elemento dell'insieme "stormo"; difatti, si usa definire un gruppo di uccelli come uno "stormo di uccelli". Pertanto questa coppia di termini rappresenta la risposta esatta.

Tutte le altre risposte non mettono mai in relazione un elemento di un insieme con la sua totalità. La "tromba" è uno strumento che può fare un "assolo"; la "statua" può essere fatta di "marmo"; il "violino" può effettuare una "suonata".
Una particolare osservazione merita la coppia "$x$ = rima; $y$ = poesia". A torto si potrebbe pensare che la "poesia" è un insieme di "rime": questo non è vero. Più propriamente la "poesia" deve essere vista come un insieme di "versi". La "rima" è solo una particolare caratteristica che possono avere i "versi" di una poesia; in generale, la "rima" non viene confusa con il "verso" stesso.

**10) A.** A sinistra dell'uguale, il primo membro della proporzione mette in relazione il termine "discorso" con il termine "candidato". Al secondo membro i due termini "$x$" e "$y$" sono incogniti. Il "candidato" ad una certa carica si esibisce in generale in un proprio "discorso" elettorale. Pertanto il primo membro della proporzione mette in relazione una particolare prova o esibizione (il "discorso") con la persona che la effettua (il "candidato"). Al secondo membro va ristabilita una relazione dello stesso tipo; pertanto il termine incognito "$x$" deve rappresentare una prova o una esibizione, mentre la "$y$" deve rappresentare la persona che la sostiene o la effettua.
A tale proposito si nota che se $x$ = "monologo" e $y$ = "attore", allora la proporzione viene rispettata in quanto il monologo è una particolare esibizione in cui l'"attore" diventa particolarmente protagonista. Pertanto questa coppia di termini rappresenta la risposta esatta.
Tutte le altre risposte non mettono mai in relazione una prova o esibizione con la persona che la sostiene o la effettua. La "carta" viene ricavata dall'"albero"; la "melodia" è una particolare caratteristica della "sinfonia"; l'"albero" è uno dei tanti elementi che costituiscono una "foresta".
Una particolare osservazione merita la coppia "$x$ = pianista; $y$ = concerto". I due termini sono appropriati per essere inseriti nella proporzione; difatti il "concerto" è una particolare esibizione del "pianista". La risposta è errata perché i due termini sono scambiati di posto, ossia sono assegnati all'incognita errata. Difatti il termine incognito "$x$" deve rappresentare una prova o una esibizione (quindi dovrebbe essere uguale a "concerto"), mentre la "$y$" deve rappresentare la persona che la sostiene o la effettua (quindi dovrebbe essere uguale a "pianista").

**11) D.** A sinistra dell'uguale, il primo membro della proporzione mette in relazione il termine "Alpi" con il termine "Monte Bianco". Al secondo membro i due termini "$x$" e "$y$" sono incogniti. Il "Monte Bianco" è la vetta più alta della catena montuosa delle "Alpi". Pertanto il primo membro della proporzione mette in relazione una catena montuosa (le "Alpi") con la vetta più alta della catena (il "Monte Bianco"). Al secondo membro va ristabilita una relazione dello stesso tipo; pertanto il termine incognito "$x$" deve rappresentare una catena montuosa, mentre la "$y$" deve rappresentare la vetta più alta di quella catena montuosa.
A tale proposito si nota che se $x$ = "Himalaya" e $y$ = "Everest", allora la proporzione viene rispettata in quanto l'Everest è la montagna più alta della catena montuosa dell'"Himalaya". Pertanto questa coppia di termini rappresenta la risposta esatta.
Tutte le altre risposte non mettono mai in relazione una catena montuosa con la propria vetta principale. La "montagna" è costituita di "roccia"; il termine "Padania" viene usato per indicare un'area che generalmente si identifica con la "pianura" pa-

dana; la “città” può essere collocata in una determinata “regione”; l’“Europa” è un “continente”.

**12) C.** L’atletica leggera è costituita da un gruppo di discipline sportive che possono essere suddivise in corse (su pista, su strada o campestri), in salti, in lanci e in marce. Tra le corse dell’atletica leggera vi sono la staffetta e la maratona. Un particolare tipo di lancio è il lancio del disco e uno specifico salto è il salto con l’asta. Pertanto questi termini si riferiscono tutti a discipline dell’atletica leggera. Il sollevamento pesi è una disciplina che afferisce, invece, all’atletica pesante (insieme con la lotta e il judo). Pertanto la parola estranea è “sollevamento pesi”.

**13) C.** Il panama, il sombrero, il basco e la bombetta sono tipologie di cappello. Il foulard non è un cappello, bensì è un tipo di fazzoletto, costituito di seta o cotone, che viene utilizzato generalmente per cingere il collo. Pertanto la parola da scartare è “foulard”.

**14) E.** Le noci sono il frutto dell’albero di noce e contengono anche il seme dell’albero (il gheriglio). La nocciola è il frutto dell’albero del nocciolo e nella sua parte interna contiene il seme dell’albero. I pinoli sono racchiusi nella pigna prodotta dall’albero del pino; essi rappresentano il seme di questo albero. Le arachidi sono il seme dell’omonima pianta. Pertanto tutti i termini finora elencati indicano un frutto contenente il seme, o direttamente il seme di un albero o di una pianta. La banana è invece un frutto che non contiene il seme del banano (l’albero di banane); ciò avviene soprattutto nelle moderne specie commercializzate di questo frutto. Pertanto la parola da scartare è “banane”.

**15) D.** Anna Moffo è stata un soprano americano, Renata Tebaldi è stata un soprano italiano, Giulietta Simionato è stata un mezzo-soprano italiano, mentre Maria Callas è stata un soprano greco/statunitense; tutte queste donne sono cantanti di musica lirica. Milva, ossia Maria Ilva Biolcati, è l’unica cantante di musica leggera ed attrice teatrale italiana. Pertanto la parola da scartare è “Milva”.

**16) E.** Lo strudel è un dolce tipico del Trentino, composto da una pasta ripiena di mele, uva passa e pinoli. I ricciarelli sono dei pasticcini senesi a base di mandorle, mentre il panforte è anch’esso originario della Toscana ed è un dolce composto da una pasta farcita di cedro, arancia e mandorle. La cassata è un tipico dolce siciliano a base di glassa e frutta candita. Pertanto i termini finora elencati indicano tutti dolci di varia provenienza. Il calzone non è un dolce, ma una specie di pizza chiusa e farcita all’interno, caratteristica del Sud Italia. Pertanto la parola estranea al resto è “calzone”.

**17) A.** Francis Drake è stato un corsaro e navigatore inglese, vissuto nel XVI secolo, tra i protagonisti della scoperta del continente americano e tra i primi circumnavigatori del globo. Henry Morgan è stato un corsaro gallese, vissuto nel XVII secolo e nominato anche governatore della Giamaica. William Fly è stato un pirata britannico vissuto tra il XVII e il XVIII secolo. Edward Teach, soprannominato Barbanera, fu un pirata britannico che agli inizi del XVIII secolo imperversò nelle acque caraibiche. Pertanto tutti quelli finora elencati sono nomi di pirati o corsari britannici, invece,

Thomas More, è un filosofo, politico e scrittore britannico del secolo XVI. Pertanto è il personaggio storico da escludere.

**18) B.** Il termine "bastimento", la risposta corretta, si differenzia da tutti gli altri per due principali motivi:

- indica tra quelle proposte l'unica imbarcazione che fu utilizzata unicamente a fini commerciali, a differenza delle altre, utilizzate principalmente per esplorazioni o per scopi bellici;
- è l'unico termine che non indica strettamente una imbarcazione a vela, ma può indicare indifferentemente una imbarcazione a vela, oppure una a motore.

Il "vascello" è una nave a vela. Esso rappresenta, tra le navi a vela, il modello di nave da guerra più grande; aveva tipicamente tre alti alberi su cui erano issate le vele. Il "brigantino" è anch'esso una nave a vela; veniva usata sia come nave da scorta per navi più grandi, sia come vascello per trasportare merci. Il "galeone" è un veliero da guerra di dimensioni notevoli, fornito di artiglieria pesante (cannoni) ed usato anche per le esplorazioni. Infine la "caravella" è una nave a vela utilizzata per le esplorazioni geografiche dagli spagnoli e dai portoghesi.

**19) C.** Franco e Ciccio (ossia Franco Franchi e Ciccio Ingrassia) sono ricordati come una coppia di attori comici siciliani. Stanlio e Ollio (ossia Stan Laurel e Oliver Hardy) formarono una coppia comica del cinema muto statunitense. Gianni e Pinotto è il nome italiano della coppia di attori comici statunitensi Bud Abbott e Lou Costello. Infine, Jerry Lewis e Dean Martin costituirono insieme un'altra famosa coppia di attori comici statunitensi. Tutte le coppie finora elencate hanno le seguenti caratteristiche:

- sono costituite da due maschi;
- sono costituite da due attori comici.

La coppia Fred Astaire e Ginger Rogers differisce in entrambi questi due aspetti dalle altre quattro coppie; innanzitutto è formata da un uomo e da una donna, inoltre non è costituita da una coppia di attori comici, bensì di ballerini, o, più in generale, di attori protagonisti di film musicali o commedie brillanti.
Pertanto è la coppia che deve essere scartata.

**20) C.** Elvis Presley, Michael Jackson, John Lennon e George Harrison sono tutti cantanti maschi, mentre Barbra Streisand deve essere scartata in quanto è l'unica cantante donna presente nell'elenco.

**21) D.** I film "My Fair Lady", "West Side Story", "Cabaret" e "Mary Poppins" hanno le seguenti caratteristiche in comune:

- appartengono tutti al genere musicale (musical);
- sono tutti di produzione statunitense;
- sono tratti da uno spettacolo teatrale musicale (My Fair Lady, West Side Story, Cabaret) oppure hanno dato origine ad uno spettacolo di questo tipo (Mary Poppins).

Il film "Riso Amaro" non ha alcuna delle precedenti caratteristiche, difatti è un film del genere neorealista, di produzione italiana, che non ha alcun particolare legame con spettacoli teatrali musicali.

**22) B.** La frase "Marco è stato assunto come ... da una grande ditta" è equivalente a dire "Marco è stato assunto con l'incarico di ... da una grande ditta". Pertanto, si comprende che al posto dei puntini sospensivi deve essere inserito un sostantivo che determina una professione o un incarico lavorativo, ossia un compito per il quale Marco può essere stato assunto.
Il "magazziniere" è l'addetto alla gestione del magazzino di una impresa, pertanto questa risposta è quella esatta.
La parola "magazzinatore" non è presente nel dizionario della lingua italiana; il "magnetizzatore" non è una professione, bensì uno strumento mediante il quale è possibile creare magneti permanenti; il "magazzinaggio" non è una professione, ma è il termine che individua l'attività di deposito e permanenza di merci in un magazzino; infine il "magazzino" è il luogo fisico dove lavora il magazziniere e dove vengono depositate le merci.

**23) A.** Nella frase si riconosce una proposizione principale "è un incapace" ed una proposizione subordinata che va completata "... lo si giudichi". Si nota che la proposizione subordinata è una proposizione modale che va completata con la congiunzione "comunque" che assume significato equivalente a "in qualunque modo". Tale congiunzione regge il congiuntivo utilizzato nella proposizione "... lo si giudichi".
La frase diventa "Comunque lo si giudichi, è un incapace". Pertanto la risposta corretta è "comunque".
La congiunzione "per quanto" introduce una proposizione subordinata concessiva, vale a dire una proposizione che, nonostante sia vera, non influenza quello che è affermato nella principale. Non è questo il significato da attribuire alla subordinata in questione, perché la frase subordinata esprime solo una modalità di giudizio che, in ogni caso, non ha mai la pretesa di influenzare quanto affermato nella principale.
La congiunzione "quindi" può introdurre una proposizione con significato deduttivo o conclusivo, oppure può ordinare temporalmente due proposizioni. Tale congiunzione è palesemente inopportuna in questo caso.
Infine i termini "anche" e "così", intesi principalmente come avverbi, non sono affatto indicati per il completamento della frase, in quanto appare evidente che al posto dei puntini sospensivi sia necessaria una congiunzione che introduca una frase subordinata.

**24) C.** Le risposte propongono cinque aggettivi che possono essere collocati al posto dei puntini sospensivi che seguono la parola "cane" presente nella frase della traccia. Pertanto appare chiaro che la risposta corretta deve riportare un aggettivo che sia appropriato per un cane come il termine "idrofobo", che viene attribuito ai cani che rifiutano di bere acqua e manifestano la patologia dell'idrofobia o della rabbia.
Le altre risposte non hanno dunque senso all'interno della frase presente nella domanda. Infatti la parola "idrofugo" si riferisce a tutto ciò che è o rende impermeabile, la parola "idrorepellente" si riferisce a un materiale trattato con sostanze tali da conferirgli impenetrabilità all'acqua; la parola "idrogeno" si riferisce a un elemento chimico; infine la parola "idrofilo" si riferisce a quelle sostanze o sistemi che hanno tendenza ad assorbire acqua (ad esempio il cotone idrofilo).

**25) D.** La scienza che studia le rocce e la crosta terrestre è la geologia.
La vulcanologia studia i fenomeni vulcanici. La geotermia studia il calore prodotto

dalla crosta terrestre al fine di utilizzarlo come fonte di energia. La geodesia studia dimensioni e forma del globo terrestre e si occupa della sua rappresentazione. La geometria è la ben nota e antica scienza che studia lo spazio e le forme.

**26) D.** Il quesito richiede di completare un periodo composto da una proposizione principale "non riusciva a ricordare il suo nome" ed una proposizione subordinata "... si sforzasse". In quest'ultima la presenza del congiuntivo fa scartare, tra le opzioni di risposta, "poiché" in quanto regge l'indicativo, "mentre" in quanto regge l'indicativo (con valore temporale) o il condizionale (con valore avversativo), "finché" che regge l'indicativo o il congiuntivo se in frasi negative (finché non). Le opzioni rimanenti introducono entrambe frasi concessive, ma "anche se" richiede l'indicativo, mentre "per quanto" regge il congiuntivo: quest'ultima è la risposta corretta.

**27) C.** La frase "Trovai lavoro come ... in un'azienda informatica" è equivalente a dire "Trovai lavoro in qualità di ... in un'azienda informatica". Pertanto si comprende che al posto dei puntini sospensivi deve essere inserito un sostantivo che determina una professione o un incarico lavorativo, magari in ambito informatico. La risposta corretta è "sistemista" una figura professionale che è emersa di recente ed è legata alle nuove tecnologie: si tratta di un tecnico che si occupa della manutenzione di sistemi informatici.
L'aggettivo "sistematico" indica qualcosa di legato ad un sistema ordinato da regole precise; l'aggettivo "sistemico" è anch'esso legato all'organizzazione di un intero sistema; l'aggettivo "sistemato" è il participio passato del verbo sistemare; infine il "sistolico" è un aggettivo legato al termine "sistole" che indica un movimento di contrazione cardiaca.

**28) E.** Si tratta di un periodo ipotetico dell'irrealtà, in cui la frase subordinata ipotetica non è vera o non è accaduta. La frase subordinata ipotetica (detta anche protasi) è "Se ti fossi curato subito", mentre la frase reggente (detta anche apodosi) è "... prima".
Nel periodo ipotetico dell'irrealtà, se l'azione irrealizzabile si riferisce al passato, allora il verbo nella subordinata è al congiuntivo trapassato (il verbo "ti fossi curato") e nella reggente è al condizionale passato. Occorre quindi collocare il verbo corretto (condizionale passato) nella proposizione reggente. "Fossi guarito" è un congiuntivo e "guaristi" è un passato remoto; sono quindi da scartare. Inoltre, anche se "avresti guarito" è un condizionale passato, va scartato in quanto usa il verbo ausiliare errato (avere). Infine va scartato "guariresti" che è un condizionale presente. La risposta corretta è "saresti guarito"; un condizionale con l'uso del corretto ausiliare (essere). La frase completa diventa "Se ti fossi curato subito, saresti guarito prima".

**29) C.** Si tratta di un periodo ipotetico nel quale la frase subordinata ipotetica e quella reggente possono avere rispettivamente il congiuntivo e il condizionale (periodi della possibilità o dell'irrealtà) oppure possono avere entrambe l'indicativo (periodo della realtà). Pertanto nella frase "Se ... più concordi, ... concluso di più" può esserci un congiuntivo al posto dei primi puntini sospensivi ed un condizionale al posto dei puntini sospensivi seguenti, oppure possono esserci in entrambi i casi dei verbi dell'indicativo. Le alternative di risposta "Saremmo – abbiamo" e "Saremmo stati – avevamo" che contengono un condizionale da sostituire ai primi puntini sospensivi possono essere scartate. L'opzione "Eravamo – avessimo" contiene l'imperfetto dell'indicativo, seguito da un congiuntivo e pertanto va scartata. La risposta "Fossimo – avessimo" è formata da due congiuntivi e va parimenti scartata. L'alternativa "Fossimo stati – avremmo" contiene un congiuntivo trapassato (fossimo stati) ed il condizionale presente del verbo avere (ossia "avremmo") che, seguito dal participio "concluso" già presente nella frase, forma il condizionale passato del verbo concludere ("avremmo concluso"). Questi due verbi rispettano la concordanza temporale dei verbi presenti in un periodo ipotetico dell'irrealtà, in cui la frase irrealizzabile (quella subordinata) si riferisce al passato. La frase corretta completa è "Se fossimo stati più concordi, avremmo concluso di più".

**30) A.** La parola "sindacare" nel significato figurato, che è quello maggiormente in uso, si riferisce all'atto di controllare, giudicare, criticare una persona e il suo operato. Gli altri verbi presenti tra le alternative di risposta, che non esprimono significati del verbo "sindacare" e dunque errati, possono però trarre in inganno, in quanto sono riferiti ad azioni che possono essere svolte dalle associazioni sindacali dei lavoratori. "Fare proselitismo" può richiamare l'attività delle associazioni di raccogliere iscritti tra i lavoratori; "difendere" ricorda l'impegno dei sindacati in difesa dei diritti dei lavoratori; "perorare" ricorda l'azione mediante la quale le associazioni sindacali sostengono le giuste cause in favore dei lavoratori; infine "eleggere" ricorda le azioni di elezione dei rappresentanti sindacali all'interno di istituzioni o aziende.

**31) A.** La parola "perspicace" si riferisce a una persona dotata di intuito fine e penetrante che gli consente di cogliere anche quello che sfugge ai più. Le altre risposte sono errate. L'aggettivo "loquace" indica una persona che parla molto; l'aggettivo "pervicace" è riferito ad una persona che testardamente continua a sostenere le proprie convinzioni; l'aggettivo "inusitato" è un sinonimo di "insolito". Infine l'aggettivo "ostinato" è un sinonimo di "pervicace"; tale termine vuol dire quindi "insistente", "testardo".

**32) D.** La parola "idrorepellente" significa ciò che repelle l'acqua; tale termine si riferisce a quei tipi di materiali trattati con sostanze tali da conferire loro impenetrabilità all'acqua. Il contrario di questo vocabolo deve dunque essere "permeabile", ossia quella qualità riferita a un corpo che si lascia penetrare o attraversare da altro corpo liquido o aeriforme. Le altre risposte sono errate. Il vocabolo "impermeabile" è l'opposto di "permeabile" e può essere considerato un sinonimo di "idrorepellente". Il termine "astemio" indica una persona che non beve alcolici. Il termine "riarso" è un sinonimo di arido; il suo significato è quindi "privo di acqua". Il termine "resistente" è un termine dal significato generale che indica un materiale o un oggetto duraturo, resistente all'usura.

**33) D.** La parola "furbizia" si riferisce all'essere furbo, vale a dire alla qualità di quelle persone accorte nel fare il proprio tornaconto e capaci di cavarsela in situazioni imbrogliate o pericolose, anche in modo irregolare (come è noto la parola furbo deriva etimologicamente dal vocabolo " furfante"). Il contrario di questo vocabolo è, dunque, "ingenuità". Le altre risposte sono errate. Il termine "astuzia" può essere considerato un sinonimo di "furbizia". Il termine "dolcezza" ha diverse accezioni, in particolare può significare delicatezza o tenerezza. Il termine "furia" è un sinonimo di "agitazione", di "impeto" o di "frenesia". Infine il termine "perseveranza" indica un impegno costante nel perseguire i propri obiettivi.

**34) C.** La parola "castigatezza" si riferisce all'esser castigato, vale a dire l'esser morigerato; con tale sostantivo si indica una persona che segue le leggi della morale e della convenienza. Il contrario di questo vocabolo è, dunque, il termine "licenziosità", ossia l'abuso della libertà e l'abbandono a eccessi, con una condotta priva di freni e di ritegni morali. Le altre risposte sono errate. La parola "morigeratezza" può essere considerata un sinonimo di "castigatezza". Le altre risposte contengono vocaboli senza alcun tipo di relazione con il significato del vocabolo richiesto nella domanda. Il termine "carità" indica una attitudine ad essere disponibili nell'alleviare le sofferenze dei bisognosi. Il termine "isterismo" indica, invece, una attitudine ad eccedere in reazioni emotive incontrollate e talvolta ingiustificate. Infine il termine "pudore" indica un accentuato riserbo ad esibire i propri sentimenti o la propria intimità anche a stretti confidenti.

**35) A.** La parola "lecito" si riferisce a tutto ciò che è conforme alle norme dell'onestà o della convenienza, al buon costume e alla dignità personale. Il contrario di questo vocabolo è dunque "interdetto", che significa "proibito", "vietato" o semplicemente "illecito". Le altre risposte sono errate. I termini "legittimo" e "consentito" possono essere considerati due sinonimi di "lecito". Il termine "lesivo" è riferito ad un qualcosa che può creare lesioni, ferite, danni morali o materiali. L'aggettivo "loquace" indica una persona che parla molto.

**36) E.** La parola "scorporare" si riferisce all'atto di togliere un elemento dall'insieme di cui fa parte. Il contrario di questo vocabolo è dunque "includere", vale a dire "chiudere dentro". Gli altri termini non indicano contrari di scorporare. Il termine "escludere" ha un significato vicino, ma non contrario a "scorporare". Il verbo "spogliare", oltre alla comune accezione, ha anche un significato legato alla disamina di dati oppure di voti. Questo secondo significato può far confondere il verbo "spogliare" con il verbo "scorporare" quando questo assume il significato di una operazione che si compie durante l'analisi dei voti. Il verbo "addentrarsi" può essere sia riferito all'esplorazione approfondita di un luogo, sia allo studio dovizioso di un argomento. Infine, il termine "rammendare" è riferito alla riparazione o all'accomodamento di un tessuto o di un capo di vestiario.

**37) D.** La parola "rinsavire" si riferisce all'atto di tornare a essere savio, ragionevole, assennato. Il contrario di questo vocabolo è dunque "impazzire", vale a dire "diventare pazzo", "perdere l'uso della ragione". Gli altri termini non sono considerati contrari di rinsavire. Il termine "guarire" ha un significato vicino, ma non contrario a "rinsavire". Il termine "scendere" può trarre in inganno in quanto è il contrario di "risalire", ma non di "rinsavire". Il termine "costringere" è sinonimo di "imporre" o "obbligare". Infine "voltare" è sinonimo di "girare", "volgere".

**38) D.** Il quesito presenta una proporzione con tre membri: i due termini del primo membro (scalatore e corda) sono noti; dei due membri successivi è noto solo il primo termine (il termine antecedente) mentre è incognito il secondo termine (il conseguente). Si nota che il primo membro della proporzione mette in relazione un individuo che svolge una determinata attività con un attrezzo caratteristico che gli serve per svolgere

quella determinata attività. Nello specifico lo "scalatore", durante le sue imprese volte a scalare le cime delle più alte montagne, utilizza la "corda" come attrezzo caratteristico. Nei due membri successivi sono presenti gli individui che svolgono una determinata attività, ossia il "pianista" ed il "chimico"; pertanto al posto delle incognite "*x*" e "*y*" occorrerà inserire degli attrezzi (o dispositivi, o strumenti) caratteristici dello svolgimento dell'attività rispettivamente del pianista e del chimico.
L'opzione "*x* = sgabello; *y* = composto" deve essere scartata in quanto lo sgabello non è proprio uno strumento tipico del pianista (è usato in diverse altre professioni) ed inoltre il composto non è propriamente un attrezzo, bensì un prodotto che il chimico realizza nei suoi esperimenti.
L'opzione "*x* = leggìo; *y* = libro" deve essere scartata in quanto il libro è uno strumento molto generico, di cui ci si può servire in tutte le professioni e non solo in quella del chimico.
L'opzione "*x* = archetto; *y* = provetta" deve essere scartata in quanto l'archetto è uno strumento usato dal suonatore di uno strumento ad arco (violino, viola, violoncello e contrabbasso) ma non dal pianista. L'opzione "*x* = musica; *y* = computer" viene scartata perché la musica è il prodotto dell'attività del pianista e non uno strumento che egli usa, mentre il computer è un dispositivo ormai adoperato da molti professionisti e non solo dal chimico.
La risposta corretta è "*x* = tastiera; *y* = provetta"; difatti la tastiera è un dispositivo tipico del pianoforte e quindi specificamente usato dal pianista, mentre la provetta è proprio il classico strumento utilizzato dal chimico nei suoi esperimenti in laboratorio.

**39) C.** Viene richiesto di completare la proporzione:

tempo : cronometro = pressione : *x*

Occorre individuare il termine incognito "*x*". Si nota che il primo membro della proporzione mette in relazione una grandezza, ossia il "tempo", con lo strumento adoperato per misurarla, ossia il "cronometro". Al secondo membro è presente la grandezza "pressione", pertanto l'incognita "*x*" deve essere sostituita con uno strumento di misura utilizzato per determinare la pressione.
La risposta corretta è "barometro" che è uno strumento utilizzato per misurare la pressione atmosferica.
Le altre risposte non sono corrette. L'altimetro serve per misurare l'altezza di un punto dal livello del mare. Il termometro misura la temperatura; l'igrometro misura l'umidità atmosferica; infine, l'anemometro misura la velocità del vento.

**40) E.** La proporzione al primo membro presenta il termine "Adda", un fiume affluente del Po, ed il termine incognito "*x*". Al secondo membro, il termine antecedente "*y*" è incognito, mentre il termine conseguente è "mare".
Si nota che sostituendo "*x*" con fiume e "*y*" con "Tirreno" si ottiene la seguente proporzione:

Adda : fiume = Tirreno : mare

In pratica l'Adda è messo in relazione con la parola "fiume", mentre il Tirreno, che bagna la costa occidentale della penisola italiana, è messo in relazione con la parola "mare".
La coppia di termini "*x* = lago; *y* = Ionio" deve essere scartata perché l'Adda non è un "lago". La coppia di termini "*x* = monte; *y* = Adriatico" deve essere scartata perché l'Adda non è un "monte". La coppia di termini "*x* = fiume; *y* = Sila" deve essere scartata

perché la Sila non è un "mare", ma un massiccio montuoso della Calabria. La coppia di termini "$x$ = Po; $y$ = fiume" deve essere scartata perché due fiumi come l'Adda e il Po non formano una proporzione coerente con le altre due parole "fiume" e "mare".

**41) D.** La risposta esatta è "venia" che è sinonimo di "scusa". Pertanto la frase completata correttamente diventa: "Chiedo venia (scusa) per il mio increscioso comportamento dell'altro giorno". Gli altri termini inseriti al posto dei puntini sospensivi danno vita ad una frase inusuale o priva di senso.

**42) C.** Il "maroso" è una grossa onda di acqua marina, mentre la "diga" è una struttura di contenimento o raccoglimento di acque. L'aggettivo "foranea" si riferisce a qualcosa che è fuori dalla città, in periferia. La frase parla, quindi, di onde che sbattono contro una diga fuori città. Tra i verbi coniugati alla terza persona plurale, quello da utilizzare correttamente è "fransero".
Il termine "fransero" è la terza persona plurale del passato remoto del verbo "frangere", che vuol dire rompersi, frantumarsi. In tal modo la frase diventa "I marosi fransero la diga foranea" che assume il significato di "le onde danneggiarono la diga fuori città". I termini "frangettero" e "frangerono" non sono coniugazioni corrette del verbo "frangere". Il termine "frangessero" è la terza persona plurale dell'imperfetto del modo congiuntivo del verbo "frangere", ma va scartata in quanto la frase proposta non si fa risalire ad un periodo ipotetico o ad una frase con particolari proposizioni subordinate che necessitano del congiuntivo. Infine, il termine "fratturarono" è la terza persona plurale del passato remoto dell'indicativo del verbo "fratturare". Sebbene la frase indica appunto il danneggiamento della diga, questo verbo non è appropriato, in quanto il verbo frangere è utilizzato in modo più specifico proprio per descrivere situazioni di questo tipo.

**43) B.** Il brano parla di una "flessione" di aziende con allevamenti tra il 1997 e il 2007, pertanto l'opzione "aumento" va scartata.
Il brano non fa alcun riferimento all'allevamento di suini, né tantomeno paragona questa pratica a quella dei bovini; pertanto non si può dedurre che "Nella Pianura Padana si allevano più bovini che suini".
Il brano afferma che in Pianura Padana i bovini vengono allevati "prevalentemente" in funzione del latte e non "esclusivamente".
Se nel 2007 le aziende con allevamenti sono 675.835 e sono il 35,2% in meno del 1997, allora vuol dire che 675.835 ammonta al 100% – 35,2% = 64,8% del numero di aziende "$x$" di allevamento esistenti nel 1997. Pertanto tale numero "$x$" vale:

$$64{,}8\% \cdot x = 675.835$$

$$\frac{64{,}8}{100} \cdot x = 675.835$$

$$x = \frac{675.835 \cdot 100}{64{,}8} = 1.042.955$$

Dunque, nel 1997 le aziende con allevamenti erano oltre 1.000.000.

**44) C.** Nel brano si afferma che la "caratteristica della vera moralità è (...) il desiderio di correzione". L'affermazione "Non importa fare il male o il bene: l'importante è fare, tanto poi qualcuno potrà intervenire a correggere gli errori" non deriva dal brano in questione, nel quale si asserisce l'importanza del correggersi, ma non si incita a svolgere azioni senza un discernimento iniziale su cosa sia bene o male. L'affermazione "Le persone non possono essere fermate dalle azioni malvagie perché alla fine qualcuno giustificherà quello che non riescono a fare" non è deducibile dal brano proposto, in cui non viene mai menzionata l'azione di fermare o meno le persone nelle loro azioni malvagie; si parla semplicemente di correzione delle azioni errate. Nel brano si afferma che l'etimologia della parola "correggere" proviene dal latino "*regere cum*" che vuol dire reggersi a vicenda; questa affermazione non implica il fatto che il "giudizio morale" deriva dal "sorreggersi a vicenda", ma solo che il "correggersi" vuol dire etimologicamente "sorreggersi a vicenda". Nel brano, inoltre, si afferma che "gli uomini giustificano quello che non riescono a non fare" ma questa giustificazione non è attribuita al desiderio di correzione.

**45) B.** Dalla lettura del brano proposto si evince che l'unica affermazione tra quelle indicate come opzioni di risposta è "Gran parte delle nozioni acquisite durante gli studi va comunque perduta dopo la laurea" che deve essere distinta da "Una parte delle nozioni acquisite durante gli studi può andare perduta dopo la laurea" che è meno netta e più probabilistica, in linea con quanto affermato nel brano.
Nel brano si afferma che "La conoscenza aumenta sicuramente nel corso degli studi medici", pertanto la risposta "Gli studenti di Medicina aumentano le loro conoscenze durante gli studi" è vera. Nel brano si dice, inoltre, che "successivamente alla laurea (è possibile) un impoverimento legato alla perdita delle nozioni non strettamente legate alla routine professionale"; pertanto la risposta "Una parte delle nozioni acquisite durante gli studi può andare perduta dopo la laurea" può essere dedotta dal brano. Non può essere dedotto dal brano invece, ed è dunque la risposta corretta, l'asserto "Gran parte delle nozioni acquisite durante gli studi va comunque perduta dopo la laurea" che esprime un giudizio oggettivo e netto. Difatti nel brano si afferma che "la conoscenza (acquisita) nel corso degli studi medici" può subire "sia un incremento, sia un impoverimento" dopo la laurea, ma il brano non afferma che "gran parte" della conoscenza va sicuramente persa. Sempre considerando l'asserto del brano secondo il quale "la conoscenza (acquisita) nel corso degli studi medici" può subire "sia un incremento, sia un impoverimento" dopo la laurea, si deduce che alcuni medici possono accrescere le loro conoscenza. Pertanto la risposta "È possibile che alcuni medici aumentino le loro conoscenze dopo la laurea" può essere dedotta dal brano. Infine la risposta "A contatto con la realtà professionale si verificano modifiche qualitative della conoscenza" può essere dedotta dal brano, in quanto in esso si afferma che "le caratteristiche della conoscenza si modificano sostanzialmente quando il sanitario entra in contatto con la realtà professionale".

**46) A.** La risposta esatta è "La possibilità di effettuare un trattamento adeguato è legata alla diagnosi di una specifica sindrome" perché nel testo si afferma che "L'esame di McKenzie (...) consente di inquadrare il paziente in una o più delle sindromi meccaniche e di scegliere il metodo di trattamento appropriato". Pertanto la diagnosi consente di effettuare un trattamento adeguato alla sindrome.
Nel brano si afferma che "Il dolore insorge per una deformazione meccanica dei tessuti molli ..." ma non che il dolore (o il mal di schiena) derivi "dall'attività del meccanico". Si

afferma, inoltre, che la postura scorretta è una delle cause del mal di schiena, ma non è l'unica. Tra le cause del mal di schiena può esserci anche la postura e non solo la costante flessione della schiena. Non trova infine alcun riscontro nel testo l'affermazione secondo cui il trattamento a breve termine della lombaggine sia una questione meccanica.

**47) C.** Nel brano si fa riferimento alla concezione che hanno i fisici del tempo, chiamata "tempo-rama". In particolare non si attribuisce ad essa la percezione soggettiva dello scorrere del tempo. Non si fa alcun riferimento al termine "futu-rama". Nel brano si afferma, inoltre, che esiste un meccanismo biologico per il quale "il tempo passa lentamente in gioventù e si mette a correre con l'età adulta", ma non si attribuisce all'invecchiamento delle cellule cerebrali tale questione. Si afferma invece che "il corpo umano è pieno di "cronometri" cellulari, regolati chimicamente: sono la dopamina e altre molecole"; pertanto la risposta "ad alcune molecole che fungono da cronometri chimici" trova riscontro nel testo e presenta una delle effettive cause della percezione dello scorrere del tempo. Nel brano ci si riferisce al tempo come alla "sensazione di un flusso, che va diritto lungo la traiettoria passato-presente-futuro"; tale sensazione non spiega però la percezione soggettiva e personale dello scorrere del tempo differente tra gioventù ed età adulta. Non trova infine alcun riscontro nel testo l'affermazione secondo cui i giovani non vedono l'ora di diventare adulti.

**48) A.** Nel brano si afferma che "Il clima della Valle d'Aosta presenta (...) precipitazioni assai scarse, specie in autunno e in inverno". Questa caratteristica climatica obbliga a ricorrere all'irrigazione artificiale delle colture.
Se Saint Marcel ha una piovosità media annua pari a 475 mm di pioggia e tale valore è circa la metà di Napoli, se ne deduce che la piovosità a Napoli è circa: 475 mm × 2 = 950 mm = 0,95 m. Pertanto le opzioni di risposta che propongono valori falsi della piovosità per Napoli devono essere scartate. Infine non viene fatta alcuna menzione sull'eventuale ricorso all'irrigazione delle colture a Napoli, né viene affermato categoricamente che a Napoli piove sempre più che ad Aosta.

**49) D.** L'unica affermazione non deducibile dal brano è "I polimorfismi dei gruppi sanguigni sono diversi da quelli degli enzimi", perché nel testo non sono mai messi in relazione i polimorfismi dei gruppi sanguigni con quelli degli enzimi.

**50) E.** Tra gli argomenti proposti come opzione di risposta, l'unico sul quale non sono fornite informazioni dal testo è "la topografia dell'edilizia pubblica", che è pertanto la risposta corretta. Tutte le altre possono essere scartate in quanto il brano fornisce informazioni relative alla morfologia dell'isola di Creta: "Il suo carattere prevalentemente montuoso consente lo sfruttamento del suolo soltanto in piccole zone"; informazioni relative all'epoca minoica: "Le più antiche strutture risalgono al sub-neolitico/Minoico Antico I e testimoniano, pur nella loro semplicità, un'abitazione legata all'agricoltura"; informazioni relative al neolitico: "Nel neolitico, con la trasformazione dell'uomo da cacciatore in agricoltore, il passaggio dall'insediamento più antico, in grotta, allo stanziamento all'aperto è molto probabilmente legato allo sviluppo dell'agricoltura"; infine il brano fornisce informazioni relative alla topografia dell'edilizia privata: "La pianta di una casa di Magasà (circa 2800 a.C.) presenta un ingresso che si affaccia su di un vestibolo usato forse come magazzino, da dove si passa in un'unica stanza".

# VERIFICA 2 • RAGIONAMENTO CRITICO

**1) "Giovanni gioca e studia. Chi studia trova lavoro e legge. Luisa studia e suona. Chi suona è sensibile e ha molti amici. Chi legge è sensibile". Se le precedenti affermazioni sono vere, NON si può affermare con certezza che:**

A. Giovanni legge
B. Luisa trova lavoro
C. Giovanni è sensibile
D. Chi non è sensibile non studia
E. Giovanni ha molti amici

**2) "Chi non ha un cane non va in montagna. Antonio non va in montagna. Chi va in montagna respira aria pura". Quale tra queste affermazioni NON è corretta?**

A. È impossibile che chi va in montagna non abbia un cane
B. È possibile che Antonio non abbia un cane
C. È possibile che Antonio respiri aria pura
D. È impossibile che chi non respiri aria pura vada in montagna
E. È impossibile che Antonio respiri aria pura

**3) Tutti gli studiosi sono portati per la logica. Davide ama giocare a dama. Chi ama giocare a dama ha un debole per le donne. Quale delle seguenti affermazioni è sicuramente vera?**

A. Non si può negare che Davide abbia un debole per le donne
B. Tutti gli studiosi amano giocare a dama
C. Chi è portato per la logica non può non amare la dama
D. Davide è un profondo pensatore e ha un debole per le donne
E. Davide ha tutti i requisiti per essere un buon giocatore di dama

**4) "Se piove non utilizziamo la barca". Se la precedente affermazione è vera, allora è anche vero che:**

A. Se non utilizziamo la barca, allora piove
B. Non è sufficiente che piova perché non utilizziamo la barca
C. Se utilizziamo la barca, allora non piove
D. Non utilizziamo la barca solo quando piove
E. Se non piove allora utilizziamo la barca

**5) "Soltanto se la porta è chiusa, riesco a concentrarmi". In base alla precedente affermazione, è necessariamente vero che:**

A. È sufficiente che la porta sia chiusa per riuscire a concentrarmi
B. Riesco a concentrarmi anche con la porta aperta
C. Se la porta è chiusa, sicuramente riesco a concentrarmi
D. Se non riesco a concentrarmi, significa che la porta non è chiusa
E. Se la porta non è chiusa non riesco a concentrarmi

**6) "Solo se il camino è acceso, si avverte l'atmosfera natalizia". In base alla precedente affermazione, è necessariamente vero che:**

A. È sufficiente che il camino sia acceso per avvertire l'atmosfera natalizia
B. Si può avvertire l'atmosfera natalizia anche con il camino spento

C. Se il camino è acceso, sicuramente si avverte l'atmosfera natalizia
D. Se non si avverte l'atmosfera natalizia, significa che il camino non è acceso
E. Se il camino non è acceso, non si avverte l'atmosfera natalizia

**7) Due fratelli, Andrea e Marco, sono tali che Andrea dice solo bugie il lunedì, mercoledì e venerdì e negli altri giorni dice sempre la verità, mentre Marco dice solo bugie il martedì, giovedì e sabato e negli altri giorni dice sempre la verità. Se ascoltate la seguente conversazione: Andrea: "oggi è domenica"; Marco: "ieri era domenica"; Andrea: "siamo in estate", quale tra le seguenti affermazioni è vera?**

A. È un lunedì ma non d'estate
B. È un lunedì d'estate
C. È una domenica d'estate
D. È una domenica ma non in estate
E. Non è domenica, né lunedì

**8) "È assurdo contestare che è sbagliato non riconoscere che la mostra dei quadri di Picasso è stata visitata da molte persone". Basandosi sulla precedente affermazione, individuare quale delle seguenti alternative è esatta:**

A. Molte persone hanno visitato la mostra dei quadri di Picasso
B. La mostra dei quadri di Picasso non è stata visitata da molte persone
C. Non è possibile stabilire se la mostra dei quadri di Picasso sia stata visitata da molte o poche persone
D. La mostra dei quadri di Picasso è stata contestata da molte persone
E. Non si può evitare di negare che non è corretto non affermare che la mostra dei quadri di Picasso è stata visitata da molte persone

**9) "In base alle notizie in suo possesso, il giornalista ha scritto che non è falsa l'ipotesi secondo cui l'incendio non è doloso". Basandosi sulla precedente affermazione, quale delle seguenti alternative è vera?**

A. Le notizie in possesso del giornalista lo hanno indotto in errore
B. Non vi è alcun elemento valido per sostenere che l'incendio non sia doloso
C. L'incendio è doloso in base alle notizie in possesso del giornalista
D. L'incendio non è doloso in base alle notizie in possesso del giornalista
E. Sicuramente l'incendio non è doloso

**10) Individuare quale tra i seguenti diagrammi soddisfa la relazione insiemistica esistente fra i tre termini seguenti: Computer, Stampanti, CD-ROM**

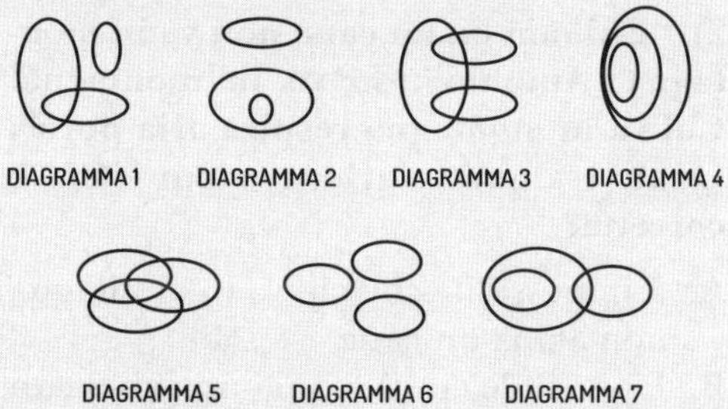


A. Diagramma 6
B. Diagramma 4
C. Diagramma 5
D. Diagramma 2
E. Diagramma 1

**11) Individuare quale tra i seguenti diagrammi soddisfa la relazione insiemistica esistente tra i tre termini seguenti: Cani, Cavalli, Quadrupedi dal pelo marrone**

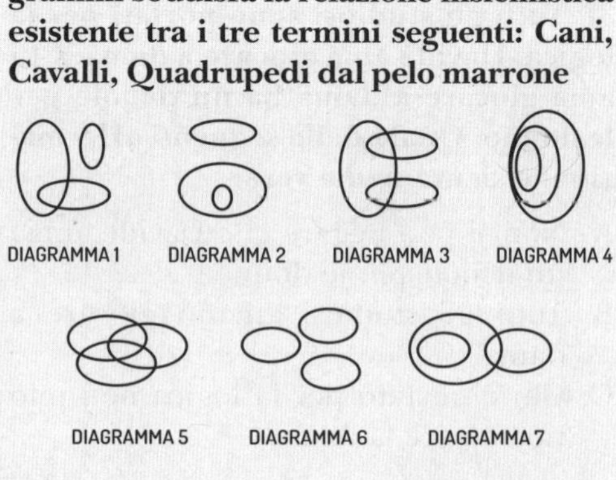

A. Diagramma 2
B. Diagramma 5
C. Diagramma 1
D. Diagramma 3
E. Diagramma 6

**12) Individuare quale tra i seguenti diagrammi soddisfa la relazione insiemistica esistente fra i tre termini seguenti: Agrumi, Bevande, Spremute**

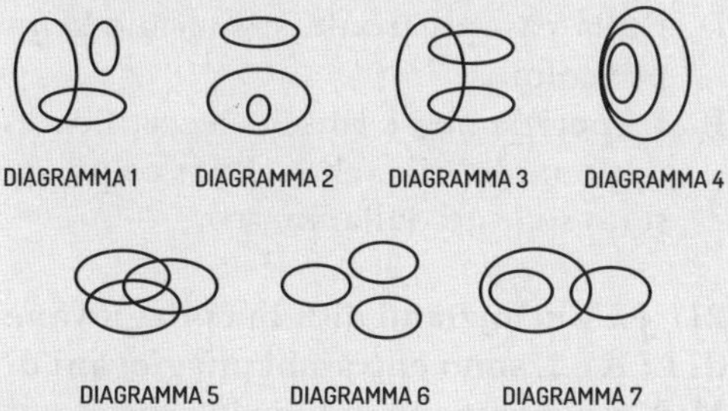


A. Diagramma 1
B. Diagramma 2
C. Diagramma 4
D. Diagramma 6
E. Diagramma 5

**13) Individuare quale tra i seguenti diagrammi soddisfa la relazione insiemistica esistente fra i tre termini seguenti: Lavoratori dipendenti, Persone di nome Luigi, Residenti a Teramo**

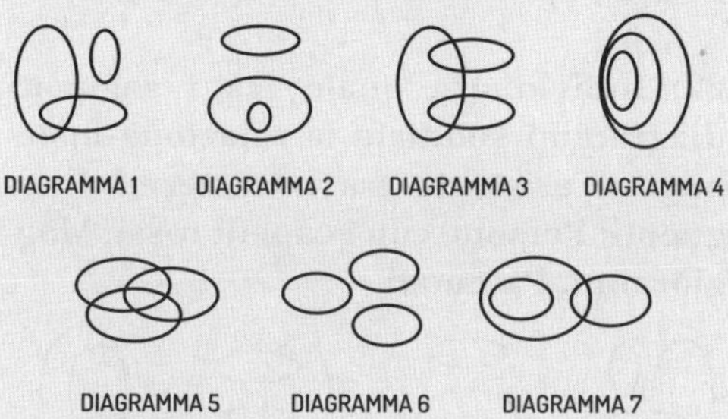


A. Diagramma 5
B. Diagramma 3
C. Diagramma 4
D. Diagramma 1
E. Diagramma 6

**14) "Tutti i cuochi sono grassi". "Tutti i cuochi sono buongustai". "Alcuni camerieri sono grassi". Dalle precedenti affermazioni si deduce che:**

A. Tra le persone grasse vi sono sia cuochi sia camerieri
B. Tutti i buongustai sono cuochi
C. Tutti i buongustai sono grassi
D. Tutti i cuochi sono stati camerieri
E. I camerieri sono buongustai

**15) "Sandro è una persona atletica; le persone alte sono tutte atletiche; le persone alte sono magre". Se le precedenti affermazioni sono vere, quale delle seguenti è sicuramente vera?**

A. Sandro è una persona alta
B. Tutte le persone atletiche sono alte
C. Chi è alto è magro e atletico
D. Sandro è una persona magra
E. Le persone magre sono atletiche

**16) Delle tre società Alpha, Beta e Gamma almeno due sono lussemburghesi. Sapendo che se Alpha è lussemburghese anche Beta lo è, che se Gamma è lussemburghese lo è anche Alpha, e che tra Beta e Gamma almeno una è non lussemburghese, si può dedurre che:**

A. Gamma non è lussemburghese e Beta è lussemburghese
B. Alpha non è lussemburghese e Beta è lussemburghese
C. Alpha, Gamma e Beta sono lussemburghesi
D. Alpha e Gamma sono lussemburghesi
E. Gamma è lussemburghese e Beta non è lussemburghese

**17) Quattro cavalli, Adamo, Bisset, Carolina e Demiurgo, partecipano ad una gara equestre. I proprietari dei cavalli sono Fini, Gini, Lini e Mini, non necessariamente in questo ordine. È inoltre noto che: il cavallo del signor Gini ha vinto il**

**primo premio e non si chiama Carolina; Demiurgo è arrivato terzo; il cavallo del signor Lini si chiama Bisset ed è arrivato prima di Carolina; il cavallo del signor Fini non è arrivato terzo. Quale cavallo è arrivato ultimo?**

A. Il cavallo del signor Fini
B. Il cavallo del signor Lini
C. Adamo
D. Bisset
E. Il cavallo del signor Mini

**18) Si consideri la proposizione: "Nessun cane ha tre zampe"; dire che tale proposizione è FALSA significa che:**

A. Almeno un cane ha tre zampe
B. Tutti i cani hanno un numero di zampe diverso da tre
C. Tutti i cani hanno quattro zampe
D. Tutti i cani hanno tre zampe
E. Almeno un cane ha un numero di zampe diverso da tre

**19) "Recenti ricerche di laboratorio condotte in Italia hanno mostrato che le cellule tumorali sono rivestite da una proteina che impedisce al sistema immunitario di attaccarle. Occorre dunque studiare un farmaco che consenta di eliminare tale proteina". Quale delle seguenti affermazioni indebolisce la precedente argomentazione?**

A. Le persone colpite da tumore hanno un sistema immunitario più forte di quello delle persone sane
B. Le cellule tumorali sono di difficile individuazione
C. La proteina che riveste le cellule tumorali è essenziale per una corretta funzionalità epatica
D. I farmaci antiproteici sono molto costosi
E. I tumori sono più diffusi nei giovani rispetto agli anziani

**20) La perizia balistica non ha escluso l'impossibilità che il colpo non sia stato sparato dalla casa di fronte. La precedente affermazione è logicamente equivalente a:**

A. Il colpo deve essere stato sparato dalla casa di fronte
B. Il colpo potrebbe essere stato sparato dalla casa di fronte
C. Il colpo non è stato sicuramente sparato dalla casa di fronte
D. Dalla casa di fronte si sparano sempre colpi
E. La perizia non è riuscita a certificare, dopo molte ricerche, che il colpo sia stato sparato dalla finestra

**21) J è più anziano di K ma più giovane di L; K e L sono entrambi più giovani di M; N è più anziano di J. Se le precedenti informazioni sono corrette, X è più anziano di J se è anche vero che: 1) X è più anziano di N; 2) N è più giovane di L e X è più giovane di M; 3) X e M hanno la stessa età. Quali sono le condizioni sicuramente corrette?**

A. 1), 2) e 3)
B. 1) e 3)
C. Solo 3)
D. Solo 1)
E. Solo 2)

**22) Individuare quale tra i seguenti diagrammi soddisfa la relazione insiemistica esistente fra i tre termini seguenti: Persone con i capelli rossi, Maggiorenni, Patentati**

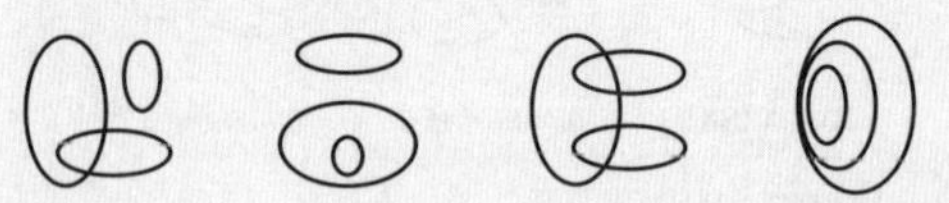

DIAGRAMMA 1 DIAGRAMMA 2 DIAGRAMMA 3 DIAGRAMMA 4

DIAGRAMMA 5 DIAGRAMMA 6 DIAGRAMMA 7

A. Diagramma 6
B. Diagramma 1
C. Diagramma 3
D. Diagramma 4
E. Diagramma 5

**23) Individuare quale tra i seguenti diagrammi soddisfa la relazione insiemistica esistente fra i tre termini seguenti: Elementi chimici, Sodio, Alberi**

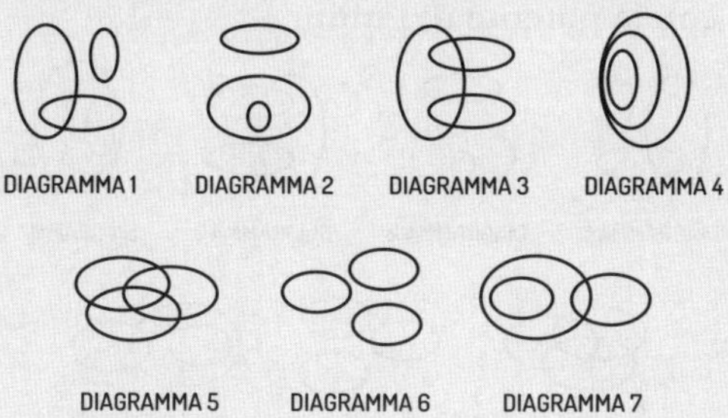


A. Diagramma 2
B. Diagramma 3
C. Diagramma 6
D. Diagramma 1
E. Diagramma 4

**24) "I ladri sono ingiusti; i ladri sono uomini; dunque ... sono ingiusti". Si individui il CORRETTO completamento del sillogismo:**

A. Alcuni uomini
B. Alcuni giusti
C. Alcuni ladri
D. Tutti gli uomini
E. I ladri

**25) "Antimo è napoletano; tutte le persone con i capelli castani sono italiane; tutti i napoletani sono italiani." Se le precedenti informazioni sono vere, quale delle seguenti è necessariamente vera?**

A. Tutti i napoletani si chiamano Antimo
B. Antimo è italiano
C. Antimo ha i capelli neri
D. Tutti i napoletani hanno i capelli castani
E. Tutte le persone con i capelli castani sono napoletane

**26) L'affermazione "non tutti gli oggetti di vetro sono prodotti a Venezia" equivale a:**

A. Alcuni oggetti di vetro non sono prodotti a Venezia
B. Tutti gli oggetti di vetro vengono prodotti fuori Venezia
C. Non tutti gli oggetti prodotti a Venezia sono oggetti di vetro
D. Tutti gli oggetti di vetro sono prodotti a Venezia
E. Alcuni oggetti prodotti a Venezia non sono oggetti di vetro

**27) Alberto ha tre figlie, Katia, Elisabetta e Marina, due delle quali sono bionde e una mora. Se Katia è bionda, allora lo è anche Elisabetta; se Elisabetta è bionda allora lo è anche Marina. In base a queste informazioni, quale delle seguenti è sicuramente vera?**

A. Katia è mora e Marina è bionda
B. Marina e Elisabetta sono more
C. Elisabetta è mora e Katia è bionda
D. Katia è bionda e Marina è mora
E. Katia e Elisabetta sono bionde

**28) Si consideri la proposizione: "Nessuna rosa ha tre spine"; dire che tale proposizione è FALSA significa che:**

A. Almeno una rosa ha tre spine
B. Tutte le rose hanno un numero di spine diverso da tre
C. Tutte le rose hanno quattro spine
D. Tutte le rose hanno tre spine
E. Almeno una rosa ha un numero di spine diverso da tre

**29) "Non è indimostrabile che non bere vino può fare bene alla pressione".**

**La precedente affermazione è equivalente a:**

A. Bere vino è causa di malattie circolatorie
B. Non bere vino fa sicuramente bene alla pressione
C. Non bere vino non fa certamente bene alla pressione
D. Bere vino non fa bene alla pressione
E. Non bere vino può fare bene alla pressione

**30) "L'esame dei reperti ritrovati non ha consentito di dimostrare l'impossibilità che il gioiello scoperto sia d'oro." Qual è il corretto significato della precedente affermazione?**

A. L'esame dei reperti ritrovati non ha dimostrato che il gioiello scoperto non è d'oro
B. L'esame dei reperti ritrovati ha dimostrato che il gioiello scoperto è d'oro
C. È impossibile che il gioiello scoperto sia d'oro
D. L'esame dei reperti ritrovati ha dimostrato che il gioiello scoperto non può essere d'oro
E. L'esame dei reperti ritrovati ha dimostrato che il gioiello scoperto non è d'oro

**31) Individuare quale tra i seguenti diagrammi soddisfa la relazione insiemistica esistente fra i tre termini seguenti: Cittadini europei, Italiani, Milanesi**

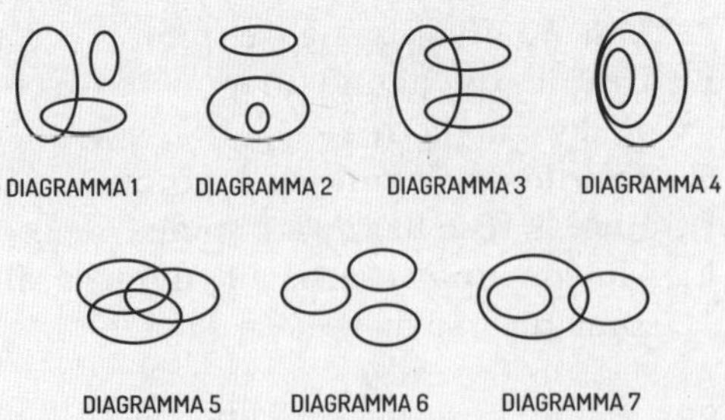


A. Diagramma 4
B. Diagramma 1
C. Diagramma 3
D. Diagramma 5
E. Diagramma 2

**32) Individuare quale tra i seguenti diagrammi soddisfa la relazione insiemistica esistente fra i tre termini seguenti: Francesi, Casalinghe, Persone con la patente di guida**

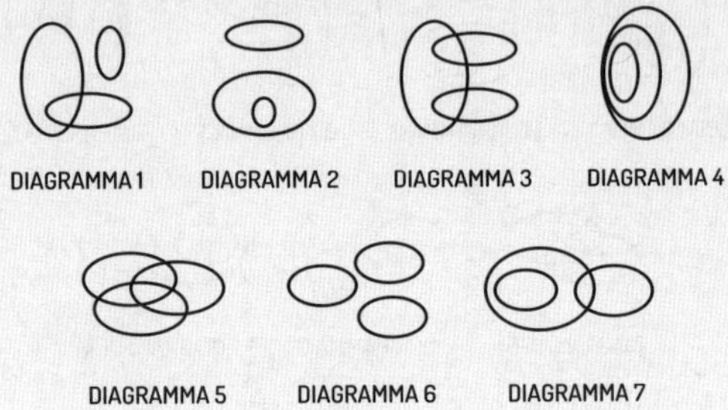


A. Diagramma 3
B. Diagramma 1
C. Diagramma 2
D. Diagramma 6
E. Diagramma 5

**33) Individuare quale tra i seguenti diagrammi soddisfa la relazione insiemistica esistente fra i tre termini seguenti: Astronavi, Viaggi, Stelle**

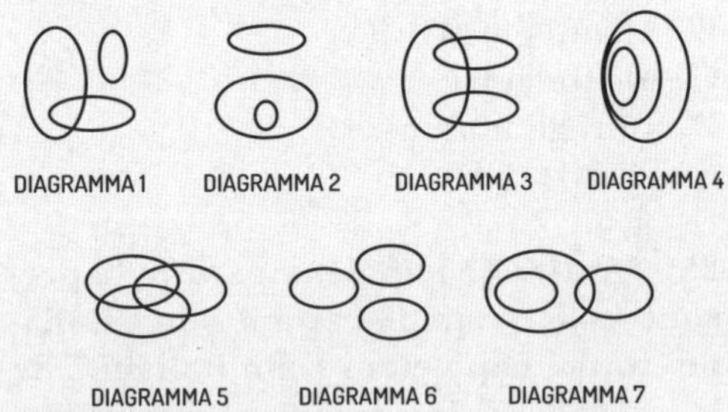


A. Diagramma 1
B. Diagramma 6
C. Diagramma 4
D. Diagramma 5
E. Diagramma 3

**34) A differenza delle altre palestre della città, nel 2007 la palestra In-forma ha aumentato le iscrizioni rispetto all'anno precedente. Il motivo di tale aumento è riconducibile all'allestimento in sede di una piscina olimpionica. Quale delle seguenti conclusioni NON può essere dedotta dalla precedente affermazione?**

A. L'allestimento della piscina olimpionica è risultato determinante nell'aumento del numero di iscritti della palestra In-forma
B. Nel 2007 le palestre della città, a esclusione della In-forma, non hanno registrato un aumento delle iscrizioni rispetto all'anno precedente
C. Nel 2007 gli iscritti della palestra In-forma sono aumentati rispetto a quelli dell'anno precedente
D. Le altre palestre della città diverse dalla In-forma non sono dotate di piscina
E. Nel 2006 la palestra In-forma aveva una piscina olimpionica in meno rispetto al 2007

**35) Su un pianetino vivono tre persone: Antonio, Marco, Giovanni. Esiste una persona sul pianeta, più ricca di tutte le altre. Marco è più ricco di Antonio. Antonio è più povero di Giovanni. Quale delle seguenti conclusioni è sicuramente FALSA?**

A. Giovanni è il più ricco
B. Marco e Giovanni hanno la stessa quantità di soldi
C. Antonio è il più povero
D. Giovanni è più povero di Marco
E. Marco è il più ricco

**36) "Non si può escludere che, se Luigi non si fosse ubriacato, la festa sarebbe riuscita". In base alla precedente affermazione, quale delle seguenti è certamente vera?**

A. È possibile che la festa sarebbe riuscita, qualora Luigi si fosse ubriacato
B. La festa sarebbe riuscita se Luigi fosse stato sobrio
C. È possibile che la festa sarebbe riuscita qualora Luigi non si fosse ubriacato
D. Se la festa fosse riuscita, è possibile che Luigi non si sarebbe ubriacato
E. Se la festa non fosse riuscita, sicuramente Luigi non si sarebbe ubriacato

**37) Giovanni ha tre figli, Michele, Giampiero e Andrea, due dei quali sono alti e uno è basso. Se Michele è alto, allora lo è anche Giampiero; se Giampiero è alto allora lo è anche Andrea. In base a queste informazioni, quale delle seguenti è sicuramente vera?**

A. Andrea e Giampiero sono bassi
B. Giampiero è basso e Michele è alto
C. Michele è basso e Andrea è alto
D. Michele è alto e Andrea è basso
E. Michele e Giampiero sono alti

**38) Se l'affermazione "Nessun cuoco è magro" è FALSA, quale delle seguenti affermazioni è necessariamente vera?**

A. Tutti i cuochi sono magri
B. Almeno un cuoco è grasso
C. Almeno un cuoco è magro
D. I cuochi sono tutti grassi
E. Nessun cuoco è grasso

**39) "È sufficiente che Sandra segua la dieta perché il medico non le prescriva il farmaco Obex". Se l'argomentazione precedente è vera, quale delle seguenti è certamente vera?**

A. Sandra segue la dieta soltanto se il medico le prescrive il farmaco Obex
B. Se il medico non prescrive a Sandra il farmaco Obex vuol dire che lei segue la dieta

C. Se il medico prescrive a Sandra il farmaco Obex vuol dire che lei non segue la dieta
D. Se Sandra non segue la dieta allora il medico le prescrive il farmaco Obex
E. Se il medico non prescrive a Sandra il farmaco Obex vuol dire che lei non segue la dieta

**40) "È sbagliato non ammettere che le precauzioni prese non sono bastate per impedire il rovesciamento della barca". Basandosi sulla precedente affermazione, individuare quale delle seguenti alternative è esatta.**

A. La barca si è rovesciata nonostante le precauzioni prese
B. Le precauzioni che si possono prendere per impedire il rovesciamento di una barca sono inefficaci
C. Si può affermare che le precauzioni prese sono state sufficienti per impedire il rovesciamento della barca
D. Grazie alle precauzioni prese la barca non si è rovesciata
E. Bisogna ammettere che non è stata presa alcuna precauzione per impedire il rovesciamento della barca

**41) "La casa di Gabriella è a metà strada tra la casa di Paola e la casa di Pamela. La casa di Pamela è a metà strada tra la casa di Giuseppe e la casa di Gabriella". Dalle informazioni fornite si può dedurre che:**

A. La distanza tra la casa di Paola e la casa di Pamela è uguale alla distanza tra la casa di Paola e la casa di Gabriella
B. Paola abita più vicino alla casa di Gabriella che non alla casa di Pamela
C. Pamela abita più vicino alla casa di Gabriella che non alla casa di Giuseppe
D. Pamela abita più lontano dalla casa di Gabriella che non dalla casa di Giuseppe
E. La distanza tra la casa di Gabriella e la casa di Giuseppe è uguale alla distanza tra la casa di Giuseppe e la casa di Pamela

**42) Tra Fabio, Massimo, Daniele, Katia e Valeria vi sono i seguenti vincoli di parentela: Katia è la nipote di Massimo; Valeria è la mamma di Fabio e di Katia; Daniele è il nonno materno di Fabio. In base alle precedenti informazioni è plausibile che Massimo sia:**

A. Il fratello di Fabio
B. Il papà di Valeria
C. Il fratello di Valeria
D. Il cugino di Katia
E. Il fratello di Katia

**43) Su un pianetino vivono tre persone: Antonio, Marco, Giovanni. Marco è più ricco di Antonio. Antonio è più povero di Giovanni. Quale delle seguenti conclusioni è sicuramente VERA?**

A. Giovanni è il più ricco
B. Marco e Giovanni hanno quantità diverse di soldi
C. Antonio non è il più ricco
D. Giovanni è più povero di Marco
E. Marco è il più ricco

**44) "Monica è più vecchia di Carlo; Lorenzo è più vecchio di Mario; Mario è più giovane di Sara; Carlo e Sara sono gemelli". Sulla base delle precedenti affermazioni, quale delle seguenti è certamente vera?**

A. Carlo è più giovane di Lorenzo
B. Lorenzo è più vecchio di Monica
C. Lorenzo è più vecchio di Sara
D. Monica è più vecchia di Mario
E. Mario è più vecchio di Monica

**45) In una gara, Sara ha battuto Giovanni; Giovanni non si è classificato primo; Luisa non è stata l'ultima; Daniele è stato battuto da Giacomo e da Luisa in quest'ordine; Giacomo è rimasto indietro rispetto a Giovanni. Chi ha vinto?**

A. Daniele
B. Giacomo
C. Giovanni
D. Luisa
E. Sara

**46) Se oggi è lunedì, qual è il giorno successivo al giorno che precede il giorno prima di domani?**

A. Sabato
B. Domenica
C. Lunedì
D. Martedì
E. Mercoledì

**47) In una maratona Sergio è stato più veloce di Giorgio, Daniele ha battuto Giovanni ma ha perduto rispetto a Giorgio, Giovanni ha sopravanzato Ugo. Chi è arrivato per ultimo?**

A. Sergio
B. Giorgio
C. Daniele
D. Giovanni
E. Ugo

**48) "Se e solo se il terreno viene concimato ogni anno, la produzione di patate rimarrà costante". In base alla precedente affermazione, è necessariamente vero che:**

A. senza concimare il terreno ogni anno, la produzione di patate non rimarrà costante
B. anche se il terreno viene concimato ogni anno, la produzione di patate potrebbe non rimanere costante
C. per aumentare la produzione di patate bisogna concimare il terreno almeno una volta all'anno
D. per mantenere costante la produzione di patate, occorre fertilizzare il terreno con concime organico ogni anno
E. per aumentare la produzione di patate bisogna mantenere costante il concime annuale

**49) "Umberto promette al figlio Enrico che, se verrà promosso con una votazione superiore a sette, gli regalerà un computer portatile". In quale dei seguenti casi si è certi che Umberto NON mantiene la promessa?**

A. Enrico viene promosso con sette e non riceve alcun regalo dal padre
B. Enrico viene respinto e riceve in regalo un computer portatile
C. Enrico è promosso con una votazione pari a otto e non riceve alcun regalo dal padre
D. Enrico riceve in regalo dal padre un computer portatile prima di conoscere l'esito degli scrutini di fine anno
E. Enrico riceve in regalo dal padre un computer portatile a una interrogazione in matematica

**50) Alla finale di una gara di automobilismo la classifica dal 1° al 7° posto è la seguente: Aldo, Fausto, Ilaria, Beatrice, Claudio, Enrico, Gaia. Cinque di questi sette piloti indossano il casco integrale e si sa che a indossarlo sono tre tra i primi quattro classificati e tre tra gli ultimi quattro classificati. Si può essere certi che a indossare il casco integrale è:**

A. Claudio
B. Enrico
C. Fausto
D. Beatrice
E. Gaia

**1) E.** Si indica con

$x$ = generico individuo (elemento)
$g$ = **G**iovanni (elemento)
$l$ = **L**uisa (elemento)
$G$ = insieme di coloro che **G**iocano
$S$ = insieme di coloro che **S**tudiano
$T$ = insieme di coloro che **T**rovano lavoro
$L$ = insieme di coloro che **L**eggono
$U$ = insieme di coloro che s**U**onano
$E$ = insieme di coloro che sono s**E**nsibili
$A$ = insieme di coloro che hanno molti **A**mici
Infine i simboli $\in$ (appartiene) e $\notin$ (non appartiene) indicano l'appartenenza e la non appartenenza di un elemento ad un insieme. Con il simbolo $\Rightarrow$ si indica l'implicazione logica, ossia il fatto che un asserto implichi un altro asserto.
Le frasi presentate nel quesito si traducono simbolicamente nel modo seguente:

| n. | Linguaggio naturale | Linguaggio simbolico |
|---|---|---|
| 1 | *Giovanni gioca e studia* | $g \in G \quad g \in S$ |
| 2 | *Chi studia trova lavoro e legge* | $x \in S \Rightarrow x \in T, x \in L$ |
| 3 | *Luisa studia e suona* | $l \in S \quad l \in U$ |
| 4 | *Chi suona è sensibile e ha molti amici* | $x \in U \Rightarrow x \in E, x \in A$ |
| 5 | *Chi legge è sensibile* | $x \in L \Rightarrow x \in E$ |

Si noti che negando entrambi i membri delle implicazioni 2 e 5, ossia sostituendo in essi il simbolo $\in$ con $\notin$ e viceversa, e invertendo i versi delle implicazioni, si ottengono due nuovi asserti altrettanto veri.

| n. | Linguaggio naturale | Linguaggio simbolico |
|---|---|---|
| 6 | *Chi non trova lavoro o non legge, non studia* | $x \notin T, x \notin L \Rightarrow x \notin S$ |
| 7 | *Chi non è sensibile, non legge* | $x \notin E \Rightarrow x \notin L$ |

Si può quindi creare un diagramma di Eulero-Venn con gli insiemi introdotti che abbia l'aspetto mostrato in figura. Dal diagramma si nota che ogni $x$ dell'insieme $S$ appartiene anche agli insiemi $L$ e $T$ (ossia $S$ è incluso nell'intersezione di $L$ e $T$); ogni $x$ dell'insieme $U$ appartiene anche agli insiemi $A$ e $E$ (ossia $U$ è incluso nell'intersezione di $A$ e $E$); ogni $x$ dell'insieme $L$ appartiene anche all'insieme $E$ (ossia $L$ è incluso nell'insieme $E$).

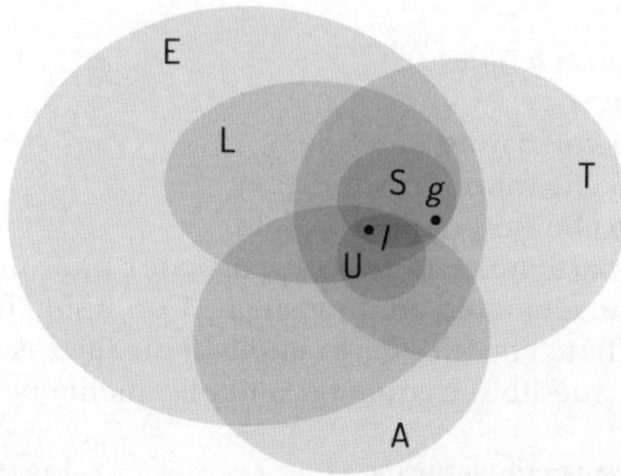


L'affermazione "Giovanni legge" è vera. Infatti sono vere le frasi 1 e 2. In particolare è vero che "Giovanni studia", ossia $g \in S$, e che "chi studia, legge", ossia $x \in S \Rightarrow x \in L$. Sostituendo $g$ (ossia Giovanni) al posto del generico individuo $x$ nella frase 2 si ha $g \in S \Rightarrow g \in L$. Si è quindi ottenuta la frase della risposta A, "Giovanni legge", ossia $g \in L$. In riferimento al diagramma di Eulero-Venn si nota che l'elemento $g$ è incluso nell'insieme $S$ e pertanto è incluso anche nell'insieme $L$ che comprende l'insieme $S$.
L'affermazione "Luisa trova lavoro" è vera. Infatti sono vere le affermazioni 3 e 2. In particolare è vero che "Luisa studia", ossia $l \in S$ e che "chi studia, trova lavoro", ossia $x \in S \Rightarrow x \in T$. Sostituendo $l$ (ossia Luisa) al posto del generico individuo $x$ nella frase 2 si ha $l \in S \Rightarrow l \in T$. Si è quindi ottenuta la frase della risposta B, "Luisa trova lavoro", ossia $l \in T$. In riferimento al diagramma di Eulero-Venn si nota che l'elemento $l$ è incluso nell'insieme $S$ e pertanto è incluso anche nell'insieme $T$ che comprende l'insieme $S$.
L'affermazione "Giovanni è sensible" è vera. Infatti sono vere le frasi 1, 2 e 5. In particolare è vero che "Giovanni studia", ossia $g \in S$. Si sa inoltre che "chi studia, legge", ossia $x \in S \Rightarrow x \in L$ e che "chi legge è sensibile", ossia $x \in L \Rightarrow x \in E$. Dalle due espressioni $x \in S \Rightarrow x \in L$ e $x \in L \Rightarrow x \in E$ si ricava $x \in S \Rightarrow x \in L \Rightarrow x \in E$, ossia $x \in S \Rightarrow x \in E$. In pratica si è dedotto che "chi studia è sensibile". Sostituendo $g$ (ossia Giovanni) al posto del generico individuo $x$ nell'ultima frase appena dedotta si ha $g \in S \Rightarrow g \in E$. Si è quindi ottenuta la frase della risposta C, "Giovanni è sensibile", ossia $g \in E$. In riferimento al diagramma di Eulero-Venn si nota che l'elemento $g$ è incluso nell'insieme $S$ e pertanto è incluso anche nell'insieme $L$ e quindi nell'insieme $E$ che comprende gli insiemi $L$ e $S$.
L'affermazione "Chi non è sensibile non studia" è vera. Infatti sono vere le affermazioni 6 e 7. In particolare è vero che "Se uno **non** è sensibile allora **non** legge", ossia $x \notin E \Rightarrow x \notin L$, e "Se uno **non** legge allora **non** studia", ossia $x \notin L \Rightarrow x \notin S$. Dalle due espressioni $x \notin E \Rightarrow x \notin L$ e $x \notin L \Rightarrow x \notin S$ si ricava $x \notin E \Rightarrow x \notin L \Rightarrow x \notin S$, ossia $x \notin E \Rightarrow x \notin S$. In pratica si è dedotto che "Chi non è sensibile, non studia".
L'affermazione "Giovanni ha molti amici" non è deducibile in quanto è vero che "chi suona ha molti amici", ma non si ha a disposizione alcun asserto che stabilisca che Giovanni suona. Nel diagramma di Eulero-Venn l'elemento $g$ è nell'insieme $S$, ma questo non vuol dire che sia necessariamente nell'insieme $U$ e quindi nell'insieme $A$ che comprende l'insieme $U$.

**2) E.** Si indica con
$x$ = generico individuo (elemento)
$a$ = **A**ntonio (elemento)
C = insieme di coloro che hanno un Cane
M = insieme di coloro che vanno in Montagna
R = insieme di coloro che **R**espirano aria pura
Infine i simboli $\in$ (appartiene) e $\notin$ (non appartiene) indicano l'appartenenza e la non appartenenza di un elemento ad un insieme. Con il simbolo $\Rightarrow$ si indica l'implicazione logica, ossia il fatto che un asserto implichi un altro asserto.
Le frasi presentate nel quesito si traducono simbolicamente nel modo seguente:

| n. | Linguaggio naturale | Linguaggio simbolico |
|---|---|---|
| 1 | *Chi non ha un cane non va in montagna* | $x \notin C \Rightarrow x \notin M$ |
| 2 | *Antonio non va in montagna* | $a \notin M$ |
| 3 | *Chi va in montagna respira aria pura* | $x \in M \Rightarrow x \in R$ |

Si noti che negando entrambi i membri delle implicazioni 1 e 3, ossia sostituendo in essi il simbolo $\in$ con $\notin$ e viceversa, ed invertendo i versi delle implicazioni si ottengono due nuovi asserti altrettanto veri.

| n. | Linguaggio naturale | Linguaggio simbolico |
|---|---|---|
| 4 | *Chi va in montagna ha un cane* | $x \in M \Rightarrow x \in C$ |
| 5 | *Chi non respira aria pura non va in montagna* | $x \notin R \Rightarrow x \notin M$ |

Si può quindi creare un diagramma di Eulero-Venn con gli insiemi introdotti che abbia l'aspetto mostrato in figura. Dal diagramma si nota che ogni $x$ dell'insieme $M$ appartiene anche agli insiemi $R$ e $C$ (ossia $M$ è incluso nell'intersezione di $R$ e $C$).

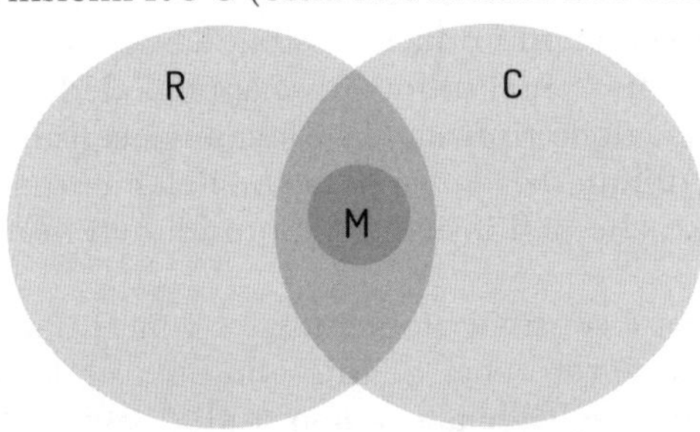


Si noti che di Antonio si sa solo che non va in montagna, ma il fatto che un individuo $x$ non vada in montagna ($x \notin M$) non implica nessun'altra cosa secondo gli asserti dall'1 al 5. Pertanto non si può essere categorici sul fatto che Antonio non abbia un cane oppure che Antonio respiri aria pura. In riferimento al diagramma di Eulero-Venn si può dire che Antonio non può essere collocato in $M$ ma può stare tranquillamente in $R$, in $C$ o nella loro intersezione (purché non stia in $M$). Pertanto le opzioni di risposta

che asseriscono semplicemente la possibilità che Antonio non abbia un cane oppure che Antonio respiri aria pura sono vere.
L'affermazione "È impossibile che chi va in montagna non abbia un cane" equivale alla seguente "chi va in montagna ha un cane" che simbolicamente si traduce con $x \in M \Rightarrow x \in C$. Questo è l'asserto n. 4. In riferimento al diagramma di Eulero-Venn si può dire che qualsiasi elemento collocato in *M* sta necessariamente anche in *C*, in quanto *M* è contenuto in *C*. Pertanto tale affermazione può essere dedotta dalle informazioni ricevute.
L'affermazione "È impossibile che chi non respiri aria pura vada in montagna" equivale alla seguente "Chi non respira aria pura non va in montagna", che simbolicamente si traduce con $x \notin R \Rightarrow x \notin M$. Questo è l'asserto n. 5. In riferimento al diagramma di Eulero-Venn si può dire che qualsiasi elemento non collocato in *R* non sta necessariamente neanche in *M*, in quanto *M* è contenuto in *R*. Pertanto tale affermazione può essere dedotta dalle informazioni ricevute.
Inoltre, l'affermazione "È impossibile che Antonio respiri aria pura" equivale a dire "Antonio non respira aria pura", ossia $a \notin R$. Tale fatto non può essere dedotto da nessuno degli asserti dall'1 al 5. In riferimento al diagramma di Eulero-Venn si può dire che Antonio non può essere collocato in *M* per via della frase numero 2, ma può stare tranquillamente in quella parte dell'insieme *R* che non coincide con *M*.
Pertanto tale affermazione non può essere dedotta.

**3) A.** Si indica con
$x$ = generico individuo (elemento)
d = Davide (elemento)
S = insieme degli Studiosi
L = insieme di quelli portati per la Logica
D = insieme di coloro che amano giocare a Dama
W = insieme di quelli che hanno un debole per le donne
Infine i simboli $\in$ (appartiene) e $\notin$ (non appartiene) indicano l'appartenenza e la non appartenenza di un elemento ad un insieme. Con il simbolo $\Rightarrow$ si indica l'implicazione logica, ossia il fatto che un asserto implichi un altro asserto.
Le frasi presentate nel quesito si traducono simbolicamente nel modo seguente:

| n. | Linguaggio naturale | Linguaggio simbolico |
|---|---|---|
| 1 | *Tutti gli studiosi sono portati per la logica* | $x \in S \Rightarrow x \in L$ |
| 2 | *Davide ama giocare a dama* | $d \in D$ |
| 3 | *Chi ama giocare a dama ha un debole per le donne* | $x \in D \Rightarrow x \in W$ |

Si può quindi creare un diagramma di Eulero-Venn con gli insiemi introdotti che abbia l'aspetto mostrato in figura. Dal diagramma si nota che ogni $x$ dell'insieme *S* appartiene anche all'insieme *L* (ossia *S* è incluso in *L*), mentre ogni $x$ dell'insieme *D* appartiene anche all'insieme *W* (ossia *D* è incluso in *W*); inoltre *d* appartiene all'insieme *D*.

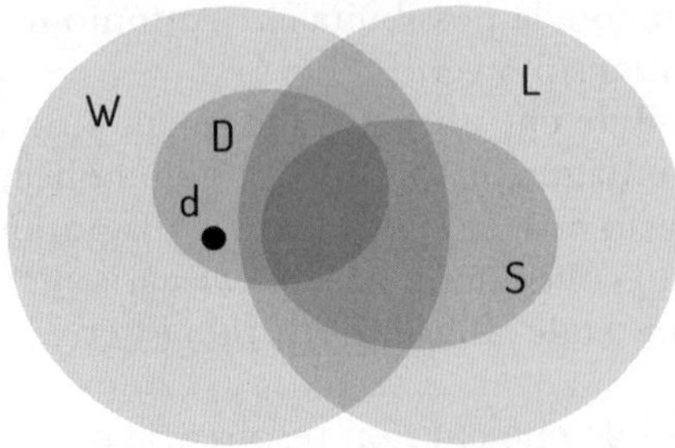


L'affermazione "Tutti gli studiosi amano giocare a dama", ossia $x \in S \Rightarrow x \in D$ non è deducibile dalle frasi 1, 2 e 3. In riferimento al diagramma di Eulero-Venn si nota che in generale una parte dell'insieme *S* si sovrappone a *D*, ma non è vero in generale che tutto l'insieme *S* si sovrappone a *D*.
L'affermazione "Chi è portato per la logica non può non amare la dama" che può essere semplificata in "Chi è portato per la logica ama la dama", ossia $x \in L \Rightarrow x \in D$, non è deducibile dalle frasi 1, 2 e 3. In riferimento al diagramma di Eulero-Venn si nota che in generale una parte dell'insieme *D* può essere inclusa nell'insieme *L*, ma non è vero in generale che tutto l'insieme *D* è incluso in *L*.
L'affermazione "Davide è un profondo pensatore e ha un debole per le donne" sicuramente non può essere dedotta dalle frasi 1, 2 e 3.
L'affermazione "Davide ha tutti i requisiti per essere un buon giocatore di dama" sicuramente non può essere dedotta dalle frasi 1, 2 e 3.
L'affermazione "Non si può negare che Davide abbia un debole per le donne", che si può anche esprimere in modo più semplice "Davide ha un debole per le donne", ossia $d \in W$ può essere confermata dalle frasi date dal testo del quesito. In particolare, dalla frase 2 si ha che $d \in D$, mentre dalla frase 3 si sa che se $x \in D \Rightarrow x \in W$. Sostituendo *d* (ossia Davide) al posto del generico individuo *x* nella frase 3 si ha $d \in D \Rightarrow d \in W$. Si è quindi ottenuto che $d \in W$. In riferimento al diagramma di Eulero-Venn si nota che l'elemento *d* è incluso nell'insieme *D* e pertanto è incluso anche nell'insieme *W* che comprende l'insieme *D*.

**4) C.** La frase del quesito può essere scritta in modo più esplicito sotto forma di implicazione del tipo "se … allora …". In pratica si può scrivere:
"Se piove non utilizziamo la barca" = "Se piove, allora non utilizziamo la barca".
Da questa frase se ne può ottenere una altrettanto vera se si negano entrambe le proposizioni che costituiscono la frase e si invertono le implicazioni "Se… allora…".
Pertanto si negano le due proposizioni:
piove $\Rightarrow$ non piove
non utilizziamo la barca $\Rightarrow$ utilizziamo la barca
Infine si inverte il senso dell'implicazione e si ottiene:
"Se utilizziamo la barca, allora non piove", ossia la frase della risposta corretta.
Di conseguenza se è vero che "Se utilizziamo la barca, allora non piove", allora non sono vere frasi che attestano il contrario, come le affermazioni "Se non utilizziamo la barca, allora piove" e "Se non piove allora utilizziamo la barca". La risposta "Non utilizziamo la barca solo quando piove" equivale al seguente asserto "non utilizziamo la barca solo se piove". L'asserto "piove" non è più una condizione sufficiente come

nella frase della traccia. In questo caso la condizione "piove" è necessaria, ossia è una condizione che necessariamente deve esserci per non utilizzare la barca, ma non è sufficiente a stabilire che la barca non verrà utilizzata. In pratica, in questo caso potrebbero esserci altri motivi per i quali la barca non è stata utilizzata.
L'affermazione "Non è sufficiente che piova perché non utilizziamo la barca" è falsa perché nega l'asserto della traccia; difatti è vero che "Se piove non utilizziamo la barca" ossia "è sufficiente che piova perché non si utilizzi la barca", in quanto si è sottolineato poco prima che nella frase della traccia la condizione "piove" è sufficiente a non utilizzare la barca.

**5) E.** La frase "Soltanto se la porta è chiusa, riesco a concentrarmi" può essere riscritta come "Riesco a concentrarmi soltanto se la porta è chiusa". Si noti che quindi la condizione "riesco a concentrarmi" implica la condizione "la porta è chiusa". In pratica si sta affermando che "la porta è chiusa" è una condizione necessaria perché avvenga che "riesco a concentrarmi". Questo non vuol dire assolutamente che la condizione "la porta è chiusa" è sufficiente perché avvenga che "riesco a concentrarmi". In pratica la porta chiusa è una condizione che deve necessariamente esserci perché avvenga la concentrazione, ma non è una condizione sufficiente da sola a garantire la concentrazione. Pertanto l'affermazione "È sufficiente che la porta sia chiusa per riuscire a concentrarmi" non può essere vera, in quanto indica che la condizione della chiusura della porta è sufficiente alla concentrazione.
L'affermazione "Riesco a concentrarmi anche con la porta aperta" nega l'asserto della traccia, pertanto non è vera.
L'affermazione "Se la porta è chiusa, sicuramente riesco a concentrarmi" afferma che se la porta è chiusa allora l'individuo riesce a concentrarsi, ossia essa afferma che la chiusura della porta è una condizione sufficiente.
Questo non equivale a quanto affermato nella frase della traccia. L'affermazione "Se non riesco a concentrarmi, significa che la porta non è chiusa" contiene un asserto falso in quanto esso ammette che la non concentrazione dell'individuo può essere dovuta solo ed esclusivamente al fatto che la porta sia aperta. Si è però detto che la porta chiusa è una delle condizioni necessarie per raggiungere la concentrazione. Pertanto la mancanza di concentrazione potrebbe essere dovuta anche a qualche altro fattore.
Infine, può dirsi che l'affermazione "Se la porta non è chiusa non riesco a concentrarmi" è corretta. Infatti, se la porta non è chiusa manca sicuramente uno dei requisiti necessari per raggiungere la concentrazione. Si noti che tale risposta è ottenuta da quella presente nella traccia "Riesco a concentrarmi soltanto se la porta è chiusa", se si negano i due membri dell'implicazione:
"Riesco a concentrarmi" diventa "Non riesco a concentrarmi"
"la porta è chiusa" diventa "la porta non è chiusa"
e se si usano le due negazioni con il verso invertito dell'implicazione:
"Se la porta non è chiusa allora non riesco a concentrarmi".
Si noti che il quesito avrebbe avuto un significato del tutto diverso se nella frase della traccia fosse mancata la parola "soltanto". Difatti la frase "Se la porta è chiusa, riesco a concentrarmi", equivale a dire "Se la porta è chiusa, allora riesco a concentrarmi". In questo caso la condizione "la porta è chiusa" implica la condizione "riesco a concentrarmi" e non il viceversa.

**6) E.** La frase "Solo se il camino è acceso, si avverte l'atmosfera natalizia" può essere riscritta come "Si avverte l'atmosfera natalizia solo se il camino è acceso". Si noti che quindi la condizione "si avverte l'atmosfera natalizia" implica la condizione "il camino è acceso". In pratica si sta affermando che "il camino è acceso" è una condizione necessaria perché avvenga che "si avverte l'atmosfera natalizia".
Questo non vuol dire assolutamente che la condizione "il camino è acceso" è sufficiente perché avvenga che "si avverte l'atmosfera natalizia". In pratica il camino acceso è una condizione che deve necessariamente esserci perché si avverta l'atmosfera natalizia, ma non è una condizione sufficiente da sola a garantire l'atmosfera.
Pertanto l'affermazione "È sufficiente che il camino sia acceso per avvertire l'atmosfera natalizia" non può essere vera, in quanto indica che la condizione dell'accensione del camino è sufficiente alla creazione dell'atmosfera natalizia.
L'affermazione "Si può avvertire l'atmosfera natalizia anche con il camino spento" nega l'asserto della traccia, pertanto non è vera.
L'affermazione "Se il camino è acceso, sicuramente si avverte l'atmosfera natalizia" sostiene che l'accensione del camino è una condizione sufficiente.
Questo non equivale a quanto affermato nella frase della traccia. L'affermazione "Se non si avverte l'atmosfera natalizia, significa che il camino non è acceso" contiene un asserto falso in quanto ammette che il non avvertire l'atmosfera natalizia può essere dovuto solo ed esclusivamente al fatto che il camino sia spento.
Si è però detto che il camino spento è una delle condizioni necessarie per creare l'atmosfera. Pertanto la mancanza di atmosfera potrebbe essere dovuta anche a qualche altro fattore.
Infine l'affermazione "Se il camino non è acceso, non si avverte l'atmosfera natalizia" è corretta.
Infatti se il camino non è acceso manca sicuramente uno dei requisiti necessari per creare l'atmosfera natalizia. Si noti che tale risposta è ottenuta da quella presente nella traccia "Si avverte l'atmosfera natalizia solo se il camino è acceso", se si negano i due membri dell'implicazione:
"Si avverte l'atmosfera natalizia" diventa "Non si avverte l'atmosfera natalizia"
"il camino è acceso" diventa "il camino non è acceso"
e se si usano le due negazioni con il verso invertito dell'implicazione:
"Se il camino non è acceso allora non si avverte l'atmosfera natalizia".
Si noti che il quesito avrebbe avuto un significato del tutto diverso se nella frase della traccia fosse mancata la parola "solo". Difatti la frase "Se il camino è acceso, si avverte l'atmosfera natalizia", equivale a dire "Se il camino è acceso, allora si avverte l'atmosfera natalizia". In questo caso la condizione "il camino è acceso" implica la condizione "si avverte l'atmosfera natalizia" e non il viceversa.

**7) A.** Si suppone che sia domenica. In questa giornata sia Andrea che Marco dicono la verità. In tal caso dovrebbero essere vere sia la frase detta da Andrea "Oggi è domenica", sia quella detta da Marco "Ieri era domenica".
Le due frasi sono in contraddizione, pertanto si è giunti ad un assurdo supponendo che fosse domenica. Si possono quindi eliminare le opzioni di risposta che indicano la domenica come giorno della conversazione.
Si supponga di essere in un giorno tra martedì, giovedì e sabato, nei quali Marco men-

te e Andrea dice il vero. In tal caso si dovrebbe supporre vera la frase di Andrea "oggi è domenica". Si è giunti nuovamente ad una contraddizione in quanto se la conversazione avviene martedì, giovedì o sabato, allora non può essere domenica.
Si supponga infine di essere in un giorno tra lunedì, mercoledì e venerdì, nei quali Andrea mente e Marco dice il vero. In tal caso si dovrebbe supporre vera la frase di Marco "ieri era domenica". Se tale frase è vera l'unica possibilità è che la conversazione stia avvenendo il lunedì. Pertanto può essere scartata anche l'opzione che esclude sia domenica che lunedì.
Infine se la conversazione avviene di lunedì, allora Andrea mente; quindi è falso quello che Andrea dice: "siamo in estate". Pertanto si può dedurre che la conversazione avviene di lunedì e non avviene d'estate.

**8) A.** La frase "È assurdo contestare che è sbagliato non riconoscere che la mostra dei quadri di Picasso è stata visitata da molte persone" può essere semplificata sostituendo le parole "È assurdo contestare che" con l'asserto "È vero affermare che". Pertanto la frase diventa:
"È vero affermare che è sbagliato non riconoscere che la mostra dei quadri di Picasso è stata visitata da molte persone".
Siccome la frase principale "È vero affermare" asserisce qualcosa di vero, allora essa può essere ignorata per comprendere meglio il senso della frase.
Pertanto è possibile concentrarsi solo sull'asserto "è sbagliato non riconoscere che la mostra dei quadri di Picasso è stata visitata da molte persone". I termini "è sbagliato non riconoscere" possono essere sostituiti con "è corretto riconoscere" che hanno lo stesso significato. In pratica si è sostituito l'aggettivo "sbagliato" con l'aggettivo di senso contrario, ossia "corretto", a patto di eliminare la negazione "non".
Pertanto la frase diventa "è corretto riconoscere che la mostra dei quadri di Picasso è stata visitata da molte persone".
Ancora una volta, la frase principale "è corretto riconoscere" ha un significato affermativo, pertanto può essere eliminata per stabilire meglio il senso della frase.
La frase semplicemente si riduce a "la mostra dei quadri di Picasso è stata visitata da molte persone".
Si ripetono schematicamente i passaggi che hanno portato alla semplificazione della frase:

"**È assurdo contestare** che è sbagliato non riconoscere che la mostra dei quadri di Picasso è stata visitata da molte persone"

↓

"**È vero affermare** che è sbagliato non riconoscere che la mostra dei quadri di Picasso è stata visitata da molte persone"

↓

"**È sbagliato non riconoscere** che la mostra dei quadri di Picasso è stata visitata da molte persone"

↓

"**È corretto riconoscere** che la mostra dei quadri di Picasso è stata visitata da molte persone"

↓

"La mostra dei quadri di Picasso è stata visitata da molte persone"

Si noti che l'affermazione "La mostra dei quadri di Picasso non è stata visitata da molte persone" contraddice l'asserto "la mostra dei quadri di Picasso è stata visitata da molte persone", pertanto può essere scartata.
Inoltre, l'affermazione "Non è possibile stabilire se la mostra dei quadri di Picasso sia stata visitata da molte o poche persone" può essere scartata perché si è giunti con sicurezza ad affermare che "la mostra è stata visitata da molte persone".
Risulta sicuramente falsa l'affermazione "La mostra dei quadri di Picasso è stata contestata da molte persone", perché nell'asserto della traccia si parla di persone che "visitano la mostra", non di persone che "contestano la mostra".
L'affermazione "Non si può evitare di negare che non è corretto non affermare che la mostra dei quadri di Picasso è stata visitata da molte persone" può essere semplificata mediante i passaggi riportati di seguito.

"**Non si può evitare** di negare che non è corretto non affermare che la mostra dei quadri di Picasso è stata visitata da molte persone"

↓

"**Si deve cercare di negare che non è corretto** non affermare che la mostra dei quadri di Picasso è stata visitata da molte persone"

↓

"Si deve cercare **di affermare che è corretto** non affermare che la mostra dei quadri di Picasso è stata visitata da molte persone"

↓

"È corretto **non** affermare che la mostra dei quadri di Picasso è stata visitata da molte persone"

↓

"È corretto affermare che la mostra dei quadri di Picasso **non** è stata visitata da molte persone"

↓

"La mostra dei quadri di Picasso non è stata visitata da molte persone"

Questa frase chiaramente nega quanto affermato nella traccia del quesito, pertanto deve essere scartata.

**9) D.** La frase "In base alle notizie in suo possesso, il giornalista ha scritto che non è falsa l'ipotesi secondo cui l'incendio non è doloso" può essere semplificata sostituendo le parole "non è falsa" con l'asserto "è vera". Pertanto la frase diventa:

"In base alle notizie in suo possesso, il giornalista ha scritto che è vera l'ipotesi secondo cui l'incendio non è doloso".
Si semplifica la frase ulteriormente eliminando orpelli linguistici:
"In base alle notizie possedute, il giornalista scrive che l'incendio non è doloso".
L'unica opzione di risposta corretta è l'affermazione "l'incendio non è doloso in base alle notizie possedute dal giornalista"; tale asserto riprende proprio quello appena dedotto dalla traccia.
L'affermazione "Le notizie in possesso del giornalista lo hanno indotto in errore" può essere eliminata in quanto il giornalista ha notizie che lo fanno giungere ad una conclusione.
La frase "Non vi è alcun elemento valido per sostenere che l'incendio non sia doloso" può essere semplificata nella seguente: "Non si può sostenere che l'incendio non sia doloso".
Le due negazioni possono essere eliminate trasformando la frase nel modo seguente: "Si può sostenere che l'incendio sia doloso".
Questo asserto contraddice quello della traccia secondo il quale "il giornalista asserisce che l'incendio non è doloso". Pertanto la frase "Non vi è alcun elemento valido per sostenere che l'incendio non sia doloso" non è corretta e deve essere scartata.
La frase "L'incendio è doloso in base alle notizie in possesso del giornalista" chiaramente contraddice l'asserto secondo il quale "In base alle notizie possedute, il giornalista scrive che l'incendio non è doloso".
L'affermazione "Sicuramente l'incendio non è doloso" è troppo categorica e non può essere dedotta dalla frase della traccia. È errato affermare che l'incendio non è doloso in assoluto, infatti nella frase della traccia il fatto che l'incendio non sia doloso è una ipotesi avallata dal giornalista.

**10) A.** Computer, stampanti e CD-ROM sono tre dispositivi hardware distinti del mondo dell'informatica. Pertanto l'insieme che rappresenta tutti i computer non può avere elementi in comune con l'insieme che rappresenta le stampanti, così come quest'ultimo non può avere elementi in comune con l'insieme che rappresenta i CD-ROM. Infine l'insieme dei CD-ROM non può avere elementi condivisi con quello dei computer. In pratica i tre insiemi sono disgiunti. Pertanto il diagramma che li rappresenta è il "diagramma 6", la risposta corretta. In figura è mostrato il diagramma di Eulero-Venn con i tre insiemi.

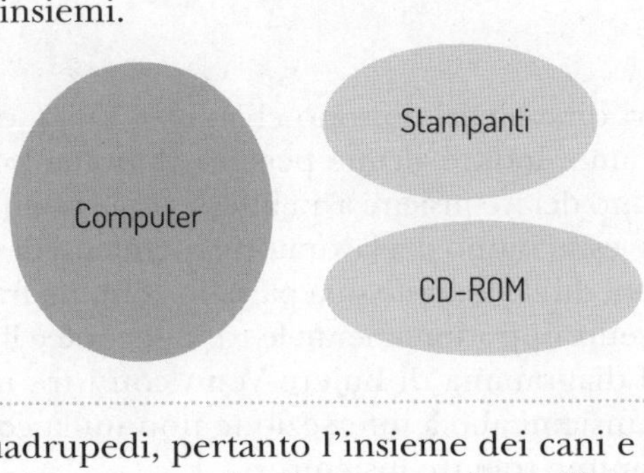


**11) D.** I cani sono quadrupedi, pertanto l'insieme dei cani e quello dei quadrupedi devono avere elementi in comune. Analogamente i cavalli sono quadrupedi, quindi anch'essi devono avere elementi in comune con l'insieme dei quadrupedi. I cani non sono cavalli, quindi questi due insiemi devono essere disgiunti. Inoltre, siccome ci si riferisce ai soli quadrupedi con pelo marrone, allora l'insieme dei quadrupedi con pelo marrone non può contenere quello dei cani, così come non può contenere quello dei cavalli. Questo perché sia alcuni cani che alcuni cavalli possono avere il pelo che non è marrone. Pertanto il diagramma che rappresenta correttamente i tre insiemi è il numero 3. In figura è mostrato il diagramma di Eulero-Venn con i tre insiemi.

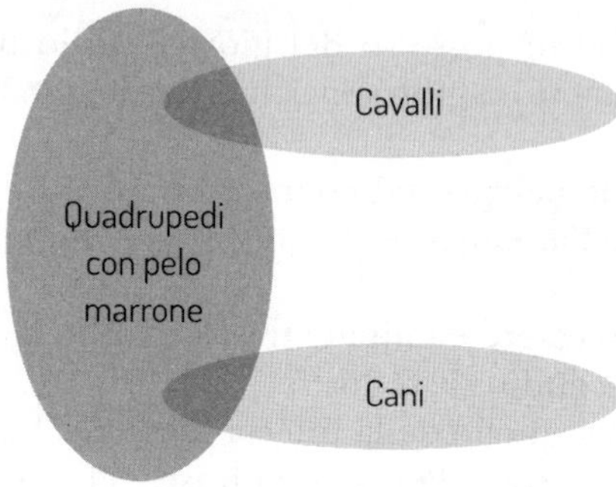


**12) B.** Gli agrumi sono una cosa distinta dalle bevande e dalle spremute. Pertanto l'insieme degli agrumi non deve avere intersezione con l'insieme delle bevande e con quello delle spremute. Le spremute possono essere considerate un sottoinsieme dell'insieme più vasto delle bevande. Pertanto il diagramma che rappresenta in modo corretto i termini della traccia è il numero 2.
In figura è mostrato il diagramma di Eulero-Venn con i tre insiemi.

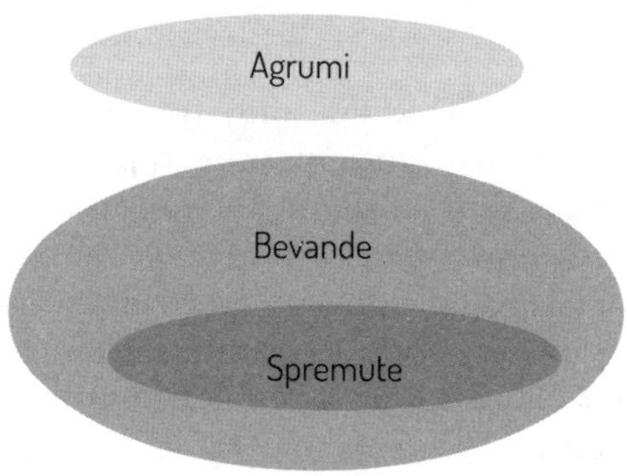


**13) A.** Alcuni lavoratori dipendenti possono chiamarsi Luigi, così come alcuni di essi possono risiedere a Teramo. Inoltre alcune persone di nome Luigi possono risiedere a Teramo. Pertanto ciascuno dei tre insiemi avrà intersezione non nulla con ciascuno degli altri due insiemi. Inoltre esisteranno dei lavoratori dipendenti di nome Luigi che risiedono a Teramo. Questo vuol dire che esiste una parte in comune fra i tre insiemi. Quindi il diagramma che rappresenta opportunamente le tre categorie è il diagramma 5.
In figura è mostrato il diagramma di Eulero-Venn con i tre insiemi. In esso si nota come ciascuno dei tre insiemi abbia intersezione non nulla con gli altri due. Si nota inoltre una parte in comune tra i tre insiemi.

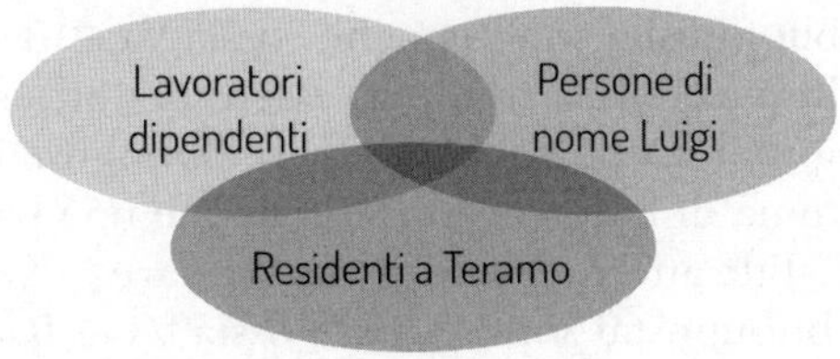


**14) A.** Si indica con
$x$ = generico individuo (elemento)
$C$ = insieme dei **C**uochi
$G$ = insieme delle persone **G**rasse
$B$ = insieme dei **B**uongustai
$W$ = insieme dei camerieri
I simboli $\in$ (appartiene) e $\notin$ (non appartiene) indicano l'appartenenza e la non appartenenza di un elemento ad un insieme. Con il simbolo $\Rightarrow$ si indica l'implicazione logica, ossia il fatto che un asserto implichi un altro asserto. Si usano inoltre i simboli $\forall$ (per ogni, tutti) e $\exists$ (esiste, esistono) per indicare rispettivamente che tutti gli elementi di un insieme verificano un determinato asserto, oppure che esiste qualche elemento di un insieme che verifica un determinato asserto.
Le frasi presentate nel quesito si traducono simbolicamente nel modo seguente:

| n. | Linguaggio naturale | Linguaggio simbolico |
|---|---|---|
| 1 | *Tutti i cuochi sono grassi* | $\forall x \in C \Rightarrow x \in G$ |
| 2 | *Tutti i cuochi sono buongustai* | $\forall x \in C \Rightarrow x \in B$ |
| 3 | *Alcuni camerieri sono grassi* | $\exists x \in W \Rightarrow x \in G$ |

Come si può notare nelle prime due frasi si è utilizzato il simbolo $\forall$ in quanto esse affermano che "tutti" gli elementi di un insieme verificano una condizione. La terza frase ha un valore diverso. Difatti essa dice che "alcuni" camerieri verificano una condizione. Pertanto in questa frase si è usato il simbolo $\exists$. Si può quindi creare un diagramma di Eulero-Venn con gli insiemi introdotti che abbia l'aspetto mostrato in figura. Dal diagramma si nota che ogni $x$ dell'insieme $C$ appartiene anche agli insiemi $G$ e $B$ (ossia $C$ è incluso nell'intersezione di $G$ e $B$); inoltre l'insieme $W$ si sovrappone in parte all'insieme $G$ (alcuni $x$ di $W$ appartengono anche a $G$).

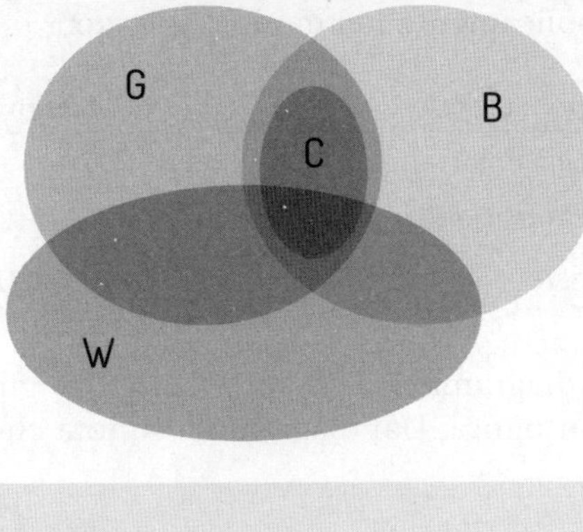

L'affermazione "Tutti i buongustai sono cuochi", ossia $\forall x \in B \Rightarrow x \in C$ non è deducibile dalle frasi 1, 2 e 3; in particolare non può essere dedotto dalla frase 2 che indica che i cuochi sono buongustai. Ci potrebbero essere buongustai che non sono cuochi. In riferimento al diagramma di Eulero-Venn si nota che una parte dell'insieme $B$ non appartiene all'insieme $C$. Tale affermazione si può scartare.
L'affermazione "Tutti i buongustai sono grassi", ossia $\forall x \in B \Rightarrow x \in G$ non è deducibile dalle frasi 1, 2 e 3; in particolare non può essere dedotta dalla frase 1 che indica che i cuochi sono grassi. Ci potrebbero essere buongustai che non sono grassi. In riferimento al diagramma di Eulero-Venn si nota che una parte dell'insieme $B$ non appartiene all'insieme $G$. Tale affermazione si può scartare.
L'affermazione "Tutti i cuochi sono stati camerieri", $\forall x \in C \Rightarrow x \in W$ non è deducibile delle frasi 1 e 3. In riferimento al diagramma di Eulero-Venn si nota che una parte dell'insieme $C$ non appartiene all'insieme $W$. Tale risposta, quindi, si può scartare.
L'affermazione "I camerieri sono buongustai", ossia "tutti i camerieri sono buongustai" andrebbe scritta in modo simbolico come $\forall x \in W \Rightarrow x \in G$. Tale asserto è diverso da quello proposto nella frase 3. In riferimento al diagramma di Eulero-Venn si nota che una parte dell'insieme $W$ non appartiene all'insieme $G$. Tale opzione si può scartare.
L'affermazione "Tra le persone grasse vi sono sia cuochi sia camerieri" si potrebbe esprimere in modo equivalente come "esistono persone grasse che sono cuochi oppure sono camerieri"; in termini simbolici $\exists x \in G \Rightarrow x \in C \vee x \in W$ (dove il simbolo $\vee$ indica "o"). Questa frase non è in contraddizione con le frasi 1 e 3. La frase 1 ci garantisce che i cuochi sono tutti grassi; pertanto tra i grassi vi sono dei cuochi. Inoltre la frase 3 ci garantisce che vi sono dei camerieri che sono grassi. Pertanto tale opzione di risposta può essere dedotta da quelle proposte nella traccia. In riferimento al diagramma di Eulero-Venn si nota che l'insieme $G$ contiene l'insieme $C$ e in parte si sovrappone all'insieme $W$.

**15) C.** Si indica con
$x$ = generico individuo (elemento)
$s$ = Sandro (elemento)
$A$ = insieme delle persone Atletiche
$H$ = insieme delle persone alte
$M$ = insieme delle persone Magre
I simboli $\in$ (appartiene) e $\notin$ (non appartiene) indicano l'appartenenza e la non appartenenza di un elemento ad un insieme. Con il simbolo $\Rightarrow$ si indica l'implicazione logica, ossia il fatto che un asserto implichi un altro asserto. Le frasi presentate nel quesito si traducono simbolicamente nel modo seguente:

| n. | Linguaggio naturale | Linguaggio simbolico |
|---|---|---|
| 1 | *Sandro è una persona atletica* | $s \in A$ |
| 2 | *le persone alte sono tutte atletiche* | $x \in H \Rightarrow x \in A$ |
| 3 | *le persone alte sono magre* | $x \in H \Rightarrow x \in M$ |

Si può quindi creare un diagramma di Eulero-Venn con gli insiemi introdotti che abbia l'aspetto mostrato in figura. Dal diagramma si nota che ogni $x$ dell'insieme $H$

appartiene anche agli insiemi $A$ e $M$ (ossia $H$ è incluso nell'intersezione di $A$ e $M$); inoltre s appartiene all'insieme $A$.

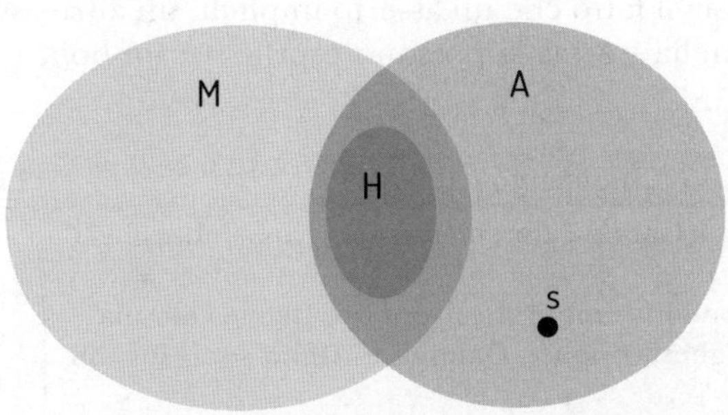


L'affermazione "Sandro è una persona alta", ossia $s \in H$ non è deducibile dalle frasi 1, 2 e 3; in particolare non può essere dedotto dalla frase 2 che indica che le persone alte sono atletiche e non il viceversa. Ci potrebbero essere persone atletiche che non sono alte. In riferimento al diagramma di Eulero-Venn si nota che $s$, stando nell'insieme $A$, potrebbe stare in quella parte dell'insieme $A$ che si sovrappone a $H$, così come potrebbe non stare in $H$ (in figura $s$ è disegnato fuori da $H$). Pertanto tale affermazione si può scartare.
L'affermazione "Tutte le persone atletiche sono alte", ossia $x \in A \Rightarrow x \in H$ non è deducibile dalle frasi 1, 2 e 3; in particolare non può essere dedotto dalla frase 2 che indica che le persone alte sono atletiche, non il viceversa. In riferimento al diagramma di Eulero-Venn si nota che una parte dell'insieme $A$ non si sovrappone all'insieme $H$. Questa opzione si può scartare.
L'affermazione "Sandro è una persona magra", ossia $s \in M$ non è deducibile dalle frasi 1, 2 e 3, in quanto Sandro è atletico (frase 1), ma essere atletici non vuol dire necessariamente essere magri o alti; in particolare ci potrebbero essere persone atletiche che non sono magre e Sandro potrebbe essere uno di questi. In riferimento al diagramma di Eulero-Venn si nota che $s$, stando nell'insieme $A$, potrebbe stare in quella parte dell'insieme $A$ che si sovrappone a $M$, così come potrebbe non stare in quella porzione di $A$ che si sovrappone a $M$ (in figura $s$ è disegnato fuori da $M$). Pertanto tale affermazione si può scartare.
L'affermazione "Le persone magre sono atletiche". In termini simbolici si scrive $x \in M \Rightarrow x \in A$ non può essere dedotta dalle frasi 1, 2 e 3. Per quanto stabilito da queste frasi, potrebbero esserci persone magre che non sono atletiche. In riferimento al diagramma di Eulero-Venn si nota che l'insieme $M$ si sovrappone solo parzialmente all'insieme $A$. Vi è una parte dell'insieme $M$ che non coincide con l'insieme $A$. Pertanto tale opzione si può scartare.
L'affermazione "Chi è alto è magro e atletico", ossia "se un individuo è alto, allora egli è magro e atletico" in termini simbolici si scrive $x \in H \Rightarrow x \in M \wedge x \in A$ (dove il simbolo $\wedge$ indica "e"). Questa frase viene dedotta unendo le frasi 2 e 3 in un'unica frase, quindi può essere dedotta da quelle proposte nella traccia. In riferimento al diagramma di Eulero-Venn si nota che l'insieme $H$ è contenuto sia nell'insieme $A$ che nell'insieme $M$, pertanto i suoi elementi sono tutti anche elementi di $M$ e di $A$.

**16) A.** Si indicano con $\alpha$, $\beta$ e $\gamma$ le società Alpha, Beta e Gamma; inoltre si indica con $L$ l'insieme delle società lussemburghesi. I simboli $\in$ (appartiene) e $\notin$ (non appartiene) indicano l'appartenenza e la non appartenenza di un elemento ad un insieme. Il

simbolo ∨ significa "o", "oppure"; tale simbolo, se posto tra due affermazioni, indica che o l'una o l'altra o entrambe possono essere vere. Con il simbolo ⇒ si indica l'implicazione logica, ossia il fatto che un asserto implichi un altro asserto.
Gli asserti presenti nella traccia si possono esprimere simbolicamente nel modo seguente:

| n. | Linguaggio naturale | Linguaggio simbolico |
|---|---|---|
| 1 | "Tra Alpha, Beta e Gamma almeno due sono lussemburghesi" ossia "Alpha e Beta sono lussemburghesi, oppure Beta e Gamma sono lussemburghesi, oppure Gamma e Alpha sono lussemburghesi" | $\alpha,\beta \in L \vee \beta,\gamma \in L \vee \gamma,\alpha \in L$ |
| 2 | "se Alpha è lussemburghese anche Beta lo è" ossia "se Alpha è lussemburghese allora Beta è lussemburghese" | $\alpha \in L \Rightarrow \beta \in L$ |
| 3 | "se Gamma è lussemburghese lo è anche Alpha" ossia "se Gamma è lussemburghese allora Alpha è lussemburghese" | $\gamma \in L \Rightarrow \alpha \in L$ |
| 4 | "tra Beta e Gamma almeno una è non lussemburghese" ossia "o Beta oppure Gamma o entrambe non sono lussemburghesi" | $\beta \notin L \vee \gamma \notin L$ |

Partendo dalla frase 1 si procede secondo le tre ipotesi che essa prospetta.
Si elimina subito l'ipotesi che Beta e Gamma siano lussemburghesi perché questo contraddice la frase 4 che afferma che "o Beta oppure Gamma o entrambe non sono lussemburghesi".
Se Alpha e Gamma sono lussemburghesi, allora dalla frase 2 si deduce che se Alpha è lussemburghese, allora anche Beta lo è. Pertanto le tre società devono essere tutte lussemburghesi, ma questo contraddice sia la frase 1 che la frase 4.
Resta in piedi solo l'ipotesi che Alpha e Beta siano lussemburghesi. Questo asserto non contraddice alcuna delle quattro frasi.
Pertanto abbiamo che Alpha e Beta sono lussemburghesi, mentre Gamma non è lussemburghese.
Questo asserto è garantito solo dall'opzione di risposta secondo cui Gamma non è lussemburghese mentre Beta lo è.

**17) A.** Si indicano i cavalli con le seguenti lettere: $A$ = Adamo, $B$ = Bisset, $C$ = Carolina e $D$ = Demiurgo. Si indicano i proprietari con le seguenti lettere: $F$ = Fini, $G$ = Gini, $L$ = Lini e $M$ = Mini.
Si vuole completare la seguente tabella che riporta la posizione di ciascun cavallo e il proprietario del cavallo.

| Posizione | 1 | 2 | 3 | 4 |
|---|---|---|---|---|
| Cavallo | | | | |
| Proprietario | | | | |

Mediante gli asserti "il cavallo del signor Gini ha vinto il primo premio e non si chiama Carolina" e "Demiurgo è arrivato terzo" si può riempire la tabella nel modo seguente:

| Posizione | 1 | 2 | 3 | 4 |
|---|---|---|---|---|
| Cavallo | *A, B* | | *D* | |
| Proprietario | *G* | | | |

Mediante l'asserto "il cavallo del signor Lini si chiama Bisset ed è arrivato prima di Carolina" si deve necessariamente collocare il cavallo *B* in seconda posizione, per piazzarlo prima del cavallo *C* da collocare in quarta.

| Posizione | 1 | 2 | 3 | 4 |
|---|---|---|---|---|
| Cavallo | *A* | *B* | *D* | *C* |
| Proprietario | *G* | *L* | | |

Mediante l'asserto "il cavallo del signor Fini non è arrivato terzo" si deve necessariamente collocare il proprietario *F* in ultima posizione, perché non può essere terzo. Quindi si completa la tabella nel modo seguente.

| Posizione | 1 | 2 | 3 | 4 |
|---|---|---|---|---|
| Cavallo | A | *B* | D | *C* |
| Proprietario | *G* | *L* | *M* | *F* |

Quindi il cavallo del signor Fini è arrivato ultimo.
Le altre risposte andranno scartate in quanto il cavallo di Lini è arrivato secondo; Adamo è arrivato primo; Bisset è arrivato secondo; Mini è arrivato terzo.

---

**18) A.** Si indica con
$x$ = generico cane (elemento)
$C$ = insieme dei **C**ani
$Z_3$ = insieme dei cani con tre **Z**ampe
La frase "Nessun cane ha tre zampe" equivale a dire "Tutti i cani non hanno tre zampe". Tale frase si traduce simbolicamente con $\forall x \in C \Rightarrow x \notin Z_3$.
Nella frase simbolica $\in$ (appartiene) e $\notin$ (non appartiene) indicano l'appartenenza e la non appartenenza di un elemento ad un insieme. Con il simbolo $\Rightarrow$ si indica l'implicazione logica, ossia il fatto che un asserto implichi un altro asserto. Inoltre si usano i simboli $\forall$ (per ogni, tutti) e $\exists$ (esiste, esistono) per indicare rispettivamente che tutti gli elementi di un insieme verificano un determinato asserto, oppure che esiste qualche elemento (almeno uno) di un insieme che verifica un determinato asserto.
Per affermare che la frase "Tutti i cani non hanno tre zampe", ossia $\forall x \in C \Rightarrow x \notin Z_3$, è falsa, occorre negarla da un punto di vista logico. La negazione da un punto di vista logico si ottiene sostituendo i simboli secondo il seguente schema:
Al primo membro dell'implicazione: $\forall \rightarrow \exists$

Al secondo membro dell'implicazione: $\notin \rightarrow \in$
Pertanto la frase $\forall x \in C \Rightarrow x \notin Z_3$ viene negata con $\exists x \in C \Rightarrow x \in Z_3$. Quest'ultima frase afferma che "Esiste almeno un cane che ha tre zampe"; questa è la risposta corretta.
Il fatto che tutti gli elementi di un insieme non abbiano una certa proprietà, viene negato logicamente affermando che almeno un elemento dell'insieme possiede quella certa proprietà.

**19) C.** La frase riportata nella traccia annuncia una strategia per la ricerca contro i tumori. Essa afferma che occorre individuare un farmaco che elimini una proteina posseduta dalle cellule tumorali, in quanto tale proteina impedisce ai farmaci antitumorali di aggredire le cellule malate.
Le frasi riportate nelle cinque risposte non devono né negare né essere dedotte da quello che è affermato nella traccia. Occorre determinare quale delle argomentazioni riportate nelle risposte, se aggiunta alla frase della traccia, determina un aspetto che indebolisce il valore della scoperta riportata nella frase della traccia.
L'affermazione "Le persone colpite da tumore hanno un sistema immunitario più forte di quello delle persone sane" non indebolisce la strategia presentata nella domanda, anzi, in un certo senso la rafforza perché un sistema immunitario forte potrebbe attaccare meglio le cellule tumorali.
L'affermazione "Le cellule tumorali sono di difficile individuazione" non indebolisce direttamente le argomentazioni della strategia presentata nella domanda. Difatti la strategia non si pone il problema di individuare le cellule malate, ma solo di attaccare la proteina delle cellule malate.
L'affermazione "I farmaci antiproteici sono molto costosi" non indebolisce direttamente le argomentazioni della strategia presentata nella domanda. Difatti la strategia si pone il problema di studiare il farmaco, ma non ipotizza un costo per tale farmaco.
L'affermazione "I tumori sono più diffusi nei giovani rispetto agli anziani" non indebolisce direttamente le argomentazioni della strategia presentata nella domanda. Difatti la strategia non si pone il problema dell'età dei potenziali pazienti.
La risposta esatta è rappresentata dalla affermazione "La proteina che riveste le cellule tumorali è essenziale per una corretta funzionalità epatica" che contiene l'unica tesi che indebolisce l'affermazione in esame perché sottolinea che eliminando la proteina in questione i pazienti potrebbero accusare problemi epatici che comunque li minaccerebbero.

**20) B.** La frase "La perizia balistica non ha escluso l'impossibilità che il colpo non sia stato sparato dalla casa di fronte" può essere semplificata sostituendo le parole "l'impossibilità che il colpo non sia stato sparato" con l'asserto "la possibilità che il colpo sia stato sparato". Difatti è possibile sostituire "impossibilità" con "possibilità" a patto che il "non" scompaia dalla frase. Pertanto la frase diventa: "La perizia balistica non ha escluso la possibilità che il colpo sia stato sparato dalla casa di fronte". In quest'ultima frase si possono sostituire le parole "non ha escluso" con "ha incluso". Difatti è possibile sostituire "escluso" con "incluso" a patto che il "non" scompaia dalla frase. Pertanto la frase diventa:

"La perizia balistica ha incluso la possibilità che il colpo sia stato sparato dalla casa di fronte".
Siccome la perizia balistica parla di "possibilità" e non di "certezza" tale frase può essere sostituita con la seguente:
"Il colpo può essere stato sparato dalla casa di fronte".
Questa frase corrisponde per significato logico all'affermazione "Il colpo potrebbe essere stato sparato dalla casa di fronte" che pertanto è la risposta esatta.
Si noti che è errata la risposta che esprime la "certezza" che il colpo sia stato sparato dalla casa di fronte. L'affermazione "Il colpo non è stato sicuramente sparato dalla casa di fronte" contraddice quanto affermato dalla frase dedotta. La frase "Dalla casa di fronte si sparanò sempre colpi" non ha lo stesso significato logico in quanto trasforma un fatto inteso come occasionale, in un fatto inteso come abituale. La frase "La perizia non è riuscita a certificare, dopo molte ricerche, che il colpo sia stato sparato dalla finestra" può essere scartata in quanto include il particolare della "finestra" che non è presente nella frase proposta nella traccia.
Si ripetono schematicamente i passaggi che hanno portato alla semplificazione della frase.

"La perizia balistica non ha escluso **l'impossibilità che il colpo non sia stato sparato** dalla casa di fronte"

↓

"La perizia balistica **non ha escluso** la possibilità che il colpo sia stato sparato dalla casa di fronte"

↓

"**La perizia balistica ha incluso la possibilità che** il colpo sia stato sparato dalla casa di fronte"

↓

"Il colpo può essere stato sparato dalla casa di fronte"

**21) B.** Si traducono gli asserti della traccia utilizzando il simbolo > (maggiore) per indicare "più anziano" ed il simbolo < (minore) per indicare "più giovane". Infine si usa il simbolo = (uguale) per indicare che due soggetti hanno la stessa età. Gli asserti presenti nella traccia si traducono simbolicamente nel modo seguente:

| n. | Linguaggio naturale | Linguaggio simbolico |
|---|---|---|
| *a* | *"J è più anziano di K"* | $J > K$ |
| *b* | *"J è (...) più giovane di L"* | $J < L$ |
| *c* | *"K e L sono entrambi più giovani di M"* | $K, L < M$ |
| *d* | *"N è più anziano di J"* | $N > J$ |

Si stabilisce ora il seguente asserto:

| n. | Linguaggio naturale | Linguaggio simbolico |
|---|---|---|
| *e* | *"X è più anziano di J"* | $X > J$ |

Si chiede quale dei seguenti tre asserti deve essere vero perché sia vero l'asserto "e".

| n. | Linguaggio naturale | Linguaggio simbolico |
|---|---|---|
| 1 | *"X è più anziano di N"* | $X > N$ |
| 2 | *"N è più giovane di L e X è più giovane di M"* | $N < L$ $X < M$ |
| 3 | *"X e M hanno la stessa età"* | $X = M$ |

Occorre pertanto capire se unendo di volta in volta gli asserti 1, 2 e 3 con gli asserti da "*a*" fino a "*d*" è possibile ricavare l'asserto "*e*".
Se si suppone vero l'asserto 1, allora unendo tale informazione con l'asserto "*d*" si ottiene $X > N > J$, pertanto si è dedotto che $X > J$. Questo è proprio l'asserto "*e*". Quindi l'asserto 1 è una condizione corretta perché si verifichi la "*e*".
Se si suppone vero l'asserto 3, allora unendo tale informazione con l'asserto "*c*" si ottiene $X = M > L$, ossia $X > L$. Inoltre, unendo quest'ultima informazione con l'asserto "*b*" si ottiene $X > L > J$, ossia $X > J$. Questo è proprio l'asserto "*e*". Quindi l'asserto 3 è una condizione corretta perché si verifichi la "*e*".
Si noti infine che se si suppone vero l'asserto 2 non si può dimostrare l'asserto "*e*". Difatti sia la condizione $N < L$ che la condizione $X < M$ non si possono combinare con quelle da "*a*" fino a "*d*" per ottenere la "*e*". Quindi solo le condizioni 1 e 3 sono utili per ottenere l'asserto "*e*".

**22) E.** Alcune persone con i capelli rossi possono essere maggiorenni, ma non patentate. Analogamente alcuni maggiorenni possono essere patentati ma non avere i capelli rossi. Inoltre vi sono alcuni patentati che possono avere capelli rossi, ma non essere maggiorenni (in particolare possono essere patentati per la guida di ciclomotori).
Infine vi possono essere persone che hanno i capelli rossi, sono maggiorenni e sono anche patentate. Pertanto il diagramma che rappresenta correttamente i tre insiemi è quello indicato con il numero 5.
In figura è mostrato il diagramma di Eulero-Venn con i tre insiemi. In esso si nota come ciascuno dei tre insiemi abbia intersezione non nulla con gli altri due. Si nota inoltre una parte in comune tra i tre insiemi.

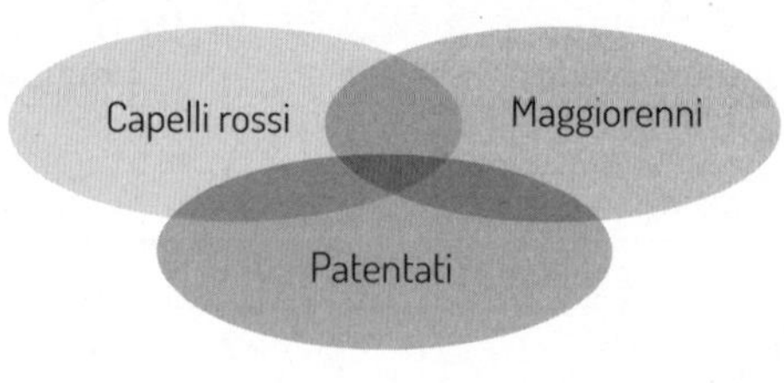

**23) A.** Il Sodio (simbolo chimico Na) è un elemento chimico; pertanto esso è contenuto nell'insieme degli elementi chimici. Gli alberi sono rappresentati da un insieme disgiunto dai due precedenti, ossia un insieme che non si sovrappone neanche parzialmente ai precedenti. Pertanto la rappresentazione grafica corretta è il diagramma 2. In figura è mostrato il diagramma di Eulero-Venn con i tre insiemi. In esso si nota che il Sodio è incluso negli elementi chimici e l'insieme degli alberi è disgiunto.

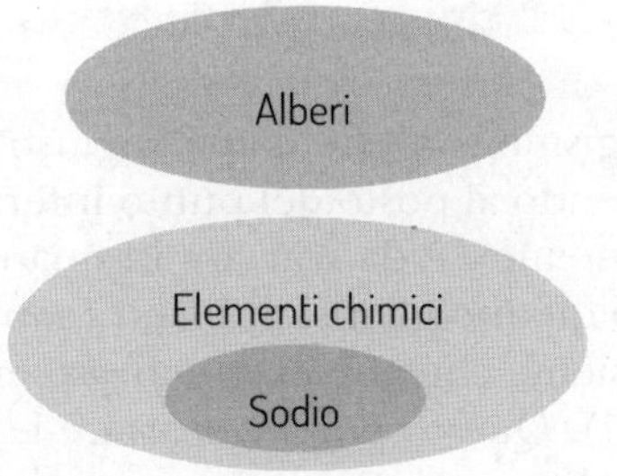


**24) A.** Si indica con
$x$ = generico individuo (elemento)
$L$ = insieme dei **L**adri
$I$ = insieme degli **I**ngiusti
$U$ = insieme degli **U**omini
I simboli $\in$ (appartiene) e $\notin$ (non appartiene) indicano l'appartenenza e la non appartenenza di un elemento ad un insieme. Con il simbolo $\Rightarrow$ si indica l'implicazione logica, ossia il fatto che un asserto implichi un altro asserto. Si usano inoltre i simboli $\forall$ (per ogni, tutti) e $\exists$ (esiste, esistono) per indicare rispettivamente che tutti gli elementi di un insieme verificano un determinato asserto, oppure che esiste qualche elemento di un insieme che verifica un determinato asserto.
Le frasi presentate nel quesito si traducono simbolicamente nel modo seguente:

| n. | Linguaggio naturale | Linguaggio simbolico |
|---|---|---|
| 1 | *I ladri sono ingiusti* | $\forall x \in L \Rightarrow x \in I$ |
| 2 | *I ladri sono uomini* | $\forall x \in L \Rightarrow x \in U$ |
| 3 | *… sono ingiusti* | $x \in ? \Rightarrow x \in I$ |

Come si può notare nelle prime due frasi si è utilizzato il simbolo $\forall$ in quanto esse affermano che "tutti" gli elementi di un insieme verificano una condizione. La terza frase non è del tutto definita in quanto occorre individuare l'insieme da inserire al posto del punto interrogativo. Inoltre occorre determinare se $x$ è preceduto da $\forall$ oppure da $\exists$.
Si può quindi creare un diagramma di Eulero-Venn con gli insiemi introdotti che abbia l'aspetto mostrato in figura. Dal diagramma si nota che ogni $x$ dell'insieme $L$ appartiene anche agli insiemi $I$ e $U$ (ossia $L$ è incluso nell'intersezione di $I$ e $U$).

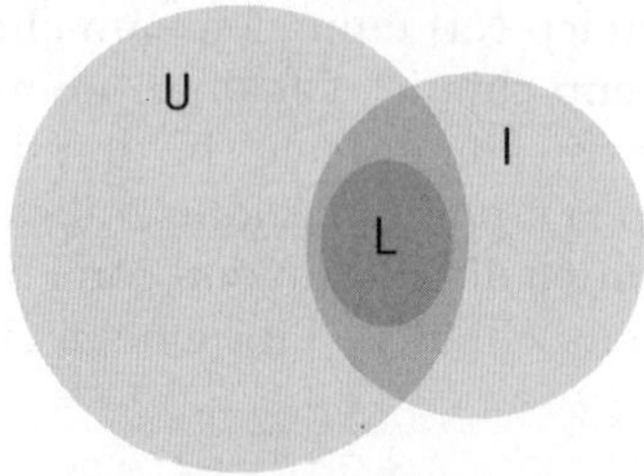


I soggetti coinvolti nel sillogismo sono tre: ladri, ingiusti e uomini. Pertanto la frase 3 può essere completata ponendo al posto del punto interrogativo uno degli insiemi $L$, $I$ oppure $U$. Si noti che l'insieme $I$ è da scartare in quanto già presente nella frase 3. L'insieme $L$ è da scartare in quanto gli insiemi $L$ ed $I$ sono già messi in relazione dalla frase 1. Pertanto l'unico insieme che può essere messo in relazione con $I$ nella frase 3 è $U$ (l'insieme degli uomini). Questo porta a scartare le risposte che si riferiscono ai ladri e la risposta che si riferisce ai giusti, mai nominati nel sillogismo.
Bisogna ora stabilire se la frase 3 deve essere $\forall x \in U \Rightarrow x \in I$ oppure $\exists x \in U \Rightarrow x \in I$, ossia se tutti gli uomini sono ingiusti oppure se alcuni uomini sono ingiusti. Di sicuro si sa che i ladri, che sono uomini, sono ingiusti. Pertanto si può affermare che alcuni uomini (i ladri) sono ingiusti. Non si può dire con certezza mediante le frasi dalla 1 alla 3 che tutti gli uomini siano ingiusti, potrebbero esserci uomini giusti. Dal diagramma di Eulero-Venn si nota che l'insieme $U$ si sovrappone solo parzialmente all'insieme $I$. Pertanto si può solo affermare che $\exists x \in U \Rightarrow x \in I$, ossia che "esistono alcuni uomini che sono ingiusti".
Quindi la risposta corretta è "Alcuni uomini". Di conseguenza la risposta "Tutti gli uomini" è errata, poiché essa corrisponde alla frase scartata $\forall x \in U \Rightarrow x \in I$.

**25) B.** Si indica con
$x$ = generico individuo (elemento)
$a$ = **A**ntimo (elemento)
$N$ = insieme dei **N**apoletani
$C$ = insieme delle persone con i capelli **C**astani
$I$ = insieme degli **I**taliani
I simboli $\in$ (appartiene) e $\notin$ (non appartiene) indicano l'appartenenza e la non appartenenza di un elemento ad un insieme. Con il simbolo $\Rightarrow$ si indica l'implicazione logica, ossia il fatto che un asserto implichi un altro asserto.
Le frasi presentate nel quesito si traducono simbolicamente nel modo seguente:

| n. | Linguaggio naturale | Linguaggio simbolico |
|---|---|---|
| 1 | *Antimo è napoletano* | $A \in N$ |
| 2 | *Tutte le persone con i capelli castani sono italiane* | $x \in C \Rightarrow x \in I$ |
| 3 | *Tutti i napoletani sono italiani* | $x \in N \Rightarrow x \in I$ |

Si può quindi creare un diagramma di Eulero-Venn con gli insiemi introdotti che abbia l'aspetto mostrato in figura. Dal diagramma si nota che ogni $x$ dell'insieme $C$ appartine anche all'insieme $I$ (ossia $C$ è incluso in $I$), inoltre ogni $x$ dell'insieme $N$ appartiene anche all'insieme $I$ (ossia $N$ è incluso in $I$); infine l'elemento $a$ è incluso in $N$.

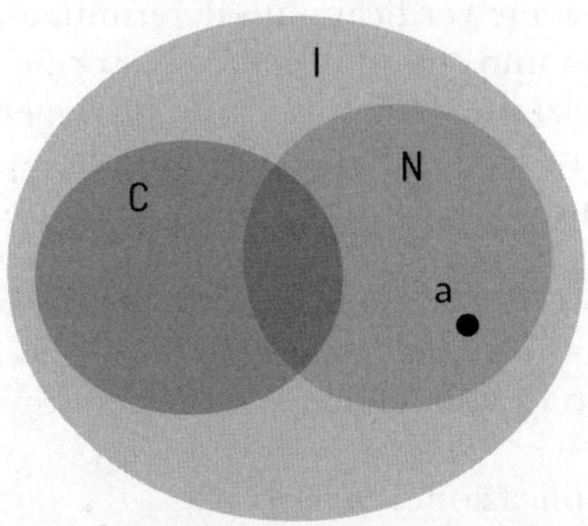


L'affermazione "Tutti i napoletani si chiamano Antimo" è sicuramente falsa o non deducibile dagli asserti 1, 2 e 3, poiché non è stato proprio definito l'insieme delle persone che si chiamano Antimo. Tale opzione va scartata.
Anche l'affermazione "Antimo ha i capelli neri" non è deducibile dalle frasi 1, 2 e 3 in quanto non è stata fornita nessuna informazione relativa all'insieme delle persone con i capelli neri, quindi va scartata.
L'affermazione "Tutti i napoletani hanno i capelli castani", ossia $x \in N \Rightarrow x \in C$ non è deducibile dalle frasi 1, 2 e 3 in quanto si sa che un napoletano è italiano (frase 3) ma non si sa se un napoletano ha i capelli castani. Inoltre dal diagramma di Eulero-Venn si nota che l'insieme dei napoletani $N$ si sovrappone solo in parte all'insieme delle persone con i capelli castani $C$. Vi sono persone con i capelli castani che non sono napoletane. Tale opzione va scartata.
L'affermazione "Tutte le persone con i capelli castani sono napoletane", ossia $x \in C \Rightarrow x \in N$ non è deducibile dalle frasi 1, 2 e 3 in quanto si sa che una persona con i capelli castani è italiana (frase 2) ma non si sa se una persona con i capelli castani è napoletana. Inoltre dal diagramma di Eulero-Venn si nota che l'insieme dei napoletani $N$ si sovrappone solo in parte all'insieme delle persone con i capelli castani $C$. Vi sono persone con i capelli castani che non sono napoletane. Tale opzione va scartata.
La risposta esatta è "Antimo è italiano" ossia $a \in I$. Perché se Antimo è napoletano (frase 1: $a \in N$) e ogni napoletano è italiano (frase 3: $x \in N \Rightarrow x \in I$) allora è vero anche che Antimo è italiano: $a \in N \Rightarrow a \in I$ (al generico $x$ della frase 3 si sostituisce la $a$). Nel diagramma di Eulero-Venn si nota che $a$ appartiene all'insieme $N$ che è incluso nell'insieme $I$, pertanto $a$ appartiene anche ad $I$.

**26) A.** Si indica con
$x$ = generico oggetto (elemento)
$V$ = insieme degli oggetti di **V**etro
$Z$ = insieme degli oggetti prodotti a Vene**Z**ia
Si consideri la frase "tutti gli oggetti di vetro sono prodotti a Venezia" priva della negazione "non". Tale frase si traduce simbolicamente con $\forall x \in V \Rightarrow x \in Z$.
Nella frase simbolica $\in$ (appartiene) e $\notin$ (non appartiene) indicano l'appartenenza e la non appartenenza di un elemento ad un insieme. Con il simbolo $\Rightarrow$ si indica l'im-

plicazione logica, ossia il fatto che un asserto implichi un altro asserto. Inoltre si usano i simboli ∀ (per ogni, tutti) e ∃ (esiste, esistono) per indicare rispettivamente che tutti gli elementi di un insieme verificano un determinato asserto, oppure che esiste qualche elemento (almeno uno) di un insieme che verifica un determinato asserto.
La traccia presenta la negazione della frase "tutti gli oggetti di vetro sono prodotti a Venezia" e chiede quale tra le alternative proposte sia equivalente (da un punto di vista logico). Pertanto la strategia risolutiva del quesito prevede che si debba negare da un punto di vista logico la frase "tutti gli oggetti di vetro sono prodotti a Venezia", o la frase simbolica $\forall x \in V \Rightarrow x \in Z$. La negazione della frase simbolica permetterà di ricavare una frase equivalente a quella proposta nella traccia.
La negazione da un punto di vista logico si ottiene sostituendo i simboli secondo il seguente schema:
Al primo membro dell'implicazione: $\forall \rightarrow \exists$
Al secondo membro dell'implicazione: $\in \rightarrow \notin$
Pertanto la frase $\forall x \in V \Rightarrow x \in Z$ viene negata con $\exists x \in V \Rightarrow x \notin Z$. Quest'ultima frase afferma che "Esiste almeno un oggetto di vetro che non è prodotto a Venezia" oppure "Alcuni oggetti di vetro non sono prodotti a Venezia" che è la risposta corretta.
Si noti che le frasi "Tutti gli oggetti di vetro vengono prodotti fuori Venezia" e "Tutti gli oggetti di vetro sono prodotti a Venezia" non sono equivalenti alla frase della traccia, in quanto solo alcuni oggetti di vetro vengono prodotti a Venezia.
Le frasi "Non tutti gli oggetti prodotti a Venezia sono oggetti di vetro" e "Alcuni oggetti prodotti a Venezia non sono oggetti di vetro" non sono equivalenti logicamente alla frase della traccia perché esse fanno ipotesi sugli oggetti prodotti a Venezia e deducono informazioni sugli oggetti di vetro. Da un punto di vista simbolico queste frasi rappresenterebbero implicazioni con verso contrario, ossia $x \in Z \Rightarrow \ldots$

**27) A.** Si indicano con $k$, $e$, $m$ rispettivamente Katia, Elisabetta e Marina. Inoltre si indica con $B$ l'insieme delle bionde e con $M$ l'insieme delle more. I simboli $\in$ (appartiene) e $\notin$ (non appartiene) indicano l'appartenenza e la non appartenenza di un elemento ad un insieme. Con il simbolo $\Rightarrow$ si indica l'implicazione logica, ossia il fatto che un asserto implichi un altro asserto. Il simbolo $\vee$ significa "o"; tale simbolo, se posto tra due affermazioni, indica che o l'una o l'altra o entrambe possono essere vere.
Gli asserti presenti nella traccia si possono esprimere simbolicamente nel modo seguente:

| n. | Linguaggio naturale | Linguaggio simbolico |
|---|---|---|
| 1 | "Tra Katia, Elisabetta e Marina, due sono bionde e una mora" ossia "Katia e Elisabetta sono bionde, oppure Katia e Marina sono bionde, oppure Elisabetta e Marina sono bionde" | $k,e \in B \vee k,m \in B \vee e,m \in B$ |
| 2 | "Se Katia è bionda, allora lo è anche Elisabetta" ossia "Se Katia è bionda, allora Elisabetta è bionda" | $k \in B \Rightarrow e \in B$ |

*(segue)*

| n. | Linguaggio naturale | Linguaggio simbolico |
|---|---|---|
| 3 | "se Elisabetta è bionda allora lo è anche Marina" ossia "se Elisabetta è bionda allora anche Marina è bionda" | $e \in B \Rightarrow m \in B$ |

Partendo dalla frase 1 si procede secondo le tre ipotesi che essa prospetta.
Se Katia e Elisabetta sono bionde, allora dalla frase 3 si deduce che se Elisabetta è bionda, allora anche Marina lo è. Pertanto le tre ragazze devono essere tutte bionde, ma questo contraddice la frase 1.
Se Katia e Marina sono bionde, allora dalla frase 2 si deduce che se Katia è bionda, allora anche Elisabetta lo è. Pertanto le tre ragazze devono essere tutte bionde, ma questo contraddice la frase 1.
Se, invece, Elisabetta e Marina sono bionde, allora non c'è alcun modo di dedurre che Katia sia bionda. L'unica ipotesi che resta in piedi è che Elisabetta e Marina siano le due ragazze bionde delle tre (frase 1). Pertanto Katia deve essere mora.
Quindi Elisabetta e Marina sono bionde, mentre Katia è mora.
Questo asserto è garantito solo dall'opzione che afferma che Katia è mora mentre Marina è bionda.

**28) A.** Si indica con
$x$ = generica rosa (elemento)
$R$ = insieme delle **R**ose
$S_3$ = insieme delle rose con tre **S**pine
La frase "Nessuna rosa ha tre spine" equivale a dire "Tutte le rose non hanno tre spine". Tale frase si traduce simbolicamente con $\forall x \in R \Rightarrow x \notin S_3$.
Nella frase simbolica $\in$ (appartiene) e $\notin$ (non appartiene) indicano l'appartenenza e la non appartenenza di un elemento ad un insieme. Con il simbolo $\Rightarrow$ si indica l'implicazione logica, ossia il fatto che un asserto implichi un altro asserto. Inoltre si usano i simboli $\forall$ (per ogni, tutti) e $\exists$ (esiste, esistono) per indicare rispettivamente che tutti gli elementi di un insieme verificano un determinato asserto, oppure che esiste qualche elemento (almeno uno) di un insieme che verifica un determinato asserto.
Per affermare che la frase "Tutte le rose non hanno tre spine", ossia $\forall x \in R \Rightarrow x \notin S_3$, è falsa, occorre negarla da un punto di vista logico. La negazione da un punto di vista logico si ottiene sostituendo i simboli secondo il seguente schema:
Al primo membro dell'implicazione: $\forall \rightarrow \exists$
Al secondo membro dell'implicazione: $\notin \rightarrow \in$
Pertanto la frase $\forall x \in R \Rightarrow x \notin S_3$ viene negata con $\exists x \in R \Rightarrow x \in S_3$. Quest'ultima frase afferma che "Esiste almeno una rosa che ha tre spine", questa pertanto è la risposta corretta.
Si noti che le frasi "Tutte le rose hanno un numero di spine diverso da tre" e "Tutte le rose hanno quattro spine" non possono considerarsi la negazione logica della frase della traccia. Il fatto che tutti gli elementi di un insieme non abbiano una certa proprietà (non abbiamo tre spine) viene negato logicamente affermando che almeno un elemento dell'insieme possiede quella certa proprietà (ha tre spine) e non affermando che tutti gli elementi dell'insieme possiedono quella proprietà.

La frase "Tutte le rose hanno tre spine" è equivalente a quella riportata nella traccia, pertanto è anch'essa falsa. Infine, la frase "Almeno un rosa ha un numero di spine diverso da tre" afferma che almeno una rosa ha un numero di spine diverso da tre (ossia *non ha* tre spine), mentre la negazione della frase di partenza afferma che almeno una rosa *ha* tre spine.

**29) E.** La frase "Non è indimostrabile che non bere vino può fare bene alla pressione" può essere semplificata sostituendo le parole "Non è indimostrabile" con l'asserto "È dimostrabile". Difatti è possibile sostituire "indimostrabile" con un aggettivo di significato contrario, ossia "dimostrabile", a patto che il "non" scompaia dalla frase. Pertanto la frase diventa: "È dimostrabile che non bere vino può fare bene alla pressione".
In pratica la frase può essere riscritta come: "non bere vino può fare bene alla pressione", che pertanto è la risposta corretta.
La frase "Bere vino è causa di malattie circolatorie" viene scartata in quanto tratta un argomento diverso, parla di "malattie circolatorie".
La frase "Non bere vino fa sicuramente bene alla pressione" è troppo categorica per essere equivalente a quella dedotta dalla traccia, infatti essa afferma che non bere vino fa "sicuramente" bene alla pressione e non che "può far bene" alla pressione.
Nella frase "Non bere vino non fa certamente bene alla pressione" eliminando le due negazioni, diventa "Bere vino fa certamente bene alla pressione". Tale frase nega quella dedotta dalla traccia.
La frase "Bere vino non fa bene alla pressione" non è equivalente a quella dedotta dalla traccia perché modifica la preposizione principale (non bere vino) nella sua negazione (bere vino) e afferma troppo categoricamente che bere vino "non fa" bene alla pressione, mentre l'assunto è che non berlo "può fare bene" alla pressione.

**30) A.** La frase "L'esame dei reperti ritrovati non ha consentito di dimostrare l'impossibilità che il gioiello scoperto sia d'oro" può essere modificata sostituendo le parole "l'impossibilità che il gioiello scoperto sia d'oro" con l'asserto "la possibilità che il gioiello non sia d'oro". Difatti è possibile sostituire "impossibilità" con un sostantivo di significato contrario, ossia "possibile", a patto che il "non" appaia nella frase.
Pertanto la frase diventa: "L'esame dei reperti ritrovati non ha consentito di dimostrare la possibilità che il gioiello scoperto non sia d'oro".
In pratica la frase può essere riscritta come: "L'esame dei reperti ritrovati non ha dimostrato la possibilità che il gioiello scoperto non sia d'oro".
Ancora più semplicemente si può scrivere: "L'esame dei reperti ritrovati non ha dimostrato che il gioiello scoperto non sia d'oro", che è la risposta corretta.
Si noti che la frase ricavata, in parole semplici, afferma che "è ancora possibile che il gioiello non sia d'oro" perché questa cosa non è stata dimostrata.
La frase "L'esame dei reperti ritrovati ha dimostrato che il gioiello scoperto è d'oro" viene scartata in quanto afferma che è stato dimostrato che l'oggetto è d'oro, mentre in realtà è possibile che non sia d'oro.
La frase "È impossibile che il gioiello scoperto sia d'oro" è troppo categorica per essere equivalente a quella dedotta dalla traccia, infatti essa afferma che "È impossibile che il gioiello scoperto sia d'oro" ossia che "È certo che il gioiello scoperto non sia d'oro". Nella frase dedotta dalla traccia, invece, si afferma solo che non è certo

(dimostrato) che il gioiello non sia d'oro. Le frasi "L'esame dei reperti ritrovati ha dimostrato che il gioiello scoperto non può essere d'oro" e "L'esame dei reperti ritrovati ha dimostrato che il gioiello scoperto non è d'oro" negano quella dedotta dalla traccia, infatti, con diverse sfumature linguistiche, esse affermano che il gioiello non può essere (o non è) d'oro, mentre questo, secondo la frase dedotta dalla traccia, non può essere dimostrato.

**31) A.** Tutti i milanesi (i nati a Milano) sono anche italiani (ossia nati in Italia); ma gli italiani sono anche cittadini europei. Pertanto l'insieme dei milanesi deve essere incluso in quello degli italiani, che, a sua volta, deve essere incluso nell'insieme dei cittadini europei. Quindi, il diagramma che rappresenta correttamente i tre insiemi è il numero 4.
In figura è mostrato il diagramma di Eulero-Venn con i tre insiemi. In esso si nota che l'insieme dei milanesi è incluso in quello degli italiani, che è incluso in quello dei cittadini europei.

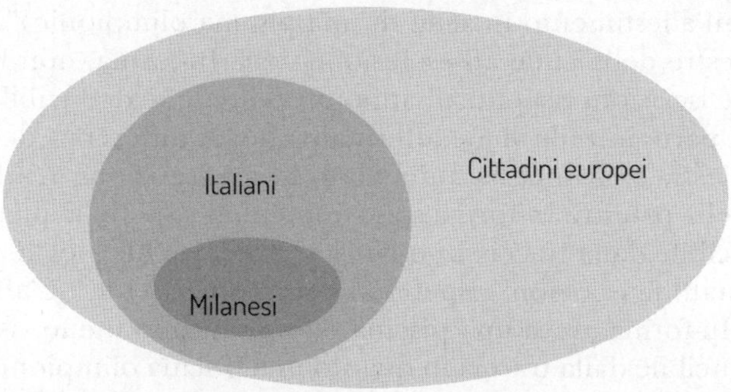


**32) E.** Alcune persone francesi (nate in Francia) possono essere casalinghe, ma non avere la patente di guida. Analogamente alcune casalinghe possono avere la patente, ma non essere francesi. Inoltre vi sono alcune persone francesi con la patente che non sono casalinghe. Infine vi possono essere persone che sono francesi, casalinghe ed hanno la patente di guida.
Pertanto il diagramma che rappresenta correttamente i tre insiemi è quello indicato con il numero 5.
In figura è mostrato il diagramma di Eulero-Venn con i tre insiemi. In esso si nota come ciascuno dei tre insiemi abbia intersezione non nulla con gli altri due.
Si nota inoltre una parte in comune tra i tre insiemi.

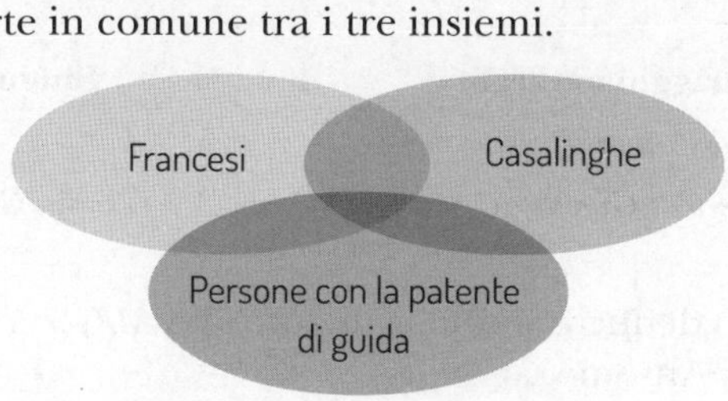


**33) B.** Le astronavi non sono viaggi, né stelle; inoltre i viaggi non sono stelle. Pertanto le tre categorie di oggetti devono essere inserite in insiemi che non hanno parti in

comune, ossia che sono disgiunti. Il diagramma che rappresenta correttamente i tre insiemi è quello indicato con il numero 6.
In figura è mostrato il diagramma di Eulero-Venn con i tre insiemi. In esso si nota come ciascuno dei tre insiemi abbia intersezione nulla con gli altri due.

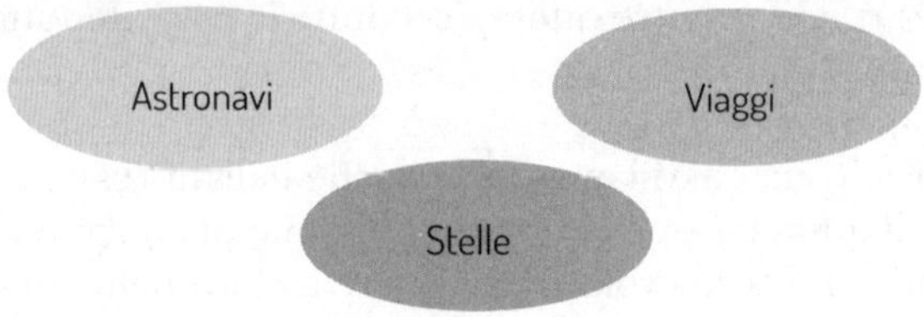


**34) D.** L'affermazione "L'allestimento della piscina olimpionica è risultato determinante nell'aumento del numero di iscritti della palestra In-forma" è deducibile dalla traccia in quanto viene affermato che "Il motivo dell'aumento delle iscrizioni è riconducibile all'allestimento in sede di una piscina olimpionica". L'affermazione "Nel 2007 le palestre della città, ad esclusione della In-forma, non hanno registrato un aumento delle iscrizioni rispetto all'anno precedente" è deducibile dalla traccia in quanto nella sua parte iniziale viene affermato che "A differenza delle altre palestre della città" la palestra In-forma ha aumentato le sue iscrizioni. L'affermazione "Nel 2007 gli iscritti della palestra In-forma sono aumentati rispetto a quelli dell'anno precedente" è deducibile dalla traccia in quanto si afferma che "nel 2007 la palestra In-forma ha aumentato le iscrizioni rispetto all'anno precedente". L'affermazione "Nel 2006 la palestra In-forma aveva una piscina olimpionica in meno rispetto al 2007" è sicuramente deducibile dalla traccia in quanto una piscina olimpionica è stata costruita tra il 2006 e il 2007.
L'affermazione "Le altre palestre della città diverse dalla In-forma non sono dotate di piscina" è l'opzione di risposta corretta in quanto la frase in essa riportata non viene dedotta dalla traccia. Non si può dire nulla in relazione alle piscine in dotazione alle altre palestre della città.

**35) B.** Si indicano con *A*, *M* e *G* rispettivamente Antonio, Marco e Giovanni. Si indica con il simbolo > (maggiore) la caratteristica di essere "più ricco", mentre si indica con < (minore) la caratteristica di essere "più povero". Il simbolo = (uguale) indica invece che due individui hanno lo stesso livello di ricchezza.
Gli asserti presenti nella traccia si possono esprimere simbolicamente nel modo seguente:

| n. | Linguaggio naturale | Linguaggio simbolico |
|---|---|---|
| 1 | *"Marco è più ricco di Antonio"* | $M > A$ |
| 2 | *"Antonio è più povero di Giovanni"* | $A < G$ ossia $G > A$ |

Dagli asserti 1 e 2 si può dedurre simbolicamente che $M, G > A$ ossia che Marco e Giovanni sono più ricchi di Antonio.

La frase $M, G > A$ può implicare simbolicamente tre cose:
1. $M > G > A$
2. $G > M > A$
3. $M = G > A$

Si noti che la terza opzione deve necessariamente essere scartata in quanto si afferma nella traccia che "Esiste una persona sul pianeta, più ricca di tutte le altre". Pertanto Marco e Giovanni non possono possedere uguale ricchezza. Quindi risulta sicuramente falsa l'affermazione "Marco e Giovanni hanno la stessa quantità di soldi", che è la risposta esatta.
La frase "Giovanni è il più ricco" non è necessariamente falsa, in quanto può essere verificata nel caso 2.
La frase "Antonio non è il più ricco" è sicuramente vera ed avallata sia dall'ipotesi 1 che dalla 2. La frase "Giovanni è più povero di Marco" può essere vera nel caso dell'ipotesi 1. La frase "Marco è il più ricco" può essere vera nel caso dell'ipotesi 1.

**36) C.** La frase "Non si può escludere che, se Luigi non si fosse ubriacato, la festa sarebbe riuscita" può essere semplificata sostituendo le parole "Non si può escludere" con l'asserto "Si può supporre". Difatti è possibile sostituire "escludere" con un verbo di significato contrario, ossia "supporre", a patto che il "non" scompaia dalla frase. Pertanto la frase diventa:
"Si può supporre che, se Luigi non si fosse ubriacato, la festa sarebbe riuscita".
La frase ha raggiunto un significato sufficientemente chiaro per riconoscere che equivale all'affermazione "È possibile che la festa sarebbe riuscita qualora Luigi non si fosse ubriacato" ossia "È possibile che, qualora Luigi non si fosse ubriacato, la festa sarebbe riuscita". Questa, quindi, è la risposta corretta.
La frase "È possibile che la festa sarebbe riuscita, qualora Luigi si fosse ubriacato" viene scartata in quanto ha significato contrario rispetto a quello dedotto per la frase della traccia.
La frase "La festa sarebbe riuscita se Luigi fosse stato sobrio" non può essere equivalente a quella dedotta dalla traccia, in quanto analizza la situazione in cui Luigi è sobrio, che non è codificata nella traccia. Inoltre tale affermazione è categorica e non possibilista. Difatti in essa non è presente la dicitura "È possibile che ...".
Le frasi "Se la festa fosse riuscita, è possibile che Luigi non si sarebbe ubriacato" e "Se la festa non fosse riuscita, sicuramente Luigi non si sarebbe ubriacato" sono delle implicazioni logiche che formulano ipotesi sulla riuscita della festa, mentre nella frase di partenza l'ipotesi è formulata sul comportamento di Luigi. Si potrebbe ottenere una frase equivalente a quella di partenza se nell'implicazione con verso opposto entrambe le proposizioni fossero negate. Questo non accade in alcuno dei due casi. La frase "Se la festa fosse riuscita, è possibile che Luigi non si sarebbe ubriacato", infatti, inverte il verso dell'implicazione senza negare alcuna delle due proposizioni, pertanto non è logicamente equivalente a quella di partenza. La frase "Se la festa non fosse riuscita, sicuramente Luigi non si sarebbe ubriacato" inverte il verso dell'implicazione della frase di partenza e nega una sola delle due proposizioni, pertanto nemmeno tale frase può essere equivalente a quella della traccia. Inoltre, questa frase è categorica per la presenza dell'avverbio "sicuramente", mentre la frase dedotta dalla traccia inizia con "Si può supporre che...".

**37) C.** Si indicano con $m$, $g$ ed $a$ rispettivamente Michele, Giampiero e Andrea. Inoltre si indica con $A$ l'insieme delle persone alte e con $B$ l'insieme delle persone basse. I simboli $\in$ (appartiene) e $\notin$ (non appartiene) indicano l'appartenenza e la non appartenenza di un elemento ad un insieme. Con il simbolo $\Rightarrow$ si indica l'implicazione logica, ossia il fatto che un asserto implichi un altro asserto. Il simbolo $\vee$ significa "o"; tale simbolo, se posto tra due affermazioni, indica che o l'una o l'altra o entrambe possono essere vere. Gli asserti presenti nella traccia si possono esprimere simbolicamente nel modo seguente:

| n. | Linguaggio naturale | Linguaggio simbolico |
|---|---|---|
| 1 | "Tra Michele, Giampiero e Andrea, due sono alti e uno è basso"<br>ossia<br>"Michele e Giampiero sono alti, oppure Giampiero e Andrea sono alti, oppure Andrea e Michele sono alti" | $m,g \in A \vee g,a \in A \vee a,m \in A$ |
| 2 | "Se Michele è alto, allora lo è anche Giampiero"<br>ossia<br>"Se Michele è alto, allora anche Giampiero è alto" | $m \in A \Rightarrow g \in A$ |
| 3 | "se Giampiero è alto allora lo è anche Andrea"<br>ossia<br>"se Giampiero è alto allora anche Andrea è alto" | $g \in A \Rightarrow a \in A$ |

Partendo dalla frase 1 si procede secondo le tre ipotesi che essa prospetta.
Se Michele e Giampiero sono alti, allora dalla frase 3 si deduce che se Giampiero è alto, allora anche Andrea lo è. Pertanto i tre figli devono essere tutti alti, ma questo contraddice la frase 1.
Se Michele e Andrea sono alti, allora dalla frase 2 si deduce che se Michele è alto, allora anche Giampiero lo è. Pertanto i tre figli devono essere tutti alti, ma questo contraddice la frase 1.
Se, invece, Giampiero e Andrea sono alti, allora non c'è alcun modo di dedurre che Michele sia alto. L'unica ipotesi che resta in piedi è che Giampiero e Andrea siano i due figli alti dei tre (frase 1). Pertanto Michele deve essere basso.
Quindi Giampiero e Andrea sono alti, mentre Michele è basso.
Questo asserto è garantito solo dall'affermazione "Michele è basso mentre Andrea è alto" che è la risposta corretta.
La risposta "Andrea e Giampiero sono bassi" va scartata perché Andrea e Giampiero sono alti; le altre risposte vanno scartate perché l'asserto Michele è alto è falso.

**38) C.** Si indica con
$x$ = generico individuo (elemento)
$C$ = insieme dei **C**uochi
$M$ = insieme delle persone **M**agre
La frase "Nessun cuoco è magro" in modo del tutto equivalente si può esprimere come "Tutti i cuochi non sono magri". Tale frase si traduce simbolicamente con $\forall x \in C \Rightarrow x \notin M$.
Nella frase simbolica $\in$ (appartiene) e $\notin$ (non appartiene) indicano l'appartenenza e la non appartenenza di un elemento ad un insieme. Con il simbolo $\Rightarrow$ si indica l'im-

plicazione logica, ossia il fatto che un asserto implichi un altro asserto. Inoltre si usano i simboli $\forall$ (per ogni, tutti) e $\exists$ (esiste, esistono) per indicare rispettivamente che tutti gli elementi di un insieme verificano un determinato asserto, oppure che esiste qualche elemento (almeno uno) di un insieme che verifica un determinato asserto.
Si sostiene che l'affermazione fatta nella traccia è falsa e tra le risposte indicate si chiede di determinare quella che è vera. Per ottenere una frase vera occorre negare (logicamente) quella proposta nella traccia.
La negazione da un punto di vista logico si ottiene sostituendo i simboli secondo il seguente schema:
A primo membro dell'implicazione: $\forall \rightarrow \exists$
A secondo membro dell'implicazione: $\notin \rightarrow \in$
Pertanto la frase $\forall x \in C \Rightarrow x \notin M$ viene negata con $\exists x \in C \Rightarrow x \in M$. Quest'ultima frase afferma che "Esiste almeno un cuoco che è magro", pertanto è la risposta corretta.
Si noti che le frasi "Tutti i cuochi sono magri" e "Nessun cuoco è grasso" non possono considerarsi le negazioni logiche della frase di partenza. Il fatto che tutti gli elementi di un insieme non abbiano una certa proprietà (non siano magri), viene negato logicamente affermando che almeno un elemento dell'insieme possiede quella certa proprietà (è magro) e non affermando che tutti gli elementi dell'insieme possiedono quella proprietà. La frase "I cuochi sono tutti grassi" è equivalente a quella riportata nella traccia, pertanto è anch'essa falsa. Infine, anche la frase "Almeno un cuoco è grasso" (ossia non è magro) è da scartare in quanto la negazione della frase di partenza afferma che almeno un cuoco è magro.

**39) C.** La frase "È sufficiente che Sandra segua la dieta perché il medico non le prescriva il farmaco Obex" è equivalente all'implicazione logica "Se Sandra segue la dieta allora il medico non le prescrive il farmaco Obex". Si può ottenere una frase altrettanto vera se si negano entrambe le proposizioni che costituiscono la frase e si inverte il verso dell'implicazione "Se … allora …".
Pertanto si negano le due proposizioni:
Sandra segue la dieta → Sandra non segue la dieta
Il medico non le prescrive il farmaco Obex → Il medico le prescrive il farmaco Obex (ossia "Il medico prescrive a Sandra il farmaco Obex")
Infine si inverte il verso della implicazione:
"Se il medico prescrive a Sandra il farmaco Obex, allora Sandra non segue la dieta"
In modo del tutto equivalente da un punto di vista logico, la frase si può scrivere nel modo seguente: "Se il medico prescrive a Sandra il farmaco Obex vuol dire che lei non segue la dieta", che è quindi la risposta corretta.
La frase "Se il medico non prescrive a Sandra il farmaco Obex vuol dire che lei non segue la dieta" si ottiene invertendo il verso dell'implicazione, ma negando solo una delle due proposizioni; pertanto è errata. La frase "Se il medico non prescrive a Sandra il farmaco Obex vuol dire che lei segue la dieta" si ottiene invertendo il verso dell'implicazione, ma senza negare le due proposizioni; pertanto è errata. La frase "Se Sandra non segue la dieta allora il medico le prescrive il farmaco Obex" si ottiene negando entrambe le proposizioni, senza invertire il verso dell'implicazione; pertanto è errata. La frase "Sandra segue la dieta soltanto se il medico le prescrive il farmaco Obex" indica che la condizione "il medico prescrive il farmaco Obex" è necessaria

per "seguire la dieta", mentre si sa che Sandra segue la dieta perché il medico NON le prescrive il farmaco Obex. Pertanto anche tale risposta deve essere scartata.

**40) A.** La frase della traccia è "È sbagliato non ammettere che le precauzioni prese non sono bastate per impedire il rovesciamento della barca". Si può sostituire l'asserto "È sbagliato non ammettere" con "È corretto ammettere". Difatti sostituendo l'aggettivo "sbagliato" con quello opposto, ossia "corretto", è possibile rimuovere la negazione "non". Quindi la frase diventa:
"È corretto ammettere che le precauzioni prese non sono bastate per impedire il rovesciamento della barca".
Visto il senso affermativo della parte iniziale della frase "È corretto ammettere che", si può ridurre l'asserto al seguente: "le precauzioni prese non sono bastate per impedire il rovesciamento della barca".
Tale asserto ha un significato logico identico a quello dell'affermazione "La barca si è rovesciata nonostante le precauzioni prese" che pertanto è la risposta corretta.
La frase "Le precauzioni che si possono prendere per impedire il rovesciamento di una barca sono inefficaci" va scartata in quanto si riferisce ad una affermazione di carattere generale, che attesta che non si possono mai prendere precauzioni efficaci contro il rovesciamento della barca. La frase dedotta dalla traccia parla, invece, di un caso specifico nel quale le precauzioni non sono bastate. La frase "Si può affermare che le precauzioni prese sono state sufficienti per impedire il rovesciamento della barca" nega il significato della frase dedotta dalla traccia (essa parla di "precauzioni sufficienti"). La frase "Grazie alle precauzioni prese la barca non si è rovesciata" è falsa in quanto la barca si è rovesciata. La frase "Bisogna ammettere che non è stata presa alcuna precauzione per impedire il rovesciamento della barca" afferma qualcosa di falso, in quanto le precauzioni contro il rovesciamento della barca sono state prese.

**41) B.** Mediante le informazioni riportate nella traccia si può creare il seguente schema che colloca le case dei quattro conoscenti.

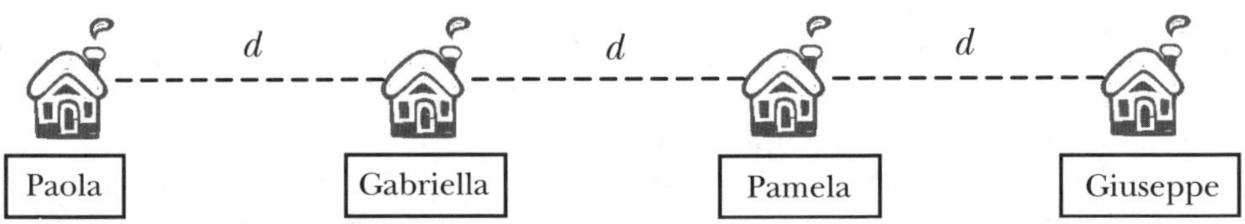


Dallo schema si nota che Paola è più vicina a Gabriella che a Pamela. Dalla prima è distante uno spazio pari a $d$, mentre dalla seconda è distante il doppio (ossia $2d$). Pertanto tra le opzioni di risposta quella corretta è "Paola abita più vicino alla casa di Gabriella che non alla casa di Pamela".
La risposta "La distanza tra la casa di Paola e la casa di Pamela è uguale alla distanza tra la casa di Paola e la casa di Gabriella" è errata poiché la distanza tra le case di Paola e Pamela è pari a $2d$, mentre la distanza tra le case di Paola e Gabriella è pari a $d$.
La risposta "Pamela abita più vicino alla casa di Gabriella che non alla casa di Giuseppe" è errata perché Pamela dista da Gabriella una distanza pari a $d$ che è la stessa che la separa dalla casa di Giuseppe.
La risposta "Pamela abita più lontano dalla casa di Gabriella che non dalla casa di Giu-

seppe" è errata perché, come appena mostrato, Pamela è equidistante da Gabriella e Giuseppe.
La risposta "La distanza tra la casa di Gabriella e la casa di Giuseppe è uguale alla distanza tra la casa di Giuseppe e la casa di Pamela" è errata perché la distanza tra la casa di Gabriella e di Giuseppe è pari a $2d$; tale distanza differisce da quella che separa la casa di Giuseppe da quella di Pamela, che è pari a $d$.

**42) C.** Si rappresentano mediante un diagramma ad albero (albero genealogico) le relazioni tra i soggetti coinvolti. Si possono contemplare le due ipotesi mostrate in figura. Tali ipotesi si formulano dall'asserto "Katia è la nipote di Massimo". Da questo si deduce che Massimo potrebbe essere lo zio di Katia (ipotesi 1). In alternativa Massimo potrebbe essere uno dei due nonni di Katia (ipotesi 2); in particolare dovrebbe essere il nonno paterno, visto che il nonno materno è Daniele (nonno di Katia e Fabio).

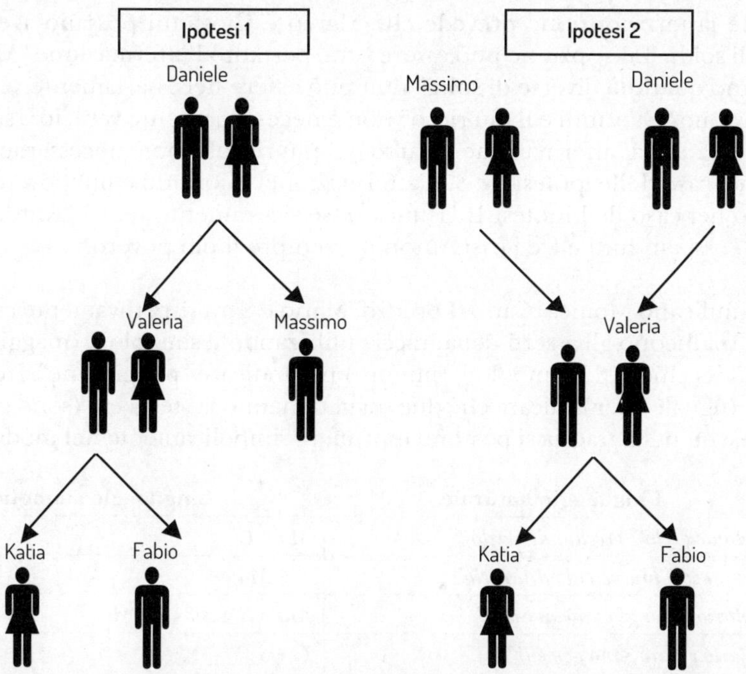


In base a queste due ipotesi, Massimo non può essere il fratello di Fabio, ma solo suo zio o nonno paterno. Massimo non può essere papà di Valeria; al più, in uno dei due casi, può essere suo fratello. Massimo non può essere cugino di Katia o fratello di Katia, ma solo suo zio o nonno paterno.
La risposta plausibile è che Massimo sia il fratello di Valeria. Difatti nell'ipotesi 1 Massimo può essere lo zio di Katia, ossia il fratello della mamma di Katia che è Valeria.
"Il fratello di Valeria" è quindi la risposta corretta.

**43) C.** Si indicano con $A$, $M$ e $G$ rispettivamente Antonio, Marco e Giovanni. Si indica con il simbolo > (maggiore) la caratteristica di essere "più ricco", mentre si indica con < (minore) la caratteristica di essere "più povero". Il simbolo = (uguale) indica invece che due individui hanno lo stesso livello di ricchezza. Gli asserti presenti nella traccia si possono esprimere simbolicamente nel modo seguente:

| n. | Linguaggio naturale | Linguaggio simbolico |
|---|---|---|
| *a* | *"Marco è più ricco di Antonio"* | $M > A$ |
| *b* | *"Antonio è più povero di Giovanni"* | $A < G$ ossia $G > A$ |

Dagli asserti *a* e *b* si può dedurre simbolicamente che $M,G > A$ ossia che Marco e Giovanni sono più ricchi di Antonio.
La frase $M,G > A$ può implicare simbolicamente tre cose:
1. $M > G > A$
2. $G > M > A$
3. $M = G > A$

Si noti che la terza opzione prevede che Marco e Giovanni possano avere la stessa quantità di soldi. Tale opzione può essere vera, pertanto l'affermazione "Marco e Giovanni hanno quantità diverse di soldi" non può essere necessariamente vera.
L'affermazione "Giovanni è il più ricco" non è necessariamente vera, lo è solo nel caso delle ipotesi 2 e 3. L'affermazione "Marco è il più ricco" non è necessariamente vera, lo è solo nel caso delle ipotesi 1 e 3. L'affermazione "Giovanni è più povero di Marco" è vera solo nel caso dell'ipotesi 1. L'unica frase sicuramente vera è "Antonio non è il più ricco", ossia in tutti e tre i casi Antonio è sempre il più povero.

**44) D.** Si indicano Monica, Carlo, Lorenzo, Mario e Sara rispettivamente con *Mo*, *C*, *L*, *Ma* e *S*. Si traducono gli asserti della traccia utilizzando il simbolo > (maggiore) per indicare "più vecchio" ed il simbolo < (minore) per indicare "più giovane". Infine si usa il simbolo = (uguale) per indicare che due soggetti hanno la stessa età (sono gemelli). Gli asserti presenti nella traccia si possono esprimere simbolicamente nel modo seguente:

| n. | Linguaggio naturale | Linguaggio simbolico |
|---|---|---|
| 1 | *"Monica è più vecchia di Carlo"* | $Mo > C$ |
| 2 | *"Lorenzo è più vecchio di Mario"* | $L > Ma$ |
| 3 | *"Mario è più giovane di Sara"* | $Ma < S$ ossia $S > Ma$ |
| 4 | *"Carlo e Sara sono gemelli"* | $C = S$ |

Gli asserti 1, 4 e 3 si possono sintetizzare nella seguente catena di relazioni:

$$Mo > C = S > Ma$$

In pratica da $Mo > C$, da $C = S$ e da $S > Ma$ si ottiene $Mo > C = S > Ma$.
Da questa relazione si nota che sicuramente è vero che $Mo > Ma$ ossia che Monica è più vecchia di Mario, che è la risposta corretta.
Si noti che $L$ (ossia Lorenzo) non è collocato con certezza nella catena di relazioni $Mo > C = S > Ma$. L'unica cosa che si è in grado di dire riguardo a $L$ è che $L > Ma$ (frase 2). Pertanto non si può affermare con certezza che $C < L$ (Carlo è più giovane di Lorenzo), che $L > Mo$ (Lorenzo è più vecchio di Monica) e che $L > S$ (Lorenzo è più vecchio di Sara). Tali affermazioni possono essere tanto vere quanto false.

La risposta "Mario è più vecchio di Monica" è sicuramente falsa in quanto dalla catena di relazioni $Mo > C = S > Ma$ si evince che $Mo > Ma$ e non che $Ma > Mo$ come questa risposta sostiene.

**45) E.** Si indicano Sara, Giovanni, Luisa, Daniele e Giacomo rispettivamente con *S*, *Gio*, *L*, *D* e *Gia*. Si traducono gli asserti della traccia utilizzando il simbolo > (maggiore) per indicare "si è classificato dopo" oppure "è stato battuto", "è rimasto indietro" ed il simbolo < (minore) per indicare "si è classificato prima", "ha battuto" oppure "ha vinto su".

| n. | Linguaggio naturale | Linguaggio simbolico |
|---|---|---|
| 1 | *"Sara ha battuto Giovanni"* | $S < Gio$ |
| 2 | *"Giovanni non si è classificato primo"* | |
| 3 | *"Luisa non è stata l'ultima"* | |
| 4 | *"Daniele è stato battuto da Giacomo e da Luisa in quest'ordine"* | $D > L > Gia$ oppure $Gia < L < D$ |
| 5 | *"Giacomo è rimasto indietro rispetto a Giovanni"* | $Gia > Gio$ oppure $Gio < Gia$ |

Gli asserti 1, 4 e 5 si possono sintetizzare nella seguente catena di relazioni:
$S < Gio < Gia < L < D$
In pratica da $S < Gio$, da $Gio < Gia$ e da $Gia < L < D$ si ottiene $S < Gio < Gia < L < D$.
Da quest'ultima relazione si evince che Sara si è classificata prima, Giovanni secondo, Giacomo terzo, Luisa quarta, mentre Daniele è arrivato ultimo.

**46) C.** Nella traccia si chiede "Qual è il giorno successivo al giorno che precede il giorno prima di domani?".
Il "giorno prima di domani" è "oggi"; pertanto la frase della traccia diventa:
"Qual è il giorno successivo al giorno che precede oggi?"
Il "giorno che precede oggi" è "ieri"; pertanto la frase della traccia diventa:
"Qual è il giorno successivo a ieri?"
Il "giorno successivo a ieri" è "oggi"; pertanto la frase della traccia diventa:
"Quale giorno è oggi?"
Siccome nella traccia si asserisce che "oggi è lunedì", allora la risposta corretta è "lunedì".

**47) E.** Si indicano Sergio, Giorgio, Daniele, Giovanni e Ugo rispettivamente con *S*, *Gr*, *D*, *Gv* e *U*. Si traducono gli asserti della traccia utilizzando il simbolo > (maggiore) per indicare "ha perduto" oppure "è stato battuto", "è stato meno veloce" ed il simbolo < (minore) per indicare "è stato più veloce", "ha battuto" oppure "ha sopravanzato". Le frasi presentate nel quesito si traducono simbolicamente nel modo seguente:

| n. | Linguaggio naturale | Linguaggio simbolico |
|---|---|---|
| 1 | *"Sergio è stato più veloce di Giorgio"* | $S < Gr$ |
| 2 | *"Daniele ha battuto Giovanni ma ha perduto rispetto a Giorgio"* | $Gr < D < Gv$ *oppure* $Gv > D > Gr$ |
| 3 | *"Giovanni ha sopravanzato Ugo"* | $Gv < U$ |

Gli asserti 1, 2 e 3 si possono sintetizzare nella seguente catena di relazioni:

$$S < Gr < D < Gv < U$$

In pratica da $S < Gr$, da $Gr < D < Gv$ e da $Gv < U$ si ottiene $S < Gr < D < Gv < U$.
Da quest'ultima relazione si evince che Sergio si è classificato primo, Giorgio secondo, Daniele terzo, Giovanni quarto, mentre Ugo è arrivato ultimo.

**48) A.** Indicando "la produzione di patate rimarrà costante" con 'P' e "il terreno viene concimato ogni anno" con 'Q', l'affermazione della traccia presenta questa forma logica: se e solo se Q (allora) P, in cui si dice che Q è condizione necessaria e sufficiente di P. Quando è vera una proposizione del genere, sono vere le seguenti implicazioni:
(1) se Q (allora) P;
(2) se P (allora) Q;
(3) se NON Q (allora) NON P;
(4) se NON P (allora) NON Q.
La sola alternativa di risposta che corrisponde a una di queste quattro implicazioni, precisamente alla (3), è "senza concimare il terreno ogni anno (= se NON Q), la produzione di patate non rimarrà costante (= NON P)".

**49) C.** Indicando "Enrico è promosso con una votazione superiore a sette" con 'P' e "Umberto regala a Enrico un computer portatile" con 'Q', la promessa fatta da Umberto al figlio Enrico può essere così rappresentata: se P, allora Q, in cui si dice che P è condizione sufficiente di Q. Da un punto di vista logico questa implicazione significa: NON si dà il caso che P e NON Q (cioè si esclude il caso che P sia vera e Q sia falsa). È chiaro, quindi, che Umberto non mantiene la promessa se si dà il caso escluso, cioè "Enrico è promosso con una votazione pari a otto (= P) e non riceve alcun regalo dal padre (= NON Q, perché Umberto non regala a Enrico un computer portatile)".

**50) D.** Beatrice, 4ª classificata, appartiene sia ai primi 4 che agli ultimi 4. Se Beatrice non avesse il casco integrale, nel primo gruppo, date le premesse, lo avrebbero certamente Aldo, Fausto e Ilaria e, per lo stesso motivo, nel secondo gruppo lo avrebbero Claudio, Enrico e Gaia. Questo però non è possibile, altrimenti sarebbero in 6 ad avere il casco integrale. Essendo giunti a un assurdo, si conclude che Beatrice deve avere il casco integrale.

# VERIFICA 3 • LOGICA NUMERICA E *PROBLEM SOLVING*

**1) Individuare, tra le alternative proposte, il numero che completa correttamente la seguente successione: 53, ..., 71, 80, 89**

A. 63
B. 62
C. 65
D. 64
E. 66

**2) Completare la seguente successione di lettere: ..., S, V, B, E**

A. P
B. Q
C. B
D. F
E. G

**3) Completare la seguente successione: C8, H6, F11, K3, ...1**

A. C
B. A
C. B
D. D
E. E

**4) Se: ¿ + ¿ = # – ¿ ¿ = ç + $ ¿ = # ç = –6 allora $ è uguale a:**

A. –6
B. 6
C. 12
D. 14
E. non ci sono elementi sufficienti per rispondere

**5) In uno stadio vi sono 50.000 persone, di cui 35.000 tifano per la squadra di casa. Qual è la percentuale dei tifosi della squadra in trasferta presente nello stadio?**

A. 70%
B. 30%
C. 35%
D. 15%
E. 40%

**6) Da un'urna contenente 50 palline numerate da 1 a 50, viene estratta, ad occhi bendati, una pallina. Supponendo che tutte le palline abbiano le stesse probabilità di essere estratte, qual è la probabilità che il numero estratto sia divisibile per 5?**

A. 1/8
B. 1/15
C. 1/4
D. 1/3
E. 1/5

**7) Se si lanciano contemporaneamente tre monete, qual è la probabilità che esca almeno una "testa"?**

A. 3/4
B. 7/8
C. 1/4
D. 1/2
E. 1/10

**8) In un sacchetto sono stati inseriti dei dischetti contenenti tutte le lettere della parola FUNZIONE. La probabilità che, estraendo una lettera a caso, essa sia una lettera della parola FU è:**

A. 50%

B. 37,5%
C. 25%
D. 33%
E. 28%

**9) 18 amici si dividono la spesa per giocare all'enalotto e pagano 6 euro ciascuno. Se il gruppo dei giocatori si riduce di un terzo, quanto pagherà ciascuno per effettuare la stessa giocata?**

A. 9 euro
B. 10 euro
C. 8 euro
D. 18 euro
E. 15 euro

**10) Luca e Giovanni partono nello stesso momento sulla stessa strada di 300 km che collega Firenze a Milano. Luca parte da Firenze a 60 km/h, Giovanni parte da Milano e viaggia a 90 km/h. Dove e quando si incontreranno?**

A. Dopo quattro ore, a 120 km da Milano
B. Dopo due ore, a 120 km da Milano
C. Dopo quattro ore, a 120 km da Firenze
D. Dopo due ore, a 120 km da Firenze
E. Dopo tre ore, a 120 km da Milano

**11) Cento conigli mangiano, in cento giorni, un quintale di carote. Quanti kg dello stesso alimento mangeranno dieci conigli in dieci giorni?**

A. Cento
B. Uno
C. Dieci
D. Cinquanta
E. Venti

**12) Un contadino possiede una coppia di conigli. Essi, superata l'età di un anno, generano ogni anno una nuova coppia di conigli. Tutte le coppie, raggiunta l'età di un anno, si riproducono fornendo ogni anno una nuova coppia di conigli. Quanti sono i conigli all'inizio del sesto anno?**

A. 64
B. 12
C. 24
D. 36
E. 18

**13) A una festa di beneficenza intervengono 300 persone. Il biglietto di entrata costa 120 € per gli uomini e 90 € per le donne. Quanti sono gli uomini e quante le donne, sapendo che sono stati incassati in totale 32.700 €?**

A. 190 uomini; 110 donne
B. 195 uomini; 105 donne
C. 200 uomini; 100 donne
D. 180 uomini; 120 donne
E. 170 uomini; 105 donne

**14) Claudia ha letto i 5/8 di un libro. Sapendo che ha letto 360 pagine, di quante pagine è composto il libro?**

A. 596
B. 576
C. 541
D. 623
E. 1.800

**15) Tre marinai sbucciano un sacco di patate rispettivamente in 6, 8 e 12 ore. Quante ore impiegano a sbucciare insieme le patate di 123 sacchi?**

A. 328
B. 24
C. 656
D. 246
E. Non è possibile rispondere in base ai dati forniti

**16) Un'eredità di 180.000 euro è divisa in tre parti proporzionali ai numeri 2, 3 e 4. Qual è la porzione più ingente dell'eredità?**

A. 80.000 euro
B. 60.000 euro
C. 90.000 euro
D. 120.000 euro
E. 100.000 euro

**17) In una scuola elementare, composta da 250 alunni, sono stati attivati due corsi pomeridiani. Si sa che 200 alunni frequentano il corso di spagnolo, 199 il corso di nuoto, 46 nessuno dei due corsi. Quanti alunni frequentano entrambi i corsi?**

A. 204
B. 5
C. 195
D. 154
E. Non si può stabilire perché i dati sono insufficienti

**18) Da un ristorante escono 18 amici: di questi, 12 hanno assaggiato la cassata, 6 hanno assaggiato il gelato mentre 4 hanno assaggiato entrambi i dolci. Quanti sono gli amici che si sono astenuti dal mangiare dolci?**

A. 4
B. 2
C. Tutti hanno assaggiato almeno un dolce
D. 6
E. 8

**19) Il piccolo Riccardo sta giocando con 95 tessere quadrate di legno colorato, tutte delle stesse dimensioni. Costruisce con esse alcuni quadrati. Si osserva che i quadrati costruiti non sono singole tessere, hanno i lati diversi e non c'è possibilità di costruire altri quadrati che non siano tessere singole o che non siano quadrati già costruiti. Quante tessere avanzano al minimo a Riccardo?**

A. Nessuna
B. Una
C. Due
D. Tre
E. Quattro

**20) Dei bambini giocano su un'altalena che ha due posti per lato. Il seggiolino esterno dista dal perno 100 cm, mentre quello interno 80 cm. Sul seggiolino esterno del lato destro è seduto un bambino di 30 kg di peso, mentre sul seggiolino interno è seduto un bambino che pesa 2/3 del primo. Sul seggiolino interno del lato sinistro si siede un bambino che pesa 25 kg. Un quarto bambino sale sul seggiolino rimasto libero e l'altalena va in equilibrio. Quanto pesa il bambino?**

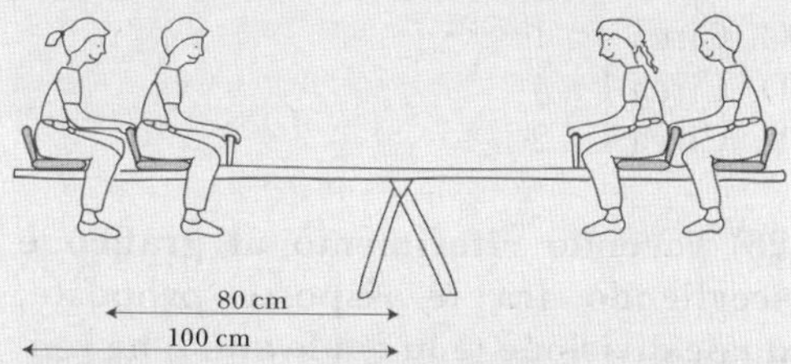


A. 28
B. 29
C. 26
D. 22
E. 27

**21) Facendo riferimento al grafico, qual è stato il fatturato in Italia nel primo semestre 2014?**

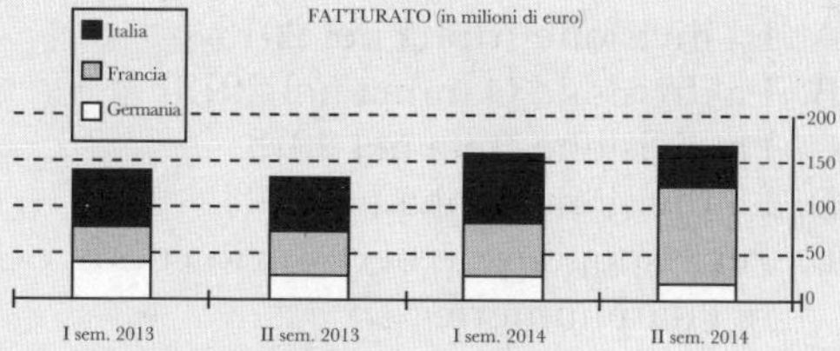


A. Circa 60 milioni di euro
B. Circa 80 milioni di euro
C. Circa 100 milioni di euro
D. Circa 40 milioni di euro
E. Circa 120 milioni di euro

**22) Facendo riferimento al grafico, qual è il rapporto tra gli intervistati con più di 20 anni e quelli con meno di 20 anni?**

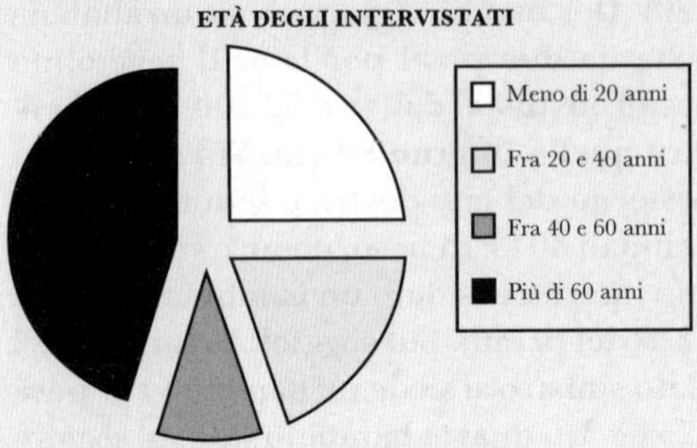


A. Circa 1 a 3
B. Circa 3 a 1
C. Circa 4 a 1
D. Circa 1 a 4
E. Circa 1 a 2

**23) Facendo riferimento al grafico e scegliendo fra le risposte proposte, quale divisione (e in quale anno) ha venduto di più?**

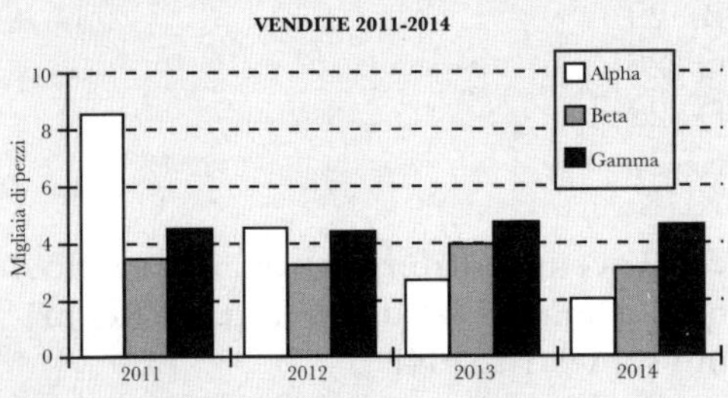


A. La divisione Alpha nel 2013
B. La divisione Gamma nel 2013
C. La divisione Beta nel 2013
D. La divisione Alpha nel 2011
E. Per rispondere è necessario conoscere i dati numerici

**24) La tabella seguente riporta il personale di un'azienda suddiviso per settore di attività e sede**

| | Sede W | Sede X | Sede Y | Sede Z |
|---|---|---|---|---|
| **Produzione** | 100 | 50 | 40 | 15 |
| **Design** | 18 | 25 | 32 | 90 |
| **Ricerca** | 15 | 10 | 25 | 60 |
| **Marketing** | 17 | 15 | 23 | 75 |

**Qual è il numero medio degli addetti al settore Design per sede?**

A. 52,5
B. 25,75
C. 40,5
D. 41,25
E. 75

**25) La seguente tabella riassume i dati relativi all'impiego nei diversi settori economici negli anni dal 2003 al 2005. I dati sono espressi in milioni.**

| Settore | 2003 | 2004 | 2005 |
|---|---|---|---|
| **Industria** | 3,7 | 4,0 | 3,6 |
| **Artigianato** | 0,9 | 1,0 | 1,1 |
| **Agricoltura** | 0,5 | 0,4 | 0,3 |
| **Servizi** | 4,1 | 4,6 | 4,4 |
| **Totale** | 9,2 | 10,0 | 9,4 |

**Nel 2004 quale era la percentuale sul totale degli impiegati nel settore dell'industria?**

A. 4%
B. 10%
C. 40%
D. 38%
E. 46%

**26) Se Riccardo acquista una moto al prezzo di 13.500 euro più un sovrapprezzo del 20%, quanto pagherà in totale?**

A. 16.200 euro
B. 17.000 euro
C. 10.800 euro
D. 15.500 euro
E. 13.400 euro

**27) In una scuola vi sono 70 alunni, di cui 28 sono ripetenti. Qual è la percentuale di non ripetenti presente nella scuola?**

A. 30%
B. 40%
C. 25%
D. 42%
E. 60%

**28) Il prezzo di un oggetto messo in vendita su internet è di 580,00 €. Sapendo che le commissioni da corrispondere al sito sono pari all'11%, il ricavo netto sarà di:**

A. 638
B. 643,8
C. 516,2
D. 63,8
E. 98,3

**29) 18 lanterne hanno petrolio per 16 giorni. Se le lanterne fossero 6, quanti giorni durerebbe il petrolio?**

A. 92
B. 89
C. 60
D. 48
E. 57

**30) La differenza tra due numeri è 24 e l'uno è 1/3 dell'altro. I due numeri sono:**

A. 36 e 12
B. 145 e 37
C. 84 e 28
D. 69 e 23
E. 45 e 78

**31) Rosa ha comprato i 3/7 di una collezione musicale. Sapendo che ha acquistato 54 audiocassette, quante audiocassette deve ancora comprare per acquisire l'intera collezione?**

A. 126
B. 72
C. 100
D. 62
E. 95

**32) Un treno che corre a 30 km/h precede un treno che corre a 50 km/h. Quanti km distano l'uno dall'altro i treni, se occorreranno 15 minuti al treno più rapido per raggiungere il treno più lento?**

A. 8
B. 7
C. 5
D. 2,5
E. 6

**33) 20 canarini hanno mangime per 19 giorni. Se i canarini fossero 5, quanti giorni durerebbe il mangime?**

A. 127
B. 26
C. 76
D. 38
E. 48

**34) Una libreria ha 6 ripiani; ponendo su ciascuno di essi 21 libri, si occupano solo i primi 4 ripiani. Se si volesse occupare tutta la libreria, invece, quanti libri bisognerebbe disporre su ogni ripiano facendo in modo che il numero di libri sia lo stesso su ogni ripiano?**

A. 17
B. 15
C. 16
D. 18
E. 14

**35) La somma di due numeri è 30 e uno è i 3/7 dell'altro. I due numeri sono:**

A. 7 e 23
B. 11 e 19
C. 2 e 28
D. 9 e 21
E. 6 e 18

**36) Carlotta ha 5 braccialetti apparentemente identici, uno dei quali è però più pesante degli altri. Avendo a dispo-**

**sizione una bilancia a due piatti, quante pesate saranno sufficienti per essere certi di individuarlo?**

A. 4
B. 2
C. 5
D. 3
E. 1

**37) A una festa con 10 partecipanti, quante strette di mano si contano se ciascuno dei 10 stringe la mano a tutti gli altri?**

A. 90
B. 100
C. 50
D. 45
E. 20

**38) Un'asta di metallo lunga 1 metro è sospesa per il suo centro. A 40 cm dall'estremità sinistra è agganciato un peso di 30 kg, mentre all'estremità opposta è agganciato un peso di 6 kg. Cosa è necessario fare per equilibrare l'asta e mantenerla in posizione orizzontale?**

A. Aggiungere, al peso agganciato a destra, un ulteriore peso di 22 kg
B. Aggiungere, al peso agganciato a sinistra, un ulteriore peso di 30 kg
C. Aggiungere, al peso agganciato a destra, un ulteriore peso di 24 kg
D. Aggiungere, al peso agganciato a sinistra, un ulteriore peso di 6 kg
E. Nulla, l'asta è già in equilibrio

**39) Un giro del mondo in crociera con un prezzo di listino pari a 20.000 euro viene venduto con uno sconto del 60%. A quanto è ammontato lo sconto?**

A. 8.000 euro
B. 12.000 euro
C. 6.000 euro
D. 3.333 euro
E. 9.000 euro

**40) Un flacone di shampoo della capacità di 250 millilitri è pieno per il 60%. Quanto liquido contiene?**

A. 1,5 decilitri
B. 0,015 litri
C. 160 millilitri
D. 150 centilitri
E. 1,9 decilitri

**41) In una fabbrica vi sono 60 persone, di cui 18 sono donne. Qual è la percentuale di uomini presente nella fabbrica?**

A. 42%
B. 30%
C. 65%
D. 70%
E. 57%

**42) Un corteo è composto da 21 file di persone. Ogni fila contiene 6 persone in più della precedente. Se nella prima fila ci sono 4 persone, nell'ultima fila ci saranno:**

A. 93 persone
B. 132 persone
C. 124 persone
D. 130 persone
E. 128 persone

**43) Se 2 è "C", 6 è "G", 9 è "L", come si scrive "COLLINE" usando numeri invece di lettere?**

A. 25 14 2 2 14 11 14
B. 2 12 10 10 8 11 4
C. 2 12 9 9 8 11 4
D. 5 12 9 9 8 11 4
E. Le altre opzioni sono errate

**44) Se LAC significa cifra (singola) divisibile per 4, LIC significa cifra (singola) divisibile per 7 e LUC significa cifra (singola) divisibile per 3, allora con quale scrittura può essere espresso il numero 89?**

A. LIC LUC
B. LAC LAC
C. LAC LUC
D. LUC LUC
E. LAC LIC

**45) Sulla base delle informazioni contenute nel grafico, in quale anno le due divisioni Borsette e Valigie (Zaini esclusi) hanno globalmente venduto di più?**

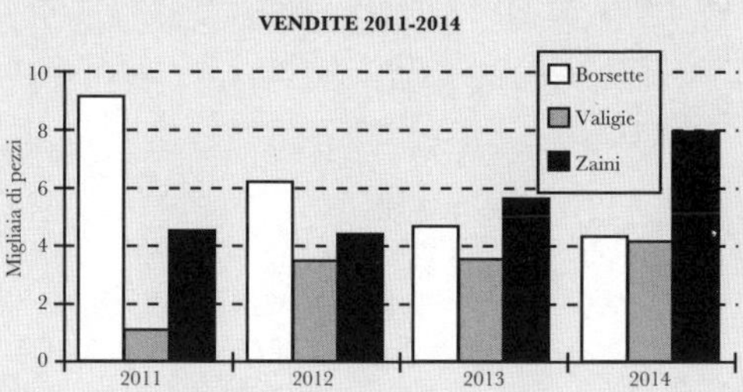


A. Nel 2011
B. Nel 2013
C. Nel 2012
D. Nel 2014
E. Nel 2012 e nel 2013

**46) Sulla base delle informazioni contenute nel grafico, qual è stato l'utile dell'azienda Beta nel 2011?**

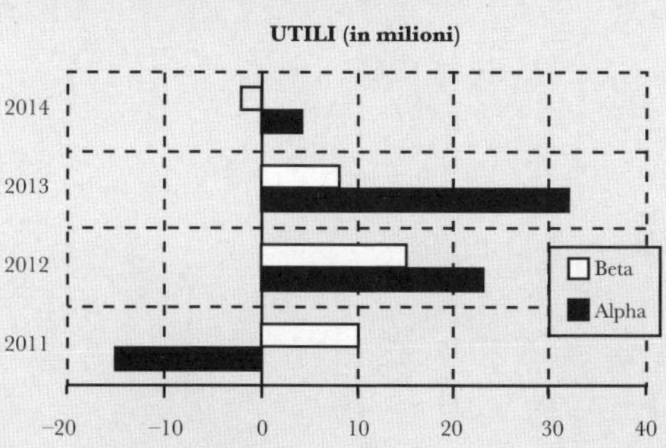


A. Circa 30 milioni
B. Circa 5 milioni
C. Circa 10 milioni
D. Circa 60 milioni
E. Circa 40 milioni

**47) Leggere le indicazioni e, facendo riferimento alla figura, rispondere al quesito.**
**La griglia 4 × 4 contiene solo numeri da 1 a 4 e per essere riempita con i numeri mancanti è necessario seguire tre semplici regole:**
1. **ogni riga deve contenere differenti numeri;**
2. **ogni colonna deve contenere differenti numeri;**
3. **ogni "flusso" collegato dai segmenti deve contenere differenti numeri.**

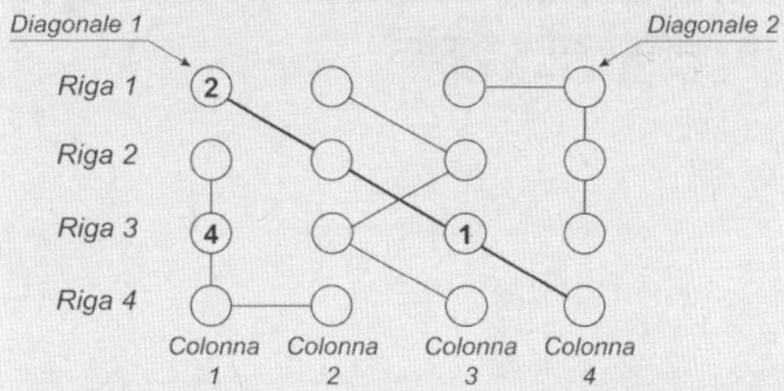


**Individuare l'alternativa che rappresenta la corretta sequenza di numeri della Colonna 1, riportati dall'alto verso il basso.**

A. 2-4-1-3
B. 2-1-4-3
C. 2-3-4-1
D. 1-4-3-2
E. 2-1-3-4

**48) Quale dei seguenti numeri integra la serie?**

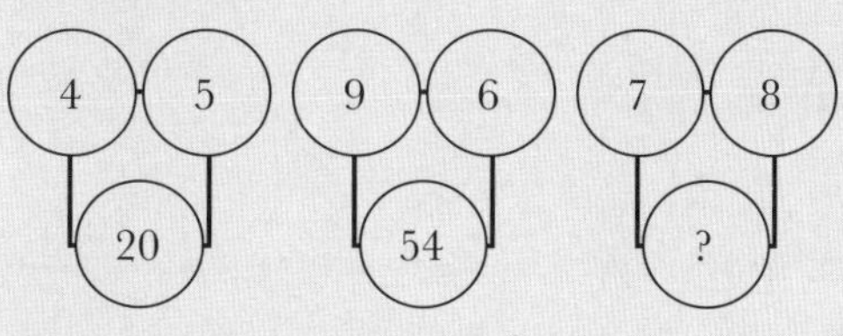


A. 2
B. 15
C. 34
D. 56
E. 37

**49) Quale dei seguenti numeri integra la serie?**

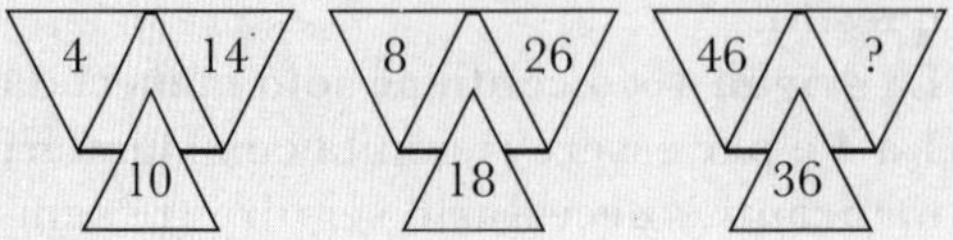


A. 59
B. 82
C. 55
D. 16
E. 18

**50) Quale dei numeri proposti completa la seguente serie?**

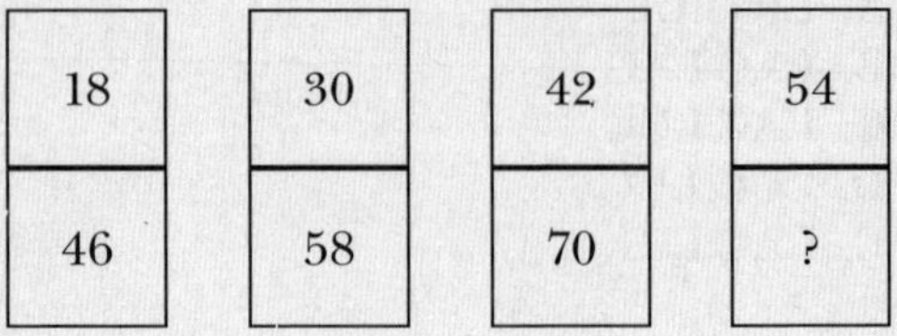


A. 62
B. 68
C. 82
D. 60
E. 72

# RISPOSTE COMMENTATE • LOGICA NUMERICA E *PROBLEM SOLVING*

**1) B.** Si nota che ciascun numero della successione si ottiene sommando 9 al numero precedente; difatti 71 + 9 = 80, oppure 80 + 9 = 89. Pertanto si ha anche che 53 + 9 = 62 oppure che 62 + 9 = 71. Da tale ragionamento si deduce che la risposta esatta è "62". Di seguito si riporta uno schema che riassume il nesso logico tra ciascun numero della successione ed il numero seguente:

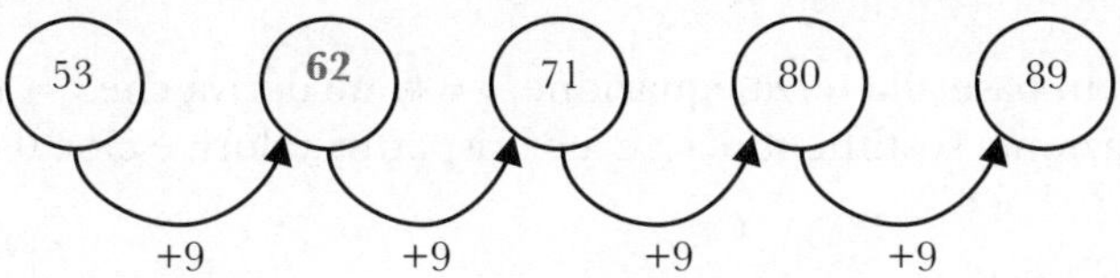


**2) A.** La successione di lettere è governata dal seguente nesso logico: ogni lettera è ottenuta partendo dalla precedente e muovendosi di tre posizioni in avanti lungo l'alfabeto italiano. Nel caso in cui si giunga al termine dell'alfabeto, lo scorrimento riprende dall'inizio dell'alfabeto stesso, seguendo un senso ciclico.
In figura è mostrato questo scorrimento di posizioni lungo l'alfabeto che permette di ricavare la successione di lettere. In particolare si nota che la lettera P è tre posizioni prima della lettera S (la prima lettera nota della sequenza).

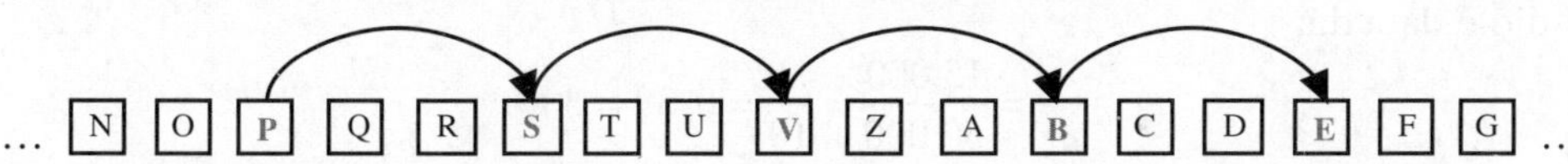


**3) A.** Si può notare che ciascuna lettera dell'alfabeto internazionale corrisponde ad un numero che è pari alla sua posizione nell'ordine alfabetico.
Sussiste quindi la seguente corrispondenza tra numeri e lettere:

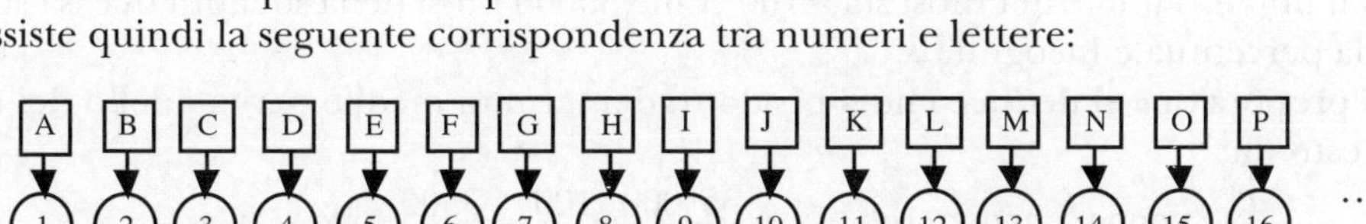


Si noti che ciascun termine della successione è costituito da una lettera e da un numero. In particolare il numero determina la lettera che sarà presente nel termine successivo.
Ad esempio, nel primo termine C8, il numero 8, che corrisponde alla lettera H, determina il fatto che la lettera nel termine successivo sia H.
Di seguito vi è quindi il termine H6; qui, il numero 6 determina il fatto che nel termine successivo la lettera sia F (la sesta lettera dell'alfabeto).

Di seguito vi è il termine F11; qui, il numero 11 fa sì che nel termine successivo vi sia la lettera K (l'undicesima lettera dell'alfabeto internazionale).
Il termine K3 fa in modo che nel termine successivo la lettera presente sia C (la terza lettera dell'alfabeto).
Di seguito sono illustrati i nessi logici della sequenza alfanumerica:

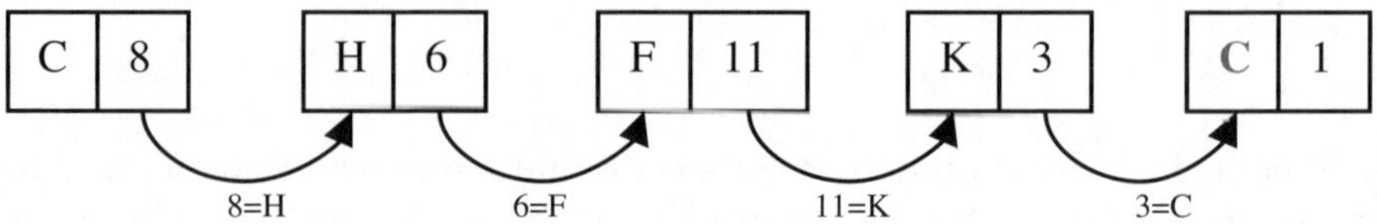


**4) B.** La prima equazione, trasportando a primo membro il termine ¿ e sommando, diviene:
3¿ = #
Dovendo essere, in base alla terza equazione, ¿ = #, ne deriva che ¿ = # = 0.
La seconda equazione, sostituendo a ¿ e a ç i rispettivi valori, e cioè 0 e –6, diviene:
0 = –6 + $
da cui:
$ = 6

**5) B.** Sia $n_p = 50.000$ il numero totale di persone presenti allo stadio. Sia $n_c = 35.000$ il numero di tifosi della squadra di casa. Di conseguenza, il numero di tifosi $n_t$ della squadra in trasferta è dato da:

$$n_t = n_p - n_c = 50.000 - 35.000 = 15.000$$

La percentuale di tifosi della squadra in trasferta sul totale delle persone presenti allo stadio è data da:

$$\frac{n_t}{n_p} = \frac{15.000}{50.000} = \frac{3}{10} = 0,30 = 30\%$$

Per la soluzione del quesito si può anche impostare la proporzione:
50.000 : 100=35000 : $x$
Ossia il numero totale dei tifosi sta a 100 come 35000 tifosi della squadra di casa stanno alla percentuale incognita $x$.
Dalla proporzione si deduce che il prodotto dei termini medi è pari a quello dei termini estremi:

$$x \cdot 50000 = 35000 \cdot 100 \Rightarrow x = \frac{35\,\cancel{000} \cdot 100}{50\,\cancel{000}} = \frac{3500}{50} = 70 \rightarrow 70\%$$

Di conseguenza i tifosi della squadra ospite sono 100% – 70% = 30%

**6) E.** I numeri compresi tra 1 e 50 che sono divisibili per 5 sono 5, 10, 15, 20, 25, 30, 35, 40, 45, 50. Si tratta quindi di 10 numeri. Pertanto il numero di casi favorevoli $n_f$ in cui viene estratto un numero divisibile per 5 è dato da $n_f = 10$. I casi possibili $n_p$ sono pari a 50 (il totale delle palline). Quindi $n_p = 50$.

La probabilità che venga estratto un numero divisibile per 5 è data dal rapporto tra il numero di casi favorevoli e il numero di casi possibili. Pertanto si ha:

$$P(\text{divisibile per } 5) = \frac{n_f}{n_p} = \frac{10}{50} = \frac{1}{5}$$

---

**7) B.** Si indica con *T* l'uscita di "testa" dal lancio di una moneta; analogamente si indica con *C* l'uscita di "croce" dal lancio di una moneta.
Lanciando tre monete si possono ottenere otto possibili risultati: *TTT*, *TTC*, *TCC*, *CTT*, *CTC*, *CCT*, *CCC*, *TCT*.
Il numero di casi possibili, indicato con $n_p$, è dunque pari ad 8, ossia $n_p = 8$. I casi favorevoli sono quelli in cui esce almeno una "testa". Questo vuol dire che si considerano favorevoli i casi in cui esce una sola "testa", oppure escono due "teste" oppure escono tre "teste".
Pertanto si considerano favorevoli tutti i risultati tranne il risultato *CCC* in cui non vi è nemmeno una "testa". Il numero di casi favorevoli vale 7, ossia $n_f = 7$.
Pertanto la probabilità che dal lancio delle tre monete esca almeno una testa è data dal rapporto tra numero di casi favorevoli e numero di casi possibili:

$$P(\text{almeno} 1T) = \frac{n_f}{n_p} = \frac{7}{8}$$

---

**8) C.** I casi possibili $n_p$ sono 8, in quanto i dischetti contenuti nel sacchetto sono 8, ognuno recante una delle lettere della parola FUNZIONE. Pertanto $n_p = 8$. I casi favorevoli $n_f$ sono 2; difatti si cercano i casi in cui vengono estratte le lettere della parola *FU*, ossia la lettera *F* e la lettera *U*. Quindi $n_f = 2$.
Pertanto la probabilità che dal sacchetto vengano estratte la lettera *F* o la lettera *U* è data dal rapporto tra numero di casi favorevoli e numero di casi possibili:

$$P(FU) = \frac{n_f}{n_v} = \frac{2}{8} = \frac{1}{4} = 0{,}25 = 25\%$$

---

**9) A.** La spesa totale sostenuta dai 18 amici è data dal prodotto della singola quota versata da un amico per il numero totale degli amici, ossia:

$$€6 \times 18 = €108$$

Se il numero degli amici, ossia 18, si riduce di 1/3, allora il nuovo numero di giocatori sarà dato da 18 cui viene sottratto un terzo di 18, ossia:

$$18 - \frac{1}{3} \cdot 18 = 18 - 6 = 12$$

La spesa totale, pari a €108, deve essere quindi divisa tra 12 persone. Pertanto la nuova quota sarà:

$$\frac{€\ 108}{12} = €\ 9$$

**10) D.** Sia $d = 300$ km la distanza che separa Milano da Firenze.

Se $v_L = 60\frac{\text{km}}{\text{h}}$ è la velocità di Luca, egli percorre in un tempo $t$, partendo da Firenze, uno spazio $x_L$ dato da $x_L = v_L \cdot t$. In modo analogo, se $v_G = 90\frac{\text{km}}{\text{h}}$ è la velocità di Giovanni, egli percorre nello stesso tempo $t$, partendo da Milano, uno spazio $x_G$ dato da: $x_G = v_G \cdot t$.

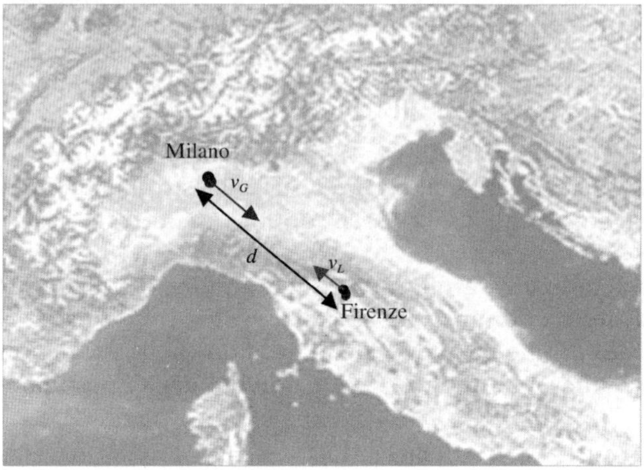


Per ottenere il tempo $t$ entro il quale i due ricoprono l'intero spazio $d$ tra Firenze e Milano, ossia il tempo entro il quale si incontrano lungo il percorso $d$, occorre eguagliare la somma degli spazi percorsi $x_L$ e $x_G$ alla distanza $d$:

$$x_L + x_G = d \qquad v_L \cdot t + v_G \cdot t = d \qquad (v_L + v_G) \cdot t = d \qquad t = \frac{d}{v_L + v_G}$$

Sostituendo i valori numerici si ottiene il tempo $t$.

$$t = \frac{d}{v_L + v_G} = \frac{300\text{ km}}{60\frac{\text{km}}{\text{h}} + 90\frac{\text{km}}{\text{h}}} = \frac{300\text{ km}}{150\frac{\text{km}}{\text{h}}} = 2\text{h}$$

Dopo un tempo $t = 2h$, Luca avrà percorso uno spazio pari a:

$$x_L = v_L \cdot t = 60\frac{\text{km}}{\text{h}} \cdot 2\text{h} = 120\text{ km}$$

Tale spazio è la distanza di Luca da Firenze al momento dell'incontro, ma è anche la distanza di Giovanni da Firenze nello stesso momento; infatti quest'ultimo, dopo t = 2h, avrà percorso uno spazio pari a:

$$x_G = v_G \cdot t = 90\frac{\text{km}}{\text{h}} \cdot 2\text{h} = 180\text{ km}$$

ossia si troverà a 300 – 180 = 120 km da Firenze.

**11) B.** Si può risolvere il quesito con un primo metodo intuitivo.
Un quintale è pari a 100 kg. I 100 conigli mangiano 100 kg di carote in 100 giorni. Di

conseguenza i 100 conigli in 10 giorni mangiano 10 kg di carote. Se i conigli sono 10, anziché 100, allora in 10 giorni essi mangiano 1 kg di carote anziché 10 kg. Quindi 10 conigli mangiano in 10 giorni 1 kg di carote.
In modo più formale si può risolvere il quesito secondo il tipico problema del "tre composto".
I problemi del "tre composto" presentano generalmente tre o più grandezze, alcune delle quali possono essere direttamente proporzionali fra loro, mentre altre possono essere inversamente proporzionali. Nel caso in questione la grandezza "kg di carote mangiate" è direttamente proporzionale sia al numero di conigli sia al numero di giorni. Difatti al raddoppiare o al triplicare del numero dei giorni o del numero di conigli, il numero di kg di carote mangiate duplica oppure triplica.
In tal caso, detti $x$ i kg di carote che 10 conigli mangiano in 10 giorni, si può impostare la seguente proporzione:
$x : 100\ kg = (10\ conigli \cdot 10\ giorni) : (100\ conigli \cdot 100\ giorni)$
Il prodotto dei termini medi eguaglia quello degli estremi:
$x \cdot (100\ conigli \cdot 100\ giorni) = 100\ \text{kg} \cdot (10\ conigli \cdot 10\ giorni)$
Da tale relazione si ottiene l'incognita $x$:

$$x = \frac{100\ \text{kg} \cdot (10\ \text{conigli} \cdot 10\ \text{giorni})}{100\ \text{conigli} \cdot 100\ \text{giorni}}$$

$$x = \frac{10000\ \text{kg} \cdot \text{conigli} \cdot \text{giorni}}{10000\ \text{conigli} \cdot \text{giorni}}$$

$$x = \frac{\cancel{10000}\ \text{kg} \cdot \cancel{\text{conigli}} \cdot \cancel{\text{giorni}}}{\cancel{10000}\ \cancel{\text{conigli}} \cdot \cancel{\text{giorni}}}$$

$$x = 1\ \ \text{kg}$$

Il numero $x$ di kg di carote mangiate da 10 conigli in 10 giorni vale 1.

**12) A.** In tale tipologia di quesiti si chiede quante coppie di *conigli* possiederà il contadino all'inizio dell'*n*-esimo anno, nell'ipotesi (teorica) che nessun coniglio muoia, per varie cause.
Dal testo del quesito si evince che ogni coppia di conigli genera ogni anno (eccetto il primo dopo la nascita, durante il quale giunge alla maturità sessuale) un'altra coppia di conigli.
Pertanto, il contadino, all'inizio del primo anno, avrà ancora 1 coppia di conigli. All'inizio del secondo anno, avrà 2 coppie di conigli. All'inizio del terzo anno, le 2 coppie avranno generato altre 2 coppie di conigli; in tal modo, le coppie saranno diventate 4. All'inizio del quarto anno, le 4 coppie di conigli avranno generato altre 4 coppie di conigli; in tal modo, le coppie saranno diventate 8. All'inizio del quinto anno, le 8 coppie di conigli avranno generato altre 8 coppie di conigli; in tal modo, le coppie saranno diventate 16. All'inizio del sesto anno, le 16 coppie di conigli avranno generato altre 16 coppie di conigli; in tal modo, le coppie saranno diventate 32.
Tale tipologia si risolve, dunque, applicando le potenze del 2.
Considerato che, dopo l'età di un anno, ciascuna coppia genera ogni anno una nuova coppia di conigli, il numero di conigli all'inizio dei diversi anni è:

| | |
|---|---|
| Inizio primo anno: $1 \times 2 = 2^1 = 2$ | la coppia di conigli non ha ancora generato conigli |
| Inizio secondo anno: $2 \times 2 = 2^2 = 4$ | la coppia di conigli (cioè 2 conigli) genera 2 conigli |
| Inizio terzo anno: $4 \times 2 = 2^3 = 8$ | le 2 coppie di conigli (cioè 4 conigli) generano altri 4 conigli |
| Inizio quarto anno: $8 \times 2 = 2^4 = 16$ | le 4 coppie di conigli (cioè 8 conigli) generano altri 8 conigli |
| Inizio quinto anno: $16 \times 2 = 2^5 = 32$ | le 8 coppie di conigli (cioè 16 conigli) generano altri 16 conigli |
| Inizio sesto anno: $32 \times 2 = 2^6 = 64$ | le 16 coppie di conigli (cioè 32 conigli) generano altri 32 conigli |

**13) A.** Il quesito può essere risolto impostando un'equazione risolutiva per individuare il numero di uomini e di donne.
Detto $x$ il numero degli uomini, allora il numero di donne sarà dato dal totale, ossia 300, a cui deve essere sottratto il numero di uomini $x$. Pertanto le donne sono $300 - x$. Se ciascun uomo paga €120, allora il totale degli uomini versa una somma pari a $x \cdot €120$. Inoltre, se ciascuna donna paga €90, allora il totale delle donne versa una somma pari a $(300 - x) \cdot €90$. La somma dei versamenti degli uomini e di quelli delle donne deve essere pari a €32.700. Quindi si può scrivere l'equazione:

$$x \cdot €120 + (300 - x) \cdot €90 = €32700$$

$$x \cdot 120 + (300 - x) \cdot 90 = 32700$$

$$120x + 27000 - 90x = 32700$$

$$120x - 90x = 32700 - 27000$$

$$30x = 5700$$

$$x = \frac{5700}{30} = 190$$

Pertanto gli uomini sono $x = 190$, mentre le donne sono $300 - x = 300 - 190 = 110$.
Il quesito può essere risolto anche in modo più intuitivo. Occorre fare i calcoli con ciascuna delle cinque coppie di numeri proposti come risposta. Per ciascuna coppia, il numero di uomini va moltiplicato per €120, mentre il numero di donne va moltiplicato per €90. Se la somma dei due prodotti è pari a €32700, allora la coppia considerata è quella corretta.
Ad esempio, per la risposta ricercata si ottengono i due prodotti: $190 \cdot €120 = €22800$ per gli uomini e $110 \cdot €90 = €9900$ per le donne. La somma dei prodotti ottenuti dà $€22800 + €9900 = €32700$. Svolgendo calcoli analoghi con le altre coppie di numeri non si ottiene mai un totale pari a €32700. Tale metodo permette di evitare l'impostazione di una equazione, però richiede un lungo tempo di calcolo.

**14) B.** Per risolvere il quesito si può partire dal dato fornito, osservando che se i 5/8 dell'intero libro equivalgono a 360 pagine allora 1/8 equivale a 72 pagine, quindi l'intero libro è di $72 \times 8 = 576$ pagine.

In termini matematici si può impostare una proporzione:

$$5/8 : 360 = 1 : x$$

da cui:

$$x = \frac{360 \cdot 8}{5} = 576$$

**15) A.** Ciascuno dei tre marinai, in 1 ora, sbuccia, rispettivamente, $\frac{1}{6}$, $\frac{1}{8}$ e $\frac{1}{12}$ delle patate.
Lavorando insieme, in 1 ora sbucciano $\frac{1}{6} + \frac{1}{8} + \frac{1}{12} = \frac{9}{24} = \frac{3}{8}$ del sacco di patate.

Lavorando insieme, in 8 ore sbucciano 3 sacchi.
Per conoscere il numero $x$ di ore che impiegano a sbucciare 123 sacchi, si imposta la proporzione:

$$3 : 8 = 123 : x$$

da cui devono lavorare $x = 123 \cdot \frac{8}{3} = 328$ ore.

**16) A.** Per considerare il diverso vantaggio che ognuno dei tre trae dall'eredità, la ripartizione non deve essere eseguita in parti uguali, ma proporzionalmente ai numeri dati. Le operazioni mediante le quali si eseguono tali ripartizioni sono dette *riparti proporzionali,* e consentono, in generale, di risolvere un problema di divisione di un valore o di una grandezza in misura proporzionale a dati coefficienti, detti coefficienti di riparto, che cambiano in relazione al tipo di riparto. I riparti possono essere: *semplici,* che si distinguono, a loro volta, in diretti e in inversi; *composti,* che si distinguono, a loro volta, in diretti e in inversi; *misti.*
Nei riparti semplici si assume un'unica base in proporzione alla quale si esegue il riparto.
Nei riparti semplici diretti le quote sono espresse in forma direttamente proporzionale a un coefficiente.
Nel testo del quesito si richiede di dividere la somma di 180.000 euro in tre parti proporzionali ai numeri 2, 3 e 4.
Il coefficiente di riparto, in base al quale attribuire a ciascuno dei tre l'eredità, è:

$$\frac{\text{eredità}}{\text{somma dei numeri 2, 3 e 4}} = \frac{180.000}{9} = 20.000$$

Tale coefficiente deve essere moltiplicato per il numero più alto (in questo caso 4), per ottenere la quota più ingente dell'eredità:

$$20.000 \times 4 = 80.000$$

**17) C.** Il quesito si risolve nel modo seguente:
250 – 46 = 204 = numero di alunni che frequenta corsi
204 – 200 = 4 = numero di alunni che frequenta il corso di nuoto, ma non quello di spagnolo
204 – 199 = 5 = numero di alunni che frequenta il corso di spagnolo, ma non quello di nuoto

Per differenza, si ottiene il numero di alunni che frequenta entrambi i corsi:
$204 - (4 + 5) = 204 - 9 = 195$

**18) A.** Sia $A$ l'insieme degli amici, $G$ l'insieme degli amici che hanno mangiato il gelato e $C$ l'insieme degli amici che hanno mangiato la cassata. Abbiamo che $G \subset A$ e $C \subset A$. Inoltre $C \cap G$ è formato da 4 elementi (i quattro amici che hanno assaggiato entrambi i dolci).

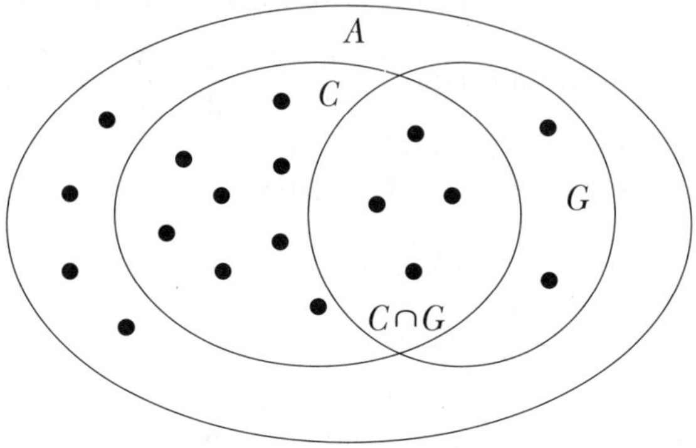


Gli amici che hanno assaggiato solo il gelato sono $6 - 4 = 2$. Gli amici che hanno assaggiato solo la cassata sono invece $12 - 4 = 8$. Quindi gli amici che hanno assaggiato almeno un dolce sono dati da quelli che hanno assaggiato solo il gelato, più quelli che hanno assaggiato solo la cassata, più quelli che li hanno assaggiati entrambi, cioè $2 + 8 + 4 = 14$. Di conseguenza, gli amici che non hanno assaggiato alcun dolce saranno $18 - 14 = 4$.

**19) B.** I quadrati che Riccardo potrà costruire non possono essere singole tessere, ma saranno $2 \times 2$ (4 tessere), $3 \times 3$ (9 tessere), $4 \times 4$ (16 tessere), $5 \times 5$ (25 tessere), $6 \times 6$ (36 tessere), $7 \times 7$ (49 tessere), $8 \times 8$ (64 tessere) o $9 \times 9$ (81 tessere), non più grandi perché ha solo 95 tessere. Partendo dal più grande può utilizzare:
- $81 + 9 + 4 = 94$ tessere;
- $64 + 25 + 4 = 93$ tessere;
- $49 + 36 + 9 = 94$ tessere.

Non si può andare oltre perché la combinazione migliore, quella con 36 tessere, è già stata considerata.
La prima e ultima combinazione permettono di utilizzare tutte le tessere tranne una.

**20) C.** Affinché l'altalena vada in equilibrio, il momento risultante a sinistra deve essere equivalente a quello di destra. A destra ci sono due momenti: quello prodotto dalla forza di 30 kg per il braccio di 100 cm, e quello prodotto dalla forza di 20 kg (ossia in 2/3 di 30 kg) per il braccio di 80 cm. A sinistra c'è il momento prodotto dalla forza incognita $x$ (il peso del bambino all'esterno) per il braccio di 100 cm, e quello prodotto dalla forza di 25 kg per il braccio di 80 cm. La somma dei momenti di sinistra deve essere equivalente alla somma dei momenti di destra. Quindi si ricava la seguente equazione:
$100x + 25 \cdot 80 = 20 \cdot 80 + 30 \cdot 100$

che risolta dà:

$$100x = 1600 + 3000 - 2000 \Rightarrow 100x = 2600 \Rightarrow \frac{100x}{100} = \frac{2600}{100} \Rightarrow x = 26$$

Il bambino pesa quindi 26 kg.

**21) B.** Per il primo semestre del 2014 occorre fare riferimento alla seconda colonna da destra. In questa colonna i fatturati delle tre nazioni sono riportati in pila. Il fatturato dell'Italia è rappresentato dal rettangolo che è sulla sommità della pila (quello scuro). Tale rettangolo si estende verticalmente da un valore di circa 160 milioni di euro fino a circa 80 milioni di euro. La differenza di questi due valori restituisce il fatturato dell'Italia: 160 – 80 = 80 milioni di euro.

**22) B.** Sia *N* il totale degli intervistati. Si nota che lo spicchio bianco della torta del grafico, che rappresenta gli intervistati al di sotto dei 20 anni, è pari a circa $\frac{1}{4}$ dell'intera torta. Pertanto gli intervistati con meno di 20 anni sono circa $\frac{1}{4}N$. Di conseguenza tutti gli intervistati con più di 20 anni ammontano a circa $\frac{3}{4}$ del totale, ossia $\frac{3}{4}$ *N*. Pertanto il rapporto tra gli intervistati con più di 20 anni e quelli con meno di 20 anni vale:

$$\frac{3}{4}N : \frac{1}{4}N = 3 : 1$$

ossia 3 a 1.

**23) D.** La colonna del diagramma più alta è quella che rappresenta il numero di vendite maggiore. Da uno sguardo generale al diagramma si scorge che la colonna più alta è relativa all'anno 2011 ed appartiene alla serie denotata con "Alpha". Il valore di questa colonna è pari a circa 8500 pezzi. Pertanto, il numero maggiore di vendite è stato effettuato dalla divisione Alpha nel 2011.

**24) D.** La soluzione si ottiene considerando le celle della riga Design relative alle varie sedi.
Il numero medio degli addetti al settore Design, ovvero media aritmetica degli addetti a tale settore, si ottiene eseguendo il rapporto tra la somma degli addetti a tale settore nelle diverse sedi per il numero delle sedi (4):

$$\text{numero medio addetti settore Design per sede} = \frac{18 + 25 + 32 + 90}{4} = 41{,}25$$

**25) C.** La percentuale richiesta si ottiene dividendo il dato presente per l'industria nel 2004 (4,0) per il totale del 2004 (10.0) e moltiplicando per 100:

$$\text{percentuale impiegati industria anno 2004} = \frac{4{,}0}{10{,}0} \times 100 = 40\%$$

**26) A.** Il sovrapprezzo del 20% sul prezzo di €13500 vale:

$$20\% \cdot € \ 13500 = \frac{20}{1\cancel{00}} \cdot € \ 135\cancel{00} = € \ 2700$$

Il costo totale è dato dalla somma del prezzo di €13500 e del sovrapprezzo di €2700. Quindi si ha:

$$€13500 + €2700 = €16200$$

**27) E.** Gli alunni non ripetenti sono ottenuti sottraendo al totale quelli ripetenti:

$$70 - 28 = 42$$

La percentuale di alunni non ripetenti è data dal numero di alunni non ripetenti sul totale degli alunni.

$$\frac{42}{70} = \frac{\cancel{42}^{6}}{\cancel{70}_{10}} = \frac{6}{10} = 0{,}60 = 60\%$$

Per la soluzione del quesito si può anche impostare la proporzione:

$$70 : 100 = 42 : x$$

ossia il numero totale degli studenti sta a 100 come 42 studenti stanno alla percentuale $x$ da determinare.
Dalla proporzione si deduce che il prodotto dei medi è pari a quello degli estremi:

$$x \cdot 70 = 42 \cdot 100 \qquad x = \frac{{}^{6}\cancel{42} \cdot 100}{{}_{10}\cancel{70}} = \frac{600}{10} = 60 \rightarrow 60\%$$

**28) C.** Occorre corrispondere al sito Web l'11% del prezzo di vendita. Tale percentuale vale:

$$11\% \cdot € \ 580 = \frac{11}{100} \cdot € \ 580 = € \ 63{,}80$$

Tale commissione va sottratta al prezzo di vendita per ottenere il ricavo netto desunto dalla vendita dell'oggetto:

$$€580{,}00 - €63{,}80 = €516{,}20$$

**29) D.** Fissata una determinata quantità di petrolio, le lanterne ed i giorni sono due grandezze inversamente proporzionali. Ad esempio, al dimezzarsi delle lanterne, raddoppiano i giorni di durata del petrolio, in quanto meno lanterne lo bruciano contemporaneamente.
Si può quindi impostare una proporzione tra i giorni e l'inverso del numero di lanterne.

$$x : 16 = \frac{1}{6} : \frac{1}{18}$$

Il numero incognito $x$ di giorni sta a 16 giorni come l'inverso di 6 lanterne (riferite ai giorni $x$ da determinare) sta all'inverso di 18 lanterne (riferite ai 16 giorni).

Il prodotto degli estremi della proporzione eguaglia il prodotto dei medi:

$$x \cdot \frac{1}{18} = 16 \cdot \frac{1}{6}$$

$$x = 16 \cdot \frac{1}{6} \cdot 18$$

$$x = 16 \cdot \frac{1}{\cancel{6}_1} \cdot \cancel{18}^3$$

$$x = 48$$

I giorni sono quindi 48.
Il quesito si può risolvere anche intuitivamente. Difatti si comprende che se le lanterne diventano la terza parte (passano da 18 a 6), allora i giorni devono triplicare (passando da 16 a 48).

---

**30) A.** Il primo numero può essere indicato con *x*. Si sa, inoltre, che il secondo numero è pari ad un terzo del primo; pertanto il secondo numero vale $\frac{1}{3}x$.
Si imposta l'equazione che afferma che la differenza tra i due numeri vale 24:

$$x - \frac{1}{3}x = 24$$

$$\frac{2}{3}x = 24$$

$$x = 24 \cdot \frac{3}{2}$$

$$x = {}^{12}\cancel{24} \cdot \frac{3}{\cancel{2}_1}$$

$$x = 36$$

Il primo numero vale 36, mentre il secondo vale $\frac{1}{3}x = \frac{1}{3} \cdot 36 = 12$.

Il quesito si può risolvere anche in modo più intuitivo. Si prova a fare i calcoli con ciascuna delle cinque coppie di numeri proposte come risposta. Per ogni coppia andrebbe verificato che il numero più piccolo è pari ad un terzo del maggiore ed inoltre andrebbe verificato che la differenza tra i due numeri vale 24. Si nota in particolare che solo la coppia della risposta "36 e 12" soddisfa queste condizioni. Tale metodo permette di evitare l'impostazione di una equazione, però richiede un lungo tempo di calcolo. Pertanto, tale metodo è sconsigliabile se si è padroni dei metodi risolutivi di semplici equazioni lineari.
Un ulteriore metodo di risoluzione potrebbe essere l'impostazione di un sistema due equazioni in due incognite.
Si denotano i due numeri con *x* e *y*; si scrivono le due equazioni che indicano che numero è un terzo dell'altro e che la differenza tra i due numeri vale 24.

$$\begin{cases} y = \dfrac{1}{3}x \\ x - y = 24 \end{cases}$$

Si risolve il sistema con il metodo di sostituzione:

$$\begin{cases} y = \dfrac{1}{3}x \\ x - \dfrac{1}{3}x = 24 \end{cases} \Rightarrow \begin{cases} y = \dfrac{1}{3}x \\ \dfrac{2}{3}x = 24 \end{cases} \Rightarrow \begin{cases} y = \dfrac{1}{3}x \\ x = 24 \cdot \dfrac{3}{2} \end{cases} \Rightarrow \begin{cases} y = \dfrac{1}{3}x \\ x = 36 \end{cases} \Rightarrow \begin{cases} y = \dfrac{1}{3} \cdot 36 \\ x = 36 \end{cases} \Rightarrow \begin{cases} y = 12 \\ x = 36 \end{cases}$$

**31) B.** Siano $x$ le audiocassette dell'intera collezione musicale. Si sa che i 3/7 di $x$ sono pari a 54 audiocassette. Pertanto si può scrivere:

$$\frac{3}{7}x = 54$$

$$x = 54 \cdot \frac{7}{3}$$

$$x = {}^{18}\cancel{54} \cdot \frac{7}{\cancel{3}_1}$$

$$x = 126$$

Le audiocassette che Rosa deve ancora comperare per completare la collezione sono date da 126 – 54 = 72.

**32) C.** Il treno più lento (treno A) procede con velocità $v_A = 30\dfrac{\text{km}}{\text{h}}$ ed ha già percorso uno spazio $x_0$ rispetto all'altro treno (treno B).

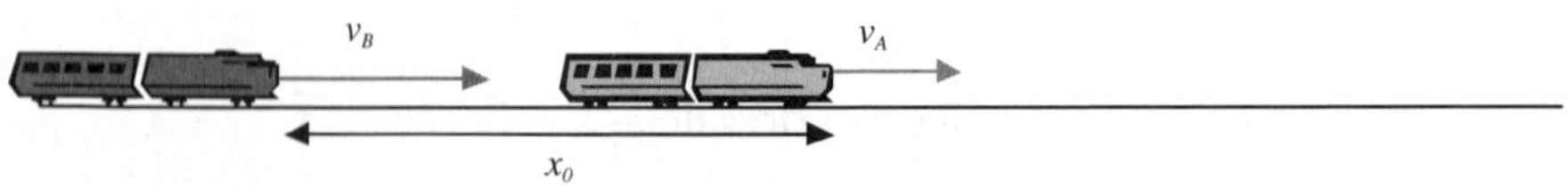


Tale spazio rappresenta anche la distanza che intercorre tra i due treni all'istante iniziale. Pertanto ad un generico istante $t$, lo spazio $x_A$ percorso dal treno $A$ si esprime mediante la seguente relazione:

$$x_A = x_0 + v_A \cdot t$$

Il treno B viaggia con velocità $v_B = 50\dfrac{\text{km}}{\text{h}}$ e a un generico istante $t$ avrà percorso uno spazio $x_B$ dato dalla seguente espressione:

$$x_B = v_B \cdot t$$

l'istante $t^* = 15\text{ min} = \dfrac{1}{4} \cdot 60\text{min} = \dfrac{1}{4}\text{h}$ lo spazio percorso dai due treni è il medesimo, ossia il treno B, inizialmente indietro ma più veloce, avrà raggiunto il treno A.

Pertanto si può scrivere:

$$x_A = x_B$$

ossia

$$x_0 + v_A \cdot t^* = v_B \cdot t^*$$

In questa relazione occorre determinare $x_0$, ossia lo spazio che inizialmente separava i due treni.
Dalla relazione:

$$x_0 = v_B \cdot t^* - v_A \cdot t^*$$

otteniamo:

$$x_0 = (v_B - v_A) \cdot t^*$$

Sostituendo i valori numerici si ottiene:

$$x_0 = \left(50\frac{\text{km}}{\text{h}} - 30\frac{\text{km}}{\text{h}}\right) \cdot \frac{1}{4}\text{h} = {}^{5}\cancel{20}\frac{\text{km}}{\cancel{\text{h}}} \cdot \frac{1}{\cancel{4}_1}\cancel{\text{h}} = 5 \text{ km}$$

Si può risolvere il quesito anche intuitivamente.

Il treno A, quello più lento, percorre in $t^* = 15$ min, ossia in un quarto d'ora $t^* = \frac{1}{4}$ *h*, uno spazio pari al prodotto della velocità per il tempo: ${}^{15}\cancel{30}\frac{\text{km}}{\cancel{\text{h}}} \cdot \frac{1}{\cancel{4}_2}\cancel{\text{h}} = 7{,}5$ km. Il treno B, quello più veloce, nello stesso tempo percorre il seguente spazio: ${}^{25}\cancel{50}\frac{\text{km}}{\cancel{\text{h}}} \cdot \frac{1}{\cancel{4}_2}\cancel{\text{h}} = 12{,}5$ km.
Quindi il treno B percorre nel tempo $t^* = \frac{1}{4}$ *h* uno spazio in più rispetto al treno A che è pari a 12,5 *km* – 7,5 *km* = 5 *km.*
Pertanto, se al tempo $t^*$ i due treni sono nella stessa posizione, allora è necessario che inizialmente il treno A sia collocato 5 *km* avanti al treno B.

---

**33) C.** Fissata una determinata quantità di mangime, i canarini ed i giorni sono due grandezze inversamente proporzionali. Ad esempio, al dimezzarsi dei canarini, raddoppiano i giorni di durata del mangime, in quanto vi saranno meno canarini a consumarlo.
Si può quindi impostare una proporzione tra i giorni e l'inverso del numero di canarini.

$$x : 19 = \frac{1}{5} : \frac{1}{20}$$

Il numero incognito *x* di giorni sta a 19 giorni come l'inverso di 5 canarini (riferiti ai giorni *x* da determinare) sta all'inverso di 20 canarini (riferiti ai 19 giorni).
Il prodotto degli estremi della proporzione eguaglia il prodotto dei medi.

Si ha:

$$x \cdot \frac{1}{20} = 19 \cdot \frac{1}{5}$$

$$x = 19 \cdot \frac{1}{5} \cdot 20$$

$$x = 19 \cdot \frac{1}{\cancel{5}_1} \cdot \cancel{20}^4$$

$$x = 76$$

I giorni sono quindi 76.
Il quesito si può risolvere anche intuitivamente. Difatti si comprende che se i canarini diventano la quarta parte (passano da 20 a 5), allora i giorni devono quadruplicare (passando da 19 a 76).

**34) E.** Su ciascuno dei primi 4 ripiani vengono posti 21 libri; pertanto il numero totale dei libri vale $21 \times 4 = 84$.
Se questi 84 libri vengono ugualmente suddivisi sui 6 ripiani, allora su ciascun ripiano occorre sistemare un numero di libri dato da $84 : 6 = 14$.
Il quesito può essere risolto anche mediante una proporzione.
Fissato il numero totale di libri, il numero di mensole ed il numero di libri per mensola sono due grandezze inversamente proporzionali. Ad esempio, al raddoppiare del numero di mensole, si dimezzerà il numero di libri da porre su ciascuna di esse.
Si può quindi impostare una proporzione tra il numero di libri e l'inverso del numero di mensole.

$$x : 21 = \frac{1}{6} : \frac{1}{4}$$

Il numero incognito *x* di libri per mensola sta a 21 libri per mensola come l'inverso di 6 mensole (riferite al numero *x* di libri per mensola) sta all'inverso di 4 mensole (riferite ai 21 libri per mensola).
Il prodotto degli estremi della proporzione eguaglia il prodotto dei medi:

$$x \cdot \frac{1}{4} = 21 \cdot \frac{1}{6}$$

$$x = 21 \cdot \frac{1}{6} \cdot 4$$

$$x = 21 \cdot \frac{1}{\cancel{6}_3} \cdot \cancel{4}^2 = {}^7\cancel{21} \cdot \frac{2}{\cancel{3}_1}$$

$$x = 14$$

Con 6 mensole si possono disporre 14 libri per mensola.

**35) D.** Il primo numero può essere indicato con *x*. Si sa, inoltre, che il secondo numero è pari ai 3/7 del primo; pertanto il secondo numero vale $\frac{3}{7}x$.

Si imposta l'equazione che afferma che la somma dei due numeri vale 30:

$$x+\frac{3}{7}x=30$$
$$\frac{7x+3x}{7}=30$$
$$\frac{10}{7}x=30$$
$$x=30\cdot\frac{7}{10}$$
$$x={}^{3}\cancel{30}\cdot\frac{7}{\cancel{10}_{1}}$$
$$x=21$$

Il primo numero vale 21, mentre il secondo vale $\frac{3}{7}x=\frac{3}{7}\cdot 21=9$.

Il quesito si può risolvere anche in modo più intuitivo. Si prova a fare i calcoli con ciascuna delle cinque coppie di numeri proposte come risposta. Per ogni coppia andrebbe verificato che il numero più piccolo è pari ai 3/7 del maggiore ed inoltre andrebbe verificato che la somma dei due numeri vale 30. Si nota in particolare che solo la coppia di numeri 9, 21 soddisfa queste condizioni. Tale metodo permette di evitare l'impostazione di una equazione, però richiede un lungo tempo di calcolo. Pertanto, tale metodo è sconsigliabile se si è padroni dei metodi risolutivi di semplici equazioni lineari.
Un ulteriore metodo di risoluzione potrebbe essere l'impostazione di un sistema di due equazioni in due incognite. Si denotano i due numeri con *x* e *y*; si scrivono le due equazioni che indicano che un numero è i 3/7 dell'altro e che la somma dei due numeri vale 30.

$$\begin{cases} y=\frac{3}{7}x \\ x+y=30 \end{cases}$$

Si risolve il sistema con il metodo di sostituzione:

$$\begin{cases} y=\frac{3}{7}x \\ x+\frac{3}{7}x=30 \end{cases} \Rightarrow \begin{cases} y=\frac{3}{7}x \\ \frac{10}{7}x=30 \end{cases} \Rightarrow \begin{cases} y=\frac{3}{7}x \\ x=30\cdot\frac{7}{10} \end{cases} \Rightarrow \begin{cases} y=\frac{3}{7}\cdot 21 \\ x=21 \end{cases} \Rightarrow \begin{cases} y=9 \\ x=21 \end{cases}$$

**36) B.** Per identificare il braccialetto più pesante tra i 5 dati, Carlotta esegue 2 pesate. Divide i braccialetti in gruppi di 2 – 2 – 1.
Prima pesata: mette un gruppo da 2 su un piatto e l'altro gruppo da 2 su un altro piatto. Tiene da parte 1 braccialetto. Se la bilancia resta in equilibrio, allora il braccialetto pesante è quello tenuto in mano; altrimenti un piatto con 2 braccialetti pesa di più.
Seconda pesata: Carlotta prende i 2 braccialetti del piatto più pesante e ne mette 1 su

un piatto e 1 su un altro piatto. Un piatto pesa sicuramente più dell'altro; ovviamente è quello che contiene il braccialetto più pesante.

**37) D.** Si considerino n individui. Il primo individuo stringe la mano una e una sola volta a ognuno degli altri $n - 1$ individui; pertanto, $n - 1$ strette di mano sono da attribuire al primo individuo. Analogamente, il secondo individuo stringe la mano una e una sola volta a ognuno degli altri $n - 1$ individui; pertanto, $n - 1$ strette di mano sono da attribuire al secondo individuo. Per analogia, $n - 1$ strette di mano sono da attribuire a ciascuno degli n individui. Tuttavia, la stretta di mano tra il secondo e il primo individuo è già stata conteggiata nel calcolo delle strette di mano tra il primo e il secondo individuo, per cui, relativamente al secondo individuo, si conteggiano soltanto $n - 2$ strette di mano...; per l'$n - 1$ esimo individuo, si conteggia solo 1 stretta di mano; per l'$n$-esimo individuo non si conteggia alcuna stretta di mano.
La formula generale per conteggiare le strette di mano tra n individui è:

$$C_{n,2} = \binom{n}{2} = \frac{n(n-1)}{2 \cdot 1}$$

Se gli individui sono 10, allora il numero di strette di mano è:

$$C_{10,2} = \binom{10}{2} = \frac{10 \cdot 9}{2} = 45$$

**38) E.** Il punto su cui è appoggiata l'asta è il fulcro. In fisica, per i corpi vincolati a ruotare attorno al fulcro è definita una grandezza, detta momento di una forza, che tiene conto sia della forza applicata sia della distanza del punto di applicazione di tale forza dal fulcro, detta braccio della forza.
Si realizza una situazione di equilibrio, ossia una situazione in cui l'asta è in posizione orizzontale, quando la forza applicata a sinistra è controbilanciata dalla tendenza opposta prodotta dalla forza applicata a destra dell'asta. In altri termini, occorre porre la condizione di equilibrio tra i momenti associati alle forze agenti sui due estremi dell'asta, relative ai due bracci.
A 40 cm dall'estremità sinistra, per cui a 10 cm dal fulcro, è agganciato un peso di 30 kg, con un momento di 30 kg · 10 cm = 300.
A destra, a 50 cm dal fulcro, invece, è agganciato un peso di 6 kg, con un momento di 6 kg · 50 cm = 300.

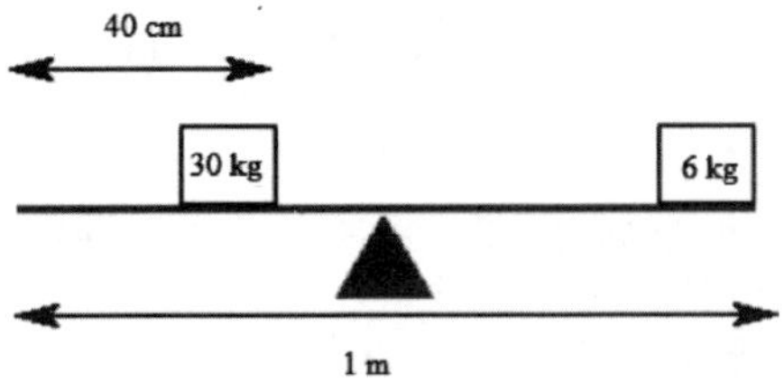


Il momento è lo stesso sia a sinistra sia a destra, per cui è realizzata la condizione di equilibrio.

**39) B.** Per determinare il valore dello sconto applicato sulla crociera occorre calcolare il 60% di €20000. Quindi si ha:

$$60\% \cdot €20000 = \frac{60}{1\cancel{00}} \cdot €200\cancel{00} = €12000$$

**40) A.** Per determinare la quantità di shampoo contenuta nel flacone occorre calcolare il 60% di 250 *ml* (millilitri).
Quindi si ha:

$$60\% \cdot 250 \text{ ml} = \frac{6\cancel{0}}{1\cancel{0}\cancel{0}} \cdot 25\cancel{0} \text{ ml} = 150 \text{ ml}$$

Tale valore in millilitri non è riportato tra le opzioni di risposta; pertanto lo si converte in *cl* (centilitri) e in *dl* (decilitri) dividendolo rispettivamente per 10 e per 100. Si ottiene:

$$150 \text{ ml} = (150:10) \text{ cl} = 15 \text{ cl}$$
$$150 \text{ ml} = (150:100) \text{ dl} = 1{,}5 \text{ dl}$$

**41) D.** Gli uomini si ottengono sottraendo al totale il numero delle donne:

$$60 - 18 = 42$$

La percentuale di uomini è data dal numero di uomini sul totale delle persone.

$$\frac{42}{60} = \frac{\cancel{42}^{7}}{\cancel{60}_{10}} = \frac{7}{10} = 0{,}70 = 70\%$$

Per la soluzione del quesito si può anche impostare la proporzione:

$$60 : 100 = 18 : x$$

ossia il numero totale delle persone sta a 100 come 18 donne stanno alla percentuale di donne da determinare *x*. Dalla proporzione si deduce che il prodotto dei medi è pari a quello degli estremi:

$$x \cdot 60 = 18 \cdot 100 \Rightarrow x = \frac{^{3}\cancel{18} \cdot 100}{_{10}\cancel{60}} = \frac{300}{10} = 30 \rightarrow 30\%$$

Per ottenere la percentuale di uomini occorre sottrarre la percentuale di donne (ossia il 30%) al 100% (il totale). Quindi si ha 100% – 30% = 70%.

**42) C.** Si tratta di una progressione aritmetica di ragione $d = 6$ e di primo termine $a_1 = 4$. Questo perché il numero di manifestanti della prima fila vale proprio $a_1 = 4$, mentre ogni fila ha un numero pari a $d = 6$ manifestanti in più della precedente.
In una successione aritmetica, ogni termine della successione è dato sommando la ragione al termine precedente. In pratica il numero di manifestanti nella seconda fila, ossia $a_2$, il numero di manifestanti nella terza fila, ossia $a_3$, fino al numero di manifestanti nella ventunesima, ossia $a_{21}$, sono dati dalle seguenti relazioni:

$$a_2 = a_1 + d$$
$$a_3 = a_2 + d$$
$$\ldots$$
$$a_n = a_{n-1} + d$$
$$\ldots$$
$$a_{20} = a_{19} + d$$
$$a_{21} = a_{20} + d$$

Se si sommano membro a membro queste venti relazioni si ottiene:

$$a_{21} + a_{20} + a_{19} + \ldots + a_3 + a_2 = a_{20} + a_{19} + \ldots + a_3 + a_2 + a_1 + 20 \cdot d$$

Elidendo tutti i termini presenti ad ambo i membri si ottiene la relazione:

$$a_{21} = a_1 + 20 \cdot d$$

Pertanto il numero di manifestanti nella ventunesima fila vale:

$$a_{21} = a_1 + 20 \cdot d = 4 + 20 \cdot 6 = 4 + 120 = 124$$

Per utilità del lettore si vuole ricordare che il generico $n$-esimo termine $a_n$ di una successione aritmetica può essere legato sia al termine precedente $a_{n-1}$ sia al primo termine $a_1$ mediante le due seguenti relazioni:

$$a_n = a_{n-1} + d$$
$$a_n = a_1 + (n-1) \cdot d$$

La seconda relazione con $n = 21$ è stata usata per risolvere il quesito.
In modo più intuitivo si può notare che per ottenere le persone presenti nella ventunesima fila occorre partire da quelle presenti nella prima fila (ossia 4) ed aggiungere 6 persone per 20 volte (le venti file successive, prima di arrivare alla ventunesima). Pertanto si ha 4 + (6 × 20) = 4 + 120 = 124.

**43) C.** Si noti che il numero che corrisponde alla lettera dell'alfabeto è dato dalla collocazione della lettera nell'ordine alfabetico cui è sottratto 1.
Ad esempio C è la terza lettera, ma siccome 3 – 1 = 2 allora a C corrisponde 2. La lettera G è la settima lettera, ma siccome 7 – 1 = 6, allora a G corrisponde 6. La lettera L è decima in ordine alfabetico; pertanto 10 – 1 = 9. In pratica si stabilisce la seguente corrispondenza tra valori numerici e lettere dell'alfabeto italiano:

| A | B | C | D | E | F | G | H | I | L | M | N | O | P | Q | R | S | T | U | V | Z |
|---|---|---|---|---|---|---|---|---|---|---|---|---|---|---|---|---|---|---|---|---|
| 0 | 1 | 2 | 3 | 4 | 5 | 6 | 7 | 8 | 9 | 10 | 11 | 12 | 13 | 14 | 15 | 16 | 17 | 18 | 19 | 20 |

Pertanto la parola COLLINE corrisponde a 2-12-9-9-8-11-4.

**44) C.** Nei quesiti appartenenti a tale tipologia, sono date sequenze di tre lettere; tali sequenze rappresentano cifre divisibili per dati numeri. Pertanto, dato un certo numero, la risoluzione del quesito richiede l'identificazione, tra le alternative di risposta, della scrittura con cui può essere espresso tale numero.
Nel numero 89, la cifra 8 è divisibile per 4, per cui può essere espressa con LAC. Inoltre, la cifra 9 è divisibile per 3, per cui può essere espressa con LUC.
Pertanto, la scrittura con cui può essere espresso il numero 89 è LAC LUC.

**45) A.** Le colonne della serie relativa alla divisione Borsette sono di colore chiaro, mentre quelle relative alla divisione Valigie sono grigie.
Dal grafico si evincono i seguenti dati.

Anno 2011:
Borsette: 9000 pezzi
Valigie: 1000 pezzi
Totale: 10500 pezzi

Anno 2012:
Borsette: 6200 pezzi
Valigie: 3500 pezzi
Totale: 10000 pezzi

Anno 2013:
Borsette: 4500 pezzi
Valigie: 3500 pezzi
Totale: 8500 pezzi

Anno 2014:
Borsette: 4200 pezzi
Valigie: 4000 pezzi
Totale: 9000 pezzi

Pertanto nel 2011 si è avuta la vendita più consistente di borsette e valigie.

**46) C.** Nel grafico, lungo l'asse verticale delle categorie sono riportati gli anni. Sull'asse orizzontale sono invece riportati i valori degli utili (in milioni). L'azienda Beta è contrassegnata da barre di colore chiaro. Per il 2011 si nota che la barra di colore chiaro ha un valore di circa 10 milioni.

**47) C.** Seguendo le istruzioni fornite nello schema in questione e facendo riferimento alle posizioni in esso riportate, indicandone la riga e la colonna (esempio (1, 2) è il posto in prima riga e seconda colonna), si riempie lo schema eseguendo in successione le operazioni indicate:

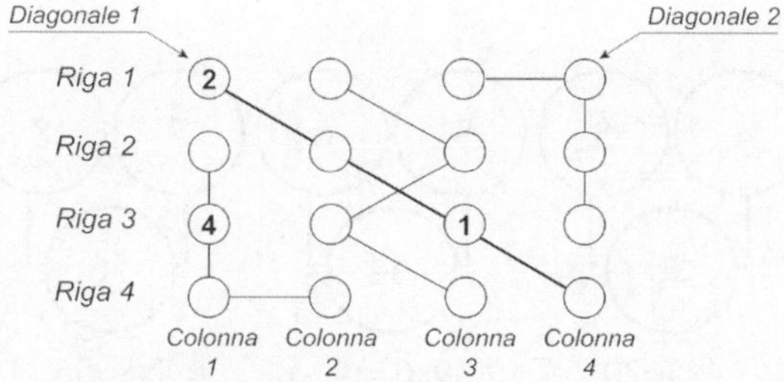


- un 2 al posto (4, 2) a completamento del flusso in basso a sinistra, perché non possono esserci altri 2 in colonna 1
- un 2 al posto (2, 3), perché unico disponibile per il 2 nel flusso a zig zag
- un 2 al posto (3, 4), perché unico disponibile per il 2 nel flusso in alto a destra

- un 3 al posto (3, 2), perché unico elemento mancante della riga 3
- un 4 al posto (2, 2), perché non è possibile mettere un 3 allineandolo con il 3 sottostante
- un 1 al posto (1, 2), perché unico elemento mancante della colonna 2
- un 3 al posto (4, 4), perché unico elemento mancante della diagonale 1
- un 1 al posto (4, 1), perché unico disponibile per l'1 in quarta riga
- un 3 al posto (2, 1), perché unico elemento mancante della colonna 1

Dopo aver eseguito tali istruzioni lo schema si presenta così:

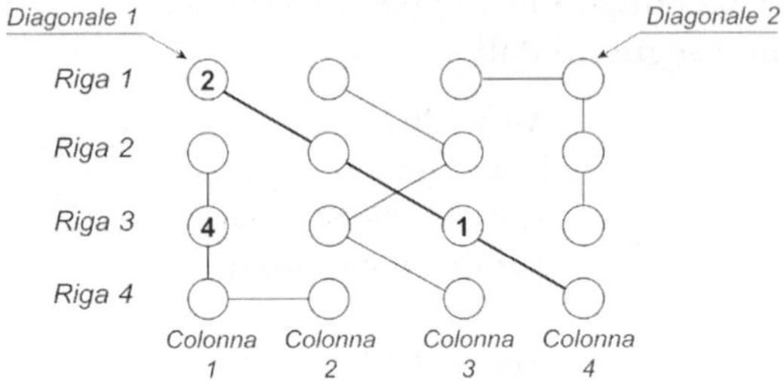


Per cui, in colonna 1 dall'alto verso il basso leggiamo: 2, 3, 4, 1. Questa, dunque, è la corretta sequenza di numeri riportati in colonna 1.

**48) D.** La serie è composta da tre figure geometriche contenenti dei numeri. Ogni figura geometrica è costituita da due cerchi sotto i quali è collocato centralmente un terzo cerchio.
Per le prime due figure complete da un punto di vista numerico, si nota che il prodotto dei numeri contenuti nei due cerchi superiori restituisce il numero contenuto all'interno del cerchio collocato inferiormente.
Difatti si ha:
$4 \times 5 = 20$
$9 \times 6 = 54$
Pertanto si ha anche che:
$7 \times 8 = 56$
Il nesso logico che regola la collocazione dei numeri nelle figure è mostrato nella seguente illustrazione:

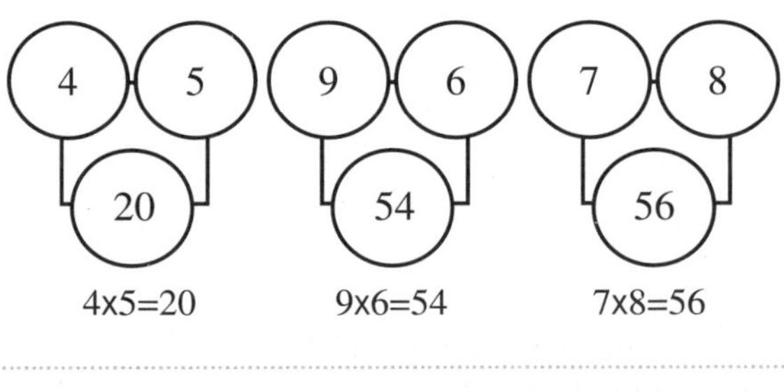


**49) B.** Ciascuna delle figure è composta da tre triangoli, due collocati superiormente ed uno inferiormente. Per ciascuna delle figure con la parte numerica completa, il numero contenuto nel triangolo collocato in alto a sinistra, sommato al numero contenu-

to nel triangolo in basso, restituisce il numero contenuto nel triangolo in alto a destra.
Infatti si ha:
4 + 10 = 14
8 + 18 = 26
Quindi in particolare si ha anche:
46 + 36 = 82
In figura è mostrato il completamento delle figure con il nesso logico che governa la collocazione dei numeri in ciascuna di esse.

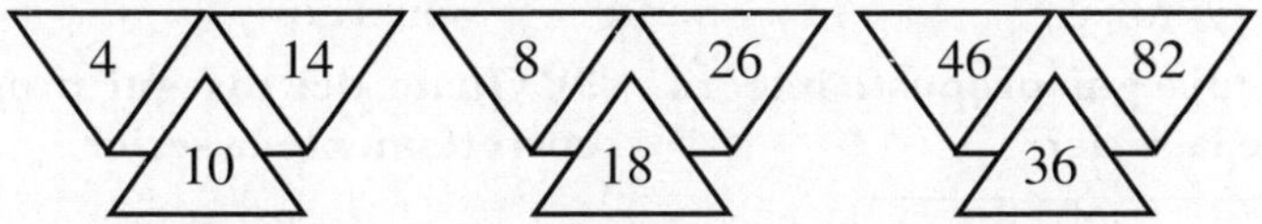


4+10=14 8+18=26 46+36=82

Pertanto la figura incompleta va completata con il valore 82.

**50) C.** Le prime tre tessere riportano due numeri. In ciascuna di esse, il numero collocato inferiormente è pari al numero collocato superiormente aumentato di 28 unità. In pratica si ha:
18 + 28 = 46
30 + 28 = 58
42 + 28 = 70
Quindi, per l'ultima tessera si deve avere:
54 + 28 = 82
Il nesso logico che regola la collocazione dei numeri nelle tessere è mostrato nella seguente illustrazione:

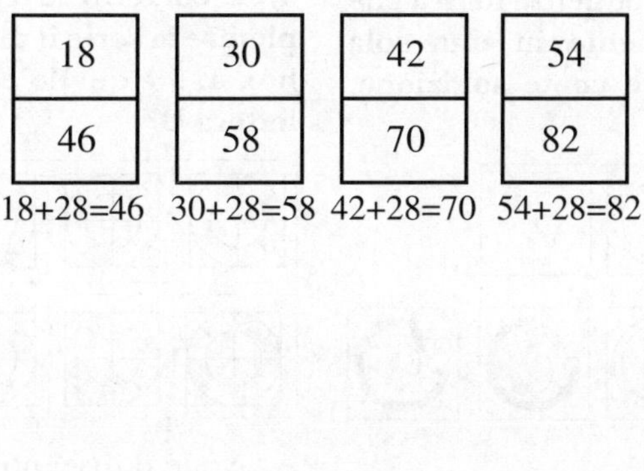


18+28=46 30+28=58 42+28=70 54+28=82

# VERIFICA 4 • RAGIONAMENTO ASTRATTO, SPAZIALE, ATTENZIONE E PRECISIONE

**1) Quale dei disegni proposti integra correttamente la serie?**

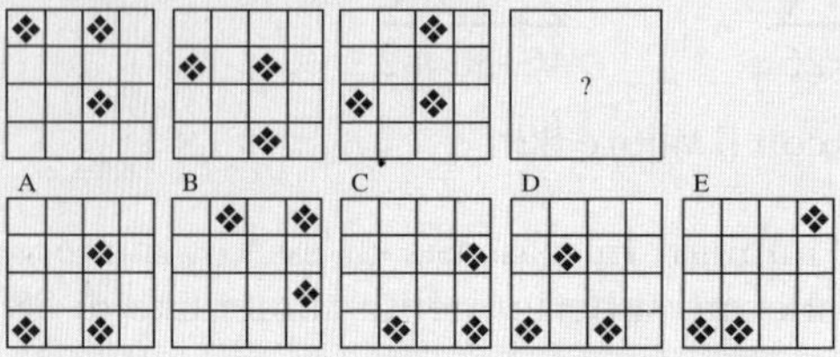


A. Il disegno indicato con la lettera A
B. Il disegno indicato con la lettera C
C. Il disegno indicato con la lettera B
D. Il disegno indicato con la lettera D
E. Il disegno indicato con la lettera E

**2) Delle figure che seguono, la prima riga costituisce una sequenza logica che prosegue coerentemente in una sola delle figure proposte come soluzione. Di quale si tratta?**

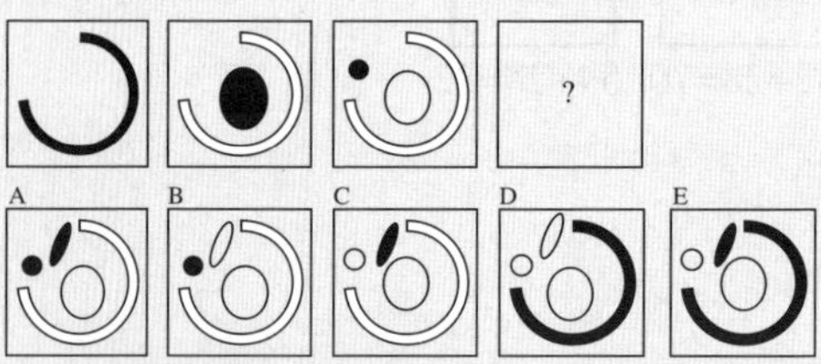


A. Della figura C
B. Della figura E
C. Della figura B
D. Della figura A
E. Della figura D

**3) Quale dei disegni proposti integra correttamente la serie?**

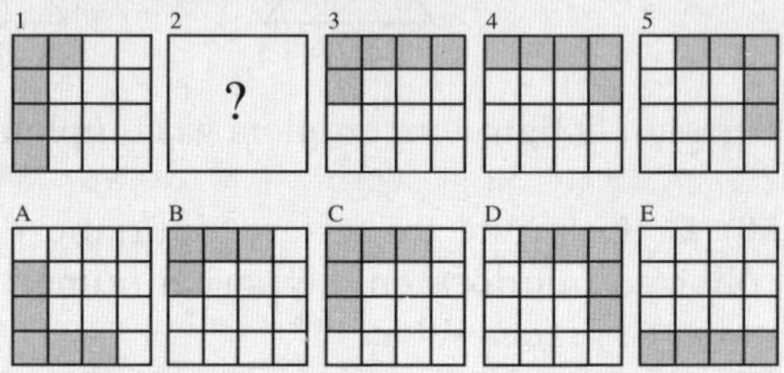


A. Il disegno indicato con la lettera C
B. Il disegno indicato con la lettera E
C. Il disegno indicato con la lettera A
D. Il disegno indicato con la lettera D
E. Il disegno indicato con la lettera B

**4) È corretto affermare che per completare la serie il disegno da inserire nel box n. 5 è quello contrassegnato con la lettera D?**

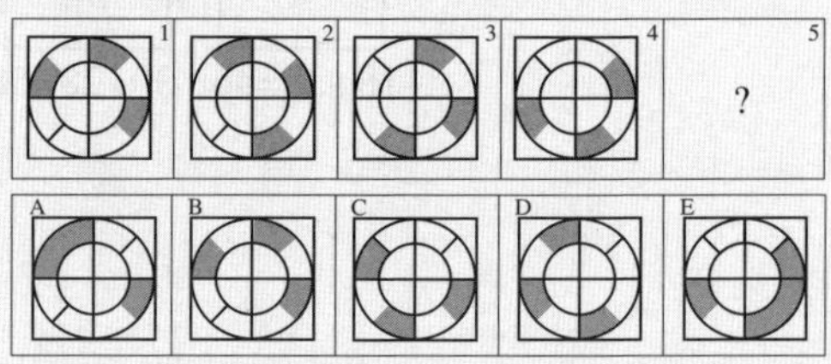


A. No, è il disegno indicato con la lettera E
B. No, è il disegno indicato con la lettera B
C. Sì, è il disegno indicato con la lettera D
D. No, è il disegno indicato con la lettera C
E. No, è il disegno indicato con la lettera A

**5) Quale tra le figure proposte integra logicamente la proporzione che segue?**

A. La figura indicata con la lettera E
B. La figura indicata con la lettera A
C. La figura indicata con la lettera C
D. La figura indicata con la lettera B
E. La figura indicata con la lettera D

**6) Quale tra le figure proposte integra logicamente la proporzione che segue?**

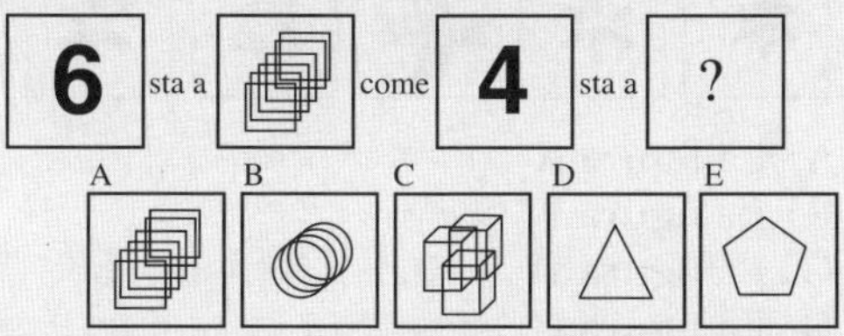


A. La figura indicata con la lettera A
B. La figura indicata con la lettera B
C. La figura indicata con la lettera C
D. La figura indicata con la lettera D
E. La figura indicata con la lettera E

**7) Dopo aver osservato i primi due termini della proporzione, individuare fra i cinque disegni proposti (A, B, C, D, E) quali, inseriti rispettivamente come terzo e quarto termine, ne rappresentano il logico completamento.**

A. I disegni indicati con le lettere D e A
B. I disegni indicati con le lettere B e D
C. I disegni indicati con le lettere B e A
D. I disegni indicati con le lettere C e A
E. I disegni indicati con le lettere C e E

**8) Quale dei disegni contrassegnati con i numeri 1, 2, 3, 4 e 5 corrisponde esattamente al disegno contrassegnato dalla lettera "A" dopo essere stato ribaltato e ruotato?**

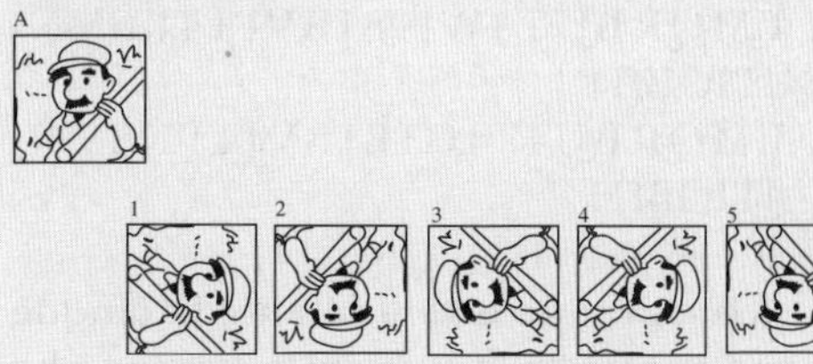


A. Il disegno indicato con il numero 1
B. Il disegno indicato con il numero 2
C. Il disegno indicato con il numero 3
D. Il disegno indicato con il numero 4
E. Il disegno indicato con il numero 5

**9) Dopo aver osservato attentamente il disegno, indicare quale affermazione non è corretta.**

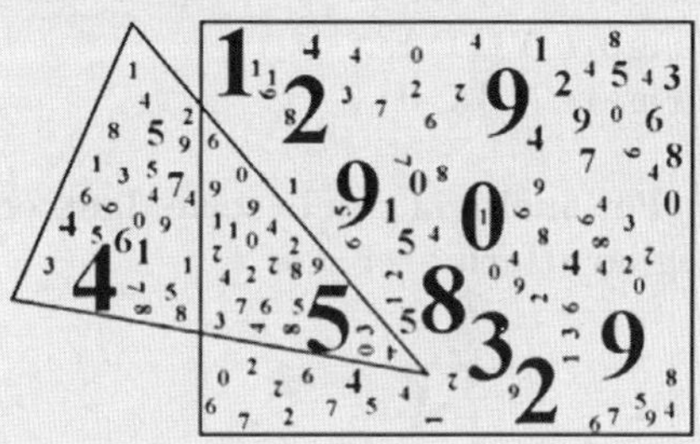

A. I numeri contenuti nel rettangolo sono 115
B. I numeri contenuti solo nel rettangolo sono più di quelli contenuti solo nel triangolo
C. I numeri contenuti solo nel rettangolo sono la metà di quelli contenuti solo nel triangolo
D. I numeri contenuti nel triangolo sono 52
E. I numeri contenuti nel triangolo sono meno di quelli contenuti nel rettangolo

**10) In quale dei seguenti gruppi il numero 4 è preceduto dalla lettera T?**

A. EMQRBU4PWHBJBVJT1KSVN-4TIOBfH
B. EMQRBU4HWHBJBVJ4KKSVN-4TIOBfH
C. EMQRBU4TWHBJBVJ4TKSVN-4TIOBfH
D. EMQRBUT4WHBJBVJT4KSVN-4TIOBfH
E. EMQRBU4TUHBJBVJ4TKSVN-4TIOBfH

**11) Osservando attentamente le cinque figure proposte è possibile notare che quattro di esse presentano elementi di omogeneità. Quali?**

A. Figure A B D E
B. Figure B C D E
C. Figure A B C E
D. Figure A C D E
E. Figure A B C E

**12) Per analogia con le serie date, cosa è logico affermare?**

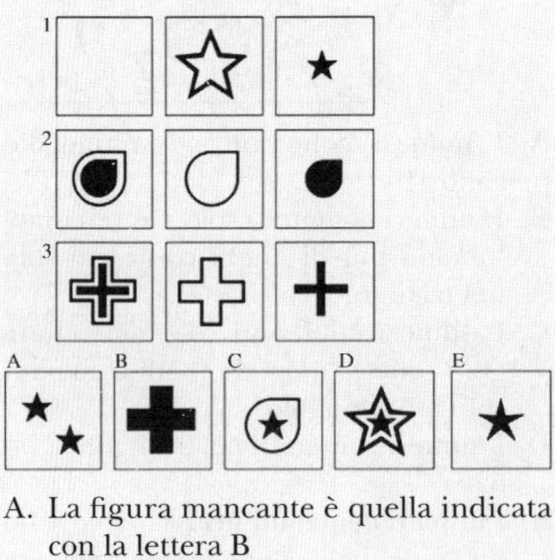


A. La figura mancante è quella indicata con la lettera B
B. La figura mancante è quella indicata con la lettera E
C. La figura mancante è quella indicata con la lettera A
D. La figura mancante è quella indicata con la lettera C
E. La figura mancante è quella indicata con la lettera D

**13) Quale tra le figure A, B, ... è corretto inserire come quarto termine della proporzione che segue?**

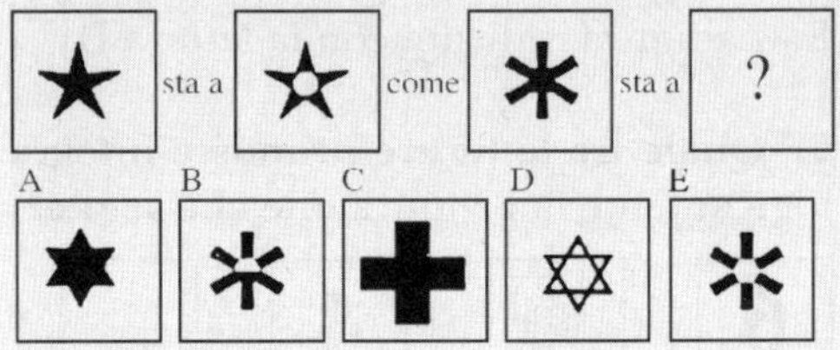


A. La figura A
B. La figura B
C. La figura D
D. La figura C
E. La figura E

**14) Individuare fra le figure proposte quella che è logico inserire quale terzo termine della proporzione data:**

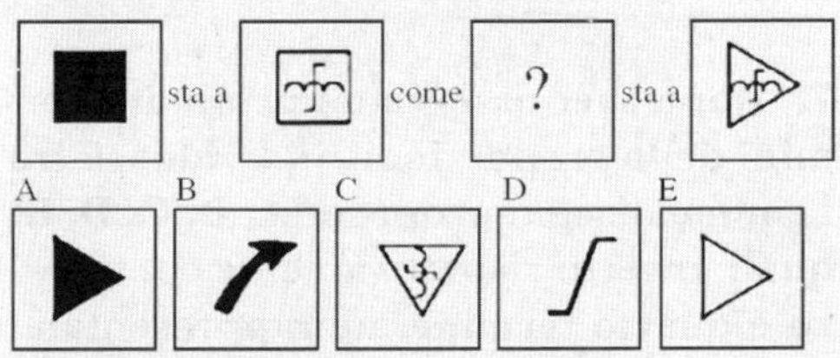


A. La figura indicata con la lettera D
B. La figura indicata con la lettera A
C. La figura indicata con la lettera B
D. La figura indicata con la lettera C
E. La figura indicata con la lettera E

**15) Indicare in quale delle seguenti alternative viene rispettata la regola di alternanza "vocale-consonante".**

A. oderaxetuixidic

B. oderaxetupafestxidic
C. oderaxetzixidic
D. oderaxetupafesixidic
E. odoraxitupafastxidic

**16) In quale dei seguenti box contrassegnati da numeri è riproposto il disegno contrassegnato dalla lettera "A" dopo essere stato ribaltato e ruotato?**

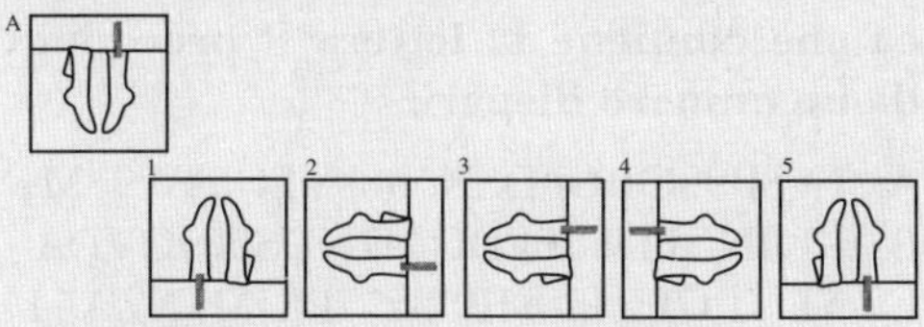

A. Box numero 1
B. Box numero 2
C. Box numero 4
D. Box numero 3
E. Box numero 5

**17) Individuare quale delle serie di numeri è identica a quella data: 3663999936663**

A. 3663399996663
B. 3663999936663
C. 3639969936663
D. 3663999396663
E. 3663993336663

**18) Individuare la riga che contiene un numero di "-" uguale al numero di "_":**

A. - - _ _ _ - - _ _ _ - - - _
B. - - _ - - _ - _ _ - - _ _
C. - - _ - _ _ - _ _ - - - _ _ _
D. - _ - - _ _ - - _ _ - - - _ _
E. - _ - - _ _ - - _ _ - - - _ _

**19) Delle figure che seguono, la prima serie costituisce una sequenza logica che prosegue coerentemente in una sola delle figure proposte come soluzione. Di quale si tratta?**

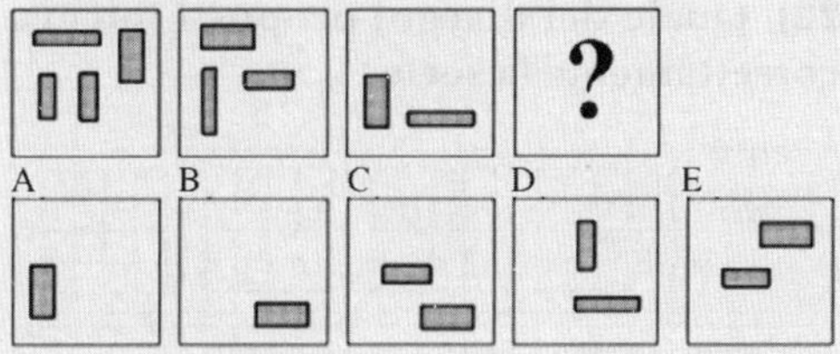

A. Della figura D
B. Della figura A
C. Della figura B
D. Della figura C
E. Della figura E

**20) Quale dei disegni proposti integra correttamente la serie?**

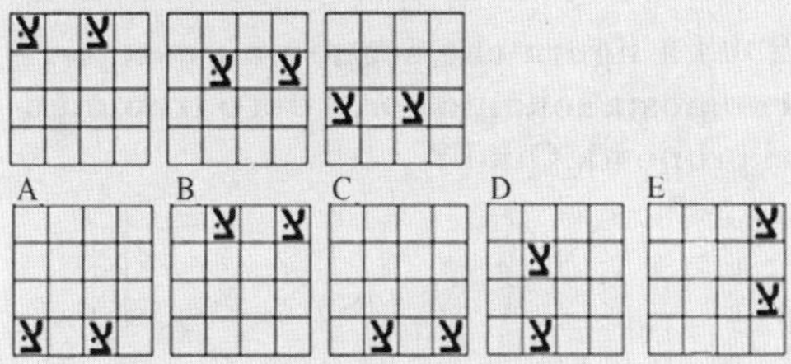

A. Il disegno indicato con la lettera D
B. Il disegno indicato con la lettera B
C. Il disegno indicato con la lettera C
D. Il disegno indicato con la lettera A
E. Il disegno indicato con la lettera E

**21) Quale dei disegni proposti integra correttamente la serie?**

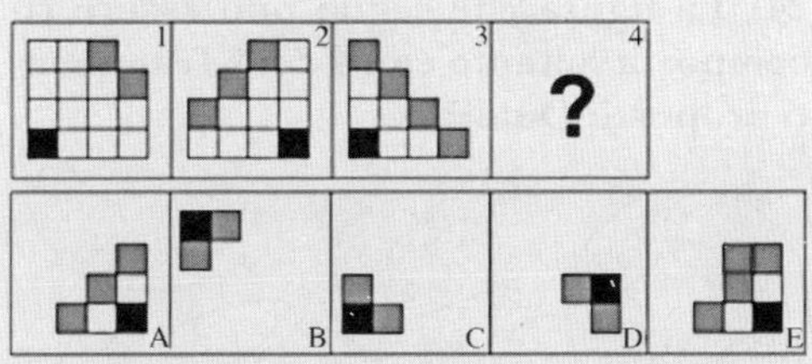

A. Il disegno indicato con la lettera A
B. Il disegno indicato con la lettera B
C. Il disegno indicato con la lettera C
D. Il disegno indicato con la lettera D
E. Il disegno indicato con la lettera E

**22) Quale dei disegni proposti integra correttamente la serie?**

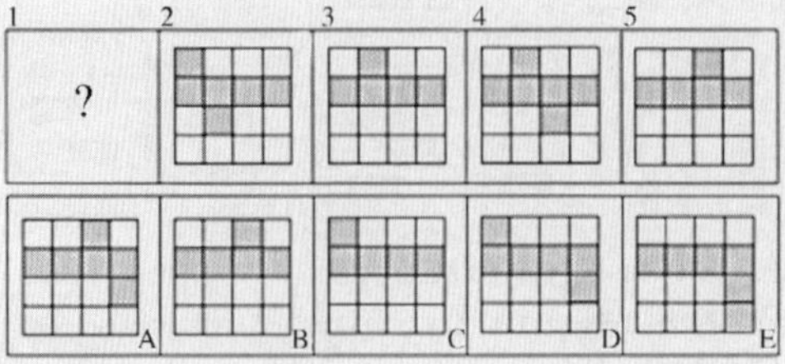

A. Il disegno indicato con la lettera B
B. Il disegno indicato con la lettera D
C. Il disegno indicato con la lettera C
D. Il disegno indicato con la lettera A
E. Il disegno indicato con la lettera E

**23) La figura che segue può essere ricomposta soltanto con 4 dei 6 frammenti proposti. Quali?**

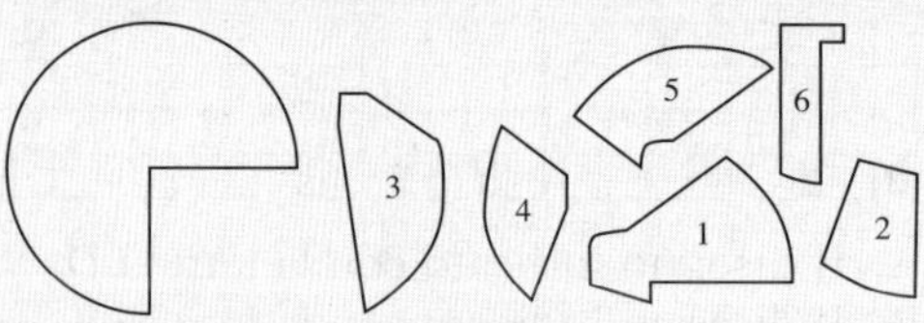

A. Frammenti 1, 3, 4 e 6
B. Frammenti 1, 2, 3 e 4
C. Frammenti 1, 2, 4 e 5
D. Frammenti 1, 3, 4 e 5
E. Frammenti 1, 2, 4 e 6

**24) La figura che segue può essere ricomposta soltanto con 4 dei 6 frammenti proposti. Quali?**

A. Frammenti 1, 2, 3 e 6
B. Frammenti 2, 4, 5 e 6
C. Frammenti 1, 2, 3 e 4
D. Frammenti 2, 3, 4 e 5
E. Frammenti 1, 2, 4 e 5

**25) Individuare la riga che contiene il maggior numero di lettere E:**

A. EFFFFEFFFFFEFEEEFEEFF
B. EFFFEEEFFFEFFEFFEEEFF
C. FFFFEFFEEEFFEFEEFFEFF
D. FFFFEFFFEFFFFFEEEFEEE
E. EFFFFEEFFFEFFEFFEEEFF

**26) Individuare la stringa alfanumerica che contiene la lettera P preceduta da un numero dispari:**

A. FV8P99OBGFDSX5989VFD54W98M
B. KUJNGFD68PFDC347NDS579OVDA
C. 5TGT47HH58HBS3257PKJM7XZA54
D. B658786PDFZS3W4UI J647DSVCA5I
E. 5TGT47HH58HBS3254PKJM7XZA54

**27) Quale dei disegni proposti integra correttamente la serie?**

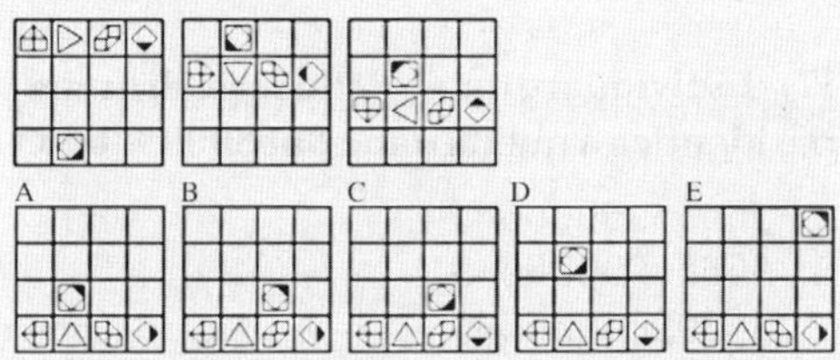

A. Il disegno indicato con la lettera A
B. Il disegno indicato con la lettera C
C. Il disegno indicato con la lettera D
D. Il disegno indicato con la lettera B
E. Il disegno indicato con la lettera E

**28) Quale dei disegni proposti integra correttamente la serie?**

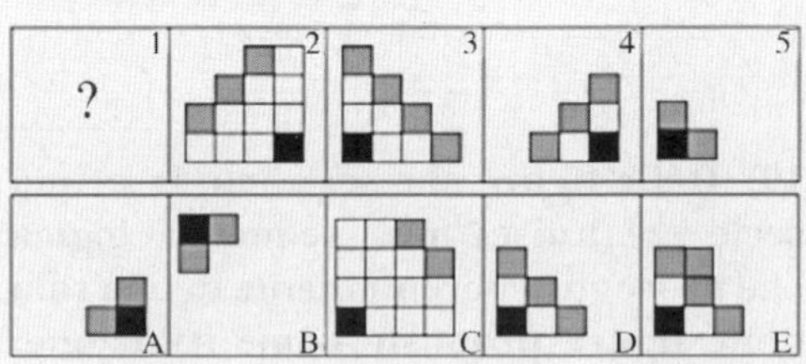

A. Il disegno indicato con la lettera D
B. Il disegno indicato con la lettera C
C. Il disegno indicato con la lettera B

D. Il disegno indicato con la lettera A
E. Il disegno indicato con la lettera E

**29) Uno solo dei disegni contrassegnati con lettere costituisce il logico completamento della serie di disegni numerata da 1 a 5. Quale?**

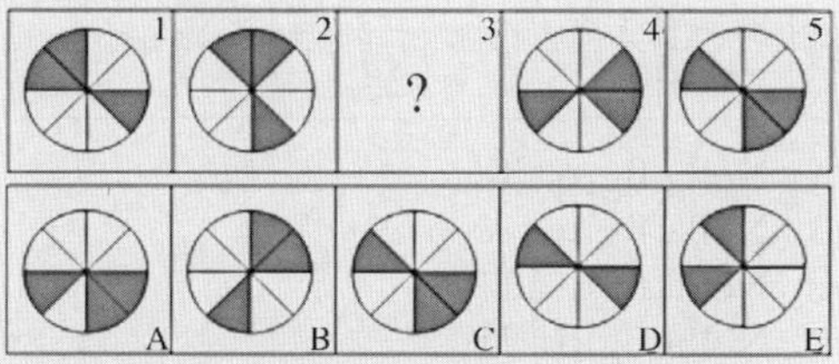

A. Il disegno indicato con la lettera C
B. Il disegno indicato con la lettera D
C. Il disegno indicato con la lettera A
D. Il disegno indicato con la lettera B
E. Il disegno indicato con la lettera E

**30) Quali tra le figure/risposta della seconda riga è corretto utilizzare per completare la proporzione della prima riga lasciata incompleta?**

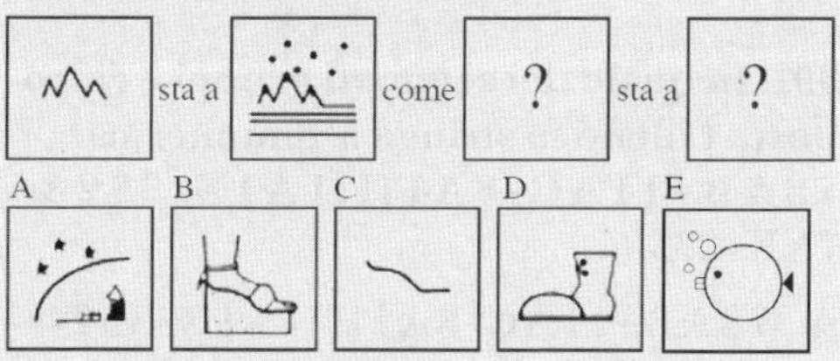


A. Le figure C e B
B. Le figure A e B
C. Le figure C e D
D. Le figure C e A
E. Le figure C e E

**31) Nel parco giochi, lo scivolo sta tra l'altalena e la fontana. L'altalena si trova tra la fontana ed il dondolo. Conseguentemente...**

A. il dondolo è più vicino alla fontana che allo scivolo
B. lo scivolo è più vicino all'altalena che al dondolo
C. la fontana si trova tra il dondolo e lo scivolo
D. la fontana si trova tra il dondolo e l'altalena
E. la fontana è accanto al dondolo

**32) Individuare fra le cinque figure/risposta quelle che, inserite rispettivamente come terzo e quarto termine della proporzione, ne rappresentano, per analogia, il logico completamento.**

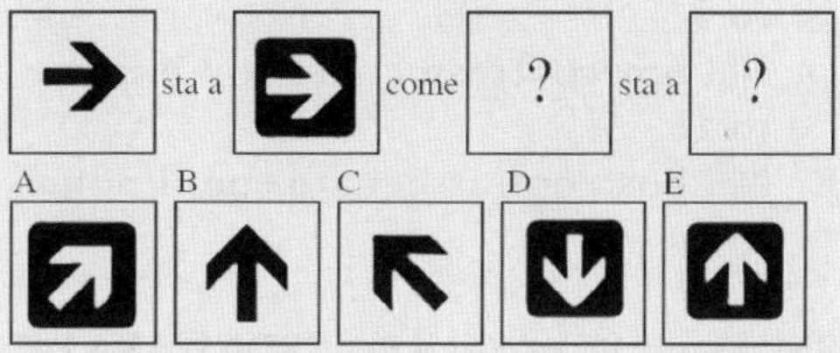


A. Le figure indicate con le lettere C e A
B. Le figure indicate con le lettere B e D
C. Le figure indicate con le lettere D e B
D. Le figure indicate con le lettere B e A
E. Le figure indicate con le lettere B e E

**33) Individuare fra le cinque figure quelle che inserite rispettivamente come terzo e quarto termine della proporzione ne rappresentano, per analogia, il logico completamento.**

A. Le figure indicate con le lettere A e E
B. Le figure indicate con le lettere B e D
C. Le figure indicate con le lettere C e D
D. Le figure indicate con le lettere A e C
E. Le figure indicate con le lettere C e E

**34) Indicare in quale dei seguenti box contrassegnati da numeri è riproposto il disegno contrassegnato dalla lettera "A" dopo essere stato ribaltato e ruotato:**

A. Nel box contrassegnato con il numero 1
B. Nel box contrassegnato con il numero 3
C. Nel box contrassegnato con il numero 4
D. Nel box contrassegnato con il numero 2
E. Nel box contrassegnato con il numero 5

**35) Data la sequenza ASDFWASATATatatsfgqwerta individuare l'alternativa che la riproduce fedelmente se inserita al posto dei puntini nella seguente: ASDFWA...fgqwerta**

A. SATATatats
B. ATSATatats
C. SATATatast
D. SATAatatas
E. SATSTatats

**36) In quale figura è possibile collocare il punto nella giusta posizione?**

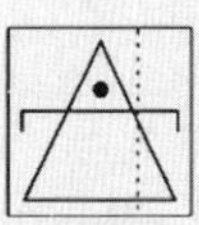

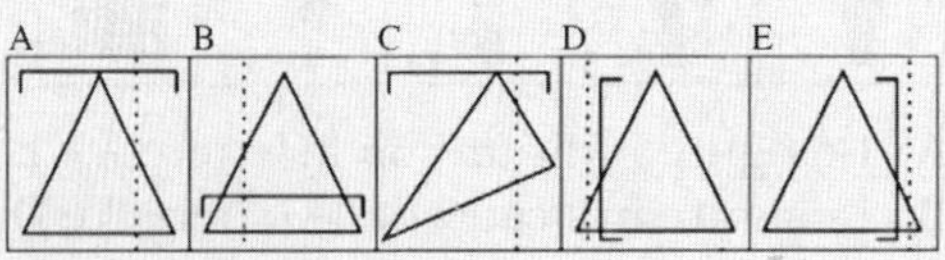


A. Nella figura D
B. Nella figura B
C. Nella figura A
D. Nella figura C
E. Nella figura E

**37) In quale figura è possibile collocare il punto nella giusta posizione?**

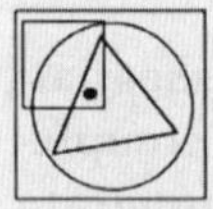

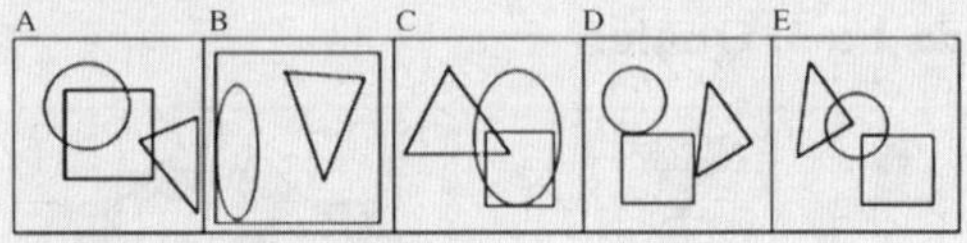


A. Nella figura B
B. Nella figura A
C. Nella figura C
D. Nella figura D
E. Nella figura E

**38) Quale delle seguenti sequenze è identica a hy;opx97;th:13:32+tq:& ma proposta in senso contrario?**

A. &:qt+23:31:ht;97xpo;yh
B. &:qt+23:31-th;79xpo;yh
C. &:qt+23:31:ht;79xpo;yh
D. &:qt+23;13:ht;79xpo;yh
E. &:qt+26:31:ht;79xpo;yh

**39) In quale dei seguenti gruppi è riproposta l'identica stringa alfanumerica: 78AB+11AC-8A1H:1A1X-332&-7XK+233(/**

A. 78AB+11AC-8A1H:1A1X-332@-7XK+233(/
B. 78AB+11AC-8A1H:1A1X-332&-7XK+233[/
C. 78AB+11AC-8A1H:1A1X-332&-7XK+233(/
D. 78AB+11AC-8A1H:1A1Y-332&-7XK+233(/
E. 78AB+11AC-8A1H:1A1X-332&-7XK+253(/

**40) Dopo aver osservato i primi due termini della proporzione, individuare fra i cinque disegni proposti (A, B, C, D, E) quali, inseriti rispettivamente**

**come terzo e quarto termine, ne rappresentano il logico completamento.**

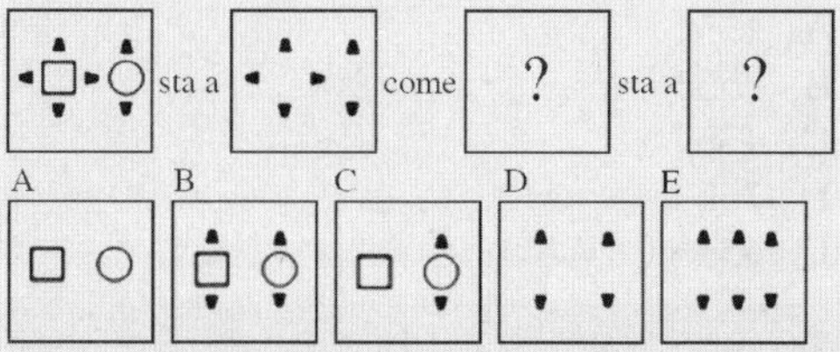


A. I disegni indicati con le lettere D e A
B. I disegni indicati con le lettere B e D
C. I disegni indicati con le lettere B e A
D. I disegni indicati con le lettere C e A
E. I disegni indicati con le lettere C e E

**41) Nel seguente sistema le ruote dentate sono libere di ruotare attorno a un perno fisso. Se la ruota dentata C gira in senso orario, in quale senso gira la ruota dentata E?**

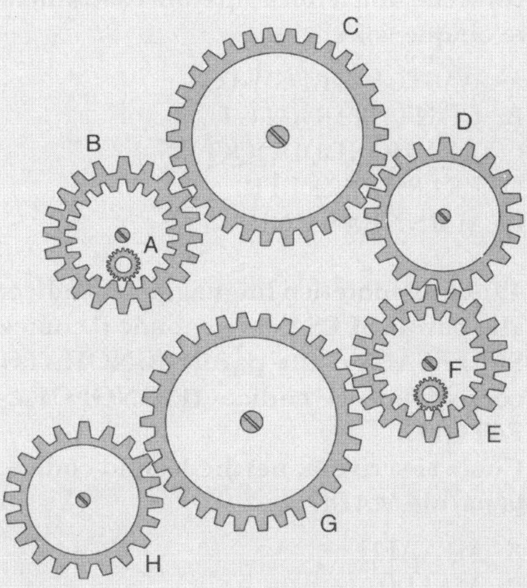


A. Il sistema di ingranaggi non può funzionare
B. Nessuna delle altre alternative è corretta
C. In senso inverso rispetto alla ruota dentata B
D. Nello stesso senso della ruota dentata B
E. Nello stesso senso della ruota dentata G

**42) Il sistema indicato in figura si presenta nella sua fase iniziale con sfere di metallo tutte della stessa massa e fune di massa trascurabile. Se il sistema è sottoposto soltanto al campo gravitazionale con assenza di attrito, allora si può concludere che:**

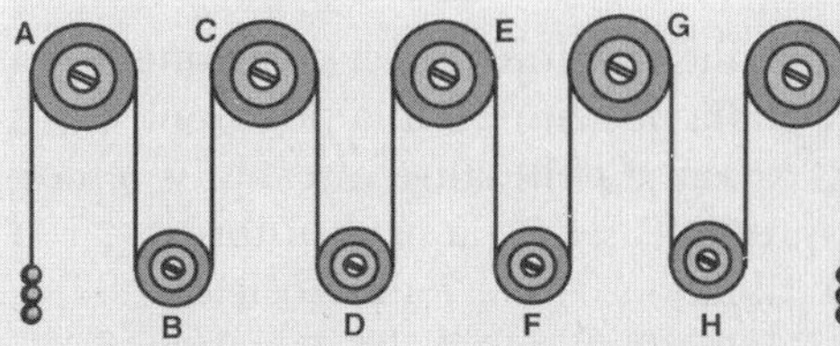


A. il sistema resta fermo perché in equilibrio
B. la carrucola A gira in senso antiorario
C. la carrucola D gira in senso antiorario
D. la carrucola A gira in senso orario
E. la carrucola C gira in senso orario

**43) Il numero di Π più il numero di μ è uguale a:**

| | | | | | | | | | |
|---|---|---|---|---|---|---|---|---|---|
| ¥ | R | Q | • | • | Q | » | *f* | ¥ | Π |
| *f* | @ | μ | *f* | R | ¥ | μ | » | μ | μ |
| μ | ¥ | Q | μ | • | • | μ | *f* | ¥ | @ |
| Q | @ | R | ¥ | » | R | • | ¥ | μ | • |
| R | » | • | @ | μ | ¥ | @ | Q | *f* | *f* |
| ¥ | Π | Q | R | • | Q | μ | @ | R | μ |
| Π | *f* | *f* | μ | ¥ | μ | • | ¥ | @ | ¥ |
| R | @ | Q | • | μ | ¥ | » | Π | Q | ¥ |
| • | » | R | μ | *f* | Q | Π | @ | @ | *f* |
| Q | ¥ | » | Q | R | Π | ¥ | Π | » | Q |

A. 22
B. 18
C. 21
D. 20
E. 25

**44) Un'asse graduata di legno è appoggiata nel suo punto medio e su di essa sono sistemati alcuni gettoni tutti di peso uguale. Per equilibrare il sistema in figura è necessario cambiare posizione a un gettone:**

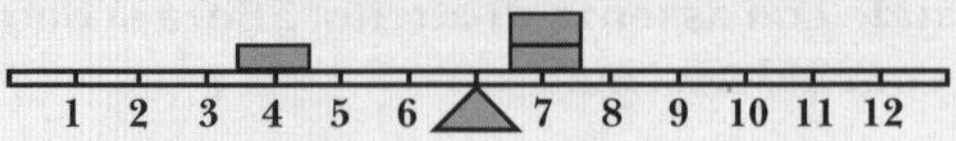


A. dalla posizione 7 alla posizione 9
B. dalla posizione 7 alla posizione 6
C. nessuna delle altre alternative è corretta: l'asse è già in equilibrio
D. dalla posizione 7 alla posizione 8
E. dalla posizione 4 alla posizione 6

**45) Nel seguente sistema, le ruote dentate sono libere di ruotare attorno a un perno fisso. Se la ruota dentata C gira in senso antiorario, in quale senso gira la ruota dentata E?**

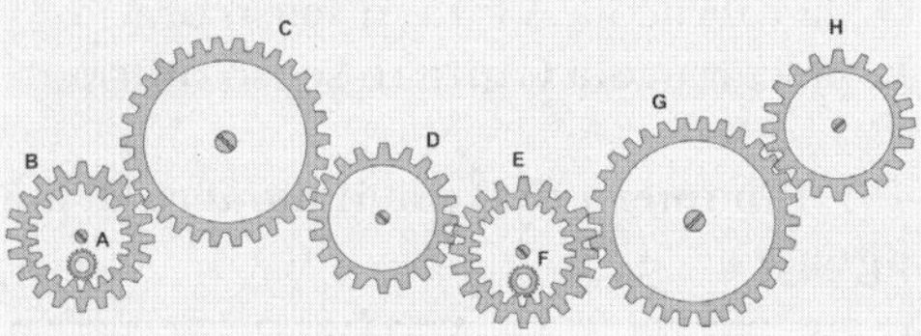


A. In senso orario
B. Nello stesso senso della ruota dentata G
C. Nello stesso senso della ruota dentata H
D. In senso inverso rispetto alla ruota dentata H
E. Il sistema di ingranaggi non può funzionare

**46) L'obiettivo del quesito è quello di individuare la sequenza corretta sulla base di una serie di indizi forniti. Per ogni sequenza errata viene indicato se sono presenti caratteri BP (numero di caratteri corretti nella posizione corretta, ovvero "ben piazzati") o MP (numero di caratteri corretti, ma nella posizione sbagliata, ovvero "mal piazzati").**
**7355: 1 BP / 1 MP 7541: 2 BP / 1 MP**
**7331: 1 BP 4555: 3 BP**

A. 4551
B. 7555
C. 4557
D. 7554
E. 4553

**47) Tenendo conto che a numero uguale corrisponde lettera uguale, completare la frase seguente.**
**F905z9 27 481v9 50339 80g6150:**

A. Lombardia
B. Emilia Romagna
C. Marche
D. Toscana
E. Campania

**48) Quale delle seguenti alternative contiene una lettera ripetuta esattamente cinque volte?**

A. WWTGWGTTGWTG
B. GGHTHTHGGTGT
C. XXXDQXDDDQQQ
D. EETRRETRETTR
E. MMNNIMNMNIII

**49) In un ipotetico linguaggio in codice, alla parola SPESA corrisponde il codice SPEFESAFA e alla parola IGNORATO corrisponde il codice IFIGNOFORAFATOFO.**
**Come si scriverà, nel medesimo codice, la parola MALI?**

A. MFAAFILI
B. MAFIFILI
C. MAFAFILI
D. MAFALIFI
E. MALI

**50) Individuare tra le alternative quella che contiene un'inesattezza rispetto a: Abeti Laura, Via Tubi 12, Lecco (LC)**

**Mina Giuliano, Piazza Roma 18, Isola Di Capo Rizzuto (KR)**
**Destino M. Antonietta, Via G. Leopardi 36, Mesagne (BR)**

A. Mina Giuliano, Piazza Roma 18, Isola Di Capo Rizzuto (KR)
B. Destino M. Antonietta, Via G. Leopardi 36, Mesagne (BG)
C. Destino M. Antonietta, Via G. Leopardi 36, Mesagne (BR)
D. Abeti Laura, Via Tubi 12, Lecco (LC)
E. Mina Giuliano, Piazza Roma 18, Isola Di Capo Rizzuto (KR)

# RISPOSTE COMMENTATE • RAGIONAMENTO ASTRATTO, SPAZIALE, ATTENZIONE E PRECISIONE

**1) A.** Partendo dal primo disegno e procedendo verso destra con i disegni successivi, si nota che le caselle occupate dal segnaposto si spostano tutte sempre di una posizione verso il basso e, giunte nella riga più in basso, nel passaggio successivo, riappaiono nella riga più in alto (vedi figura).

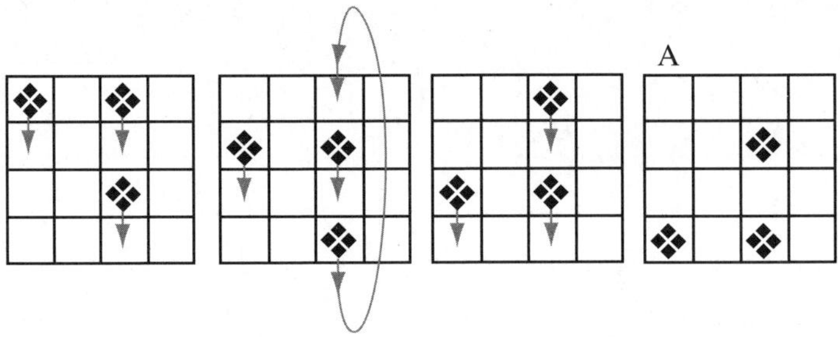


**2) A.** Il criterio che governa la sequenza logica è il seguente: in ogni figura sono replicati gli elementi della figura precedente tutti con un colore chiaro, in più è aggiunto un nuovo elemento con il colore nero. Nella terza figura da sinistra sono presenti un arco di colore bianco, un cerchio bianco collocato centralmente ed un cerchio piccolo collocato in alto a sinistra che è di colore scuro, essendo l'ultimo elemento inserito rispetto alla figura precedente a sinistra. Pertanto la figura successiva deve contenere questi tre elementi (tutti di colore chiaro) ed un nuovo elemento qualsiasi di colore scuro. Una figura con tali caratteristiche è la figura C, nella quale sono presenti i tre elementi di colore chiaro ed un nuovo elemento (l'ellisse inclinata) di colore scuro.

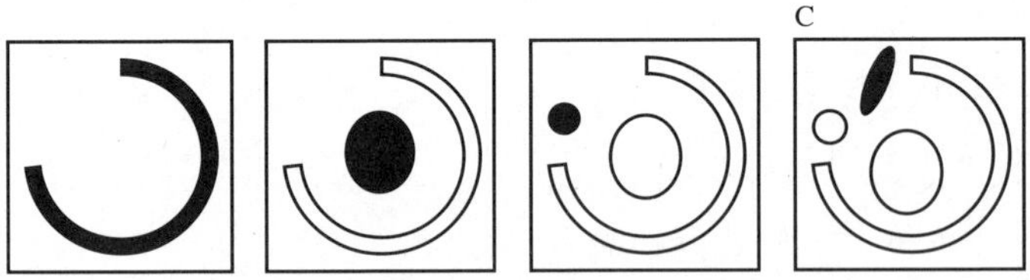


**3) A.** I 5 quadratini scuri si spostano lungo le posizioni periferiche della figura muovendosi in senso orario di una casella per volta. I movimenti dei quadratini scuri sono mostrati nella seguente figura. La figura che rispetta tale criterio e che può essere inserita nella posizione 2 è la C. Pertanto la risposta corretta è la figura C.

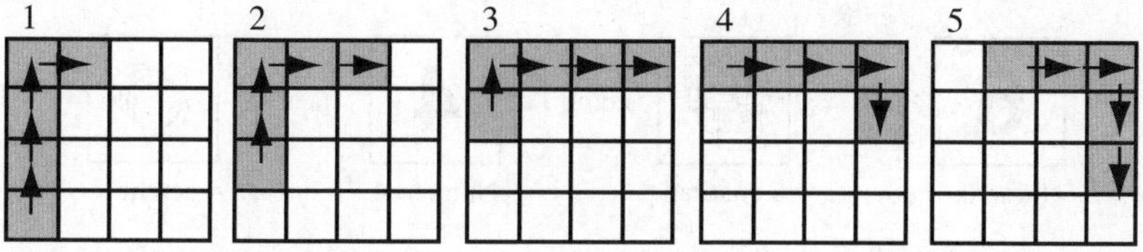


**4) D.** I tre settori di corona circolare di colore grigio nel passaggio da una figura a quella successiva ruotano in senso orario intorno al punto centrale della figura di un angolo di 45°. Pertanto dopo la figura 4 non deve essere collocata la figura D, bensì la C. Nella figura seguente il punto centrale del disegno è indicato con O e sono messe in evidenza le rotazioni di 45° dei settori di corona circolare intorno ad esso.

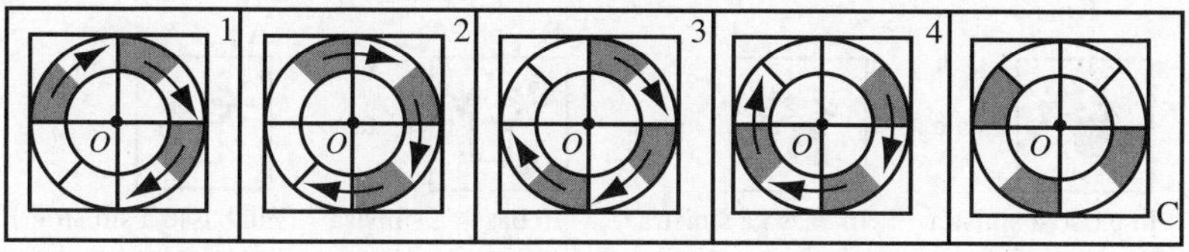


La risposta corretta è la figura C.

**5) B.** Il primo personaggio a sinistra è rivolto verso sinistra ed è fermo, il secondo è rivolto verso sinistra ed è in movimento. Come indicato dalla sequenza, questi due personaggi sono in relazione. Pertanto i due personaggi seguenti devono essere in una relazione simile. Il terzo personaggio guarda verso destra ed è fermo; quindi il quarto personaggio dovrà anch'egli essere rivolto verso destra, ma dovrà essere in movimento. Questo criterio è rispettato dalla figura A.
Di seguito è riportata la proporzione con il nesso logico che la governa.

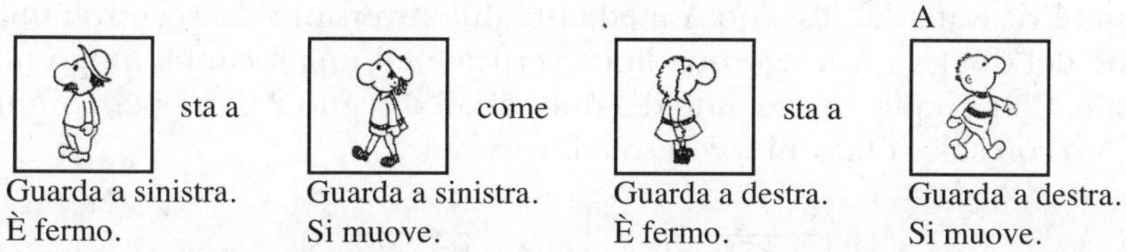


La risposta corretta è la figura A.

**6) B.** Nella prima figura è raffigurato il numero 6; tale figura è in relazione con la seguente che mostra 6 oggetti (in particolare sei quadrati). Le due figure seguenti devono essere in una relazione analoga. La terza figura mostra il numero 4, pertanto nell'ultima figura dovranno essere collocati 4 oggetti. Alla luce di tale ragionamento, la figura che completa la proporzione è la B che contiene 4 cerchi.
Di seguito è riportata la proporzione con il nesso logico che la governa.

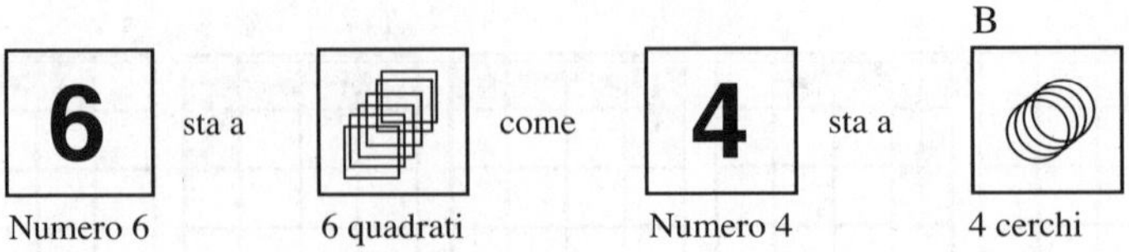


La risposta corretta è la figura B.

**7) C.** La seconda figura ha perso, rispetto alla prima, un cerchietto posto in basso a sinistra. Pertanto le due figure collocate nella seconda parte della proporzione devono essere in relazione allo stesso modo. La seconda di queste due figure deve perdere, rispetto alla prima, il cerchietto vuoto posto in basso a sinistra. Quindi le due figure che completano la proporzione devono essere nell'ordine la B e la A.
Nella figura seguente è riportata la proporzione con il nesso logico che la governa.

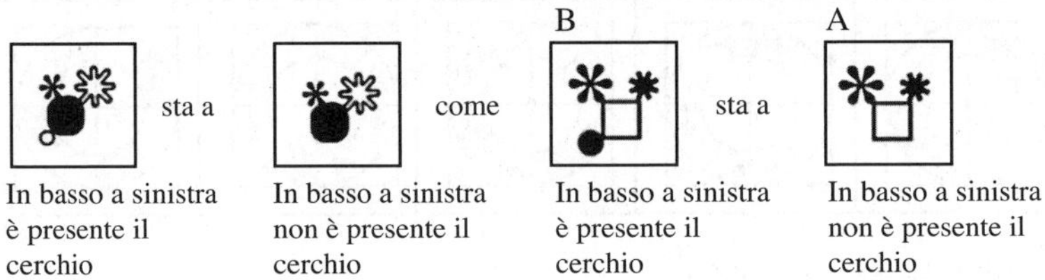


**8) D.** Il disegno 1 corrisponde al disegno A dopo una rotazione in senso orario di 90°.

Il disegno 2 corrisponde al disegno A dopo una rotazione di 180°. Lo stesso disegno 2 può essere ricavato dal disegno A mediante due inversioni consecutive: una prima inversione del disegno A lungo una linea verticale ed una seconda lungo una linea orizzontale. Comunque, in ciascuno dei due casi, il disegno 2 può essere ottenuto dal disegno A o con sole rotazioni o con sole inversioni.

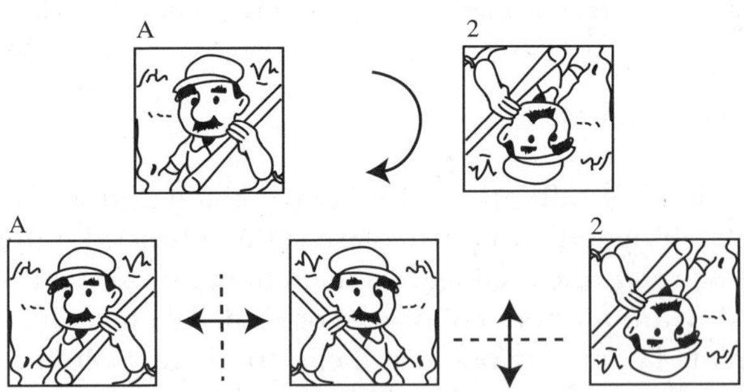


Il disegno 3 corrisponde al disegno A dopo una rotazione in senso antiorario di 90°.

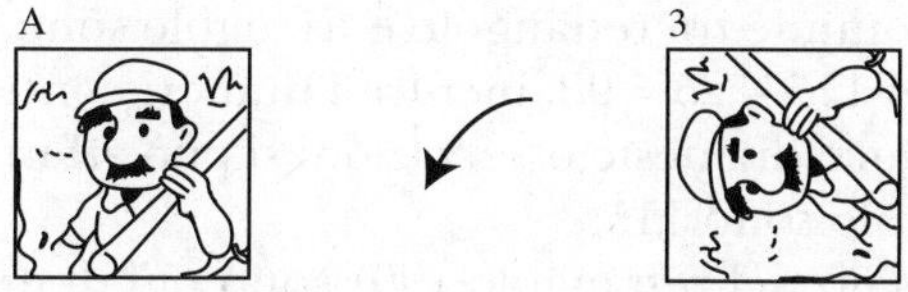


Il disegno 5 corrisponde al disegno A dopo una inversione lungo una linea orizzontale.

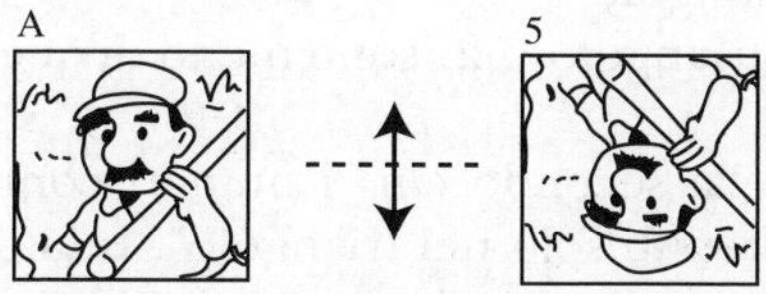


Il disegno 4 non si può ottenere dal disegno A con sole rotazioni oppure con sole inversioni. Per ottenere il disegno 4 c'è bisogno sia di una rotazione che di una inversione. In particolare, c'è bisogno prima di invertire il disegno lungo una linea verticale e poi di ruotarlo in senso orario di 90°.

Pertanto la risposta esatta è il disegno 4.

**9) C.** Per risolvere il quesito in modo corretto e veloce, occorre conteggiare i numeri disposti all'interno del triangolo e del rettangolo con accuratezza e tempestività. Per pervenire a questo risultato, si può approfittare del fatto che il triangolo è già suddiviso in due parti, mentre il rettangolo può essere suddiviso in più parti. In tal modo, i numeri da conteggiare in ciascuna delle parti sono pochi e possono essere annotati di fianco a ciascuna delle parti, come mostrato in figura.

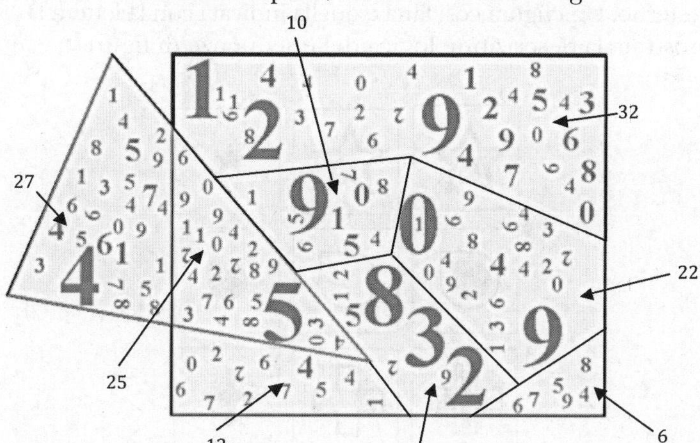


Dal conteggio dei numeri si ottiene che quelli contenuti nel triangolo sono 27 + 25 = 52, mentre quelli contenuti nel rettangolo sono 25 + 32 + 10 + 22 + 12 + 8

+ 6 = 115. I numeri in comune tra rettangolo e triangolo sono 25. I numeri contenuti solo nel rettangolo sono 115 – 25 = 90, mentre i numeri contenuti solo nel triangolo sono 52 – 25 = 27. Alla luce di queste osservazioni si può affermare che:

- i numeri nel rettangolo sono 115;
- i numeri contenuti solo nel rettangolo (90) sono più di quelli contenuti solo nel triangolo (27);
- 52 sono i numeri nel triangolo;
- i numeri contenuti nel triangolo (52) sono meno di quelli contenuti nel rettangolo (115).

L'affermazione falsa è quella secondo cui "i numeri contenuti solo nel rettangolo sono la metà di quelli contenuti solo nel triangolo". Infatti, i numeri contenuti solo nel rettangolo sono 90, mentre i numeri contenuti solo nel triangolo sono 27; ma 90 non è la metà di 27.

**10) D.** La soluzione del quesito richiede abilità visiva grazie alla quale è facile notare che solo in un gruppo alfanumerico il 4 precede la T.

**11) B.** La figura A è disomogenea rispetto alle altre tre in quanto è l'unica figura in cui il personaggio ha entrambe le braccia alzate; nelle altre figure il personaggio ha sempre un solo braccio alzato (il braccio destro). Pertanto la risposta esatta è quella che indica che le figure omogenee sono la B, la C, la D e la E.

**12) E.** Lungo ognuna delle tre righe viene ripetuta la stessa figura geometrica con formattazioni diverse. Considerata una qualsiasi riga, nella prima casella la figura geometrica è disegnata con un colore scuro ed ha due bordi, uno più interno bianco ed uno più esterno scuro, nella seconda casella la figura è disegnata con colore chiaro ed ha un bordo scuro, mentre nella terza casella è disegnata con un colore scuro ed è priva di bordi. Nella prima riga viene ripetuta l'immagine di una stella a cinque punte, pertanto nella prima casella vi deve essere una stella a cinque punte di colore scuro, con un bordo chiaro più interno ed uno scuro più esterno. Una figura così fatta è quella indicata con la lettera D.
Di seguito è mostrata la descrizione logica delle sequenze di figure.

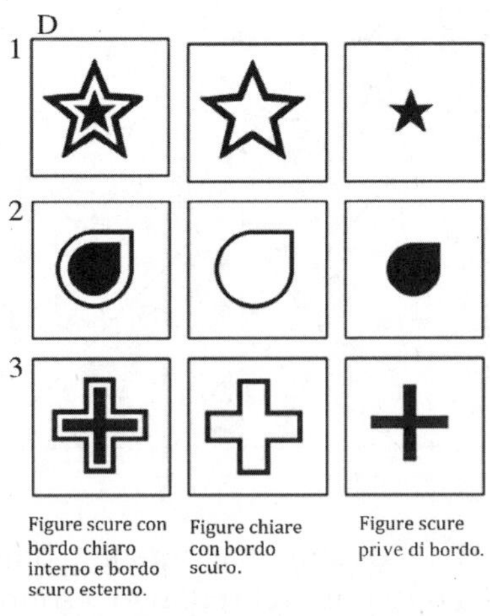

Un ulteriore modo di leggere la sequenza delle figure consiste nel notare che le figure nella prima colonna sono la sovrapposizione delle figure presenti nella seconda e nella terza colonna.

**13) E.** Il primo elemento della proporzione è una figura scura piena, il secondo elemento della proporzione è composto dalla stessa figura con la parte centrale chiara o rimossa. Analogamente, se il terzo elemento della proporzione è una figura scura piena, l'ultimo elemento della proporzione deve essere composto dalla stessa figura con la parte centrale chiara o rimossa. Pertanto, la proporzione deve essere completata con l'asterisco con la parte centrale chiara così come riportato nella figura E.
In questo modo si può affermare che la stella a cinque punte piena sta alla stella a cinque punte con la parte centrale chiara, così come l'asterisco pieno sta all'asterisco con la parte centrale chiara.

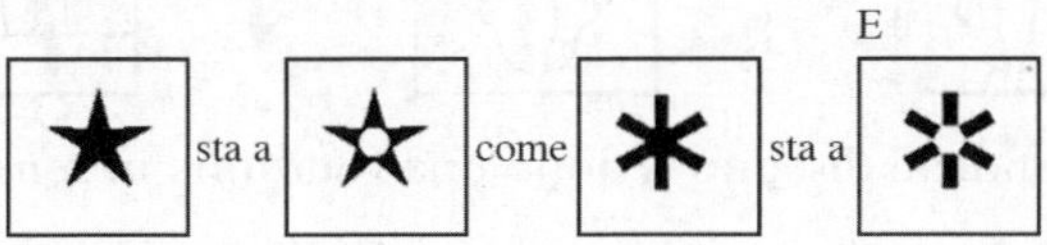


La risposta corretta è quella che indica la figura E come soluzione del quesito.

**14) B.** Il primo elemento della proporzione raffigura un quadrato di colore scuro, mentre nel secondo elemento il quadrato è ripetuto con un motivo al suo interno. Il quarto elemento della proporzione è un triangolo che ripete lo stesso motivo del quadrato presente nel secondo elemento. Se ne deduce quindi che la figura che completa logicamente la proporzione è il triangolo scuro indicato con la lettera A. In questo modo si può affermare che il quadrato scuro sta al quadrato con motivo, come il triangolo scuro sta al triangolo con motivo.

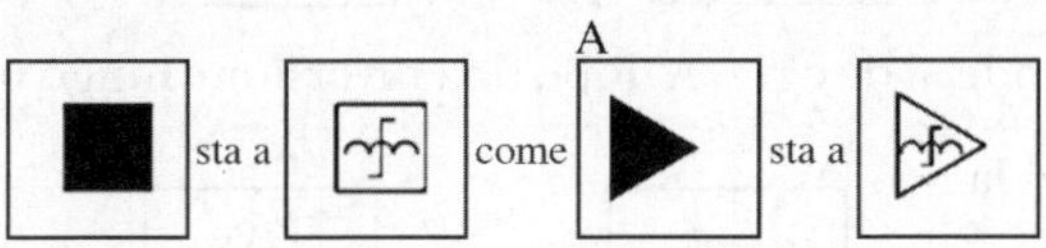


La risposta corretta è la figura A.

**15) D.** Il quesito fornisce, tra le alternative di risposta, sequenze di lettere; la risoluzione dello stesso richiede l'identificazione della sequenza in cui esiste sempre alternanza vocale-consonante.
Sottolineiamo, per comodità di lettura, tutte le vocali presenti nelle sequenze date:
oderaxetuixidic
oderaxetupafestxidic
oderaxetzixidic
oderaxetupafesixidic
odoraxitupafastxidic
L'unica alternativa che rispetta la regola di alternanza "vocale-consonante" è la quarta.

**16) D.** Il disegno 1 corrisponde al disegno A dopo una rotazione di 180°. Lo stesso disegno 1 può essere ricavato dal disegno A mediante due inversioni consecutive: una prima inversione del disegno A lungo una linea verticale ed una seconda lungo una linea orizzontale. Comunque, in ciascuno dei due casi, il disegno 1 può essere ottenuto dal disegno A o con sole rotazioni o con sole inversioni.

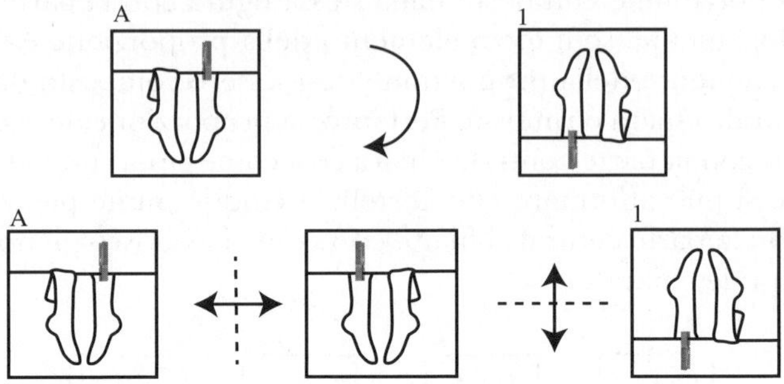


Il disegno 2 corrisponde al disegno A dopo una rotazione in senso orario di 90°.

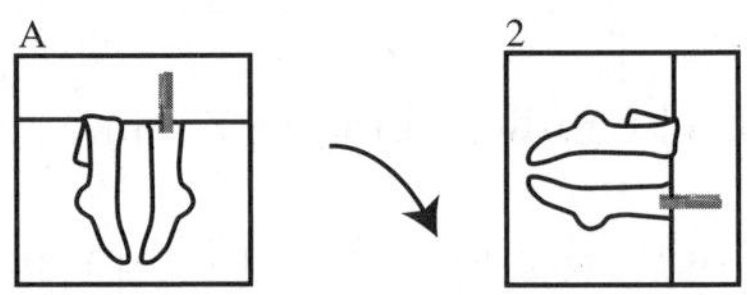


Il disegno 4 corrisponde al disegno A dopo una rotazione in senso antiorario di 90°.

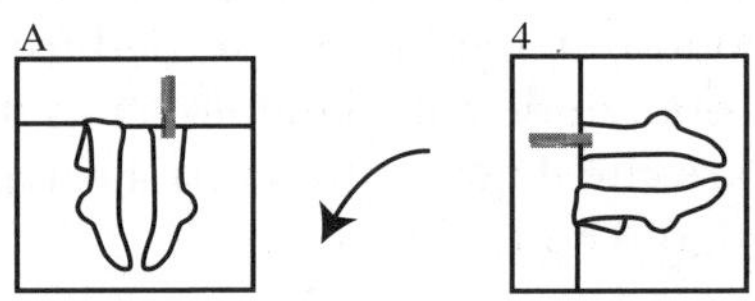


Il disegno 5 corrisponde al disegno A dopo una inversione lungo una linea orizzontale.

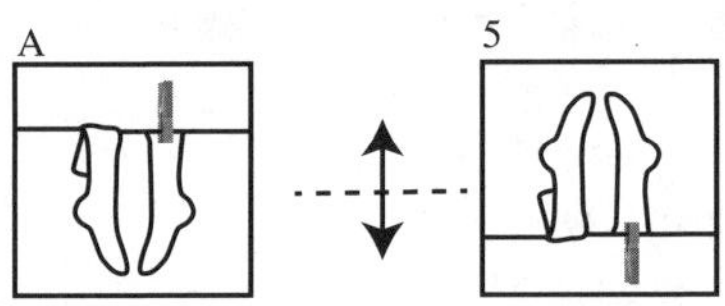


Il disegno 3 non si può ottenere dal disegno A con sole rotazioni oppure con sole inversioni. Per ottenere il disegno 3 c'è bisogno sia di una rotazione che di una inversione. In particolare, c'è bisogno prima di invertire il disegno lungo una linea verticale e poi di ruotarlo in senso orario di 90°.

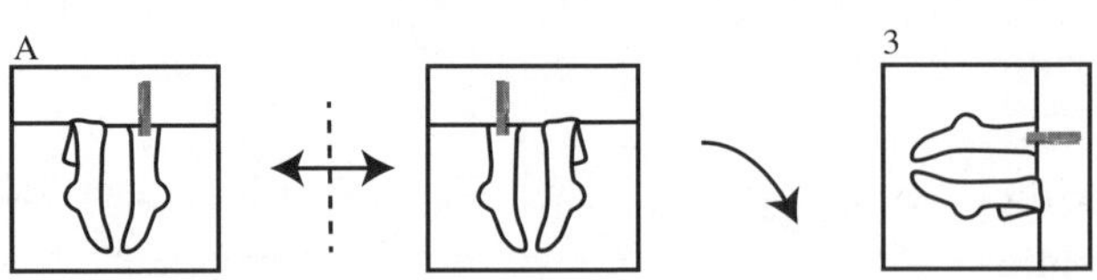


Pertanto la risposta esatta è quella che indica il disegno 3 come soluzione del quesito.

**17) B.** Il quesito non presenta particolari difficoltà logiche; difatti richiede solo di confrontare una sequenza assegnata di numeri con cinque sequenze proposte in altrettante risposte. Non vi sono particolari ragionamenti logici da fare, occorre solo molta rapidità ed un livello alto di concentrazione. È necessario confrontare le sequenze nel minor tempo possibile ed individuare rapidamente quella identica, per risparmiare tempo per altri quesiti che coinvolgono ragionamenti logici più complessi. Di seguito la sequenza assegnata è messa a confronto con quelle proposte nelle risposte. Di volta in volta sono messe in evidenza le differenze tra la sequenza assegnata e le altre.

3663999936663

A. 3663**3**999**9**6663
B. 3663999936663
C. 36**3996**9936663
D. 3663999**39**6663
E. 366399**33**36663

**18) A.** Il quesito non presenta particolari difficoltà logiche; difatti richiede solo di conteggiare due simboli distinti in quattro sequenze proposte in altrettante risposte. Non vi sono particolari ragionamenti logici da fare, occorre solo molta rapidità ed un livello alto di concentrazione. È necessario conteggiare i simboli nel minor tempo possibile ed individuare rapidamente la sequenza che riporta lo stesso numero di "-" e di "_", per risparmiare tempo per altri quesiti che coinvolgono ragionamenti logici più complessi. Di seguito sono riportate tutte le sequenze con il numero di "-" e di "_" presenti in ciascuna di esse.

A. – – _ _ _ – – _ _ _ – – – _ vi sono 7 "–" e 7 "_"
B. – – _ – – _ – _ _ – – _ _ vi sono 7 "–" e 6 "_"
C. – – _ – _ _ – _ _ – – – _ _ _ vi sono 7 "–" e 8 "_"
D. – _ – – _ _ – – _ _ – – – _ _ vi sono 8 "–" e 7 "_"
E. – _ – – _ _ – – _ _ – – – _ _ vi sono 8 "–" e 7 "_"

**19) C.** La sequenza di figure è governata dal seguente nesso logico: ogni figura è ottenuta dalla precedente ruotandola di 90° in senso antiorario ed eliminando uno dei rettangoli in essa presenti.
La prima figura ha 4 rettangoli, la seconda ne ha 3 e la terza ne ha 2; pertanto l'ultima deve averne uno solo. Quindi occorre individuare la risposta corretta tra quelle contrassegnate con la A e la B. Ruotando la terza figura di 90° in senso antiorario si nota che il rettangolo sulla sinistra va a collocarsi in basso a destra. Quindi la figura che completa la sequenza è quella contrassegnata con la lettera B. Nella seguente rappresentazione è mostrato il nesso logico che governa la sequenza di immagini.

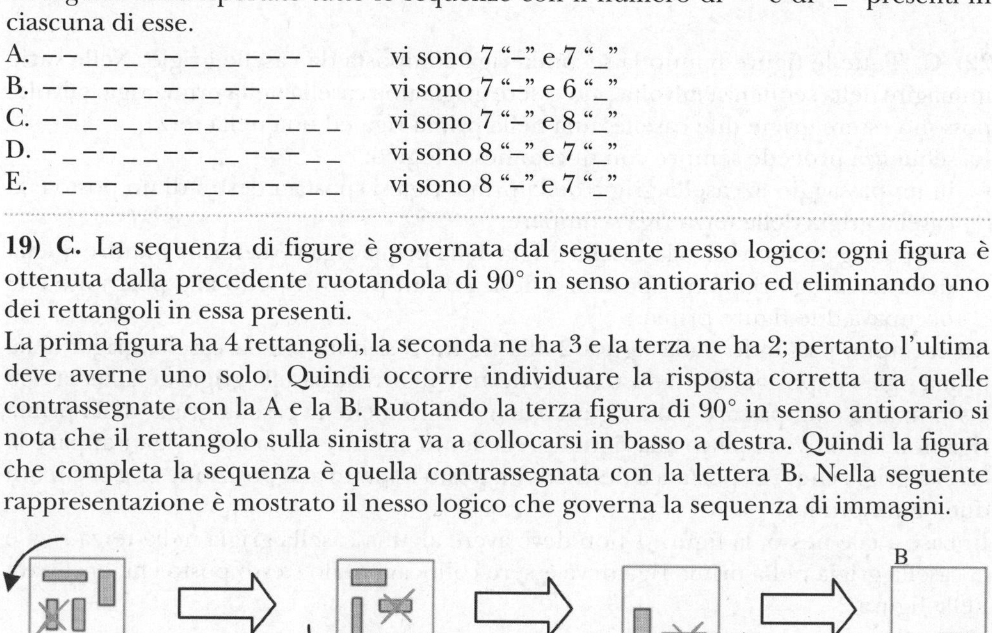


La risposta corretta è quella che indica la figura B come soluzione del quesito.

**20) C.** Partendo dal primo disegno e procedendo verso destra con i disegni successivi, si nota che le caselle occupate dal segnaposto si spostano tutte sempre di una posizione in diagonale verso il basso a destra e, giunte nella colonna più a destra, nel passaggio successivo, riappaiono nella colonna più a sinistra (vedi figura).

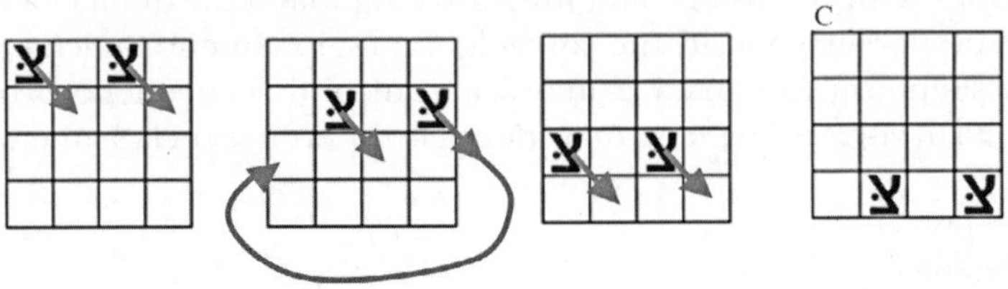


Per tale motivo la figura che completa correttamente la sequenza è la C.

**21) A.** Ogni disegno è ottenuto dal precedente invertendolo lungo l'asse verticale ed eliminando una fila diagonale di caselle. Pertanto la figura che completa logicamente la sequenza è la A. In figura è mostrato il nesso logico che governa la sequenza di figure.

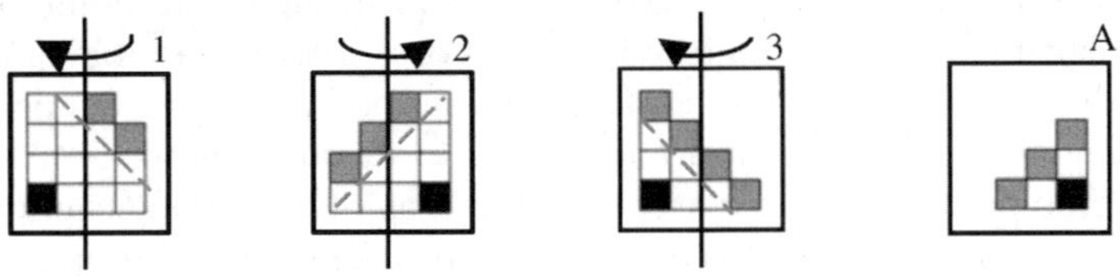


**22) C.** Tutte le figure hanno la seconda riga composta da caselle grigie. Nelle varie immagini della sequenza talvolta può essere grigia una casella nella prima riga, talvolta possono essere grigie due caselle, una nella prima riga ed una nella terza.
La sequenza procede sempre con questo nesso logico:

- in un passaggio la casella grigia della prima riga si sposta a destra di un posto e la casella grigia della terza riga scompare;
- nel passaggio successivo la casella grigia della prima riga resta ferma mentre quella della terza riga riappare spostata a destra di un posto rispetto alla posizione che occupava due figure prima.

Ad esempio, passando dalla figura 2 alla figura 3 si nota che la casella grigia della prima riga si è spostata di un posto verso destra, mentre la casella grigia della terza riga è scomparsa. Nel passare dalla figura 3 alla 4 si nota che la casella grigia della prima riga non si muove rispetto alla figura precedente, mentre nella terza riga riappare la casella grigia che si è spostata a destra di un posto rispetto alla posizione che occupava due figure prima.
In base a tale nesso, la figura 1 non deve avere alcuna casella grigia nella terza riga e la casella grigia nella prima riga deve essere collocata nello stesso posto che occupava nella figura 2.

In figura è mostrata la sequenza completa con il nesso logico che la governa.

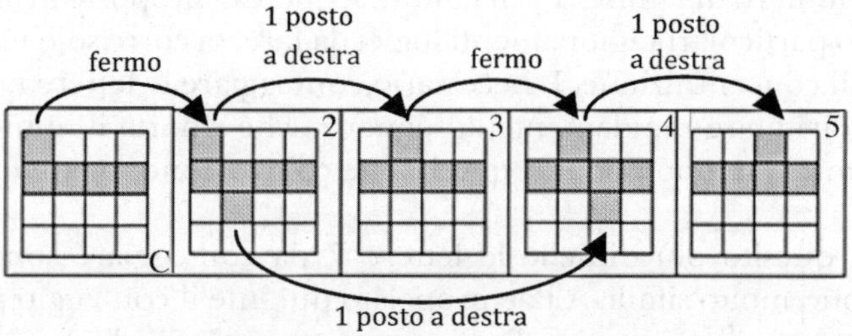


La risposta esatta è quella che indica la figura C come soluzione del quesito.

**23) C.** Si nota subito che il frammento 3 non ha le medesime proporzioni della figura in questione, difatti il contorno curvo è troppo vicino al lato rettilineo. Per riprodurre i due lati rettilinei della figura è necessario rifarsi ai frammenti 1, 2 e 6. Si nota subito che mentre i frammenti 1 e 2 sono tra loro compatibili, non lo sono i frammenti 1 e 6, pertanto quest'ultimo va scartato. In base a tali ragionamenti possono essere scartate le risposte che contengono o il frammento 3 o il frammento 6 o entrambi. Pertanto, così come riportato nella risposta corretta, i frammenti 4 e 5 vanno ad affiancarsi ai frammenti 1 e 2 per ricostruire la figura.

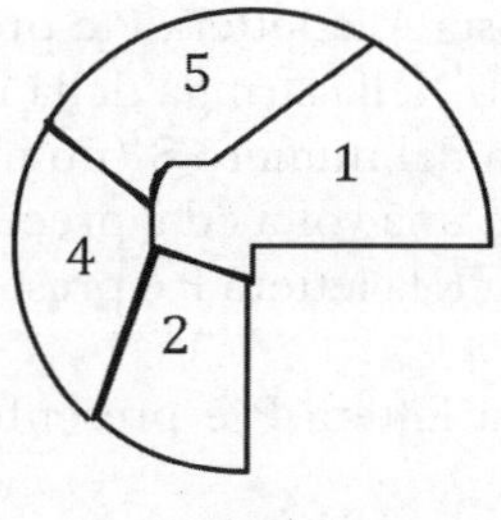


**24) C.** Il profilo superiore del frammento 2 coincide con il profilo inferiore del frammento 1. I due frammenti sono compatibili e costituiscono insieme oltre il 50% dell'intera figura. Il taglio obliquo che delimita sulla sinistra il frammento 2 combacia con lo stesso taglio obliquo presente nella parte inferiore del frammento 4. Analogamente il taglio obliquo che delimita sulla sinistra il frammento 1 combacia con lo stesso taglio obliquo presente nella parte superiore del frammento 3. Inoltre il profilo inferiore del frammento 3 coincide con quello superiore del frammento 4. Pertanto i frammenti 1, 2, 3 e 4 ricostruiscono l'intera figura, come mostrato.

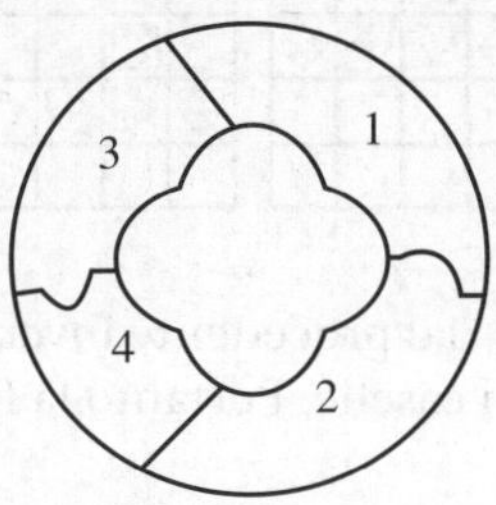

**25) B.** Il quesito non presenta particolari difficoltà logiche; difatti richiede solo di conteggiare il numero di lettere "E" in cinque sequenze, proposte in altrettante risposte. Non vi sono particolari ragionamenti logici da fare, occorre solo molta rapidità ed un livello alto di concentrazione. È necessario conteggiare le lettere nel minor tempo possibile ed individuare rapidamente la sequenza che riporta il numero massimo di "E", per risparmiare tempo per altri quesiti che coinvolgono ragionamenti logici più complessi.
Per rendere il quesito più difficile le lettere E da conteggiare sono affiancate da lettere F che sono molto simili. A tale proposito durante il conteggio può essere utile scrutare la sequenza di caratteri nella parte inferiore, ossia alla base delle lettere, lì dove la lettera E e la lettera F si distinguono chiaramente. Questa strategia può essere applicata in generale.
Di seguito sono riportate tutte le sequenze in cui sono evidenziate le "E"; il conteggio per ogni sequenza è riportato sulla destra.
A. EFFFFEFFFFFEFEEEFEEFF (8 lettere E)
B. EFFFEEEFFFEFFEFFEEEFF (9 lettere E)
C. FFFFEFFEEEFFEFEEFFEFF (8 lettere E)
D. FFFFEFFFEFFFFFEEEFEEE (8 lettere E)
E. EFFFFEEFFFEFFEFFEEEFF (8 lettere E)

**26) C.** Nella stringa della risposta A la lettera P è presente una volta ed è preceduta dal numero 8 (un numero pari). Nella stringa della risposta B la lettera P è presente una volta ed è preceduta ancora dal numero 8 (un numero pari). Nella stringa della risposta D la lettera P è presente una volta ed è preceduta dal numero 6 (un numero pari). Nella stringa della risposta E la lettera P è presente una volta ed è preceduta dal numero 4 (un numero pari).
Nella stringa della risposta C la lettera P è presente una volta ed è preceduta dal numero 7 (un numero dispari).

**27) A.** In ciascuna figura i simboli incasellati si muovono di un posto verso il basso rispetto alla figura precedente. Se i simboli giungono all'ultima riga in basso, nella figura successiva ripartono dalla prima riga in alto. In particolare si nota che l'immagine collocata da sola nella riga, scendendo verso il basso, resta sempre collocata nella seconda colonna. Inoltre, nel passare da una figura alla successiva, ciascuno dei simboli incasellati ruota di 90° in senso orario.

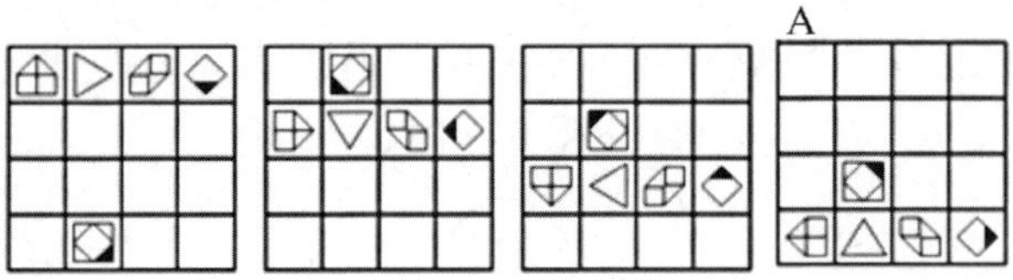


**28) B.** Ogni disegno è ottenuto dal precedente invertendolo lungo l'asse verticale ed eliminando una fila diagonale di caselle. Pertanto la figura che completa logicamente la sequenza è la C.

In figura è mostrato il nesso logico che governa la sequenza di figure.

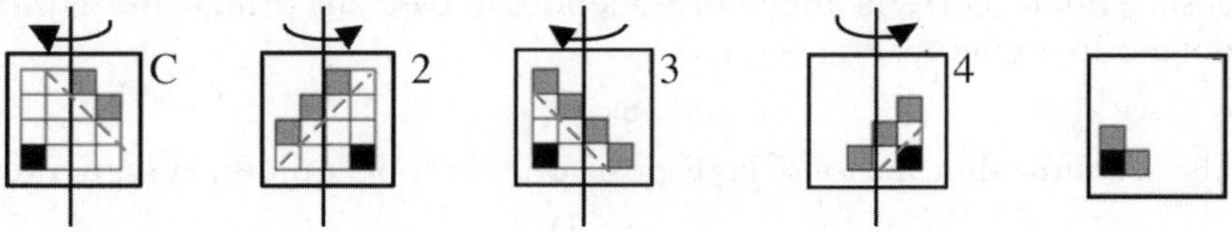


**29) D.** La sequenza è governata dal seguente nesso logico: considerata una figura, si ottiene la successiva ruotando la figura stessa di 45° in senso orario. In pratica accade che gli spicchi ruotano di una posizione in senso orario passando da una figura alla successiva. In base a tale ragionamento si deduce che la figura che completa la sequenza è la B. In figura è mostrata la sequenza completa, con il nesso logico che la governa.

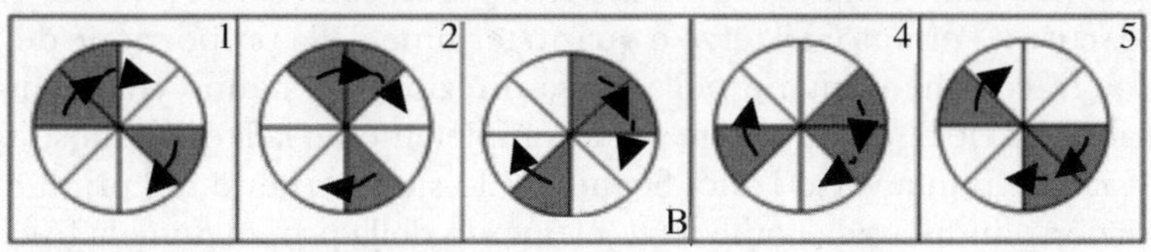


**30) A.** Nei primi due termini della proporzione si nota che la seconda figura è il completamento della prima; difatti nella prima figura è accennato il solo motivo delle montagne. Pertanto anche la quarta figura deve essere il completamento della terza. Tra le figure proposte per il completamento si nota che la figura C contiene un semplice tratto ondulato che viene ripreso nella figura B, dove quel tratto diventa il profilo di un piede che calza un sandalo. Pertanto la proporzione può essere completata dalle figure C e B come mostrato di seguito.

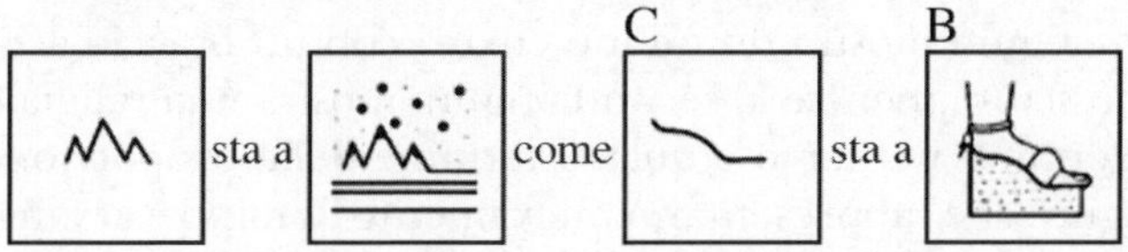


**31) B.** Nel quesito, sono date informazioni parziali sulla reciproca posizione di oggetti, e, sulla base di tali informazioni, si richiede di identificare la loro giusta collocazione.
Si indichino lo scivolo, l'altalena, la fontana e il dondolo con le loro iniziali maiuscole, quindi, rispettivamente con S, A, F, D.
In base alla prima affermazione, la disposizione degli oggetti è la seguente:

A S F

In base alla seconda affermazione, la disposizione degli oggetti è la seguente:

D A F

Combinando opportunamente le due affermazioni, la collocazione degli oggetti nel parco giochi è la seguente:

D A S F

La risposta corretta è, dunque, "lo scivolo è più vicino all'altalena che al dondolo". Tale risposta è quella corretta anche disponendo, in base alla prima affermazione, gli oggetti nel modo seguente:

F S A

In base alla seconda affermazione, la disposizione sarebbe, quindi, la seguente:

F A D

La disposizione finale degli oggetti sarebbe la seguente:

F S A D

Pertanto, "lo scivolo è più vicino all'altalena che al dondolo".

**32) E.** La prima figura mostra una freccia scura che punta verso destra su uno sfondo chiaro, mentre la seconda figura mostra la stessa freccia con i colori invertiti (freccia chiara su sfondo scuro). Pertanto nel terzo e quarto termine della proporzione devono essere collocate due frecce che puntano nella stessa direzione ed hanno colori invertiti l'una rispetto all'altra. Tra le figure proposte per il completamento la B e la E mostrano entrambe una freccia che punta verso l'alto. Seguendo lo stesso criterio dei primi due termini della proporzione andrà usata come terzo elemento della proporzione la freccia scura su sfondo chiaro, mentre il quarto elemento sarà la freccia chiara su sfondo scuro.
In figura è mostrata la proporzione completata: freccia verso destra scura sta a freccia verso destra chiara, come freccia verso l'alto scura sta a freccia verso l'alto chiara.

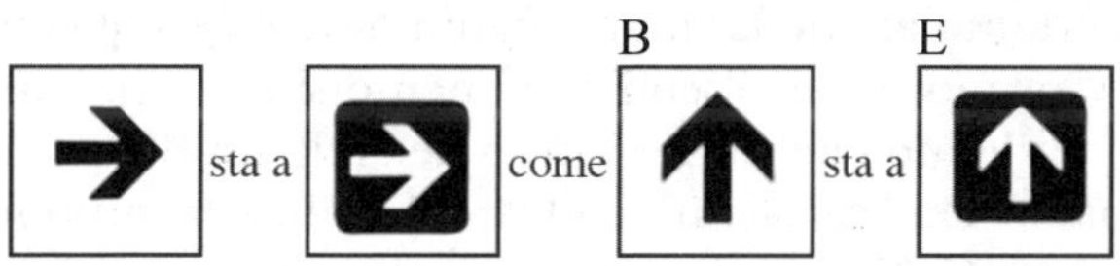


**33) E.** La prima figura mostra un omino chiaro con un braccio alzato e una valigia su di uno sfondo scuro, mentre la seconda figura mostra una valigia chiara su di uno sfondo scuro. Pertanto nel terzo e quarto termine della proporzione devono essere collocate due figure che rappresentano nuovamente l'omino e la valigia, ma che siano di colore scuro su di uno sfondo chiaro. Tra le figure proposte per il completamento la C e la E mostrano l'omino con valigia e braccio alzato e la valigia.
In figura è mostrata la proporzione completata: omino chiaro con valigia e braccio alzato su sfondo scuro sta a valigia chiara su sfondo scuro, come omino scuro con valigia e braccio alzato su sfondo chiaro sta a valigia scura su sfondo chiaro.

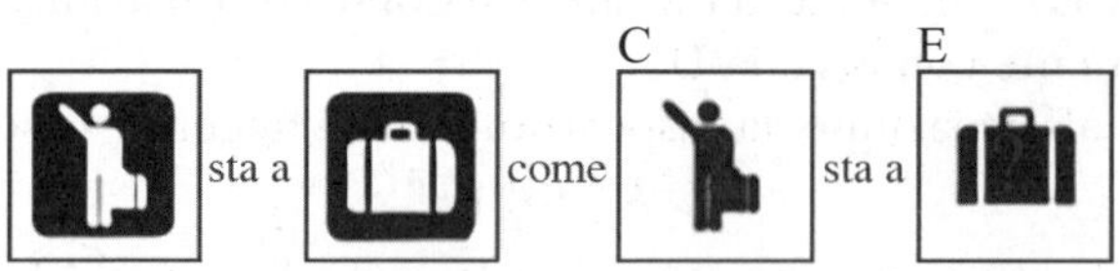


**34) D.** Il disegno 1 corrisponde al disegno A dopo una rotazione di 180°. Lo stesso disegno 1 può essere ricavato dal disegno A mediante due inversioni consecutive: una prima inversione del disegno A lungo una linea verticale ed una seconda lungo una linea orizzontale.

Comunque, in ciascuno dei due casi, il disegno 1 può essere ottenuto dal disegno A o con sole rotazioni o con sole inversioni.

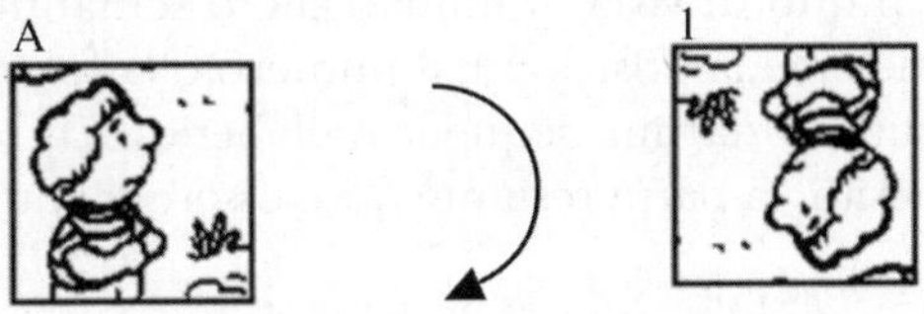


oppure:

Il disegno 3 corrisponde al disegno A dopo una rotazione in senso orario di 90°.

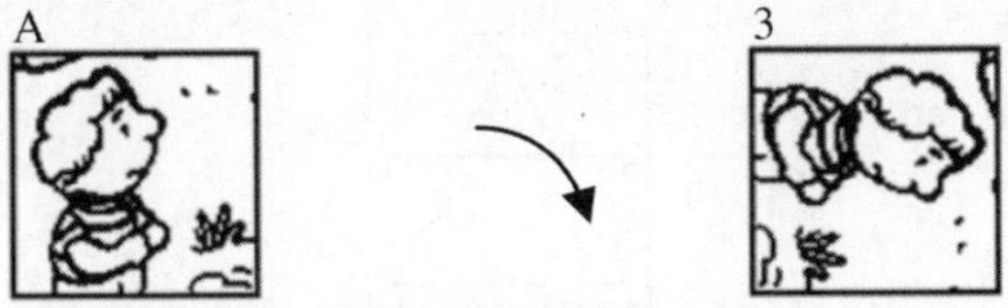


Il disegno 4 corrisponde al disegno A dopo una rotazione in senso antiorario di 90°.

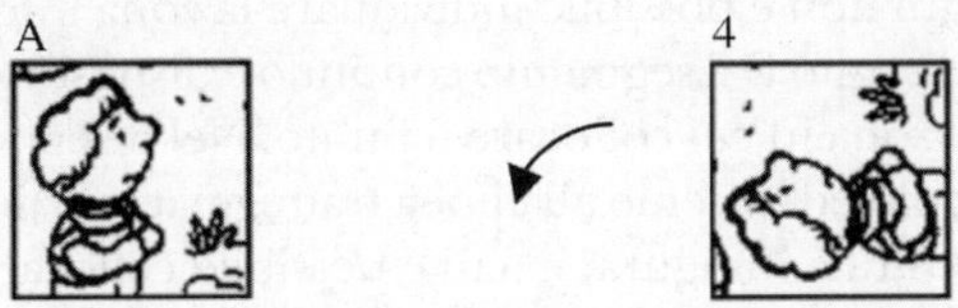


Il disegno 5 corrisponde al disegno A dopo una inversione lungo una linea orizzontale.

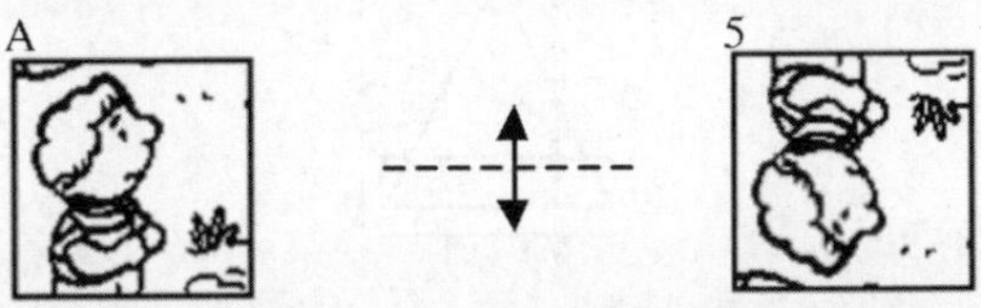


Il disegno 2 non si può ottenere dal disegno A con sole rotazioni oppure con sole inversioni. Per ottenere il disegno 2 c'è bisogno sia di una rotazione che di una inversione.
In particolare, c'è bisogno prima di invertire il disegno lungo una linea verticale e poi di ruotarlo in senso orario di 90°.

Pertanto la risposta esatta è quella che indica il disegno 2 come soluzione del quesito.

**35) A.** Si tratta di un quesito di attenzione visiva. In generale, tale tipologia di quesiti richiede di analizzare le parole che compongono il testo o le lettere che compongono le parole non da un punto di vista grammaticale o semantico ma dal punto di vista oggettivo, valutandone cioè la posizione, il numero o la forma dei simboli.
Il quesito dato è costituito da una sequenza alfabetica. Di tale sequenza è data una parte nel testo del quesito, la parte restante deve essere identificata tra le alternative di risposta.
Solo inserendo SATATatats al posto dei puntini nella sequenza ASDFWA…fgqwerta si riproduce fedelmente la sequenza data.

**36) B.** È necessario individuare il criterio di collocazione del punto nero all'interno della figura proposta. Appare chiaro che il punto viene collocato nel modo seguente:
1. all'interno del triangolo
2. a sinistra della linea tratteggiata verticale
3. sopra il segmento continuo orizzontale.

Nella seguente figura è messa in evidenza l'area dove può essere collocato il punto.

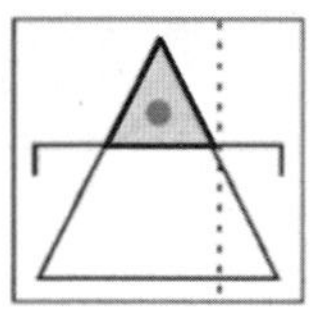

Nelle figure A e C il segmento continuo orizzontale è collocato fuori dal triangolo pertanto in questi disegni non è possibile individuare la zona interna al triangolo in cui collocare il punto. Nel disegno D il segmento continuo è disposto verticalmente pertanto non si individua alcuna zona in cui collocare il punto. Nel disegno B invece il segmento continuo taglia il triangolo ed insieme alla linea tratteggiata verticale individua l'area di dimensioni limitate, mostrata in figura, in cui è possibile collocare il punto.

B

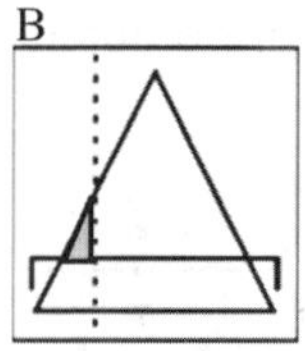

**37) C.** È necessario individuare il criterio di collocazione del punto nero all'interno della figura proposta. Appare chiaro che il punto viene collocato nell'area che è intersezione del triangolo, del cerchio e del quadrato.
Nella seguente figura è messa in evidenza l'area dove può essere collocato il punto.

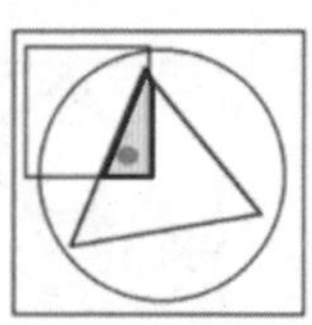

Nella figura A il cerchio e il triangolo non hanno alcuna area in comune, sebbene

entrambi intersechino il quadrato. Pertanto non esiste un'area determinata dall'intersezione delle tre figure e non è possibile collocare il punto.
Nella figura B l'ovale e il triangolo non hanno alcuna area in comune, sebbene entrambi siano collocati all'interno del quadrato. Pertanto non esiste un'area determinata dall'intersezione delle tre figure e non è possibile collocare il punto.
Nella figura D le tre figure sono completamente separate e non determinano un'area comune. Anche in questo caso è impossibile collocare il punto.
Nella figura C esiste un'area determinata dall'intersezione delle tre figure. Quest'area è mostrata nella figura seguente e in essa può essere collocato il punto.

C

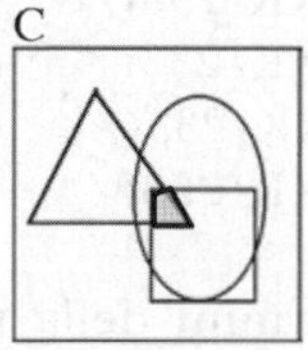

**38) C.** Il quesito non presenta particolari difficoltà logiche; difatti richiede solo di invertire una sequenza assegnata di caratteri e confrontarla con cinque sequenze proposte in altrettante risposte. A tale proposito occorre molta rapidità ed un buon livello di concentrazione.
Per svolgere il quesito con maggiore velocità è possibile sfruttare qualche stratagemma che si va ora ad esporre.
Ciascuna sequenza riportata nelle risposte può essere confrontata in modo molto diretto con le altre alternative, piuttosto che con quella assegnata nella traccia. Questo perché le cinque risposte sono incolonnate e quindi direttamente confrontabili. Osservando le sequenze proposte come soluzione, per ciascuna di esse si possono cogliere una o più differenze con le altre. È presumibile che queste differenze con le sequenze delle altre risposte siano anche differenze con la sequenza proposta nella traccia.
Di seguito è messa a confronto la sequenza invertita della traccia con quelle riportate nelle cinque risposte.

&:qt+23:31:ht;79xpo;yh
A. &:qt+23:31:ht;**97**xpo;yh
B. &:qt+23:31**-th**;79xpo;yh
C. &:qt+23:31:ht;79xpo;yh
D. &:qt+23;**13**:ht;79xpo;yh
E. &:qt+2**6**:31:ht;79xpo;yh

**39) C.** Il quesito non presenta particolari difficoltà logiche; difatti richiede solo di confrontare una sequenza assegnata di caratteri con cinque sequenze proposte in altrettante risposte. A tale proposito occorre molta rapidità ed un buon livello di concentrazione.
Per svolgere il quesito con maggiore velocità è possibile sfruttare qualche stratagemma che si va ora ad esporre.
Ciascuna sequenza riportata nelle risposte può essere confrontata in modo molto diretto con le alternative, piuttosto che con quella assegnata nella traccia. Questo

perché le cinque risposte sono incolonnate e quindi direttamente confrontabili. Osservando le sequenze proposte come soluzione, per ciascuna di esse si possono cogliere una o più differenze con le altre. È presumibile che queste differenze con le sequenze delle altre risposte siano anche differenze con la sequenza proposta nella traccia.
Di seguito è messa a confronto la sequenza della traccia con quelle riportate nelle risposte.

78AB+11AC-8A1H:1A1X-332&-7XK+233(/
A. 78AB+11AC-8A1H:1A1X-332**@**-7XK+233(/
B. 78AB+11AC-8A1H:1A1X-332&-7XK+233**[**/
C. 78AB+11AC-8A1H:1A1X-332&-7XK+233(/
D. 78AB+11AC-8A1H:1A1**Y**-332&-7XK+233(/
E. 78AB+11AC-8A1H:1A1X-332&-7XK+2**5**3(/

**40) B.** Osservando i primi due termini della proporzione si nota che la prima figura contiene due forme geometriche (un quadrato e un cerchio) intorno alle quali vi sono dei segni neri. Nella seconda figura i segni neri permangono nella loro posizione, mentre le due figure geometriche scompaiono. Pertanto anche la terza e la quarta figura devono essere collocate secondo questa regola. Tra le figure proposte per il completamento si nota che la figura B contiene due figure geometriche (un quadrato ed un cerchio) intorno alle quali vi sono dei segni neri, mentre nella figura D permangono gli stessi segni neri e scompaiono le due figure geometriche.
In definitiva la proporzione può essere completata dalle figure B e D come mostrato di seguito.

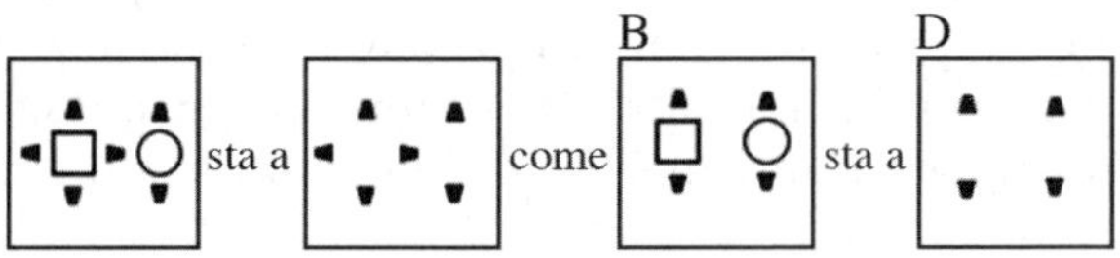


**41) C.** Poiché ogni due ruote si ripete lo stesso verso di rotazione si ha che la B ruota al contrario della C che ruota come la E.

**42) A.** I pesi a destra e a sinistra si equivalgono.

**43) A.** Nel riquadro si contano 7 Π e 15 μ, per un totale di 22 elementi.

**44) D.** Quello rappresentato in figura è un esempio di leva che ruota attorno ad un punto fisso detto fulcro. Affinché essa sia in equilibrio, la somma vettoriale dei momenti (forza × braccio) deve essere zero.
Il momento risultante alla sinistra del fulcro è dato da: $M1 = 1 \times 3 = 3$, considerando come forza il peso di un gettone e come braccio le 3 unità (secondo le suddivisioni effettuate sull'asse) che separano la posizione 4 dal fulcro. A destra, invece, si ha $M2 = 2 \times 1 = 2$. Dunque, l'asse non è in equilibrio perché $M1 \neq M2$.
Per rendere uguali i momenti M1 e M2, bisogna spostare un gettone dalla posizione 7 alla posizione 8.

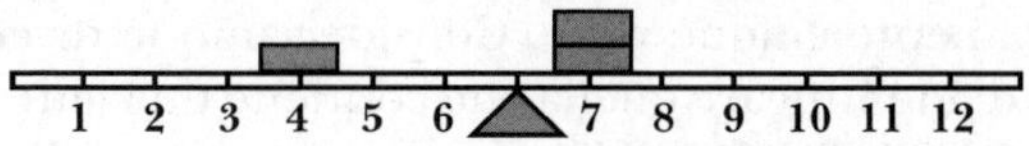


In questo modo, infatti, M2 è dato dalla somma di due momenti M7 e M8, generati rispettivamente dai gettoni in posizione 7 e 8, con M7 = 1 × 1 = 1 e M8 = 1 × 2 = 2. Quindi M2 = M7 + M8 = 1 + 2 = 3 e M1 = M2 con l'asse in equilibrio. La risposta corretta è dunque quella secondo cui, per equilibrare il sistema, il gettone va spostato dalla posizione 7 alla posizione 8.

**45) C.** Ruotando C in senso antiorario, dagli ingranaggi riportati in figura si capisce che D ruoterà in senso orario, E in senso antiorario, G in senso orario, H in senso antiorario. Pertanto, è vero che E e H ruotano nello stesso senso.

**46) A.** Per risolvere il quesito rapidamente, conviene ragionare partendo dall'esame delle alternative di risposta. In questo modo, osserviamo che tutte le alternative presentano "5" come secondo carattere e di nuovo "5" come terzo (4551; 7555; 4557; 7554; 4553). Stabilito ciò, dal primo indizio (7355: 1 BP / 1 MP) ricaviamo tre informazioni:

1. poiché un carattere è BP (cioè non solo compare nella sequenza ricercata, ma vi compare anche nello stesso posto in cui appare nell'indizio), questo carattere deve essere – in base a quanto stabilito poc'anzi – il "5" al terzo posto in 7355;
2. poiché un carattere è MP (cioè compare nella sequenza ricercata, ma in posizione diversa da quella in cui appare nell'indizio), questo carattere deve essere il "5" al quarto posto in 7355, giacché da quanto stabilito poc'anzi sappiamo che l'altro "5" appare al secondo posto nella sequenza ricercata;
3. se il primo indizio non indica altri caratteri BP o MP, deduciamo che "7" e "3" in 7355 non compaiono nella sequenza ricercata.

Se ora consideriamo il terzo indizio (7331: 1 BP), sappiamo che in 7331 vi è un solo carattere BP e, in base all'informazione III), dobbiamo dedurre che questo carattere non è né "7" né "3", ma "1", che, quindi, nella sequenza ricercata deve apparire al quarto posto.
Tra le alternative di risposta, l'unica in cui appare "1", appunto al quarto posto, è 4551, che dunque è la sequenza ricercata.

**47) B.** Poiché si tratta di nomi di regioni, si intuisce facilmente che una delle parole date deve essere una città della regione.
La prima parola è *Faenza*, per cui:

9 = a; 0 = e; 5 = n

Inoltre, per accelerare la risoluzione si suggerisce di identificare subito le parole che hanno doppie uguali, come nel caso specifico di 50339, che corrisponde alla proposizione *nella*.
Successivamente, si ottiene la frase *Faenza si trova nella regione.* Per completare la frase occorre aggiungere *Emilia Romagna.*

**48) B.** Si tratta di un quiz di attenzione visiva, in cui occorre identificare, tra le sequenze alfabetiche riportate nelle alternative di risposta, quella che contiene una lettera ripetuta esattamente cinque volte. Consideriamo le diverse alternative e, per ciascuna, cerchiamo di identificare quella che contiene una lettera 5 volte. Così facendo osserviamo che GGHTHTHGGTGT è una sequenza costituita da 12 lettere, in cui compare 5 volte la lettera G, 3 volte la lettera H e 4 volte la lettera T.

**49) D.** Dal testo del quesito si evince che il codice che corrisponde a ciascuna parola si ottiene dividendo ciascuna parola in sillabe e, successivamente, aggiungendo a ciascuna sillaba una sillaba costituita da due lettere: la consonante F e una vocale, quest'ultima è la vocale della sillaba che precede.
Infatti, dividiamo in sillabe la parola SPECIFICA:

SPE CI FI CA

Secondo il criterio dato, aggiungiamo le sillabe seguenti:

FE FI FI FA

ottenendo il codice:

SPEFECIFIFIFICAFA

Analogamente, dividiamo in sillabe la parola IGNORATO:

I GNO RA TO

Secondo il criterio dato, aggiungiamo le sillabe seguenti:

FI FO FA FO

ottenendo il codice:

IFIGNOFORAFATOFO

Dividiamo la parola MALI in sillabe:

MA LI

Secondo il criterio dato, aggiungiamo le sillabe seguenti:

FA FI

ottenendo il codice:

MAFALIFI

**50) B.** Osservando attentamente tutte le alternative, si nota che la frase "Destino M. Antonietta, Via G. Leopardi 36, Mesagne (BG)" contiene una imprecisione proprio alla fine: la provincia indicata, infatti, è BG (ossia Bergamo) e non BR (Brindisi).

# VERIFICA 5 • BIOLOGIA

**1) Nelle cellule eucariotiche, il DNA si trova:**

A. nei cromosomi
B. nella cromatina
C. nei cloroplasti
D. nei mitocondri
E. in tutte le strutture elencate

**2) Il pH all'interno dei lisosomi è:**

A. basico
B. acido
C. neutro
D. dipendente dalle condizioni metaboliche della cellula
E. variabile in funzione del materiale da digerire

**3) I mitocondri e i cloroplasti hanno in comune:**

A. la funzione di trasformare energia
B. l'essere presenti nelle cellule eucariotiche
C. il fatto di contenere DNA
D. l'essere delimitati da una doppia membrana
E. tutte le proprietà elencate

**4) Se una cellula è priva dell'apparato di Golgi, non avviene:**

A. la degradazione delle proteine difettose
B. la sintesi delle proteine
C. la maturazione delle proteine secretorie
D. la sintesi di DNA
E. la traslocazione delle proteine secretorie nel reticolo endoplasmatico

**5) Il DNA dei cromosomi di una cellula eucariotica viene replicato durante la:**

A. metafase
B. fase $G_1$
C. fase $G_2$
D. profase
E. fase S

**6) Una cellula con 20 coppie di cromosomi entra in mitosi. Ciascuna delle due cellule figlie avrà un numero di cromosomi pari a:**

A. 80
B. 5
C. 40
D. 20
E. 10

**7) Per allestire i preparati cromosomici al fine di osservare i cromosomi di una cellula, è necessario che le cellule:**

A. provengano da tessuti indifferenziati
B. siano capaci di moltiplicarsi
C. siano in fase di quiescenza
D. provengano solo da individui giovani
E. derivino solo da individui sani

**8) Nel reticolo endoplasmatico rugoso avviene la sintesi di proteine destinate:**

A. ai mitocondri
B. al nucleo
C. ai perossisomi
D. alla secrezione
E. al citoplasma

**9) La più piccola entità capace di estrinsecare le attività tipiche della materia vivente è:**

A. la cellula
B. l'atomo
C. la molecola
D. il tessuto
E. la macromolecola

**10) Tra le seguenti cellule umane è privo di nucleo:**

A. il neurone
B. il leucocita
C. lo spermatozoo
D. l'eritrocita
E. l'osteocita

**11) La cellula procariotica:**

A. ha un nucleo ben definito
B. ha dimensioni maggiori delle cellule eucariotiche
C. presenta numerosi mitocondri
D. presenta compartimentazione cellulare
E. possiede un cromosoma circolare

**12) I flagelli batterici:**

A. hanno una struttura diversa da quella dei flagelli eucariotici
B. sono costituiti da microtubuli
C. sono importanti per la riproduzione batterica
D. servono per allontanare i virus batterici
E. sono importanti per l'assunzione di cibo

**13) Una delle caratteristiche che differenzia le cellule vegetali dalle cellule animali è il possedere:**

A. mitocondri
B. cromosomi
C. parete cellulare
D. ribosomi
E. membrana cellulare

**14) La membrana plasmatica è presente:**

A. in tutte le cellule
B. solo nelle cellule animali
C. solo nelle cellule vegetali
D. solo nelle cellule animali e vegetali
E. solo nelle cellule procariotiche

**15) Lo schema rappresenta il ciclo dell'ATP. La freccia 1 rappresenta:**

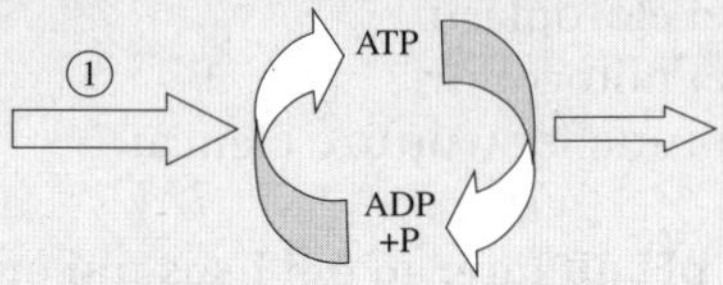


A. la condensazione dell'ATP
B. l'idrolisi dell'ATP
C. l'energia utile per compiere una reazione esoergonica
D. l'energia prodotta dalle reazioni endoergoniche
E. l'energia prodotta dalle reazioni esoergoniche

**16) Il processo che scinde il glucosio in due molecole di piruvato è detto:**

A. pirolisi
B. glicolisi
C. fotolisi
D. fermentazione
E. ciclo di Krebs

**17) La tappa di passaggio dalla glicolisi al ciclo di Krebs è la trasformazione:**

A. del glucosio in piruvato
B. del piruvato in glucosio
C. del piruvato in acetil-CoA
D. del glucosio in acetil-CoA
E. dell'acido ossalacetico in acido citrico

**18) Nella respirazione aerobica si ha ossidazione delle molecole di:**

A. glucosio
B. ossigeno
C. biossido di carbonio

D. acqua
E. $NAD^+$

**19) La riproduzione sessuale garantisce:**

A. identità genetica tra genitori e figli
B. produzione di un elevato numero di gameti vitali
C. comparsa di nuovi assortimenti di geni ad ogni generazione
D. assenza di variabilità genetica
E. minore capacità per la progenie di adattamento all'ambiente

**20) La meiosi è significativa per l'evoluzione della specie, in quanto provvede al/alla:**

A. formazione di gameti diploidi
B. produzione di gameti identici tra loro
C. produzione di un ugual numero di uova e spermatozoi
D. variabilità dei gameti che un singolo individuo può produrre
E. aumento del numero di individui

**21) Se un gamete ha 25 cromosomi, la cellula diploide prima che inizi la spermatogenesi ha:**

A. 25 cromosomi
B. 5 cromosomi
C. 50 cromosomi
D. 10 cromosomi
E. 75 cromosomi

**22) Il sesso dei gemelli dizigotici è:**

A. sempre uguale
B. sempre diverso
C. sempre maschile
D. dipendente dalla cellula uovo che viene fecondata
E. talvolta uguale, talvolta diverso

**23) Lo stadio diploide si ripristina mediante la:**

A. fusione dei gameti
B. duplicazione del DNA
C. divisione meiotica
D. divisione dello zigote
E. maturazione dell'uovo

**24) Il termine omozigosi si riferisce a due alleli che sono:**

A. su cromosomi diversi
B. differenti
C. identici
D. mutati
E. sullo stesso cromosoma

**25) I cromosomi omologhi presentano uguale sequenza di:**

A. nucleotidi
B. aminoacidi
C. alleli
D. geni
E. proteine

**26) Un carattere ereditario è detto recessivo quando:**

A. si manifesta nell'eterozigote
B. si manifesta nell'omozigote dominante
C. è legato al sesso
D. non si manifesta nell'eterozigote
E. è autosomico

**27) Un organismo doppio eterozigote per due geni indipendenti produce gameti:**

A. AB : Ab : aB : ab
B. AB : ab
C. Ab : aB
D. A : b : B : a
E. Aa : Bb

**28) La probabilità che un individuo trasmetta uno specifico allele al figlio di suo figlio è:**

A. 1/4
B. 1/8
C. 1/16

D. 1/2
E. 1/3

**29) Nei piselli, il carattere "pianta alta" presenta dominanza completa sul carattere "pianta nana". L'incrocio tra una pianta alta e una pianta nana produce circa la metà delle piante alte e la metà nane. I genotipi delle piante che hanno dato origine a questo incrocio sono:**

A. entrambe le piante sono omozigoti
B. la pianta alta è eterozigote e la pianta nana è omozigote
C. la pianta alta è omozigote e la pianta nana è eterozigote
D. entrambe le piante sono eterozigoti
E. non è possibile un'affermazione certa

**30) Gli antibiotici hanno provocato lo sviluppo di batteri resistenti agli antibiotici:**

A. vero
B. falso
C. talvolta
D. solo per particolari specie batteriche
E. solo in particolari condizioni ambientali

**31) L'allele per la beta-talassemia è molto diffuso in alcune aree geografiche, nonostante sia deleterio, perché:**

A. è mantenuto nella popolazione dalla deriva genetica
B. dà un vantaggio selettivo in climi caldi
C. in eterozigosi dà un vantaggio selettivo nei confronti della malaria diffusa in quelle zone
D. impedisce il diffondersi della malaria nella popolazione
E. è dominante sull'allele normale

**32) Affinché si verifichi speciazione allopatrica è necessario che:**

A. avvenga uno scambio di geni
B. l'ibrido non sia vitale
C. vi sia isolamento geografico
D. gli individui si accoppino liberamente tra loro
E. la prole sia sterile

**33) L'attivazione dei linfociti T killer e dei linfociti B da parte dei linfociti helper avviene mediante:**

A. la produzione di sostanze proteiche dette interleuchine
B. l'attivazione del complemento
C. la produzione di interferone
D. la produzione di linfochine
E. la produzione di istamina

**34) Responsabili dell'immunità cellulo-mediata sono:**

A. linfociti T
B. linfociti B
C. istamina e complemento
D. globuli rossi
E. fagociti

**35) Siamo in grado di combattere molti antigeni perché:**

A. ogni individuo produce un numero enorme di linfociti specifici per i vari antigeni prima di averli incontrati
B. i linfociti man mano che incontrano gli antigeni cambiano la loro conformazione e diventano in grado di legarsi ad essi
C. ogni individuo produce un numero enorme di linfociti specifici per i vari antigeni dopo averli incontrati
D. nel timo i linfociti vengono in contatto con i vari antigeni non self e avviene una selezione clonale
E. i linfociti T producono dei recettori solubili contro tutti gli antigeni estranei

**36) L'aorta nasce:**

A. dal ventricolo destro del cuore

B. dal ventricolo sinistro del cuore
C. dall'atrio sinistro del cuore
D. dall'atrio destro del cuore
E. dal tronco dell'arteria polmonare

**37) Le valvole a nido di rondine si trovano:**

A. nelle arterie degli arti inferiori
B. nell'aorta discendente
C. nelle vene
D. nei capillari
E. tra atri e ventricoli

**38) Nell'apparato circolatorio le valvole:**

A. consentono al sangue di procedere in un'unica direzione
B. sono presenti soprattutto nelle arterie poste vicine al cuore
C. permettono la dilatazione delle vene per un miglior scorrimento del sangue
D. sono costituite da spessi strati di tessuto muscolare
E. collaborano con la loro contrazione a far avanzare il sangue

**39) Endocardio e pericardio sono:**

A. membrane di rivestimento del cuore
B. legamenti di inserzione dei muscoli sulle ossa
C. membrane protettive dell'encefalo
D. rivestimenti delle arterie
E. rivestimenti delle articolazioni

**40) Durante la sistole ventricolare sono:**

A. aperte le valvole tra atri e ventricoli
B. aperte le valvole tra atri e arterie
C. aperte le valvole tra ventricoli e arterie
D. chiuse le valvole tra vene e atri
E. chiuse le valvole tra arterie e ventricoli

**41) Nel cuore dei mammiferi il sangue che esce dal ventricolo destro:**

A. va verso i polmoni attraverso la vena polmonare
B. passa nell'atrio destro e quindi va verso i polmoni
C. viene spinto nel circuito sistemico
D. va verso i polmoni dove libera ossigeno
E. è povero di ossigeno e va verso i polmoni

**42) Un sistema vascolare portale tipico dell'organismo umano è quello che:**

A. unisce intestino e fegato
B. unisce cuore e polmoni
C. unisce fegato e reni
D. unisce cuore e cervello
E. circola nel cuore

**43) La pressione del sangue ha un valore medio compreso tra 80/120. La minima corrisponde alla:**

A. sistole atriale
B. diastole atriale
C. sistole ventricolare
D. diastole ventricolare
E. chiusura delle valvole a nido di rondine

**44) A quale tratto dell'elettrocardiogramma rappresentato nella figura corrisponde una pressione del sangue pari a 120 mm Hg?**

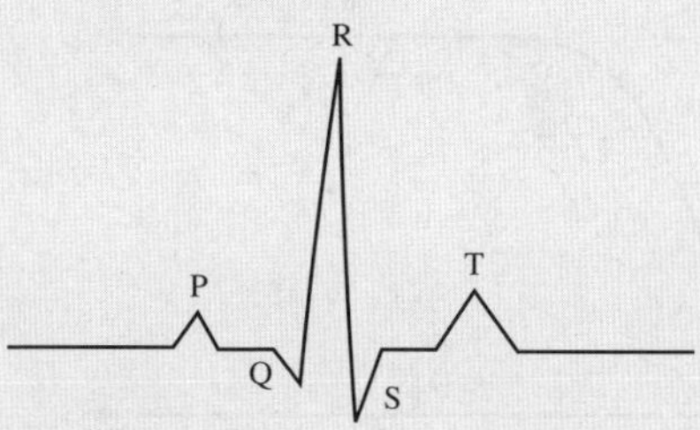


A. P
B. PQ
C. QRS
D. S
E. T

**45) Per gittata cardiaca si intende:**

A. la forza che il sangue esercita sulle pareti dei vasi

B. la quantità di sangue che passa nei tessuti al minuto
C. il volume di sangue pompato dal ventricolo al minuto
D. il numero di battiti del cuore al minuto dovuti alla sua contrazione
E. la dilatazione ritmica delle arterie dovuta alla pressione

**46) Se nel sangue di un vertebrato non fosse presente l'emoglobina, si verificherebbe che:**

A. nel sangue dell'animale sarebbe presente una quantità inferiore di ossigeno
B. nel sangue dell'animale non vi sarebbe assolutamente ossigeno
C. nel sangue dell'animale ci sarebbe la stessa quantità di ossigeno
D. l'animale sostituirebbe l'ossigeno con un'altra molecola ossidante
E. l'animale sostituirebbe l'ossigeno con un'altra molecola riducente

**47) Il grafico rappresenta la curva di saturazione con l'ossigeno dell'emoglobina (linea tratteggiata) e della mioglobina (linea continua).**

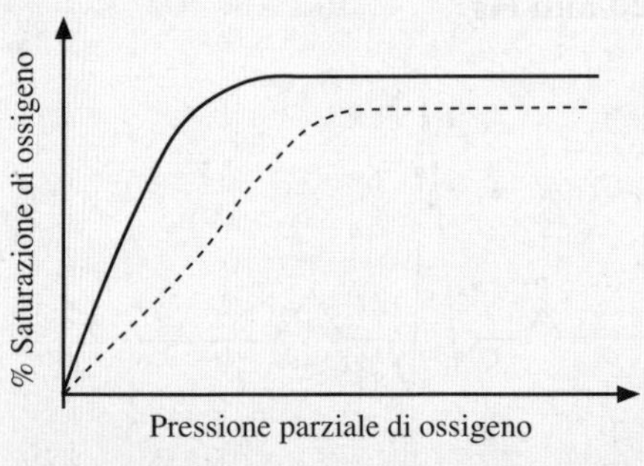


**A basse concentrazioni di ossigeno, quale dei due pigmenti respiratori lega più facilmente ossigeno?**

A. La mioglobina
B. L'emoglobina
C. L'emoglobina in ambiente anaerobico
D. In modo uguale entrambi i pigmenti
E. Il grafico non consente di rispondere

**48) Il regno dei Funghi è costituito da organismi (individuare l'affermazione ERRATA):**

A. le cui cellule hanno una parete cellulare composta da chitina
B. per la maggior parte decompositori
C. che possono essere patogeni
D. le cui cellule sono prive di clorofilla
E. autotrofi

**49) I carnivori sono:**

A. consumatori primari
B. decompositori
C. produttori
D. consumatori secondari
E. autotrofi

**50) Il riscaldamento globale della Terra conseguente all'effetto serra si verifica perché:**

A. l'anidride carbonica e altri gas serra permettono la fuoriuscita dall'atmosfera di una quantità eccessiva di calore
B. l'anidride carbonica e altri gas serra reagiscono chimicamente, producendo calore
C. le eruzioni vulcaniche rilasciano grandi quantità di calore e di gas serra
D. l'anidride carbonica e altri gas serra intrappolano i raggi calorifici (radiazioni infrarosse)
E. la terra ha troppi edifici di vetro che diventano delle serre

# RISPOSTE COMMENTATE • BIOLOGIA

**1) E.** In tutte le cellule eucariotiche, la maggior parte del DNA si trova nel nucleo. Inoltre, nelle cellule eucariotiche animali, il DNA è presente anche nei mitocondri e nelle cellule eucariotiche vegetali anche nei cloroplasti.

**2) B.** I lisosomi contengono enzimi idrolitici in grado di degradare molecole complesse (lipidi, proteine, acidi nucleici, carboidrati). La maggior parte di questi enzimi è attiva in condizioni di acidità (pH 5).

**3) E.** Tutte le caratteristiche elencate sono comuni ai mitocondri (dove avviene la sintesi di ATP) e ai cloroplasti (dove avviene la fotosintesi).

**4) C.** L'apparato di Golgi è deputato alla modificazione e smistamento delle proteine sintetizzate precedentemente nel reticolo endoplasmatico rugoso. Quindi, se manca l'apparato di Golgi, non avviene la cosiddetta "maturazione" delle proteine secretorie, che comprendono le proteine che vengono trasportate fuori dalla cellula (secrezione), alla membrana plasmatica o ai lisosomi.

**5) E.** Il ciclo cellulare di una cellula eucariotica è costituito dalla interfase e dalla divisione cellulare vera e propria. L'interfase, a sua volta, è suddivisibile in una fase $G_1$, dove la cellula si accresce, una fase S, dove avviene la sintesi di DNA, e una fase $G_2$, dove la cellula si prepara alla divisione cellulare. La profase e la metafase sono due fasi della divisione cellulare, in cui non avviene sintesi di DNA.

**6) C.** Se una cellula ha 20 coppie di cromosomi, il numero totale di cromosomi è 40. Quando una cellula si divide per mitosi, le cellule figlie sono identiche tra loro e identiche alla cellula madre. Quindi, se la cellula madre ha 40 cromosomi, anche ciascuna delle due cellule figlie avrà 40 cromosomi.

**7) B.** I cromosomi di una cellula vengono osservati durante la metafase della divisione cellulare. La cellula pertanto deve essere in grado di moltiplicarsi e andare incontro a mitosi.

**8) D.** Le proteine secrete dalla cellula o destinate ai lisosomi sono sintetizzate a livello del reticolo endoplasmatico rugoso, mentre quelle destinate a rimanere nella cellula (nel citoplasma oppure in uno degli organuli cellulari, tranne che nei lisosomi) sono sintetizzate a livello dei ribosomi liberi nel citoplasma.

**9) A.** In base alla teoria cellulare, tutti gli organismi viventi sono formati da cellule. La cellula quindi è l'unità strutturale della vita, che presenta le caratteristiche degli esseri viventi. Un atomo è la più piccola unità di un elemento chimico e, in ordine gerarchico, gli atomi si combinano chimicamente per formare le molecole; le macromolecole biologiche sono le molecole di grosse dimensioni (proteine, zuccheri, acidi nucleici) e le cellule si associano per formare i tessuti.

**10) D.** Nell'uomo, tra le cellule elencate, le uniche prive di nucleo sono gli eritrociti (globuli rossi). Bisogna tenere però presente che i globuli rossi sono privi di nucleo solo nella maggior parte dei mammiferi; quelli di altri vertebrati, come gli uccelli, sono nucleati!

**11) E.** Le cellule procariotiche sono prive di nucleo, sono più piccole rispetto alle cellule eucariotiche, non presentano compartimentazione cellulare e quindi sono prive di organuli citoplasmatici circondati da membrana, quali i mitocondri. Il cromosoma batterico è costituito da una singola molecola di DNA circolare.

**12) A.** I flagelli batterici non devono essere confusi con i flagelli delle cellule eucariotiche: la loro struttura è diversa. I flagelli batterici sono polimeri di una proteina, la flagellina, mentre i flagelli eucariotici (analogamente alle ciglia) sono formati da microtubuli. I flagelli batterici sono appendici mobili, che non servono né per la riproduzione né per allontanare i batteriofagi né per l'assunzione di cibo.

**13) C.** Sia le cellule animali che le cellule vegetali contengono mitocondri, cromosomi, ribosomi e sono delimitate dalla membrana cellulare. Fra le caratteristiche elencate, ciò che differenzia una cellula vegetale da una animale è la presenza nelle cellule vegetali di una parete cellulare (costituita da fibre di cellulosa immerse in una matrice di altre molecole), che, essendo una struttura rigida, protegge la cellula e ne mantiene la forma. Una parete cellulare è presente anche nelle cellule batteriche, anche se è diversa per composizione chimica e per struttura da quella delle cellule vegetali.

**14) A.** La membrana plasmatica (detta anche membrana cellulare) delimita tutte le cellule, da quelle procariotiche a quelle eucariotiche, sia vegetali che animali.

**15) E.** La fosforilazione della molecola di ADP ad ATP necessita di energia per poter avvenire. La freccia 1 rappresenta quindi l'entrata di energia nel ciclo dell'ATP. Questa energia viene rilasciata da reazioni chimiche dette esoergoniche, cioè che appunto liberano energia. Le reazioni endoergoniche, al contrario, consumano energia.

**16) B.** Il glucosio viene scisso in due molecole di piruvato durante il processo di glicolisi.

**17) C.** La glicolisi è il processo mediante il quale da una molecola di glucosio si ottengono due molecole di acido piruvico che, in presenza di ossigeno, vengono utilizzate nella respirazione attraverso il ciclo di Krebs per produrre energia sotto forma di molecole di ATP. Il ciclo di Krebs parte da molecole di acetil-CoA, quindi la tappa di passaggio tra la glicolisi e il ciclo stesso è la tappa di trasformazione del piruvato in acetil-CoA.

**18) A.** La respirazione è un processo di ossidazione di un composto chimico ad alta energia, con consumo di ossigeno e liberazione di energia chimica e anidride carbonica. Il composto ad alta energia che viene ossidato nella respirazione è il glucosio.

**19) C.** La riproduzione sessuata determina un rimescolamento (ricombinazione) dei geni e quindi la comparsa di nuovi assortimenti di geni, con conseguente aumento della variabilità genetica. Le specie viventi a riproduzione sessuata hanno maggiori possibilità di adattamento all'ambiente, se questo va incontro a cambiamenti.

**20) D.** Il risultato di ogni meiosi è la produzione, a partire da una singola cellula diploide, di 4 cellule aploidi, i gameti. Da ciascuna divisione meiotica si formano gameti che sono geneticamente diversi tra loro e ciò determina variabilità. La meiosi non determina la produzione di un ugual numero di gameti maschili e femminili, né un aumento del numero di individui.

**21) C.** Un gamete è una cellula aploide con un numero di cromosomi pari a n, mentre il numero di cromosomi di una cellula diploide è 2n. Pertanto, se in un gamete n = 25, nella cellula germinale progenitrice (spermatogonio), il numero di cromosomi presente è pari a 2n, ossia 50.

**22) E.** I gemelli dizigotici derivano dalla fecondazione di due cellule uovo con due diversi spermatozoi e quindi sono simili quanto due fratelli. Possono pertanto avere lo stesso sesso oppure sesso diverso.

**23) A.** Nella fecondazione, si ha la fusione dei gameti maschile e femminile, che sono aploidi, con conseguente ripristino della condizione diploide nello zigote, la prima cellula del nuovo individuo.

**24) C.** Il termine omozigosi si riferisce alla condizione in cui sono presenti due alleli uguali di uno stesso gene (ad es., omozigote è il genotipo AA oppure aa).

**25) D.** Ogni coppia di cromosomi omologhi contiene la stessa successione di alleli dei singoli geni, ma non necessariamente la stessa successione di alleli.

**26) D.** In un individuo eterozigote, Aa, il fenotipo dipende dalla interazione tra i due alleli. Un allele è detto recessivo quando la sua espressione è mascherata da quella dell'altro allele, detto dominante. Il fenotipo recessivo si manifesta solo in assenza dell'allele dominante.

**27) A.** Un organismo doppio eterozigote ha genotipo AaBb. Se i due geni sono indipendenti, essi segregheranno nei gameti uno indipendentemente dall'altro, in base alla III legge di Mendel. Si produrranno pertanto gameti AB : Ab : aB : ab.

**28) A.** La probabilità che un individuo trasmetta uno specifico allele al figlio è $^1/_2$. A sua volta, la probabilità che questo individuo trasmetta uno specifico allele al proprio figlio è sempre $^1/_2$. Quindi la probabilità totale che un individuo trasmetta uno specifico allele al figlio di suo figlio è $^1/_2 \times ^1/_2$, ossia $^1/_4$.

**29) B.** Si tratta di determinare i genotipi delle piante dal cui incrocio (pianta alta × pianta nana) si ottengono circa la metà delle piante alte e la metà nane. Essendo il carattere pianta nana recessivo, ne consegue che il genotipo della pianta nana è aa. Nella pianta alta in questione, deve essere presente almeno un allele A che conferisca questo carattere. L'altro allele può essere A oppure a. Il fatto che dall'incrocio si ottengano piante aa indica che deve essere presente anche un allele a.

**30) B.** Un fattore ambientale, come in questo caso gli antibiotici, non provoca lo sviluppo di un nuovo carattere ereditario, come la resistenza agli antibiotici, ma seleziona tra i caratteri già presenti nella popolazione, in questo caso di batteri.

**31) C.** In ambiente malarico, gli individui eterozigoti per l'allele s che causa la betatalassemia hanno un vantaggio selettivo (ossia, maggior resistenza alla malaria e conseguente fitness maggiore, cioè maggiore probabilità di sopravvivere e riprodursi) rispetto agli individui omozigoti normali SS (gli individui omozigoti recessivi ss muoiono per l'anemia falciforme). L'allele s è quindi mantenuto nella popolazione dagli individui eterozigoti, a causa del vantaggio selettivo di questo genotipo in ambiente malarico.

**32) C.** La speciazione allopatrica è uno dei meccanismi di speciazione e si verifica quando una popolazione diventa isolata geograficamente dal resto della specie (ciò impedisce lo scambio di geni) e in seguito se ne differenzia.

**33) A.** I linfociti T helper giocano un ruolo importante nell'attivazione della risposta immunitaria di altre cellule del sangue, principalmente mediante secrezione di mediatori locali, quali le interleuchine. In particolare, esistono due tipi di cellule T helper: il primo tipo produce interleuchina 2 (IL-2) e γ-interferone ed è implicato nell'attivazione di cellule T citotossiche e di macrofagi; il secondo tipo produce le interleuchine 4 e 5 e coadiuva l'azione delle cellule B e degli eosinofili.

**34) A.** Esistono due diversi tipi di immunità: l'immunità umorale e l'immunità cellulare o cellulo-mediata. La prima viene svolta dai linfociti B che, riconosciuto l'antigene, proliferano e danno origine a plasmacellule che produrranno gli anticorpi specifici per quel determinato antigene; la seconda, invece, avviene ad opera dei linfociti T, i quali non producono anticorpi, ma si dividono dando origine a vari tipi cellulari, ancora capaci di riconoscere specificamente quell'antigene e che agiscono in cooperazione con altre cellule.

**35) A.** I linfociti presenti in un organismo sono moltissimi e si differenziano per la presenza sulla loro superficie di recettori specifici per un determinato antigene. La variabilità dei recettori di membrana dei linfociti dipende dalla possibilità di molteplici combinazioni che possono assumere i geni che li codificano. Questa variabilità è, quindi, indipendente dalla presenza nell'organismo di quello specifico antigene.

**36) B.** L'aorta è la principale arteria dell'organismo, l'unica che nasce direttamente dal ventricolo sinistro del cuore.

**37) C.** Nelle vene degli arti, in cui il sangue deve muoversi "in salita", contro la forza di gravità, sono presenti valvole a forma di semiluna, rivolte verso l'alto, che impediscono al sangue di refluire verso il basso.

**38) A.** Nel sistema circolatorio sono presenti diverse valvole: tricuspide tra atrio e ventricolo destri, mitrale tra atrio e ventricolo sinistri, polmonare tra ventricolo destro ed arteria polmonare, aortica tra ventricolo sinistro ed aorta, valvole a nido di rondine nelle grosse vene. Funzionano tutte in modo da assicurare che il sangue fluisca in una sola direzione; la loro apertura o chiusura dipende dalla differenza di pressione del sangue nei due comparti separati da ciascuna valvola.

**39) A.** Il cuore è rivestito all'esterno da una guaina di tessuto connettivo chiamata pericardio. Le pareti del cuore, costituite da tessuto muscolare (miocardio), sono rivestite da un epitelio che costituisce l'endocardio.

**40) C.** La contrazione (sistole) dei ventricoli fa aumentare la pressione all'interno dei ventricoli stessi. Ciò porta alla chiusura delle valvole tra atri e ventricoli e all'apertura delle valvole tra ventricoli ed arterie.

**41) E.** Il sistema circolatorio dei mammiferi comprende due circuiti: la piccola circolazione o circolazione polmonare che porta il sangue venoso (povero di ossigeno) dal ventricolo destro del cuore ai polmoni, dove si arricchisce di ossigeno, trasformandosi in sangue arterioso, e dai polmoni all'atrio sinistro; la grande circolazione o circolazione sistemica che porta il sangue arterioso dal ventricolo sinistro ai tessuti, dove si trasforma in sangue venoso, e da questi all'atrio destro.

**42) A.** Le vene che derivano dall'intestino confluiscono in un'unica vena, la vena porta, che raggiunge il fegato, ramificandosi in capillari all'interno del tessuto epatico. Dalla confluenza di questi capillari hanno poi origine le vene epatiche, che sboccano nella vena cava.

**43) D.** Il valore minimo della pressione arteriosa si osserva alla fine della diastole ventricolare, quando il sangue è defluito verso i tessuti e non è ancora iniziato il riempimento delle arterie da parte della sistole successiva.

**44) C.** Il complesso QRS dell'elettrocardiogramma corrisponde alla sistole ventricolare. D'altra parte il massimo valore della pressione arteriosa è appunto la pressione sistolica (che si osserva alla sistole ventricolare), che normalmente corrisponde a 120 mm Hg.

**45) C.** La definizione di gittata cardiaca è che si tratta del volume di sangue pompato dal ventricolo in un minuto.

**46) A.** La molecola dell'ossigeno è apolare e quindi pochissimo solubile in acqua. Gli animali, ed in particolare i vertebrati, nel corso dell'evoluzione hanno acquisito una molecola (l'emoglobina) capace di legare l'ossigeno in modo reversibile, per cui è in grado di combinarsi con esso a livello dei polmoni e di liberarlo a livello dei tessuti. La quantità di ossigeno così trasportata dal sangue è enormemente superiore a quella che potrebbe semplicemente sciogliersi nel plasma.

**47) A.** La curva di saturazione (o curva di dissociazione) di un pigmento respiratorio (emoglobina o mioglobina) è un grafico che rappresenta la percentuale di pigmento combinata con l'ossigeno alle diverse pressioni parziali di ossigeno. Quanto più la curva è spostata a sinistra ed in alto, tanto maggiore è l'affinità del pigmento per l'ossigeno (cioè tanto più facilmente il pigmento lega l'ossigeno).

**48) E.** Il regno dei Funghi è composto da lieviti, muffe e funghi. I Funghi sono eucarioti con parete cellulare composta da chitina. Da un punto di vista ecologico, per la maggior parte sono decompositori. Possono essere patogeni e causare malattie nelle piante (come la ruggine del castagno) e negli animali, uomo compreso (come candidosi e tigna). I Funghi, essendo privi di clorofilla, sono eterotrofi e non autotrofi.

**49) D.** Nelle catene alimentari in un ecosistema l'energia passa da un organismo all'altro sotto forma di cibo. Le piante sono i produttori, perché catturano l'energia solare con la fotosintesi. Gli erbivori mangiano le piante e sono consumatori primari. Gli erbivori sono a loro volta mangiati dai carnivori, che sono i consumatori secondari.

**50) D.** L'anidride carbonica è un gas serra, in quanto consente alle radiazioni calorifiche del sole (infrarosse) di penetrare sulla superficie terrestre, ma non consente una loro dissipazione come calore. La mancata dispersione di calore dalla Terra provoca un effetto serra, come fa il vetro di una serra.

# VERIFICA 6 • CHIMICA

**1) Una soluzione è una miscela:**

A. eterogenea
B. fisicamente omogenea e chimicamente eterogenea
C. fisicamente eterogenea e chimicamente omogenea
D. omogenea
E. omogenea ed esclusivamente liquida

**2) Gli atomi di uno stesso elemento:**

A. sono tutti della stessa specie
B. sono tutti uguali
C. hanno tutti la stessa massa
D. hanno tutti lo stesso peso
E. diffondono tutti alla stessa velocità

**3) L'aria atmosferica filtrata dalle particelle solide è:**

A. una miscela eterogenea di più gas
B. una soluzione di più gas
C. una miscela eterogenea (miscuglio) di più gas
D. una dispersione non colloidale di più gas
E. una dispersione colloidale di gas

**4) La mole di molecole è:**

A. l'insieme di atomi contenuti in un numero di Avogadro di molecole
B. un modo abbreviato di dire molecola
C. una quantità in grammi di sostanza pari al numero di Avogadro
D. la quantità di sostanza che contiene un numero di Avogadro di molecole
E. la dimensione di una molecola

**5) Il numero di Avogadro esprime il numero di:**

A. protoni contenuti in un atomo
B. molecole contenute in una mole di molecole
C. atomi contenuti in una molecola
D. elettroni delocalizzati in un metallo in condizioni standard
E. elettroni in un atomo

**6) Il numero di protoni di un atomo costituisce:**

A. il numero atomico
B. il numero di massa
C. la massa molare
D. il numero elettrico
E. il potenziale elettrico dell'atomo

**7) La mole è l'unità di misura:**

A. della quantità di materia nel Sistema Internazionale (SI)
B. del volume di materia
C. del peso di sostanza
D. delle molecole
E. del volume molecolare

**8) Gli isotopi di un elemento:**

A. non sono mai presenti in natura
B. sono sempre radioattivi
C. possono essere soggetti a decadimento radioattivo
D. sono sempre instabili
E. quelli dotati di radioattività non sono usati in medicina

**9) I gas nobili sono così chiamati perché:**

A. si ossidano facilmente
B. hanno una particolare stabilità dovuta alle molecole biatomiche
C. sono molto resistenti all'azione degli acidi
D. sono poco resistenti alle basi

E. hanno una particolare stabilità dovuta alla loro struttura elettronica

**10) L'elettronegatività è:**

A. il lavoro necessario per strappare a un atomo un elettrone
B. la tendenza di un atomo ad attrarre gli elettroni di un legame a cui partecipa
C. l'energia emessa quando un elettrone si associa a un atomo
D. la tendenza di un atomo ad acquistare elettroni
E. la carica negativa posseduta da un atomo

**11) Nel sistema periodico gli elementi di uno stesso gruppo hanno lo stesso:**

A. numero di protoni
B. numero di elettroni nello strato esterno
C. numero di massa
D. potenziale di ionizzazione
E. numero atomico

**12) Nella tavola periodica, le dimensioni degli atomi, escludendo i gas nobili:**

A. aumentano all'aumentare del numero atomico
B. aumentano all'aumentare del peso atomico
C. aumentano dal basso verso l'alto lungo un gruppo
D. aumentano da destra verso sinistra lungo un periodo
E. aumentano da sinistra verso destra lungo un periodo

**13) Procedendo lungo un periodo della tavola periodica, da sinistra a destra, le proprietà metalliche:**

A. si accentuano
B. restano costanti
C. diminuiscono
D. variano periodicamente
E. sono alternate a proprietà non metalliche

**14) L'ossigeno presente nell'aria atmosferica fluisce negli alveoli polmonari con un meccanismo fisico:**

A. perché attratto dall'anidride carbonica contenuta in essi
B. perché la sua pressione parziale nell'aria è maggiore che negli alveoli
C. nonostante la sua pressione parziale nell'aria sia maggiore che negli alveoli
D. perché negli alveoli la temperatura è maggiore
E. di natura elettrostatica

**15) Quando il sudore evapora dalla fronte dello studente sotto esame, la fronte:**

A. perde alcuni amminoacidi del collageno della pelle
B. si riscalda
C. perde sali
D. rimane a temperatura costante
E. si raffredda

**16) La tensione di vapore di un liquido:**

A. diminuisce con la temperatura
B. aumenta con la temperatura
C. non varia con il variare della temperatura
D. varia solo con il variare della pressione esterna
E. è direttamente proporzionale al peso molecolare ($M_r$) del liquido

**17) I composti gassosi a temperatura e pressione ambiente sono costituiti da:**

A. molecole associate o libere a seconda della possibilità di formare legami a ponte di idrogeno o ionici
B. ioni o atomi in continuo movimento
C. molecole singole in continuo movimento

D. atomi singoli derivanti dalle molecole poliatomiche
E. molecole monoatomiche

**18) L'espressione "il simile scioglie il simile" è un criterio pratico per la scelta di un solvente e significa che:**

A. un solvente polare scioglie meglio un soluto polare e uno apolare scioglie meglio un soluto apolare
B. il solvente e il soluto devono avere forme molecolari simili
C. il solvente e il soluto devono avere volumi molecolari simili
D. il solvente e il soluto devono avere simile densità
E. il solvente e il soluto devono avere masse molecolari simili

**19) La solubilità in acqua di un sale, all'aumentare della temperatura:**

A. diminuisce in ogni caso
B. non dipende dalla temperatura
C. aumenta in ogni caso
D. diminuisce se la dissoluzione del sale è esotermica (avviene con sviluppo di calore)
E. è sempre uguale, indipendentemente dalla natura del sale

**20) L'aggiunta di glucosio ad una soluzione di NaCl:**

A. abbassa il punto di ebollizione della soluzione
B. aumenta il pH della soluzione
C. diminuisce il pH della soluzione
D. aumenta la conducibilità elettrica della soluzione
E. aumenta la pressione osmotica della soluzione

**21) Tra le seguenti sostanze indicare l'elettrolita debole:**

A. cloruro di potassio
B. idrossido di sodio
C. acido solforico
D. acido acetico
E. solfato di rame

**22) Una soluzione si dice satura se è:**

A. in equilibrio dinamico con il soluto indisciolto
B. in equilibrio statico con il soluto indisciolto
C. più diluita di quella a concentrazione massima di soluto
D. più concentrata di quella a concentrazione massima di soluto
E. se non può sciogliere nessun altro soluto

**23) L'ossido di diidrogeno:**

A. è un composto privo di tossicità
B. è un composto non presente in natura
C. è un inquinante atmosferico
D. è dotato di elevata tossicità
E. è responsabile della riduzione dello strato di ozono

**24) Gli alogeni (fluoro, cloro, bromo, iodio) sono:**

A. metalli
B. non metalli
C. tutti gassosi a temperatura ambiente
D. elementi dotati di basso potenziale di ionizzazione
E. elementi caratterizzati da una bassa elettronegatività

**25) Gli ossidi sono formati da:**

A. un elemento, ossigeno e idrogeno
B. un numero variabile di atomi di un elemento ma sempre un solo atomo di ossigeno
C. un ugual numero di atomi di un elemento e di ossigeno
D. atomi di due elementi e di ossigeno in rapporto fisso fra loro
E. un elemento ed ossigeno

**26) Gli idrossidi sono composti:**

A. ternari formati da atomi di un metallo, di idrogeno e di ossigeno
B. binari formati da atomi di un metallo e atomi di ossigeno o di idrogeno
C. covalenti formati da un non metallo, idrogeno ed ossigeno
D. formati da un metallo legato covalentemente ad idrogeno ed a ossigeno
E. formati da un non metallo, da ossigeno e da idrogeno

**27) Un sale è un composto:**

A. che non presenta proprietà acide o basiche
B. formato da molecole
C. la cui soluzione acquosa risulta neutra
D. ottenuto anche per reazione fra un acido e una base
E. sempre molto solubile in acqua

**28) Un idracido si differenzia da un ossoacido perché:**

A. il numero di atomi di ossigeno è superiore a quello di atomi di idrogeno
B. il numero di atomi di idrogeno è superiore a quello di atomi di ossigeno
C. non contiene ossigeno
D. non è ossidante
E. presenta comportamento acido solo in acqua

**29) In una reazione chimica bilanciata il peso totale dei reagenti rispetto a quello dei prodotti:**

A. è inferiore se si formano prodotti gassosi
B. può essere diverso nelle reazioni in fase eterogenea
C. è maggiore se la reazione è esotermica
D. è proporzionale alla somma dei rispettivi pesi molecolari
E. è sempre uguale

**30) Si dice che un atomo in un composto si ossida quando:**

A. acquista elettroni
B. diminuisce il suo numero di ossidazione
C. si trasforma in uno ione positivo
D. aumenta il suo numero di ossidazione
E. aumenta il numero di atomi di ossigeno legati

**31) In una reazione chimica:**

A. si ha sempre emissione di energia sotto forma di calore
B. la massa totale dei prodotti non necessariamente è uguale alla massa totale dei reagenti
C. il numero totale di molecole dei prodotti deve essere uguale al numero totale di molecole dei reagenti
D. la massa totale dei prodotti è sempre uguale alla massa totale dei reagenti
E. si può avere trasformazione di un elemento in un altro

**32) Un ossidante è una sostanza capace di:**

A. cedere elettroni
B. cedere protoni
C. cedere idrogeno
D. acquistare ossigeno
E. acquistare elettroni

**33) Il pH di una soluzione acquosa che contiene $10^{-4}$ moli di HCl in 100 ml è:**

A. 3
B. 1
C. 2
D. 4
E. 10

**34) Un acido secondo la definizione di Arrhenius è una sostanza:**

A. che contiene nella molecola uno o più atomi di idrogeno e che in acqua li dissocia sotto forma di idrogenioni
B. che può cedere atomi di idrogeno
C. in grado di reagire con qualsiasi sostanza per formare un sale

D. che può acquistare ioni $OH^-$
E. che può acquistare idrogenioni

**35) Una soluzione acquosa che presenti un valore 10 di pH è:**

A. satura
B. acida
C. neutra
D. basica
E. anfotera

**36) Si definisce pH di una soluzione:**

A. il logaritmo decimale cambiato di segno della concentrazione molare degli ioni $H_3O^+$
B. il logaritmo cambiato di segno del prodotto ionico dell'acqua
C. il logaritmo del rapporto fra il prodotto ionico dell'acqua e la concentrazione degli ioni $H^+$
D. il logaritmo decimale della concentrazione degli ioni $H_3O^+$
E. la concentrazione molare degli ioni $H_3O^+$

**37) Il pH dell'acqua pura a 25°C è:**

A. 0
B. 10
C. 7
D. $10^{-7}$
E. $10^{-1}$

**38) Secondo la teoria acido-base di Bronsted-Lowry, acido è una sostanza che in una reazione:**

A. aumenta il suo numero di ossidazione
B. cede ioni $OH^-$
C. acquista protoni
D. cede elettroni
E. trasferisce protoni ad una seconda sostanza

**39) In una pila avviene:**

A. una trasformazione di cationi in anioni
B. una trasformazione di neutroni in protoni ed elettroni con conseguente generazione di corrente elettrica
C. l'elettrolisi di un sale
D. un trasferimento di elettroni da una coppia ossidoriduttiva ad un'altra
E. la trasformazione di cationi in atomi neutri, con conseguente liberazione di elettroni e generazione di corrente elettrica

**40) Il processo di elettrolisi permette:**

A. di ottenere energia elettrica da una reazione chimica
B. di scindere in ioni un sale
C. di far avvenire una ossidoriduzione in senso opposto alla sua direzione spontanea di reazione
D. di riformare l'acido e la base a partire dal loro sale
E. di separare gli ioni aventi cariche di segno opposto

**41) La velocità di una reazione rappresenta:**

A. il tempo necessario per trasformare tutti i reagenti nei prodotti
B. l'energia cinetica posseduta dalle molecole di reagenti
C. il prodotto delle concentrazioni dei reagenti
D. la quantità totale di prodotti ottenuti in un determinato tempo
E. la diminuzione della concentrazione di un reagente nell'unità di tempo

**42) Un catalizzatore in una reazione chimica:**

A. può influenzare la composizione del sistema all'equilibrio
B. aumenta sempre la velocità della reazione diretta
C. può aumentare o diminuire la velocità di reazione
D. aumenta sempre la quantità dei prodotti

E. partecipa alla reazione trasformandosi in prodotti

**43) La glicerina è:**

A. una aldeide
B. il propantriolo
C. un fenolo
D. un esplosivo
E. un acido grasso

**44) Il benzene è:**

A. un idrocarburo aromatico
B. un idrocarburo saturo
C. una olefina
D. un alcool
E. una paraffina

**45) Gli atomi di carbonio dell'etano sono:**

A. entrambi primari
B. uno primario e uno terziario
C. entrambi secondari
D. uno primario e uno secondario
E. entrambi terziari

**46) Per ossidazione dell'alcool etilico si ottiene:**

A. acetone
B. etano
C. etene
D. acido acetico
E. acido formico

**47) La formula molecolare di un composto ci permette di conoscere:**

A. la forma della molecola
B. solo il tipo degli atomi che lo compongono
C. l'esatto numero di atomi che compongono la molecola e i loro legami
D. la struttura della molecola
E. il tipo e il numero di atomi che la compongono

**48) Si denominano esteri:**

A. gli eteri insaturi
B. gli eteri ciclici
C. i prodotti ottenuti per condensazione fra un acido carbossilico e un alcool
D. i prodotti ottenuti per condensazione fra una aldeide o un chetone e un alcool
E. genericamente i composti organici di importazione

**49) Due composti si definiscono isomeri quando:**

A. sono costituiti dagli stessi elementi
B. hanno in comune gli elementi che li costituiscono e il numero di atomi di ciascun elemento
C. hanno lo stesso numero di atomi di carbonio
D. presentano lo stesso concatenamento di atomi di carbonio
E. presentano la stessa reattività chimica

**50) Per amminoacidi non essenziali si intendono quelli che:**

A. non risultano naturali per l'organismo umano
B. sono sintetizzati dall'organismo in quantità sufficienti
C. non sono utilizzati dall'organismo per sintetizzare proteine
D. non vengono assorbiti a livello del tratto gastrointestinale
E. non sono presenti nelle proteine umane

# RISPOSTE COMMENTATE • CHIMICA

**1) D.** Per definizione una soluzione è una miscela omogenea di due o più sostanze chimiche.

**2) A.** Hanno tutti lo stesso numero atomico (numero di protoni), ma non sono uguali, potendo avere un diverso numero di neutroni (isotopi).

**3) B.** I gas danno sempre soluzioni. Infatti le loro molecole sono sempre molto lontane e un nuovo gas trova sempre spazio per infiltrarsi in un altro in modo omogeneo.

**4) D.** Per definizione la mole è la quantità di sostanza che contiene un numero di particelle elementari uguale al numero di atomi contenuti in 0,012 kg del nuclide 12 del carbonio. Questo numero corrisponde al numero di Avogadro.

**5) B.** Il numero di Avogadro esprime il numero di molecole contenute in una mole di molecole o di atomi contenuti in una mole di atomi (o di formule contenute in una mole di formule).

**6) A.** Per definizione il numero di protoni di un atomo rappresenta il suo numero atomico.

**7) A.** Il quesito è espresso male. Per renderlo corretto bisogna sostituire al termine materia il termine sostanza. La mole è infatti l'unità di misura della quantità di sostanza (elemento o composto) e non di materia. La materia (legno, farina, mela ecc.) può essere formata da più sostanze diverse.

**8) C.** Gli isotopi di un elemento possono essere presenti in natura, alcuni sono soggetti a decadimento radioattivo, mentre altri sono stabili.

**9) E.** Gli atomi dei gas nobili (elementi dell'ultimo gruppo a destra del sistema periodico) hanno lo strato elettronico esterno completo e quindi non hanno tendenza a formare legami chimici, sono cioè caratterizzati da una elevata stabilità.

**10) B.** L'elettronegatività è la tendenza di un elemento ad attrarre verso di sé elettroni dei legami (covalenti) a cui partecipa, non è una forma di energia.

**11) B.** Gli elementi di uno stesso gruppo (linea verticale) del sistema periodico hanno lo stesso numero di elettroni nello strato esterno.

**12) D.** Escludendo i gas nobili, i volumi degli atomi lungo un periodo (linea orizzontale) diminuiscono da sinistra a destra, mentre nell'ambito di un gruppo (linea verticale) aumentano dall'alto verso il basso.

**13) C.** I metalli sono gli elementi presenti nella parte sinistra del sistema periodico, sono elementi che, avendo pochi elettroni nello strato più esterno, tendono a perderli ritrovandosi lo strato sottostante completo. La tendenza a perdere elettroni (proprietà dei metalli) diminuirà con l'aumentare del numero di elettroni presenti nello strato esterno, cioè in un periodo diminuirà da sinistra a destra.

**14) B.** Le particelle di un gas passano sempre da punti a pressione maggiore a punti a pressione minore. Nel caso di miscele di gas, per ogni componente ci si riferisce alla sua pressione parziale.

**15) E.** L'evaporazione di un liquido è il passaggio da liquido a gas che avviene solo a livello della superficie del liquido, a differenza dell'ebollizione nella quale il passaggio di stato interessa tutta la massa del liquido. Le molecole, per passare dallo stato liquido a quello gassoso, devono rompere le forze intermolecolari che le vincolano a distanze fisse nel liquido così da poter allontanarsi le une dalle altre passando allo stato di gas e occupare tutto il volume a disposizione. La rottura di qualsiasi legame richiede energia, viene utilizzata energia termica per cui si ha raffreddamento.

**16) B.** La tensione di vapore di un liquido aumenta sempre all'aumentare della temperatura.

**17) C.** È la molecola la più piccola parte di una sostanza pura (elemento o composto) capace di esistenza indipendente. Solo i gas nobili sono costituiti da molecole monoatomiche.

**18) A.** La solubilità di un soluto in un solvente è tanto maggiore quanto più facilmente le molecole di solvente formano legami (ione-molecola, di van der Waals, a ponte di idrogeno) con le particelle di soluto.

**19) D.** Per i soluti solidi o liquidi la dissoluzione in un solvente può avvenire con sviluppo o assorbimento di calore a seconda della natura del soluto. Se la dissoluzione avviene con sviluppo di calore, un aumento di temperatura riduce la solubilità, se avviene con assorbimento di calore un aumento di temperatura aumenta la solubilità.

**20) E.** L'aggiunta di glucosio determina un aumento delle proprietà colligative della soluzione e quindi un aumento della pressione osmotica (e del punto di ebollizione), mentre non ha influenza sulla conducibilità della soluzione, essendo il glucosio privo di carica elettrica, e sul pH, non presentando il glucosio proprietà acide o basiche in acqua.

**21) D.** Il cloruro di potassio (KCl), l'idrossido di sodio (NaOH), il solfato di rame ($CuSO_4$) sono composti ionici e quindi elettroliti forti, l'acido solforico ($H_2SO_4$) è un acido forte e quindi un elettrolita forte, l'acido acetico, essendo un acido debole, è l'unico elettrolita debole.

**22) A.** Una soluzione è satura se essa è in equilibrio dinamico con il soluto indisciolto.

**23) A.** L'ossido di diidrogeno è il nome scientifico (IUPAC) dell'acqua ($H_2O$).

**24) B.** Gli alogeni sono non metalli, a pressione e temperatura ambiente possono essere gassosi (fluoro e cloro), liquidi (bromo) o solidi (iodio), sono dotati di elevato potenziale di ionizzazione e di elevata elettronegatività.

**25) E.** Secondo la moderna nomenclatura non esiste più la distinzione fra anidridi (composti binari formati da un non metallo e ossigeno) e ossidi (composti binari formati da un metallo e ossigeno), ma tutti i composti formati da un elemento e ossigeno si definiscono ossidi.

**26) A.** Gli idrossidi sono composti ternari formati da un metallo, ossigeno e idrogeno.

**27) D.** I sali (o composti ionici) possono essere ottenuti per reazione fra un acido e una base, possono essere solubili o praticamente insolubili in acqua, le loro soluzioni possono essere acide, basiche o neutre a secondo della natura del sale. In ogni caso non esiste la molecola di un composto ionico (o salino), in quanto il legame ionico non è direzionale.

**28) C.** Gli idracidi sono composti binari formati da un non metallo e da idrogeno, non contengono ossigeno.

**29) E.** Nelle reazioni chimiche non si ha apprezzabile trasformazione di materia in energia, per cui la massa totale dei reagenti è uguale alla massa totale dei prodotti.

**30) D.** Il processo di ossidazione implica cessione di elettroni e aumento del numero di ossidazione.

**31) D.** Nelle reazioni chimiche non si ha apprezzabile trasformazione di materia in energia, per cui la massa totale dei reagenti è uguale alla massa totale dei prodotti.

**32) E.** Ossidante si definisce la specie chimica che provoca l'ossidazione di una seconda specie. L'ossidante quindi acquista gli elettroni ceduti dalla specie che viene ossidata subendo a sua volta una riduzione.

**33) A.** L'acido cloridrico (HCl) è un acido forte, cioè cede quantitativamente un protone per molecola all'acqua, formando $H_3O^+$. $10^{-4}$ moli di HCl formeranno $10^{-4}$ moli di $H_3O^+$ nei 100 mL di acqua, ciò corrisponde a una concentrazione di $10^{-3}$ moli/litro, per cui il pH sarà 3.

**34) A.** Secondo la teoria acido-base di Arrhenius (che ha solo un valore storico essendo superata da quella di Bronsted e Lowry), un acido è una sostanza che contiene nella molecola almeno un atomo di idrogeno che libera in acqua come ione $H^+$ (protone o idrogenione).

**35) D.** Una soluzione acquosa che presenta (a 25 °C) un valore di pH > 7 è basica.

**36) A.** Il pH è definito come il logaritmo decimale cambiato di segno della concentrazione degli idrogenioni, per cui pH = – log[$H_3O^+$].

**37) C.** L'acqua pura a 25 °C contiene una concentrazione di $H_3O^+ = 10^{-7}$ per cui il pH = 7.

**38) E.** Secondo la teoria di Bronsted, una sostanza si comporta da acido quando trasferisce un protone ($H^+$) ad una seconda sostanza che, accettandolo, si comporta da base.

**39) D.** In una pila avviene una reazione di ossidoriduzione, una reazione che comporta il trasferimento di elettroni da una specie (riducente) che cedendoli si ossida a una specie (ossidante) che accettandoli si riduce.

**40) C.** L'elettrolisi è il processo inverso di quello che avviene in una pila, tramite energia elettrica si fa avvenire una ossidoriduzione che non avverrebbe spontaneamente.

**41) E.** La velocità di una reazione può essere definita come la diminuzione della concentrazione di un reagente nell'unità di tempo, in realtà, variando da istante a istante, si dovrebbe parlare di velocità istantanea, cioè della diminuzione della concentrazione di un reagente in un intervallo infinitesimale di tempo.

**42) C.** I catalizzatori non influenzano mai la costante o la composizione dell'equilibrio di una reazione, ma agiscono variando l'energia di attivazione (barriera energetica che i reagenti devono superare per trasformarsi in prodotti). Possono quindi aumentare la velocità di una reazione (abbassando l'energia di attivazione) o diminuire la velocità di una reazione (aumentando l'energia di attivazione, come nel caso di catalizzatori inibitori).

**43) B.** La glicerina o glicerolo è un composto contenente tre gruppi ossidrilici, la desinenza è tri(tre)olo, è inoltre formato da 3 atomi di carbonio e quindi si considera derivato dall'alcano a tre atomi di carbonio (prop-ano), il nome è perciò propantriolo.

**44) A.** Il benzene è il più semplice idrocarburo aromatico.

**45) A.** La formula dell'etano (alcano a due atomi di carbonio, et- + -ano) è $CH_3CH_3$, perciò ciascuno degli atomi di carbonio è legato ad un solo altro atomo di carbonio, sono quindi entrambi primari.

**46) D.** Per ossidazione dell'alcool etilico (o etanolo, $CH_3CH_2OH$) si ottiene dapprima l'aldeide acetica (o etanale, $CH_3CHO$) e quindi l'acido acetico (o acido etanoico, $CH_3COOH$).

**47) E.** La formula molecolare indica il tipo di atomi (gli elementi) che costituiscono il composto e per ogni elemento il numero di atomi con cui è presente nella molecola del composto. La formula molecolare non contiene informazioni sul tipo di legami fra gli atomi, sul loro concatenamento o sulla forma della molecola.

**48) C.** Gli esteri sono formalmente ottenuti per eliminazione di acqua fra un acido e un alcool.

**49) B.** Gli isomeri sono composti diversi che presentano la stessa formula molecolare, sono formati cioè dagli stessi elementi e per ogni elemento dallo stesso numero di atomi.

**50) B.** Gli amminoacidi componenti le proteine umane si dividono in essenziali (che devono essere introdotti con la dieta) e non essenziali (che possono anche essere prodotti nell'organismo).

# VERIFICA 7 • FISICA

**1) L'ampere è l'unità di misura della corrente elettrica nel S.I. Un nanoampere (nA) equivale a:**

A. $10^{12}$ A
B. $10^{9}$ A
C. $10^{-6}$ A
D. $10^{-12}$ A
E. $10^{-9}$ A

**2) Per definire una grandezza scalare, oltre alla sua unità di misura, occorre:**

A. una direzione, un verso ed un modulo
B. una direzione ed un modulo
C. una direzione
D. un numero
E. un vettore

**3) Un centimetro equivale a:**

A. $10^{-6}$ metri
B. $10^{6}$ metri
C. $10^{-3}$ metri
D. $10^{3}$ metri
E. $10^{-2}$ metri

**4) L'unità di misura della massa nel sistema c.g.s è:**

A. grammo
B. chilogrammo
C. centigrammo
D. ettogrammo
E. secondo

**5) Indicare quale delle seguenti grandezze è una grandezza derivata:**

A. lunghezza
B. tempo
C. massa
D. temperatura
E. carica elettrica

**6) Il prefisso micro, rappresentato dalla lettera greca μ, è utilizzato per indicare un sottomultiplo dell'unità di misura che segue il prefisso stesso. Esso indica che l'unità di misura è moltiplicata per il fattore:**

A. $10^{-9}$
B. $10^{-12}$
C. $10^{-6}$
D. $10^{-1}$
E. $10^{-3}$

**7) Si consideri un punto che si muove di moto circolare uniforme. La sua accelerazione centripeta è un vettore:**

A. costante in modulo, direzione e verso
B. diretto in ogni istante come il raggio della circonferenza e orientato verso il centro della circonferenza
C. in ogni punto tangente alla circonferenza
D. diretto in ogni istante come il raggio della circonferenza e orientato verso l'esterno della circonferenza
E. nullo

**8) Un treno viaggia di moto rettilineo uniforme con velocità pari a 75 km/h. Il tempo impiegato per percorrere 50 km è pari a:**

A. circa 40 minuti
B. circa 67 minuti
C. 1,5 ore
D. 90 minuti
E. 28,5 minuti

**9) In un moto armonico:**

A. l'accelerazione è costante
B. l'accelerazione è funzione lineare del tempo

C. la velocità è funzione lineare del tempo
D. la velocità è proporzionale allo spazio percorso
E. la velocità è una funzione sinusoidale del tempo

**10) Un pezzetto di carta di 10 grammi, una sferetta metallica di 50 grammi e un blocchetto di legno di 50 grammi, vengono lasciati cadere da uno stesso punto, in assenza di attrito. Indicando con $t_{carta}$, $t_{metallo}$ e $t_{legno}$ il tempo che i tre oggetti impiegano, rispettivamente, a coprire uno stesso percorso, vale la relazione:**

A. $t_{carta} = t_{legno}$ , $t_{legno} < t_{metallo}$
B. $t_{carta} = t_{metallo} = t_{legno}$
C. $t_{carta} < t_{legno} < t_{metallo}$
D. $t_{carta} > t_{metallo}$, $t_{metallo} = t_{legno}$
E. $t_{carta} > t_{legno} > t_{metallo}$

**11) Un'automobile che viaggia alla velocità costante di 36 km/h percorre in un secondo:**

A. 20 m
B. 1 m
C. 10 m
D. 100 m
E. 12 m

**12) Un'automobile viaggia su un tratto rettilineo per 1 ora alla velocità di 30 km/h e per 2,5 ore alla velocità di 51 km/h. La velocità media calcolata su tutto l'intervallo di tempo di 3,5 ore è:**

A. 40,5 km/h
B. 81 km/h
C. 30 km /h
D. 23 km/h
E. 45 km/h

**13) Un corpo è spinto da una forza costante in assenza di forze di attrito. Ad un dato istante l'azione della forza cessa. Il corpo:**

A. continua a muoversi e il moto è rettilineo uniformemente accelerato
B. si ferma istantaneamente
C. continua a muoversi e il moto è rettilineo uniformemente decelerato
D. continua a muoversi e il moto è rettilineo uniforme
E. inverte il verso del moto

**14) Indicare quale delle seguenti affermazioni è corretta:**

A. la massa di un corpo varia da un pianeta all'altro mentre il suo peso resta costante
B. il peso di un corpo varia da un pianeta all'altro mentre la sua massa resta costante
C. nel Sistema Internazionale massa e peso si misurano entrambi in kg
D. la massa di un corpo coincide con il suo peso solo sulla Terra
E. massa e peso sono due grandezze vettoriali

**15) La prima legge di Keplero:**

A. afferma che le orbite descritte dai pianeti sono ellittiche
B. afferma che la velocità dei pianeti durante il moto di rivoluzione intorno al Sole resta costante
C. fornisce una informazione sui periodi di rivoluzione dei pianeti
D. afferma che le orbite dei pianeti sono circolari
E. afferma che il moto di rivoluzione dei pianeti intorno al Sole è un moto circolare uniforme

**16) Un corpo materiale si muove di moto rettilineo uniformemente accelerato, se le forze agenti:**

A. hanno risultante nulla
B. soddisfano il principio di azione e reazione
C. sono costanti

D. sono perpendicolari alla direzione del moto
E. sono parallele alla direzione del moto

**17) Ad un corpo puntiforme di 5 kg, libero di muoversi, viene applicata una forza di 5 N. Il corpo subisce un'accelerazione pari a:**

A. 1 $m/s^2$
B. 25 $m/s^2$
C. 25 m/s
D. 1 m/s
E. 9,8 $m/s^2$

**18) Nel caso in cui su di un corpo agisce una forza costante non nulla, il corpo si muove:**

A. di moto rettilineo uniforme
B. con velocità sempre costante
C. di moto uniformemente accelerato
D. con velocità proporzionale alla forza applicata
E. con accelerazione inversamente proporzionale alla forza applicata

**19) Un corpo viene lasciato cadere in assenza di attrito da un'altezza h di 176,4 m dal suolo. Si può affermare che la velocità v con cui questo corpo raggiunge il suolo è:**

A. 58,8 m/s
B. 29,4 m/s
C. 14,7 m/s
D. 7,4 m/s
E. non è calcolabile perché non è data la massa del corpo

**20) La forza peso è una forza conservativa in quanto:**

A. il suo lavoro non dipende dalla traiettoria seguita ma soltanto dalle posizioni iniziali e finali
B. il suo lavoro non dipende dalla posizione iniziale ma solo da quella finale
C. il suo lavoro non dipende dalla posizione finale ma solo da quella iniziale
D. può essere definita l'energia cinetica di un corpo sottoposto alla forza peso
E. la sua energia potenziale è costante in ogni punto dello spazio

**21) Una macchina funziona per un tempo di 2 minuti e compie un lavoro totale di 3600 joule. La potenza della macchina è:**

A. 30 watt
B. 1800 watt
C. 0,5 watt
D. 7200 watt
E. 0,033 watt

**22) Un corpo di massa 2 kg si muove lungo un piano orizzontale liscio, posto ad un'altezza dal suolo pari a 2 m e percorre una distanza di 1 m. Il lavoro compiuto dalla forza peso sul corpo è pari a:**

A. 39,2 J
B. 19,6 J
C. 2 J
D. 0 J
E. 4 J

**23) Il teorema dell'energia esprime che:**

A. l'energia cinetica di un corpo rimane sempre costante e quindi la variazione di energia cinetica è nulla
B. l'energia cinetica di un corpo è funzione della velocità al quadrato ed è indipendente dalla massa del corpo
C. il lavoro di tutte le forze applicate ad un corpo è uguale alla variazione di energia cinetica del corpo
D. il lavoro delle sole forze conservative applicate ad un corpo è pari alla variazione dell'energia cinetica del corpo
E. la variazione di energia cinetica del corpo è sempre pari al lavoro delle forze gravitazionali

**24) Nello studio della statica dei corpi rigidi, per coppia di forze si intende l'insieme di:**

A. due forze applicate sulla stessa retta d'azione con stesso modulo e verso opposto
B. due qualsiasi forze applicate ad un corpo rigido
C. due o più forze qualsiasi che applicate ad un corpo danno risultante vettoriale nulla
D. due forze di uguale modulo e direzione, di verso opposto, che sono applicate al corpo con rette di azioni differenti
E. due forze qualsiasi con verso opposto

**25) La risultante di tutte le forze applicate ad un corpo rigido è nulla. Si può affermare che:**

A. il corpo rigido può subire una traslazione
B. il corpo rigido può subire una rotazione
C. il corpo rigido è in equilibrio rotazionale
D. anche la risultante di tutti i momenti delle forze applicate è necessariamente nulla
E. il corpo rigido è in equilibrio instabile

**26) Una leva di primo genere:**

A. è sempre vantaggiosa
B. è sempre svantaggiosa
C. ha il fulcro posizionato tra la potenza e la resistenza
D. ha la resistenza posizionata tra il fulcro e la potenza
E. ha la potenza posizionata tra il fulcro e la resistenza

**27) Una classica altalena è costituita da un'asta rigida, di peso trascurabile, libera di ruotare attorno ad un fulcro. Un bambino di 30 kg e una bambina di 24 kg sono in equilibrio sull'altalena. Trovare la distanza fra la bambina e il fulcro, sapendo che il bambino dista dal fulcro 1 m.**

A. 0,8 m
B. 1,25 m
C. 1,5 m
D. 0,4 m
E. 2 m

**28) Una sfera metallica è sostenuta nel palmo della mano di un uomo che tiene il braccio disteso in orizzontale. La forza peso della sfera produce un momento rispetto al gomito e un momento rispetto alla spalla che tendono a produrre una rotazione del braccio. Si può affermare che:**

A. il momento della forza sulla spalla è maggiore del momento sul gomito
B. i momenti su spalla e su gomito hanno lo stesso valore e inducono una rotazione nello stesso verso
C. i momenti su spalla e su gomito hanno lo stesso valore ma inducono una rotazione in verso opposto
D. il momento della forza sul gomito è maggiore del momento sulla spalla
E. entrambi i momenti sono nulli perché la forza peso è sostenuta dalla mano

**29) L'unità di misura della pressione nel Sistema Internazionale è il pascal (Pa). Anche altre unità di misura sono tuttavia di uso comune, come l'atmosfera (atm), il bar, e il torr. Indicare quale tra le seguenti equivalenze è esatta:**

A. 1 Pa = $10^{-5}$ bar
B. 1 atm = $1{,}013 \cdot 10^5$ bar
C. 1 bar = 0,987 Pa
D. 1 torr = 133 atm
E. 1 Pa = 760 torr

**30) La viscosità di un fluido:**

A. è un indice delle forze di attrito all'interno del fluido
B. non dipende dalla temperatura del fluido
C. è dovuta al fatto che l'interazione tra le molecole in superficie è diversa rispetto all'interazione tra le molecole in profondità
D. coincide con la densità del fluido
E. per un fluido ideale è considerata massima

**31) Un corpo di 80 g e di volume 100 $cm^3$ è immerso in acqua. Si può affermare che tale corpo:**

A. rimane sospeso ad una profondità che è 80% della profondità totale
B. va a fondo
C. galleggia
D. affonda solo quanto basta ad essere completamente sommerso
E. può galleggiare o andare a fondo in dipendenza dalla sua forma

**32) Un corpo di forma cubica di lato $l$ = 10 cm è completamente immerso in acqua. La spinta di Archimede a cui il corpo è sottoposto:**

A. ha intensità 1 N
B. ha intensità 9,8 N
C. non può essere calcolata perché non si conosce la densità del corpo
D. non può essere calcolata perché non si conosce la quantità totale di acqua nel recipiente
E. ha intensità nulla perché il corpo è completamente immerso

**33) Per portare 20 litri di acqua dalla temperatura di 10 °C alla temperatura di 90 °C occorrono:**

A. 160 cal
B. 20 J
C. 700 kcal
D. 1600 kcal
E. 66979 J

**34) Il calore specifico $c_A$ della sostanza A è il doppio del calore specifico $c_B$ della sostanza B. Si può affermare che:**

A. a parità di massa considerata per la sostanza A e per la sostanza B e a parità di salto termico indotto, la quantità di calore spesa per la sostanza A è doppia di quella spesa per la sostanza B
B. a parità di salto termico indotto, la quantità di calore spesa per la sostanza A è doppia di quella spesa per la sostanza B, indipendentemente dalla massa di sostanza A e di sostanza B che viene considerata
C. a parità di quantità di calore fornita a masse unitarie delle sostanze A e B, la sostanza A subirà un salto termico doppio di quello subito dalla sostanza B
D. la quantità di calore necessaria per indurre, a parità di massa considerata, uno stesso salto termico per le sostanze A e B, è la stessa per la sostanza A e per la sostanza B
E. a parità di massa considerata per la sostanza A e per la sostanza B e a parità di salto termico indotto, la quantità di calore spesa per la sostanza B è doppia di quella spesa per la sostanza A

**35) Per il primo principio della termodinamica, in una trasformazione ciclica di un sistema termodinamico:**

A. la quantità di calore scambiata è maggiore del lavoro compiuto
B. il lavoro fatto è maggiore della quantità di calore scambiata
C. la quantità di calore scambiata è sempre nulla
D. il lavoro fatto è sempre nullo
E. il lavoro fatto è pari al calore scambiato

**36) Indicare quale dei seguenti processi fisici NON rappresenta un passaggio di stato:**

A. sublimazione
B. conduzione
C. solidificazione
D. fusione
E. condensazione

**37) La potenza elettrica viene distribuita negli edifici a 220 V. Quale valore minimo di resistenza deve avere un apparecchio elettrico nel caso in cui sulla linea fosse presente un fusibile che fonde per una corrente che supera 12,5 A?**

A. 17,6 ohm
B. 12,5 ohm
C. 275 ohm
D. 0,57 ohm
E. 33,3 ohm

**38) Un campo magnetico B uniforme ha direzione perpendicolare alla pagina e verso uscente come l'asse z di un comune sistema a tre assi (x, y, z). Una carica positiva si muove con velocità costante perpendicolare a B, diretta secondo l'asse x delle ascisse con verso positivo. Si può affermare che la carica:**

A. si muove di moto rettilineo uniforme in direzione dell'asse delle ascisse
B. si ferma in presenza del campo B
C. si muove su una orbita circolare di moto circolare uniforme
D. si muove nella stessa direzione del campo, ovvero sull'asse z
E. si muove di moto rettilineo uniforme in una direzione intermedia fra gli assi x e z

**39) Si consideri un conduttore di capacità C. Tale capacità:**

A. aumenta all'aumentare della carica sul conduttore
B. è il rapporto tra il campo elettrico generato dal conduttore ed il suo potenziale
C. aumenta all'aumentare del potenziale del conduttore
D. non dipende dalle caratteristiche geometriche del conduttore
E. è il rapporto tra la carica del conduttore e il suo potenziale

**40) Indicare quale delle seguenti affermazioni NON è una conseguenza del teorema di Gauss:**

A. il campo elettrico all'interno di un conduttore carico è nullo
B. tutti i punti di un conduttore che si trova in equilibrio elettrostatico hanno lo stesso valore del potenziale elettrico
C. in un conduttore la carica elettrica si distribuisce sulla superficie
D. la capacità di un conduttore è direttamente proporzionale alla carica presente sulla superficie del conduttore
E. nei conduttori non sferici, la carica elettrica si concentra maggiormente nelle regioni dove la curvatura è maggiore

**41) I raggi X sono onde elettromagnetiche:**

A. di lunghezza d'onda molto piccola
B. di frequenza molto piccola
C. con scarsa capacità di penetrazione
D. prodotte utilizzando una normale sorgente termica
E. con velocità di propagazione in aria di 344 m/s

**42) La radiazione UV (ultravioletta):**

A. ha una frequenza maggiore della radiazione visibile
B. ha una frequenza maggiore della radiazione IR (infrarossa) ma minore della radiazione visibile

C. ha una lunghezza d'onda compresa fra quella della radiazione IR e quella delle onde radio
D. ha una lunghezza d'onda minore di quella dei raggi X
E. è visibile all'occhio umano

**43) Le onde possono essere classificate in longitudinali e trasversali. Sono dette onde trasversali:**

A. le onde in cui la vibrazione avviene lungo la direzione di propagazione dell'onda
B. le onde in cui la vibrazione avviene perpendicolarmente alla direzione di propagazione del mezzo
C. le onde che necessitano di un mezzo nel quale propagarsi e dunque non si propagano nel vuoto
D. le onde sonore, quando si propagano nei solidi
E. le onde che trasportano sia materia che energia

**44) Quando un raggio luminoso incide su una superficie riflettente:**

A. l'angolo di incidenza è uguale all'angolo di riflessione
B. l'angolo di incidenza è la metà dell'angolo di riflessione
C. l'angolo di incidenza è il doppio dell'angolo di riflessione
D. l'angolo di riflessione è sempre nullo
E. l'angolo di riflessione è sempre pari a 90°

**45) Nel fenomeno della rifrazione un raggio di luce passando dall'aria all'acqua:**

A. si allontana dalla normale alla superficie di separazione dei due mezzi nel punto di incidenza
B. si avvicina alla normale alla superficie di separazione dei due mezzi nel punto di incidenza
C. forma un angolo di 30° con la normale alla superficie di separazione dei due mezzi nel punto di incidenza
D. viene totalmente riflesso in aria
E. prosegue sulla direzione originale

**46) Si consideri uno specchio sferico ed un oggetto posto alla distanza di 3 m dal vertice dello specchio. Lo specchio fornisce un'immagine reale dell'oggetto ad una distanza di 5 m dal suo vertice. I valori della distanza focale $f$ dello specchio e del suo raggio di curvatura $R$ sono:**

A. $f = 1875$ mm; $R = 3750$ mm
B. $f = 3750$ mm; $R = 1875$ mm
C. $f = 1,4$ m; $R = 2,8$m
D. $f = 5$ cm; $R = 2,5$ cm
E. $f = 1750$ mm; $R = 3500$ mm

**47) Per un oggetto posto all'infinito una lente convergente produce un'immagine:**

A. reale posta nel fuoco della lente
B. virtuale posta ad una distanza doppia della distanza focale
C. reale posta all'infinito dall'altra parte della lente rispetto all'oggetto
D. virtuale posta all'infinito dalla stessa parte dell'oggetto
E. reale posta ad una distanza doppia della distanza focale

**48) Il processo di fissione nucleare:**

A. si verifica per i nuclei leggeri
B. comporta la fusione di due nuclei leggeri
C. comporta l'emissione di 2 o 3 protoni
D. comporta la rottura di un nucleo pesante in due prodotti di fissione
E. comporta la fusione di due o più nuclei

**49) L'unità di misura dell'attività di un radioisotopo (o radioattività) nel Sistema Internazionale è il:**

A. curie
B. secondo
C. joule
D. bequerel
E. nanocurie

**50) Indicare quale tra le seguenti radiazioni elettromagnetiche è una radiazione ionizzante:**

A. microonde
B. raggi infrarossi
C. raggi ultravioletti
D. raggi gamma
E. onde radio

# RISPOSTE COMMENTATE • FISICA

**1) E.** Con il prefisso nano si indica il sottomultiplo di una unità di misura pari ad un miliardesimo ($10^{-9}$) dell'unità di misura stessa. Un nanoampere (nA) è dunque la miliardesima parte di un ampere, ossia: $1\text{nA} = 10^{-9}$ A.

**2) D.** Le grandezze fisiche si possono classificare in scalari e vettoriali. Le grandezze scalari sono definite tramite un'unità di misura ed un numero che ne traduce la misura (l'intensità della grandezza). Esempi di grandezze scalari sono la massa, il tempo, la temperatura, il lavoro, l'energia, la carica elettrica.

**3) E.** Con il prefisso centi si indica il sottomultiplo di una unità di misura pari ad un centesimo ($10^{-2}$) dell'unità di misura stessa. Un centimetro (cm) è dunque la centesima parte di un metro, ossia: $1\text{cm} = 10^{-2}$ m.

**4) A.** Nel sistema c.g.s. la massa si misura in grammi. Il chilogrammo è invece l'unità di misura della massa nel Sistema Internazionale.

**5) E.** Lunghezza, massa, tempo e temperatura sono grandezze fondamentali, insieme all'intensità di corrente, all'intensità luminosa e alla quantità di sostanza. La carica elettrica è invece una grandezza derivata.

**6) C.** Con il prefisso micro si indica il sottomultiplo di una unità di misura pari ad un milionesimo ($10^{-6}$) dell'unità di misura stessa. Ad esempio, un micrometro (μm) è la milionesima parte di un metro, ossia: $1\mu\text{m} = 10^{-6}$ m.

**7) B.** Il punto che si muove di moto circolare uniforme possiede una accelerazione centripeta diretta in ogni istante come il raggio della circonferenza e orientata verso il centro della circonferenza.

**8) A.** Il tempo impiegato si ricava come rapporto tra lo spazio percorso e la velocità. Ricordando che 1h = 60 min si calcola:

$$\Delta t = \frac{50\text{km}}{75\text{km/h}} \cong 0{,}67\text{h} \cong 0{,}67\text{h} \cdot 60\frac{\text{min}}{\text{h}} \cong 40\,\text{min}$$

**9) E.** Un corpo che si muove di moto armonico compie oscillazioni attorno ad una posizione di equilibrio, o centro di oscillazione. La legge oraria del moto armonico è una funzione sinusoidale $x = A \cdot sen(\omega t)$, dove $A$ è l'ampiezza delle oscillazioni (il massimo spostamento dalla posizione di equilibrio), $\omega = \frac{2\pi}{T}$ è la pulsazione. Quindi spostamento, velocità ed accelerazione sono funzioni armoniche del tempo, del tipo $sen(\omega t)$ o $cos(\omega t)$.

In particolare, la velocità del corpo ha la massima intensità quando il punto che oscilla si trova a transitare dal centro di oscillazione. La velocità è nulla in corrispondenza degli estremi dell'oscillazione, ove il punto inverte il moto.

**10) B.** Il moto di caduta dei gravi in assenza di attrito è un moto rettilineo uniformemente accelerato. Il tempo impiegato a coprire un percorso $h$ è pari a: $t = \frac{2h}{g}$, essendo $g$ l'accelerazione di gravità. Il tempo di caduta non dipende quindi dalla natura del corpo, né dalla sua massa, e pertanto sarà lo stesso per i tre corpi menzionati nel testo dell'esercizio.

**11) C.** Lo spazio $\Delta s$ percorso dall'automobile in un secondo si ricava come prodotto tra la velocità dell'auto ed il tempo impiegato. Ricordando che $1s = \frac{1}{3600}$, lo spazio percorso dall'auto risulta:

$$\Delta s = 36\frac{km}{h} \cdot \frac{1}{3600}\text{h} = \frac{1}{100}\text{km} = 10^{-2}\text{km} = 10\text{m}$$

**12) E.** La velocità media si ricava come il rapporto tra lo spazio totale percorso e il tempo impiegato:

$$v = \frac{30\frac{km}{h} \cdot 1h + 51\frac{km}{m} \cdot 2,5h}{1h + 2,5h} = \frac{30km + 127,5km}{3,5h} = \frac{157,5km}{3,5h} = \frac{45km}{h}$$

**13) D.** Un corpo spinto da una forza costante si muove di moto rettilineo uniformemente accelerato. Se cessa l'azione della forza applicata, in assenza di attrito, il corpo conserva la velocità posseduta a quel momento. Il moto del corpo risulta quindi un moto rettilineo uniforme.

**14) B.** Massa e peso sono due concetti differenti. La massa è una grandezza scalare e in quanto caratteristica intrinseca di un corpo ha, per quel corpo, sempre lo stesso valore indipendentemente dal luogo in cui si trova il corpo (sulla Terra, nello spazio, sulla Luna, etc.). Il peso è una forza, e quindi una grandezza vettoriale. In quanto prodotto della massa per l'accelerazione di gravità, il peso varia da luogo a luogo in funzione della accelerazione di gravità. Nel Sistema Internazionale la massa si misura in kg e il peso in newton (N).

**15) A.** La prima legge di Keplero afferma che i pianeti nel loro moto intorno al Sole descrivono delle orbite ellittiche ed il Sole si trova in un fuoco dell'ellisse.

**16) C.** Per la seconda legge della dinamica, in un moto di un corpo, l'accelerazione subita è in ogni istante ed in ogni posizione proporzionale alla forza applicata, e la costante di proporzionalità è data dalla massa del corpo. Un corpo materiale che si muove di moto rettilineo uniformemente accelerato ha accelerazione costante in modulo, direzione e verso; pertanto la risultante delle forze agenti sul corpo è anch'essa costante.

**17) A.** L'accelerazione subita dal corpo si calcola come rapporto tra la forza applicata e la massa del corpo stesso:

$$a = \frac{F}{m} = \frac{5N}{5kg} = 1\frac{m}{s^2}$$

**18) C.** Applicando ad un corpo di massa *m* una forza $\vec{F}$, esso subisce un'accelerazione $\vec{a}$ tale per cui vale la seguente relazione: $\vec{F} = m \cdot \vec{a}$. Se la forza $\vec{F}$ è costante, anche l'accelerazione del corpo è costante in modulo, direzione e verso. Il corpo si muove quindi di moto uniformemente accelerato.

**19) A.** Il corpo cade sotto l'azione della forza gravitazionale, che è una forza conservativa. Vale quindi il principio di conservazione dell'energia meccanica:

$$U_{in} + K_{in} = U_{fin} + K_{fin}$$

dove $U_{in}$ e $U_{fin}$ indicano l'energia potenziale iniziale e finale del corpo, $K_{in}$ e $K_{fin}$ indicano l'energia cinetica iniziale e finale del corpo.
Visto che il corpo è inizialmente fermo la sua energia cinetica iniziale è nulla e l'energia meccanica coincide con l'energia potenziale iniziale. L'energia potenziale iniziale del corpo è pari a *mgh*, avendo fissato il suolo come livello di riferimento dove l'energia potenziale è nulla.
Giunto al suolo, il corpo avrà energia potenziale nulla, ed energia cinetica massima. Per il principio di conservazione dell'energia meccanica si ha quindi:

$$mgh + 0 = 0 + \frac{1}{2}mv^2$$

da cui

$$v = 2 \cdot g \cdot h = 2 \cdot 9,8\frac{m}{s^2} \cdot 176,4m = 58,8\frac{m}{s}$$

**20) A.** La forza peso è una forza conservativa in quanto il suo lavoro, in assenza di forze dissipative come l'attrito, è indipendente dalla traiettoria seguita dal corpo durante lo spostamento, ma dipende solo dalla posizione iniziale e finale.
Ad esempio, il lavoro compiuto dalla forza peso per un corpo in caduta libera da un'altezza h è lo stesso di quello compiuto nel caso di un corpo che scivola lungo un piano inclinato liscio, di pari altezza h.

**21) A.** La potenza è il rapporto tra il lavoro compiuto e l'intervallo di tempo in cui il lavoro è stato compiuto:

$$P = \frac{3600J}{2\min} = \frac{3600J}{120s} = 30\text{W}$$

**22) D.** Il lavoro compiuto da una generica forza $\vec{F}$ applicata ad un corpo che subisce uno spostamento $\vec{s}$ è il prodotto scalare tra la forza applicata e lo spostamento $\vec{s}$:
$L = \vec{F} \bullet \vec{s} = F \cdot s \cdot \cos\alpha$
Se il vettore $\vec{F}$ è perpendicolare allo spostamento, il lavoro compiuto da $\vec{F}$ è nullo in quanto per $\alpha = 90°$ si ha $\cos 90° = 0$.

Nel caso specifico la forza peso (diretta verticalmente) è ortogonale al vettore spostamento, visto che il corpo si muove su un piano orizzontale, pertanto il lavoro compiuto dalla forza peso è nullo.

**23) C.** Il teorema dell'energia cinetica afferma che il lavoro compiuto da tutte le forze applicate ad un corpo di massa $m$ è uguale alla variazione dell'energia cinetica del corpo, e si esprime attraverso la relazione $L = \Delta K$, dove $\Delta K$ è la variazione di energia cinetica e $L$ è il lavoro di tutte le forze che agiscono sul corpo, siano esse conservative o non conservative. Il teorema dell'energia cinetica vale per qualunque forza, non è quindi necessario che la forza sia conservativa. Il teorema continua quindi a valere anche per le forze dissipative, come l'attrito.

**24) D.** Una coppia di forze è l'insieme di due forze uguali ed opposte che agiscono su un corpo con differenti rette di azione. Per una coppia di forze la risultante delle forze è nulla ma la risultante dei momenti non è nulla e provoca una rotazione del corpo rigido.

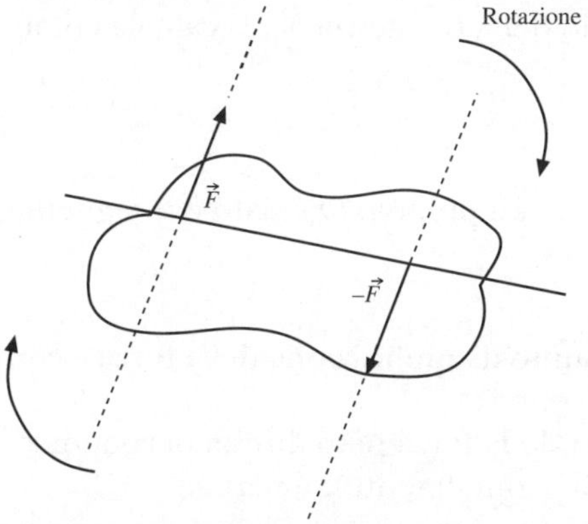


**25) B.** Se la risultante di tutte le forze applicate ad un corpo rigido è nulla, il corpo rigido si trova in equilibrio traslazionale (ovvero il corpo non subisce una variazione di velocità). Tuttavia, questa condizione non assicura che il corpo sia anche in equilibrio rotazionale (ovvero che il corpo non possa ruotare). Infatti si può notare che per una coppia di forze, la risultante delle forze è nulla, quindi un corpo soggetto ad una coppia di forze non trasla, ma può subire una rotazione.

**26) C.** In una leva di primo genere il fulcro si trova tra la potenza e la resistenza. Tale leva è vantaggiosa se il fulcro si trova più vicino al punto di applicazione di $F_R$ (ovvero $b_R < b_P$).
Una classica tenaglia è un esempio di leva di primo genere.

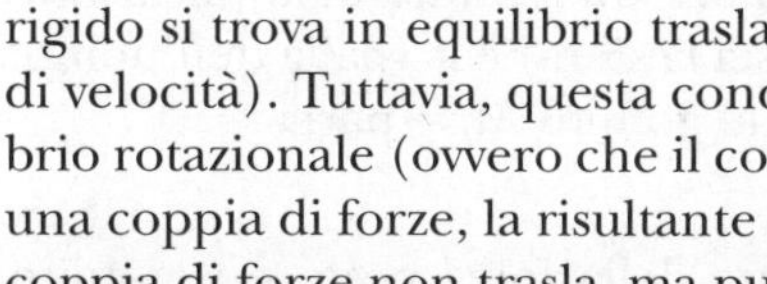


• Leva di primo genere

**27) B.** L'altalena rappresenta una leva di primo genere, avente cioè il fulcro tra la potenza e la resistenza. La leva è soggetta a due forze dette potenza (o forza motrice) e resistenza, ed è in equilibrio quando il momento della potenza rispetto al fulcro è uguale ed opposto al momento della resistenza rispetto al fulcro, ovvero:

$F_P \cdot b_P = F_R \cdot b_R$

dove $F_P$, $F_R$ sono rispettivamente la potenza e la resistenza e $b_P$ e $b_R$ i bracci relativi. Nel caso specifico la potenza $F_P$ è data dalla forza peso del bambino, ed è dunque pari a:

$$F_P = 30kg \cdot 9,8\frac{m}{s^2} = 294N$$

e, analogamente, la resistenza è data dalla forza peso della bambina, ed è dunque pari a:

$$F_P = 24kg \cdot 9,8\frac{m}{s^2} = 235,2N$$

Il braccio relativo alla potenza $b_P$ è la distanza del bambino dal fulcro $b_P$ = 1m; la distanza della bambina dal fulcro (ossia il braccio della resistenza $b_R$) si calcola come:

$$b_R = \frac{F_P \cdot b_P}{F_R} = \frac{294N \cdot 1m}{235,2N} = 1,25m$$

**28) A.** Il momento di una generica forza $\vec{F}$ rispetto ad un polo O è dato dal seguente prodotto vettoriale:

$\vec{M} = \vec{r} \wedge \vec{F}$

dove il vettore $\vec{r}$ indica la distanza dal polo O al punto di applicazione della forza e con il simbolo $\wedge$ è indicata l'operazione di prodotto vettoriale.
Il momento della forza peso sulla spalla $M_S$, essendo la forza peso diretta perpendicolarmente al braccio (il braccio è infatti disteso orizzontalmente), è pari a:

$M_S = d_S \cdot P$

dove si è indicato con $P$ la forza peso e con $d_S$ la distanza tra il punto di applicazione della forza peso (ossia il punto della mano dove è posta la sfera) e la spalla dell'uomo.
Analogamente, il momento della forza peso rispetto al gomito $M_G$ è pari a:

$M_G = d_G \cdot P$

dove ora $d_G$ è la distanza tra il punto di applicazione della forza peso e il gomito dell'uomo.
Visto che ovviamente $d_G < d_S$ vale che il momento della forza sulla spalla è maggiore del momento sul gomito.

**29) A.** I fattori di conversione tra le varie unità di misura della pressione citate nel testo dell'esercizio sono riportati nella seguente tabella 1 (es. 1 torr = 133 Pa)

| Pa | atm | bar | torr (mmHg) |
|---|---|---|---|
| 1 | $9,87 \cdot 10^{-6}$ | $10^{-5}$ | $7,50 \cdot 10^{-3}$ |
| $1,013 \cdot 10^5$ | 1 | 1,013 | 760 |

| | | | |
|---|---|---|---|
| $10^5$ | 0,987 | 1 | 750 |
| 133 | 0,0013 | 0,0013 | 1 |
| $1 \cdot 10^4$ | 0,001 | 0,001 | 0,736 |

Si può quindi osservare che l'equivalenza esatta è: 1 Pa = $10^{-5}$ bar.

**30) A.** La viscosità di un fluido reale è dovuta alle forze di attrito interno che si esercitano tra le molecole del fluido (forze di coesione) e tra il fluido e le pareti del recipiente (forze di adesione). La viscosità di un fluido dipende dalla sua temperatura.

**31) C.** Il corpo immerso in acqua riceve una spinta dal basso verso l'alto (forza di Archimede) di intensità pari al peso dell'acqua spostata. La forza di Archimede ha modulo $F_A$ pari a:

$F_A = \rho \cdot g \cdot V_C$

dove ρ è la densità dell'acqua, $V_C$ è il volume del corpo immerso e $g$ è l'accelerazione di gravità.
Essendo il corpo soggetto anche alla forza peso $F_P = \rho_C \cdot g \cdot V_C$, dove $\rho_C$ è la densità del corpo, è possibile avere il galleggiamento solo se la densità del corpo è inferiore alla densità dell'acqua.
La densità dell'acqua è pari a $\rho = 1$ g/cm$^3$. La densità del corpo si ricava come rapporto tra la massa $m$ del corpo ed il suo volume:

$$\rho_C = \frac{m}{V_C} = \frac{80g}{100cm^3} = 0,8g/cm^3$$

Essendo la densità del corpo inferiore a quella dell'acqua, il corpo galleggia.

**32) B.** Detta $\rho$ la densità dell'acqua, $V_C$ il volume del corpo e $g$ l'accelerazione di gravità, l'intensità della spinta di Archimede si ricava come:

$F_A = \rho \cdot g \cdot V_C$

La densità dell'acqua è pari a 1 g/cm$^3$ =1000 kg/m$^3$.
Il volume del corpo, di forma cubica, è pari a: $V_C = l^3 = 10^3\ cm^3 = 10^{-3}\ m^3$
L'intensità della spinta di Archimede risulta quindi pari a:

$$F_A = \rho \cdot g \cdot V_C = 1000\frac{kg}{m^3} \cdot 9,8\frac{m}{s^2} \cdot 10^{-3} m^3 = 9,8N$$

**33) D.** La massa di 20 litri d'acqua è pari a 20 kg = $2 \cdot 10^4$g (la densità dell'acqua è infatti pari a $10^3$ kg/m$^3$ = 1kg/L); per avere un salto termico $\Delta t = 80$°C (scaldare cioè l'acqua da 10 °C a 90 °C) occorre pertanto una quantità di calore pari a:

$$Q = c \cdot m \cdot \Delta t = 1\frac{kcal}{kg \cdot °C} \cdot 20kg \cdot 80\ °C = 1600kcal$$

dove $c$ è il calore specifico dell'acqua pari a $c_{H_2O} = 1\frac{kcal}{kg°C}$ = ($c_{H_2O} = \frac{4186J}{kg \cdot K}$ nel Sistema Internazionale).

**34) A.** Il calore specifico di una sostanza è definito come il rapporto tra la capacità termica $C$ del corpo e la sua massa $m$:

$$c = \frac{C}{m} = \frac{Q}{m \cdot \Delta t}$$

Nel caso delle due sostanze A e B, i calori specifici risultano quindi pari rispettivamente a:

$$c_A = \frac{Q_A}{m_A \cdot \Delta t_A}, \text{e } c_B = \frac{Q_B}{m_B \cdot \Delta t_B}, \text{con } c_A = 2c_B$$

Se si considera per entrambe le sostanze la stessa massa ($m_A = m_B$), a parità di salto termico ($\Delta t_A = \Delta t_B$), segue che $Q_A = 2Q_B$, ossia la quantità di calore spesa per la sostanza A è doppia di quella spesa per la sostanza B.

**35) E.** Il primo principio della termodinamica afferma che la somma di calore $Q$ e lavoro $L$ scambiati da un sistema con l'ambiente è pari alla variazione $\Delta U$ dell'energia interna:

$\Delta U = Q - L$

dove il segno meno tiene conto della convenzione scelta sui segni delle grandezze calore e lavoro. Il calore è assunto positivo se assorbito dal sistema e negativo se ceduto dal sistema. Il lavoro è assunto positivo se è compiuto dal sistema (esempio: espansione del gas), è assunto negativo se è compiuto sul sistema (esempio: compressione del gas).

In una trasformazione ciclica, in cui lo stato iniziale e finale coincidono, $\Delta U = 0$ e quindi Q = L, ossia il lavoro fatto è pari al calore scambiato.

**36) B.** La fusione è il passaggio dallo stato solido allo stato liquido. La solidificazione è il processo inverso della fusione, ossia il passaggio dallo stato liquido a quello solido.

La condensazione è il passaggio dallo stato aeriforme a quello liquido, mentre la sublimazione è il passaggio diretto dallo stato solido a quello di vapore.

La conduzione invece non è un passaggio di stato, ma indica un meccanismo di propagazione del calore.

**37) A.** La resistenza dell'apparecchio deve essere tale da mantenere la corrente circolante sulla linea elettrica inferiore a 12.5 A (in modo da evitare che il fusibile fonda). Per la prima legge di Ohm, tale corrente risulta uguale a: $\frac{\Delta V}{R}$.

Essendo $\Delta V = 220$ V, il minimo valore di R che garantisca la tenuta del fusibile (ossia il passaggio di una corrente inferiore a 12.5A) è pari a:

$$R = \frac{\Delta V}{i} = \frac{220V}{12{,}5A} = 17{,}6\,\Omega$$

**38) C.** La carica elettrica $q$ in moto nel campo magnetico è soggetta alla forza di Lorentz. Detta $\vec{v}$ la velocità della carica e $\vec{B}$ il vettore induzione magnetica, la forza di Lorentz è data dalla relazione:

$$\vec{F} = q\vec{v} \wedge \vec{B}$$

dove il simbolo ∧ indica l'operazione di prodotto vettoriale. Il vettore $\vec{F}$ è diretto perpendicolarmente al piano individuato dai due vettori $\vec{v}$ e $\vec{B}$. Quindi, in questo esercizio $\vec{F}$ è diretta secondo l'asse y delle ordinate, come mostrato in figura. L'intensità della forza resta costante essendo *q*, *v* e *B* costanti. L'accelerazione a cui è sottoposta la particella carica è $a = F/m$, dove *m* è la sua massa. Questa accelerazione è perpendicolare a *v* e a *B* ed ha intensità costante (come la forza *F*). La particella si muove nel piano della pagina, secondo un'orbita circolare a velocità costante. Il suo moto è quindi un moto circolare uniforme.

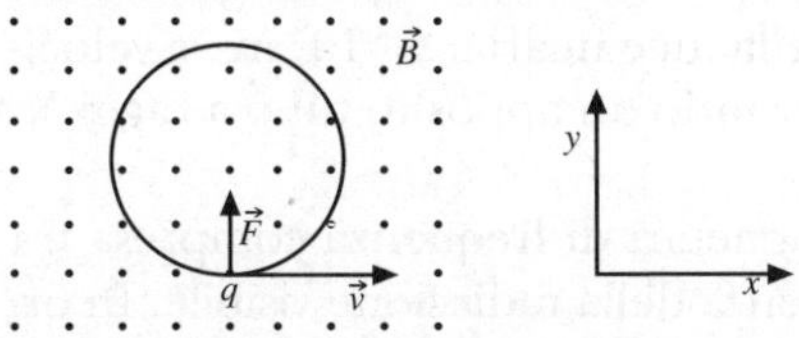


•Asse *z* perpendicolare alla pagina

---

**39) E.** La capacità elettrica di un conduttore è definita come rapporto tra la carica elettrica del conduttore ed il potenziale a cui esso si trova:

$$C = \frac{Q}{V}$$

Tale relazione ci mostra che il potenziale di un conduttore è proporzionale alla carica *Q* posseduta dal conduttore stesso. Se quindi ad un conduttore si fornisce una carica *Q*, questo si porta ad un potenziale *V* che è tanto più elevato quanto più è grande la carica fornita. La capacità di un conduttore di accumulare cariche dipende solo dalle caratteristiche geometriche del conduttore e dalle caratteristiche fisiche del mezzo in cui si trova.

---

**40) D.** Il teorema di Gauss afferma che il flusso del campo elettrostatico attraverso una qualunque superficie chiusa S nel vuoto è dato dal rapporto tra la somma algebrica *Q* delle cariche contenute all'interno della superficie e la costante dielettrica del vuoto $\varepsilon_0$:

$$\Phi(\vec{E}) = \frac{Q}{\varepsilon_0}$$

Se quindi all'interno della superficie chiusa *S* non vi sono cariche elettriche il flusso sarà nullo.

Dal teorema di Gauss si possono ricavare importanti proprietà valide per i conduttori.

1. Il campo elettrico all'interno di un conduttore carico è nullo.
2. Tutti i punti del conduttore che si trova in equilibrio elettrostatico hanno lo stesso valore del potenziale elettrico. Tale valore è detto quindi potenziale del conduttore.
3. In un conduttore la carica elettrica si distribuisce sulla superficie.
4. Nei conduttori non sferici, la carica elettrica si concentra maggiormente nelle regioni dove la curvatura è maggiore. Ad esempio, in prossimità di una zona appuntita di un conduttore carico si può produrre un campo elettrico molto intenso.

Non è invece vero (e quindi non è neppure una conseguenza del teorema di

Gauss) che la capacità di un conduttore è direttamente proporzionale alla carica presente sulla superficie del conduttore. Se infatti si fornisce una carica *Q* ad un conduttore, questo si porta ad un potenziale *V* che è tanto più elevato quanto più è grande la carica fornita. Il rapporto tra la carica *Q* e il potenziale *V* (che definisce appunto la capacità del conduttore) resta dunque costante.

**41) A.** I raggi X sono onde elettromagnetiche aventi lunghezza d'onda molto piccola, inferiore a $10^{-8}$ m. Conseguentemente la frequenza dei raggi X è elevata (maggiore di $10^{16}$ Hz). Essi inoltre hanno un alto potere penetrante, una velocità di propagazione in aria molto maggiore di quella del suono (velocità della luce in aria: $3 \cdot 10^8$ m/s; velocità del suono in aria: 344 m/s), e sono prodotti utilizzando un apposito tubo a raggi X.

**42) A.** La radiazione UV è una radiazione elettromagnetica di frequenza compresa tra circa $10^{16}$ Hz e $10^{20}$ Hz, maggiore quindi della frequenza della radiazione visibile. In ordine crescente di frequenza si hanno: onde radio, infrarossi, visibile, ultravioletti, raggi X.

**43) B.** Le onde trasversali sono onde in cui la vibrazione avviene perpendicolarmente alla direzione di propagazione. Esempio di onde trasversali sono le onde elettromagnetiche (e quindi anche la luce) che si propagano anche nel vuoto, e l'onda che si propaga lungo una corda tesa che è posta in oscillazione. Le onde sonore sono invece onde longitudinali.

**44) A.** Il raggio luminoso subisce il fenomeno della riflessione. Tale fenomeno è caratterizzato dalle seguenti leggi:

- il raggio incidente, il raggio riflesso e la normale alla superficie di incidenza nel punto di incidenza giacciono su uno stesso piano
- l'angolo di incidenza è uguale all'angolo di riflessione.

**45) B.** Il fenomeno della rifrazione è regolato dalla legge di Snell: indicati con $n_1$ l'indice di rifrazione dell'acqua e con $n_2$ quello dell'aria, e detti *i* l'angolo di incidenza ed *r* l'angolo di rifrazione, vale la seguente relazione:

$$\frac{sen\ i}{sen\ r} = \frac{n_2}{n_1}$$

L'indice di rifrazione dell'acqua è maggiore di quello dell'aria (l'indice di rifrazione dell'aria è infatti di poco superiore a 1, mentre quello dell'acqua vale 1,33), pertanto

$\frac{n_2}{n_1} > 1$, da cui $sen\ i > sen\ r$ e $i > r$, ossia nel passaggio dall'aria all'acqua un raggio di luce si avvicina alla normale che è tracciata rispetto alla superficie di separazione dei due mezzi nel punto di incidenza:

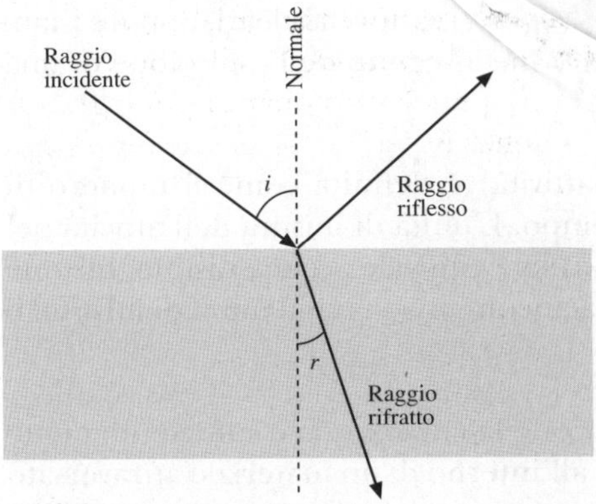


**46) A.** Detta *p* la distanza tra l'oggetto e lo specchio e *q* la distanza tra l'immagine e lo specchio, vale la formula dei punti coniugati:

$$\frac{1}{p}+\frac{1}{q}=\frac{2}{R}=\frac{1}{f}$$

dove $R$ è il raggio di curvatura e $f$ la distanza focale.
La distanza focale dello specchio è quindi pari a:

$$f=\frac{p\cdot q}{p+q}=\frac{3m\cdot 5m}{3m+5m}=\frac{15}{8}m=1{,}875m=1875mm$$

Il raggio di curvatura dello specchio è pari a due volte la distanza focale, e il suo valore è 3750 mm.

**47) A.** Una lente convergente ha la proprietà di far convergere, nel suo fuoco, un fascio di raggi paralleli che incide su di essa. L'immagine di un oggetto posto all'infinito è dunque un'immagine reale (si trova cioè oltre la lente), puntiforme, e si forma nel fuoco F della lente.

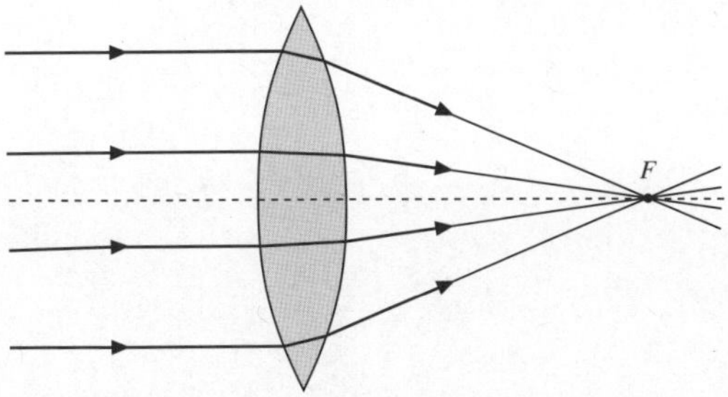


**48) D.** La fissione nucleare è un processo che consiste nella rotura di un nucleo pesante in due frammenti, detti prodotti di fissione, a seguito del bombardamento del nucleo con neutroni. La fissione provoca l'emissione contemporanea di due o tre neutroni che possono a loro volta provocare processi di fissione su altri nuclei innescando una reazione a catena. Il processo di fissione nucleare è un processo esoenergetico, ossia comporta la liberazione di una grande quantità di energia. Tale energia può

..., come avviene nei reattori nucleari, oppure istan-
...llato, come avviene a seguito dell'esplosione di una

**49) D.** L'attività di un radioisotopo (o radioattività) è definita come il numero di disintegrazioni che avvengono nell'unità di tempo. L'unità di misura dell'attività nel Sistema Internazionale è il *bequerel* (simbolo Bq) che equivale ad una disintegrazione al secondo. Spesso per la radioattività si utilizza ancora una vecchia unità di misura, il *curie* (simbolo Ci) con 1 Ci = $3{,}7 \cdot 10^{10}$ Bq.

**50) D.** Una radiazione ionizzante è una radiazione la cui energia è sufficientemente elevata da provocare fenomeni di ionizzazione all'interno di un materiale attraversato da tale radiazione. Tra le varie radiazioni elettromagnetiche indicate nel testo dell'esercizio, solo i raggi gamma costituiscono una radiazione ionizzante.

# VERIFICA 8 • CULTURA RELIGIOSA

**1) Cosa significa il termine "cattolico"?**

A. Sacro
B. Universale
C. Liturgico
D. Evangelico
E. Apostolico

**2) Quale proibizione è contenuta nel Secondo comandamento?**

A. Quella di riconoscere un'altra divinità al di fuori del Dio rivelato
B. Quella di bestemmiare
C. Quella di dissacrare le feste
D. Quella di commettere atti impuri
E. Quella di pronunciare falsa testimonianza contro il prossimo

**3) I primi cinque libri della Bibbia ebraica formano:**

A. la Genesi
B. il Deuteronomio
C. la Torah
D. il Canone
E. il Libro della Storia

**4) L'Ascensione celebra:**

A. la discesa dello Spirito Santo sugli apostoli riuniti nel Cenacolo
B. la crocifissione di Gesù
C. il ritorno di Gesù alla vita dopo la morte
D. la nascita di Gesù
E. l'ascesa di Gesù in cielo dopo la sua Resurrezione

**5) Secondo il Catechismo della Chiesa cattolica, l'Eucarestia:**

A. è il sacramento del perdono
B. è la fonte della vita e della fecondità
C. è il lavacro di rigenerazione e rinnovamento dello Spirito Santo
D. è fonte e apice di tutta la vita cristiana
E. è il sacramento della riconciliazione

**6) Qual è la religione più diffusa al mondo?**

A. Il Cristianesimo
B. L'Induismo
C. L'Islamismo
D. Il Taoismo
E. L'Ebraismo

**7) Quale Concilio fu indetto in risposta alla riforma protestante?**

A. Il Concilio Vaticano I
B. Il Concilio Vaticano II
C. Il Concilio di Trento
D. Il Concilio di Costanza
E. Il Concilio di Calcedonia

**8) Quando si riunisce il conclave per l'elezione del papa?**

A. Non prima di quindici giorni e non oltre ventidue dalla morte del precedente pontefice
B. Non prima di trenta giorni e non oltre quarantacinque dalla morte del precedente pontefice
C. Una settimana dopo la morte del precedente pontefice
D. Venti giorni dopo la morte del precedente pontefice
E. Non prima di una settimana e non oltre venticinque giorni dalla morte del precedente pontefice

**9) Chi fondò il movimento protestante?**

A. Giovanni Calvino

B. Martin Lutero
C. Ulrico Zwingli
D. Jan Huss
E. Erasmo da Rotterdam

**10) Si individui l'abbinamento errato tra religione e luogo di culto.**

A. Buddismo – pagoda
B. Islamismo – moschea
C. Ebraismo – sinagoga
D. Cattolicesimo – chiesa
E. Tutti gli abbinamenti sono validi

**11) Nella religione cattolica la Pentecoste:**

A. si celebra cinquanta giorni dopo la Pasqua
B. ricorda l'ascesa di Gesù in cielo dopo la Resurrezione
C. ricorda la discesa dello Spirito Santo sugli apostoli riuniti nel Cenacolo
D. le risposte A e C sono vere
E. nessuna delle opzioni è valida

**12) Quali sacramenti riconosce la confessione protestante?**

A. Solo l'Eucarestia
B. Solo il Battesimo
C. Battesimo ed Eucarestia
D. Battesimo, Eucarestia e Ordine Sacro
E. Nessun sacramento

**13) Secondo i musulmani, il Corano:**

A. è stato trasmesso da Allah a tutti gli uomini
B. è stato scritto da Maometto
C. è stato tramandato oralmente da Maometto
D. è stato dettato parola per parola da Allah a Maometto
E. è stato trasmesso da Allah agli arabi che poi lo hanno trascritto

**14) Chi è considerato il successore degli apostoli nella religione cattolica?**

A. Il papa
B. Il vescovo
C. Il sacerdote
D. Il diacono
E. Il cardinale

**15) Quante sono le piaghe d'Egitto, secondo il racconto biblico?**

A. Cinque
B. Dieci
C. Quindici
D. Venti
E. Quaranta

**16) Cosa ricorda la Pasqua ebraica?**

A. Il dono delle leggi a Mosè sul Monte Sinai
B. Le antiche tradizioni pastorali
C. La diaspora degli Ebrei
D. Il sacrificio di Abramo
E. La liberazione del popolo ebraico dalla schiavitù egiziana

**17) La proibizione di commettere omicidio è contenuta:**

A. nel Terzo comandamento
B. nel Quinto comandamento
C. nel Settimo comandamento
D. nell'Ottavo comandamento
E. nel Decimo comandamento

**18) Chi trasferì la residenza dei papi ad Avignone?**

A. Gregorio XI
B. Clemente V
C. Leone XI
D. Celestino IV
E. Nessuno dei precedenti

**19) Da quali chiese è formata la chiesa ortodossa?**

A. Dall'insieme delle chiese bizantine che accettarono gli insegnamenti del Concilio di Calcedonia

B. Da tutte le chiese cristiane
C. Dalle chiese evangeliche valdesi
D. Dalle chiese luterane
E. Da tutte le chiese che si opposero alle decisioni del Concilio di Trento

**20) Qual è il significato dell'atto di ungere nel sacramento della Cresima?**

A. Assolvere dai peccati commessi
B. Annunziare la parola di Dio
C. Esortare a unirsi con spontaneità alla passione e alla morte di Cristo
D. Imprimere il sigillo dello Spirito Santo a completamento del percorso di iniziazione cristiana
E. Annunziare la presenza di Cristo redentore

**21) I protestanti utilizzano come simbolo:**

A. il crocifisso con il corpo di Cristo
B. il crocifisso senza il corpo di Cristo
C. il candelabro a sette bracci
D. nessun simbolo in particolare
E. la croce a tre bracci, con riferimento alla Trinità

**22) La Bibbia, testo di riferimento dei cristiani cattolici, è composta:**

A. dall'Antico Testamento
B. dal Nuovo Testamento
C. dall'Antico Testamento più i sette libri deuterocanonici
D. dall'Antico Testamento più i sette libri deuterocanonici e dal Nuovo Testamento
E. da Antico Testamento e Nuovo Testamento

**23) L'episodio della torre di Babele, narrato nella Bibbia, è la metafora:**

A. della dedizione a Dio
B. della superstizione
C. della perfidia umana
D. dell'idolatria
E. dell'orgoglio e della superbia dell'uomo

**24) A partire da San Pietro e con l'esclusione di antipapi e papi di elezione irregolare, quanti papi sono saliti al soglio pontificio finora?**

A. 280
B. 260
C. 267
D. 270
E. 264

**25) Secondo il Catechismo della Chiesa cattolica, in quale comandamento è implicita la condanna della schiavitù?**

A. Nel comandamento di non rubare
B. Nel comandamento di non uccidere
C. Nel comandamento di non profanare il nome di Dio
D. Nel comandamento di non onorare altre divinità al di fuori del Dio rivelato
E. Nel comandamento di non desiderare le cose degli altri

**26) Come viene chiamato il sacramento della Penitenza, secondo il Catechismo della Chiesa cattolica:**

A. Sacramento della conversione
B. Vestibolo d'ingresso alla vita nello Spirito Santo
C. Lavacro di rigenerazione e rinnovamento dello Spirito Santo
D. Fonte e apice di tutta la vita cristiana
E. Illuminazione

**27) Cosa significa il termine "ortodossia"?**

A. Retta Dottrina
B. Dottrina di Cristo
C. Religione Universale
D. Insegnamento Sacro
E. Riforma della Chiesa

**28) La pratica dell'aborto:**

A. è condannata dalla Chiesa cattolica, ma è tollerata dalla religione ebraica, anche in assenza di rischi sanitari per la gestante
B. è condannata dalla Chiesa cattolica, ma è tollerata in ogni caso dalla Chiesa ortodossa
C. è tollerata da tutte le religioni, anche in assenza di rischi sanitari per la gestante
D. è tollerata solo dalle Chiese orientali
E. è condannata dalla Chiesa cattolica e dalla maggior parte delle altre religioni, eccetto il caso di rischi sanitari per la gestante

**29) Quale delle seguenti affermazioni sulla dottrina protestante è falsa?**

A. Stabilisce un rapporto diretto con Dio, privo di mediazioni
B. Non riconosce alcun sacramento
C. Rifiuta l'ordinamento gerarchico
D. Si fonda sul sacerdozio universale dei fedeli
E. Ha come punto di riferimento la Parola di Dio riportata dalla Bibbia

**30) Il Primo comandamento proibisce:**

A. l'abuso del nome di Dio
B. la bestemmia
C. le offese ai genitori
D. l'idolatria
E. il suicidio

**31) La parabola del «Buon Samaritano» è narrata:**

A. nel Vangelo di Matteo e di Marco
B. nel Vangelo di Luca
C. nel Vangelo di Luca e in quello di Giovanni
D. nel Vangelo di Giovanni
E. in tutti e quattro i Vangeli

**32) La pratica dell'eutanasia:**

A. è ammessa dalla Chiesa cattolica esclusivamente come pratica per tutelare la dignità dei malati.
B. è condannata dalla Chiesa cattolica, ma è ammessa dalla religione islamica
C. è ammessa dalla Chiesa cattolica e dalla religione islamica, ma è fermamente condannata dalla religione indù
D. è fermamente condannata dalla Chiesa cattolica e dalla religione islamica, ma è ammessa da alcune religioni, sia pure con posizioni divergenti
E. è ammessa da tutte le religioni come pratica combattere la sofferenza dei malati incurabili

**33) In quale comandamento trova esplicita condanna la cupidigia delle cose altrui?**

A. Nel Quinto
B. Nel Sesto
C. Nel Settimo
D. Nel Nono
E. Nel Decimo

**34) Cosa sostiene la dottrina della transustanziazione?**

A. Che la celebrazione dell'Eucarestia è memoria della passione, morte e resurrezione di Cristo
B. Che il papa è il legittimo successore di Pietro
C. Che all'atto della consacrazione eucaristica il pane e il vino divengono il corpo e il sangue di Cristo
D. Che i sacramenti sono i segni della grazia divina
E. Che bisogna vivere conformandosi all'esempio di Gesù

**35) Da chi vengono nominati i vescovi?**

A. Dal papa
B. Dal sacerdote
C. Dalla diocesi
D. Dal conclave
E. Dal cardinale

**36) I libri che compongono il Nuovo Testamento furono scritti:**

A. nel II secolo a.C.
B. nel III secolo d.C.
C. nel I secolo a.C.
D. nel IV secolo a.C.
E. nel I secolo d.C.

**37) In che senso il Battesimo è il vestibolo d'ingresso alla vita nello Spirito?**

A. Nel senso che non è sempre obbligatorio
B. Nel senso che apre l'accesso agli altri sacramenti e, più in generale, alla Chiesa cristiana
C. Nel senso che è indelebile
D. Nel senso che è concesso a pochi eletti
E. Nel senso che è irrinunciabile

**38) In quale libro dell'Antico Testamento è narrato l'episodio dell'abbattimento di Golia da parte di Davide?**

A. Nell'Esodo
B. Nel libro primo di Samuele
C. Nel libro secondo di Samuele
D. Nel Levitico
E. Nel Deuteronomio

**39) Da quando il processo di avvicinamento tra la chiesa ortodossa e la chiesa cattolica ha fatto notevoli passi avanti?**

A. Dal periodo della riforma protestante
B. Dall'incontro tra il papa Paolo VI e il patriarca Antenagora, avvenuto nel 1964
C. Dal Concilio di Costanza, nel 1414
D. Dal Concilio Vaticano II, nel 1962
E. Dalla seconda dieta di Spira, nel 1529

**40) Quando inizia ufficialmente la riforma protestante?**

A. Nel 1529, con la seconda dieta di Spira
B. Nel 1545, con il Concilio di Trento
C. Nel 1122, con il concordato di Worms
D. Nel 1517, con la pubblicazione delle 95 tesi di Lutero
E. Nel 1309, col trasferimento della residenza dei papi ad Avignone

**41) Il dovere di vivere nella verità trova esplicitazione:**

A. nel dovere di non profanare il nome di Dio
B. nella proibizione di giurare il falso
C. nel comandamento di non pronunciare falsa testimonianza contro il prossimo
D. nella condanna della superstizione
E. nella condanna dell'idolatria

**42) In quale libro dell'Antico Testamento è narrata la distruzione delle città gemelle di Sodoma e Gomorra?**

A. Nella Genesi
B. Nell'Esodo
C. Nel Levitico
D. Nel libro primo di Samuele
E. Nel libro secondo di Samuele

**43) Che cosa s'intende per «Bioetica»?**

A. L'etica dell'ambiente
B. L'etica laica di un gruppo sociale
C. L'etica del mondo animale
D. L'etica laica dell'universo
E. L'etica della ricerca biologica e della medicina

**44) Quali dei seguenti libri non fanno parte del Nuovo Testamento?**

A. I quattro vangeli

B. Gli Atti degli Apostoli
C. L'Apocalisse di Giovanni
D. Le dodici lettere di Paolo
E. I deuterocanonici

**45) Quale concilio ha proclamato il dogma dell'infallibilità pontificia?**

A. Il Concilio di Trento, nel 1545
B. Il Concilio Vaticano I, nel 1870
C. Il Concilio di Costanza, nel 1414
D. Il Concilio Vaticano II, nel 1962
E. Il Concilio di Efeso, nel 431

**46) Il cristianesimo si diffuse nell'area greco-romana per opera di:**

A. Paolo di Tarso
B. San Pietro
C. tutti gli apostoli
D. Costantino
E. papa Silvestro

**47) Secondo il Catechismo della Chiesa cattolica, in quale comandamento è contenuta la proibizione di giurare il falso?**

A. Nel Primo
B. Nel Secondo
C. Nel Quinto
D. Nell'Ottavo
E. Nel Decimo

**48) Secondo la morale cattolica, le tecniche di procreazione assistita:**

A. sono ammesse soltanto per aiutare l'atto coniugale
B. sono ammesse soltanto per aiutare l'intenzionalità dell'atto coniugale
C. sono ammesse come surrogato dell'atto coniugale
D. sono ammesse in ogni caso
E. sono da condannare in ogni caso

**49) Quando si celebra la Pasqua cristiana?**

A. La prima domenica del mese di aprile
B. La domenica successiva al primo plenilunio di primavera
C. La domenica successiva al primo plenilunio del mese di marzo
D. La seconda domenica del mese di aprile
E. Nessuna delle precedenti

**50) Si individui l'abbinamento errato tra religione e testo sacro.**

A. Islamismo – Corano
B. Ebraismo – Bibbia
C. Taoismo – Daodejing
D. Induismo – Canone pali
E. Confucianesimo – Libro della Storia

# RISPOSTE COMMENTATE • CULTURA RELIGIOSA

**1) B.** Il termine "**cattolico**", dal tardo latino *catholicus*, dal greco καθολικοα~, significa "**universale**". *Sacro*, dal latino *sàcer*, vuol dire "dedicato a Dio, che riguarda il culto di Dio o cosa religiosa". *Liturgico*, che riguarda l'insieme e l'ordine di tutti i riti e di tutte le cerimonie del culto, e la scienza di tali riti e cerimonie. *Evangelico* vuol dire "conforme al vangelo", libro in cui è scritta la legge e la dottrina di Cristo, insieme con la vita di Gesù Cristo. *Apostolico*, riferito alla Chiesa (Chiesa Apostolica), è "la Chiesa cristiana che riconosce l'autorità del Pontefice".

**2) B.** Il Secondo comandamento impone di rispettare il nome del Signore. Si legge nel Catechismo della Chiesa cattolica che la bestemmia «consiste nel proferire contro Dio – interiormente o esteriormente – parole di odio, di rimprovero, di sfida, nel parlare male di Dio, nel mancare di rispetto verso di lui nei propositi, nell'abusare del nome di Dio», e che la bestemmia appartiene a quel genere di atti che «per se stessi e in se stessi, indipendentemente dalle circostanze e dalle intenzioni, sono sempre gravemente illeciti a motivo del loro oggetto».
Si comprende perciò come, fin dall'antichità e in qualsiasi religione (non solo monoteista, ma anche politeista), il comportamento del bestemmiatore costituisca espressione altamente sacrilega. Ancora oggi, in alcuni ordinamenti giuridico-religiosi, come quello islamico, oltre che nell'ordinamento stesso della Chiesa cattolica, la bestemmia è considerata un crimine e fino a pochi anni fa lo era anche nell'ordinamento giuridico dello Stato italiano.
Secondo il Compendio della dottrina sociale della Chiesa, costituisce profanazione e bestemmia anche il proclamarsi terroristi in nome di Dio.

**3) C.** Il Libro Sacro della religione ebraica è la Bibbia, che è scritta in ebraico, ed è composta da 39 libri divisi in 3 gruppi. I primi cinque libri della Bibbia ebraica (Genesi, Esodo, Numeri, Levitico, Deuteronomio) formano la Legge, in ebraico **Torah**. L'Ebreo deve seguire gli insegnamenti della Torah in ogni istante della sua vita. Il centro della Torah è il decalogo, dato da Dio a Mosè.

**4) E.** L'Ascensione celebra l'**ascesa di Gesù in cielo dopo la sua Resurrezione**. La discesa dello Spirito Santo sugli Apostoli riuniti nel Cenacolo è la *Pentecoste*, dal greco *cinquantesimo*, che si celebra 50 giorni dopo la Pasqua. La *crocifissione di Gesù* viene celebrata durante i riti della Settimana Santa, che culminano alle ore 15 del venerdì santo, ora della morte di Gesù. Il ritorno di Gesù alla vita dopo la morte è la *Resurrezione*. La nascita di Gesù è il *Natale*.

**5) D.** L'Eucarestia è il sacramento istituito da Gesù durante l'Ultima Cena e, secondo la dottrina cattolica, è il memoriale e la rinnovazione dell'evento sacrificale di Cristo. Si legge nel Compendio della dottrina sociale della Chiesa: «L'Eucaristia rende il credente partecipe dell'unico e perfetto sacrificio che Cristo ha offerto al Padre, nella propria carne, per la salvezza del mondo». Con il Battesimo e la Confermazione, l'Eucarestia completa la triade dei sacramenti dell'iniziazione cristiana, connotandosi come fonte e culmine della vita ecclesiale, cui sono strettamente uniti e ordinati tutti gli altri sacramenti e tutti i ministeri ecclesiastici.

**6) A.** La religione più diffusa al mondo è il **Cristianesimo**. Su una popolazione mondiale di oltre sei miliardi di persone, i cristiani sono circa 2.254.848.000; tra loro i cattolici sono poco più di un miliardo (il 17,4% del totale). Dopo il Cristianesimo e l'Islamismo, l'Induismo è la religione più diffusa nel mondo: circa 550 milioni di seguaci. Si calcola che oggi i musulmani in tutto il mondo raggiungano il miliardo. Il Taoismo è diffuso in Giappone. È impossibile quantificarne i fedeli in quanto in Cina non esiste una marcata differenziazione tra le tre principali religioni (Buddismo, Confucianesimo e Taoismo). Attualmente gli ebrei nel mondo sono circa 20 milioni. Le più consistenti comunità ebraiche si trovano in Israele, Stati Uniti, Ex Unione Sovietica, Italia, Inghilterra, Francia, Germania.

**7) C. Il Concilio di Trento** (1545-63) fu indetto (Papa Paolo III, Giulio III, Pio IV) in risposta alla riforma protestante. Il *Concilio Vaticano I* (1869-70) fu indetto dal Papa Pio IX e definì l'infallibilità del Papa. Il *Concilio Vaticano II* (1962-65) fu indetto (Giovanni XXIII, Paolo VI) per la riforma liturgica e il dialogo con le altre Chiese. Il *Concilio di Costanza* (1414-18) fu indetto dal Papa Martino V per la condanna di John Wycliffe (riformatore religioso inglese), di Jan Hus (riformatore religioso e scrittore ceco) e di Girolamo da Praga (teologo e riformatore religioso). Il *Concilio di Calcedonia*, antica città dell'Asia Minore, fu indetto da Leone I Magno contro Eutiche (eresiarca bizantino) e i monofisiti (negatori della natura umana di Cristo).

**8) A.** Il **conclave** (dal latino medievale *conclave*, propriamente stanza chiusa a chiave) per l'elezione del Papa si riunisce non prima di quindici giorni e non oltre ventidue dalla morte del precedente Pontefice.

**9) B.** Il movimento protestante fu iniziato da **Martin Lutero** in Germania nel 1517 con la pubblicazione delle *novantacinque tesi* sulle indulgenze. *Giovanni Calvino*, teologo riformatore francese, dopo numerosi contatti con il movimento di Riforma francese, fu inserito a pieno titolo nell'ambito del protestantesimo europeo. *Ulrico Zwingli*, riformatore religioso svizzero, si legò d'amicizia con Erasmo da Rotterdam ed ebbe contrasti di opinione con Lutero. *Jan Hus*, riformatore religioso e scrittore ceco, aderì alle dottrine di J. Wycliff, rifiutò di ritrattare le sue tesi e quindi fu condannato a morte e venne bruciato sul rogo. *Erasmo da Rotterdam*, teologo e umanista olandese, conosciuto per la sua opera *Stultitiae laus* (Elogio della Follia), entrò in contrasto con Lutero e rimase lontano dalla politica.

**10) E.** Tutti gli abbinamenti sono validi.

**11) D.** Le risposte A e C sono vere.

**12) C.** La confessione protestante riconosce **Battesimo** ed **Eucarestia**.

**13) D.** Secondo i musulmani, il Corano **è stato dettato parola per parola, in arabo, da Dio (Allah) a Maometto**.

**14) B.** Nella religione cattolica il **vescovo** è considerato come il successore degli apostoli. È il pastore supremo della sua diocesi. Nominato dal papa, egli ordina i sacerdoti e i diaconi e amministra la Confermazione. Il Papa, chiamato anche "Santo Padre" o "Sommo Pontefice", è riconosciuto dai cattolici come successore di Pietro e vescovo di Roma.

**15) B.** Secondo il racconto contenuto nel libro dell'Esodo, detto anche «Secondo libro di Mosè», nel quale è narrata la liberazione del popolo israelita dalla schiavitù d'Egitto, le piaghe sono le dieci punizioni divine che costrinsero il faraone a lasciar partire gli israeliti: 1) l'acqua mutata in sangue; 2) le rane; 3) le zanzare; 4) i tafani; 5) la mortalità fra il bestiame; 6) le ulceri; 7) la grandine; 8) le cavallette; 9) le tenebre; 10) la morte dei primogeniti.
Le prime nove, assai assomiglianti a fenomeni connessi con l'annuale inondazione del Nilo, non riuscirono a piegare l'ostinatezza degli Egizi, che cedettero soltanto dopo l'ultima calamità, permettendo agli ebrei di partire per la Palestina, «la terra promessa».

**16) E.** La Pasqua ebraica ricorda **la liberazione del popolo ebraico dalla schiavitù egiziana**.

**17) B.** «Non far morire l'innocente e il giusto», dicono le Scritture. L'omicidio è di gran lunga il crimine più riprovevole, perché lede l'inviolabilità della vita fisica, e come tale è condannato dalla legge nella totalità dei Paesi civilizzati e dalla totalità degli ordinamenti religiosi.
Dio solo è Signore della vita e della morte e soltanto lui ha il diritto di porre fine alla vita, come ha il diritto di farla nascere. Così insegna il Catechismo della Chiesa cattolica: «nessuno, in nessuna circostanza, può rivendicare a sé il diritto di distruggere direttamente un essere umano innocente». Questa proibizione raggiunge il suo apice nel comandamento positivo di amare il prossimo come se stessi. La condotta di chi contravviene al divieto di uccidere è gravemente contraria alla dignità dell'essere umano e alla santità del Creatore.
Al rispetto per la sacralità della vita conseguono la condanna della guerra, della pena di morte, dell'interruzione volontaria della gravidanza, dell'eutanasia.

**18) B.** Papa **Clemente V** (1305–1314) trasferì la residenza dei Papi ad Avignone; Gregorio XI (1370–1378) restituì la residenza dei Papi a Roma.

**19) A.** La chiesa ortodossa è formata dall'insieme delle **chiese bizantine** che accettarono e mantennero gli insegnamenti del Concilio di Calcedonia. Il Concilio di Calcedonia, antica città dell'Asia Minore, (anno 451) fu indetto da Leone I Magno contro Eutiche (eresiarca bizantino) e i monofisiti (negatori della natura umana di Cristo).

**20) D.** Il cresimando riceve, per mezzo dell'unzione, il sigillo dello Spirito Santo e completa così il proprio percorso di iniziazione cristiana, perché – insegna il Cate-

chismo della Chiesa cattolica – con il solo sacramento del Battesimo, al quale non faccia seguito la Cresima (o Confermazione), come pure l'Eucarestia, «l'iniziazione cristiana rimane incompiuta».
L'atto di ungere è denso di significato. Nell'antichità l'uso di oli profumati per fini di purificazione è segno di abbondanza, di gioia e di festa, mentre la rinunzia agli oli indica mestizia e lutto. L'unzione rituale è praticata dagli israeliti come atto di consacrazione religiosa. Nel Vangelo secondo Giovanni, Cristo stesso si proclama segnato dal marchio dello Spirito Santo: «Dovete procacciarvi non il cibo perituro ma quello che dura in vita eterna, e a voi lo darà il Figlio dell'uomo. Perché Dio Padre ha impresso lui del suo suggello».
Il sigillo dello Spirito Santo segna l'appartenenza totale a Cristo.

**21) B.** I protestanti usano in genere come simbolo **il crocifisso senza il corpo di Cristo**, per privilegiare il messaggio della Risurrezione invece di quello del sacrificio sulla croce. Il crocifisso con il corpo di Cristo è il simbolo dei cattolici. Il candelabro a sette bracci è il simbolo della religione ebraica. Il crocifisso ortodosso è la tipica croce a tre bracci, con riferimento alla Trinità.

**22) D.** La Bibbia, una raccolta di testi scritti in più di mille anni in situazioni storiche e culturali molto diverse, consta di due parti disuguali: la prima, chiamata "**Antico Testamento**" (A.T.), corrisponde ai trentanove libri della Bibbia ebraica con l'aggiunta però di **sette libri chiamati "deuterocanonici"** (Tobia, Giuditta, Sapienza, Ecclesiastico, Baruc, Maccabei I e Maccabei II). I libri specificatamente cristiani della Bibbia sono chiamati "**Nuovo Testamento**" e furono scritti tutti in greco nel I secolo d.C.: vi sono in primo luogo i quattro vangeli (Marco, Luca, Matteo e Giovanni) e gli "Atti degli Apostoli"; seguono poi le dodici lettere di Paolo, la lettera agli Ebrei, le otto lettere dette "pastorali" e l'Apocalisse di Giovanni.

**23) E.** L'episodio, fra i più celebri dell'Antico Testamento, è narrato nella Genesi. Gli abitanti di Sennaar, per sfidare Dio, decisero di edificare una città e una torre altissima, la cui cima raggiungesse il cielo, cioè Dio. E Dio, per punire il loro orgoglio di pagani, divise gli uomini in razze e confuse il loro linguaggio. Gli abitanti di Sennaar interruppero la costruzione della città e si dispersero per il mondo. La città fu chiamata Babele, per ricordare che lì erano state confuse le lingue di tutta la terra.

**24) C.** Escludendo antipapi e papi di elezione irregolare, sono stati **265** i Papi saliti al soglio pontificio a partire da San Pietro.

**25) A.** Il divieto di commettere furto – contenuto nel Settimo comandamento – impone a ciascuno di noi di astenersi dal prendere o dal tenere ingiustamente i beni altrui e, più in generale, di arrecare danno agli altri. Sin dall'antichità, infatti, è fortemente avvertita l'esigenza di prevenire i turbamenti e le liti che sogliono scaturire dal furto. Ne deriva, fra le altre proibizioni, quella di compiere atti o intraprendere iniziative finalizzate alla «mercificazione» degli esseri umani, ovverosia a scambiarli come se fossero merci, disconoscendone e rubandone la dignità di persone. Si legge nel Catechismo della Chiesa cattolica: «Ridurre le persone, con la violenza, a un valo-

re d'uso oppure a una fonte di guadagno, è un peccato contro la loro dignità e i loro diritti fondamentali».
Nelle Scritture, la prossimità di Dio al popolo israelita si manifesta, fra l'altro, nella liberazione dalla schiavitù e nella promessa della libertà e della *terra* di cui Dio gli fa dono.
La schiavitù è rifiutata e condannata dagli ordinamenti di tutti i Paesi civilizzati.

**26) A.** Con l'Unzione degli infermi, la Penitenza compone la diade dei sacramenti di guarigione ed è anche chiamata sacramento della conversione, perché «realizza sacramentalmente l'appello di Gesù alla conversione, il cammino di ritorno al Padre da cui ci si è allontanati con il peccato», aprendo la strada al sacramento eucaristico. Solo perseverando nella penitenza, nella preghiera e nella carità, coloro che si sono allontanati dal cammino del Signore potranno ottenere da Dio la grazia della conversione e della salvezza.

**27) A.** Il termine Ortodossia, che deriva dalla parola greca οᾳρθοᾳ~, "retto", e δοᾳξα "dottrina", significa **Retta Dottrina**.

**28) E.** Secondo la Chiesa cattolica, l'aborto è un grave male morale, perché non conduce al fiorire dell'individuo né della famiglia. Questa posizione di dura condanna, già espressa in seno al Concilio Vaticano II (1962-1965), è ribadita a chiare lettere nell'enciclica *Evangelium Vitae* di papa Giovanni Paolo II. Secondo quest'impostazione, l'aborto è moralmente lecito, come male minore, solamente se la prosecuzione della gravidanza espone la gestante a sicuro pericolo di vita.
Condividono quest'idea anche gli ebrei i quali, pur rifacendosi ai testi biblici contrari all'aborto, ne accettano la pratica nelle prime quattro settimane, purché sussista pericolo per la salute della madre. Anche i musulmani, contrari, consentono la pratica abortiva nel caso che i rischi sanitari della madre siano di estrema gravità. Contrari sono anche gli ortodossi e i cristiani delle Chiese orientali, gli induisti e i buddisti. Gli anglicani, in minoranza, condividono la posizione cattolica; fra di loro, infatti, prevale l'idea che l'aborto, in certi casi, è moralmente giustificabile.

**29) B.** L'affermazione falsa è quella secondo cui la dottrina protestante non riconosce alcun sacramento; infatti sono riconosciuti i sacramenti del Battesimo e dell'Eucarestia, perché sono gli unici che hanno un fondamento nella Scrittura.

**30) D.** Il Primo comandamento vieta di onorare altre divinità al di fuori dell'unico Dio rivelato. La proibizione del politeismo comporta la condanna dell'idolatria, consistente nel deificare oggetti o immagini al posto di Dio e, per estensione, nel divinizzare ciò che non è Dio, quegli idoli fabbricati dagli uomini, che sono «argento e oro, opera delle mani dell'uomo», come li definisce la Scrittura nel rifiutarne il culto, che hanno occhi e bocca, ma non vedono e non parlano, perché non vivono. Si legge nel Catechismo della Chiesa cattolica: «L'idolatria respinge l'unica Signoria di Dio; perciò è incompatibile con la comunione divina». Chi riconosce l'unicità di Dio, la sua onnipotenza, eternità e immutabilità, ha il dovere di rendergli culto, rispetto e affidamento totali.

**31) B.** La parabola del «Buon Samaritano» (o «Samaritano Pietoso»), insieme a quelle del «Figliuol prodigo» e del «Buon Pastore» fra le più note parabole evangeliche, è narrata nel Vangelo di Luca. Sulla strada di Gerico un samaritano si imbatte in un giudeo derubato e ferito dai ladroni e, vedendolo mezzo morto per terra, ne ha compassione e si ferma per soccorrerlo («Gli si fece vicino, gli fasciò le ferite, versandovi olio e vino; poi, caricatolo sopra il suo giumento, lo portò a una locanda e si prese cura di lui»), per quanto i samaritani fossero disprezzati dai giudei per la loro osservanza poco assidua e non puntigliosa della legge ebraica.
Con questa parabola, Gesù insegna che cos'è la misericordia. Il Samaritano Pietoso è il misericordioso per eccellenza. Con quest'accezione il termine «samaritano» viene utilizzato nel linguaggio moderno, in particolare per designare chi presta assistenza volontaria ai malati e ai feriti (come, per esempio, le *Samaritervereine*, corpo infermieristico sorto in Germania nel 1881).

**32) D.** La Chiesa cattolica, contraria a ogni forma di violazione della vita fisica, giudica l'eutanasia una grave infrazione alla Legge di Dio, in quanto uccisione deliberata e moralmente inaccettabile di una persona umana. Meno radicali le posizioni delle Chiese riformate. I Valdesi, per esempio, si proclamano favorevoli all'eutanasia come pratica per risparmiare al malato terminale un'inutile sofferenza. Anche la Chiesa anglicana, in nome della pietà cristiana, s'è aperta all'eutanasia passiva per i neonati affetti da gravissimi e irrimediabili handicap. Una parziale divergenza si registra in seno all'ebraismo: se le correnti teoriche di matrice ortodossa condannano con durezza l'eutanasia, l'atteggiamento opposto risulta essere abbastanza diffuso all'interno dell'ebraismo conservativo o riformato. Una posizione di tradizionale rifiuto è quella dei buddisti, e ancor più netto è il divieto islamico. L'induismo, pur lasciando libertà di coscienza, censura l'eutanasia come atto che genera karma negativo.

**33) E.** Se il Nono comandamento condanna la concupiscenza della carne («Non desiderare la donna del tuo prossimo»), il Decimo reca in sé la condanna dell'invidia, che costituisce un vizio capitale. Come insegna il Catechismo della Chiesa cattolica, l'invidia diventa peccato mortale, il peccato diabolico per eccellenza secondo sant'Agostino, quando si spinge fino al punto di volere la sventura del prossimo. Che cos'è l'invidia? È tristezza. È quella tristezza che «si prova davanti ai beni altrui» e, ancor peggio, fa nascere in chi la prova il «desiderio smodato» di appropriarsi di quei beni, «sia pure indebitamente». Ma l'invidia è anche rifiuto della carità e odio per chi possiede di più. I desideri, la brama di ricchezze, l'avidità, l'ingordigia, anche il potere economico e politico, sono tutti fattori che nuocciono alla povertà di cuore, l'esatto contrario di quella rinunzia agli averi terreni che Gesù pretende dai suoi discepoli, e da chi altri voglia conformarsi al suo esempio, come condizione irrinunciabile per entrare nel Regno dei Cieli.

**34) C.** La dottrina della transustanziazione sostiene la **conversione del pane e del vino nel corpo e nel sangue di Cristo**.

**35) A.** I vescovi vengono nominati dal **Papa**. Il vescovo è considerato come il successore degli apostoli. È il pastore supremo della sua diocesi. Nominato dal papa, egli ordina i sacerdoti e i diaconi e amministra la Confermazione.

**36) E.** I libri specificatamente cristiani della Bibbia sono chiamati "Nuovo Testamento" e furono scritti tutti in greco **nel I secolo d.C.**: vi sono in primo luogo i quattro vangeli (Marco, Luca, Matteo e Giovanni) e gli "Atti degli Apostoli"; seguono poi le dodici lettere di Paolo, la lettera agli Ebrei, le otto lettere dette "pastorali" e l'Apocalisse di Giovanni.

**37) B.** Con la Confermazione e l'Eucarestia, il Battesimo forma la triade dei sacramenti dell'iniziazione cristiana. Secondo il Catechismo della Chiesa cattolica, esso: «è il fondamento di tutta la vita cristiana, il vestibolo d'ingresso alla vita nello Spirito», perché il battezzato si immerge nella morte di Cristo per essere rigenerato come creatura nuova ed entrare a far parte della Chiesa.
Il sacramento cristiano acquista, rispetto al Battesimo ebraico e a quello di Giovanni Battista, un significato nuovo, che è di purificazione per opera dello Spirito Santo, di intima comunione con Cristo e di introduzione nella comunità dei credenti, costituiti popolo di Dio, in quanto incorporati a Cristo.
Si realizza così per mezzo del Battesimo cristiano quella stessa figliolanza dalla divinità, quella incorporazione nel popolo di Dio, che per gli israeliti si realizzava mediante la circoncisione.

**38) B.** I due libri di Samuele narrano la storia del popolo israelita dalle origini fino alla fine del regno di Davide. Costituenti in origine un unico insieme, cominciano raccontando la storia dell'ultimo periodo patriarcale, a partire dalle vicende della famiglia di Samuele, proseguono poi con la nascita della monarchia sotto re Saul e, infine, raccontano del regno di Davide, il re guerriero che riesce nell'impresa di riunire sotto la propria autorità tutte le dodici tribù israelite, sconfiggendo i filistei ed estendendo il dominio di Israele al di fuori dei confini delle tribù.

**39) D.** Il processo di avvicinamento tra la chiesa ortodossa e la chiesa cattolica ha fatto notevoli passi avanti dal **Concilio Vaticano II**, nel 1962. Il Concilio Vaticano II (1962-65) fu indetto (Giovanni XXIII, Paolo VI) per la riforma liturgica e il dialogo con le altre Chiese.

**40) D.** Ufficialmente **la riforma protestante** inizia nel **1517** con la pubblicazione delle *novantacinque tesi sulle indulgenze* di Lutero.

**41) C.** La proibizione di rendere falsa testimonianza contro il prossimo – contenuta nell'Ottavo comandamento – impone di non falsare la verità nelle relazioni interpersonali. L'essere umano ha il dovere di rispettare e attestare la verità, perché è naturalmente proteso a cercarla. La verità è la virtù di rifuggire la falsità, l'ipocrisia, la finzione. Il comportamento di chi proferisce menzogne contro il prossimo è contrario alla rettitudine dell'agire, alla morale umana e alla verità divina («Dio è sorgente di ogni verità. La sua legge è verità»). Il bugiardo, il maldicente, il calunniatore procurano danno agli altri, ne distruggono la reputazione, ne compromettono l'innocenza, e quanto più falsa è la parola pronunciata contro gli altri, tanto più è maledetta dal Signore, che la condanna con estrema severità. La colpa che consegue alla violazione di questo comandamento deve essere espressa nella sincerità del pentimento e nella riparazione del danno procurato agli altri.

**42) A.** Celebri per le loro dissolutezze e appartenenti entrambe alla Pentacoli – della quale facevano parte anche Adma, Sebo'im e Bela', quest'ultima chiamata anche So'ar –, le città gemelle di Sodoma e Gomorra furono distrutte da Dio con fuoco e zolfo, per l'empietà dei loro abitanti. Si narra che Abramo intercedesse presso Dio, chiedendogli di risparmiare Sodoma se solo egli vi avesse scovato dieci giusti, cosa che non gli riuscì. Soltanto Lot, figlio di Abramo, avvisato della distruzione della città da due angeli, poté fuggire in tempo insieme alla sua famiglia, con la raccomandazione però che non si voltassero a guardare, una volta usciti dalla città, la pioggia di fuoco e zolfo. Ma sua moglie, disobbedendo al divieto, si voltò dietro per vedere la città in fiamme e, per punizione, fu mutata in una statua di sale.
I nomi delle due città sono ancora oggi utilizzati come sinonimi di depravazione, corruzione e dissolutezza.

**43) E.** La bioetica è la disciplina accademica che si occupa delle questioni morali sottese alla ricerca biologica e alla medicina. Il primo a utilizzare il termine fu il filosofo e pastore protestante tedesco Fritz Jahr, che riferì l'«imperativo bioetico» ai rapporti etici degli uomini con gli animali e le piante. L'oncologo statunitense Van Rensselaer Potter, negli anni '70, parlò per primo di bioetica nel significato attuale, ma fu il medico olandese André Hellegers, fondatore del primo istituto al mondo dedicato alla bioetica, a introdurre questa disciplina nel mondo accademico, definendola come una branca dell'etica dedita allo studio e alla ricerca della biomedicina.
Nei Paesi di tradizione cattolica è preponderante il ruolo della bioetica cattolica, contenuta nei documenti del magistero della Chiesa, nelle opere degli autori che la divulgano e nella comunità scientifica che a essa fa riferimento.

**44) E.** I **deuterocanonici** non fanno parte del Nuovo Testamento; essi sono sette libri (Tobia, Giuditta, Sapienza, Ecclesiastico, Baruc, Maccabei I e Maccabei II) e fanno parte "dell'Antico Testamento".

**45) B.** Il dogma dell'infallibilità pontificia fu proclamato durante il Concilio Vaticano I, nel 1870. Il **Concilio Vaticano I** (1869-70) fu indetto dal Papa Pio IX ed ebbe per oggetto la condanna del materialismo e del razionalismo, e fu definita l'infallibilità del Papa.

**46) A.** Il cristianesimo si diffuse nell'area greco-romana per opera di **Paolo di Tarso** (città della Turchia).

**47) B.** Secondo il Catechismo della Chiesa cattolica, chi giura il falso commette una grave mancanza di rispetto verso Dio, perché fare solenne promessa o giurare «è prendere Dio come testimone di ciò che si afferma», mentre lo spergiuro fa una promessa con l'intenzione di non mantenerla o, dopo aver promesso sotto giuramento, non si attiene alla promessa fatta.
Giurare significa invocare «la veracità divina a garanzia della propria veracità». Chi giura chiama Dio, giudice giusto e imparziale, a garantire – in veste di testimone – la veridicità di quanto affermato. Se Dio, come Creatore e Signore, «è la norma di ogni verità», astenersi dal giurare il falso è un dovere verso Dio.

**48) A.** Secondo la posizione tradizionale della Chiesa cattolica, la persona umana ha il diritto di nascere da un gesto d'amore dei suoi genitori. Nella procreazione artificiale, invece, il concepimento cessa di essere il frutto dell'atto coniugale e diventa il frutto di un processo artificiale, specialmente nelle pratiche eterologhe, che provocano una dissociazione dei genitori, per l'intervento di una persona estranea alla coppia (donatore di seme o di ovocita, prestatrice dell'utero). Sulle tecniche omologhe, ovvero praticate in seno alla coppia per aiutare l'atto procreativo, le originarie posizioni di chiusura si sono con il tempo significativamente ammorbidite. Sicché la procreazione artificiale è ritenuta accettabile in presenza delle seguenti condizioni: che l'inseminazione e la fecondazione siano praticate all'interno di una coppia di coniugi, senza che si ricorra a terzi donatori, siano effettuate con un comune rapporto sessuale e non comportino interventi invasivi o rischi rilevanti a danno dell'embrione o del feto.

**49) B.** La **Pasqua cristiana** si celebra la **domenica successiva al primo plenilunio di primavera**. In essa la Chiesa celebra la Risurrezione di Cristo, fondamento della fede cristiana.

**50) D.** L'abbinamento errato tra religione e testo sacro è **Induismo – Canone Pali**. Il Canone (cioè l'elenco ufficiale dei testi sacri) fu redatto in lingua *pali* (dialetto *sanscrito*) nel I secolo a.C., sotto il re di Ceylon, Vattagamani, e appartiene al Buddismo.

# VERIFICA 9 • INGLESE

**1) I first met Robert at school. I … him for twenty years.**

A. have been knowing
B. knew
C. have known
D. had known
E. known

**2) He has not come yet. He … something in the car.**

A. must have forgotten
B. can have forgotten
C. will have forgotten
D. should have forgotten
E. should

**3) Jack will be able to do it. He always gets … a difficulty.**

A. over
B. on
C. up
D. in
E. at

**4) A *Pun* is:**

A. the same as a proverb
B. a humorous ambiguous expression
C. a very short poem
D. a type of rock music
E. a kind of fruit

**5) She was … out of 115 applications for the position of Managing Director.**

A. short-changed
B. short-listed
C. short taken
D. short-sighted
E. short-broken

**6) My brother was always picking … me when we were children.**

A. up
B. out
C. to
D. on
E. over

**7) It was kind … to warn you.**

A. for him
B. of him
C. as to him
D. from him
E. to him

**8) Which is the closest English equivalent of the Italian idiomatic expression «*in bocca al lupo*»?**

A. Enter the lion's den!
B. Break a leg!
C. The best of happiness!
D. Cry wolf!
E. think wolf

**9) Larger companies sometimes … smaller, often loss-making companies.**

A. put over
B. take over
C. take down
D. put down
E. put out

**10) There's a knock on the door of your flat. Your brother, sitting next to you says: «That'll be Jerry».What does the modal verb 'will' express here?**

A. Promise
B. Future intention

C. Likelihood/probability
D. Desire/wish
E. Like

**11) «To make someone unhappy» is to:**

A. get on someone's nerves
B. get somebody down
C. get on with somebody
D. get over somebody
E. none is correct

**12) She still hasn't got ... in London.**

A. use to living
B. use to live
C. used to living
D. used to live
E. use living

**13) *Ellipsis* in grammatical analysis refers to:**

A. a part of a structure to be underlined
B. a part of a structure which has been omitted
C. any part of a structure
D. a pronoun
E. a verb

**14) Due to extreme weather conditions the mountain road was ...**

A. impassable
B. inoperable
C. impregnable
D. impossible
E. free

**15) Which word does not rhyme with the others?**

A. Rough
B. Bluff
C. Tough
D. Cough
E. Off

**16) Decide which sentence is correct:**

A. I lost some money on my way to home
B. She is much more intelligent than you imagine
C. He went to his room and has read the newspaper there
D. The doctor has been visited his patients
E. None of them

**17) Decide which sentence is correct:**

A. My little brother made a toy castle out of wood and plastic
B. Her friends all sent for a letter to the newspaper
C. She never heard nothing all night
D. He saved his money in order for to buy a car
E. None of them

**18) Decide which sentence is correct:**

A. They had not been looking for no gold
B. I managed to sell less six tickets
C. My mother lent the book to one of our neighbours
D. My brother put a scarf on himself before going out
E. None of them

**19) We wanted to have a break so we:**

A. stopped to have a cup of coffee
B. stopped for having a cup of coffee
C. stopped to having a cup of coffee
D. stopped having a cup of coffee
E. stop have a cup of coffee

**20) The headmaster ... yesterday on the matter of the school trip.**

A. was decided
B. has decided
C. decided
D. has been deciding
E. decides

**21) Which part of the Indo-European language family does English belong to?**

A. Celtic
B. Romance
C. Gaelic
D. Germanic
E. Latin

**22) The film ......... in France.**

A. made
B. are made
C. was made
D. is making
E. make

**23) This book ...... by Manzoni.**

A. is written
B. was wrote
C. writes
D. was written
E. written

**24) My son wanted ... a hotel.**

A. booking
B. to book
C. to booking
D. book
E. booked

**25) If I hadn't missed the bus, ... to school.**

A. I would walk
B. I'd walked
C. I'd have had to walk
D. I had to walk
E. I have walked

**26) This ... for three years ever since the Smiths came along.**

A. went on
B. will go on
C. was going on
D. would go on
E. will

**27) I don't mind ... you that I am angry.**

A. telling
B. saying
C. to say
D. I told to
E. I tell

**28) You ... believed the weather forecast:**

A. Mightn't have
B. Will not
C. Shouldn't have
D. Are not
E. Should

**29) «It's very late, it's time ... ».**

A. we left
B. to leaving
C. we will leave
D. we are going to leave
E. we would leave

**30) He is going to work after he ... school.**

A. have left
B. leaved
C. leaves
D. left
E. leave

**31) ... watch the football match tonight.**

A. I don't rather
B. I rather
C. I rather not
D. I'd rather not
E. I rather then

**32) We ... our boss ... a pay rise.**

A. kept / on
B. made / up
C. set / up
D. talked / into
E. kept / into

**33) Salif Keita, Youssou Ndour, Chiwoniso, Acheng', Abura, Malouma, Maieiway and Baaba Maal were among the many African stars in Dakar on 16-20 May to record a song urging Africans to do everything in their power to hold and reverse the spread of HIV/AIDS and ... extreme poverty by 2015.**

A. divide
B. halve
C. rise
D. support
E. get up

**34) After the signing of the Montreal Protocol, which is administered by the United Nations Environment Program (UNEP), governments and business made giant ... in converting industries to ozone-friendly chemicals.**

A. strides
B. walks
C. stairs
D. marches
E. put out

**35) Hourly news bulletins keep the public ... of current affairs.**

A. afloat
B. abreast
C. afresh
D. afield
E. afound

**36) Which is the closest English equivalent of the Italian idiomatic expression *tocca ferro!*?**

A. Buy iron!
B. Call it luck!
C. Hop it!
D. Get up
E. Touch wood!

**37) Which of the following is another generic name for a scholarly periodical?**

A. Issue
B. Volume
C. Edition
D. Journal
E. Newspaper

**38) Which of the following sentences is correct?**

A. When you have enough money, I suggest you was buying a new washing machine
B. When you have enough money, I suggest you are going buy a new washing machine
C. When you have enough money, I suggest you have bought a new washing machine
D. When you have enough money, I suggest you buy a new washing machine
E. When you have enough money, I suggest you should have buy a new washing machine

**39) Don't worry! I ...... you**

A. 'll help
B. help
C. helps
D. am helping
E. helped

**40) In no circumstances ... this light switch.**

A. you must turn onto
B. you must put at
C. must you put at
D. must you turn on
E. must you get on

**41) Choose the best sentence.**

A. The weapons lying in the field, showing where the battle had taken place

B. The weapons laying in the field, showing where the battle had taken place
C. The weapons lay in the field, showing where the battle had taken place
D. The weapons lying in the field, to show where the battle had taken place
E. The weapons lying in the field, have shown the battle takes place

**42) By next year we ... to speak Italian fluently.**

A. used
B. will be able
C. can
D. needn't
E. spoken

**43) I'm afraid a rise in salary is ... just now.**

A. out of sight
B. out of the question
C. out of date
D. out of mind
E. on of date

**44) He was out of breath because he ....**

A. has been running
B. had been running
C. was been running
D. runs
E. run

**45) What ... this change of mind?**

A. brought up
B. brought about
C. brought down
D. brought in
E. brought out

**46) He ... and it drives me up the wall.**

A. always contradicted me
B. always is contradicting me
C. is always contradicting me
D. contradicts me always
E. contradict me always

**47) I don't think he'll ever ... his wife's death.**

A. get under
B. get over
C. get through
D. get by
E. get into

**48) You've exaggerated with your diet. You're as thin ...**

A. as a shovel
B. as a cat
C. as a snowflake
D. as a rake
E. as a dog

**49) «He is like a cat on hot bricks» means:**

A. He's making a lot of noise
B. He is jumping around like a cat
C. He's making a terrible noise
D. He's very nervous and can't keep still
E. None of them

**50) He asked me ...... talking.**

A. stopping
B. stop
C. to stop
D. stopped
E. stops

# RISPOSTE COMMENTATE • INGLESE

**1) C.** Il tempo chiamato *present perfect* quando è accompagnato da *for* o da *since* («da» in italiano) si usa per indicare azioni, condizioni e stati che cominciano nel passato e continuano nel presente. La preposizione *for* (*da* in italiano) indica questo tipo di periodo temporale.

**2) A.** Il verbo modale *must* viene usato qui per esprimere una deduzione o una conclusione.

**3) A.** Le risposte presentano preposizioni da abbinare a *get*, un verbo che ha molti significati diversi in vari contesti. La prima frase dell'esempio indica che Jack sarà in grado di farlo. Per questo motivo, *get over* (superare) è la risposta giusta per rendere il significato «Jack supera sempre le difficoltà».

**4) B.** Il *pun* è un gioco di parole che utilizza le ambiguità della lingua. Un esempio che va bene sia in inglese che in italiano potrebbe essere «un diplomatico è una persona che disarma, anche se il suo Paese non lo fa», sfruttando il significato metaforico di «disarmare» insieme a quello concreto.

**5) B.** L'espressione *short-listed* significa un elenco delle persone più meritevoli in un elenco completo di tutti i candidati per un premio o per un posto di lavoro. Naturalmente, la *short list* è più breve della lista intera, e da questo prende il suo nome.

**6) D.** In molti casi in inglese quando un verbo viene seguito da una preposizione, l'espressione che risulta ha un significato nuovo e spesso non prevedibile dal significato del verbo o della preposizione. *Pick on* significa «infastidire, attaccare briga, prendersela».

**7) B.** Una delle maggiori difficoltà per gli apprendenti dell'inglese è quella di individuare quale preposizione deve seguire un aggettivo o un verbo. Conviene sempre imparare l'aggettivo o il verbo insieme alla sua preposizione.

**8) B.** Questo «augurio» in inglese viene usato nel teatro, dove la superstizione proibisce l'augurio aperto di buona fortuna. Spezzare una gamba sarebbe disastroso per un attore in scena; descrivere l'evento peggiore che possa succedere è quindi accettabile come augurio positivo. Nei paesi anglosassoni è invece considerato gentile augurare buona fortuna ad una persona che va a fare un esame.

**9) B.** *Take over* significa assumere la direzione di qualcosa.

**10) C.** Nel contesto descritto, il verbo modale *will* esprime la probabilità che alla porta ci sia Jerry.

**11) B.** Il verbo *get* fa parte di moltissime espressioni. Fra le varie possibilità, l'unica che esprime «rendere qualcuno triste» è *get somebody down.*

**12) C.** L'espressione *get used to* traduce il verbo italiano «abituarsi a». La forma «*get used to*+ verbo nella forma in *–ing*» è una forma che esprime un cambiamento di stato rispetto all'espressione di «*be used to*+ verbo nella forma in *–ing*» («essere abituato a»). Quest'ultima espressione si confonde facilmente con *used to,* che invece viene usato insieme all'infinito per indicare un'azione che era abituale nel passato. *Be/get* non precedono *used to* nella forma con questo secondo significato.

**13) B.** L'ellissi è l'omissione di una parte della frase, un fenomeno molto comune in inglese. Per esempio, nella frase *You know English well, but George doesn't,* viene omesso *speak English well* alla fine della frase, perché può essere sottinteso nel contesto.

**14) A.** L'unico di questi aggettivi con il prefisso *im/in*che possa essere appropriato al contesto di una strada di montagna e alle condizioni estreme del tempo descritte è *impassable,* che significa «intransitabile, impraticabile». È un *false friend*; infatti, la parola «impassibile» si traduce con *impassive.*

**15) D.** La parola *cough* rima con *off,* dunque tutte le altre parole tranne *bluff* fanno rima fra di loro.

**16) B.** In italiano, la frase assume il seguente significato: «Ella molto più intelligente di quanto tu possa immaginare».

**17) A.** In italiano, la frase assume il seguente significato: «Il mio fratellino ha fatto un castello giocattolo di legno e plastica».

**18) C.** In italiano, la frase assume il seguente significato: «Mia madre ha prestato il libro a uno dei nostri vicini».

**19) A.** Il verbo *stop* significa «fermarsi (per fare qualcosa)» quando è seguito da un altro verbo nella forma dell'infinito con *to.* Significa, invece, *smettere* quando è seguito da un altro verbo nella forma in *–ing.*

**20) C.** Con l'avverbio *yesterday* la scelta del *simple past* è obbligata.

**21) D.** La lingua inglese è una lingua indoeuropea del gruppo germanico. Ha avuto molte influenze significative da altre lingue indoeuropee.

**22) C.** *The film was made in France.* La forma passiva inglese è speculare a quella italiana: *be* + participio passato.

**23) D.** *This book was written by Manzoni.* La ragione è illustrata nel commento precedente.

**24) B.** Dopo *want* si usa il *to* + infinito.

**25) C.** *If I hadn't missed the bus, I'd have had to walk to school.* Irreale (lo si capisce da *hadn't missed*): quindi si può usare *could have / would have / might have* + participio passato.

**26) D.** L'espressione *go on* (andare avanti), insieme alla preposizione *for* (da) indica un'azione che inizia nel passato e continua nel presente. Senza la seconda parte della frase sarebbe stato possibile tradurre *for* con «per», e usare un verbo al passato, ma la presenza di *ever since* (da quando) rende chiaro il contesto presente della frase.

**27) A.** Il verbo *(not) mind*, «(non) dispiacere», in italiano è usato con una costruzione impersonale: «Non mi dispiace dirti che sono arrabbiato». In inglese *(not) mind* è seguito dalla forma in *–ing*.

**28) C.** Il verbo modale *should* è usato per dare consigli o per criticare. Nella forma negativa, seguito da *have* più il participio passato, prende il significato di «non avresti dovuto» e quindi la frase significa «Non avresti dovuto credere alle previsioni del tempo».

**29) A.** L'espressione *it's time* (è ora) può essere seguita da un verbo nella forma dell'infinito o da una frase esplicita nella forma del soggetto seguito dal verbo al *simple past*. Questa forma corrisponde all'uso in italiano del congiuntivo in contesti simili.

**30) C.** Il periodo descrive due azioni future. Nella frase principale viene usato il futuro con *going to*; nella secondaria introdotta dalla congiunzione temporale *after* l'inglese non ammette l'uso del tempo futuro.

**31) D.** Una forma possibile per tradurre *preferire* nella forma condizionale in inglese è *would rather*, usata molto spesso in forma contratta, per esempio, *I would rather watch/ I'd rather watch the football match tonight* (Preferirei guardare la partita di calcio stasera). Per costruire il negativo si aggiunge *not* dopo *rather: I'd rather not watch the football match tonight* (Preferirei non guardare la partita di calcio stasera).

**32) D.** La forma *talk into* significa convincere qualcuno a fare qualcosa a furia di parlare. Come molte forme costruite con un verbo seguito da una preposizione, si può inserire il complemento oggetto fra il verbo e la preposizione, come in questo esempio.

**33) B.** Nella frase si deve inserire un verbo che può avere *extreme poverty* (la povertà estrema) come complemento oggetto e che ha senso nel contesto della lotta contro l'AIDS e la povertà in Africa. *Halve* (ridurre della metà) è giusto nel contesto.

**34) A.** In questa frase è richiesto un insieme di parole che significhi «fare progresso, fare passi da gigante». Soltanto *strides* (passi, passi lunghi) ha senso.

**35) B.** *Abreast* è l'unica delle parole che può essere seguita dalla preposizione *of*. Inoltre, i vari significati delle altre parole non sono adatti al contesto. Soltanto *abreast* (*keep abreast* significa «tenere aggiornato») va bene nel contesto.

**36) E.** Nella lingua inglese chi è superstizioso tocca il legno (*touch wood*), o bussa sul legno (*knock on wood*) per proteggersi dal male.

**37) D.** La parola *issue* si riferisce ad un numero o fascicolo di una pubblicazione; la parola *volume* significa volume o libro; la parola *edition* è l'edizione o tiratura di una pubblicazione. Il nome generico usato per un periodico di natura dotta o erudita è *journal*; la parola *newspaper* significa giornale e include un riferimento alla carta (*paper*).

**38) D.** L'uso del tempo presente nella frase secondaria di questo periodo, seguito da *I suggest* (suggerisco che) significa che l'azione del verbo *buy* (comprare) è futura rispetto al momento del suggerire. Il verbo che segue *I suggest* può essere usato all'infinito senza *to*, in uno dei pochi casi in inglese che si definisce come l'uso del congiuntivo (*subjunctive*).

**39) A.** Si usa *will* quando si decide di compiere l'azione nel momento stesso in cui si parla.

**40) D.** In questo contesto, dove il complemento del verbo è *light switch* (interruttore della luce), l'espressione *turn on* significa «accendere». Quando si usa l'espressione «in no circumstances» (in nessuna circostanza) all'inizio della frase, è necessario operare un'inversione, ponendo il soggetto e il verbo della frase nello stesso ordine della forma interrogativa, con il verbo modale *must* prima del soggetto *you*, seguito a sua volta dal resto della frase.

**41) C.** In questo esempio abbiamo due frasi collegate con una virgola. La seconda proposizione è dipendente dalla prima in tutte le frasi, perché il verbo consiste in un gerundio o in un infinito. Quindi, la prima frase del periodo deve essere quella principale. Soltanto la risposta C presenta la prima frase con la forma giusta del *simple past* del verbo *lie* («giacere», ma in questo caso, semplicemente «stare» oppure «essere sparso»).

**42) B.** Nella frase si trova un contesto futuro, indicato da *by next year* (per l'anno prossimo). L'elemento da inserire è seguito dall'infinito con *to*. Soltanto *will be able* rende il significato «saremo in grado di parlare».

**43) B.** L'espressione idiomatica *out of the question* vuol dire *fuori questione*.

**44) B.** Il tempo chiamato *past perfect continuous* si usa con *for/since* (da) per indicare un'azione che inizia prima di un punto di riferimento nel passato, oppure, come qui, per indicare un'azione passata con un effetto in un momento successivo nel passato.

**45) B.** Significati diversi sono prodotti dalla combinazione dello stesso verbo con diverse preposizioni, e questa è una delle difficoltà maggiori per l'apprendente dell'inglese. *Bring about* significa «causare», rendendo la frase «Che cosa ha causato questo cambiamento di opinione/idea?».

**46) C.** La seconda parte della frase, *it drives me up the wall* (mi irrita molto) indica un contesto al presente, e che il parlante è irritato dal comportamento del soggetto della prima frase. Si usa il *present continuous*, spesso con l'avverbio *always*, per indicare la funzione di criticare un comportamento: *He is always contradicting me* (Mi contraddice sempre).

**47) B.** *Get over* significa «superare, riprendersi da».

**48) D.** L'espressione idiomatica *thin as a rake*, letteralmente «magro come un rastrello» corrisponde all'italiano «magro come un chiodo». I termini delle altre risposte non sono utilizzati per indicare magrezza.

**49) D.** L'espressione idiomatica *like a cat on hot bricks*, letteralmente «come un gatto (che cammina) su mattoni caldi», significa che la persona non riesce a stare ferma, perché è molto nervosa. Le altre risposte non corrispondono al significato dell'espressione.

**50) C.** Dopo i pronomi si usa il *to* + infinito.